海外ドラマ超大事典

スティングレイ 編

スティングレイ

「海外ドラマ超大事典」について

1．収録対象

1) 日本国内で放送・発売・配信された、アジアを除く西洋の海外ドラマを収録した。対象となる製作国は以下の通り。カッコ内の表記は本文に記載した製作国の略称である。
アイスランド、アイルランド、アメリカ（米）、イギリス（英）、イスラエル、イタリア（伊）、ウクライナ、エクアドル、オーストラリア（豪）、オーストリア、オランダ、カナダ（加）、コロンビア、スイス、スウェーデン、スペイン、スロバキア、チェコ、デンマーク、ドイツ（独）、ニュージーランド、ノルウェー、ハンガリー、フィンランド、ブラジル、フランス（仏）、ベネズエラ、ベルギー、ポーランド、南アフリカ、メキシコ、ユーゴスラビア、ロシア

2) 2017 年 12 月までに日本で放送・発売・配信されたドラマを収録した。

3) 海外ドラマのうち、連続ドラマシリーズとミニシリーズを収録し、パイロット版を含むテレビムービーは収録対象外とした。リアリティ番組、バラエティ、アニメ作品は収録していない。また日本で独自に編集されたアンソロジー等も不採用とした。なおミニシリーズと長編テレビムービーとの区別については、オフィシャルまたはそれに類する資料に基づいて判断した。

4) 収録本数は 2,494 本である。

2．本文排列

1) ドラマのタイトルの 50 音順に排列した。その際、濁音と半濁音は清音に、拗音と促音は直音とし、長音 (音引き) は無視した。「ヂ→ジ」「ヅ→ズ」とし、「ヴァ」「ヴィ」「ヴ」「ヴェ」「ヴォ」は「バ」「ビ」「ブ」「ベ」「ボ」として排列した。

2) 同じ読みのタイトルが並んだ場合は製作年の古い順に並べた。

3．記述内容

ドラマタイトル
原題 / 製作年 / シーズン数 / 製作国 / 放送局
別題
出演者（吹替声優）/ 解説・あらすじ / ソフト情報
参照
エピソード（各話が 60 分以上のテレビシリーズ）

※ドラマタイトルが複数ある場合は、最もポピュラーなものを見出しとし、それ以外のものを別題とした。別題のうち、放送や販売の形態が分かるものは、これも併記してある。
※原題中の変音記号 (アクサンやウムラウトなど) はすべて削除し親字だけを記載した。

※製作年、シーズン数、放送局についてはすべてオリジナルの情報を記載した。
※放送局、出演者、日本語版吹替声優など、変更が生じた場合には「→」で表示した。
※一部の製作国については略称を使用している。詳細は「1. 収録対象」に記載した。
※別題が複数ある場合は「｜」を介して列挙した。
※出演者は主な人物のみ掲載した。特定のシーズンにしか出演していない場合は、その旨を補記してある。
※出演者で日本語版吹替声優が判明したものについては（）内に記載した。ただし全ての出演者が対象ではない。また人名表記についてはできる限り統一するようにしたが、放送当時の表記をそのまま採用している場合がある。メディアによって声優が異なる場合は「／」を介して併記した。
※別題からドラマタイトル（見出し）への参照を掲載した。
※エピソードは原則としてオリジナルの放映順（または制作順）としたが、作品によっては例外もある。
※ソフト情報の内訳は以下の通り。ただしこの情報は必ずしも発売中のものだけではなく、過去にソフト化された情報も記してあるため、多くの商品は廃盤となっているのでご注意いただきたい。

B=Blu-ray
D=DVD
L=LD
V=VHS

4. 参考資料

『外国 TV 映画大全集』芳賀書店
『外国テレビ映画読本』朝日ソノラマ
『外国 TV シリーズ 20 年』近代映画社
『英国テレビの大逆襲』洋泉社
『外国映画・テレビ大鑑』近代映画社
『スクリーン』近代映画社
『朝日新聞』朝日新聞社
『読売新聞』読売新聞社
その他、雑誌、新聞、Web などの資料にあたった。

本書の制作にあたっては、なるべく複数のソースに当たり正確を期すように努めたが、遺漏や誤記など不十分な点も多いことと思う。お気づきの点はご教示いただき、今後より良いものを作る上での参考とさせていただきたい。

あ

あ

アイアム一等兵
→マイペース二等兵

EYEWITNESS ／目撃者
EYEWITNESS (2016) S1 米 USA Network
ジュリアンヌ・ニコルソン , タイラー・ヤング , ジェームズ・パクストン , ギル・ベローズ , ウォーレン・クリスティー ◆人が立ち寄らない森の中の小屋で、同性愛のティーンエイジャー二人が密会中に遭遇した恐怖を描くミステリー。ニューヨーク州ティボリ。高校生のゲイカップル、フィリップ・シェイとルーカス・ウォルデンベックは山小屋で密会中に、ギャングたちが射殺される現場を目撃する。2人は唯一の目撃者だったが、自分たちの関係がバレるのを恐れ、そのことを誰にも告げず独自に捜査を開始。保安官のヘレン・トランスは、里子のフィリップが目撃者であることを知らず、事件を担当することになる。

i カーリー
ICARLY (2007-2012) S6 米 Nickelodeon
[別] iCarly(アイ・カーリー)
ミランダ・コスグローヴ (水樹奈々), ジェネット・マッカーディ (小林沙苗), ネイサン・クレス (手塚祐介) ◆シアトルで兄のスペンサーと暮らす少女カーリー・シェイは、親友のサム・パケット、ハイテク・オタクのフレディ・ベンソンとインターネット番組「アイ・カーリー」を起ち上げ、瞬く間に人気者となる。視聴者が投稿した映像を使用するなどの試みも注目された、TV とネットを融合させた新タイプのティーン向けシットコム。[D]

IQ スプレマシー
IQ-145 (2008) S1 米
トーマス・デッカー , デヴィッド・アンドリュース , ランス・ヘンリクセン ◆ IQ145 を超える天才青年ネイト・パーマーが、人間の知識を吸収する IC チップなど、科学を悪用する者と戦いを繰り広げる SF アクション・シリーズ。日本では「IQ スプレマシー」のタイトルで 1 エピソードのみソフトがリリースされた。[D]

アイク
→将軍アイク

愛犬ジョージ
GEORGE (1972) S2 加 = 西独 = スイス CTV
マーシャル・トンプソン ◆ 1972 年のスイス映画「George!」(日本未公開) を TV ドラマ化したもので、セント・バーナード犬のジョージと飼い主のジム・ハンターとの冒険を描く 30 分のファミリー・ドラマ。ニューヨーク育ちのジョージが、スイスの大自然の中でたくましく成長していく。全 14 話。

愛情専科
LE BONHEUR CONJUGAL (1965) S1 仏
ドミニク・パトゥレル , コレット・カステル , ジャン・ドザイー ◆フランスの作家アンドレ・モーロワの小説を原作に、幸福な結婚生活についての大学での講義と、それに関連した若いカップルのドラマで構成された一風変わったラブ・ストーリー。出会いから恋愛期間、婚約時代を経て結婚までの道のりを描きながら、様々な問題を乗り越えてゆく男女の姿を映し出す。全 13 章。音楽はジョルジュ・ドルリューが担当した。

アイ・スパイ
I SPY (1965-1968) S3 米 NBC
[別] スパイ専科 '70
ロバート・カルプ (田口計→小林恭治→羽佐間道夫), ビル・コスビー (小林昭二→小林清志) ◆ CIA エージェントの 2 人、ケリー・ロビンソンとアレキサンダー・スコットが、プロ・テニスプレイヤーとそのトレーナーとして身分を偽り、世界中を飛び回って秘密の任務を遂行していくスパイ・アクション。1994 年には復活スペシャル「アイ・スパイ・リターンズ」が作られた他、2002 年にはエディ・マーフィとオーウェン・ウィルソン主演でリメイク映画版も製作された。

i ゾンビ
IZOMBIE (2015-2017) S3 米 The CW
ローズ・マクアイヴァー (坂井恭子), マルコム・グッドウィン (佐藤せつじ), ラフル・コーリ (宮内敦士), ロバート・バックリー (前田一世), デヴィッド・アンダース (桐本拓哉) ◆「ヴェロニカ・マーズ」のクリエイター陣が製作総指揮を務めるホラー犯罪コメディ。ひょんなことからゾンビ・ウィルスに感染してしまったオリヴィア・ムーア。おのれ

i カーリー

アイ・スパイ

の欲望を満たすため検視官となり遺体の脳味噌を食べるが、そのことにより遺体の生前の記憶がよみがえり、結果的に犯罪解決に協力することになる。ゾンビであることを隠しながら警察に協力するヒロインの活躍を描く。

ID(アイデンティティ) クライム

IDENTITY / ID CRIME (2010) S1 英 ITV

キーリー・ホーズ , エイダン・ギレン , ホリー・エアード ◆ロンドン警視庁に、身分を偽造する情報犯罪 (ID クライム) 専門の特別ユニットが結成された。殺した相手に成り代わって別人として生きたり、他人になりすまして罪から逃れるなど、多様な凶悪犯罪者たちを追及する捜査班の活躍を描く英国製のクライム・サスペンス。全6話。[D]

愛と哀しみの樹／スタッズ・ロニガン物語

STUDS LONIGAN (1979) 米 NBC

ハリー・ハムリン (石丸博也), リサ・ペリカン (吉田理保子), チャールズ・ダーニング (富田耕生), コリーン・デューハースト , ブラッド・ドゥーリフ ◆ジェームズ・トーマス・ファレルによる小説『スタッズ・ロニガン』三部作を原作とするミニシリーズ。スラム街出身のスタッズ・ロニガンの生涯を悲劇的に描く。日本では TBS で放送された。

愛と哀しみのマンハッタン

I'LL TAKE MANHATTAN (1987) S1 米 CBS

バリー・ボストウィック (羽佐間道夫), ペリー・キング (広川太一郎), ヴァレリー・バーティネリ (小山茉美), フランチェスカ・アニス (田島令子) ◆ジュディス・クランツの同名小説を映像化したミニシリーズ。アンバービル出版社のオーナー、ザカリー・アンバービルが事故死して約半年後、会社の実権は弟のカッターの手に移ろうとしていた。ザカリーの一人娘で三度の離婚経験を持つマキシはそれを知り、兄のトビアスと協力して、会社を取り戻すための戦いを開始する。日本では 1991 年に NHK 衛星第 2 にて「グラビアにかける夢」「背徳のレイアウト」「遍歴のカラーページ」「対決のエピローグ」の全 4 話で放映された。[V]

愛と復讐のヒロイン

SINS (1986) S1 米 CBS

ジョーン・コリンズ , ジャン＝ピエール・オーモン , マリサ・ベレンソン ◆ファッション界に君臨する美女エレーヌの大戦中から現在に至る波乱の半生を、J・コリンズの他、ジーン・ケリー、ティモシー・ダルトンらの豪華顔合わせで描く全 6 時間のミニシリーズ。ただし、日本でオンエアされたのは 3 時間枠に編集されたダイジェスト版。

愛と野望のドイツ家

VATER UND SOHNE - EINE DEUTSCHE TRAGODIE / SINS OF THE FATHERS / FATHERS AND SONS (1986) S1 西独 Rai

バート・ランカスター , ジュリー・クリスティ , ブルーノ・ガンツ ◆ナチス・ドイツは毒ガスを作るため、ドイツ有数の化学工場を所有するドゥーツ家に協力を依頼する。しかしそれはドゥーツ家にとって、後に戦犯として裁かれることを意味していた…。第二次大戦を舞台背景に、ドイツの二つの旧家、化学会社を経営するドゥーツ家と、ユダヤ人銀行家のベルンハイム家との三世代に渡る愛憎劇を描いたミニシリーズ。

愛と野望の果てに

PURSUIT / TWIST OF FATE (1989) S1 米 NBC

ベン・クロス , ヴェロニカ・ハーメル , ジョン・グローヴァー ◆ナチ親衛隊の将校シュレーダーは、第二次大戦後のナチス狩りを逃れるためユダヤ人に成りすますという計画を立てる。整形手術と偽の身分証によってベン・グロスマンというユダヤ人の顔を手に入れた彼は、シオニスト運動に身を投じ、やがてイスラエルの英雄となっていく…。元 SS の数奇な運命を描いたミニシリーズ。[V]

愛と欲望の果てに／ドレスの下のフランス革命

LES JUPONS DE LA REVOLUTION (1989) 仏

ベルナール・ピエール・ドナデュー , リシャール・ボーランジェ , エマニュエル・ベアール ◆フランスで製作された、フランス革命を題材とした 6 つのエピソードから成る歴史ドラマ。取り上げられるのはマリー・アントワネット、ミラボー、マラー、タレアン、テロワーニュ、マダム・タリアンの 6 人。それぞれが歴史の中でどう生きていたかを描き出す。日本では「フランス革命 200 周年記念映画」という謳い文句でビデオが 6 巻リリースされた。また NHK の衛星放送では 6 夜連続で放送されている。[V]

愛の嵐に

HAROLD ROBBINS' 79 PARK AVENUE (1977) S1 米 NBC

愛と哀しみの樹／スタッズ・ロニガン物語

愛と野望のドイツ家

あ

レスリー・アン・ウォーレン , マーク・シンガー , デヴィッド・デュークス ◆大恐慌時代を舞台に、スラム街出身ながらニューヨークでのし上がっていく 1 人の女性と貧しい青年との、13 年間にも及ぶ愛の物語を綴るミニシリーズ。

愛の記憶はさえずりとともに

BIRDSONG (2012) S1 英 BBC

エディ・レッドメイン (福田賢二), クレマンス・ポエジー (高橋理恵子), ジョゼフ・マウル (関貴昭) ◆イギリスでベストセラーとなったセバスチャン・フォークスの戦争小説をもとにドラマ化したミニシリーズ。第一次大戦中のフランス、イギリス人兵士スティーヴン・レイスフォードはかつて不倫の恋に落ちた人妻イザベルと再会する。しかしやがてイザベルは死に、彼女の娘フランソワーズがスティーヴンに託されるが…。

愛の運命 (さだめ) ～引き裂かれた二人

IL FALCO E LA COLOMBA / THE FALCON AND THE DOVE (2009) S1 伊 Canale 5

コジマ・コッポラ , ジュリオ・ベルーチ ◆フランスの作家スタンダールの『カストロの尼』を映像化。16 世紀のローマを舞台に、身分違いの恋に悩む男女の姿を描くラブ・ロマンス。教会で出会ったエレナとジュリオは、ふとしたきっかけから恋に落ちるが、エレナの家とジュリオが仕える主人は敵対関係にあった。全 12 話。

アイバンホー

IVANHOE (1958-1959) S1 英

ロジャー・ムーア (矢島正明), ロバート・ブラウン , ブルース・セトン ◆スコットランドの作家ウォルター・スコットによる長編小説『アイヴァンホー』を R・ムーア主演で映像化した壮大な騎士道物語。獅子心王リチャード 1 世の時代を舞台に、セドリック、ウィルフレッド父子をはじめとする様々な人物たちの愛や闘いを描く。

アイバンホー

IVANHOE (1997) S1 英 BBC

スティーヴン・ウォディントン , スーザン・リンチ , ヴィクトリア・スマーフィット ◆ 12 世紀末のイングランド。サクソン人の騎士ウィルフレッドは、ノルマン人の王リチャードに仕えて十字軍に遠征した後、イングランドに帰ってきた。そして王の弟ジョンがフランス王と組んで領土を我が物にしようと企んでいることを知る。サー・ウォルター・スコットの歴史小説『アイヴァンホー』を映像化したミニシリーズ。[D]

I ☆ LOVE! オリバー

OLIVER BEENE (2003-2004) S2 米 Fox

グラント・ローゼンマイヤー (下和田裕貴), グラント・シャウド (村治学), ウェンディ・マッケナ (早野ゆかり) ◆アメリカの FOX 製作、日本では NHK 教育テレビで放送された、過激な内容のファミリー・コメディ。個性的過ぎるにも程があるオリバーとその家族のハチャメチャな日常を爆笑ギャグで綴る。

アイ・ラブ・ディック

I LOVE DICK (2016-2017) S1 米 Amazon

ケヴィン・ベーコン (山路和弘), キャスリン・ハーン (山像かおり), グリフィン・ダン (加藤亮夫) ◆カルト的な人気を得たクリス・クラウスの風変わりな同名小説を映像化し、Amazon プライムで配信されたコメディ作品。セックスレスの夫婦が 1 人の大学教授の出現により翻弄されていく姿を描く。倦怠期の夫婦シルヴェールとクリスは仕事の都合でニューヨークからテキサス州マーファにやってくる。2 人はその地で大学教授のディックと出会い、既成概念を次々と覆されていき…。奇妙な男ディックを K・ベーコンが好演し話題となった。クリエイターは「トランスペアレント」で製作総指揮を務めたジル・ソロウェイ。

アイ・ラブ・ルーシー

I LOVE LUCY (1951-1957) S6 米 CBS

ルシル・ボール (桜京美→瀬能礼子), デジ・アーナズ (柳澤愼一), ヴィヴィアン・ヴァンス (林洋子), ウィリアム・フローリイ (滝口順平) ◆勝ち気でおっちょこちょいだが陽気な妻ルーシー・リカードとバンドマスターの夫リッキーに、隣人の管理人一家が絡んで毎回大騒動を繰り広げる、アメリカの TV 草創期を代表する人気コメディ。実生活でも夫婦の L・ボールと D・アーナズの息の合ったドタバタ芝居が見もので、今なお根強い人気を誇る。[D]

アイランダース

THE ISLANDERS (1960-1961) S1 米 ABC

ウィリアム・レイノルズ (松本朝夫), ジェームズ・フィルブルック (家弓家正) ◆南太平洋の東インド諸島で、小

愛の記憶はさえずりとともに

アイ・ラブ・ルーシー

さな航空会社を経営する２人のパイロット、サンディとザック。彼らはグラマン社製水陸両用機のチャーターを商売とするが、乗客や積み荷によって様々な冒険に巻き込まれていく。

アウェイク ～引き裂かれた現実
AWAKE (2012) S1 米 NBC

ジェイソン・アイザックス , ローラ・アレン , スティーヴ・ハリス ◆「24 TWENTY FOUR」のプロデューサー、ハワード・ゴードンが製作総指揮を務めたサスペンス作品。刑事マイケル・ブリテンは、妻と息子と共に深刻な交通事故に遭遇して以来、朝起きる度に、息子を亡くし妻と暮らす世界、または妻を亡くし息子と暮らす世界、という二通りの人生を経験するようになる。

アウターリミッツ
THE OUTER LIMITS (1963-1965) S2 米 ABC

[別] 空想科学劇場 アウターリミッツ ｜ 空想科学映画 ウルトラゾーン (第２シーズン)

クリフ・ロバートソン , マーティン・ランドー , サム・ワナメイカー ◆宇宙人や未知の科学技術、タイムトラベルなど、SF をテーマにしたモノクロ 60 分のアンソロジー・シリーズ。1960 年代 SF ドラマとしては「トワイライト・ゾーン」と双璧を成したが、こちらの方がモンスターやエイリアンなどのキャラクターがより多く登場。「38 世紀から来た男」と「ガラスの手を持つ男」の２エピソードは映画「ターミネーター」の元ネタと言われている。1995 年には新シリーズ「新アウターリミッツ」として復活した。[D,V]

アウトキャスト
OUTCAST (2016-2017) S2 米 Cinemax

パトリック・フュジット (加瀬康之), フィリップ・グレニスター (堀内賢雄), レン・シュミット (加藤有生子) ◆「ウォーキング・デッド」の生みの親であるロバート・カークマン原作による同名コミックを実写化した、悪魔祓い (エクソシスト) を描く本格ホラー作品。自分の周りの人間が悪霊に取り憑かれてしまうため、人目を避けてウェストバージニア州の小さな町で一人孤独に暮らすカイル・バーンズ。幼少期には母親から虐待を受け、結婚生活も破綻し妻や娘と離れ離れになってしまった彼が、聖職者のアンダーソン牧師と出会い、邪悪な存在との戦いに身を投じていく。[B,D]

アウトバーン・コップ
ALARM FUR COBRA 11 - DIE AUTOBAHNPOLIZEI 独 RTL

エルドゥアン・アタレイ (山路和弘), レネ・シュタインケ (楠大典)<S4-6,9-11>, シャルロット・シュヴァーブ (佐藤しのぶ)<S2-13> ◆「アラーム・フォー・コブラ 11」の第３シーズン、第４シーズンを日活がソフト化した際の日本語タイトルで、ゼミル＆アンドレが主人公のコブラ編、ゼミルとトムが主人公のアラーム編の２シリーズがある。[D,V]

アウトランダー
OUTLANDER (2014-2017) S3 米 Starz!

カトリーナ・バルフ (恒松あゆみ), サム・ヒューアン (高橋広樹), トビアス・メンジーズ (速水奨) ◆元従軍看護士のクレア・ビーチャム・ランダルは夫とスコットランドを旅行中に西暦 1743 年の世界にタイムスリップしてしまう。そこでジェイミー・フレイザーというスコットランド兵と出会い、次第に惹かれていくのだが…。ダイアナ・ガバルドンの大河 SF ロマン小説『アウトランダー』シリーズを映像化したファンタジー。[B,D]

アウトロー
OUTLAWS (1960-1962) S2 米 NBC

バートン・マクレーン (相模太郎), ドン・コリアー ◆オクラホマ州スティルウォーターを舞台に、実在した犯罪者たちを追う保安官の活躍を描く痛快西部劇。B・マクレーン扮する主人公フランク・ケインは第１期のみの登場で、第２期からは部下だったウィル・フォアマン保安官補 (D・コリアー) が主人公になった。

アウトロー刑事・セルピコ
SERPICO (1976-1977) S1 米 NBC

[別] セルピコ

デヴィッド・バーニー (池田秀一), トム・アトキンス (内海賢二) ◆実在の元警官フランク・セルピコの伝記をもとにした映画「セルピコ」(1973 年) のヒットを受けて作られた TV シリーズ。ヒッピーの様な一匹狼のセルピコが、警官らしからぬ格好を活かして潜入捜査を行う。日本ではパイロット版が「新セルピコ／孤独刑事最後の挑戦」というタイトルで映画劇場枠で放映された。

アウェイク ～引き裂かれた現実

アウトランダー

あ

青い探偵
PRIMUS (1971-1972) S1 米
[別] 探偵ダイバー・プライマス(ローカル局)
ロバート・ブラウン(小林勝彦), ウィル・カルヴァ, エヴァ・レンツィ ◆フロリダ沖を舞台に、海洋学者にしてダイバーの顔を持つカーター・プライマスが、水中ロボットや小型潜水艇などを駆使して繰り広げる海洋冒険アクション。海中シーンはスタジオの水槽ではなく、実際にフロリダやマイアミなどで撮影された。

紅い旋風!ワンダーウーマン
→空飛ぶ鉄腕美女ワンダーウーマン

赤い靴(ヒール)を抱く女
RED SHOE DIARIES (1992-1999) S5 米 Showtime
デヴィッド・ドゥカヴニー ◆映画「蘭の女」「続・蘭の女 官能のレッドシューズ」の続編として製作された官能ドラマ。日本ではビデオ作品として「赤い靴を抱く女」「テキーラは情熱の味」「バウンティ・ハンター」の3話がリリースされた。[V]

アガサ・クリスティー アワー
THE AGATHA CHRISTIE HOUR (1982) S1 英 ITV
◆ミステリーの女王と呼ばれるアガサ・クリスティーの独創的な短編小説を映像化したミステリー・シリーズ。その内容はコメディ、ホラー、ミステリーと多岐にわたる。1シーズン全10話が製作された。
- ほのぐらい鏡の中に IN A GLASS DARKLY
- 車中の娘 THE GIRL IN THE TRAIN
- 第四の男 THE FOURTH MAN
- マグノリアの香り MAGNOLIA BLOSSOM
- 青い壺の秘密 THE MYSTERY OF THE BLUE JAR
- 赤信号 THE RED SIGNAL
- ジェインの求職 JANE IN SEARCH OF A JOB
- エドワード・ロビンソンは男なのだ THE MANHOOD OF EDWARD ROBINSON
- 中年夫人の事件 THE CASE OF THE MIDDLE-AGEDWIFE
- 不満軍人の事件 THE CASE OF THE DISCONTENTED SOLDIER

アガサ・クリスティー トミーとタペンスー 2人で探偵をー
AGATHA CHRISTIE'S PARTNERS IN CRIME (2015) S1 英 BBC
デヴィッド・ウォリアムズ(大塚明夫), ジェシカ・レイン(世戸さおり), ジェームズ・フリート(浦山迅) ◆アガサ・クリスティー原作のスパイ小説を映像化。東西冷戦時代を舞台に、夫婦で諜報活動を行うトミー・ベレスフォードとタペンスの活躍を描いたスパイ・アクション・シリーズ。女性失踪事件に関わったトミーとタペンスは、トミーの叔父で情報機関幹部であるアンソニー・カーターの助けを得て事件を解決しようとするが、やがて大きな陰謀に巻き込まれていく。[D]

アガサ・クリスティーの謎解きゲーム
LES PETITS MEURTRES D'AGATHA CHRISTIE / THE LITTLE MURDERS OF AGATHA CHRISTIE (2009-) S2- 仏 FR2
ブランディーヌ・ベラヴォア, サミュエル・ラバルト, エロディ・フランク ◆アガサ・クリスティーの原作小説をベースに、舞台を現代のフランスに移し、探偵役をロランス警視と新聞記者アリス・アブリルのコンビに変更したTVシリーズ。ラロジエール警視とランピオン刑事の活躍を描いた2009年のドラマシリーズ「クリスティのフレンチ・ミステリー」の第2シーズンに当たる。若者の社会復帰を手助けする職業訓練所で殺人事件が発生、ロランス警視は捜査に乗り出す。一方、新聞記者のアリスは独自に潜入取材を試みる。

アガサ・クリスティのフレンチ・ミステリー
→クリスティのフレンチ・ミステリー

アガサ・クリスティーのミス・マープル
→ミス・マープル

赤と黒
THE SCARLET AND THE BLACK (1993) S1 英 BBC
ユアン・マクレガー, レイチェル・ワイズ, アリス・クリーグ ◆スタンダールの同名小説を映像化したミニシリーズ。19世紀前半のフランスを舞台に、貧しい家庭に育った主人公が、次々と女性たちを虜にして社会的地位を得ていく姿を描く。大工の息子として育ったジュリアン・ソレルは、市長の子供たちの家庭教師の職を得、やがて

アガサ・クリスティー トミーとタペンス 2人で探偵を

アクアナット 海に挑む男

市長の妻レナール夫人と親しくなるが…。[V]

アクアナット　海に挑む男

THE AQUANAUTS / MALIBU RUN (1960-1961) S1 米 CBS

キース・ラーセン (浦野光), ロン・エリー , ジェレミー・スレート ◆ハワイ周辺の海を舞台に、危険をものともしない潜水夫コンビ、ドレイク・アンドリュースとラリー・ラーの活躍を描いた海洋アドベンチャー。主役を務めるK・ラーセンの健康上の理由から、シリーズ途中でドレイクが消え、代わりにR・エリー演じる若者マイク・マディソンが参加。その後、舞台をマリブに移し、題名も「MALIBU RUN」に変更となった。

アクエリアス　刑事サム・ホディアック

AQUARIUS (2015-2016) S2 米 NBC

デヴィッド・ドゥカヴニー (小杉十郎太), グレイ・デイモン (勝杏里), ゲシン・アンソニー (綱島郷太郎) ◆精神世界を重視したニューエイジ運動が盛んになりつつある1967 年のロサンゼルス。サム・ホディアック刑事のもとに、1 人の少女の失踪事件がもたらされる。やがてサムは、失踪事件にチャールズ・マンソンという男が関わってることを突き止めるが…。残虐な殺人を繰り返したマンソン・ファミリーとの熾烈な駆け引きを描くクライム・ドラマ。

悪魔の異形

HAMMER HOUSE OF HORROR (1980) S1 英 ITV

ピーター・カッシング , デンホルム・エリオット , ピアース・ブロスナン ◆「吸血鬼ドラキュラ」など怪奇映画で有名な英ハマー・フィルムが製作した 1 話 60 分のホラー・アンソロジー。黒魔術、ライカンスロープ、ゴーストなどの超自然のホラーのほか、連続殺人やカニバリズムなどの恐怖も描かれた。全 13 話。[D]

悪魔の棲む村

THE DARK SECRET OF HARVEST HOME (1978) 米 NBC

ベティ・デイヴィス , デヴィッド・アクロイド , ロザンナ・アークエット ◆娘のぜんそくを治そうと、大都会ニューヨークからニューイングランドの片田舎に移り住んだ CM アーティスト。車も電気も使わない生活で、娘のぜんそくも治まり家族の絆も深まるが、やがて村の奇怪な現象に遭遇することに…。往年の名女優 B・デイヴィスが、見るからに異様な村の老女を演じている。4 回に分けて TV 放映された。

悪魔の手ざわり

THE EVIL TOUCH (1973-1974) S1 豪 Nine Network

アンソニー・クエイル (柳生博) ◆幽霊や黒魔術などの超自然な現象をテーマにした、1 話完結のオーストラリア製ホラー・オムニバス。ロッド・サーリングの「ミステリー・ゾーン」の形式を踏襲し、名優 A・クエイルがホストを務める。ダーレン・マクギャヴィン、ヴィク・モロー、レスリー・ニールセンなどハリウッド俳優が多数ゲスト出演しているのも特徴。

アグリー・ベティ

UGLY BETTY (2006-2010) S4 米 ABC

アメリカ・フェレーラ (冠野智美), エリック・メビウス (東地宏樹), ヴァネッサ・ウィリアムズ (五十嵐麗) ◆大学を卒業したジャーナリスト志望のベティ・スアレスは、ファッション雑誌「MODE」の編集長のアシスタントに採用され大喜び。しかしベティが採用されたワケは、プレイボーイの編集長ダニエル・ミードの女遊びを心配した父親が、不美人のベティなら手を出さないだろうと考えたからだった。だが持ち前のやる気と頭の回転の早さでベティは次第に有能アシスタントとして編集長に認められていく。コロンビアで製作され世界中で大ヒットした「ベティ～愛と裏切りの秘書室」のアメリカ版リメイク。主演のA・フェレーラがエミー賞とゴールデン・グローブ賞の主演女優賞をダブル受賞し、人気を得た。[D]

悪霊・呪われた館／世紀末超常現象特捜隊

→ PSI FACTOR(サイ・ファクター) 超常現象特捜隊

アシュトン・カッチャーの青春ハイスクール

→ザット '70s ショー

明日があるなら

IF TOMORROW COMES (1986) S1 米 CBS

[別] シドニー・シェルダンの 明日があるなら (ソフト) ｜真夜中のエンジェル (TV・旧)

マドリン・スミス (島村佳江／幸田直子), トム・ベレンジャー (古川登志夫／森功至), デヴィッド・キース (千田光男) ◆『ゲームの達人』の大ヒット以降、一気に製作されたシドニー・シェルダン原作の TV ドラマのひとつ。復讐と犯罪に生きる波瀾万丈のヒロインを描く。妊娠

アクエリアス　刑事サム・ホディアック

アグリー・ベティ

中で御曹司との結婚も間近という幸せいっぱいのトレイシー・ホイットニー。だがその順風満帆の人生は、母の自殺を機に一気にどん底へ突き落とされる。無実の罪で投獄された挙句、何もかも失ったトレイシーはやがて国際的な泥棒となり、世界を股にかけ活躍することになる。インターポールの捜査官役でリーアム・ニーソンが出演。[D,V]

アース 2
EARTH2 (1994-1995) S1 米 NBC
デブラ・ファレンティノ (土井美加), ジョーイ・ジマーマン (近藤玲子), サリヴァン・ウォーカー (内海賢二) ◆環境汚染の進んだ未来の地球、軌道周回ステーションに移り住んでいた一部の人々は、22 光年先の惑星アース G889 への移住を実行するが、着陸時の事故によって離れ離れになってしまう。"第二の地球" を舞台に、過酷なサバイバルや原住生物とのコンタクトを描いた、スピルバーグ率いるアンブリン製作による重厚な SF ドラマ。第 1 話 (日本では 2 話に分割されて放映) のみ「アース G889」としてビデオ化された。[V]

明日なき男
→ポール・ブライアン

アスファルト・ジャングル
THE ASPHALT JUNGLE (1961) S1 米 ABC
ジャック・ウォーデン ◆ 1950 年のジョン・ヒューストン監督の同名映画と同じく、W・R・バーネットの原作を映像化したクライム・ドラマ。大都市の組織犯罪と戦うニューヨーク市警、マシュー・ガウアー警察委員を中心に、ダニー・ケラー巡査部長らメトロポリタン分隊の活躍を描く。モノクロ、全 13 話。

アセンション
ASCENSION (2014) S1 米 = 加 Syfy/CBC
トリシア・ヘルファー , ギル・ベローズ , ブライアン・ヴァン・ホルト ◆アメリカの Syfy とカナダの CBC が手がけた全 6 話の SF ミステリー。アメリカとソ連の冷戦が本格化した 1963 年、アメリカは新たな居住地を宇宙で探すため、大型宇宙船 "USS アセンション号" を打ち上げた。宇宙船に乗り込んだ 600 名の男性と女性そして子供たちは 100 カ年計画の半分を過ぎたことを祝うが、そこで若い女性ローレライの殺人事件が発生してしまう。持ち込めないはずの銃を使った殺人事件に動揺する乗組員たち。やがてある乗組員の仕事場から銃が見つかり…。

アタフタおじさん
COMEDY CAPERS (1948) 英 BBC
◆ハル・ローチやマック・セネットなどが製作した古典的な喜劇映画を再編集して放送するモノクロ 30 分のコメディ番組。

アダムズのお化け一家
THE ADDAMS FAMILY (1964-1966) S2 米 ABC
[別] THE ADDAMS FAMILY(CS) | アダムス・ファミリー | 元祖アダムス・ファミリー (ビデオ)
ジョン・アスティン (宮部昭夫), キャロリン・ジョーンズ (北村昌子), ジャッキー・クーガン (熊倉一雄) ◆意地悪なことや人の不幸が大好きという不気味な一家アダムス・ファミリーが巻き起こす騒動を描いた怪奇コメディ。チャールズ・アダムズのブラック・ユーモアに満ちたひとコマ漫画のキャラクターをもとに TV ドラマ化し大ヒットとなった。1973 年には TV アニメ化、1991 年には映画化もされた。[V]

アダム・ダルグリッシュ警視
DEATH IN HOLY ORDERS / THE MURDER ROOM (2003-2004) 英 BBC
マーティン・ショウ ◆スコットランドヤードのエリート警視で詩人でもあるアダム・ダルグリッシュが殺人事件の謎を追う、P・D・ジェイムズ原作のミステリー小説を映像化。「神学校の死」「殺人展示室」という 2 本のミニシリーズが製作され、日本では AXN ミステリーで放送された。

アッシュ＆スクリブス ～ロンドン邸宅街の殺人～
MURDER IN SUBURBIA (2004-2005) S2 英 ITV
キャロライン・キャッツ , リサ・フォークナー , ジェレミー・シェフィールド ◆ 2 人の女刑事がガールズトークを炸裂させながら事件の真相に迫る、新感覚の本格サスペンス。お嬢様タイプの警部補アッシュことケイト・アシャーストと、庶民派の巡査部長エマ・スクリビンスの凸凹コンビが、セレブたちが被害者となる殺人事件の数々を鋭い観察力と推理力で解決していく。[D]

アセンション

アダムズのお化け一家

アート・オブ・モア　美と欲望の果て
THE ART OF MORE (2015-2016) S2 米 Crackle
クリスチャン・クック(松田洋治), ケイト・ボスワース(佐古真弓), デニス・クエイド(大塚明夫)◆華やかなオークションハウスの舞台裏に潜む犯罪と陰謀を通して、悪の本質や魂の堕落を描く本格サスペンス。元軍人のグレアム・コナーは、過去にイラクで培ったコネを利用し、ニューヨークの有名オークションハウス、パーク・メイソン社の重役への階段を登り始める。不動産王サミュエル・ブルックナーや敵対するオークションハウスの営業担当ロクサーナ・ホイットマンたちを相手に奮闘するグレアムだったが、その先には恐ろしい陰謀が待ち構えていたのだった。[D]

アドヴェンチャー・オブ・シンドバッド
THE ADVENTURES OF SINBAD (1996-1998) 加
ゼン・ゲスナー, ジョージ・ブザ, ティム・プロゴシュ◆映画「ミクロキッズ」の原案と脚本を担当したエド・ナーハが製作総指揮と原案・脚本を務めたファンタジー・アドベンチャー。日本では「アドヴェンチャー・オブ・シンドバッド」シリーズとしてDVDとビデオが4タイトル発売された他、「キャプテン・シンドバッド」シリーズとして2本、そして「シンドバッドの大冒険4つの髑髏」としてソフト化された。[D,V]

アトランタ
ATLANTA (2016) S1 米 FX Network
ドナルド・グローヴァー, ブライアン・タイリー・ヘンリー, レイキース・スタンフィールド, ザジー・ビーツ◆「スパイダーマン：ホームカミング」にも出演した若手俳優D・グローヴァーが企画・製作総指揮・主演を務め、2017年のゴールデングローブ賞で作品賞と男優賞の2部門を受賞した30分のコメディ作品。音楽の街アトランタでその日暮らしの生活を送るアーネスト・マークスは、元カノの家に居候させてもらいながらも家賃さえ払えない始末。ある日、従兄弟のアルフレッドがペーパーボーイという名のラッパーとして注目を集めていることを知り、相棒のダリウスと共にペーパーボーイのマネージャーとして働くことを決意する。

アート・オブ・モア　美と欲望の果て

アトランティス
→スターゲイト：アトランティス

アトランティスから来た男
MAN FROM ATLANTIS (1977-1978) S1 米 NBC
パトリック・ダフィー(池田秀一), ベリンダ・モンゴメリー(倉野章子), アラン・ファッジ(阪口芳貞)◆海洋開発研究所の科学者エリザベス・メリルは、カリフォルニアの海岸で倒れている青年を発見する。記憶を失い言葉も通じない青年はマーク・ハリスと名付けられるが、なんと彼は伝説のアトランティス大陸の生き残りだということが判明する。手足に水かき、ドルフィン泳法で海中を自在に泳ぎ、驚異の潜水能力を持つマークが、海を舞台とした様々な難事件や怪事件に挑んでいく。主人公のマークに人気が集中し、演じるP・ダフィーにとっても出世作となった。パイロット版を含む長編が4本とシリーズが全13話あり、全てNHKで放映された。

アナザー・ライフ～天国からの3日間～
TWICE IN A LIFETIME (1999-2001) S2 加 CTV
ゴーディ・ブラウン(畠中洋), アル・ワックスマン(富田耕生)◆不慮の死を遂げた者が天国の入り口で審判にかけられる。そして天使ジョーンズによって3日間だけ下界に戻ることが許され、彼らは悔いの残る人生のラストをやり直すチャンスを与えられる。毎回、様々な登場人物の人生にスポットを当てたカナダ製のハートウォーミングなファンタジー。

あなたにムチュー
MAD ABOUT YOU (1992-1999) S7 米 NBC
ヘレン・ハント(児玉孝子), ポール・ライザー(小野健一), アン・ラムゼイ(木藤聡子)◆ニューヨーク・マンハッタンの高層マンションに住むポール・バックマンとジェイミーの若夫婦。仲睦まじい新婚生活かと思いきや、些細なことでついケンカの毎日。そこへジェイミーの姉リサ・ステンプルや、ポールの悪友ジェイ・セルビーらお騒がせキャラが加わって上を下への大騒ぎ。「エイリアン2」(1986年)のP・ライザーが製作総指揮と主演を兼ねた90年代を代表する都会派シチュエーション・コメディ。ジェイミー役のH・ハントは4回のエミー賞をはじめ数多くの賞を受賞し、一躍人気女優となった。

アトランティスから来た男

あ

アニマル・レスキュー・キッズ
THE ADVENTURES OF A.R.K. / THE NEW ADVENTURES OF A.R.K. (1998-2000) S3 米
ブランドン・クインティン・アダムス (内田健介), ドロシー・バートン (大野領子), ネイサン・ウェスト (飯泉征貴) ◆老犬ゆえに殺処分されようとしているレース犬や、客寄せのために檻に閉じ込められたオランウータンなど、人間の身勝手から処分されそうになっている動物たちを救っていく高校生グループの活躍を描いたファミリー・ドラマ。[D,V]

アニーよ銃をとれ
ANNIE OAKLEY (1954-1957) S3 米
ゲイル・デイヴィス (来宮良子), ジミー・ホーキンス (小幡昭子), ブラッド・ジョンソン (八木真男) ◆ワイルド・ウェスト・ショーの女ガンマンとして名高い実在の人物アニー・オークレイを題材としたモノクロ 30 分の娯楽ウェスタン。邦題は映画版と同じだが、内容は全くの別物。ディアブロという名の西部の町を舞台に、超絶ガン・テクニックを持つ女ガンマンのアニーが、保安官クレイグや弟タッグたちと共に平和を守る物語となっている。[D]

あの時この時
G.E. TRUE (1962-1963) S1 米 CBS
ジャック・ウェッブ (大平透) ◆アメリカの男性向け雑誌「TRUE」に掲載された実話をもとにドラマ化したモノクロ 30 分のアンソロジー・シリーズ。ある出来事の中に隠された " 真実 " を描いていく。人気ドラマ「ドラグネット」の J・ウェッブがワーナー TV 用に製作したシリーズで、ホストとナレーションも務めている。なお原題の "G.E." は単独スポンサーであるゼネラル・エレクトリック社の頭文字。

アーノルド坊やは人気者
DIFF'RENT STROKES (1978-1986) S8 米 NBC → ABC
ゲイリー・コールマン (堀絢子), トッド・ブリッジス (野沢雅子), ダナ・プラトー (瀬戸薫) ◆大会社の社長フィリップ・ドラモンドに養子として引き取られたアーノルド・ジャクソンと兄のウィリスが巻き起こす騒動を描いた 1 話 30 分のシチュエーション・コメディ。「冗談は顔だけにしろよ」というフレーズは本作の日本語吹替版がルーツ。全国ネットではなく、地方局の CBC(中部日本放送) で先行放映された。[D]

アパッチ大平原
HONDO (1967) S1 米 ABC
ラルフ・テージャー (青野武), ノア・ビアリー (雨森雅司), キャシー・ブラウン (平井道子) ◆西部劇作家ルイス・ラムーアの小説『コチーズの贈物』を映画化したジョン・ウェイン主演「ホンドー」(1953 年) の TV シリーズ版で、流れ者となった元騎兵隊員の姿を描く。かつて騎兵隊で腕の立つスカウトだったホンドー・レインは、アパッチの酋長ビットロの娘と結婚するが、彼女を騎兵隊に殺されてしまう。流れ者となったホンドーは、アリゾナのクルック大佐から依頼されアパッチとの交渉役となるのだが…。第 1 話と第 2 話は再編集され「荒野のアパッチ」として劇場公開された。

アパッチ保安官
LAW OF THE PLAINSMAN (1959-1960) S1 米 NBC
マイケル・アンサラ , ロバート・ハーランド ◆チャック・コナーズ主演の TV シリーズ「ライフルマン」の 2 エピソードに登場したアパッチ族の連邦保安官代理サム・バックハートを主人公にしたスピンオフ作品。騎兵隊将校を救ったことから援助を受けて名門ハーバードを卒業したアパッチ族の青年が、ニューメキシコで法の番人として活躍する娯楽ウェスタン。

アヴァロンの霧
THE MISTS OF AVALON (2001) 米 = 独 = チェコ TNT
ジュリアナ・マルグリーズ (野沢由香里), アンジェリカ・ヒューストン (藤田淑子), ジョーン・アレン (金野恵子), サマンサ・マシス (山崎美貴), キャロライン・グッドオール (弥永和子), エドワード・アタートン (関俊彦), マイケル・ヴァルタン (森川智之), マイケル・バーン (中村正) ◆女性視点から " アーサー王伝説 " を描いたマリオン・ジマー・ブラッドリーの同名ベストセラーをミニシリーズ化したファンタジー大作。女性だけが住む霧の島アヴァロンを治める巫女ヴィヴィアンはサクソン人の侵攻によるイングランドの危機を恐れていた。魔術師マーリンと共に妹のイグレイン妃を訪ねたヴィヴィアンは、祖国のためにも彼女の息子アーサーをいずれ王にすると決意。やがてアーサーの異父姉モーゲインはヴィヴィアンの後継者とし

アーノルド坊やは人気者

アパッチ大平原

てアヴァロン島へ…。キャストだけでなく監督ウーリー・エデル、撮影ヴィルモス・ジグモンドとスタッフも豪華で、数々の賞に輝いた。

アヴィニヨン伝説 ～秘められた予言～
LA PROPHETIE D'AVIGNON (2007) S1 仏 FR2

ルイーズ・モノ, フランソワ・ペロー, フランソワ・ドゥノワイエ ◆あまりにも重大であるため、時の法皇に封印された予言。エスペランザ家のエステルは、祖父からその予言を発見する者こそお前だと言われ続けていた。彼女は教皇庁修復人のオリヴィエの助けを得て予言の獲得に乗り出すのだが…。アヴィニヨンの教皇庁で初のドラマ・ロケも行われた、フランス版「ダヴィンチ・コード」とでも言うべき歴史ミステリー大作。全8話のミニシリーズ。

アフェア　情事の行方
THE AFFAIR (2014-2017) S3 米 Showtime

ドミニク・ウェスト(中根徹), ルース・ウィルソン(渋谷はるか), モーラ・ティアニー(佐々木優子) ◆不倫によって思わぬ事件に巻き込まれていく男女を、それぞれの視点から描いたラブ・サスペンス。教師のノア・ソロウェイは義父の家に向かう途中で一軒のレストランに立ち寄り、そこでアリソン・ロックハートというウェイトレスと出会う。2人は互いに惹かれ合い関係を結ぶが…。第72回ゴールデン・グローブ賞テレビ部門でドラマ作品賞とドラマ主演女優賞に輝いた。[D]

アブソリュートリー・ファビュラス
ABSOLUTELY FABULOUS (1992-2012) S6 英 BBC

[別] アブソリュートリー・ファビラス

ジェニファー・サウンダーズ, ジョアンナ・ラムレイ, ジュリア・サワラ ◆ファッション業界を舞台に、エディナ・モンスーンとパッツィ・ストーンという中年女性ふたりのぶっ飛んだ日々を描いたシットコム。1992年から2012年まで英BBCで放送された人気シリーズで、「アブ・ファブ」という略称でも呼ばれる。エミー賞やBAFTA(英国アカデミー賞)など、各種の賞を総なめにした。[V]

アフリカ大牧場
COWBOY IN AFRICA (1967-1968) S1 米 ABC

チャック・コナーズ(大宮悌二), トム・ナディーニ(高島稔), ロナルド・ハワード(小山源喜) ◆ケニアの大牧場経営者ヘイズに雇われたカウボーイと先住民族の青年が、密猟者と戦ったり、猛獣を捕まえたりするアフリカ版ウェスタン。映画「野獣狩り／カウボーイ・スタイル」(1967年)の続編TVシリーズに当たり、主人公のジム・シンクレアはヒュー・オブライアンからC・コナーズに変更されたが、ナバホ族出身の相棒ジョン・ヘンリーは映画に引き続きT・ナディーニが演じた。

アボンリーへの道
ROAD TO AVONLEA (1990-1996) S7 加 CBC

サラ・ポーリー(石井梓→丹下桜), ジャッキー・バロウズ(鳳八千代), マグ・ラフマン(深見梨加) ◆『赤毛のアン』をTV化(日本では劇場公開)したケヴィン・サリヴァンが、同じくルーシー・モード・モンゴメリの『ストーリー・ガール』『黄金の道』をベースに『赤毛のアン』などのエピソードもアレンジして映像化したTVシリーズ。プリンスエドワード島のアボンリーにあるキング家に引き取られることになった少女セーラ・スタンリーの成長を、カナダの美しい景観と共に描く。[D,V]

アーミー・ワイフ
ARMY WIVES (2007-2013) S7 米 Lifetime

キム・デラニー, サリー・プレスマン, ブリジッド・ブラナー ◆アメリカ陸軍基地を舞台に、軍人を夫に持つ女4人と軍人を妻に持つ男1人、そしてそれぞれの家族の日常と交流を描いた人間ドラマ。実際に軍人の妻に取材したリアルなストーリーが好評を博し全7シーズンに及ぶ長寿番組となった。

アメリカン・ガールズ
THE AMERICAN GIRLS (1978) S1 米 CBS

プリシラ・バーンズ(金井克子), デブラ・クリンガー(由美かおる), デヴィッド・スピルバーグ ◆「ジ・アメリカン・レポート」という番組に所属する2人の美人レポーターの活躍をコミカルに描いたアドベンチャー作品。プロデューサーの命令で、エイミー・ワデルとレベッカ・トムキンズが危険なロケに体当たりで挑戦していく。「チャーリーズ・エンジェル」人気を当て込んで製作されたが、全7話と短命に終わった。

アメリカン・ガールズ～女のエアポート
FLYING HIGH (1978) S1 米 CBS

アブソリュートリー・ファビュラス

アーミー・ワイフ

[別]アメリカン・ガールズII
パット・クラウス(戸田恵子), キャスリン・ウィット(野崎貴美子), コニー・セレッカ(弥永和子) ◆ロサンゼルスのサン・ウェスト航空で働くパム、マーシー、そしてリサという3人の若いキャビン・アテンダントが巻き起こす騒動を描いたコメディ。「アメリカン・ガールズ」に引き続いて放映されたため、この邦題となったが、同一シリーズではない。

アメリカン・クライム

AMERICAN CRIME (2015-2017) S3 米 ABC

フェリシティ・ハフマン, ティモシー・ハットン, W・アール・ブラウン ◆「それでも夜は明ける」でアカデミー賞脚色賞を受賞したジョン・リドリーが手がけるノンストップ犯罪ドラマ。ある殺人事件の真相に迫る過程を、当事者とその家族の視点からリアルに描き、現代のアメリカ社会が抱える数々の闇を克明に映し出した作品となっている。警察からの連絡を受けカリフォルニアに飛んだラス・スコーキーは、何者かに射殺されたという息子マットの遺体と対面する。亡き息子マットの家から大量の薬物が見つかったことを知り、ラスは息子の友人スコットに会いに行くのだが…。[D]

アメリカン・クライム・ストーリー／O・J・シンプソン事件

AMERICAN CRIME STORY / THE PEOPLE V. O. J. SIMPSON: AMERICAN CRIME STORY (2016) 米 FX

キューバ・グッディング・Jr(藤原啓治), ジョン・トラヴォルタ(森田順平), サラ・ポールソン(永吉ユカ) ◆「アメリカン・ホラー・ストーリー」のライアン・マーフィーが製作総指揮を務めた実録犯罪ドラマで、1シーズンでひとつの事件をリアルに再現していく。最初のシーズンは元人気アメフト選手、O・J・シンプソンの世紀の裁判を、C・グッディング・JrやJ・トラヴォルタを迎えて再現。元妻とその友人が殺害される事件が発生したことから、スーパースターのO・J・シンプソンは出頭を命じられてしまう。

アメリカン・ゴシック

AMERICAN GOTHIC (1995-1996) S1 米 CBS

ゲイリー・コール(磯部勉), ルーカス・ブラック(くまいもとこ), ペイジ・ターコー(山像かおり) ◆アメリカ南部の静かな田舎町トリニティを舞台に、善と悪の闘いを怪奇現象を交えて描いた、サム・ライミ製作総指揮によるホラー・シリーズ。飲んだくれの父、姉マーリンと3人で暮らす少年ケイレブ・テンプル。だが10歳の誕生日に保安官ルーカス・バックが家に乗り込み、マーリンを殺した上に父を投獄してしまう。病院に運び込まれたケイレブは、都会から転勤してきたマット・クロワー医師の面倒になるが、バック保安官が執拗にケイレブに迫る…。[D,L,V]

アメリカン・ゴシック　～偽りの一族～

AMERICAN GOTHIC (2016) S1 米 CBS

ジュリエット・ライランス(林真里花), ジャスティン・チャットウィン(川田紳司), ヴァージニア・マドセン(深見梨加), アントニー・スター(志村知幸), メーガン・ケッチ(小林希唯) ◆殺害現場にベルを置いていくことから“シルバーベル・キラー”と呼ばれた連続殺人鬼。14年前を境にその犯行は途絶えていたが、トンネルの崩落事故現場から“シルバーベル・キラー”の被害者のベルトが発見された。崩落を起こしたコンクリートはボストンの富豪ホーソーン家が手がけたものであり、ホーソーン家と殺人鬼との接点が疑われた。そして屋敷の納屋からは、いくつものベルが入った箱が見つかるのだが…。[D]

アメリカン・ゴッズ

AMERICAN GODS (2017) S1 米 Starz!

リッキー・ウィトル(大羽武士), イアン・マクシェーン(浦山迅), エミリー・ブラウニング(松井茜) ◆イギリスの作家ニール・ゲイマンが現代のアメリカに蘇った神々の戦いを描きヒューゴー賞を受賞した同名小説を、「HEROES／ヒーローズ」のブライアン・フラーとマイケル・グリーンが映像化したTVシリーズ。刑務所を出所したシャドウ・ムーンは、ミスター・ウェンズデイという男にボディガードとして雇われることになった。しかしその仕事内容は彼の予想を超え、あまりにも危険なものになっていく。やがてシャドウは、自分が神話中の古い神々と、グローバライゼーションなどを司る新しい神々との戦いに巻き込まれたことを知るが…。[D]

アメリカン・ティーンエイジャー～エイミー

アメリカン・クライム・ストーリー

アメリカン・ゴッズ

あ

の秘密～
THE SECRET LIFE OF THE AMERICAN TEENAGER (2008-2013) S5 米 ABC Family
シェイリーン・ウッドリー , ケニー・バウマン , ダレン・カガソフ ◆高校生の妊娠というセンセーショナルなテーマを軸に、10 代特有の儚くも力強い人間関係を描いた人気シリーズ。15 歳のエイミーはどこにでもいる普通の女子高生。ところがある日プレイボーイのリッキーとの子供を身ごもってしまう。一方、彼女のいないベンは、友人たちに勧められるままエイミーをダンス・パーティに誘うのだが…。後に「ダイバージェント」でブレイクする S・ウッドリーが主役のエイミーを好演して話題となった。[D]

アメリカン・ヒーロー
THE GREATEST AMERICAN HERO (1981-1983) S3 米 ABC
[別] UFO 時代のときめき飛行／アメリカン・ヒーロー (TV・初)
ウィリアム・カット (富山敬), ロバート・カルプ (小林修), コニー・セレッカ (戸田恵子), フェイ・グラント (土井美加), マイケル・パレ (井上和彦) ◆高校教師のラルフ・ヒンクリーは UFO と遭遇し、超能力を使うことができるスーパースーツを与えられるが、取り扱い説明書をなくしたため、試行錯誤しながら悪と対決していく。ドジなスーパーヒーローの活躍を描いた SF コメディ。パイロット版は映画劇場枠で「アメリカン・ヒーロー / ワンダー・フライト」として放映された。[B,D]

アメリカン・ホラー・ストーリー
AMERICAN HORROR STORY: MURDER HOUSE (2011) 米 FX
[別] アメリカン・ホラー・ストーリー：呪いの館
ジェシカ・ラング (一柳みる), コニー・ブリットン (藤本喜久子), ディラン・マクダーモット (てらそままさき) ◆「Glee」のクリエイターであるライアン・マーフィーが手がけた、シーズンごとに時代や舞台の異なる恐怖を描くエロティック・スリラー。第 1 シーズンの舞台はロサンゼルスの幽霊屋敷。ボストンからロスの洋館へ引っ越してきたハーモン一家。ところが新居に到着した一家は、前の住人が無理心中したといういわくつきの物件だと不動産屋から知らされる。[D]

アメリカン・ホラー・ストーリー：怪奇劇場
AMERICAN HORROR STORY: FREAK SHOW (2014-2015) 米 FX
サラ・ポールソン (安藤麻吹), エヴァン・ピーターズ (矢野正明), ジェシカ・ラング (一柳みる), キャシー・ベイツ (小宮和枝) ◆フリークスが集う見世物小屋 " フリーク・ショー " が町にやってきた途端、奇怪な殺人事件が発生する…。シーズンごとに新たな設定となるホラー・アンソロジー「アメリカン・ホラー・ストーリー」の第 4 シーズン。今回は文字通りフリークスをテーマにした内容で、主人公は双頭の女性という異色作。前シーズンからの続投となるキャストも新たな配役での参加となっている。

アメリカン・ホラー・ストーリー：精神科病棟
AMERICAN HORROR STORY: ASYLUM (2012-2013) 米 FX
[別] アメリカン・ホラー・ストーリー アサイラム
ザカリー・クイント (武藤正史), ジョセフ・ファインズ (佐久田脩), ジェシカ・ラング (一柳みる) ◆「Glee」のライアン・マーフィーによるスタイリッシュ・ホラー「アメリカン・ホラー・ストーリー」の第 2 シーズン。今回の舞台は人種差別が残るアメリカ南部。黒人女性と結婚したキット・ウォーカーだが、妻は行方不明になり、自身は連続猟奇殺人犯として精神科病棟に入院させられてしまう。[D]

アメリカン・ホラー・ストーリー：体験談
AMERICAN HORROR STORY: ROANOKE (2016) 米 FX
サラ・ポールソン (安藤麻吹), リリー・レーブ (日野由利加), キューバ・グッディング・Jr(家中宏), アンドレ・ホランド (竹田雅則), キャシー・ベイツ (小宮和枝) ◆「アメリカン・ホラー・ストーリー」の第 6 シーズン。今回は、これまでと打って変わってフェイク・ドキュメンタリー形式で南部の寒村に根付く恐怖を描く。暴力沙汰と流産によって都会暮らしに見切りをつけたシェルビーとマットの夫婦はノースカロライナ州の古い農場を入札してそこに移り住むことに。そこで夫妻が遭遇した数々の恐怖体験を再現したドキュメンタリー番組「ロアノークの悪夢」を通じて、夫妻と 16 世紀に起きた失踪事件 " 失われた植民地 " との関連が浮かび上がってくる。前シーズンに続いてレ

アメリカン・ティーンエイジャー ～エイミーの秘密～

アメリカン・ホラー・ストーリー

あ

ディー・ガガも出演。

アメリカン・ホラー・ストーリー：ホテル

AMERICAN HORROR STORY: HOTEL (2015-2016) 米 FX

レディー・ガガ (朴路美), キャシー・ベイツ (小宮和枝), サラ・ポールソン (安藤麻吹) ◆「Glee」のクリエイターであるライアン・マーフィーが手がけるスタイリッシュ・ホラー「アメリカン・ホラー・ストーリー」の第 5 シーズン。歌手のレディー・ガガが初主演を果たし、ゴールデン・グローブ賞女優賞を受賞したことでも知られる。ロサンゼルスの街でひときわ異彩を放つホテル・コルテス。ホテルを訪れた観光客やロス市警の刑事などが導かれる 64 号室には、いったい何があるのか。そしてペントハウスに居を構える伯爵夫人の正体とは。[B,D]

アメリカン・ホラー・ストーリー：魔女団

AMERICAN HORROR STORY: COVEN (2013-2014) 米 FX

サラ・ポールソン (安藤麻吹), タイッサ・ファーミガ (ブリドカットセーラ恵美), キャシー・ベイツ (小宮和枝), ジェシカ・ラング (一柳みる) ◆「アメリカン・ホラー・ストーリー」の第 3 シーズンで、現代に生きる若き魔女たちを描く。特殊能力に目覚めたゾーイ・ベンソンは、魔女の末裔を教育するニューオーリンズの寄宿学校に入れられる。そこでは様々な怪奇現象が発生し、トップをめぐる争いも始まっていく…。

嵐が丘

WUTHERING HEIGHTS (2009) S1 英 ITV

トム・ハーディ , シャーロット・ライリー , アンドリュー・リンカーン ◆エミリー・ブロンテの同名小説をドラマ化したミニシリーズ。人里離れた荒野に建つ屋敷・嵐が丘にある日、ヒースクリフという孤児がやってくる。彼はやがて屋敷の娘キャサリンと互いに愛し合うようになるが、出自の差からその恋は破れてしまう。都会に出て成功したヒースクリフは復讐のため嵐が丘に舞い戻るが…。[D]

アラビアンナイト

LE MILLE E UNA NOTTE: ALADINO E SHERAZADE / ONE THOUSAND AND ONE NIGHTS (2012) 伊 RAI

ヴァネッサ・ヘスラー , マルコ・ボッチ ◆イタリア発のファンタジー・アドベンチャー。アラビアの説話集『アラビアンナイト (千夜一夜物語)』から、アラジンと砂漠の王女のエピソードを新解釈で描く。王女との結婚を夢見て砂漠の廃墟に向かったアラジンは、首尾よく魔法のランプを手に入れるが…。[D]

アラビアン・ナイト〜千一夜物語

ARABIAN NIGHTS (1999) 米 = 独 = トルコ = ヨルダン

[別] アラビアン・ナイト (DVD)

ダグレイ・スコット (小山力也), ミリー・アヴィタル (塩田朋子), ジェームズ・フレイン (大塚芳忠), チェッキー・カリョ (佐々木勝彦), ジョン・レグイザモ (岩崎ひろし), ジェイソン・スコット・リー (森川智之) ◆『千夜一夜物語』を豪華キャストと SFX 満載で描いたホールマーク社製作のファンタジー・アドベンチャー。妻の不貞で女性に対し憎しみを抱くバグダッドの王シャリアールの気を静めるため、彼の元へ嫁ぐシェヘラザード。失意の王を救うためにシェヘラザードは毎夜、驚異に満ちた不思議な物語を王に聞かせるのだった。[D]

アラフォー♀とルーキー♂

ACCIDENTALLY ON PURPOSE (2009-2010) S1 米 CBS

ジェナ・エルフマン , ジョン・フォスター , アシュレー・ジェンセン ◆メアリー・ポルスの自叙伝をもとに製作された、アラフォー女性が年下男性に翻弄される姿を描いたシットコム。37 歳のビリーは、イケメン上司の彼と別れた後、バーで出会った年下のザックと一夜限りの関係を持ち妊娠してしまう。やむなくザックと同棲することになるビリーだったが…。

アラーム・フォー・コブラ 11

ALARM FUR COBRA 11-DIE AUTOBAHNPOLIZEI (1996-2017) S42 独 RTL

エルドゥアン・アタレイ (大塚明夫), ギデオン・ブルクハルト (落合弘治), シャルロット・シュヴァープ (竹村叔子) ◆覆面パトカー、コブラ 11 で速度無制限のアウトバーンを疾駆する高速警察隊に所属する私服刑事コンビ、ゼミル・ゲーカンとクリス・リッターの活躍を描いたドイツ製ポリス・アクション。劇場映画にも匹敵するド派手なカー・スタントやクラッシュ・シーンが評判となった。第 3、第 4 シーズンがソフト化の際「アウトバーン・コップ」というタイトルになった他、数々のスペシャル版が「インターチェンジ」「ワイルド・ランナー」「HEAT ヒート 無法捜査

嵐が丘

アラフォー♀とルーキー♂

線」などの邦題でリリースされた。[D]

アラーム・フォー・コブラ SPIN OFF
ALARM FUR COBRA 11 - EINSATZ FUR TEAM 2 (2003-2005) S2 独 RTL
ユリア・スティンスホフ (ちふゆ), ヘンドリック・ドゥリン (てらそままさき) ◆過激で切れ者の最強女性刑事スザンナと、相棒で無骨な優しい刑事フランクが様々な事件に立ち向かう姿を描いた警察ドラマ。「アラーム・フォー・コブラ 11」のスピンオフ作品。バイクや高級車を使ったド派手なカー・アクションも見どころ。[D]

アラン・ドロンの刑事フランク・リーヴァ
FRANK RIVA (2003-2004) S2 独＝仏 FR2
アラン・ドロン , ジャック・ペラン , ミレーユ・ダルク ◆麻薬ルート、フレンチ・コネクションの壊滅に功のあった潜入捜査官フランク・リーヴァ。組織の報復を恐れて 25 年もの間、姿をくらましていた彼が、親友で警察署長でもあるグザビエ・アンジェに新たな麻薬事件への協力を依頼されてパリに舞い戻ってくる。かつて彼が打撃を与えたボスの息子マキシム・ロジャが彼の前に立ちはだかるが…。[D]

アラン・ドロンの 刑事物語
FABIO MONTALE (2001) S1 仏 TF1
アラン・ドロン (野沢那智), マチルダ・メイ (平淑恵), セドリック・シェヴァルメ (てらそままさき) ◆俳優引退宣言をしていた A・ドロンの復帰作として話題になった刑事ドラマ。港町マルセイユを舞台に退職直前の警視ファビオ・モンタルの活躍を「復讐の誓い」「汚れたファイル」「正義の代償」の全 3 話で描く。警察を辞め、余生を静かに暮らそうと決心していたファビオだったが、幼馴染みが次々と殺され、いつの間にか彼自身も事件の渦中に放り込まれてしまう。その背後には、警察とマフィアの黒い繋がりが隠されていた…。

アリス
ALICE (2009) S1 英＝加 Showcase
カテリーナ・スコーソン (牛田裕子), キャシー・ベイツ (小宮和枝), ティム・カリー (広田みのる) ◆ 10 歳の時に父親が失踪したことで男性恐怖症に陥ったアリス。ボーイフレンドのジャックの求婚に驚いたアリスは、とっさに彼を家から追い出してしまう。その直後、アリスの目の前でジャックは何者かに拉致されてしまった。ジャックを探すため、アリスは鏡の世界に飛び込むが…。ルイス・キャロル著『不思議の国のアリス』をモチーフにした SF ミニシリーズ。[D]

アリゾナ警備隊　26 人の男
26 MEN (1957-1959) S2 米 ABC
[別] アリゾナレンジャー 26 人の男
トリス・コフィン (黒沢良), ケロ・ヘンダーソン ◆無法地帯だったアリゾナを守るため、1901 年に組織された法執行機関アリゾナ・レンジャーズ。トム・ライニング隊長の下、クリント・トラヴィス隊員など総勢 26 名からなるレンジャー隊の活躍を描くモノクロ 30 分の西部劇で、実際に起きた事件をもとに描かれている。[D]

アリゾナ魂
→胸に輝く銀の星

アリゾナ・トム
SUGARFOOT (1957-1961) S4 米 ABC
[別] シュガー・フット (CX)
ウィル・ハッチンス (関根信昭→天田俊明) ◆バーではミルクを飲み、カウボーイ仕事の合間に法律書を読むような暴力嫌い、弁護士志望の青年トム・ブルースターが悪党どもを退治していく西部劇。弱そうな物腰のトムが早撃ちを見せるクライマックスがカタルシスを生んだ。[D]

アリー・my ラブ
ALLY MCBEAL (1997-2002) S5 米 Fox
キャリスタ・フロックハート (若村麻由美), ギル・ベローズ (宮本充), グレッグ・ジャーマン (小杉十郎太) ◆ハーバード大卒の弁護士アリー・マクビール。彼女は、セクハラをした事務所の上司に抗議して解雇される憂き目に遭うが、偶然出会った友人リチャード・フィッシュの経営する " ケイジ＆フィッシュ弁護士事務所 " で働くことに。しかし、そこにはかつての恋人ビリー・アラン・トーマスがいた。再びアリーの心はときめくが、彼はすでに結婚しており…。恋と仕事の狭間で揺れる独身女性の心情をブラック・ユーモアたっぷりに描き大ヒットしたコメディ。[D,V]

ALCATRAZ ／アルカトラズ
ALCATRAZ (2012) S1 米 Fox

アラン・ドロンの刑事フランク・リーヴァ

アリー・my ラブ

あ

サラ・ジョーンズ(皆川純子), ホルヘ・ガルシア(高戸靖広), サム・ニール(小川真司) ◆「LOST」のJ・J・エイブラムスが手がけたSFスリラー。1963年にアルカトラズ刑務所から忽然と消えた302名の凶悪犯と看守が、当時のままの姿で突然現代に現れた。女性刑事レベッカ・マドセンは、彼らの犯行を阻止しながら隠された壮大な謎に挑む。[B,D]

ある結婚の風景

SCENES FROM A MARRIAGE / SCENER UR ETT AKTENSKAP (1973) S1 スウェーデン SR

リヴ・ウルマン(阪口美奈子), エルランド・ヨセフソン(柳生博) ◆スウェーデンを代表する映画作家イングマール・ベルイマンが製作・監督・脚本を務めたミニシリーズ。2人の娘を持つ夫婦の結婚生活から離婚までを描き、結婚と人生の意味を問う。舞台的な演出が話題となり、再編集版が映画として劇場公開され、ゴールデン・グローブ賞の外国語映画賞を受賞した。[B,D]

アルフ

ALF (1986-1990) S4 米 NBC

ポール・フスコ(所ジョージ), マックス・ライト(小松政夫), アン・シェディーン(吉田理保子) ◆地球に不時着した毛むくじゃらの異星人アルフと、彼を居候させるハメに陥ったタナー家の面々が繰り広げる騒動を描いたシチュエーション・コメディ。アルフは操演によるマペットが主で、一部シーンのみ着ぐるみが使用された。シリーズ終了後に新作エピソードが製作され、日本では幻の最終回扱いで「ザ・ファイナル・スペシャル」として放映・発売された。[D]

ALPHAS／アルファズ

ALPHAS (2011-2012) S2 米 Syfy

デヴィッド・ストラザーン(をはり万造), ウォーレン・クリスティー(中尾一貴), マリク・ヨバ(乃村健次) ◆「X-MEN」のスタッフによる、特殊能力保持者を描いたSFアクション・スリラー。絶対身体能力を持つ元スナイパーのキャメロン・ヒックス、元FBI捜査官で怪力を発揮するビル・ハーケン、ずば抜けた五感を利用する超感覚者レイチェル・ピルザド、電磁波を自由自在にコントロールできるトランスデューサーのゲイリー・ベル、目を見るだけで相手のマインド操作が可能なニーナ・セロー。5人は“アルファ”と呼ばれる特殊能力の持ち主で、アルファ研究の権威リー・ローゼン博士の指揮の下、様々な超常現象や不可思議な事件に挑む。[B,D]

アルファ・ハウス

ALPHA HOUSE (2013-2014) S2 米 Amazon

ジョン・グッドマン, クラーク・ジョンソン, マット・マロイ ◆ワシントンDCを舞台に、4人の上院議員が一軒の家をルームシェアしたことから巻き起こる騒動を描いた、Amazonオリジナルの政治コメディ。連続住宅をシェアしている実際の民主党議員をヒントに作られた。一軒家をシェアしているギル・ジョン・ビッグス、ロバート・ベッテンコート、そしてルイス・ラファーの3人の上院議員。ひと部屋が空いたが、そこへ入居してきたのは、またしても上院議員のアンディ・グズマンだった。

アルプスの少女ハイジ

HEIDI (1974) S1 英 BBC

エマ・ブレイク(冨永みーな), ハンス・メイヤー(高橋昌也), ニコラス・リンドハースト(坂上也寸志), クロエ・フランクス(山添三千子) ◆ヨハンナ・スピリの名作を映像化し英国BBCで放送した30分のミニシリーズ。ハイジの数奇な運命を、イギリスの美しい風景の下で描く。日本では1976年2月2日からNHK「少年ドラマシリーズ」枠で放送された。

アルプスのスキーボーイ

SKI-BOY (1973-1974) S1 英 ITV

スティーヴン・ヒューディス(宮本和男), マーゴ・アレクシス(岡本茉利) ◆マッターホルンのふもとに位置するサンルークを舞台に、スキー訓練のため親戚のもとを訪れていた少年ボビーが、少女サディと共にスキーを駆使して事件を解決していくファミリー・ドラマ。日本ではNHK「少年ドラマシリーズ」枠で放送された。1話30分、全12話。

ある訪問者

THE DOCTOR (1952-1953) S1 米 NBC

[別] 見知らぬ訪問者

ワーナー・アンダーソン ◆精神的なストレスを中心に、毎週異なる症例に対応する医者の姿を描くモノクロ30

アルフ

ALPHAS／アルファズ

分の医療アンソロジー。

アレステッド・ディベロプメント

→ブル〜ス一家は大暴走！

ARROW ／アロー

ARROW (2012-) S6- 米 The CW

スティーヴン・アメル (日野聡), ケイティ・キャシディ (小林沙苗), ウィラ・ホランド (坂井恭子) ◆ DC コミックス『グリーン・アロー』を原案としたヒーロー・アクション。船の転覆事故により 5 年間消息を絶っていたオリバー・クイーンが生きていた。故郷のスターリング・シティに帰ってきたオリバーは億万長者の息子を装いながら、裏では緑のフードに身を隠し強力な弓矢を武器に悪人どもに正義の鉄槌を下していく…。第 2 シーズンには後にスピンオフ作品「THE FLASH ／フラッシュ」の主人公となるフラッシュことバリー・アレンが登場した。[B,D]

アーロン・ストーン

AARON STONE (2009-2010) S2 加 Disney XD

ケリー・ブラッツ (佐藤拓也), J・P・マヌー (神谷浩史), タニア・グナディ (永田依子) ◆ゲームと現実が交錯する世界を舞台に、悪と戦う少年を描いたティーン向けアクション・ファンタジー。16 歳のチャーリー・ランダースは、世界的人気のオンラインゲーム「ヒーロー・ライジング」内でアーロン・ストーンというアバターを使うトップクラスの実力を誇る凄腕プレーヤー。ある時、ゲームの製作者 T・アブナー・ホールに呼び出されたチャーリーは、現実でもアーロン・ストーンとなり、悪の同盟オメガ・ディファイアンスと闘わないかとスカウトされるのだが…。

暗黒の戦士／ハイランダー

HIGHLANDER (1992-1998) S6 米

エイドリアン・ポール (江原正士), アレクサンドラ・ヴァンダヌート (相沢恵子), スタン・カーシュ (成田剣) ◆同族が殺し合う運命にある不死の民のひとりダンカン・マクラウドが、恋人テッサ・ノエルと元不良のリッチー・ライアンという理解者を得て、襲い来る刺客に立ち向かう。映画「ハイランダー / 悪魔の戦士」(1986 年) の好評を得て作られた TV シリーズ。日本では TV で放送された後、ビデオが 6 本発売された。[V]

アンジェラ 15 歳の日々

MY SO-CALLED LIFE (1994-1995) S1 米 ABC

クレア・デインズ (高橋紀恵), ベス・アームストロング (小野洋子), トム・アーウィン (大滝寛) ◆優等生のアンジェラは不良のレイアン・グラフと親しくなったことから、厳格な両親や学校に対して反抗心を抱くようになる。謎めいた少年ジョーダンに対する憧れはやがて恋に発展するが、内気なブライアンは密かにアンジェラに思いを寄せていた…。性の悩み、将来への不安、友人との人間関係などに揺らめく少女の心情を描いた青春ドラマ。

Underemployed 〜夢とサイフの相関図〜

UNDEREMPLOYED (2012-2013) S1 米 MTV

ミシェル・アン , ディエゴ・ボネータ , サラ・ハーベル ◆大学を卒業して社会に出た 5 人の若者たち。ドーナツ屋で働きながら小説を書き続けるソフィア、希望した広告業界に身を置いたもののキャリアウーマンにはほど遠いダフネ、ウェイターのバイトを続けながらモデルのオーディションを受けるマイルズ、シンガーソングライターを目指していたのに元彼ルーの子を妊娠してしまったラヴィヴァ、そのためにせっかく決まった大学院をあきらめて親の会社に就職するルー。夢と現実の間であらがう 5 人それぞれの成長を描くハートフル・コメディ。

アンダーカバー

UNDERCOVERS (2010-2012) S1 米 NBC

ググ・ンバータ＝ロー , ボリス・コジョー , ベン・シュワルツ ◆「LOST」「FRINGE/ フリンジ」の J・J・エイブラムスが手がけるアクション・スリラー。評判のケータリング会社を経営するスティーブンとサマンサのブルーム夫妻。実はふたりは元 CIA のスパイだったが、5 年前の結婚を機に引退していた。ある日、任務中に行方不明となった元同僚の救出依頼が舞い込む。元同僚のため、スティーブンとサマンサは危険な潜入捜査に挑むのだった。

アンダー・ザ・ドーム

UNDER THE DOME (2013-2015) S3 米 CBS

マイク・ヴォーゲル (東地宏樹), ラシェル・ルフェーブル (安藤麻吹), ナタリー・マルティネス (冠野智美) ◆スティーヴン・キングのベストセラー同名小説を、スティーヴン・スピルバーグの製作会社アンブリンが映像化した SF ミス

ARROW ／アロー

アンジェラ 15 歳の日々

テリー。ある日突然、透明な巨大ドームに覆われ、外界から隔絶されたアメリカ東部の田舎町チェスターズ・ミル。通信障害が起こり携帯電話やTVが使えなくなり、ドームの周囲では事故が発生するが、閉じこめられた住人たちは謎を解明しようと試みる。[D]

アンタッチャブル

THE UNTOUCHABLES (1959-1963) S4 米 ABC

ロバート・スタック(日下武史), ブルース・ゴードン(若山弦蔵), アベル・フェルナンデス(羽佐間道夫) ◆禁酒法が施行された1930年代を舞台に、エリオット・ネスを隊長とした財務局の取締官とギャングや犯罪者たちとの戦いをリアルに描いた犯罪ドラマ。実録風の骨太な造りや当時としては過激な暴力描写が話題となり、日米共に大ヒットした。有名なアル・カポネを扱ったパイロット版はアメリカ以外では劇場公開され、日本では「どてっ腹に穴をあけろ」のタイトルで上映。1987年にはケヴィン・コスナー主演で映画版も製作され、その後、1993年には「新・アンタッチャブル」としてTVシリーズもリメイクされた。[D,V]

アンデッド

INTRUDERS (2014) S1 米=英 BBC America/BBC

ミラ・ソルヴィノ, ジョン・シム, ジェームズ・フレイン ◆ビジネスでシアトルを訪れた女性エイミーが突如失踪した。エイミーの夫で元ロンドン市警のジャックは、彼女の行方を追ってシアトルへやって来る。やがて彼の前に、奇妙な手がかりと謎の少女が現れ、事件はますます錯綜していく。「X-ファイル」と「ブレア・ウィッチ・プロジェクト」のスタッフによるサスペンス・シリーズ。[D]

アンという名の少女

ANNE / ANNE WITH AN E (2017) S1 加 CBC/Netflix

エイミーベス・マクナルティ(上田真紗子), ジェラルディン・ジェームズ(一柳みる), R・H・トムソン(浦山迅) ◆プリンスエドワード島アボンリー村で農場を営むマシューとマリラのカスバート兄妹は、農場の手伝いをしてくれる男の子を孤児院から引き取ることにしたが、何の手違いか、やってきたのはやせっぽちで空想好きのアンという女の子だった…。L・M・モンゴメリの名作『赤毛のアン』を、偏見やいじめといった現代的なテーマを盛り込みつつ新たにリメイクしたTVシリーズ。脚本は「ブレイキング・バッド」のモイラ・ウォリー=ベケット。カナダのCBCで放送されたときは「Anne」のタイトル、アメリカでは「Anne with an E」のタイトルでNetflixで配信された。

アン通り47番地

THE KIDS FROM 47A (1973-1975) S3 英 ITV

クリスティン・マッケンナ(岡本茉利), ゲイナー・ホッジソン(玉川砂記子), ナイジェル・グリーヴス(永久勲雄), ラッセル・ルイス(大見川高行) ◆未亡人のギャザコール夫人が入院し、残されたジェス、ビニー、ウィリー、ジョージの4人の姉弟たちが力をあわせて暮らしていく姿を描いたホーム・コメディ。NHK「少年ドラマシリーズ」枠で全41話中12話が放映された。

アントラージュ★オレたちのハリウッド

ENTOURAGE (2004-2011) S8 米 HBO

エイドリアン・グレニアー(野島裕史), ケヴィン・コナリー(千々和竜策), ジェレミー・フェレーラ(安齋龍太), ケヴィン・ディロン(斉藤次郎), ジェレミー・ピヴェン(山野井仁) ◆売り出し中の若手映画スター、ヴィンセント・チェイスには、3人の取り巻き(アントラージュ)がいる。マネージャーのエリック・マーフィ、雑用や運転手などをこなすタートル、ヴィンスの腹違いの兄で落ち目の俳優ジョニー・チェイス(通称ドラマ)。ひとつ屋根の下に住み、常に一緒に行動する4人の結束は固い。そして彼らと事あるごとに対立するのは、やり手のタレント・エージェント、アリ・ゴールド。ハリウッドに生きる人々の生き様をシニカルに描いた内幕ドラマ。製作総指揮はマーク・ウォールバーグ。[D]

アンドレア〜愛と略奪の炎

MESA PARA TRES (2004-2005) S1 コロンビア Canal Caracol

カタリナ・アリスティザバル, エクトル・アレドンド, ディエゴ・カダヴィド ◆コロンビアで製作された、愛憎渦巻くテレノベラ(テレビ小説)。生まれた町を追われ、コロンビアの首都ボゴタにある高級レストラン"サバディ"で働くことになったルイスとアレハンドロの兄弟は、オーナーの娘アンドレアを同時に好きになってしまい…。

アンタッチャブル

アントラージュ★オレたちのハリウッド

アンドロメダ
ANDROMEDA (2000-2005) S5 米
ケヴィン・ソーボ(速水奨),リサ・ライダー(沢海陽子),キース・ハミルトン・コッブ(西凛太朗)◆「スター・トレック／宇宙大作戦」の生みの親ジーン・ロッデンベリーの原案によるSF作品。宇宙の平和を取り戻すべく、銀河連合再建のための航海に旅立つ宇宙戦艦アンドロメダ・アセンダントのクルーたちの活躍を描く。奇襲攻撃を受けてブラックホールに沈んだ連合の最新鋭艦アンドロメダ。それから300年後、宇宙船ユーレカ・マルによってアンドロメダは引き揚げられ、ただ1人船内にとどまっていたディラン・ハント艦長は300年前の状態で救助された。だが艦長が目にしたものは、連合が崩壊したために平和と秩序を失い荒廃した宇宙の姿だった。ユーレカ・マルの乗員を仲間に加え、艦長とアンドロメダの新たな戦いが始まる。[D,V]

アンナ・カレーニナ
ANNA KARENINA (1977) S1 英 BBC
ニコラ・パジェット,スチュアート・ウィルソン,エリック・ポーター◆レフ・トルストイの同名古典をイギリスBBC放送がミニシリーズとして映像化。政略結婚で政府高官カレーニンと愛の無い結婚をした美貌の妻アンナと、青年将校のヴロンスキーとの不倫の恋の行方を描く。[D]

アンネの日記
DIARY OF ANNE FRANK (1987) S1 英 BBC
キャサリン・スレシンジャー(伊藤つかさ),エムリス・ジェームズ(鈴木瑞穂),エリザベス・ベル(岩本多代),エマ・ハルボール(佐々木優子)◆ナチス・ドイツのユダヤ人狩りから身を隠していた少女、アンネ・フランクの日記をもとに、オランダにおけるユダヤ人迫害の実態を描いたTVシリーズ。ナチス・ドイツ占領下のオランダ・アムステルダム。町では秘密警察によるユダヤ人の強制連行が相次いでいた。アンネの一家はやむなく、屋根裏部屋で暮らし始めるが…。[D]

アンネの日記
THE DIARY OF ANNE FRANK (2009) S1 英 BBC
エリー・ケンドリック(永田亮子),イアン・グレン(辻つとむ),フェリシティ・ジョーンズ(小橋知子)◆BBCで製作されたミニシリーズ。ナチス・ドイツのユダヤ人迫害の犠牲となり、秘密警察の目を逃れて隠れ家に潜みながら日記を書き続けたアンネ・フランクの半生を描く。日本ではアンネ生誕80周年記念としてNHKで放映された。

アンネ・フランク
ANNE FRANK: THE WHOLE STORY (2001) S1 米 ABC
[別]アンネ・フランク 真実の物語 (WOWOW)
ベン・キングズレー(池田勝),ハナ・テイラー・ゴードン(清水理沙),リリ・テイラー(佐藤しのぶ)◆多くの関係者に取材したメリッサ・ミュラーによるアンネ・フランクの伝記『アンネの伝記』を映像化したミニシリーズ。全米で放送され、エミー賞を受賞するなど高い評価を得た。オランダのアムステルダムに心優しい両親と姉と共に暮らしていたアンネ・フランクは、ナチスによるユダヤ人迫害から逃れるため、隠れ家へ移ることを決意するが、やがてナチスに発見されてしまう。家族と引き離され、強制収容所へ連行されたアンネは、想像を絶する過酷な状況になってもなお、生き続けることへの希望を捨てずにいた。[D,V]

アンフォーギヴン　記憶の扉
UNFORGIVEN (2009) S1 英 ITV
サランヌ・ジョーンズ,ピーター・デイヴィソン,ジェマ・レッドグレーヴ◆殺人罪で15年間服役し仮出所したルース・スレーターは、たったひとりの身内である妹ケイティの行方を探す。ケイティはベルコム夫妻の養女となり、ルーシーと名づけられ大学生となっていたが、子供の頃の記憶を失っていた。一方、ルースに父を殺されたスティーヴ・ウィーランは彼女の出所を知り、復讐に燃える。惨劇のあった生家を訪れたルースは、現在の住人である弁護士ジョン・イングラムと親しくなり、ケイティと逢うため協力を求める。運命に翻弄される姉妹を描いたミニシリーズ。

アンフォゲッタブル　完全記憶捜査
UNFORGETTABLE (2011-2016) S4 米 CBS
ポピー・モンゴメリー(甲斐田裕子),ディラン・ウォルシュ(てらそままさき),マイケル・ガストン(藤真秀)◆見たものすべてを記憶できる"超記憶症候群"という特殊能力を持つ女刑事が、大都市ニューヨークで起きる犯罪を捜査する新感覚ミステリー。幼い頃に姉を殺害されたキャ

アンドロメダ

アンフォゲッタブル　完全記憶捜査

リー・ウェルズは、事件解決のため刑事となりシラキュース市警で働いていた。だが事件は迷宮入りしてしまい、キャリーは刑事をやめて介護施設で働くことに。ある日、自分が住むアパートで発生した殺人事件がきっかけとなり、キャリーはクイーンズ警察に復職し捜査の最前線に戻ったのだが…。[D]

アンブレイカブル・キミー・シュミット

UNBREAKABLE KIMMY SCHMIDT (2015-2017) S3 米 Netflix

エリー・ケンパー (小島幸子), タイタス・バージェス (野沢聡), キャロル・ケイン (伊沢磨紀) ◆インディアナ州でカルト集団に 15 年もの間、監禁されていた 4 人の女性が救出された。4 人はニューヨークでテレビ出演をし故郷に帰されるが、ただ 1 人、キミー・シュミットだけはニューヨークに留まり、新たな生活に踏み出していく。だが彼女と世間には 15 年のズレがあった。笑えない設定から始まるシチュエーション・コメディ。

UnREAL

UNREAL (2015-2016) S2 米 Lifetime

シリ・アップルビー (広江美奈), ブレナン・エリオット (積圭祐), コンスタンス・ジマー (石本径代), クレイグ・ビアーコ (中野健治), ジェフリー・ボウヤー＝チャップマン (日下諭), ジョシュ・ケリー (中村だいぞう), ジュヌヴィエーヴ・ビークナー (工藤史子) ◆イケメンで金持ちの玉の輿を狙って女性たちが競い合う人気リアリティショーの内幕を描いたドラマ。かつてリアリティショーを担当して心身ともに疲れ、番組から遠ざかっていたレイチェル・ゴールドバーグは、大物プロデューサーのクイン・キングに新たな恋愛リアリティーショーのスタッフとして雇われる。その番組「Everlasting」はホテル王の御曹司をめぐって 25 人の女性たちが競い合うというもの。番組が盛り上がるように、レイチェルは巧みに出演者たちを焚きつけるのだったが…。

い

ER　緊急救命室

ER (1994-2009) S15 米 NBC

アンソニー・エドワーズ (井上倫宏), ジョージ・クルーニー (小山力也), シェリー・ストリングフィールド (山像かおり), ジュリアナ・マルグリーズ (野沢由香里) ◆ベストセラー小説『ジュラシック・パーク』の作者であり医学博士でもある作家マイケル・クライトンの企画を、スティーヴン・スピルバーグとクライトン自身の製作総指揮で作り上げた本格医療ドラマ。シカゴにあるクック・カウンティ総合病院の ER(緊急救命室) の医師たちが、緊急を要する患者たちの処置に当たる姿を緊迫感あふれる映像で綴る。多彩な登場人物、複雑な人間関係、現実味のある物語、スピーディな展開で瞬く間に人気を獲得し、15 シーズンにも渡る長期作品となった。次々と入れ替わるレギュラーや、有名スターのゲスト出演なども話題に。[D,L,V]

Yes?No? ワケあり男女のルームシェア

NOT GOING OUT (2006-2017) S8 英 BBC

リー・マック , ティム・ヴァイン , ミーガン・ドッズ ◆物事をなんでもテキパキとこなすしっかり者のケイト。彼女の部屋に勝手に居候を決め込んだ怠け者の中年男リー。リーの親友でケイトの元彼ティム。「THE SKETCH SHOW ザ・スケッチショー」の L・マックと T・ヴァインが顔を合わせ、3 人の男女によるドタバタを描くシチュエーション・コメディ。

イーグル

AQUILE / EAGLES (1989) S1 伊 RAI

アレッサンドロ・ピチニーニ (牛山茂), フェデリカ・モロ (勝生真沙子), マッシモ・ヴェンチュリエッロ (千田光男), モニカ・ドリガッティ (幸田直子) ◆空に憧れるマウロは念願叶って空軍に入り、恋人のアドリアーナもその美貌を活かして同じ町にあるモデル学校へ入学する…。イタリア空軍の若きパイロット候補生の訓練を主体に、彼らの挫折やロマンスなども織り交ぜたマカロニ版「トップガン」＋「愛と青春の旅だち」。7 エピソードのミニシリーズで、日本では全 4 巻のビデオでリリースされ、そのまま TV 放映もされている。主題歌はリック・アストリーの「Take Me to Your Heart」で、他にも当時のヒットナンバーが多数流れる。[V]

イサベル〜波乱のスペイン女王〜

ISABEL (2012-2014) S3 スペイン TVE

ミシェル・ジェネール , ロドルフォ・サンチョ , ラモン・マ

アンブレイカブル・キミー・シュミット

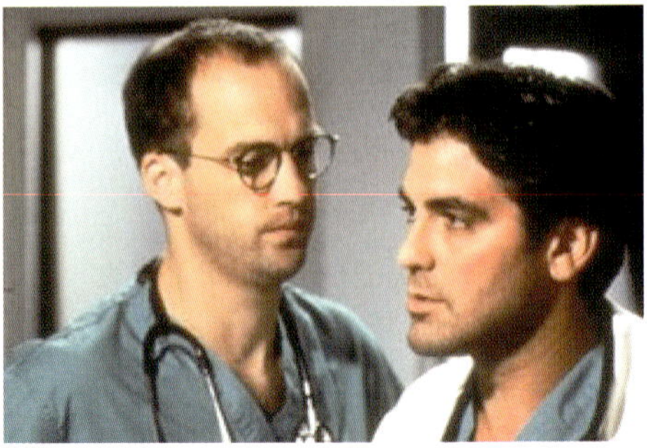

ER　緊急救命室

ドーラ ◆スペイン統一を果たした偉大な女王イサベル1世の生涯を描いた歴史大河ドラマ。スペインの国営放送で3シーズン(全39話)にわたって放送され、大ヒットを記録した。父フアン2世の死後、イサベルは王位を継承した異母兄エンリケ4世によって弟アルフォンソや母と共に追放され、貧しい生活を強いられていた。しかし、エンリケ4世の妻フアナ王妃の妊娠をきっかけにイサベルは王室へと戻され、様々な陰謀に巻き込まれながらも祖国と自分の信念のために戦っていく。

easy ／イージー

EASY (2016-2017) S2 米 Netflix

オーランド・ブルーム(佐藤美一), マリン・アッカーマン(行成とあ), デイヴ・フランコ(杉山大) ◆シカゴを舞台に様々なキャラクターの人生をコミカルに描く、1話30分、全8話のオムニバス作品。マンネリ気味の夫婦やヴィーガンの女性、妊活中のカップルに彼氏と別れた女優…。恋愛とセックスをテーマに、悩みながらも生きていく現代人にスポットライトを当てる。O・ブルームをはじめ、豪華なキャストも話題になった。

医師ジョナサン

TESTIMONY OF TWO MEN (1977) 米

デヴィッド・バーニー(堀勝之祐), スティーヴ・フォレスト(小林修), バーバラ・パーキンス(谷育子), デヴィッド・ハフマン(村山明), リンダ・パール(小山茉美) ◆テイラー・コールドウェルのベストセラー小説を映像化したミニシリーズ。南北戦争後のペンシルバニアを舞台に、若き外科医ジョナサン・フェリアーの波乱に満ちた半生を描く。「衝撃！愛する人の結婚」「ああ婚約者は戦場へ」「妻殺しの罪」「愛にめざめる時」「しかけられたスキャンダル」「亡き妻の秘密」の全6話で放映された。

異常犯罪捜査班 ― S.F.P.D

KILLER INSTINCT (2005-2006) S1 米 Fox

ジョニー・メスナー, クリスティン・レーマン, シャイ・マクブライド ◆サンフランシスコ市警の異常犯罪捜査班(Deviant Crimes Division)に所属するジャック・ヘイル刑事が、毒蜘蛛を使った殺人や移植された臓器ばかりを狙う事件など、常軌を逸した異常犯罪に立ち向かうサイコ・サスペンス。

イーストエンドの魔女たち

WITCHES OF EAST END (2013-2014) S2 米 Lifetime

ジュリア・オーモンド(高島雅羅), メッチェン・エイミック(藤本喜久子), ジェナ・ディーワン＝テイタム(白石涼子) ◆魔女の血族である美しき母娘の数奇な運命を描いた、メリッサ・デ・ラ・クルーズの同名ベストセラー小説をドラマ化したファンタジー。ロングアイランドで母ジョアンナ・ボーシャンと平穏に暮らすイングリッドとフレイヤ姉妹だが、妹の婚約を機にそれまで封印されていた魔力が覚醒してしまう。平和な生活は終わりを告げ、やがて母娘は悪魔との戦いに巻き込まれていく。第2シーズンで打ち切りとなったが、番組の存続を求める大規模な運動が起こった。

イーストサイド・ウェストサイド

EAST SIDE/WEST SIDE (1963-1964) S1 米 CBS

[別] イーストサイド・ウェストサイド物語

ジョージ・C・スコット, エリザベス・ウィルソン, シシリー・タイソン ◆ニューヨークのスラム街を舞台に、児童虐待、薬物依存、人種差別や福祉制度など大都市が抱える様々な社会問題に向き合う、社会福祉士ニール・ブロックに名優G・C・スコットが扮したヒューマン・ドラマ。

いたずらっ子エミール

EMIL I LONNEBERGA (1974-1976) S1 スウェーデン＝西独

ヤン・オールソン(内海敏彦), アラン・エドワール(加藤和夫), レナ・ウィスボルグ ◆原作は『長くつ下のピッピ』『名探偵カッレくん』などで知られる児童文学作家アストリッド・リンドグレーンの"エミール"シリーズ。その映画版を全12回のTVシリーズとして再編集したもので、少年エミールが巻き起こす騒動を描く。NHK「少年ドラマシリーズ」枠で放映され、日本語版の主題歌はキャロライン洋子が担当した。

いたずら天使

THE FLYING NUN (1967-1970) S3 米 ABC

サリー・フィールド(太田淑子), アレハンドロ・レイ(大塚周夫), マージ・レッドモンド ◆「ギジェットは15才」で人気を得たS・フィールドが、引き続き主演したファンタジー・コメディ。アメリカからプエルトリコの修道院にやってきた見習いシスターのバートリル。ある日彼女は、

異常犯罪捜査班 ― S.F.P.D

イーストエンドの魔女たち

強風に吹き飛ばされそうになるが、その瞬間、ふわりと空に舞い上がった。被っていた尼さんの大きな帽子が羽の役割を果たしたのだ。以来、彼女は空飛ぶ尼さんとなり、人助けに飛び回る。

11/22/63

11.22.63 (2016) S1 米 Hulu

ジェームズ・フランコ (土田大), クリス・クーパー (をはり万造), ダニエル・ウェバー (石上裕一) ◆スティーヴン・キング原作、J・J・エイブラムス製作総指揮による SF サスペンス。1963 年 11 月 22 日に発生した JFK の暗殺を阻止すべくタイムスリップした高校教師の活躍を描く。高校で国語を教えるジェイク・エッピングは、行きつけのダイナーの店主アル・テンプルトンから、ある秘密を打ち明けられる。それは、ダイナーの奥に 1960 年へと通じる穴がある、というもの。にわかには信じがたい話だが、数分の間に年老い肺がんを患ったアルから、ケネディ暗殺を阻止してほしいと頼まれる。そんなことはできないと別れた翌日、アルが自宅で亡くなっているところを発見したジェイクは、穴を通って 1960 年へタイムスリップすることを決意するのだった。[B,D]

いつだってベストフレンド

BEST FRIENDS WHENEVER (2015-2016) S2 米 Disney Channel

ランドリー・ベンダー (菊池こころ), ローレン・テイラー (中原麻衣), ガス・キャンプ (鈴木裕斗) ◆米ディズニーチャンネル放送のティーン向けシットコム。タイムトラベルの能力を得た 2 人の女子高校生が、過去と未来を行き来しながら今を生きることの大切さを学んでいくハートフル・コメディ。幼馴染みの仲良し女子高生シェルビー・マーカスとシド・リプリーは、ある日、科学者バリー・エイゼンバーグの研究室で誤ってレーザー光線を浴びてしまい、タイムトラベルの能力を得る。失敗した過去を変え、素敵な未来を垣間見るべく 2 人はタイムトラベルを繰り返すが、行く先々でトラブルに見舞われてしまい…。

5 つ子はティーンエイジャー

→ Quintuplets クィンタプレッツ　5 つ子はティーンエイジャー

IT ／イット

IT (1990) S1 米 ABC

[別] IT ／恐怖の殺人ターゲット・復讐の悪魔 (TV)

リチャード・トーマス (森田順平／大塚芳忠), アネット・オトゥール (宮寺智子／高島雅羅), ジョン・リッター (堀勝之祐／牛山茂), ティム・リード (池田勝／田原アルノ), ティム・カリー (麦人／辻親八) ◆スティーヴン・キング原作によるミニシリーズで、"IT" と呼ばれる何者かに付け狙われ恐怖のどん底に落とされた男女数名の物語を、幼年期の前編と、約束の時を迎え再び再会した大人期の後編により構成。同じくキング原作の映画「スタンド・バイ・ミー」を彷彿とさせるようなストーリーにホラーをミックスさせている。2017 年に映画版も製作された。[D,V]

偽りの太陽 ～ Low Winter Sun

LOW WINTER SUN (2013) S1 米 AMC

マーク・ストロング , レニー・ジェームズ , ジェームズ・ランソン ◆英国アカデミー賞やロイヤル・テレビジョン協会賞を受賞したイギリス製犯罪ドラマ「Low Winter Sun」(2006 年) のアメリカ版リメイク。デトロイト市警の刑事フランク・アグニューは、同僚のジョー・ジェダスから、失踪中の恋人カティアがジョーの相棒マッキャンに殺されたと聞かされる。怒りに震えるフランクは、ジョーの協力を得て泥酔しているマッキャンを自殺に見せかけて殺害。だが翌日、市警に内部調査班の査察が入ったことで、マッキャンの悪事が露呈してしまう…。腐敗したデトロイト市警を舞台に、陰謀と犯罪に染まっていく刑事の姿を描く。主人公フランクを演じるのは UK オリジナル版と同じく M・ストロング。

「凍てつく楽園」～死者は静かな海辺に～

MORDEN I SANDHAMN: I DE LUGNASTE VATTEN (2010-2011) スウェーデン TV4

ヤコブ・セーダーグレン (小原雅人), アレクサンドラ・ラパポルト (林真里花) ◆ヴィヴェカ・ステンのベストセラー小説を映像化したスウェーデン発のミステリー作品。ストックホルム群島で発生した殺人事件の調査に赴いたトーマス・アンドレアソン刑事が、幼馴染みのノラ・リンデと共に錯綜した謎に巻き込まれていく。日本ではWOWOW にて「北欧サスペンス」という独自の編成で

11/22/63

IT ／イット

放送された。

「凍てつく楽園」～島に沈む記憶～
MORDEN I SANDHAMN: I NATT AR DU DOD (2014) スウェーデン TV4

ヤコブ・セーダーグレン（小原雅人），アレクサンドラ・ラパポルト（林真里花），サンドラ・アンドレイス（東條加那子）◆ヴィヴェカ・ステンの"サンドハムン殺人事件シリーズ"から長編4作目を映像化した、人気ドラマシリーズの第4弾。風光明媚なストックホルム群島サンドハムン島を舞台に、トーマス・アンドレアソン警部と彼の幼馴染みで法律家のノラ・リンデが、男子学生の自殺死体から始まる元海兵隊員の連続殺人事件の謎に挑む。

「凍てつく楽園」～真夏の宵の夢～
MORDEN I SANDHAMN: I STUNDENS HETTA (2015) スウェーデン TV4

ヤコブ・セーダーグレン（小原雅人），アレクサンドラ・ラパポルト（林真里花），サンドラ・アンドレイス（東條加那子）◆人気シリーズの第5弾。ミッドサマー（夏至祭）を迎えたスウェーデンのリゾート地、サンドハムン島の海岸で少年の遺体が発見される。少年が別の場所で殺害され海岸まで運ばれていることから、刑事のトーマス・アンドレアソンとミアは被害者と一緒に島へやってきた若者たちから事情を聞くことにした。一方、遺体の血液からは薬物反応が検出され…。

「凍てつく楽園」～森に眠る少女～
MORDEN I SANDHAMN: I GRUNDEN UTAN SKULD (2013) スウェーデン TV4

ヤコブ・セーダーグレン（小原雅人），アレクサンドラ・ラパポルト（林真里花），サンドラ・アンドレイス（東條加那子）◆スウェーデン発のミステリー・ドラマの第3弾。ストックホルムのリゾート地で切断された腕が見つかるが、それは自殺したと思われていた少女のものだった。

「凍てつく楽園」～ヨットに響く銃声～
MORDEN I SANDHAMN: I DEN INNERSTA KRETSEN (2012) スウェーデン TV4

ヤコブ・セーダーグレン（小原雅人），アレクサンドラ・ラパポルト（林真里花），サンドラ・アンドレイス（東條加那子）◆スウェーデン発のミステリー・ドラマの第2弾。女流作家ヴィヴェカ・ステンのミステリーシリーズを映像化した、全3話でひとつのストーリーが完結する連続ミニシリーズ。ストックホルム群島を舞台に、ナッカ署のトーマス・アンドレアソン刑事が難事件に挑む。伝統のヨットレースで優勝したチームを率いていたオスカルが、レース直後にライフルで狙撃され死亡してしまう事件が発生。捜査を開始したトーマスは、オスカルに妻以外の愛人が複数いたことを突き止めるが…。

命がけの青春／ザ・ルーキーズ
THE ROOKIES (1972-1976) S4 米 ABC

ジョーグ・スタンフォード・ブラウン（渡辺篤史），サム・メルヴィル（城達也），マイケル・オントキーン（真夏竜），ジェラルド・S・オローリン（久松保夫）◆南カリフォルニアを舞台に、大学新卒のウィリー・グリスとテリー・ウェブスター、元海兵隊のマイク・ダンコ、3人の新人警官の活躍を描いたポリス・ストーリー。一部キャストの異なるパイロット版は「スタジアム乱射事件」として映画劇場枠で放映された。[D]

命知らずのケリー
SOLDIERS OF FORTUNE (1955-1957) S2 米

[別] 命知らずの男｜秘境の勇者ケリー

ジョン・ラッセル（小林昭二），チック・チャンドラー（渥美国泰）◆アメリカ人冒険家のティム・ケリーと相棒トーボ・スミスの2人が、アマゾン、アフリカ、地中海など世界中を舞台に、猛獣退治に遭難者救出、遺跡探検から外人部隊協力まで様々な冒険を繰り広げるアクション作品。モノクロ30分、全52話。

命知らずのスカイダイバー
→リップコード

THE EVENT ／イベント
THE EVENT (2010-2011) S1 米 NBC

ジェイソン・リッター（真殿光昭），サラ・ローマー（米丸歩），ローラ・イネス（はやみけい）◆「24 TWENTY FOUR」のエヴァン・カッツが製作総指揮を務めたノンストップ・サスペンス・アクション。離陸直後のサンパウロ行き航空機内で、拳銃を持った男が機長との面会を要求する事件が発生。一方、アメリカ大統領はアラスカの収容施設に拘束中の収監者たちを釈放する声明を発表する。誰にもその存在を知られていなかった収容施設とは何なのか。

「凍てつく楽園」～死者は静かな海辺に～

命がけの青春／ザ・ルーキーズ

あ

そして収監者たちの正体とは。現在と過去を縦横無尽に行き交う、予測不能なストーリーが展開する。[D]

イモータル
THE IMMORTAL (2000-2001) 加＝米
ロレンツォ・ラマス(山路和弘), ドミニク・キーティング(田中正彦), エイプリル・テレク(石塚理恵) ◆ 400年前に妻子を魔族に殺害されたラファエルが現代のニューヨークで復活し、大都会にはびこる魔物たちを次々に退治し始める。魔族は突然現れた敵に慌てふためき、その抹殺を目論むのだが…。日本では「黒武者」「SAMURAI サムライ」「レジェンド・オブ・サムライ」の3本がビデオリリースされた。[D,V]

イリュージョン／愛の掟
ILUSIONES (1995) S1 ベネズエラ RCTV
クリソル・カラバル(高森奈緒), ヴィセンテ・テペディーノ(浜田賢人) ◆ベネズエラ産のメロドラマ。上院議員の娘マリソル・パラシオスは父をめぐる復讐劇に巻き込まれて誘拐されるが、船員のオクタビオ・カタレスに助けられる。やがて激しい恋に落ちた2人は、運命のいたずらから仇敵の間柄になってしまう。

イレブンス・アワー
→最後のカルテ

イレブンス・アワー FBI 科学捜査ファイル
ELEVENTH HOUR (2008-2009) S1 米 CBS
ルーファス・シーウェル, マーリー・シェルトン ◆イギリスのITVが2006年にパトリック・スチュワートとアシュレイ・ジェンセン主演で製作した同名TVドラマ(日本未公開)を、ジェリー・ブラッカイマー製作総指揮でアメリカ版としてリメイクしたSFスリラー。クローンやウィルスをはじめとする最新科学が関連する難事件に、FBIの科学顧問を務める生物物理学者ジェイコブ・フッドと、FBI女性捜査官レイチェル・ヤングのふたりが挑む。

イン アマゾン
AMAZON (1999-2000) S1 加
C・トーマス・ハウエル, キャロル・アルト, クリス・マーティン ◆「ジョーズ」や「ザ・ビースト / 巨大イカの逆襲」などの海洋サスペンス小説で有名なピーター・ベンチリーが製作総指揮と脚本を担当した秘境サスペンス・アクション。リオデジャネイロに向かう飛行機が、突然落雷を受けてアマゾンの密林に墜落。生き残ったのはたった6人だった。彼らはサバイバルを試みジャングルから脱出しようとする。だが、絶え間なく自然の猛威が襲い、やがて謎の生物の襲撃が始まるのだった。[D,V]

インゴベルナブレ
INGOBERNABLE (2017) S1 メキシコ Netflix
ケイト・デル・カスティーリョ, エレンディラ・イバラ, アルベルト・グエラ, エリク・アイセル, ルイス・ロベルト・グスマン ◆ある事件をきっかけに追われる身となったメキシコ大統領夫人の孤独な戦いを描く、Netflixオリジナルの犯罪ドラマ。国民に平和の回復を誓い、確固たる信念を胸に尽力するメキシコ大統領夫人、エミリア・ウルキサ。しかし夫で大統領のディエゴ・ナヴァとの関係は冷え切っており、彼女は離婚を申し出ていた。そんな折、エミリアは突如発生した事件の容疑者として指名手配されてしまう。その背後には巨大な陰謀が渦巻いていた。

インコーポレイテッド
INCORPORATED (2016-2017) S1 米 Syfy
ショーン・ティール, アリソン・ミラー, デニス・ヘイスバート ◆西暦2074年、地球規模の異常気象により世界は荒廃し、政府に代わって多国籍企業が世界を支配、人類のすべては一部の富裕層＝グリーンゾーンと大多数の貧困層＝レッドゾーンに分けられていた。そんな中、レッドゾーン出身のベン・ラーソンは出自を隠してスピーガ社に入り込み、重役の娘ローラと結婚する。彼の隠された望みは、幼いころに知り合ったレッドゾーンの女性エレナを探し求めることだった…。マット・デイモンとベン・アフレックが製作総指揮を務めた近未来SFサスペンスとして注目を集めたが、視聴率が伸び悩んだため1シーズンのみで打ち切りとなった。

インジャスティス～法と正義の間で～
INJUSTICE (2011) 英 ITV
ジェームズ・ピュアフォイ(森田順平), デヴラ・カーワン(込山順子), ナサニエル・パーカー(藤真秀), チャーリー・クリード＝マイルズ(多田野曜平) ◆殺人事件の裁判で勝訴を重ねてきた法廷弁護士のウィリアムは、ある事件をきっかけに殺人犯の弁護を引き受けることをやめてしま

イレブンス・アワー FBI 科学捜査ファイル

インコーポレイテッド

う。だが不倫相手を殺害した容疑をかけられた旧友マーティンの弁護依頼に、2年間の沈黙を破り殺人事件の弁護を引き受けるのだが…。前後編のミニシリーズで描く社会派サスペンス。

印象派　若き日のモネと巨匠たち
THE IMPRESSIONISTS (2006) S1 英 BBC

ジュリアン・グローヴァー(森田順平),リチャード・アーミティッジ(稲垣隆史),チャーリー・コンドウ(桐本拓哉)◆クロード・モネと、彼を取り巻くドガ、ルノワール、セザンヌら、印象派の画家たちとの交流を描いたミニシリーズ。パリのアカデミーでの仲間たちとの出会いに始まり、印象派が成立していく過程を丹念に綴る。[D]

インセキュア
INSECURE (2016-2017) S2 米 HBO

イッサ・レイ,イヴォンヌ・オージ,ジェイ・エリス,リサ・ジョイス ◆アラサー女子2人が恋や仕事に悩みながら送る日常を描いたガールズ・ドラマ。29歳の誕生日を迎えたイッサは、一向に進展しない彼氏ローレンスとの仲を清算しようと思いつつ、はっきりした態度を取れずにいる。仕事の面でも、自分1人が職場から浮いた存在になっていることを意識せざるを得ない。一方、イッサの親友モリーは、弁護士事務所の仕事は順調で容姿も人並み以上なのに、恋愛の相手が見つからず焦りを感じ始めていた。主演のI・レイが製作総指揮も務めている。

インターセプター
THE INTERCEPTOR (2015) S1 英 BBC

O・T・ファグベンル,トレヴァー・イヴ,ロレイン・アシュボーン ◆麻薬事件を追う秘密捜査班の活躍を描く、イギリス製のサスペンス・アクション・シリーズ。麻薬ルートを捜査していたマーカス・アシュトン刑事(通称アッシュ)は、新たに結成された秘密捜査班UNITに編入された。潜入捜査、諜報活動、あらゆる捜査方法を駆使してアッシュは相棒のトミーと共に麻薬王ローチを追いつめていく。[D]

インターン
THE INTERNS (1970-1971) S1 米 CBS

スティーヴン・ブルックス(野沢那智),クリストファー・ストーン(羽佐間道夫),マイク・ファレル(山田康雄)◆1962年の同名映画をTVシリーズ化。病院を舞台にした若きインターンたちの医療ドラマで、医学部を卒業したばかりの5人の若者、グレッグ・ペティット、プーチ・ハーディン、サム・マーシュ、カル・バリン、リディア・ソープがビター・ゴールドストーン院長の指導のもと、友情を深めながら立派な医師になっていく姿を描く。全24話。

インディ・ジョーンズ／若き日の大冒険
THE YOUNG INDIANA JONES CHRONICLES (1992-1993) S2 米 ABC

ショーン・パトリック・フラナリー(宮本充),コリー・キャリアー(田中真弓),ジョージ・ホール(北村和夫)◆映画「インディ・ジョーンズ」シリーズの主人公、インディアナ・ジョーンズの少年期・青年期の冒険を描いた大作TVシリーズ。各話の冒頭で、老境のインディがその場の話題から思い出した自分の若い頃のエピソードを語る、という形式で、インディが歴史上の事件や偉人たちと遭遇しているという設定になっている。

インドでも刑事
THE INDIAN DETECTIVE (2017) S1 加 CTV

ラッセル・ピーターズ,アヌパム・カー,クリスティーナ・コール,ミシュカ・パーティパル,ハムザ・ハク,ウィリアム・シャトナー ◆トロントで警察官をしているダグは、間違ったタレコミをもとに捜査をした結果、停職処分を受けてしまう。暇を持て余した彼は父が住むインドのムンバイに赴き、現地で弁護士をしている女性プリヤに殺人事件の調査を依頼される。事件を追う2人は、カナダの実業家マーローが深く関わっていることを突き止めるが…。ドジなインド系カナダ人の刑事と美人弁護士のコンビの活躍を描いたコメディ・タッチの刑事ドラマ。

イン・トリートメント
IN TREATMENT (2008-2010) S3 米 HBO

ガブリエル・バーン,ダイアン・ウィースト,ミシェル・フォーブス ◆イスラエルの人気TVドラマ「BeTipul」をリメイクした、心理セラピストとその患者を描くTVシリーズ。製作総指揮には俳優のマーク・ウォールバーグも名を連ねている。患者は1日1組だけと決めているポールのもとには、恋人以外の男性と関係を持ってしまう医師や、PTSDを抱える元空軍パイロット、不妊治療に成功したが出産を迷っている夫婦など、様々な患者が訪れる。そん

インディ・ジョーンズ／若き日の大冒険

イン・トリートメント

なポールも金曜日になると、元セラピストで友人のジーナに悩みを聞いてもらっていた。

イントレピッドと呼ばれた男

A MAN CALLED INTREPID (1979) S1 米＝加 NBC

デヴィッド・ニーヴン（西村晃）, マイケル・ヨーク（有川博）, バーバラ・ハーシー（香野百合子）, ピーター・ギルモア（川合伸旺）, ゲイル・ハニカット（中島葵）◆実話をもとに書かれた小説『暗号名イントレピッド』を原作とするミニシリーズ。第二次世界大戦中、チャーチル大統領からスパイ組織を結成するよう命じられたウィリアム・スティーブンソンの活躍を描く。日本では2時間に再編集された劇場版がNHKで放映された後、「第1部・極秘指令」「第2部・ゲシュタポの罠」「第3部・破壊工作」と完全版が全3話でビデオ発売された。[V]

IMPACT インパクト

→ムーン・パニック

インビジブル・マン

THE INVISIBLE MAN (2000-2002) S2 米 Sci-Fi Channel

［別］インビジブル・プロジェクト（スターチャンネル）

ヴィンセント・ヴェントレスカ, ポール・ベン＝ヴィクター, エディ・ジョーンズ◆H・G・ウェルズの傑作SF小説を、新たな設定で映像化したSF。終身刑となった泥棒のダリアンは、政府の極秘研究に関わる弟ケヴィンから人体実験の被験者となることで罪を帳消しにすることを提案される。それは手術によって特殊な分泌液を出し、自らを透明にするというものだった。日本ではパイロット版が放映されたほか、2話を再編集した「透明人間」が発売。[D,V]

invasion －インベイジョン－

INVASION (2005-2006) S1 米 ABC

ウィリアム・フィクトナー, エディ・シブリアン, カリ・マチェット◆フロリダ州の小さな町を巨大なハリケーンが襲撃。避難勧告の中、ペットの猫を探していた7歳のローズ・ヴァロンは数多の光を目撃する。その日を境に、町では次々と不審な出来事が起こり始めるのだが…。エイリアンによる静かな侵略を描いたSFドラマ。第1シーズンで打ち切りの全22話。

インベーダー

THE INVADERS (1967-1968) S2 米 ABC

ロイ・シネス（露口茂）◆ある日、偶然UFOを目撃したデビッド・ビンセントは、周囲にそのことを知らせようとするが誰からも信じてもらえない。見えない侵略者に追われることになった彼は、自分を信頼してくれる人物を探して逃げ惑う。SF版「逃亡者」を目指して製作された1話完結のドラマ。主演R・シネスはこれが当たり役となり、1995年にスコット・バクラ主演で作られた続編TVムービーでもデビッドを演じている。日本語吹替版では加藤和夫がナレーターを務めた。[D,V]

陰謀／ナチスに挑んだ男

THE NIGHTMARE YEARS (1989) S1 米

サム・ウォーターストン（磯部勉）, マルト・ケラー（山口果林）, カートウッド・スミス（伊藤孝雄）◆『第三帝国の興亡』で知られるアメリカ人ジャーナリスト、ウィリアム・L・シャイラー作『ベルリン日記』を映像化したミニシリーズ。CBSラジオの海外特派員としてベルリンにやってきたシャイラーが、ナチス政権をつぶさに取材し、やがて迫害されて国外に脱出するまでをドキュメンタリー・タッチで描く。「記者シャイラーの日記」「支配されざる人々」「欧州征服の野望」「はるかなる祖国」の全4話。

う

WITHOUT A TRACE ／ FBI 失踪者を追え！

WITHOUT A TRACE (2002-2009) S7 米 CBS

［別］FBI失踪者を追え!（初放映時）

アンソニー・ラパリア（あおい輝彦）, ポピー・モンゴメリー（安藤麻吹）, マリアンヌ・ジャン＝バプティスト（磯西真喜）◆行方不明者や失踪者を専門に捜索するFBIのチームを描いた、ジェリー・ブラッカイマー製作総指揮による犯罪ドラマ。ジャック・マローンをリーダーとするFBIニューヨーク支部失踪者捜索班は、誘拐や監禁といった犯罪や予期せぬ事故など、何らかの理由によって跡形もなく消えた人々を追う。松方弘樹がゲスト出演した東京ロケも話題となった。[D,V]

Weeds ～ママの秘密

WEEDS (2005-2012) S8 米 Showtime

メアリー＝ルイーズ・パーカー, エリザベス・パーキンス, ケヴィン・ニーロン◆カルフォルニア州郊外の閑静な住

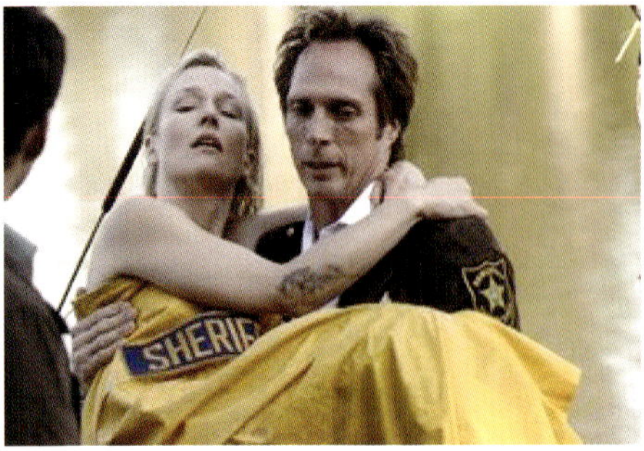

invasion －インベイジョン－

WITHOUT A TRACE ／ FBI 失踪者を追え！

宅地に住むナンシーは、愛する夫と2人の息子に恵まれた平凡な主婦だったが、夫が急死しローンの返済などで困窮。そこで彼女はマリファナの密売で金を稼ごうとするのだが、次第に深みにはまってしまう…。主演のM＝L・パーカーがゴールデン・グローブ賞主演女優賞を受賞したブラック・コメディ。

ウィリアム・テル
WILLIAM TELL / THE ADVENTURES OF WILLIAM TELL (1958-1959) S1 英 ITV

コンラッド・フィリップス(納谷悟朗), ジェニファー・ジェイン ◆伝説の英雄ウィリアム・テルを主人公とした英国製の歴史アクション・アドベンチャー。14世紀のスイスを舞台に、クロスボウの名手であるウィリアム・テルの活躍を描く。モノクロ30分のシリーズ。

ウィーン諜報網
ASSIGNMENT: VIENNA (1972-1973) S1 米 ABC

ロバート・コンラッド(大塚周夫), チャールズ・シオッフィ, アントン・ディフリング ◆ウィーンでカフェを経営している元諜報員のジェイク・ウェブスターが、アメリカ政府の依頼を受け、秘密エージェントとしてスパイ活動など困難なミッションに立ち向かっていく姿を描いたアクション・シリーズ。チターを取り入れた軽快なテーマ曲はデイヴ・グルーシン。

WINDFALL ～運命のいたずら
WINDFALL (2006) S1 米 NBC

ルーク・ペリー, ラナ・パリラ, ジェイソン・ゲドリック ◆大学時代からの知り合いである二組の夫婦が主催したパーティ。その場にいた20人が金を出し合い宝くじを買ったところ、なんと3億8千万ドルが当たってしまう。大金を手にしたパーティの出席者たちの、悲喜こもごものその後の顛末を描いたコメディ作品。

ウェアハウス 13 ～秘密の倉庫 事件ファイル～
WAREHOUSE 13 (2009-2014) S5 米 Syfy

[別] ウェアハウス 13

エディ・マクリントック(根本泰彦), ジョアンヌ・ケリー(魏涼子), ソウル・ルビネック(麦人) ◆超常現象を引き起こす品々を追うエージェントたちの奮闘を描くSFサスペンス。シークレットサービスのピート・ラティマーとマイカ・ベリングは、とある祝賀会を警護することになるが、会場で博物館の職員が暴れ出す事件が発生。騒動の鎮静化後、指令を受けて向かったサウスダコタで2人は、超常力をもつ遺物が保管されている"第13倉庫"の存在を知らされる。[D]

ウェイキング・ザ・デッド　迷宮事件特捜班
WAKING THE DEAD (2000-2011) S9 英 BBC

トレヴァー・イヴ, スー・ジョンストン, ウィル・ジョンソン ◆未解決事件の再捜査専門機関が発足し、ピーター・ボイド警視がリーダーに就任。法医学のスペシャリストのフランキー・ワートンや心理捜査官のグレイス・フォーリーら捜査員たちが、プロファイリングや最新技術を駆使しながら事件解決のために活躍する姿を描くクライム・ミステリー。国際エミー賞受賞。

ウェイストランド～ NY 若者のすべて
WASTELAND (1999) 米 ABC

マリサ・カフラン(石塚理恵), レベッカ・ゲイハート(本田貴子), サッシャ・アレクサンダー(園田恵子) ◆ニューヨークで暮らす6人の若者の、大学生活や恋愛模様など等身大の姿を描く青春ドラマ。日本ではBSフジで放送された。全13話。

ウェイバリー通りのウィザードたち
WIZARDS OF WAVERLY PLACE (2007-2012) S4 米 Disney Channel

セレーナ・ゴメス(小林沙苗), デヴィッド・ヘンリー(庄司将之), ジェイク・T・オースティン(川名真知子) ◆見習い魔法使いのアレックスとジャスティン、マックスのルッソ家3兄弟。魔法使いの力を維持すべく父親から厳しいレッスンを受けているが、魔法をイタズラに使った結果、とんでもない事態をいつも巻き起こしてしまう…。新米魔法使いたちの修行生活を描くちょっと風変わりなティーン向けシットコム。

ウェイワード・パインズ　出口のない街
WAYWARD PINES (2015-2016) S2 米 Fox

マット・ディロン(津田健次郎), カーラ・グギーノ(井上喜久子), トビー・ジョーンズ ◆謎の街に関わる人々の秘密を描いた脱出ミステリー。映画「シックス・センス」(1999年)のM・ナイト・シャマランが初めて手がけたTVドラマ。

ウェアハウス 13 ～秘密の倉庫 事件ファイル～

ウェイキング・ザ・デッド　迷宮事件特捜班

シークレットサービスの捜査官イーサン・バークは、失踪した同僚を捜索中に“ウェイワード・パインズ”という街の入り口で交通事故に遭ってしまう。目覚めた彼がいたところは森の中で、街の住宅街へ辿り着いたものの所持品はすべて失っており、連絡手段も断たれていた。街の外では、イーサンの車が発見されたものの彼の姿は忽然と消えており、残された妻は独自に彼を捜すことにするのだが…。[D]

ウェスタン特急

PONY EXPRESS (1959-1960) S1 米 NBC

グラント・サリヴァン ,ドン・ドレル ◆ 1860 年代のアメリカ西部を舞台とするモノクロ西部劇シリーズ。カリフォルニア州とミズーリ州間の 1000 マイルを早馬で駆け抜ける速達急行郵便輸送会社“ポニー・エクスプレス”。そこで起きる事件を調べる調査員ブレット・クラークと相棒ドノヴァンの活躍を描く。

ウエスタン・マリオネット 魔法のけん銃

FOUR FEATHERS FALLS (1960) S1 英 ITV

(声) ニコラス・パーソンズ (中村メイコ) ◆「サンダーバード」のジェリー・アンダーソンと「スペース・パトロール」のアーサー・プロヴィスが手がけた、モノクロ 1 話 15 分のマリオネーション西部劇。保安官のテックス・タッカーが、インディアンの少年を救ったことから魔法の羽根を手に入れ、羽根の力で言葉を話せるようになった馬と犬、そして手を触れなくても撃てるようになった二丁拳銃を武器に、平和を守るため悪人たちと戦いを繰り広げる。

ウエストワールド

WESTWORLD (2016) S1 米 HBO

アンソニー・ホプキンス (稲垣隆史), エド・ハリス (有本欽隆), エヴァン・レイチェル・ウッド (種市桃子) ◆マイケル・クライトンが脚本と監督を務めユル・ブリンナーが主演した同名 SF 映画をもとに、J・J・エイブラムズとジョナサン・ノーランが新たに創造した TV シリーズ。最先端技術を駆使して西部劇の世界を再現したテーマパークを舞台に、人工知能の過度な進化を描く。高度な人工知能を搭載したアンドロイドたちが、プログラムされたシナリオに従って行動し、人間の相手をしてくれるという体験型テーマパーク“ウエストワールド”。だがやがて一部のアンドロイドは、己がプログラムされた存在であることに気付き始める…。

ウェット・ホット・アメリカン・サマー：あれから 10 年

WET HOT AMERICAN SUMMER: 10 YEARS LATER (2017) S1 米 Netflix

エイミー・ポーラー (織部ゆかり), ケン・マリーノ (稲垣拓哉), サラ・バーンズ (加藤美佐), マーガリート・モロー (LYNN) ◆ 2001 年の伝説的なカルト映画「ウェット・ホット・アメリカン・サマー」の続編として製作された TV シリーズ。映画版の 10 年後を舞台に、おなじみのメンバーが再会したことから巻き起こる騒動の数々を描く。1991 年 8 月、10 年前の約束を果たすため、懐かしの面々がキャンプ・ファイアウッドに集まるが…。

ウェット・ホット・アメリカン・サマー：キャンプ 1 日目

WET HOT AMERICAN SUMMER: FIRST DAY OF CAMP (2015) S1 米 Netflix

H・ジョン・ベンジャミン (山本格), マイケル・イアン・ブラック (高橋大輔), ブラッドリー・クーパー (矢野正明) ◆ 2001 年の伝説的なカルト映画「ウェット・ホット・アメリカン・サマー」の前日譚を描く TV シリーズ。映画版のキャストが 14 年ぶりに再集結し、当時の役と年齢をそのまま演じるという無理な設定が話題となった。サマースクールに集まった少年少女と彼らを引率する大学生たちが繰り広げる騒動を描いたスラップスティック・コメディ。

ウェブセラピー

WEB THERAPY (2011-2015) S4 米 Showtime

リサ・クドロー ,ティム・バグレー ,ダン・ブカティンスキー ◆セラピストのフィオナ・ウォレスはウェブカメラを使い、患者が在宅のままカウンセリングを受けられるウェブセラピーを開業する。1 回のセラピーは 3 分間。様々な患者たちが、1 回 3 分のセラピーの中で悩みを打ち明けていく。Web ページで連載していたショート・エピソードを 30 分番組として再編集したコメディ・シリーズ。

ウエルス・ファーゴー

→拳銃街道

ウエストワールド

ウェット・ホット・アメリカン・サマー：キャンプ 1 日目

ウェントワース女子刑務所
WENTWORTH (2013-2017) S5 豪
ダニエル・コーマック (藤貴子), ニコール・ダ・シルバ (森千晃), クリス・マッケイド (伊沢磨紀) ◆ DV 夫への殺害未遂で逮捕され、ウェントワース女子刑務所に送られたビー・スミス。そこは二つのグループが勢力を争う特殊な世界だった。すぐに出られる筈だった彼女は、一方のグループのボスに目を付けられ、さらに看守長殺害事件に巻き込まれてしまう。1979 年～ 86 年にオーストラリアで大人気だった TV ドラマ「Prisoner」をリメイクした犯罪もので、こちらも高視聴率をマークした。[D]

ウォーキング・デッド
THE WALKING DEAD (2010-) S8- 米 AMC
アンドリュー・リンカーン (土田大), ノーマン・リーダス (小山力也), スティーヴン・ユァン (寸石和弘) ◆銃弾に倒れ、瀕死の重傷を負った保安官リック・グライムズ。昏睡から目覚めると周りに人影はなく、街は " ウォーカー " と呼ばれる死体が徘徊する恐怖の世界と化していた。そんな中、リックはウォーカーの襲撃を必死にかわしながら消息不明の妻子を探す…。人気コミックを原作に、極限の状況に追い込まれた生存者とゾンビとの戦いを人間ドラマに重点を置いて描くサバイバル・ホラー。企画は「ショーシャンクの空に」「グリーンマイル」のフランク・ダラボン。[B,D]

ウォリアーズ　歴史を動かした男たち
HEROES AND VILLAINS (2007-2008) S1 英 BBC
ジェームズ・サイトウ , 勝野洋 , ユージ・オクモト ◆日本の徳川家康、スペインのコルテス、フランスの英雄ナポレオン、イングランドのリチャード 1 世、反乱軍を率いて戦ったスパルタクスなど、歴史を動かした 6 人の英雄たちを壮大なスケールで描く歴史ドラマ。[D]

ウォーレン・ファミリーの秘密
THE FAMILY (2016) S1 米 ABC
ジョーン・アレン , ルパート・グレイヴス , アリソン・ピル ◆「名探偵モンク」「キャッスル ～ミステリー作家は事件がお好き」のクリエイター陣が、「ニクソン」「クルーシブル」の J・アレンを迎えて描くミステリー・サスペンス。かつて誘拐され殺害された息子のアダムが、10 年後に突然、家族のもとに帰ってくる。彼は本当にアダムなのか、10 年前に犯人を逮捕した警官はうそをついていたのか。突然の出来事に戸惑う家族。過去の事件に隠された謎とは。

ウォンテッド！　ローラ＆チェルシー
WANTED (2016-2017) S2 豪 Seven Network
レベッカ・ギブニー (塩田朋子), ジェラルディン・ヘイクウィル (小島幸子), スティーヴン・ピーコック (北田理道) ◆とある事件に巻き込まれた二人の女性が送る逃亡生活を描き、オーストラリアで大ヒットを記録したドラマ作品。スーパーでレジ係として働くローラと、会計事務所で働くチェルシー。いつもと同じように同じバス停でバスを待つ二人の目の前に、見知らぬ黒い車が現れる。武装した男に誘拐された二人は機転を利かせて逃亡を図るが、犯罪組織と警察に追われる身となってしまう。

歌って踊って恋をして
HARRY'S GIRLS (1963-1964) S1 米 NBC
ラリー・ブライデン (戸田皓久), スーザン・シロー (北条美智留), ドーン・ニッカーソン ◆ジーン・ケリー主演のミュージカル・コメディ映画「魅惑の巴里」(1957 年) の TV ドラマ版。古めかしいスタイルから、アメリカでは受けなくなってきたハリー・バーンズの一座。ラスティ、ロイス、テリーの 3 人の踊り子たちと共にハリーは新天地ヨーロッパでの巡業を開始する。珍しく海外ロケ (南仏) で製作されたモノクロ・シリーズ。

うちのママは世界一
THE DONNA REED SHOW (1958-1966) S8 米 ABC
ドナ・リード (富永美沙子), カール・ベッツ (北町史郎→松宮五郎) ◆「地上より永遠に」(1953 年) でアカデミー賞助演女優賞を受賞した D・リードを主演に迎えたホーム・コメディ。専業主婦のママであるドナ、小児科医の夫アレックス、ピアノ好きな長女のメアリーや息子のジェフといった平均的中流家庭を舞台に家族の風景が描かれる。有名人ゲストの出演も話題を呼んだ。

宇宙家族ロビンソン
LOST IN SPACE (1965-1968) S3 米 CBS
ガイ・ウィリアムズ (金内吉男→黒沢良), ジューン・ロックハート (香椎くに子), マーク・ゴダード (市川治), ジョナサン・ハリス (熊倉一雄) ◆人口増加の危機を打開す

ウォーキング・デッド

宇宙家族ロビンソン

るため、人類が移住可能な惑星を探す旅に出たロビンソン一家の冒険を描くアーウィン・アレン製作の SF 作品。ドクター・スミス、ロボットのフライデーなど個性的なメンバーの活躍や、毎回登場するエイリアンなどが話題を呼んだ。第 1 シーズンのみモノクロ。1998 年に劇場版リメイク「ロスト・イン・スペース」が製作された。日本語吹替版では納谷悟朗がナレーターを務めた。[D,L,V]

宇宙機動隊

→スペース・パトロール

宇宙空母ギャラクチカ

BATTLESTAR GALACTICA (1978-1979) S1 米 ABC

[別] 宇宙空母ギャラクティカ

リチャード・ハッチ (佐々木功), ダーク・ベネディクト (富山敬), ローン・グリーン (北原義郎) ◆「スター・ウォーズ」ブームを受けて製作された SF ドラマ。12 の惑星を植民地にして住む人類は、千年以上の長きに渡り機械生命体サイロンとの戦争を続けていた。しかしついに和平の努力が実り、人類の代表は集結した宇宙空母艦隊にて交渉の場に向かう。だがそれは裏切り者バルター伯爵の策略で、サイロンは突如総攻撃を開始、艦隊は全滅、植民地星は壊滅し、アダマ司令官率いる空母ギャラクチカは生き残った民間船を率いて伝説の惑星 " 地球 " を目指す…。第 1 話に相当するエピソードは日本を含む海外では再編集の上「宇宙空母ギャラクティカ」として劇場公開された。2004 年にはリメイク版「バトルスター・ギャラクティカ」が登場。[B,D]

宇宙船 XL-5

FIREBALL XL-5 (1962-1963) S1 英 ATV

[別] 谷啓の宇宙冒険 (12 話～)

(声) ポール・マックスウェル (中野誠也→金内吉男), シルヴィア・アンダーソン (河内桃子→向井真理子), デヴィッド・グラハム (袋正→大塚周夫) ◆「サンダーバード」へと連なる、ジェリー・アンダーソンによる特撮人形劇。スティーヴ・ゾディアック大佐とビーナス博士ら、優秀なクルーが乗り込む宇宙パトロール船 XL-5 号の活躍を描く。日本ではテコ入れのために 12 話から谷啓がナレーションで参加、同時に吹替キャストも一新され番組名も「谷啓の宇宙冒険」に改められた。[D,V]

宇宙戦士コディ

COMMANDO CODY: SKY MARSHAL OF THE UNIVERSE (1955) S1 米 NBC

[別] ロケットマン・コディ｜コマンド・コディ

ジャド・ホールドレン (青野武), アリーン・タウン ◆リパブリック・ピクチャーズ製作の SF 連続活劇「Radar Men From The Moon」(1952 年) の主人公、コマンド・コディの TV シリーズ版。設定や役者は変更されているが、一部の特撮シーンは映画版のものを流用。コディ自身も素顔だった映画版とは異なり、普段からドミノマスクをつけているが、地球の危機には背中にロケット推進機が付いたフライング・ジャケットと、銃弾状の金属製ヘルメットを装着し、大空に飛び出して行く。1991 年の映画「ロケッティア」の原型とも言われる。

宇宙船レッド・ドワーフ号

RED DWARF (1988-1999) S8 英 BBC → Dave

クレイグ・チャールズ (堀内賢雄), クリス・バリー (江原正士), ダニー・ジョン＝ジュールズ (山寺宏一) ◆星間輸送船のレッド・ドワーフ号が事故を起こし、冷凍睡眠中だったデイブ・リスターを除いてクルー全員が死亡、唯一の生存者リスターはネコ人間のキャット、ホログラムのアーノルド・J・リマーらと共に地球への帰還を目指す。奇抜な設定とユニークなキャラクターでカルト的な人気を得て、ロングヒットとなったイギリス製 SF コメディ。[D,V]

宇宙大作戦

→スター・トレック／宇宙大作戦

宇宙大冒険 スペース 1999

→スペース 1999

宇宙探検

MEN INTO SPACE (1959-1960) S1 米 CBS

[別] マッコレー隊長

ウィリアム・ランディガン (武田国久), ジョイス・テイラー (新道乃里子) ◆米ソの宇宙開発競争が華やかなりし頃に製作された SF ドラマ。パイロットとなったエドワード・マッコレー大佐を主人公に、ロケット発射から月面着陸、ステーション建設など宇宙開発の様々な姿を、当時としては可能な限りリアルに描く。NASA の設立 (1958 年) と、ボストーク 1 号による人類初の有人宇宙飛行 (1961 年)

宇宙空母ギャラクチカ

宇宙船レッド・ドワーフ号

の間に作られていたとは思えない本格派。国防総省や空軍の全面協力の上、脚本家にはイブ・メルキオーやジェームズ・クラヴェルといった錚々たる名前が並ぶ。

宇宙の法則

SPACE: ABOVE AND BEYOND (1995-1996) S1 米 Fox

モーガン・ウェイサー , クリステン・クローク , ロドニー・ローランド ◆西暦 2063 年、初の太陽系外植民惑星ベスタコロニーが突如攻撃を受け、地球人は謎の異星人との戦闘状態に突入した。人工的に誕生させられた TC マックイーン中佐率いる若き海兵隊員たちの戦いを描いた SF アクション。

宇宙パトロール

→スター・トレック／宇宙大作戦

美しき花の香り

DANS UN GRAND VENT DE FLEURS (1996) S1 仏 FR2

ローズマリー・ラ・ヴォーリ , ブルーノ・ウォルコウィッチ , アニェーゼ・ナーノ ◆フランス製のミニシリーズ。香水で有名な南フランスのグラースを舞台に、カフェでバイトをしながらバラを育てている私生児のソレンツァと、彼女を取り巻く上流階級の人々との愛憎を描いたメロドラマ。

ウディ・アレンの 6 つの危ない物語

CRISIS IN SIX SCENES (2016) S1 米 Amazon

ウディ・アレン (牛山茂), マイリー・サイラス (白石涼子), エレイン・メイ (寺内よりえ) ◆ W・アレンが初めて手がける、全 6 話のミニシリーズ。1960 年代のアメリカを舞台に、ごく一般的な中産階級の家庭に共産主義の娘が来たことから巻き起こる騒動を描いたドタバタ・コメディ。会社を退職して今は売れない小説を書いているシドニーとその妻ケイ。定年後の生活を穏やかに過ごしている 2 人の家庭に、友人の娘レニーが舞い込んでくる。彼女は脱獄した政治活動家で資本主義打倒を叫び、シドニーの周囲の人々を感化させていく。

Ooops! ／ウープス !

OOOPS (2002) S1 加 CBC

レアル・ベラン , ステファン・E・ロア , デニス・ラバスール ◆子供番組「wknd@stv」内で放映されていたショートコント・コーナーが単独の番組として独立したコント番組。元が子供番組ということもあり、サイレント映画のように動きやシチュエーションだけで笑わせている。[D]

ウーマン／愛と情熱の果てに

A WILL OF THEIR OWN (1998) S1 米 NBC

リー・トンプソン , トーマス・ギブソン , ソニア・ブラガ ◆ 1894 年、医師のメイドになるためにヨーロッパからアメリカに渡ってきたアニー・ジャーメインは、その医師の息子と結婚し看護士を目指して薬学の勉強を始める。だが、そこには大きな壁が存在していた…。20 世紀を生きる女性たちが自己の夢に向かってチャレンジしていく姿を、ひとつの家族の三世代に渡って描いた感動のミニシリーズ。キャストだけでなくスタッフの多くも女性で固められている。日本ではスーパーチャンネルで放映。

海鷹 – UMITAKA –

SEA PATROL (2007-2011) S5 豪 Nine Network Australia

リサ・マキューン , イアン・スティンレイク , サスキア・バーメイスター ◆オーストラリア海軍の軍艦ハマーズレイとその乗組員たちの活躍を描いた海洋アクション。密輸船や密航者の取り締まり、不発弾処理、海難での人命救助など、クルーを待ち受けているのは危険と困難に満ちた日々。ある日、領海侵入の容疑で拿捕した中国の不審船を曳航中、近くの島で調査をしていた科学者から救難信号が入る。隊は数名を残し島に急行するのだが…。本国オーストラリアでは 5 シーズン続いた人気ドラマだったが、日本では第 1 シーズンの 13 話が「海猿」にあやかった邦題で DVD リリースされたのみ。[D]

海の救助隊・レスキュー 5

CHOPPER SQUAD (1977-1979) S2 豪 Network Ten

デニス・グローヴナー (小川真司), ロバート・コールビー (曽我部和恭), エリック・オールドフィールド (野島昭生), レベッカ・ギリング (一城みゆ希), グレアム・ラウス (寺島幹夫) ◆シドニー沿岸を舞台に、ヘリコプターを駆使して海や山の災害、人命救助に当たるレスキュー隊員、ジェビー・ベスト、バリー・ドラモンド、フィル・トライヤルらの活躍を描いた冒険アクション。パイロット版は「大追跡!ヘリコプター救助隊」のタイトルで映画劇場枠で放映された。

海のセバスチャン

BELLE ET SEBASTIEN (1965-1970) S2 仏 ORTF

宇宙の法則

海のセバスチャン

あ

メーディ・エル・グラウィ(長谷川諭), シャルル・ヴァネル(玉川伊佐男) ◆フランスの港町を舞台に、少年セバスチャンが様々な経験を経て、一人前の船乗りに成長していく姿を描くTVシリーズ。脚本・監督は「ポリー」シリーズのセシル・オーブリー。日本ではNHKの「少年ドラマシリーズ」枠で放送された。

海の冒険者
RIPTIDE (1969) S1 豪
タイ・ハーディン(小林昭二) ◆オーストラリア製の海洋アクション・アドベンチャー。ボートのチャーター業を営む元アメリカ海軍士官のモス・アンドリュースが、様々な事件を解決していく。全26話。

埋もれる殺意 ～ 39 年目の真実～
UNFORGOTTEN (2015) S1 英 ITV
ニコラ・ウォーカー(野沢由香里), サンジーヴ・バスカー(目黒光祐), バーナード・ヒル(内田紳一郎) ◆イギリスで放送され大ヒットを記録したクライム・サスペンス。39年前の未解決事件を追う2人の刑事が、容疑者たちの忌まわしき過去に封印された真相を暴いていく姿を描く。ロンドンにある古い建物の床下から若い成人男性と思しき白骨遺体が発見される。それは、39年前に行方不明になった17歳の少年ジミー・サリヴァンの遺体だった。警部キャシー・スチュアートと部下の巡査部長サニル・カーンは、現場に残された被害者の日記を手がかりに、被害者が宿泊したホステルの経理担当だったエリック・スレイター、実業家のフィリップ・クロス、牧師のロバート・グリーヴス、逮捕歴のある女性リジー・ウィルトンの4人を調べ始める。一見幸せな生活を送っているように見えた彼らだが、徐々にそれぞれの過去の暗部が浮き彫りになっていき…。

埋もれる殺意　～ 26 年の沈黙～
UNFORGOTTEN (2015-2017) S2 英 ITV
ニコラ・ウォーカー(野沢由香里), サンジーヴ・バスカー(目黒光祐), ロレイン・アシュボーン(井上明子), マーク・ボナー(田村真), ロージー・カヴァリエロ(山口協佳), バドリア・ティミミ(岸本百恵), ピーター・イーガン(関口雄吾), ジョセフ・アルティン(梅原裕一郎) ◆ロンドン・ビショップ署の女警部キャシー・スチュアートと部下のサニル・"サニー"・カーン警部補の活躍を全6話で描いたクライム・サスペンス。「埋もれる殺意 ～ 39年目の真実～」の第2シーズンに当たる。スーツケースに詰められた死体が川で発見された。所持品から浮かび上がった被害者の名前はデヴィッド・ウォーカー。オックスフォード警察の警部補テッサ・ニクソンの元夫だった。キャシーは殺害の動機を求めて、デヴィッドの調査に乗り出す。

裏切りの二重奏
BETRAYAL (2013-2014) S1 米 ABC
ハンナ・ウェア, ヘンリー・トーマス, ウェンディ・モニツ ◆オランダで人気を博したドラマ「Overspel」をリメイクしたアメリカ製作の異色ミステリー。検事の妻で気鋭の写真家でもあるサラ・ハンリーと、街を牛耳る不動産王カーステンの娘婿で弁護士のジャック・マカリスター。2人は道ならぬ恋に落ちていくが、ある殺人事件をめぐり検事局とカーステン家が対立したことから、2人の関係はより複雑になってしまう。

裏切りの報酬
SAMETOVI VRAZI (2005) チェコ
ミカル・ドゥローヒー(内田夕夜), ジャン・ドランスキー, リチャード・クラコ ◆実際に起きた事件をモデルにしたチェコ産の犯罪サスペンス。恋人との結婚資金を得るため、SWAT隊員のカレルは元警官のイゴール、殺し屋クリチェクらと義兄の暗殺を計画するが、些細なことから計画が破綻していく。[D]

ウルトラ 2 等兵
NO TIME FOR SERGEANTS (1964-1965) S1 米 ABC
サミー・ジャクソン(谷幹一), ハリー・ヒコックス(熊倉一雄) ◆ 1958年にアンディ・グリフィス主演で「軍曹さんには暇がない」のタイトルで映画化もされたマック・ハイマンのベストセラー小説のTVシリーズ版。空軍基地を舞台に、南部出身の二等兵ウィルと悪友ベンが毎回珍事件を巻き起こし、上官であるキング軍曹が振り回されるという軍隊シットコム。

ウルフ・ホール
WOLF HALL (2015) S1 英 BBC
[別] ウルフ・ホール ～愛と陰謀のイングランド
マーク・ライランス, ダミアン・ルイス, クレア・フォイ

裏切りの二重奏

ウルフ・ホール

◆世界的な権威を持つイギリスのブッカー賞を受賞したヒラリー・マンテルの小説『ウルフ・ホール』と『罪人を召し出せ』を原作とするミニシリーズ。16 世紀のイングランド王国を舞台に、ヘンリー 8 世との婚姻を望むアン・ブーリンに取り入り、低い身分からやがて王の側近にまで登り詰めていくテューダー朝の政治家トマス・クロムウェルの半生を描く。[D]

浮気なおしゃれミディ

DESIGNING WOMEN (1986-1993) S7 米 CBS

ディキシー・カーター (弥永和子), デルタ・バーク (幸田直子), アニー・ポッツ (小宮和枝) ◆インテリア店のオーナーであるジュリア・シュガーベイカーと、彼女とはそりが合わない妹のスザンヌ、同僚の赤毛娘メリー・ジョーと可愛いがちょっと抜けているチャーリーン、4 人の女性が巻き起こす騒動を描いたコメディ。

うわさの刑事テキーラとボネッティ

TEQUILA AND BONETTI (1992) S1 米 CBS

ジャック・スカリア (江原正士), ブラッド・サンダース (増岡弘), マリスカ・ハージティ (安永沙都子→弘中くみ子) ◆少年を誤射して心に傷を負い、ニューヨーク市警からロス市警に出向させられたニック・ボネッティ刑事は、そこで人間顔負けの能力を持つ敏腕警察犬テキーラと出会う。1 人と 1 匹の凸凹コンビが事件を解決していくコメディ・タッチの刑事アクション。

うわさのツインズ　リブとマディ

LIV AND MADDIE (2013-2017) S4 米 Disney Channel

ダヴ・キャメロン (近藤唯), ジョーイ・ブラッグ (須田祐介), テンジング・ノルゲイ・トレイナー (保澄しのぶ) ◆見た目も性格も正反対の双子姉妹による愉快な日常を綴る青春コメディ。ウィスコンシン州の平凡な町に暮らすバスケに夢中のスポーツ女子高生マディ・ルーニー。そこへハリウッドでスターとして活躍していた双子の姉リブが戻ってきた。同じ高校に通い、一つ屋根の下で暮らし始めることになるマディとリブだが…。D・キャメロンが二役で双子を演じたことでも話題を呼んだ。

運転手

THE DRIVER (2014) S1 英 BBC

デヴィッド・モリッシー , イアン・ハート , クローディー・ブレイクリー ◆犯罪組織に関わったことで生き甲斐を見出した男を描く、イギリス発のクライム・ドラマ。タクシードライバーのヴィンス・マッキーは人生に退屈していた。私生活は崩壊しており、毎日の仕事には苦痛しか感じられない。そんなある日、友人のコリンがギャングの仕事を手伝うという危険な依頼を持ち込んでくる。

運命の交差点

KORDUGUM / INTERSECTION (2016) S2 トルコ Fox TV

イブラヒム・チェリッコル , アリジャン・ユジェソイ , ロジダ・デミレル , ムラート・ダルタバン , アイバス・カータル・ウーソン ◆愛に翻弄される 3 人の男女の運命を描く、トルコ製作による大人のドラマ。裕福な実業家アリ・ネジャットと若い小児科医ナズは、イタリアの地で偶然出会う。ナズには自動車デザイナーの夫ウムットがいるが、二人には子供がいなかった。アリは突然、自動車業界への参入を発表、ナズとの距離が徐々に近づくが、ウムットはそんな二人に嫉妬心を抱くようになり…。

運命の銃弾

SHOTS FIRED (2017) S1 米 Fox

サナ・レイサン , ステファン・ジェームズ , リチャード・ドレイファス , スティーヴン・モイヤー , ウィル・パットン ◆ノースカロライナ州の小さな町で、黒人保安官ジョシュア・ベックがジェシーという白人の少年を射殺するという事件が発生した。司法省の捜査官アッシュ・アキノと検察官プレストン・テリーは事件を捜査するために町にやってくる。やがて彼らの捜査によって、かつてこの町で起きた黒人少年の射殺事件が明らかとなるが、2 人はさまざまな捜査妨害を受けていく…。2014 年に起きた白人警官による黒人青年の射殺事件にヒントを得て製作されたサスペンスドラマ。

運命の標的

TARGET (1958) S1 米

アドルフ・マンジュー ◆映画「モロッコ」で知られる俳優 A・マンジューをホストに迎え、何の予告もなく突然訪れる運命に翻弄される人々の姿を描いた、モノクロ 30 分のアンソロジー作品。

うわさのツインズ　リブとマディ

運転手

え

エア・アメリカ
AIR AMERICA (1998-1999) 米
ロレンツォ・ラマス (森田順平), スコット・プランク (境賢一), ダイアナ・バートン (金野恵子) ◆メル・ギブソンが主演した 1990 年の同名アクション映画を TV シリーズ化。危険な南米地帯で運輸業を営むリオ・アーネットの裏の顔は、反政府ゲリラや麻薬組織に立ち向かう合衆国の特殊エージェントだった。日本では「ラスト・エージェント」「特務司令エア・アメリカ」「エア・ミッション 危険空域指令」「エア・アメリカ／ミッションゼロ」「ヘリ・ミッション」のタイトルでビデオが発売された。[D,V]

エイモス・バーク
→バークにまかせろ！

英雄物語／ナポレオンとジョセフィーヌ
NAPOLEON AND JOSEPHINE: A LOVE STORY (1987) S1 米 ABC
アーマンド・アサンテ , ジャクリーン・ビセット , ステファニー・ビーチャム ◆フランスの英雄ナポレオン・ボナパルトと彼の妻ジョセフィーヌ・ド・ボアルネの愛を描いたミニシリーズ。陸軍将軍ナポレオンは貴族の未亡人ジョセフィーヌの美貌に一目惚れし結婚をする。奔放な性格の彼女は、結婚後も他の男と遊ぶことをやめなかったが、やがてナポレオンへの愛に目覚めていき…。[V]

エイリアス／ 2 重スパイの女
ALIAS (2001-2006) S5 米 ABC
ジェニファー・ガーナー (安藤麻吹), マイケル・ヴァルタン (堀内賢雄), ヴィクター・ガーバー (勝部演之) ◆シドニー・ブリストウは、銀行に勤務しながら大学院にも通う才女だが、実は CIA の秘密作戦支部 SD-6 のスパイという裏の顔を持っていた。そのことを恋人のダニーに打ち明けたため、秘密を知った彼は殺害されてしまい、SD-6 は CIA などではなく国際犯罪組織であることが明らかになる。シドニーは組織の情報を CIA に流す二重スパイになることを決心するのだが…。「LOST」の J・J・エイブラムス製作総指揮によるアクション・シリーズ。[D,V]

エイリアン・ウォーズ
→新・宇宙戦争

エイリアンズ
THE ALIENS (2016) S1 英 E4
マイケル・ソーチャ , ミカエラ・コーエル , ジム・ホーウィック , マイケル・スマイリー , トリスタン・グラヴェル ◆イギリスに UFO が不時着して 40 年、中にいたエイリアンたちは人間そっくりの姿かたちをしていたが、彼らはトロイと呼ばれるエイリアン居住区に隔離され、さまざまな差別・迫害を受けてきた。居住区を管理する警備隊員のルイス・ガービーはある日、自分が人類とエイリアンのハーフであること、そして心を寄せていた風俗嬢リリーホットがギャングの一員であることを知り、エイリアンによる麻薬事件に巻き込まれていく。奇抜な設定の SF アクションコメディ。[D]

エイリアン・ネイション
ALIEN NATION (1989-1990) S1 米 Fox
ゲイリー・グレアム (谷口節), エリック・ピアポイント (仲野裕), ミシェル・スカラベリ (堀越真己) ◆ジェームズ・カーン主演の同名映画 (1988 年) を TV シリーズ化した SF 刑事アクション。異星人が " 新移民 " として地球人と暮らしている近未来を舞台に、地球人のマシュー・サイクス刑事とエイリアンのジョージ・フランシスコがペアを組んで特殊な異星人犯罪に立ち向かう。[V]

エキストラ：スターに近づけ！
EXTRAS (2005-2007) S2 英 BBC
リッキー・ジャーヴェイス , アシュレー・ジェンセン , スティーヴン・マーチャント ◆番組制作の裏側などを描いた英米合作のコメディ。エキストラ専門の売れない役者アンディ・ミルマンとマギー・ジェイコブスが、様々な制作現場で騒動を巻き起こす。有名スターたちが本人役で出演し話題を呼んだ。[D]

駅馬車西へ
STAGECOACH WEST (1960-1961) S1 米 ABC
ウェイン・ロジャース (藤田啓一), ロバート・ブレイ (塩見竜介), リチャード・エヤー (小宮山清) ◆ミズーリからサンフランシスコへと走る駅馬車便の馭者ルーク・ペリーとサイモン・ケイン、それにサイモンの 15 才になる息子

エイリアス／ 2 重スパイの女

エキストラ：スターに近づけ！

デイヴィの3人を主人公に、様々な人間模様を描いた西部劇。

エクスカリバー　聖剣伝説
MERLIN (1998) 米 NBC
サム・ニール(鈴置洋孝), ルトガー・ハウアー(玄田哲章), マーティン・ショート(檀臣幸), ヘレナ・ボナム・カーター(山像かおり), ミランダ・リチャードソン(高乃麗), イザベラ・ロッセリーニ(土井美加) ◆世界的に有名なアーサー王伝説を、魔術師マーリンを主人公にして新解釈で描いたファンタジー・アドベンチャー。キリスト教の伝播によって精霊への信仰が弱まってきたことに危機を感じた女王マブは、人間の女に妖精の子マーリンを生ませる。成長したマーリンはアーサー王に助言を行い、イングランドを正しき道に進ませようとするが…。豪華スター競演によるミニシリーズで、8年後に続編「エクスカリバーII　伝説の聖杯」が製作された。[D]

エクスカリバーII　伝説の聖杯
MERLIN'S APPRENTICE (2006) 米 Hallmark
サム・ニール(江原正士), ミランダ・リチャードソン(勝生真沙子), ミーガン・オリー(寺田はるひ), ジョン・リードン(三木眞一郎) ◆「エクスカリバー　聖剣伝説」の続編。長い眠りから目覚めた魔術師マーリンは、聖杯が失われたためにキャメロットが荒廃していることを知る。大いなる力を持ちながら、その真価を発揮できていない若者ジャックを弟子としてマーリンは聖杯探しの長い旅に出発する。[D]

エクスタント
EXTANT (2014-2015) S2 米 CBS
[別] エクスタントーインフィニティ(第2シーズン)
ハリー・ベリー(板谷由夏), ゴラン・ヴィシュニック(宮内敦士), 真田広之 ◆ 13ヶ月もの間、宇宙ステーションに単独で滞在する訓練を終えた女性宇宙飛行士のモリー・ウッズが妊娠していることが判明する。訓練中、死んだはずの恋人が現れるという奇妙な現象はあったのだが…。スティーヴン・スピルバーグ製作総指揮によるSFミステリー・サスペンス。[D]

エクスパンス －巨獣めざめる－
THE EXPANSE (2015-2017) S2 米 Syfy
トーマス・ジェーン(木下浩之), スティーヴン・ストレイト(小林親弘), キャス・アンヴァー(宮本淳) ◆ジェイムズ・S・A・コーリイのハードSF小説『巨獣めざめる』を実写化。人類が宇宙へ進出した未来を舞台に、巨大な陰謀に巻き込まれていく人々の運命を描くSFミステリー。小惑星帯に住む刑事ミラーは、行方不明になった富豪の娘ジュリーの捜査を引き受ける。一方、何者かの攻撃を受けた輸送船の副船長ホールデンは、失った船と仲間の復讐を誓い、事件の謎を追うのだが…。

エクソシスト
THE EXORCIST (2016-2017) S2 米 Fox
アルフォンソ・ヘレラ(小松史法), ベン・ダニエルズ(小山力也), ハンナ・カスルカ(伊瀬茉莉也), ブリアンヌ・ハウイー(田村睦心), ジーナ・デイヴィス(高島雅羅) ◆ウィリアム・ピーター・ブラッティのベストセラー小説をドラマ化。少女に取り憑いた悪魔と対決する神父たちの死闘を描く。ウィリアム・フリードキン監督の同名映画(1973年)の後日譚で、おなじみのテーマ曲が使用されている。トマス神父のもとにアンジェラという女性が相談を持ち込んだ。娘に悪霊が取り憑いたのだという。トマス神父は最近よく見る夢を思い出した。その夢の中では、マーカスという神父が少年に取り憑いた悪魔と戦っていたのだ。やがてトマス神父はマーカス神父と出会い、悪魔祓いを敢行するのだが…。[D]

エコモダ～愛と情熱の社長室
ECO MODA (2001-2002) S1 コロンビア RCN
アナ・マリア・オロスコ(藤貴子), ホルヘ・エンリケ・アベリョ(新垣樽助), ルイス・メサ(高階俊嗣) ◆コロンビア発のテレノベラ(テレビ小説)「ベティ～愛と裏切りの秘書室」の続編。やっと結ばれたベティことベアトリス・ピンソン・ソラーノとアルマンド・メンドーサ。娘も授かり幸せに暮らしていたが、アルマンドに浮気疑惑が発覚。さらに彼らの会社"エコモダ"も経営の危機にさらされてしまう…。

エージェントX
AGENT X (2015) S1 米 TNT
シャロン・ストーン, ジェフ・ヘフナー, ジェイミー・シェリダン ◆S・ストーンが初めてTVシリーズの製作総指揮を務めたスパイ・アクション。女性副大統領直属の極

エクスタント

エクソシスト

秘捜査官が、アメリカの危機に立ち向かう姿を描く。アメリカ初の女性副大統領となったナタリー・マカビーは、大統領から託された鍵を使い公邸の地下にある部屋に足を踏み入れた。そこは建国以来、極秘に存在していた組織の指令室であり、その任務に当たるのが、エージェントXと呼ばれるジョン・ケースだった。

エージェント・オブ・シールド

AGENTS OF S.H.I.E.L.D. / MARVEL'S AGENTS OF S.H.I.E.L.D. (2013-2017) S5 米 ABC

クラーク・グレッグ (村治学), クロエ・ベネット (渋谷はるか), ブレット・ダルトン (花輪英司) ◆スーパーヒーローたちが一致団結して地球を襲う敵と戦う映画「アベンジャーズ」(2012 年) に登場した秘密組織のその後を描いたスピンオフ TV シリーズ。人間ながら並外れた能力で事件を解決していく国際平和維持組織シールド、その中でも腕利きのフィル・コールソン捜査官をリーダーとしたチームの活躍を描く。同じ MCU(マーベル・シネマティック・ユニバース) に登場するキャラクターがゲスト出演したことでも話題を呼んだ。[B,D]

エージェント・カーター

AGENT CARTER (2015-2016) S2 米 ABC

[別] マーベル エージェント・カーター

ヘイリー・アトウェル (園崎未恵), エンヴェア・ジョカイ (矢崎文也), ジェームズ・ダーシー (井上倫宏) ◆マーベル・コミックのヒーローたちが活躍する MCU(マーベル・シネマティック・ユニバース) の番外編として製作された TV シリーズ。1940 年代のアメリカを舞台に、悪の組織と戦う SSR(戦略予備軍) に勤務する女性エージェントのペギー・カーターが、元上司の執事エドウィン・ジャーヴィスの助けを得て様々な事件を解決していくスパイ・アクション。主演の H・アトウェルは「キャプテン・アメリカ　ザ・ファースト・アベンジャー」(2011 年) に出演以来、マーベルの映画、TV、アニメでペギー・カーター役を演じている。[B,D]

S.A.S. 英国特殊部隊

ULTIMATE FORCE (2002-2006) S4 英 ITV

ロス・ケンプ (大塚明夫), ジェイミー・ドレイヴン (阪口周平), トニー・カラン (小野大輔) ◆英国に実在する陸軍特殊部隊 S.A.S. の活躍を描いたアクション・シリーズ。ヘンノ・ガルビー上級軍曹率いるレッドチームのメンバーが、銀行強盗や暗殺事件、テロリストの暗躍などの凶悪犯罪に立ち向かっていく。[D,V]

SS-GB　ナチスが戦争に勝利した世界

SS-GB (2017) S1 英 BBC

サム・ライリー , ケイト・ボスワース , ジェームズ・コスモ , メイヴ・ダーモディ ◆サブタイトルの通り、第二次世界大戦でナチス・ドイツが勝利した世界を舞台にしたレン・デイトンの歴史改変小説を、2000 年代「007」シリーズの脚本を手がけてきたニール・パーヴィスとロバート・ウェイドが製作総指揮を務めてミニシリーズ化。1941 年、ドイツ占領下のロンドンで、闇取引に関係する奇妙な殺人事件が起きた。スコットランド・ヤードのダグラス・アーチャー刑事は事件を担当することになったが、すぐさまベルリンからナチス親衛隊の将校フートがやって来た。なぜ一介の殺人にゲシュタポが関与するのか？ やがてアーチャーは捜査を進める中、国家的な陰謀に巻き込まれていく。全 5 話。[D]

SFTV ブレイクス 7

BLAKES 7 (1978-1981) S4 英 BBC

ガレス・トーマス , ジャン・チャペル , サリー・ニベット ◆銀河系に圧政が敷かれる中、捕らわれていたブレイクら 6 人は脱走、最新戦艦リベレーター号の奪取に成功し、銀河帝国への反逆を開始する。ブレイク率いる反逆者たちの戦いを描いた SF スペースオペラ。日本では「銀河帝国からの脱出」「II 銀河帝国への挑戦」「III オーラックの予言」の 3 巻のビデオがリリースされたのみ。[V]

S.O.F. ソルジャー・オブ・フォーチュン

SOLDIER OF FORTUNE, INC. (1997-1999) S2 米

ブラッド・ジョンソン (大塚明夫), ティム・アベル (落合弘治), メリンダ・クラーク (田中敦子) ◆ジェリー・ブラッカイマーが製作総指揮を務めた、戦闘プロフェッショナル集団の活躍を描くハード・アクション。デルタ・フォースを除隊させられたマットことマシュー・シェファードをはじめ、各分野のエキスパートで構成される " ソルジャー・オブ・フォーチュン " が、世界を股にかけて様々な任務を遂行していく。日本では第 1 シーズンと第 2 シーズン

エージェント・カーター

S.O.F. ソルジャー・オブ・フォーチュン

がそれぞれ 6 巻ずつビデオリリースされた後、AXN で放送された。[V]

エスケープ・アーティスト　無罪請負人

THE ESCAPE ARTIST (2013) S1 英 BBC

デヴィッド・テナント (森川智之), トビー・ケベル ◆常に無罪を勝ち取る法廷弁護士ウィル・バートンは、殺人事件の容疑者リアム・フォイルを無罪判決に導くも、ふとしたことから異常者であるリアムの恨みを買ってしまう。それ以来、妻ケイトと息子のジェイミーに危険が及び始める…。殺人犯に家族を狙われた弁護士の恐怖を描いたサスペンス。

エスピオナージ

ESPIONAGE (1963-1964) S1 英 NBC/ITV

マーティン・バルサム , デニス・ホッパー , パトリシア・ニール ◆レギュラーが存在せず、毎回異なる主役で様々なスパイの物語を描くアンソロジー・ドラマ。贅沢なキャストも見ものだが、監督もスチュアート・ローゼンバーグ、デヴィッド・グリーンといった俊英から名監督マイケル・パウエルまで豪華な顔ぶれが揃っている。モノクロ 60 分、全 24 話。

X カンパニー　戦火のスパイたち

X COMPANY (2015-2017) S3 加

ジャック・ラスキー (平川大輔), エヴリーヌ・ブロシュ (名塚佳織), ダスティン・ミリガン (新城健) ◆第二次大戦下のカナダに実在した、イギリス安全保障調整局が設立したスパイ養成所、通称 " キャンプ X" に材を取ったサスペンス・ミステリー。連合国のスパイ養成所キャンプ X で訓練を終えた女スパイのオーロラ・ラフトをはじめとする若者たちが、ナチス・ドイツ占領下のフランスに潜入し極秘任務を遂行していく。[D]

X- ファイル

THE X-FILES (1993-2002) S10 米 Fox

デヴィッド・ドゥカヴニー (風間杜夫／小杉十郎太), ジリアン・アンダーソン (戸田恵子／相沢恵子), ミッチ・ピレッジ (島香裕／小川真司) ◆科学で解明できない不可解な事件、通称 "X ファイル " の調査に当たる 2 人の FBI 特別捜査官、フォックス・モルダーとダナ・スカリーの活躍を描いた TV シリーズ。キワモノ的な題材をリアルに、かつシリアスに捉えた企画と構成に、主演 2 人のキャラクターも手伝って、全米で大ヒットとなった。2 本の映画版が作られたほか、2016 年からは新シリーズとなる第 10 シーズンがスタート。[B,D,L,V]

X- ファイル 2016

THE X-FILES (2016) 米 Fox

デヴィッド・ドゥカヴニー (風間杜夫／小杉十郎太), ジリアン・アンダーソン (戸田恵子／相沢恵子) ◆超常現象が絡んだ未解決事件に挑む FBI 捜査官コンビの活躍を描いた大人気 TV シリーズ「X- ファイル」の 13 年ぶりとなる新シリーズ。第 10 シーズンに該当する。全 6 話のミニシリーズとして製作された本作は、フォックス・ウィリアム・モルダーとダナ・キャサリン・スカリーの名コンビがオリジナルキャストで復活したことから話題となり、全米でシリーズ史上最高の視聴者数を獲得した。FBI を去ったモルダーとスカリーは 10 年以上別々の生活を送っていたが、かつての上司スキナー副長官に呼び戻され再会を果たす。再び超常現象絡みの捜査に身を投じていく 2 人だが、やがて思いもよらない真実に辿り着き…。[B,D]

エッジ オブ トゥルース ～復讐の牙～

L'ETE ROUGE (2002) S1 仏 TF1

ジョルジュ・コラファス , ギイ・マルシャン , フランソワ・エリック・ジェンドロン ◆フランス製サスペンス・ミステリーのミニシリーズ。無実の罪で 13 年ものあいだ投獄されていた男トマが、事件の真実を追い求め始める。しかしその行動は、新任のルブレック警部と事件の真犯人に監視されていた。

エディ・カンター・ショー

THE EDDIE CANTOR COMEDY THEATER (1955) S1 米

エディ・カンター (田中明夫) ◆往年の喜劇役者 E・カンターがホストを務めるモノクロ 30 分のコメディ・アンソロジー。バラエティ・ショーのような形式でゲストとの軽妙なやりとりがあり、その後本編のコメディ・パートが始まるという形式だった。1953 年にカンターが心筋梗塞で倒れたため、本編パートはゲストのみのコントや旧作の映画を再編集したものも多かった。

エディの素敵なパパ

THE COURTSHIP OF EDDIE'S FATHER (1969-1972) S3 米

X- ファイル

エディの素敵なパパ

ABC
[別] 傑作なエディ
ビル・ビクスビー (仲村秀生), ブランドン・クルーズ (貴家澄子), ミヨシ梅木 (赤木靖恵), ジェームズ・コマック (富田耕生) ◆ 1963 年の映画「けっさくなエディ」の TV シリーズ版となるホーム・コメディ。妻を亡くしたトム・コーベットは、幼い息子エディと二人暮らしを始めるが、そこへやって来たのは日本人の家政婦だった。日本人家政婦を、1957 年の映画「サヨナラ」で東洋人初のアカデミー助演女優賞を獲得したミヨシ梅木 (ナンシー梅木) が演じている。出演エピソードは少ないが、エディの友達役で幼い頃のジョディ・フォスターが顔を見せる。

エデンの東
EAST OF EDEN (1981) S1 米 ABC
ジェーン・シーモア (加賀まり子), ティモシー・ボトムズ (津嘉山正種), ブルース・ボックスライトナー (寺田農), ウォーレン・オーツ (鈴木瑞穂), ハワード・ダフ (小池朝雄), ロイド・ブリッジス (高橋昌也), スーン=テック・オー (新克利), アン・バクスター (初井言栄), カレン・アレン (紀比呂子), サム・ボトムズ (松橋登) ◆生後まもない頃に母と死別したカレブは、父の愛が兄だけに向かっているのではないかと疑っていた。そんなある日、死別したはずの母親がまだ生きているという噂を聞きつける。その母とは娼婦館の店主だった…。ジョン・スタインベックの同名小説をミニシリーズとしてドラマ化。父親の愛に飢えた若者の葛藤を描く。

エドウィン・ドルードの謎
THE MYSTERY OF EDWIN DROOD (2012) S1 英 BBC
マシュー・リス , ジュリア・マッケンジー , フレディ・フォックス ◆未完に終わったチャールズ・ディケンズの同名ミステリー小説を映像化したミニシリーズ。大聖堂の聖歌隊長でありながらアヘンに溺れるジョン・ジャスパーのもとへ、ある日、甥のエドウィン・ジャスパーが訪ねてくる。エドウィンにはローザという婚約者がいたが、ジョンは彼女の音楽教師でありつつ、彼女に執着していた…。[D]

エドガー・アラン・ポー短編集
TALES OF MYSTERY AND IMAGINATION (1995) S1 英
クリストファー・リー ◆ C・リーがホストを務める怪奇と幻想のホラー・オムニバス。『赤死病の仮面』『アッシャー家の崩壊』などの著名な短編を映像化した他、「伝記的な肖像」と題されたエピソードではポーの半生を描いている。[D]

エド～ボーリング弁護士
ED (2000-2004) S4 米 NBC
[別] ED エド～人生のスプリット～
トム・キャヴァナー (山野井仁), ジュリー・ボーウェン (三石琴乃), ジョシュ・ランドール (高瀬右光) ◆ボウリング場を舞台に、冴えない弁護士の活躍を描いたヒューマン・タッチのコメディ。エド・スティーブンスは法廷経験のない弁護士。些細なミスから職場をクビになった上に、帰宅すると妻は浮気の真っ最中。仕方なく故郷へ戻ったエドは、思い出の地であるボウリング場を思わず買い取ってしまう。

NCIS:LA ～極秘潜入捜査班
NCIS: LOS ANGELES (2009-2017) S8 米 CBS
[別] ロサンゼルス潜入捜査班 ～ NCIS: Los Angeles
クリス・オドネル (森川智之),LL・クール・J(大川透), ダニエラ・ルーア (木下紗華) ◆「NCIS ～ネイビー犯罪捜査班」のスピンオフ作品。ロサンゼルス支局を舞台に、犯罪者を追う OSP 特別捜査官たちの活躍を描く。リーダーの G・カレン、パートナーで元 SEALS のサム・ハンナを中心としたチームが、国家の危機を救うため潜入捜査を開始する。「HAWAII FIVE-0」とのクロスオーバー・エピソードも製作された。[D]

NCIS: ニューオーリンズ
NCIS: NEW ORLEANS (2014-2017) S3 米 CBS
スコット・バクラ (内田直哉), ルーカス・ブラック (加瀬康之), ゾー・マクラーレン (皆川純子) ◆「NCIS ～ネイビー犯罪捜査班」のスピンオフ。ルイジアナ州南部のニューオーリンズを舞台に、海軍犯罪捜査局、通称 NCIS の活躍を描く。リーダーのドウェイン・“キング”・プライド、その片腕クリストファー・“クリス”・ラサール、新任の女性捜査官メレディス・“メリー”・ブロディらが難事件に挑む。[D]

NCIS ～ネイビー犯罪捜査班
NCIS: NAVAL CRIMINAL INVESTIGATIVE SERVICE / NCIS

エド～ボーリング弁護士

NCIS ～ネイビー犯罪捜査班

(2003-) S15- 米 CBS
マーク・ハーモン (田中秀幸／井上和彦), マイケル・ウェザリー (居谷四郎／森宮隆), ポーリー・ペレット (葛城七穂／愛河里花子) ◆「犯罪捜査官ネイビーファイル」のスピンオフ作品。実在する NCIS(Naval Criminal Investigative Service: 海軍犯罪捜査局) のワシントン DC 本部を舞台に、海兵隊出身のリロイ・ジェスロ・ギブスをリーダーとした個性豊かな特別捜査官たちの活躍を、アクションやサスペンス、ユーモアもふんだんに盛り込みながら描く。[D]

NYPD 特捜刑事

N.Y.P.D. (1967-1969) S2 米 ABC
[別] ニューヨーク警察本部
ジャック・ウォーデン (島宇志夫), ロバート・フックス (田中信夫), フランク・コンヴァース (羽佐間道夫) ◆ニューヨーク市警で働くマイク・ハインズ警部補、ジェフ・ウォード刑事、ジョニー・コルソ刑事たちが、大都会のあらゆる犯罪に立ち向かうポリス・ストーリー。実際にニューヨーク市警管内で発生した事件をもとにしたエピソードも多く、撮影にはニューヨーク市が全面的に協力した。

NYPD BLUE ～ニューヨーク市警 15 分署

NYPD BLUE (1993-2005) S12 米 ABC
[別] NYPD ブルー (旧)
デニス・フランツ (富田耕生), デヴィッド・カルーソー (相沢正輝)<S1-2>, ジミー・スミッツ (手塚秀彰)<S2-6> ◆ニューヨーク市警察 15 分署の刑事アンディ・シポウィッツはマフィアの幹部ジアデラの裁判で暴言を吐き、女性検事コスタスに叱責される。相棒のジョン・ケリーはそんな彼をたしなめるのだが、シポウィッツの飲酒は収まる様子もなく暴力沙汰を起こしてしまう…。絶え間なく起こる凶悪犯罪に立ち向かう刑事たちを描き、エミー賞作品賞のほか 4 度の主演男優賞を受賞するなど数多くの賞に輝いた刑事ドラマの金字塔。全米では 12 シーズン続いた長寿シリーズで、2005 年に惜しまれながら終了。ニューヨーク市警の元殺人課刑事ビル・クラークがテクニカルアドバイザーを経て脚本家として参加、実体験をもとにリアリティあふれるドラマ製作に貢献した。

NYPD BLUE ～ニューヨーク市警 15 分署

エバーウッド　遥かなるコロラド

EVERWOOD (2002-2006) S4 米 The WB
トリート・ウィリアムズ (加藤亮夫), グレゴリー・スミス (青木誠), エミリー・ヴァンキャンプ (小島幸子), クリス・プラット (三戸耕三) ◆アンドリュー・ブラウンは高名な脳外科医としてニューヨークで多忙な日々を送っていたが、最愛の妻ジュリアを交通事故で失ってしまった。失意のブラウンは息子エフラムと娘デリアを連れてコロラド州エバーウッドという小さな町に引っ越し、無料診療所を開く。エフラムは父の独断に反発するが、転入した学校でエイミー・アボットという少女に心惹かれる。しかし彼女には事故で昏睡状態になっているボーイフレンドのコリンがいた。彼女はドクター・ブラウンにコリンの手術を頼むが…。母を失った子供たちと不器用な父親との絆を描く。

EVA LUNA

EVA LUNA (2010-2011) S1 ベネズエラ Univision
ブランカ・ソト , ガイ・エッカー , フリアン・ヒル ◆南米はもちろん北米でも圧倒的支持を集めた、愛憎渦巻くベネズエラ製のラブ・ストーリー。父と妹と共にロサンゼルスにやって来たエヴァ・ゴンザレスは、ある日ダニエル・ビジャヌエバに出会い心惹かれるが、その親友のレオナルド・アリスメンディもエヴァに魅了される。やがて結婚することになるエヴァとダニエルだったが、式の当日、エヴァの父が何者かにひき逃げされて亡くなってしまう…。

APB ハイテク捜査網

APB (2017) S1 米 Fox Network
[別] APB ／エー・ピー・ビー ハイテク捜査網
ジャスティン・カーク , ナタリー・マルティネス , ケイトリン・ステイシー , テイラー・ハンドリー , タンベルラ・ペリー , ネストール・セラノ , アーニー・ハドソン ◆警察署を買収した実業家が最新テクノロジーを導入して犯罪に立ち向かうクライム・アクション。「アンダーワールド」「ダイ・ハード 4.0」のレン・ワイズマンが製作総指揮に名を連ねる。強盗に親友を殺害されたハイテク企業の実業家ギデオン・リーヴスは、なかなか犯人を逮捕できない警察にしびれを切らし、シカゴ市警 13 分署そのものを買収してしまう。誰もが簡単に通報できるアプリ「APB」の導入を始め、様々な最新技術を駆使し、シカゴにはびこる犯罪と汚職に立

エバーウッド　遥かなるコロラド

ち向かっていく。[D]

F/X THE SERIES

F/X: THE SERIES (1996-1998) S2 米 CBS/CTV

キャメロン・ダッド (石丸博也), ケヴィン・ドブソン (菅生隆之), クリスティナ・コックス (伊倉一恵) ◆映画「F/X 引き裂かれたトリック」(1986 年) と続編「F/X2 イリュージョンの逆転」(1991 年) をもとにしたアクション・シリーズ。映画の特殊効果を専門に扱っているローランド・タイラーはそのテクニックやトリックを駆使して、ニューヨーク市警の刑事レオ・マッカーシーの捜査に協力していく。[V]

FCU - 俺たち何でも調査隊 -

FCU: FACT CHECKERS UNIT (2010-2012) S2 米 NBC

ピーター・カリネン , ブライアン・サッカ ◆雑誌社 " ディクタム " で、FCU(ファクト・チェッカーズ・ユニット＝事実確認隊) として働くラッセルとディランが、ばかげたネタの真相を大真面目に調査する 10 分足らずのミニ・コメディ番組。本人役のルーク・ペリーや「ナポレオン・ダイナマイト」のジョン・ヘダーなどゲストも豪華。

FBI

THE F.B.I. (1965-1974) S9 米 ABC

[別] FBI アメリカ連邦警察

エフレム・ジンバリスト・Jr(黒沢良), フィリップ・アボット (川久保潔→和田文夫), スティーヴン・ブルックス (石原良→中田浩二) ◆全米にわたる広域重大犯罪事件を調査する FBI(連邦捜査局) にスポットを当てた犯罪ドラマ。ルイス・アースキン捜査官とその仲間が主人公となっているが、描かれる内容は実際に起きた事件に基づいている。アメリカの正義を強く打ち出したシリーズで、9 シーズンも続く人気作となった。芥川隆行がナレーションを務めた日本版も同様に人気が高く、1968 年には前後編のエピソードを海外向け劇場用に再編集した「FBI の敵 No.1」も公開された。

F.B.EYE!! 相棒犬リーと女性捜査官スーの感動！事件簿

SUE THOMAS: F.B.EYE (2002-2005) S3 米＝加 PAX

ディアン・ブレイ (雨蘭咲木子), エヌーカ・オークマ (高乃麗), ヤニック・ビッソン (堀内賢雄) ◆実在の人物をモデルとした、耳の不自由なヒロインと聴導犬による、痛快で爽やかな犯罪捜査ドラマ。聴覚にハンデを抱える FBI 捜査官のスー・トーマスは、聴導犬のリーバイとコンビを組み、読唇術などを駆使して最前線で事件を解決していく。[D,V]

FBI 失踪者を追え！

→ WITHOUT A TRACE ／ FBI 失踪者を追え！

FBI 特別捜査官

MANCUSO, FBI (1989-1990) S1 米 NBC

[別] FBI 特別捜査官マンクーゾ｜ FBI の狼マンクーゾ

ロバート・ロジア (石田太郎), ランディ・ブルックス (小山茉美), フレドリック・レーン (塩沢兼人) ◆ミニシリーズ「大統領選スキャンダル／野望の銃弾 (大統領を作る男たち)」で強烈な印象を残した、R・ロジア演じる FBI 捜査官ニック・マンクーゾを主人公とした骨太の犯罪捜査ドラマ。FBI のローンウルフと異名を取る偏屈な老捜査官ニックが、権力や組織の圧力をものともせず正義を執行していく。

FBI 犯罪特捜班 C-16

C-16:FBI (1997-1998) S1 米 ABC

エリック・ロバーツ (花田光),D・B・スウィーニー (遠藤純一), クリスティーン・トゥッチ (園田恵子) ◆凶悪事件を解決するため FBI 内に設置された、ジョン・オランスキーをリーダーとする特別捜査班の活躍を描く犯罪捜査ドラマ。全 13 話。

FBI・フォーメーション 5

TODAY'S F.B.I. (1981-1982) S1 米 ABC

マイク・コナーズ (阪脩), リチャード・ヒル , ジョセフ・カリ ◆ FBI のベン・スレーター捜査官が、ニック・フレイジャー、アル・ゴーディアン、ドウェイン・トンプソンそしてマギー・クリントンら 4 人の部下を従えてあらゆる犯罪に挑んでいくポリス・アクション。各エピソードは実際の FBI 捜査ファイルに記載された事件をモデルにしている。パイロット版は「FBI 盗聴大捜査」として映画劇場枠で放映された。

エマ

EMMA (1972) S1 英 BBC

ドラン・ゴッドウィン , レイモンド・アダムソン , エレン・ドライデン ◆恵まれた環境にあるエマは賢くて裕福。居心

FBI

F.B.EYE!! 相棒犬リーと女性捜査官スーの感動！事件簿

地の良い家に住み、明るい性格に育ち 21 年間の人生であまり気に病むことなんてなかった。そんな彼女の楽しみは“縁結び”。他人の人生を設計してしまうこと。自分の家庭教師の結婚をアレンジしたり、牧師と親友をくっつけようと画策したり。おせっかいなエマに対して意見を言える人間は、古くからの友人ナイトリーだけだった。彼の気も知らずエマは自分の行きたい道を進むのだが…。ジェーン・オースティンの原作を映像化したミニシリーズ。[D]

エマ ～恋するキューピッド～

EMMA (2009) S1 英 BBC

ロモーラ・ガライ , ジョニー・リー・ミラー , マイケル・ガンボン ◆イギリスの女流作家ジェーン・オースティンの「最も深遠な喜劇」と評される小説『エマ』をドラマ化。19 世紀のイギリスを舞台に、縁結びに夢中になる女性を描く。エマ・ウッドハウスは幼い頃に母を亡くし、父に大事に育てられた箱入り娘。社交的で美しい女性へ成長したエマは、姉や家庭教師の結婚を自らの手柄と考え、他人の縁結びに夢中になる。友人のナイトリーはそんなエマを心配するのだが…。[B,D]

エマージェンシー！

EMERGENCY! (1972-1979) S7 米 NBC

ロバート・フラー , ジュリー・ロンドン , ボビー・トループ ◆ロサンゼルスを舞台に、様々な事故や災害に直面する救急救命士たちと、救急病院で患者を救うために奮闘する医師たちの活躍を描く医療ドラマ。アメリカでは 7 年間にわたり放送された人気シリーズだったが、日本では第 7 シーズンのうち、わずか 4 エピソードが「恐怖のガス爆発！レスキュー隊出動せよ」「スティール・インフェルノ／特攻！炎の超高層ビル大救出作戦」「ハーバーインフェルノ」「フライト・インフェルノ／空中衝突！炎のジェット旅客機大救出作戦」として映画劇場枠で放送されたのみ。

エマニュエル～媚薬の香り

EMMANUELLE (1993) 仏

[別] エマニュエル・ザ・ハード (DVD)

マルセラ・ワレルステイン , シルヴィア・クリステル , ジョージ・レーゼンビー ◆チベットの奥地にある寺院で永遠の若さを授かったエマニュエルが、他人の心の中に入り込める秘薬を用いて様々な女性に性の喜びを与えていく。映画「エマニエル夫人」シリーズの後日譚となるミニシリーズ。若返る前のエマニエル (エマニュエル) 夫人をオリジナル同様 S・クリステルが演じている。[D,L,V]

エミリーの恋愛バイブル

EMILY'S REASONS WHY NOT (2006-2008) S1 米 ABC

ヘザー・グレアム , ナディア・ダジャニ , カリー・ペイトン ◆友人に恵まれ、雑誌社の仕事も順調にキャリアを重ねてきたエミリー・サンダースに、たった一つ欠けているものは結婚相手だった…。30 代を迎えた女性が結婚に向けて奮闘する姿を描いた H・グレアム主演のシチュエーション・コメディ。

M.I. 緊急医療捜査班

MEDICAL INVESTIGATION (2004-2005) S1 米 NBC

ニール・マクドノー , ケリー・ウィリアムズ , クリストファー・ゴーラム ◆原因不明の病気や突然変異ウィルス、パンデミックなど不可解な医学上のミステリーに挑む、スティーブン・コナー率いるエキスパート揃いの NIH(医療国立研究所) チームの戦いを描く医療サスペンス。

MI-5 英国機密諜報部

MI-5 / SPOOKS (2002-2011) S10 英 BBC

ピーター・ファース (立川三貴)<S1->, ルパート・ペンリー＝ジョーンズ (志村知幸)<S3-7>, マシュー・マクファディン (宮内敦士)<S1-3> ◆イギリス製の重厚なスパイ・サスペンス。内務省保安局 MI-5 として知られる機密諜報部で、テロや反政府活動に立ち向かうハリー・ピアースらエージェントたちの活躍を描く。ドラマは好評の内に第 10 シーズンまで放映された。英国アカデミー最優秀ドラマ賞受賞。[D]

M&A ／タイパンと呼ばれた男

NOBLE HOUSE (1988) S1 米 NBC

ピアース・ブロスナン (津嘉山正種), デボラ・ラフィン (小宮和枝), ベン・マスターズ (屋良有作), ジョン・リス＝デイヴィス (池田勝) ◆ジェームズ・クラヴェルの経済ミステリー『タイパン (Tai-Pan)』をドラマ化したミニシリーズ。中国返還を 10 年後に控えた香港。外資系大企業ノーブル・ハウスの後継者イアン・ダンロスは、企業のトップを意味する“タイパン”となるべく、その冷徹な頭脳で次々と他社を合併していく…。実在の大企業に材を取っ

エマージェンシー！

MI-5 英国機密諜報部

あ

たサスペンス。[V]

エメラルドシティ

EMERALD CITY (2017) S1 米 NBC

アドリア・アルホナ(藤田奈央), ヴィンセント・ドノフリオ(楠大典), オリヴァー・ジャクソン＝コーエン(津田健次郎) ◆ライマン・フランク・ボームの名作『オズの魔法使い』を「ザ・セル」「落下の王国」のターセム・シン監督が新たな解釈で映像化したファンタジー作品。邪悪な魔女がはびこる世界を舞台に、現代アメリカ女性が冒険を繰り広げ成長していく姿を描く。カンザス州で看護師をしているドロシー・ゲイルはある日、車ごと竜巻に飲み込まれてしまい、気がつくと魔女や魔法使いが支配する奇妙な世界に飛ばされていた。そこに突入したときの事故で東の魔女を轢いてしまい村を追放されるドロシー。旅の途中で彼女は記憶喪失の男を仲間に加え、魔法使いのもとを訪れてそれぞれが抱えるトラブルの解決を計ろうとするのだが…。[D]

選ばれしものたち

CHOSEN (2013-2014) S3 アイルランド＝英 RTE

ジョアンヌ・クローフォード, トリスタン・グラヴェル, ウーザ・コンロン ◆イギリスとアイルランドの合作によるミステリー・ホラー。同じアパートに暮らす7人の男女の内、1人の女性が殺される事件が発生。やがて事件の背後に、7人全員に共通する出来事が存在することが明らかになる。彼らは過去の邪悪なカルマによって呼び出された"選ばれしものたち"だったのだ。

エラリー・クイーン

ELLERY QUEEN / THE ADVENTURES OF ELLERY QUEEN (1975-1976) S1 米 NBC

ジム・ハットン, デヴィッド・ウェイン, トム・リース ◆ニューヨーク市警のリチャード・クイーン警視とその息子でミステリー作家のエラリー・クイーンが難事件を解決していくミステリー・シリーズ。製作・脚本はリチャード・レヴィンソンとウィリアム・リンクの「刑事コロンボ」コンビで、原作に無いオリジナル・ストーリーが殆ど。フジテレビの深夜枠で放映されたが、当時としては珍しく字幕放送であった。

エリザベス R

ELIZABETH R (1971) S1 英 BBC

グレンダ・ジャクソン, ロバート・ハーディ ◆処女王として知られるイングランド女王エリザベス1世の半生を描くミニシリーズ。テューダー家のエリザベスはメアリー女王の死によって王位を継承した。側近たちは彼女に結婚を進言するが…。[D]

エリザベス1世 ～愛と陰謀の王宮～

ELIZABETH I (2005) S1 米＝英 Channel 4

ヘレン・ミレン(倉野章子), ジェレミー・アイアンズ(菅生隆之), ヒュー・ダンシー(小森創介) ◆16世紀のイングランド女王エリザベス1世の後半生をドラマ化したミニシリーズ。処女王と言われた彼女の恋愛を、王位継承やヨーロッパ諸国の陰謀と絡めて描く。エリザベスが即位して20年、議会が婚姻を要請するも彼女は未だ独身のままだった。エリザベスの愛は20歳年下のエセックス伯に注がれていたのだった。[D]

エリザベート～愛と哀しみの皇妃

SISI (2009) 伊＝オーストリア＝独 Rai/ORF/ZDF

クリスティーナ・カポトンディ(瀬奈じゅん), デヴィッド・ロット(石川禅), クサーヴァー・フッター(岸祐二) ◆シシィの愛称で知られる美貌の皇妃エリザベートの姿を描いた、イタリア・オーストリア・ドイツ合作による歴史ロマン大作。オーストリア皇帝のフランツ・ヨーゼフ1世と恋に落ち結婚したシシィ。ハンガリーをこよなく愛した皇妃だったが、貴族アンドルーシや皇弟マクシミリアンなど様々な人々との出会い、そして波乱に満ちた出来事が彼女を待ち受ける。やがてオーストリア＝ハンガリー二重帝国の皇妃となるまでの生涯が綴られる。[D]

LAX

LAX (2004-2005) S1 米 NBC

ヘザー・ロックリア(渡辺美佐), ブレア・アンダーウッド(東地宏樹), ポール・ライデン(浜田賢二) ◆世界で5番目に乗降客数が多いロサンゼルス国際空港(LAX)では、薬物の密輸、不法入国にテロ騒動、外国人の案内など、無数の事件とトラブルが日々巻き起こる。そんなLAXで空と乗客の安全を守るために奮闘する、ハーリー・ランダムたち職員の活躍を描く。

エメラルドシティ

エリザベス1世 ～愛と陰謀の王宮～

LA 大捜査線／マーシャル・ロー
MARTIAL LAW (1998-2000) S2 米 CBS
サモ・ハン (水島裕), ケリー・フー (日野由利加), アーセニオ・ホール (石川ひろあき) ◆上海マフィアの首領リー・ヘイを追ってロサンゼルスにやってきた上海警察のサモ・ロー刑事が、そのままロス市警に留まり、テレル・パーカー刑事とコンビを組んで事件を解決していくサモ・ハン (・キンポー) 主演のカンフー・アクション刑事ドラマ。

L.A. LAW ／ 7 人の弁護士
L.A. LAW (1986-1994) S8 米 NBC
ハリー・ハムリン (大滝進矢) <S1-5>, スーザン・デイ (羽村京子→伊倉一恵) <S1-6>, コービン・バーンセン (富山敬→堀内賢雄) <S1-8> ◆「ヒル・ストリート・ブルース」のスティーヴン・ボチコーと「女刑事キャグニー＆レイシー」のテリー・ルイーズ・フィッシャーが組んで製作した弁護士ドラマ。ロスの法律事務所を舞台に刑事事件から離婚訴訟などの民事事件まで様々な事件を扱う弁護士の苦悩をリアルに描いた。エミー賞 3 年連続受賞含む 4 度の作品賞を受賞。「ER」など後に続くプロフェッショナル・アンサンブル・ドラマの基盤を作ったともいえる作品。

エル・チャポ
EL CHAPO (2017-) S2- 米 Univision
マルコ・デ・ラ・O (木内秀信), ダニー・パルド (後藤光祐), ルイス・ラバゴ (菊地達弘) ◆実在するメキシコの麻薬王の半生を、史実に基づいて描く犯罪ドラマ。エル・チャポ (ちび) ことホアキン・グスマン・ロエラは、所属する麻薬組織のボスになろうと画策するが、やがて指名手配犯として追われる身となり、ついには逮捕され厳しい刑務所暮らしをすることになるのだが…。

L の世界
THE L WORD (2004-2009) S6 米 Showtime
ジェニファー・ビールス (唐沢潤), ローレル・ホロマン (高森奈緒), ミア・カーシュナー (永島由子) ◆ロスに暮らすレズビアンたちの人生模様をケーブル局 (Showtime) ならではの赤裸々な描写で描き、多くの女性の共感を呼んだヒット・シリーズ。監督にはローズ・トローシュやメアリー・ハロンなどハリウッドで活躍する女流監督が名を連ねている。恋人ティムと暮らすためロスに出てきたジェニーは隣に住むベットとティナというレズビアン・カップルと親しくなる。彼女たちと行動を共にする内、ジェニーは次第に同性に惹かれていく自分に気がつくのだった…。プレイガールだが複雑な内面を持つシェーンを演じたキャサリン・メーニッヒが大ブレイク。[D]

エル・ヴァトー
EL VATO (2016-2017) S2 米 NBC
エル・ダーサ, クリスティーナ・ロドロ, リカルド・ポランコ, グスタボ・エゲルハーフ ◆主演を務めるメキシコの歌手 E・ダーサの実体験をもとに製作された Netflix オリジナルの音楽ドラマ。エル・ヴァトーとその仲間たちは、ビバリーヒルズのプリンス・レコードと契約を結び、巨額の契約金を手に入れ有頂天になっていた。だがレコード会社のオーナーが犯罪に手を染めていたことが発覚、すべてを失った彼らは音楽業界で成功するため活動を続ける。

エルム街の悪夢／ザ・シリーズ
→フレディの悪夢

エレクトラウーマン＆ダイナガール
ELECTRA WOMAN AND DYNA GIRL (2016) S1 米
グレイス・ヘルビグ, ハンナ・ハート ◆ 1976 年にバットマンとロビンをモチーフに製作された子供向けSFドラマ「Electra Woman and Dyna Girl」を現代風にアレンジしたアクション・コメディ作品。オハイオ州で暮らすロリとジュディは大のヒーローオタクで、コンビニで遭遇した強盗をあっさり撃退してしまうほどの力を持っていた。その様子を自ら撮影した動画をネットにアップしたところ、ヒーロー専門の芸能事務所から声がかかり、2 人はハリウッドへ行くことに。だがエレクトラウーマンとダイナガールとして活躍する 2 人の目の前に、強大な力を持つスーパー・ヴィラン (悪役) が現れ…。[D]

エレメンタリー　ホームズ＆ワトソン in NY
ELEMENTARY (2012-2017) S5 米 CBS
ジョニー・リー・ミラー (三木眞一郎), ルーシー・リュー (田中敦子), エイダン・クイン (堀内賢雄) ◆シャーロック・ホームズと女性ワトソンが現代のニューヨークで活躍するスタイリッシュなミステリー。ロンドン警視庁で犯罪捜査の顧問だったホームズは、薬物依存の治療のためニューヨークにやって来た。そこへ現れたのはホームズの父に

L の世界

エレメンタリー　ホームズ＆ワトソン in NY

雇われたというリハビリ付添人のジョーン・ワトソン。今度はニューヨーク市警の顧問として働こうというホームズは、ワトソン女史を相棒に凶悪事件の解明に挑む。[D]

エンジェル

ANGEL (1999-2004) S5 米 The WB

デヴィッド・ボレアナズ(堀内賢雄), カリスマ・カーペンター(手塚ちはる), グレン・クイン(入江崇史) ◆吸血鬼とバンパイア・ハンターの戦いを描いた異色の青春ドラマ「バフィー～恋する十字架～」のスピンオフ作品。ロスで探偵事務所を開いた善良な心を持つバンパイアのエンジェルが超人的な能力で悪と戦っていく。

エンジェル～天使のような反逆者

ANGEL REBELDE (2004) S1 米 Venevision

グレテル・ヴァルデス, ヴィクトール・ノリエガ, マリッツァ・ロドリゲス ◆南米ベネズエラのテレノベラ。貧しい母子家庭に育ったルシアと、両親の死後、叔父の家業を手伝って働いている青年ラウルの恋を軸に、生き別れになっていたルシアの父や仇敵の娘の横恋慕など複雑なストーリーが展開していく。

エンデバー号の探検

BARRIER REEF (1971-1972) S1 豪

ジョー・ジェームズ(宮部昭夫), ジョージ・アサング(岸田森), ハロルド・ホプキンス(佐々木功), イハブ・ナファ(家弓家正), ケン・ジェームズ(田中秀幸), ロウェナ・ウェイラス(猪俣光世) ◆帆船エンデバー号とその船長テッド・キングの冒険を描いた海洋アドベンチャー。グレート・バリア・リーフの海洋生物を調査するため、各種エキスパートがエンデバー号に乗り込んで冒険を繰り広げる。オーストラリア製作のTVシリーズ。

ENDGAME～天才バラガンの推理ゲーム

ENDGAME (2011) S1 加 Showcase

ショーン・ドイル, トランス・クームズ, カルメン・アギーレ ◆チェスの世界王者が、その天才的な頭脳を生かして難事件を解決していくミステリー。チェスの前世界チャンピオンであるアルカディ・バラガンは、滞在していたホテルの入口で婚約者の車が爆破されて以来、トラウマのためホテルを出ることができず長期滞在を続けていた。子供を連れ去られた男から捜査の協力を依頼されたバラガンは、抜群の記憶力と洞察力を駆使して人間関係を暴きながら真犯人に迫る。主人公が、舞台となるホテルから一歩も出ないという変わった設定だが、従業員やファンなどをまるでチェスの駒のごとく巧みに動かして事件を暴いていく、いわゆる安楽椅子探偵ものの変化球。

EMPIRE －エンパイアー

EMPIRE (2005) S1 米 ABC

サンティアゴ・カブレラ, ヴィンセント・リーガン, エミリー・ブラント ◆ローマ帝国初代皇帝アウグストゥス(前名オクタヴィアヌス)の若き日を描いたミニシリーズの歴史ドラマ。紀元前44年のローマ、ジュリアス・シーザーが暗殺され、後継者に指名されたオクタヴィアヌスは執政官アントニウスと対決していく。「オール・ユー・ニード・イズ・キル」(2014年)で脚光を浴びたE・ブラントが出演。[D]

Empire　成功の代償

EMPIRE (2015-) S4- 米 Fox

テレンス・ハワード(千々和竜策), タラジ・P・ヘンソン(安達貴英), ブリシェア・グレイ(新谷良子) ◆リー・ダニエルズが製作総指揮を務めた、映画業界と音楽業界をサスペンスフルに描いたエンターテインメント・ドラマ。余命宣告を受けたヒップホップ界の帝王ルシウス・ライオンは、自らの座を3人の息子のひとりに明け渡そうと決意するが、そこへ元妻クッキーが17年の服役生活から戻ってきた。ルシウスが築き上げた帝国を舞台に、家族の確執と権力争いが巻き起こる。[D]

エンライテンド

ENLIGHTENED (2011-2013) S2 米 HBO

ローラ・ダーン, ダイアン・ラッド, サラ・バーンズ, ルーク・ウィルソン, ティム・シャープ, マイク・ホワイト ◆精神錯乱状態に陥るも数ヶ月にわたる治療を経て職場復帰を果たしたキャリアウーマンが、周囲を困惑させながらも前向きに奮闘する姿を描くコメディ。優秀なバイヤーとして活躍していたエイミー・ジェリコーは、あるとき職場で醜態を晒してしまい、ホリスティック治療センターで数ヶ月間治療を受けることに。その後、心の傷が癒えたエイミーは無事に職場復帰を果たすが、彼女に与えられた仕事は負け犬たちに囲まれながらのデータ入力作業だった。

エンジェル

Empire　成功の代償

お

お熱いふたり
HE & SHE (1967-1968) S1 米 CBS
ポーラ・プレンティス , リチャード・ベンジャミン , ジャック・キャシディ ◆ニューヨークに住む漫画家のディック・ホリスターと、旅行会社勤務の妻ポーラ。2 人の明るく愉快な生活を描く 1 話 30 分のロマンティック・コメディ。

おーい、ミッチェル！はーい、ウェッブ !!
THAT MITCHELL AND WEBB LOOK (2006-2010) S4 英 BBC2
デヴィッド・ミッチェル , ロバート・ウェッブ , オリヴィア・コールマン ◆「ピープ・ショー　ボクたち妄想族」のコンビ、D・ミッチェルと R・ウェッブが個性豊かな爆笑キャラたちに扮して繰り広げるショートコント・コメディ。脚本も 2 人が担当している。

黄金の仔牛
ZOLOTOY TELENOK (2005) S1 ロシア
オレグ・メンシコフ , ニキータ・タタラレンコフ ◆イリヤ・イリフとエフゲニー・ペトロフの共同執筆によるロシアの同名風刺小説をドラマ化したコメディ・ミニシリーズ。英雄シュミット大佐の息子を騙る詐欺師オスタップ・ベンデルたちが巻き起こす騒動を描く。[D]

王様と私
ANNA AND THE KING (1972) S1 米 CBS
ユル・ブリンナー (中台祥浩), サマンサ・エッガー (今井和子) ◆ 1956 年に公開され大ヒットを記録した映画「王様と私」を、映画と同じ Y・ブリンナー主演でリメイクした全 13 話の TV シリーズ。タイの国王と、その教育係として雇われたイギリス人女性アンナ・レオノーウェンズとが、対立の後に惹かれ合っていく姿を描く。

王子と少年
THE PRINCE AND THE PAUPER (1996) S1 英 BBC
フィリップ・サーソン (藤間宇宙), キース・ミッシェル (大木正司), ジェームズ・ピュアフォイ (山賀教弘), ジョン・バウ (廣田行生) ◆マーク・トウェインの児童小説『王子と乞食』をイギリス BBC がドラマ化したミニシリーズ。中世イングランドを舞台に、貧乏人の子トムと王子エドワードが瓜二つの顔を利用して入れ替わったことで巻き起こる顛末を描く。

お馬のエドくん
→ミスター・エド

王立警察　ニコラ・ル・フロック
NICOLAS LE FLOCH (2008-2015) S6 仏 FR2
ジェローム・ロバート , マティアス・ムレクス , フランソワ・カロン ◆ジャン＝フランソワ・パロのミステリー小説『ニコラ警視の事件』シリーズをドラマ化。ルイ 15 世統治下のフランス・パリを舞台に、侯爵にして王国高等警察の警視ニコラ・ル・フロックの活躍を描く。当時のパリの風俗習慣を再現したディテールも評判を呼んだ。

大いなる遺産
GREAT EXPECTATIONS (1989) S1 英
アンソニー・カルフ , ジーン・シモンズ , ジョン・リス＝デイヴィス ◆チャールズ・ディケンズの自伝的長編をドラマ化したミニシリーズ。両親を失い、姉夫婦のもとで暮らしている少年フィリップ・ピリップ (愛称はピップ)。ある日彼は墓地でエイベル・マグウィッチという脱獄囚の窮地を救う。そして数年後、二十歳になったピップのもとに、いくつかの決まりを守ることを条件に“大いなる遺産”を約束する手紙が届けられるが…。

大いなる遺産
GREAT EXPECTATIONS (1999) 英 BBC
シャーロット・ランプリング , ヨアン・グリフィズ , ジャスティン・ワデル ◆ディケンズの同名小説を TV ドラマ化。貧しい少年フィリップ・ピリップ (ピップ) に莫大な遺産の話が舞い込む。しかしその遺産を継ぐには、ロンドンに出て紳士になること、そしてピップという名を絶対に変えないこと、という条件が付いていた。[D]

狼女の香り
SHE-WOLF OF LONDON (1990-1991) S1 米
ケイト・ホッジ (水谷優子), ニール・ディクソン (神谷和夫) ◆狼人間になってしまった女子大生と大学教授のコンビが怪奇現象に挑むホラー・シリーズ。ロンドンに留学したランディ・ウォレスは、狼人間に襲われ、自分も狼女になってしまう。事実を知るのは、オカルト学の権威であるイアン・マシスン教授のみ。こうして 2 人は怪奇現象

王様と私

狼女の香り

あ

に巻き込まれてゆく。シリーズ中盤から舞台がアメリカに変更された。

狼の食卓
FEED THE BEAST (2016) S1 米 AMC
デヴィッド・シュワイマー（根本泰彦）, ジム・スタージェス（加藤拓二）, マイケル・グラディス（落合弘治）, ロレンツァ・イッツォ（宮山知衣）, ジョン・ドーマン（小林操）◆デンマークのドラマを下敷きに、「デクスター ～警察官は殺人鬼」を手がけたクライド・フィリップスが製作した犯罪ドラマ。レストラン開業を目指す 2 人の男が、金と暴力の渦に飲み込まれていく様を描く。好意的な評価を得られず、シーズン 1 のみで打ち切りとなった。妻を亡くし酒浸りの日々を送るソムリエのトミーと、刑務所を出所するもギャングに追われているシェフのディオン。親友同士の 2 人は、かつて夢見ていたレストランの開業を再び目指すことにする。

おゝ！スザンナ
THE GALE STORM SHOW: OH! SUSANNA (1956-1960) S4 米 CBS → ABC
ゲイル・ストーム , ザス・ピッツ ◆「可愛いマギー」でブレイクした女優 G・ストームの自身の名を冠した TV シリーズ。世界一周の旅に出た豪華客船を舞台に、社交係となったスザンナの奮闘を描くモノクロ 30 分のシチュエーション・コメディ。

大津波／コンドミニアムの恐怖
CONDOMINIUM (1980) S1 米
バーバラ・イーデン（小原乃梨子）, ダン・ハガティ（石田太郎）, スティーヴ・フォレスト（小林勝彦）◆アメリカの作家ジョン・D・マクドナルドのディザスター小説『コンドミニアム』を原作とする、大津波の恐怖と災害を前にした人々を描くミニシリーズ。フロリダの海岸のリゾート地にそびえ立つ高級コンドミニアム。多くの人々が休暇を過ごしにやってきたが、手抜き工事が発覚する。同時に沖でハリケーンが発生し、津波の可能性が高まる。コンドミニアムが津波に耐えられないと悟った主人公は、住人に退避を促すが、一部のグループは忠告を無視。そこに大津波が押し寄せ、コンドミニアムは倒壊するのだった。前・後編各 2 時間枠だったオリジナルを、日本では 2 時間枠 1 本に再編集し映画劇場で放映。

おお猛妻イブとケイ
THE MOTHERS-IN-LAW (1967-1969) S2 米 NBC
イヴ・アーデン（加藤みどり）, ケイ・バラード（樹木希林）◆「ルーシー・ショー」のデジ・アーナズが手がけたモノクロ 30 分のシットコム。隣同士の子供たちが結婚した、2 つの家族の様子を描くホームドラマで、原題は義理の母親（たち）を指す。

おかしなおかしなお医者さん
THE BRIAN KEITH SHOW / THE LITTLE PEOPLE (1972-1974) S2 米 NBC
[別] 陽気なお医者さん
ブライアン・キース（富田耕生）, シェリー・ファバレス（池田昌子）, ヴィクトリア・ヤング（白石冬美）◆映画や TV で数々のコメディを作ってきたゲイリー・マーシャルが「ニューヨーク・パパ」の B・キースを主演に迎えておくるホームドラマ。美しい自然の残るハワイを舞台に、小児科医の父ショーン・ジェイミスンと娘のアンが患者たちと巻き起こす騒動を描く。

おかしなおかしな女の子
THE UGLIEST GIRL IN TOWN (1968-1969) S1 米 ABC
ピーター・カストナー（愛川欽也）, パトリシア・ブレイク（天地総子）, ゲイリー・マーシャル（広川太一郎）◆ひょんなことから " 女性 " 人気モデルとなってしまった男性が繰り広げる騒動を描いたコメディ。タレントを発掘するエージェントのティモシー・ブレアは、撮影をしていたロンドンでヒッピー姿の女装をしたところ、人気モデルとなってしまう。兄のジーンから忠告を受け、女でいることとなったティモシーは、カリスマモデルとエージェントという二重生活を送ることになるのだが…。

おかしなカップル
THE ODD COUPLE (1970-1975) S5 米 ABC
[別] おかしな二人
トニー・ランドール（近石真介）, ジャック・クラグマン（大平透）◆ジャック・レモン、ウォルター・マッソー共演の映画「おかしな二人」(1968 年) を TV ドラマ化。ずぼらなスポーツ記者のオスカー・メディスンと、神経質なほどきれい好きなカメラマンのフェリックス・アンガーが一

おゝ！スザンナ

おかしなカップル

緒に暮らし始めたことから巻き起こる騒動を描いたシットコム。

奥様！事件です

GLYNIS (1963) S1 米 CBS

グリニス・ジョンズ (楠トシエ), キース・アンデス (日下武史) ◆カリフォルニア州サンディエゴに住む主婦が繰り広げるミステリー・タッチのシチュエーション・コメディ。作家でもあり、趣味で探偵業も行うグリニス・グランヴィルは、ひょんなことから様々な事件と関わりを持ってしまう。弁護士の夫キースや、友人の元警察官と共に事件を追うグリニスの姿を描く。

奥さま社員

THE CARA WILLIAMS SHOW (1964-1965) S1 米 CBS

カーラ・ウィリアムズ , フランク・アレッター ◆カーラ・ブリッジスとフランクは同じ会社に勤務する恋人同士。お互いバツイチだったが、2 人は結婚することに。しかし社内結婚が禁じられていたため、もし 2 人のことが露呈すると会社をクビになってしまう。お互いに旧姓を使用することにした 2 人が、関係を隠すために様々な騒動に見舞われる様子を描いたシットコム。

奥さまは首相 ～ミセス・プリチャードの挑戦～

THE AMAZING MRS PRITCHARD (2006) S1 英 BBC

ジェーン・ホロックス (平淑恵), スティーヴン・マッキントッシュ (堀内賢雄), キャリー・マリガン (久嶋志帆) ◆イギリス北部の都市に住むロズ・プリチャードはスーパーマーケットで働く平凡な主婦。成り行きで議員に立候補を表明したところ賛同者が続々と集まり、女性だけの新党パープル党を設立することに。やがて総選挙で圧勝した彼女は、イギリス首相としていきなり政治の表舞台に立つことになる。理想に燃え改革に打ち込むプリチャードだったが、首相官邸に引っ越すことになった夫や娘たちは不満を募らせていく…。「リトル・ヴォイス」(1998 年) の J・ホロックスが首相と主婦業の両立に奮闘するプリチャードを好演。[D]

奥さまは大スター

MONA MCCLUSKEY (1965-1966) S1 米 NBC

ジュリエット・プラウズ (芳村真理), デニー・ミラー (桑原たけし) ◆映画スターの妻と軍曹の夫という格差カップルの日常を綴るコメディ。女優のモナ・マクラスキーは空軍勤めのマイクと結婚するが、マイクは自分の給料で生活したいとモナに告げる。マイクの給料はモナの時給より安いという現実の中、モナは主婦としてやりくりしはじめるのだが…。

奥さまは魔女

BEWITCHED (1964-1972) S8 米 ABC

エリザベス・モンゴメリー (北浜晴子), ディック・ヨーク <S1-2>, ディック・サージェント (柳澤愼一)<S6 >, アグネス・ムーアヘッド (北原文枝→林洋子→津田延代) ◆人間の男性であるダーリンと結婚した魔女のサマンサは、なるべく魔法を使わないで生活しようとするが、度重なる厄介事は魔法で解決。それをうるさい隣人に見られたり、夫の仕事先にバレかかったりと日々大騒動が起こってしまう。60 年代を代表するアメリカ TV シリーズのひとつで、日本でもその人気は根強く、再放送が数限りなく行われている。また長女を主人公としたスピンオフ作品「タバサ」や、ニコール・キッドマン主演による映画版も 2005 年に製作された。[D,L,V]

億万長者と結婚する法

HOW TO MARRY A MILLIONAIRE (1957-1959) S2 米

バーバラ・イーデン (向井真理子), メリー・アンダース , ロリ・ネルソン ◆マリリン・モンロー主演のロマンティック・コメディ「百万長者と結婚する方法」(1953 年) の TV ドラマ版。B・イーデン主演で、3 人の美女たちが裕福な男性とつきあうことを目的に共同生活をする様子を描く。

Awkward. ～不器用ジェナのはみだし青春日記～

AWKWARD. (2011-2016) S5 米 MTV

アシュリー・リッカーズ , ボー・マーショフ , ニッキー・デローチ ◆冴えない女の子を主人公に、ティーンエイジャーの恋や悩みを等身大に描いた MTV 製の学園青春コメディ。カリフォルニア州パロス・ベルデスに住むジェナ・ハミルトンは、何事に対しても不器用な高校 1 年生。学園イチのモテ男マッティ・マッキベンが気にかかっても、自分からは何もできない。そんな時、匿名の手紙を受け取った後に自分の部屋で誤って大ケガをするジェナ。てっきり自殺未遂したと思われたジェナは、学園で脚光を浴びてし

奥さまは魔女

Awkward. ～不器用ジェナのはみだし青春日記～

まう。

OK セブン作戦
THE MAGNIFICENT SIX AND 1/2 (1969) 英
レン・ジョーンズ (太田淑子), イアン・エリス (高橋和枝), ブリンズリー・フォード (東美江), スーザン・トグニ (小鳩くるみ), ライオネル・ホークス (松島みのり) ◆ハル・ローチの短編シリーズ「ちびっこギャング」を踏襲する形で製作された映画版を、さらに TV シリーズとしてリメイクした作品。6 人の少年少女と 1 人の幼女が、スクラップ置き場を根城に、さまざまな騒動を引き起こすスラップスティック・コメディ。

OK 捕虜収容所
→ 0012 ／捕虜収容所

オザークへようこそ
OZARK (2017) S1 米 Netflix
ジェイソン・ベイトマン (郷田ほづみ), ローラ・リニー (みやかわ香月) ◆ドラマ「ブル～ス一家は大暴走！」や映画「モンスター上司」などで知られる J・ベイトマンが製作総指揮と主演を務めるドラマシリーズ。仕事仲間が麻薬カルテルの資金をくすねたことから、資金洗浄を行うため田舎町に引っ越した男とその家族の生活を描く。投資会社を隠れ蓑にマネーロンダリングを行っていたマーティ・バードは、ある日、カルテルのボスに呼び出され「私の 500 万ドルはどうした」と聞かれてしまう…。

お騒がせ！ツイスト一家
ROUND THE TWIST (1989-2001) S4 豪 Seven Network → ABC
リチャード・モーア (安原義人), タムシン・ウェスト (篠原恵美), サム・ヴァンデンバーグ (岩永哲哉), ロドニー・マクレナン (高山みなみ) ◆灯台で暮らす男やもめのトニー・ツイストとピート、リンダ、ブロンソンの 3 人の子供たちが経験する、奇妙で不思議な出来事を描くオーストラリア製のファミリー・ドラマ。原作はポール・ジェニングスのジュヴナイル・ファンタジー。通常の放送フォーマットとは異なり、11 年の間に 4 シーズン全 52 話 (13 話× 4) が製作されており、その都度微妙にキャストも変更されている。日本では NHK「海外少年少女ドラマ」枠で最初の 2 シーズンから 24 話が放映された。

オザークへようこそ

おじいちゃんはドラキュラ
→マンスターズ

おじさまはひとりもの
BACHELOR FATHER (1957-1962) S5 米 CBS
ジョン・フォーサイス , ノリーン・コーコラン , サミー・トング ◆ビバリーヒルズで活躍する裕福な弁護士ベントレー・グレッグは、自動車事故で両親を亡くした 13 歳の姪ケリーを引き取ることに。独身生活の中で突如訪れた姪との暮らしぶりを描くコメディ作品。

おしゃれ㊙探偵
THE AVENGERS (1961-1969) S7 英 ITV
[別] 新スパイ㊙作戦｜事件をあばけ
パトリック・マクニー (中村正), ダイアナ・リグ (平井道子)<S4->, リンダ・ソーソン (京千英子)<S6-> ◆諜報部員のジョン・スティードと、科学者にして空手の達人の美女エマ・ピールの活躍を描いたイギリス製スパイ・アクション。SF コミックめいたギミック満載の荒唐無稽なストーリーが評判となり、本国では根強い人気を誇る。1998 年にはレイフ・ファインズとユマ・サーマン主演で「アベンジャーズ」として映画化された。

オーシャン・ガール
OCEAN GIRL (1994-1997) S4 豪 Network Ten
マルツェナ・ゴデッキ (小田茜), デヴィッド・ホフリン (上田祐司), ジェフリー・ウォーカー (大前潤司) ◆オーストラリア製の海洋冒険 SF ドラマ。母親の転勤で海洋研究所オルカにやってきたジェイソンとブレットのベイツ兄弟が、クジラを友とし水中で呼吸ができる不思議な少女ネリと知り合い、彼女に課せられた探索を手伝っていく。

O 嬢の物語／最新完全版
HISTOIRE D'O / STORY OF O (1992) S1 米＝仏
クラウディア・セペダ , パウロ・ルイス , ネルソン・フレイタス ◆女流写真家の O 嬢がステファン卿にあずけられ、彼の館で鞭打ちや拘束、レズビアンなど様々な調教を受ける。ポーリーヌ・レアージュの同名小説を現代的にリメイクした官能のドラマ。アメリカの成人向けケーブル TV 局で放映された。[D,L,V]

OZ ／オズ
OZ (1997-2003) S6 米 HBO

OZ ／オズ

テリー・キニー (小形満), アーニー・ハドソン (手塚秀彰), リタ・モレノ (定岡小百合) ◆刑務所を舞台に囚人たちの愛憎劇を描いた人間ドラマ。ケーブル局の HBO 製作により、地上波では表現できない過激な暴力と性描写が満載。弁護士のトバイアス・ビーチャーは飲酒運転で交通事故を起こして 15 年の刑を受け、オズワルド刑務所に送られてくる。そこは " エメラルド・シティ " と呼ばれる特別区域で、野心的な責任者ティム・マクマナスの指揮のもと、新たな更生プログラムが実践されていた。ビーチャーは白人至上主義者のヴァーン・シリンガーと同室となるが、それは 2 人の憎悪に満ちた確執の幕開けでもあった…。

オースティン＆アリー

AUSTIN & ALLY (2011-2016) S4 米 Disney Channel

ロス・リンチ (高梨謙吾), ローラ・マラーノ (下山田綾華), レイニ・ロドリゲス (市川愛子) ◆ディズニー・チャンネルがおくるキッズ向けの青春ドタバタ・コメディ。歌手志望のオースティンが、おっちょこちょいな天才ソングライター、アリーの曲をカバーしネットにアップしたところ、あっという間に大人気に。2 人はデュオを結成して活動を開始するのだが…。

オズの魔法使い

THE WITCHES OF OZ (2011) S1 米

ポーリー・ロハス (弓場沙織), エリザ・スウェンソン (原千果子), ビリー・ボイド (内田夕夜), クリストファー・ロイド (廣田行生) ◆オズの国から戻ったドロシーは、いまや売れっ子の児童文学作家として活躍している。彼女の成功はオズでの経験に負うところが多かった。そんなある日、彼女の前に滅んだはずの仇敵、西の悪い魔女が現れる…。原作者自身が著した続編『オズのオズマ姫』『オズへつづく道』などを加味して作り上げた「オズの魔法使い」の後日譚。[D]

オスマン帝国外伝～愛と欲望のハレム～

MUHTESEM YUZYIL / MAGNIFICENT CENTURY (2011-2014) S4 トルコ

ハリット・エルゲンチュ , メルイェム・ウゼルリ , オカン・ヤラブク , ヌール・アイサン ◆オスマン帝国を最盛期に導いた第 10 代皇帝スレイマンをめぐる女性たちによる、熾烈な宮廷闘争劇を描いたトルコの歴史ドラマ。トルコ国内での人気はもとより、世界でも高い評価と支持を獲得している。16 世紀のオスマン帝国。父帝セリム 1 世崩御の知らせを受けた皇太子スレイマンは、第 10 代皇帝に即位する。一方、ルテニアの小さな村でタタール人に家族と恋人を殺された司祭の娘アレクサンドラは、捕虜となって奴隷船に乗せられ、オスマン帝国のハレム (後宮) に献上される。やがて宮廷で生き抜くことを決意した彼女は、権力を得るためにスレイマンの寵愛を得ようとするのだが…。

お葬式から事件は始まる

VIER FRAUEN UND EIN TODESFALL / FOUR WOMEN AND A FUNERAL (2005-2015) S7 オーストリア ORF

アデーレ・ノイハウザー , ブリギッテ・クレン , マルティナ・プール ◆オーストリアで絶大な人気を誇る 1 話完結型のミステリー作品。4 人の好奇心旺盛な女性たちが他人のお葬式に駆けつけ、勝手に事件性を疑いながら犯人探しを進めていく、コメディ・タッチの作品となっている。ユーリエ、マリア、サビーネ、ヘリエッテは、アルプスの小さな村イルムに暮らす好奇心旺盛な女性たち。彼女たちの趣味は、近所で亡くなった人のお葬式に駆けつけ、何か事件が隠れていると決めつけて犯人探しをすること。しかし彼女たちの推理はあながち間違いではなく…。

オーソン・ウェルズ劇場

ORSON WELLES' GREAT MYSTERIES (1973) S1 英 ITV

オーソン・ウェルズ ◆コナン・ドイルやオー・ヘンリーといった文豪から、スタンリー・エリンなどの現代作家たちまでのホラーやスリラー関連の短編小説を、O・ウェルズがストーリー・テラーとなって映像化した英国産アンソロジー。作品は「猿の手」「スキャンダル写真」「海賊の復讐」など全 26 話。日本ではテレビ朝日系「土曜映画劇場」放送後の 22:30 から放映 (1977 年 1 ～ 6 月)。

堕ちた弁護士 ～ニック・フォーリン～

THE GUARDIAN (2001-2004) S3 米 CBS

[別] ヒューマニスト 堕ちた弁護士 (DVD)

サイモン・ベイカー (桐本拓哉), ダブニー・コールマン (塚田正昭), アラン・ローゼンバーグ (小島敏彦) ◆企業弁護と奉仕活動、2 つの世界に関わる若き弁護士の奮闘を

オースティン＆アリー

堕ちた弁護士 ～ニック・フォーリン～

あ

描くヒューマン・ドラマ。主演は「メンタリスト」で爆発的人気を得る前のS・ベイカー。薬物使用の罪で有罪となった弁護士ニック・フォーリンは、1万ドルの罰金と共に1500時間の奉仕活動を課せられる。そこでニックはCLSと呼ばれる児童法律サービスでトラブルに巻き込まれた子供たちを助けていくのだが、子供たちと触れ合う内にニックに少しずつ変化が現れる。[D]

お茶目なパティ
→パティ・デューク・ショー

オックスフォードミステリー　ルイス警部
INSPECTOR LEWIS (2007-2015) S9 英 ITV

ケヴィン・ウェイトリー, ローレンス・フォックス ◆ドラマ「主任警部モース」でモースの部下だったロバート・ルイスを主人公にしたスピンオフ作品。オックスフォードに戻ってきたルイスは、今や年齢を重ね警部となっていた。若き相棒のインテリ刑事ジェームス・ハサウェイと共に様々な事件に挑むルイスの活躍を描く。

オデッセイ5
ODYSSEY 5 (2002-2004) S1 米 Showtime

ピーター・ウェラー(中村秀利), タマラ・クレイグ・トーマス(甲斐田裕子), セバスチャン・ロッシェ(佐久田修) ◆地球滅亡を阻止するために活躍するスペースシャトル乗組員たちを描くSFドラマ・シリーズ。大気圏外で活動中のスペースシャトル"オデッセイ"の目前で、地球が消滅してしまう。隊長のチャック・タガート以下5人のクルーたちは、地球外知的生命体"シーカー"の手によりタイムスリップし、地球滅亡の原因を探り始める。[D]

オデュッセイア・勇者オデッセウス魔の海の大航海
THE ODYSSEY (1997) 英＝伊＝独＝米

[別] オデッセイ(ビデオ) | オデュッセイア／魔の海の大航海(DVD)

アーマンド・アサンテ(津嘉山正種), イザベラ・ロッセリーニ(野沢由香里), グレタ・スカッキ(駒塚由衣), ヴァネッサ・ウィリアムズ(唐沢潤) ◆フランシス・フォード・コッポラ製作総指揮により、ホメロスの『オデッセイア』を映像化したスペクタクル・ミニシリーズ。古代ギリシャ、勇猛果敢な戦士オデッセウスは、トロイア軍と戦うために家族を残して旅立った。壮絶な戦闘の末、オデッセウスはついにトロイアを討伐することに成功。だが、彼は神々を冒涜する言葉を吐いたために呪いをかけられ、魔女や怪物に姿を変えた神々に帰途を阻まれる。[D,V]

おとぎの国－シャーリー・テンプル劇場
→シャーリー・テンプル・ショー

おとぼけスティーブンス一家
EVEN STEVENS (1999-2003) S3 米 Disney Channel

シャイア・ラブーフ(林勇), クリスティ・カールソン・ロマーノ(弓場沙織), ニック・スパーノ(浪川大輔) ◆カリフォルニア州サクラメント郊外に住むスティーブンス家を舞台にしたホーム・コメディ。イタズラ大好きの少年ルイス、彼が巻き起こす騒動にいつも巻き込まれる優等生の姉レン、肉体派の長男ドニー、子供たちに負けず劣らずの変わり者の両親。明るい5人家族とその仲間たちの愉快な日々が描かれ人気シリーズとなった。エミー賞を受賞したS・ラブーフの出世作でもある。

鬼刑事バリンジャー
→シカゴ特捜隊M

鬼刑事マディガン
MADIGAN (1972-1973) S1 米 NBC

リチャード・ウィドマーク(大塚周夫) ◆ドン・シーゲル監督のアクション映画「刑事マディガン」から、ニューヨーク市警10分署に所属する一匹狼の刑事ダニエル・マディガンのキャラクターを独立させてドラマ化。主演は映画版同様R・ウィドマーク。90分枠のエピソードが全部で6話作られ、第1話は「刑事マディガン／マンハッタン事件」として映画劇場枠で放映された。

鬼警部アイアンサイド
IRONSIDE (1967-1975) S8 米 NBC

レイモンド・バー(若山弦蔵), ドン・ギャロウェイ(仲村秀生), ドン・ミッチェル(中田浩二), エリザベス・バウアー(鈴木弘子) ◆「ペリー・メイスン」に続きR・バーの当たり役となった刑事ドラマの傑作。サンフランシスコ市警のロバート・アイアンサイド刑事部長は、犯罪者の恨みを買い狙撃されて下半身不随に。車椅子の生活を余儀なくされるアイアンサイドだが、署長の厚意で嘱託警部となり、3人の部下と共に事件に迫る。安楽椅子探偵アイアンサ

オックスフォードミステリー　ルイス警部

鬼警部アイアンサイド

イドの名推理と、彼の手足となる行動的な３人とのチームワークが見もの。ブルース・リー、ウイリアム・シャトナー、ジョディ・フォスターなど、後の大物スターが多数ゲスト出演。有名なテーマ曲はクインシー・ジョーンズ。[D]

鬼探偵マニックス

→マニックス特捜網

オーファン・ブラック　暴走遺伝子

ORPHAN BLACK (2013-2017) S5 米＝加 BBC America/Space

タチアナ・マズラニー(福圓美里), ジョーダン・ガヴァリス(比上孝浩), マリア・ドイル・ケネディ(宮寺智子) ◆禁断の研究開発によって生み出されたクローン人間の女性たちを取り巻く、恐るべき陰謀の謎を描くSFサスペンス。孤児院出身で前科を持つサラが、次々と現れる自分と瓜二つの別人＝クローンたちと協力し、謎の真相を究明しようとする。主演のT・マズラニーが１人で様々なキャラクターを演じ分け話題になった。[D]

OFF THE MAP ～オフ・ザ・マップ

OFF THE MAP (2011) S1 米 ABC

マーティン・ヘンダーソン, ジェイソン・ジョージ, ヴァレリー・クルス ◆「グレイズ・アナトミー」のスタッフが南米を舞台に僻地医療の実態を描いたヒューマン・ドラマ。ジャングル奥地にあるベン・キートン医師の診療所へ赴任して来たミーナ・ミナード、トミー・フラー、リリー・ブレナーの３人の若き医師。想像を遥かに超える過酷な現実に驚く３人だが、サバイバルのような日々を送る中で、医療とは何かを考え始める。[D]

オペレーション・タイフーン

ZADANIYA OSOBOY VAZHNOSTI. OPERATSIYA 'TAYFUN' / OPERATION TYPHOON (2013) S1 ロシア

エドアルド・トゥルクメノフ, マリア・クリコヴァ ◆ 1941年、ヒトラーはソ連への電撃戦を敢行した。瞬く間に首都レニングラードに迫ろうとするドイツ軍。ソ連の特殊諜報員ススロフ大尉は少数の精鋭部隊を組織、ドイツ軍の燃料補給庫に狙いを定めるが…。ナチス・ドイツの猛攻を食い止めるべく派遣された、ソ連の諜報員たちの活躍を描いたミニシリーズ。[D]

オポジット学園

OPPOSITE SEX (2000) S1 米 Fox

マイロ・ヴィンティミリア(福山潤), カイル・ハワード(浜田健作), クリス・エヴァンス(田尻ひろゆき) ◆北カリフォルニアに引っ越してきたジェッド・ペリーが転校したのは、女子生徒だらけの元女子校だった。男性生徒はジェッドの他にオタクのフィルとプレイボーイのケイリーのみ。３人は男子生徒を嫌う女子軍団と対決することになるのだが…。全８話の学園コメディ。ブレイク前のC・エヴァンスがケイリーを演じている。

溺れる女たち ～ミストレス～

MISTRESSES (2013-2016) S4 米 ABC

アリッサ・ミラノ(加藤有生子), キム・ユンジン(幸田夏穂), ロシェル・エイツ(樋口あかり) ◆英国で話題となったドラマ「MISTRESS〈ミストレス〉」のアメリカ版。弁護士サヴァンナ・デイヴィス、その妹で不動産仲介業者のジョスリン・カーヴァー、精神科医カレン・キム、経営者でシングルマザーのエイプリル・マロイ。地位も魅力もあるアラフォー女性が愛欲に溺れる様をスキャンダラスに描く。[D]

おまかせアレックス

THE SECRET WORLD OF ALEX MACK (1994-1998) S4 米 Nickelodeon

ラリサ・オレイニク(川上とも子), メレディス・ビショップ(阿部桐子), ダリス・ラヴ(佐藤淳) ◆化学薬品を浴びたことで突然超能力を身につけたアレックス。彼女の秘密を知るのは親友のレイモンドと姉のアニーのふたりだけ。超能力を持っていることが薬品会社や周囲に知られないようにしながら、アレックスが様々な事件を解決していくSF青春コメディ。

オーメン

DAMIEN (2016) S1 米 A&E

ブラッドリー・ジェームズ(細谷佳正), メガリン・エキカンウォーク(魏涼子), オミッド・アブタヒ(山本高広) ◆ 1976年に公開され世界的なヒットを記録したホラー映画「オーメン」のTVドラマ版。映画版第一作目の続編として、成長したダミアン・ソーンのその後が描かれる。大ヒットドラマ「ウォーキング・デッド」のクリエイターであるグレン・マザラが製作総指揮を務めた。悪魔としての記憶を失い

オーファン・ブラック　暴走遺伝子

溺れる女たち ～ミストレス～

成長した 30 歳のダミアンは、謎の老婆からある言葉をかけられ、忘れていた子供時代の記憶を取り戻す。それはやがて始まる、悪魔と人類との戦争の序章だった。[D]

オヤジ・アタック

DADS (2013-2014) S1 米 Fox

セス・グリーン , ジョヴァンニ・リビシ , ブレンダ・ソング ◆「テッド」のセス・マクファーレンが製作総指揮を担当した、観客の前で収録を行うライブ型シチュエーション・コメディ。共同で TV ゲーム制作会社を経営するビジネスパートナーのワーナー・ウィットモアとイーライ・サックスのもとに、それぞれの自由すぎる父親が押しかけてきたことで、2 人の平穏な生活はかき乱される。

おやじは億万長者

O.K. CRACKERBY! (1965-1966) S1 米 ABC

バール・アイヴス , ハル・バックリー , ブルック・アダムス ◆世界一の富豪となった男とその家族を描いたコメディ。オクラホマ州に住む O・K・クラッカビーは自力で石油王まで上り詰めた成り上がりで、高級ホテルをたった 5 分で買収するほどの財産と権力を持つ。彼は 3 人の子供たちの教育に、ハーバード大卒のフリーター、セント・ジョン・クインシーを雇うことにするのだが…。

オーランドのセクシーな妻たち

THE HOTWIVES OF ORLANDO (2014) S1 米 Hulu

ケイシー・ウィルソン , ダニエル・シュナイダー , ティンバリー・ヒル ◆オーランド在住の有閑マダム、ショーナ、タウニー、フェフェ、アマンダ、ヴェロニカ、クリスタルはいずれも金と暇を持て余している腐れ縁同士。表面的には親友として振る舞ってはいるが、ひと皮むくと対抗心を抱き合うライバルだった。フロリダ州オーランドに暮らす 6 人の主婦たちが繰り広げる騒動を描いたドタバタ・コメディ。

オリジナルズ

THE ORIGINALS (2013-2017) S4 米 The CW

ジョセフ・モーガン (土田大), ダニエル・ギリス (楠大典), クレア・ホルト (小島幸子) ◆ヴァンパイアと女子高生の恋を描いた TV シリーズ「ヴァンパイア・ダイアリーズ」のスピンオフ作品。ニューオーリンズを舞台に、1000 年前から生き続けるヴァンパイア一族 " オリジナルズ " と人狼や魔女など闇の住人たちとの戦いを描く。オリジナルズの中でも人狼とのハイブリッドであるクラウスことニクラウス・マイケルソンは最強の存在。だが、かつての弟子マルセル・ジェラードは今や吸血鬼の街フレンチ・クォーターの闇の支配者となり、クラウスの前に立ちはだかる。[B,D]

オリバー・ツイスト

OLIVER TWIST (1999) S1 英 ITV

サム・スミス (矢島晶子), マイケル・キッチン (有川博), マーク・ウォーレン (村治学), ジュリー・ウォルターズ (小宮和枝) ◆救貧院で孤児として生まれたオリバー・ツイストは、葬儀屋の手伝いをさせられていたが 9 歳で脱走してロンドンにやってくる。彼はそこでフェイギンという男が率いる窃盗団に仲間入りさせられるのだったが…。チャールズ・ディケンズの同名小説を映像化したミニシリーズ。全 4 部で NHK で放映された。オリバーを介抱するローズ役でキーラ・ナイトレイが出演。

オリーヴ・キタリッジ

OLIVE KITTERIDGE (2014) S1 米 HBO

フランシス・マクドーマンド , リチャード・ジェンキンス , ビル・マーレイ ◆ピュリッツァー賞フィクション部門受賞のエリザベス・ストラウト原作『オリーヴ・キタリッジの生活』を全 4 話でドラマ化したミニシリーズ。アメリカ・ニューイングランド地方の小さな村を舞台に、偏屈で狭量な女教師オリーヴ・キタリッジと彼女を取り巻く家族や友人たちの、25 年に渡る時の移ろいを温かく描く。数々の賞に輝いた名優 F・マクドーマンドが製作総指揮と主演を務めている。

ALMOST HUMAN ／オールモスト・ヒューマン

ALMOST HUMAN (2013-2014) S1 米 Fox

カール・アーバン (宮内敦士), マイケル・イーリー (川島得愛), ミンカ・ケリー (松井茜) ◆ J・J・エイブラムスが手がける近未来 SF アクション。西暦 2048 年。犯罪組織の罠にかかり相棒と自身の片足を失ったジョン・ケネックス刑事は 17 ヶ月の昏睡から覚めてようやく現場に復帰。アンドロイドとコンビを組むことを義務づけられたジョンは、最新型ではなく旧式のドリアンを相棒に選ぶ。事件のトラウマで心を閉ざしたままのジョンと、人間の感

オリジナルズ

オリーヴ・キタリッジ

情をプログラムされたドリアンは互いを補いながら、凶悪な科学犯罪の捜査に向かう。全 13 話。[D]

俺がハマーだ！
SLEDGE HAMMER! (1986-1988) S2 米 ABC
デヴィッド・ラッシュ (羽佐間道夫), アン・マリー・マーティン (小宮和枝), ハリソン・ペイジ (内海賢二) ◆サンフランシスコ市警の爆裂刑事スレッジ・ハマーの活躍を描いたアクション・コメディの傑作シリーズ。レギュラーは相棒の女刑事ドリー・ドローとエドモンド・トランク署長で、刑事映画のパロディや過激なギャグ満載でおくる。アドリブ満載の日本語吹替も絶妙で、根強いファンが数多い。セカンド・シーズンは「新・俺がハマーだ !」。[D,L,V]

俺たち賞金稼ぎ !! フォール・ガイ
THE FALL GUY (1981-1986) S5 米 ABC
リー・メジャース (小林勝彦), ダグラス・バー (江原正士), ヘザー・トーマス (平野文) ◆スタントマンのコルト・シーバースにはバウンティハンター (賞金稼ぎ) という裏の顔があった。彼は従兄弟のホーイー・マンソンや仲間のジョディ・バンクスの協力を得て悪い奴らを追い詰めていく。映画の舞台裏や有名スターのカメオ出演なども見せてくれる軽快なアクション作品で、「600 万ドルの男」の L・メジャースのもうひとつの代表作。全 5 シーズンあるが、日本では第 2 シーズンまでしか放映されていない。

オレたち、ゆる刑事 ～ジャック＆ケイト
VEXED (2010-2012) S2 英 BBC2
トビー・スティーヴンス , ルーシー・パンチ , ロニー・ジュッティ ◆相反する男女の刑事がコンビを組んで捜査に当たるミステリー・コメディ。刑事のジャックとケイトは女性を狙った殺人事件を担当するのだが、組んだばかりでお互い反発し合っていた。ジャックは恋人と、ケイトは夫との関係に悩みながら捜査を続けていくが、加害者たちのある共通点を発見する。

折れた矢　ブロークン・アロー
BROKEN ARROW (1956-1960) S2 米 ABC
ジョン・ラプトン , マイケル・アンサラ ◆白人とインディアンの交流を描いたジェームズ・スチュワート主演の西部劇「折れた矢」(1950 年) を TV ドラマ化。1870 年代のアリゾナを舞台に、郵便騎手トム・ジェフォーズとアパッチ族の大酋長コチーズとの友情を描く。

オレンジ・イズ・ニュー・ブラック　塀の中の彼女たち
ORANGE IS THE NEW BLACK (2013-2017) S5 米 Netflix
テイラー・シリング (園崎未恵), ローラ・プリポン (土井真理), ケイト・マルグルー (水野ゆふ) ◆実在の女囚の回想録をベースにしたコメディ・ドラマ。ニューヨークの女性連邦刑務所を舞台に、麻薬の売上金を運搬したかどで収監された女性パイパー・チャップマンと、彼女を取り巻く囚人や看守たちとの奇妙でユニークな日常を綴る。[D]

オン・ジ・エアー
ON THE AIR (1992) S1 米 ABC
ミゲル・ファーラー (若本規夫), イアン・ブキャナン (江原正士), デヴィッド・L・ランダー (千葉繁) ◆ 1950 年代の TV 局を舞台に、架空の生放送バラエティ番組「レスター・ガイ・ショー」のスタッフとキャストたちが繰り広げる騒動を描いたドタバタ・コメディ。「ツイン・ピークス」後のデヴィッド・リンチが手がけた TV シリーズ。[L,V]

女刑事キャグニー＆レイシー
CAGNEY & LACEY (1981-1988) S7 米 CBS
タイン・デイリー (弥永和子), メグ・フォスター <S1>, シャロン・グレス (吉田理保子)<S2->, アル・ワックスマン (藤田譲), マーティン・コーヴ (秋元羊介), カール・ランブリー (佐藤正治), ジョン・カーレン (島香裕) ◆独身で上昇志向が強いクリス・キャグニーと、既婚で主婦業と仕事の両立に悩んでいるメリー・ベス・レイシーの 2 人は、ニューヨーク市警 14 分署に勤務する女性刑事。性格も生き方も違う 2 人だが、堅い信頼と友情に結ばれ、男性優位の警察社会の中で奮闘しながら犯罪捜査に当たっていく。第 1 シーズンでは M・フォスターがキャグニーを演じたがその後 S・グレスに交代。レイシー刑事役の T・デイリーが 4 度、キャグニー刑事役の S・グレスは 2 度エミー賞主演女優賞を獲得。作品賞も 2 年連続で獲得し、シリーズ終了後も特別編が製作されるなど高い人気を得た刑事ドラマ。

女刑事クリスティー
GET CHRISTIE LOVE (1974-1975) S1 米 ABC
テレサ・グレイヴス (天地総子), チャールズ・シオッフィ

俺たち賞金稼ぎ !! フォール・ガイ

オレンジ・イズ・ニュー・ブラック　塀の中の彼女たち

(和田文夫), ジャック・ケリー ◆自身も刑事だった経歴を持つ女流作家ドロシー・ユーナックの『女刑事クリスティ・オパラ』シリーズをベースにドラマ化した刑事アクション。ロス市警に籍を置く特別潜入捜査官、黒人女性刑事クリスティー・ラヴの活躍を描く。パイロット版は「血戦！地獄の特捜隊」として映画劇場枠で放映された。

女刑事 JJ ケーン

DOG AND CAT (1977) S1 米 ABC

ルー・アントニオ (石田太郎), キム・ベイシンガー (三浦真弓) ◆ロサンゼルスのベテラン刑事ジャック・ラムゼーと、彼と新たにペアを組むことになった若く美しい女刑事 J・J・ケーンの活躍を描く刑事アクションで、K・ベイシンガーの初主演作。ローレンス・ゴードンが製作総指揮、ウォルター・ヒルも企画に名前を連ねている。

女刑事ペパー

POLICE WOMAN (1974-1978) S4 米 NBC

[別] 新・女刑事ペパー (第 2 シーズン〜)

アンジー・ディキンソン (山東昭子→二階堂有希子), アール・ホリマン (羽佐間道夫→納谷悟朗), エド・バーナード (小林清志→細井重之) ◆元モデルでキャビン・アテンダントという異色の経験を活かし、様々な変装でおとり捜査を行うロス市警特別捜査班の女刑事スザンヌ・"ペパー"・アンダーソンの活躍を描いたアクション・シリーズ。アンソロジー番組「ポリスストーリー」からのスピンオフ作品で、「美人刑事登場 (The Gamble)」というエピソードの女刑事を発展させている。[D]

女刑事マーチェラ

MARCELLA (2016) S1 英 ITV

アンナ・フリエル (岡本麻弥), ニコラス・ピノック (浜田賢二), レイ・パンサキ (小松史法) ◆心に傷を抱える女刑事が殺人事件の謎を追うサスペンス・ミステリー。過去に発生し、いまだに未解決となっている連続殺人事件。その事件によく似た手口の新たな殺人事件が起きた。当時の担当刑事だったマーチェラ・バックランドは、夫に去られたことで心に傷を抱えていたが、事件を追うため復職を決意する。だが彼女には、怒りに我を忘れると一定時間記憶を失ってしまうという症状があり…。

女刑事レディブルー

LADY BLUE (1985) 米 ABC

ジェイミー・ローズ (戸田恵子), ダニー・アイエロ (石田太郎) ◆女版「ダーティハリー」とでも呼ぶべき、シカゴ市警殺人課の女刑事ケイティ・マホニーの型破りな捜査を描くポリス・アクション。日本ではパイロット版が「日曜洋画劇場」で放映された他、残りのエピソードも 2 話ごとに再編集され映画劇場枠で放映された。

女警部ジュリー・レスコー

JULIE LESCAUT (1992-2014) S23 仏 TF1

ヴェロニック・ジュネスト , ジェニファー・ローレ ◆ 1992 年から 22 年にわたり放送され高い人気を誇ったフランスの TV シリーズ。敏腕警部として仕事に忙殺されながらも、シングルマザーとして 2 人の娘を育て、また 1 人の女性として恋もする、ジュリー・レスコーの人生を描く。[D]

女検察官アナベス・チェイス

CLOSE TO HOME (2005-2007) S2 米 CBS

ジェニファー・フィニガン , キンバリー・エリス , ジョン・キャロル・リンチ ◆ジェリー・ブラッカイマー製作総指揮による、育児と仕事に奮闘する女性検事補の活躍を描く法廷サスペンス。検事補のアナベス・チェイスはワーキング・マザーを取り巻く問題に立ち向かいながら、DV やストーカーといった社会問題に挑んでいく。

女検死医ジョーダン

CROSSING JORDAN (2001-2007) S6 米 NBC

ジル・ヘネシー , ミゲル・ファーラー , ラビ・カプール ◆マサチューセッツ州検視局の女性検死医ジョーダン・カバナーが、仲間や元刑事である父マックスの協力を得て難事件の数々に挑む犯罪サスペンス。

女捜査官グレイス 〜天使の保護観察中

SAVING GRACE (2007-2010) S3 米 TNT

[別] セービング・グレイス

ホリー・ハンター , レオン・リッピー , ケニー・ジョンソン ◆オクラホマシティ警察の女刑事グレイス・ハナダルコは仕事とプライベートの両方に多くの悩みを抱えていた。アルコールに逃げ、不特定多数の男性と関係を持つ怠惰な生活を送っていたが、ある夜、飲酒運転の挙句に人を轢いてしまう。しかし彼女が神に祈った瞬間、アールと名乗

女警部ジュリー・レスコー

女検死医ジョーダン

る中年男性の姿をした天使が出現。彼は事故が無かったことにし、グレイスに生き方を変えるように諭すのだが…。H・ハンターが体当たり演技を見せ、多くの賞を受賞したヒューマン・ドラマ。

女捜査官テニスン～第一容疑者 1973
PRIME SUSPECT 1973 (2017) S1 英 ITV
ステファニー・マーティーニ , サム・リード , ジョーダン・ロング , ブレイク・ハリソン ◆女性警部の捜査活動をリアルに描いて大好評を得たミステリードラマの前日譚。若き日のジェーン・テニスンの奮闘を描く。1973 年、ロンドン。ハックニー地区の地下駐車場で絞殺された少女が発見された。ロンドン警視庁に仮採用されたジェーンは、上司の命令で初めて事件の捜査を担当することになり、被害者の自宅へ向かう。

女彫刻家
THE SCULPTRESS (1996) S1 英 BBC
ポーリン・クイーク , キャロライン・グッドオール , クリストファー・フルフォード ◆女流作家のロザリンド・リーは出版社から依頼を受けて、母親と妹をバラバラに殺害した女性猟奇殺人犯オリーブ・マーティンの取材をすることになった。ところがロザリンドはオリーブの話を聞く内に、その矛盾点に疑問を抱き始める…。アメリカ探偵作家クラブ最優秀長編賞を受賞したミネット・ウォルターズのベストセラー小説を BBC が映像化したサイコ・ミステリー。[V]

女諜報員フォックスファイアー
CODE NAME: FOXFIRE (1985) S1 米 NBC
[別] フォックス・ファイアー
ジョアンナ・キャシディ (吉田理保子), ジョン・マッコック (小川真司), ロビン・ジョンソン (坂本千夏), ヘンリー・ジョーンズ (上田敏也), シェリル・リー・ラルフ ◆元 CIA エージェントのリズ・" フォックスファイアー "・タウン、詐欺師にして天才的な泥棒のマギー・ブライアン、凄腕ドライバーのダニー・オトゥール、3 人の特殊工作員の活躍を描いた女性版「特攻野郎 A チーム」のようなアクション・シリーズ。全 8 話で、日本では 2 時間枠で 4 回にわたり放送された。

女秘書スージー
PRIVATE SECRETARY / SUSIE (1953-1957) S5 米 CBS
[別] スージー
アン・サザーン , ドン・ポーター ◆元舞台女優のスージー・マクナマラは、今ではニューヨークの芸能事務所でエージェントを務めるピーター・サンズの秘書をしている。公私にわたってピーターをサポートするはずが、いつも大騒動に発展していくというシットコム。芸能界が舞台だけに多くのスターがゲスト出演し話題となった。

女弁護士ロージー・オニール
THE TRIALS OF ROSIE O'NEILL (1990-1992) S2 米 CBS
シャロン・グレス (弥永和子), エドワード・アズナー (宝亀克寿), デイナ・ウィンストン (服部幸子) ◆上流階級出身の弁護士ロージー・オニールは金持ちを相手にする仕事に嫌気が差し、貧しい人を助けたいと公選弁護人の道を選ぶ。しかし麻薬密売人や未婚の母を相手に彼女の奮闘は空回りの連続だった…。「女刑事キャグニー&レイシー」の S・グレスが離婚歴のある女性弁護士を熱演した法廷ドラマ。

おんぼろ車のドナおばさん
THE GLOWING SUMMER (1968) S1 英 ITV
ウェンディ・ヒラー (堀越節子), ホーギー・デイビース (沢井正延) ◆女流作家ノエル・ストレトフィールドの原作小説を映像化した子供向けミニシリーズ。両親不在のため、アイルランドに住むドナおばさんの家に預けられることになった、アレックス、ペニー、ナオミ、ロビンたちの姿を描く。日本では NHK「少年ドラマシリーズ」枠で放送された。

隠密ガンマン
→ワイルド・ウエスト

か

母さんは 28 年型
MY MOTHER THE CAR (1965-1966) S1 米 NBC
ジェリー・ヴァン・ダイク (近石真介), アン・サザーン (麻生美代子), マギー・ピアース (武藤礼子) ◆中古車を買いに行った弁護士のデイブは、とある車から亡くなった母親の声を聞く。それは店の隅に置かれていたボロボロの 28 年式フォード。なんとデイブの母は車に転生していたのだ。早速、車を手に入れて喜ぶデイヴだったが…。しゃ

女弁護士ロージー・オニール

母さんは 28 年型

べる車と、その息子が織り成すファンタジー・コメディ。

怪奇ゾーンへようこそ

THE HITCHHIKER (1983-1991) S6 米＝加＝仏
HBO → USA Network

[別] ザ・ヒッチハイカー (ソフト)

ペイジ・フレッチャー (富山敬) ◆ヒッチハイカーが毎回物語の現場に登場してホスト役を務める30分のホラー・アンソロジー。アメリカではHBOで1983年から87年にかけて放映され、ネット局では不可能な残酷描写や性描写が多かったのが特徴。ポール・ヴァーホーヴェンが演出を担当したエピソードも。日本では原題通り「ザ・ヒッチハイカー」のタイトルでビデオリリースされた後、テレビ東京系にて「怪奇ゾーンへようこそ」の邦題で初期エピソードのみ放映された。[V]

怪奇の館〜レイ・ブラッドベリ・シアター

THE RAY BRADBURY THEATER (1985-1992) S6 米
HBO → USA Network

レイ・ブラッドベリ ◆作家のR・ブラッドベリがホストと監修だけでなく、多くのエピソードで脚色も務めているSF怪奇テイストのホラー・アンソロジー。「レイ・ブラッドベリSFシアター」「レイ・ブラッドベリSF怪奇劇場」「世にも不思議なSFファンタジー」「レイ・ブラッドベリ シリーズ」など様々な邦題でビデオ化された。[V]

怪奇ファイル

→ PSI FACTOR(サイ・ファクター) 超常現象特捜隊

快傑ゾロ

ZORRO (1957-1959) S3 米 ABC

ガイ・ウィリアムズ (金内吉男), ジーン・シェルドン (小松方正) ◆スペイン領だった時代のメキシコを舞台に、謎の騎士の活躍を描く冒険活劇。1920年にダグラス・フェアバンクス主演で「奇傑ゾロ」として映画化されて以来、何度も映像化されてきたジョンストン・マッカレーのヒーロー小説をディズニーがTVシリーズ化。メキシコのカピストラノ地方で話題になっている仮面の騎士ゾロは、弱者の味方でありながら大盗賊という謎の紳士。あるとき美しい娘ロリータは、富豪の息子と青年将校から求愛される。しかしロリータの思い人は最強の盗賊ゾロであった。

怪獣島

H.R. PUFNSTUF (1969-1970) S1 米 NBC

ジャック・ワイルド (田上和枝), ビリー・ヘイズ (肝付兼太) ◆少年ジムが魔法の小船に乗ってたどり着いた島は、奇妙な生物たちでいっぱいの怪獣島だった。彼は島の長であるドラゴンのパフンスタッフと共に様々な冒険を繰り広げる。着ぐるみの人形によるアドベンチャー・ファンタジー。1話30分、全17話。シリーズと並行して1970年には映画も製作され、日本では「怪獣島の大冒険」としてTV放映された。

海棲獣

PETER BENCHLEY'S CREATURE (1998) 米＝加 ABC

[別] D.N.A.III(ビデオ)

クレイグ・T・ネルソン, キム・キャトラル, コルム・フィオール ◆「ザ・ビースト／巨大イカの大逆襲」の好評を受けて、ピーター・ベンチリー (「JAWS／ジョーズ」) の原作をミニシリーズ化 (2時間枠前後編) したSFホラー。カリブ海の孤島でサメによるものと思われる惨殺事件が頻発。だが海洋学者のチェイスは犯人がサメではないと考え調査に乗り出す。そこには25年前、アメリカ海軍が極秘に行っていた実験が関係していたのだ…。SFXの名手スタン・ウィンストンが担当した、遺伝子操作によって生み出された直立歩行のサメ型モンスターが見もの。[D,V]

海賊船サルタナ

THE BUCCANEERS (1956-1957) S1 英 ITC

ロバート・ショウ (勝田久→矢島正明), ピーター・ハモンド ◆18世紀のカリブ海を舞台に、ダン・テンペスト船長と仲間たちを乗せたサルタナ号の活躍を描いたモノクロ30分の冒険活劇。若き日のR・ショウがテンペスト船長に扮し、海賊黒ひげたちと熱い戦いを繰り広げる。

開拓者たち

THE AWAKENING LAND (1978) S1 米 NBC

エリザベス・モンゴメリー, ジェーン・シーモア, ハル・ホルブルック ◆コンラッド・リクターの西部開拓史三部作をドラマ化したミニシリーズ。アメリカ独立戦争直後のオハイオ州を舞台に、入植後の厳しい環境の中で母親を失い、夫に逃げられた女性セイワード・ラケットが、弁護士のポーティアス・ホイーラーの助けを得て、残された

快傑ゾロ

怪獣島

子供たちと共に苦難と喜びを分かち合っていく姿を描く。

怪鳥人間バットマン

→バットマン

海底科学作戦

→原子力潜水艦シービュー号

海底大戦争スティングレイ

STINGRAY (1964-1965) S1 英 ATV

[別] トニー谷の海底大戦争 (第10話〜)

(声) ドン・メイスン (宗近晴見), ロバート・イーストン (ミッキー・カーチス), レイ・バレット (天草四郎) ◆ジェリー・アンダーソンによるスーパーマリオネーション初のカラー作品。トロイ・テンペスト艦長と部下のフォンズ・シェルダン少尉が原子力潜水艦スティングレイに乗り込み、地上の侵略を企む海底帝国と戦う。10話からトニー谷の活弁調ナレーションが付いた。[D,L,V]

海底2万マイル

20,000 LEAGUES UNDER THE SEA (1997) 米 ABC

[別] ディープ・シー 20000(VHS) | 海底2万里　ディープ・シー 20000(DVD)

マイケル・ケイン (有川博), ミア・サラ (安藤麻吹), ブライアン・ブラウン (樋浦勉), パトリック・デンプシー (内田夕夜) ◆これまでも幾度となく映像化されてきたジュール・ヴェルヌの空想科学小説の代表作を、名優M・ケインをネモ船長に迎えて前後編のミニシリーズにしたSFアドベンチャー。1886年、ニューイングランドの漁港では未知の怪物によって船舶が襲撃される事件が続発。アルナックス教授と船乗りネッド・ランドはその怪物の正体を暴こうとするのだが、彼らの前に現れたのは巨大な潜水艦ノーチラス号だった。[D,V]

外伝リジー・ボーデン事件

→リジー・ボーデン　美しき殺人鬼

怪盗紳士アルセーヌ・ルパン

ARSENE LUPIN (1971-1974) 仏 ORTF

ジョルジュ・デクリエール (納谷悟朗) ◆モーリス・ルブランが生み出した怪盗ルパンを、フランスの国民的俳優であるJ・デクリエールが演じたTVシリーズ。原作にはないオリジナル・ストーリーを交えながら、明るく楽しいコメディ・タッチの内容になっている。[D]

- 水晶の栓　LE BOUCHON DE CRISTAL (1971)
- 特捜班ヴィクトール　VICTOR DE LA BRIGATE MONDAINE (1971)
- ルパン対ホームズ　ARSENE LUPIN CONTRE HERLOCK SHOLEMES (1971)
- ルパン逮捕される　L'ARRESTATION D'ARSENE LUPIN (1971)
- バーネット探偵社　AGENCE BARNETT (1971)
- 緑の目の令嬢　LA FILLE AUX YEUX VERTS (1971)
- 断たれた鎖　LA CHAINE BRISEE (1971)
- 二つの微笑をもつ女　LA FEMME AUX DEUX SOURIRES (1971)
- カリフの怪獣〜ユダヤのランプより〜　LA CHIMERE DU CALIFE (1971)
- 或る女　UNE FEMME CONTRE ARSENE LUPIN (1971)
- カリオストロの復讐　LA SEPT ANNEAUX DE CAGILOSTRO (1971)
- トンビュル城の絵画　LES TABLEAUX DE TORNBULL (1971)
- ハートの7　LE SEPT DE COEUR (1971)
- ホームズの挑戦　HERLOCK SHOLMES LANCE UN DEFI (1973)
- ルパンのバカンス　PREND DES VACANCES (1973)
- 奇巌城 ジェーブル伯爵邸の怪事件　LE MYSTERE DE GESVRES (1973)
- 奇巌城 エギーユの秘密　LE SECRET DE L'AGUILLE (1973)
- 黒い帽子の怪人　L'HOMME AU CHAPEAU NOIR (1973)
- 赤い絹のスカーフ　L'ECHARPE DE SOIE ROUGE (1973)
- 謎の家　LA DEMEURE MYSTERIEUSE (1974)
- 八点鐘　LES HUIT COUPS DE L'HORLOGE (1974)
- 羽根飾り帽子の貴婦人　LA DAME AU CHAPEAU A PLUMES (1974)
- ロッテンブルクの踊り子　LA DANSEUSE DE ROTTENBURG (1974)
- 怪しげなフィルム　LE FILM REVELATEUR (1974)
- ダブル・ゲーム　DOUBLE JEU (1974)
- アンベール夫人の金庫　LE COFFRE FORT DE MADAME IMBERT (1974)

海底大戦争スティングレイ

怪盗紳士アルセーヌ・ルパン

怪盗ルパン・シリーズ
LE RETOUR D'ARSENE LUPIN (1989-1996) S2 仏
フランソワ・ドゥノワイエ ◆モーリス・ルブラン原作、世界一高名な怪盗アルセーヌ・ルパンを主人公にしたフランスのTVシリーズ。日本では第1シーズンのみビデオリリースされたが、収録順(発売順)はオリジナルの放送順とは異なる。[V]
- 教皇のメダル　LE MEDAILLOW DU PAPE (1987)
- 新警視総監ルノルマン　LENORMAND CHEF DE LA SURETE (1988)
- 同志タチアナ　LA CAMARADE TATIANA (1988)
- 金三角　LE TRIANGLE DOR (1988)
- 静かな科学者　UN SAVANT BIEN TRANQUILLE (1988)
- 隠された金塊　LES FLUTES ENCHANTEES (1988)
- ジュノー将軍の大砲　LE CANON DE JUNOT (1988)
- 虎の牙　LE DENTS DU TIGRE (1988)
- 忘れられた曲　UN AIR OUBLIE (1988)
- 二つの顔の魔女　LA SORCIERE AUX DEUX VISAGES (1989)
- カリオストロ伯爵夫人　LA COMTESSE DE CAGLIOSTRO (1989)
- 運命の首飾り ルパンとショームズの対決　LE BIJIOU FATIDIQUE (1988)

KYLE〈カイル〉XY
KYLE XY (2006-2009) S4 米 ABC Family
マット・ダラス(川田紳司), カーステン・プラウト(佐藤利奈), クリス・オリヴェロ(保村真) ◆映画「バタフライ・エフェクト」の製作陣がおくる、謎の青年をめぐるSFサスペンス作品。記憶はおろか言葉すらも喋れない状態で発見された青年。彼にはヘソが無いという奇妙な特徴があった。心理学者のニコール・トレガーは、青年をカイルと名づけ、自宅に保護するが…。[D]

カウボーイGメン
COWBOY G-MEN (1952-1953) S1 米
ラッセル・ヘイドン(滝口順平), ジャッキー・クーガン(上田恵司→藤岡琢也) ◆政府のエージェント、パット・ギャラガーとストーニー・クロケットのコンビがカウボーイに姿を変え、政府に敵対する者たちと戦っていく。本邦初の海外ドラマにして、初の日本語吹替ドラマとしても知られている。[D]

カウボーイ野郎
THE ROUNDERS (1966-1967) S1 米 ABC
ロン・ヘイズ, パトリック・ウェイン, チル・ウィルス ◆グレン・フォードとヘンリー・フォンダが共演した1965年の現代版コメディ西部劇「ランダース」を、主役2人の設定を若返らせてTVシリーズ化。テキサスの牧場を舞台に、ベン・ジョーンズとハウディ・ルイスのふたりのカウボーイと老牧場主(映画版と同じC・ウィルスが演じる)とのコミカルなやりとりを描く。全17話。

カウラ大脱走
COWRA BREAKOUT (1984) S1 豪
[別] 大脱走!カウラ日本兵捕虜収容所 (TV)
アラン・デヴィッド・リー(田中秀幸), 石田純一, サイモン・チルヴァース ◆日本から石田純一が招かれたオーストラリア製の実話をもとにした戦争ドラマ。第二次世界大戦中の、オーストラリアのカウラ捕虜収容所。ここには日本兵が大量に収容されていた。広島出身の1人の日本兵が、敵同士として知り合ったオーストラリア兵と戦争の悲惨さを語りあい、しだいに心を通じ合わせる。だが日本兵が集団脱走。彼らは追跡してきたオーストラリア兵の銃弾により次々と命を散らしてゆくのだった。日本ではビデオ「カウラ大脱走(1)～(3)」が発売され、TVでは「大脱走!カウラ日本兵捕虜収容所」のタイトルで放送された。[V]

帰って来たペリー・メイスン
→新・弁護士ペリー・メイスン

帰ってきた!マット・ルブランの元気か～い?ハリウッド!
EPISODES (2011-2015) S4 米＝英
マット・ルブラン(平田広明), スティーヴン・マンガン(永井誠), タムシン・グレイグ(小宮和枝) ◆イギリスの脚本家ショーンとベヴァリーのリンカーン夫妻はハリウッドに招かれ、自作のリメイクの仕事を依頼された。しかし主演のマット・ルブランは次々と問題を起こし、リンカーン夫妻もそのトラブルに巻き込まれていく。M・ルブランが自身役で出演するコメディ「マット・ルブランの元気か～い?ハリウッド!」の第3シーズン。

KYLE〈カイル〉XY

影なき男

科学ファミリー　ラボラッツ
LAB RATS (2012-2016) S4 米 Disney XD
ビリー・アンガー(野島裕史),スペンサー・ボールドマン(山口孝史),ケリー・バーグランド(壹岐紹未),タイレル・ジャクソン・ウィリアムズ(山本和臣),ハル・スパークス(阪口周平)◆科学と笑いが融合したディズニーのティーン向けコメディ作品。母親の結婚相手で発明家のダヴェンポート宅に引っ越したレオは、地下のラボで極秘に育てられたバイオニック・スーパーヒューマン(身体機能を強化された超人)の3兄弟に出会った。しかし彼らには欠陥があり、感情が高ぶることで暴走が起きてしまう。

学園は大騒ぎ
HANK (1965-1966) S1 米 NBC
ディック・カルマン(鈴木ヤスシ),リンダ・フォスター(上田みゆき)◆ニセ学生のキャンパス・ライフを描くコメディ・シリーズ。両親を交通事故で亡くし、妹ティナの面倒をみることになった青年ハンク。ランチワゴンの運転手として働き始めるが、勉強への情熱は抑えられない。そこで学費を払う余裕のないハンクは、大学のキャンパスで仕事をしながら学生のフリをして講義に潜り込むのだった。不幸をはねのけるポジティブな主人公のキャラクターが人気となった。全26話できれいに完結している。

影なき男
THE THIN MAN (1957-1959) S2 米 NBC
ピーター・ローフォード(黒沢良),フィリス・カーク◆探偵夫婦ニック・チャールズとノラ(それに愛犬アスタ)の活躍を描いたダシール・ハメットの同名小説をドラマ化。1934年から1947年の間に同小説を原作とした映画が6本製作されたが、これはそのTVシリーズ版。モノクロ30分。

影なき追跡者
GHOST SQUAD (1961-1964) S3 英 ITV
マイケル・クイン,ドナルド・ウォルフィット,アンソニー・マーロウ◆ロンドン警視庁(スコットランドヤード)の中に新設された、おとり捜査や潜入捜査など、まるで幽霊のように実体を隠して事件を追う極秘捜査チーム、ゴースト・スクワッドの活躍を描いた犯罪ドラマ。モノクロ60分。

影なき追跡者

過去のない男
THE MAN WHO NEVER WAS (1966-1967) S1 米 ABC
ロバート・ランシング(宮部昭夫),ダナ・ウィンター(来宮良子)◆別人になりすました冷戦時代のスパイを描いたサスペンス。東ベルリンから西ベルリンへ逃亡したCIA諜報員ピーター・マーフィは、逃げ込んだバーで自分そっくりの富豪マーク・ウェインライトを見かける。東側の追っ手は2人を見間違い、ピーターではなくマークを射殺。ピーターはマークになりすまして窮地を脱しようとするが、マークの妻エバは彼が偽者であることを見抜いてしまう。しかしエバにも財産がらみの思惑があり、彼女からマークの特徴を教わったピーターは二重生活を送ることになる…。本格的なスパイものを目指したが、全18話と短命に終わった作品。複数のエピソードを再編集した2本の映画「Danger Has Two Faces」と「The Spy with the Perfect Cover」が作られ、前者は「地獄からきた男」として日本でも劇場公開された。

カサブランカ
CASABLANCA (1955) S1 米 ABC
チャールズ・マックグロー(中村正),クラレンス・ミューズ◆ハンフリー・ボガートとイングリッド・バーグマンが主演した同名映画のTVドラマ版。モロッコの都市カサブランカを舞台に、ナイトクラブを経営するアメリカ人リックをめぐるメロドラマを描く。

カサンドラ／愛と運命(さだめ)の果てに
KASSANDRA (1992) S1 ベネズエラ RCTV
コライマ・トーレス(岡村明美),オズワルド・リヨス,ヘンリー・ソト◆ベネズエラ製のメロドラマ。大富豪アルフォンソの孫娘として生まれるも、彼の後妻エルミニアの策略でサーカスの一員として育てられたカサンドラが、やがて美しく成長し、彼女の運命を狂わせた女の息子ルイス・ダビドと恋に落ちる。

カシミアマフィア
CASHMERE MAFIA (2008) S1 米 ABC
ルーシー・リュー(湯屋敦子),ミランダ・オットー(小林優子),フランシス・オコナー(斎藤恵理),ボニー・サマーヴィル(甲斐田裕子)◆同じビジネス・スクール出身のミア、ジュリエット、ゾーイ、ケイトリンの4人が、大企業

カシミアマフィア

の女性幹部として成功を収めながらも、家庭の問題やライバルとの競争、そして恋愛などに悩む姿を描いた都会派のコメディ。[D]

カジュアル・ベイカンシー　突然の空席
THE CASUAL VACANCY (2015) S1 英 BBC/HBO
マイケル・ガンボン , ロリー・キニア , アビゲイル・ローリー ◆ "ハリー・ポッター" シリーズの J・K・ローリングが著した初めての大人向け小説を映像化したミニシリーズ。架空の町で起きた 1 人の男の死から始まる騒動を描く。イギリスの田舎町でバリー・フェアブラザー議員が死亡した。バリー議員は貧困地区を支援していたが、空いた議席をめぐって賛成派と反対派が激しい選挙戦を繰り広げていく。[D]

火星年代記
THE MARTIAN CHRONICLES (1980) S1 米 NBC
[別] マーシャン・クロニクル (ビデオ)
ロック・ハドソン (井上孝雄), ダーレン・マクギャヴィン (飯塚昭三), フリッツ・ウィーヴァー (宮田光), クリストファー・コネリー (伊武雅刀) ◆レイ・ブラッドベリによる叙事詩的 SF の名作『火星年代記』を 3 部作でミニシリーズ化。地球人の探検隊が火星に到着し、平穏に暮らしていた火星人が地球人の持ち込んだ水疱瘡によって滅亡する第 1 部、火星に移民が押し寄せるものの、地球に核戦争の危機が迫り、移民が次々引きあげていく第 2 部、火星に残ったわずかな人々がそれぞれの生き方を模索する第 3 部からなる。[D,V]

風の勇士　ポルダーク
POLDARK (2015-2017) S3 英 BBC
エイダン・ターナー , エレノア・トムリンソン , ルビー・ベントール ◆ウィンストン・グレアムのシリーズ小説を原作として 1975 ～ 77 年にかけて製作・放送された英 BBC による名作コスチューム・ドラマのリメイク版。18 世紀の英国を舞台に、アメリカ独立戦争から帰還するも度重なる不幸に見舞われた若き鉱山主ロス・ポルダークが、荒廃した鉱山を立て直しながら情熱あふれる人生を送る姿を描いた大河ロマン。1781 年、アメリカ独立戦争で負傷したロス・ポルダークは、2 年ぶりに故郷である英国南西部コーンウォールに帰還するが、そこで父の死、鉱山の荒廃、恋人エリザベスの結婚という厳しい現実に直面する。

かっとび放送局 WKRP
WKRP IN CINCINNATI (1978-1982) S4 米 CBS
ゲイリー・サンディー (安原義人), ゴードン・ジャンプ (上田敏也), ロニ・アンダーソン (小宮和枝) ◆ラジオ局を舞台に、ディレクターやディスクジョッキーなど個性的な面々による騒動を描くシチュエーション・コメディ。本国アメリカでは高い人気を誇り、4 シーズン全 90 話にわたって放送されたが、日本では初期の一部エピソードが放送されたのみ。アメリカでは 1991 ～ 93 年にかけて続編「The New WKRP in Cincinnati」が放送されている。当時のヒット曲をふんだんに使用しているため、本国で発売された DVD-BOX には多くの楽曲が収録されておらず、本編もギャグシーンがカットされたりと大幅な改変が行われた。

カーテン・タイム
THE DANNY THOMAS HOUR (1967-1968) S1 米 NBC
ダニー・トーマス ◆俳優 D・トーマスがホスト役を務めるドラマ・アンソロジー。ミュージカルやコメディなどジャンルは多岐に渡っていたが、全てのエピソードにダニーが出演している。

カートライト兄弟
→ボナンザ

カーニバル
CARNIVALE (2003-2005) S2 米 HBO
マイケル・J・アンダーソン , エイドリアン・バーボー , パトリック・ボーショー ◆ 1930 年代の大恐慌時代のアメリカを舞台に、カーニバルに拾われた不思議な能力を持つ天涯孤独の青年ベン・ホーキンズと、善良な牧師ながら邪悪な超能力を持つブラザー・ジャスティンの戦いを幻想的なビジュアルで描いたダーク・ファンタジー。

ガブリエル・ファイアー
→バード事件簿

ガブリエル ～不滅の愛～
GABRIEL (2008) S1 米 Mega TV
チャヤン , アンヘリカ・セラヤ ◆時を超えた愛を描くファンタジックな恋愛アクション。300 年前に妻と子を殺され

風の勇士　ポルダーク

カーニバル

た上、不死の吸血鬼にされた男ガブリエル・マルケスが、妻の生まれ変わりであるエヴァと再び平穏な生活を取り戻すため謎の敵と戦っていく。

カーマ・スートラ
KAMA SUTRA (2000) S1 米 Showtime
タマラ・ランドリー , レジーナ・ラッセル , リサ・スロウ◆古代インドの性愛の技術などを記した性典 " カーマ・スートラ " に材をとったエロティック・ドラマ。女医のダリアが患者の持つ性的な悩みを聞き、カーマ・スートラを参考にしながらカウンセリングを行っていく。[D,V]

カメラマン・コバック
MAN WITH A CAMERA (1958-1960) S2 米 ABC
チャールズ・ブロンソン (佐藤慶) ◆元従軍カメラマンのマイク・コバックがフリーランスとなってニューヨークに戻り、市警察に協力しながら友人や叔父の依頼で事件の解決に当たるアクション・シリーズ。C・ブロンソンの出世作の一つとなった。モノクロ 30 分、全 29 話。[D]

KAMEN RIDER DRAGON KNIGHT　仮面ライダードラゴンナイト
KAMEN RIDER: DRAGON KNIGHT (2008-2010) S1 米 The CW
[別] カメンライダー ドラゴンナイト
スティーヴン・ランスフォード (鈴木達央), マット・マリンズ (松田悟志), イヴォンヌ・アリアス (芳賀優里亜) ◆「仮面ライダー龍騎」の海外リメイク作品。ライダーとなった少年が地球の未来をかけて挑む闘いを描く。父の失踪後、施設で暮らしていたキット・タイラー。家に戻った彼は謎のカードデッキを発見、市民を攻撃するモンスターを見ることになる。少女マヤを救おうとしたキットの目の前に、突如レンという男が現れる。日本語吹替キャストには「仮面ライダー」の出演俳優が多数参加している。[D]

カラマーゾフの兄弟
BRATYA KARAMAZOVY (2009) S1 ロシア
セルゲイ・コルタコフ , セルゲイ・ゴロブチェンコ , アナトーリー・ベリィ ◆ドストエフスキー最後の長編小説を原作とするソビエト製ミニシリーズ。恋愛、社会、家庭など現代にも通じるテーマを、原作に忠実に、なおかつ美しい映像と音楽で描き出す。[D]

ガリバー旅行記
GULLIVER'S TRAVELS (1996) 米 = 英 NBC
[別] ガリバー (ビデオ)
テッド・ダンソン (土師孝也), メアリー・スティーンバージェン (宮寺智子), ジェームズ・フォックス (坂口芳貞), トーマス・ストリッジ (津村まこと) ◆「スリーメン & ベビー」の T・ダンソンと「バック・トゥ・ザ・フューチャー PART3」の M・スティーンバージェンの他、英米の豪華キャストが集結した、ジョナサン・スウィフトの原作に最も忠実といわれるファンタジー・アドベンチャー作品。日本では NHK で 2 回にわたり放送された後、2 本のビデオが発売された。[V]

カリフォルニア・ドリーム
CALIFORNIA DREAMS (1992-1997) S5 米 NBC
ブレント・ゴア (谷川俊)<S1-3>, ハイディ・レンハート (名越志保), ケリー・パッカード (渡辺美佐) ◆ " カリフォルニア・ドリーム " というバンドを組んだカリフォルニアに暮らすティーンエイジャーたちが繰り広げる恋と友情を描いたコメディ。シーズン当初はマットとジェニーのギャリソン兄妹を中心とするシットコムだった。

カリフォルニアンズ
THE CALIFORNIANS (1957-1959) S2 米 NBC
リチャード・クーガン , アダム・ケネディ ◆ゴールドラッシュ時代である 1850 年代のサンフランシスコを舞台に、無法者から街を守ろうと奮闘する新任の保安官マシュー・ウェインの活躍を描いた西部劇。モノクロ 30 分。

カリフォルニケーション
CALIFORNICATION (2007-2014) S7 米 Showtime
[別] カリフォルニケーション ある小説家のモテすぎる日常 (DVD)
デヴィッド・ドゥカヴニー (小杉十郎太), ナターシャ・マケルホーン (深見梨加), マドレーヌ・マーティン (遠藤綾) ◆売れっ子の小説家ハンク・ムーディーは別れた恋人カレンとヨリを戻したがっていたが、売れっ子であるがゆえに他の女性からの誘惑も多く、ハンク自身もついその誘惑に負けてしまうのだった…。大ヒットしたセクシャルなコメディで、主演のドゥカヴニーにとっては「X- ファイル」と並ぶ代表作となった。[D]

カメラマン・コバック

カリフォルニア・ドリーム

カリプソ野郎
BOLD VENTURE (1959) S1 米
デイン・クラーク（城山堅）, ジョーン・マーシャル ◆1951 ～ 52 年にかけて放送されたハンフリー・ボガード＆ローレン・バコール共演によるカリブ海を舞台にした人気ラジオドラマを、新たに TV シリーズとして映像化。ホテルを経営するスレイト・シャノンは、亡き親友の娘セイラーの後見人となり、ふたりはスレイトの船ボールド・ベンチャー号で一緒に暮らすのだが、土地柄のせいか様々な冒険に巻き込まれていく。モノクロ 30 分。

GIRLS ／ガールズ
GIRLS (2012-2017) S6 米 HBO
レナ・ダナム（冠野智美）, アリソン・ウィリアムズ（小松由佳）, ジェマイマ・カーク（斎賀みつき）, ゾーシャ・マメット（小飯塚貴世江）◆ルームシェアをしている 20 代の女性、真面目なマーニー、奔放なジェッサ、自己中のハンナ、奥手のショシャーナ、4 人の日常生活を赤裸々に描いたコメディ。好評を博しゴールデン・グローブ賞の作品賞と女優賞を受賞した。

ガールフレンド・エクスペリエンス
THE GIRLFRIEND EXPERIENCE (2016-2017) S2 米 Starz!
ライリー・キーオ, ポール・スパークス, メアリー・リン・ライスカブ ◆スティーヴン・ソダーバーグが 2009 年に監督した同名映画の TV 版。映画とは異なる設定で、法律事務所のインターンとコールガールの二重生活を送る女子学生の姿を描く。ソダーバーグが製作総指揮を務めた。ロースクールに通うクリスティーン・リードは、シカゴの一流法律事務所でインターンを始めるが、クラスメートに誘われて始めたエスコート・ガールの世界に、身も心ものめりこんでしまう…。

Girlboss　ガールボス
GIRLBOSS (2017) S1 米 Netflix
ブリット・ロバートソン（沢城みゆき）, エリー・リード（小島幸子）, ジョニー・シモンズ（川島得愛）◆発達障碍と言われた女性が、独自の感性でネット通販サイトを立ち上げ、ついにはティーンのカリスマブランドとも言える企業にまで発展させたサクセス・ストーリー。全米でベストセラーとなったソフィア・アモルーソの回想録『#GIRLBOSS（ガールボス）万引きやゴミあさりをしていたギャルがたった 8 年で 100 億円企業を作り上げた話』を元にドラマ化。高校をドロップアウトしたソフィアは単身都会に出、古着屋で安く買った服を通販サイト eBay で売っては小遣いを稼いでいた。やがて eBay での販売ができなくなったとき、彼女は本格的な通販サイトを立ち上げようと決意するが…。「New Girl ～ダサかわ女子と三銃士」で脚本を担当したケイ・キャノンの他、原作者のソフィア、そして女優のシャーリーズ・セロンが製作総指揮を務めている。

ガール・ミーツ・ワールド
GIRL MEETS WORLD (2014-2017) S3 米 Disney Channel
ローワン・ブランチャード（大久保瑠美）, ベン・サヴェージ（勝杏里）, サブリナ・カーペンター（丸山有香）◆アメリカで 1993 年から 2000 年まで放送された人気番組「ボーイ・ミーツ・ワールド」のその後を描くシチュエーション・コメディ。マンハッタンの同じ中学に通う少女ライリー・マシューズとマヤ・ハートの成長と、それを見守る家族の姿をハートフルに描く。

華麗な刑事デンプシー＆メイクピース
DEMPSEY & MAKEPEACE (1985-1986) S3 英 ITV
[別] はみだしコップ・デンプシー＆メイクピース（ビデオ）
マイケル・ブランドン（安原義人）, グリニス・バーバー（戸田恵子）, レイ・スミス ◆ニューヨーク市警内部の汚職と腐敗を報告したことで命を狙われることになったジェームズ・デンプシー刑事は、国際警察交換制度を利用してイギリスへ。ロンドン警視庁で特殊捜査機関 SI-10 に加わったデンプシーは、貴族の家系という女刑事ハリエット・メイクピース巡査部長とコンビを組むことになる。ヤンキー刑事とお嬢様刑事が、捜査方法の違いから何かと衝突しながらも事件を解決していく犯罪アクション。[V]

華麗な探偵ピート＆マック
SWITCH (1975-1978) S3 米 CBS
ロバート・ワグナー（城達也）, エディ・アルバート（佐野浅夫）, シャロン・グレス（野沢雅子）◆ロス市警で知能犯専門の事件を担当していた刑事フランク・マクブライドは、引退して探偵事務所を開くことに。そこで相棒に選んだのは、かつて彼自身が捕まえて刑務所送りにしたス

Girlboss　ガールボス

ガール・ミーツ・ワールド

ゴ腕の詐欺師ピート・ライアンだった。詐欺師コンビを描いて大ヒットした『スティング』にインスパイアされて作られた探偵ドラマ。警察の捜査では捕まえられない犯罪者たちを詐欺のテクニックを使って追いつめていく。

華麗なる貴族
BRIDESHEAD REVISITED (1981) 英 ITV
[別] ブライズヘッドふたたび
ジェレミー・アイアンズ, アンソニー・アンドリュース, ローレンス・オリヴィエ ◆英国人作家イヴリン・ウォーのベストセラー長編小説『ブライズヘッド再訪』を全 11 話のミニシリーズとして映像化。オックスフォード大学の学生チャールズは同級生で貴族のセバスチャンと友人になる。しかし貴族の風俗や習慣にはなかなか馴染めず、やがて彼は距離を置くようになる。一方、セバスチャンは酒びたりになっていく…。[V]

華麗なる世界
BRACKEN'S WORLD (1969-1970) S2 米 NBC
レスリー・ニールセン (森山周一郎), エリノア・パーカー (水城蘭子), ピーター・ハスケル (小川真司), エリザベス・アレン (中村紀子) ◆架空の映画会社、センチュリー映画スタジオを舞台に、俳優やスタッフたちの様々な人間模様と映画製作のリアルな裏側を描いたハリウッド内幕もののドラマ・シリーズ。原題のジョン・ブラッケンはこのスタジオの創設者という設定で、声のみの登場。

華麗なる諜報
→プロテクター電光石火

華麗なるペテン師たち
HUSTLE (2004-2012) S8 英 BBC
エイドリアン・レスター (宮内敦士), マーク・ウォーレン (坂詰貴之), ロバート・グレニスター (青野武→岩崎ひろし), ロバート・ヴォーン (矢島正明) ◆天才詐欺師のミッキー・ストーンを筆頭とした 5 人の詐欺師グループが、強欲な金持ちだけをターゲットに様々な罠を張りめぐらせて大金を奪う犯罪ドラマ。心理戦のみならず臨場感あふれるアクションも見どころのコン・ゲームが展開される。[D]

カレッジ・フレンズ
FRIENDS FROM COLLEGE (2017) S1 米 Netflix
キーガン＝マイケル・キー (三宅健太), コビー・スマルダーズ (若原美紀), アニー・パリッセ (ちふゆ), フレッド・サヴェージ (後藤敦), ナット・ファクソン (野川雅史) ◆映画「ネイバーズ」の監督ニコラス・ストーラーが製作総指揮を務めた、1 話 30 分のコメディ作品。同い年の男女 6 人が繰り広げる友情、恋、思い出と現実をコミカルに描く。夫婦であるイーサンとリサがニューヨークに戻ってきたため、共にハーバード大学で生活していた仲良しグループが再会することになった。大学卒業から 20 年が経ち、40 歳になった彼らはそれぞれが秘密や悩みを抱えていた。

カレン
KAREN (1964-1965) S1 米 NBC
デビー・ワトソン (丘さとみ), リチャード・デニング (中村正), メアリー・ラロシュ ◆アメリカの中流家庭であるスコット一家の生活を描いたホームドラマ。厳格なスティーブを父に、美しく優雅なバーバラを母に持つ 16 歳の高校生カレン。おませな妹ミミとの 4 人暮らしの家庭の中で、大人になりたいと思うカレンの成長ぶりを綴る。カレン役を務めたチャーミングな D・ワトソンの演技が注目された。主題歌はビーチ・ボーイズ。モノクロ 30 分。

可愛いアリス
THIS IS ALICE (1958) S1 米
パティ・アン・ギャリティ, トミー・ファレル, フィリス・コーツ ◆アメリカ・ジョージア州の架空の街を舞台に、9 歳の少女アリスとその両親のホリデイ一家を描いたホームコメディ。映画監督のシドニー・サルコウが企画と全エピソードの演出を手がけている。モノクロ 30 分、全 39 話。

かわいい妻ジュリー
LOVE ON A ROOFTOP (1966-1967) S1 米 ABC
ジュディ・カーン (渋沢詩子), ピート・デュエル (井川比佐志) ◆裕福な画学生のジュリーと、見習い建築家デーブ。偶然出会った 2 人は恋に落ち、やがて結婚、サンフランシスコの高層アパートに引っ越してきた。だがそこは最上階で、窓もない屋根裏部屋だった…。貧しいながらも、明るく希望あふれる新婚カップルの生活を描いたロマンティック・コメディ。全 30 話。

可愛いマギー
MY LITTLE MARGIE (1952-1955) S4 米 CBS → NBC

華麗なるペテン師たち

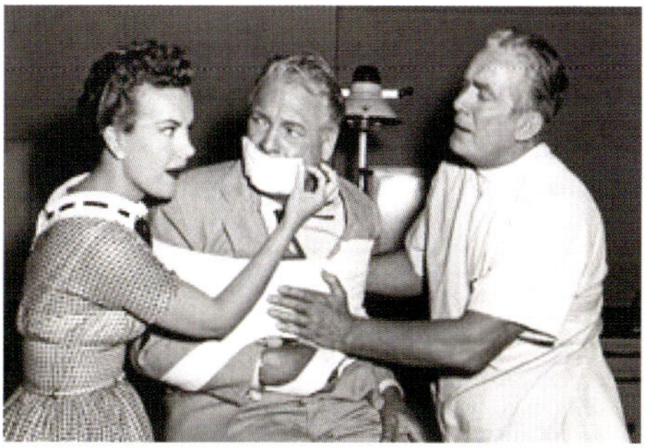

可愛いマギー

か

ゲイル・ストーム(平塚裕子),チャールズ・ファレル ◆ニューヨークに住むやもめの父と、21歳のひとり娘でおせっかいなマギーが、様々な珍騒動を繰り広げるシチュエーション・コメディ。

かわいい魔女ジニー
I DREAM OF JEANNIE (1965-1970) S5 米 NBC
バーバラ・イーデン(中村晃子→武藤礼子),ラリー・ハグマン(小山田宗徳→中田浩二),ビル・デイリー(愛川欽也→嶋俊介) ◆宇宙飛行士のトニーことアンソニー・ネルソンが見つけた奇妙な壺から現れた女精霊ジニー。トニーに一目ぼれしたジニーは彼と暮らし始めるが、いつも彼女の魔法で周囲は大混乱。かわいい魔女が巻き起こす騒動を描いたシチュエーション・コメディ。[L,V]

GUN
GUN (1997) 米 ABC
ロザンナ・アークエット,ダリル・ハンナ,ジェームズ・ガンドルフィーニ ◆ロバート・アルトマンが製作総指揮を務めた30分のオムニバス形式のミニシリーズ。全6話が製作されたが、日本では「GUN/灰と弾丸」「GUN/影と照準」「GUN/焔と弾道」というタイトルで、全3巻のVHSビデオとして販売された。[V]

カンガルー・スキッピー
SKIPPY / SKIPPY THE BUSH KANGAROO (1967-1970) S3 米=豪 NTS
エド・デヴェロー,トニー・ボナー,ケン・ジェームズ ◆オーストラリアのニューサウスウェールズ州にあるワラッタ国立公園を舞台に、パークレンジャーのマット・ハモンドとその息子ソニー、そしてスキッピーと名付けられたカンガルーの生活や冒険を描いたファミリー向けのヒューマン・ドラマ。1990年代にリメイク版「新カンガルー・スキッピー」が製作された。

厳窟王~モンテ・クリスト伯
→モンテ・クリスト伯

頑固じいさん孫3人
OUR HOUSE (1986-1988) S2 米 NBC
ウィルフォード・ブリムリー(ハナ肇),ディードル・ホール(鈴木弘子),シャナン・ドハティ(長谷川真弓),チャド・アレン(梶野博司),ケリー・ホリハン(土井千恵子) ◆定年後、やもめ暮らしだったガス・ウィザースプーンのもとに、夫に先立たれた義理の娘ジェシーと3人の孫、クリスとデイヴィッドそしてモーリーが居候しに来る。現代っ子の孫と昔かたぎの頑固な祖父の交流を描いたコメディ。

看護婦物語
THE NURSES / THE DOCTORS AND THE NURSES (1962-1965) S3 米 CBS
シャール・コンウェイ(加藤道子),ジーナ・ベシューン(山東昭子) ◆ニューヨークの総合病院に勤めるベテラン看護婦リズ・ソープと新人看護婦ゲイル・ルーカスの2人を主人公に、医療問題や患者との交流を描いたヒューマン・ドラマ。番組開始当初のタイトルは「THE NURSES」だったが、医師たちにスポットを当てるエピソードも多く、第3シーズンはタイトルが「THE DOCTORS AND THE NURSES」に変更された。

ガンスモーク
GUNSMOKE (1955-1975) S20 米 CBS
ジェームズ・アーネス(ロイ・ジェームス),アマンダ・ブレイク(来宮良子),ミルバーン・ストーン(千葉順二),ケン・カーティス(野本礼三) ◆人気ラジオドラマを実写化したTVシリーズ。西部の平和を守る連邦保安官マット・ディロンと保安官助手チェスター・グッジの活躍を描く。絶大な人気を誇ったTV西部劇の一つで、20年にも及ぶ長寿番組となった。日本では、当初30分番組として放送されたが、その後1時間に変更された。[D]

ガンスリンガー
GUNSLINGER (1961) S1 米 CBS
トニー・ヤング,プレストン・フォスター ◆駐屯地司令官からの密命を帯び、準州の平和を守るために潜入捜査を行う凄腕の若きガンマン、コードの活躍を描くアクション西部劇。主題歌はフランキー・レイン。全12話と短命に終わった。

元祖アダムス・ファミリー
→アダムズのお化け一家

がんばれアーニー新米重役
ARNIE (1970-1972) S2 米 CBS
ハーシェル・ベルナルディ(愛川欽也),スー・アン・ラングドン ◆会社の配送係を長年務めてきた模範社員のアー

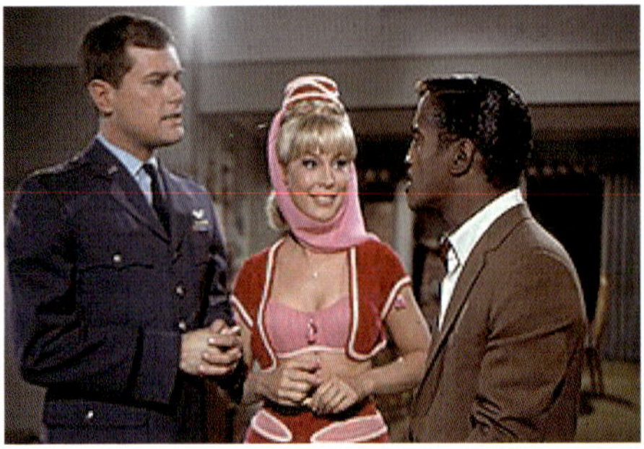
かわいい魔女ジニー

ガンスモーク

ニーことアーノルド・ヌーボーが、ふとしたきっかけで会社の重役に大抜擢されることになった。一夜にしてブルーカラーからホワイトカラーに転身した主人公にふりかかる騒動の数々を描くシットコム。主演は「ピーター・ガン」でジャコビー警部補を演じていたH・ベルナルディ。

がんばれキャノン
→キャノン・ボール

がんばれ新米社長
→ミスター・ディーズ

がんばれビーバー
→ビーバーちゃん

がんばれ！ブーマー
HERE'S BOOMER (1980-1982) S2 米 NBC

◆飼い主を持たず、自由に流浪の旅を続ける雑種犬ブーマーが、旅の先々で出会う人々と冒険を繰り広げるロード・ムービー風のドラマ。ブーマーを演じたのはジョニーという名の雑種で、本国ではバラエティ番組に出演するほどの人気を得た。

がんばれ！ベアーズ
THE BAD NEWS BEARS (1979-1980) S2 米 CBS

ジャック・ウォーデン(富田耕生), キャサリン・ヒックス(鈴木弘子), トリシア・キャスト(土井美加) ◆ウォルター・マッソーとテイタム・オニール主演でヒットした1976年の同名映画のTVシリーズ版。弱小の少年野球チームのコーチを引き受ける羽目になった元マイナーリーグ選手モリス・バターメーカーと子供たちとの交流を描くファミリー向けスポーツ・コメディ。日本でも思わぬ人気となり、NTV「水曜ロードショー」で「がんばれ!ベアーズ TV スペシャル最新版　ベアーズ決勝進出」としてスペシャル版が放映されたこともある。[D]

がんばれ！名犬ジョー
RUN, JOE, RUN (1974-1975) S2 米 NBC

アーチ・ホワイティング(岡部政明), チャド・ステイツ ◆元軍用犬のジャーマン・シェパード犬ジョーが警察犬として訓練を受けるが、トレーナーを襲ったという濡れ衣を着せられ殺処分の寸前で脱走、人々を助けながら逃亡劇を続けていく。「逃亡者」の犬バージョンといった趣のTVシリーズ。

がんばれ！ベアーズ

ガンファイター
→拳銃無宿

ガンマン無情
THE GUNS OF WILL SONNETT (1967-1969) S2 米 ABC

ウォルター・ブレナン(早野寿郎), ダック・ランボー(前川功人) ◆故郷を捨て、家族を捨てて流浪のガンマンとなったジム・ソネット。彼の父親ウィルとその孫ジェフが、ジムの行方を追って西部をさまよい訪ね歩く。哀愁に満ちたオープニングが印象深い西部劇。

官僚天国！～今日もツジツマ合わせマス～
THE THICK OF IT (2005-2012) S4 英 BBC

クリス・ランガム, ピーター・キャパルディ, クリス・アディソン ◆イギリス製のシニカルでブラックなポリティカル・コメディ。架空の省庁"社会安全省"の大臣ヒュー・アボットの気まぐれな言動に対して、官僚であるオリー(オリバー・リー)、グレン・カレン、テリ・カバリーたちが悪戦苦闘しながらフォローしていく姿を描く。

き

きかんしゃトーマスとなかまたち
THOMAS THE TANK ENGINE & FRIENDS (1984-) S21- 英 ITV

[別]きかんしゃトーマス

(声)ベン・スモール(戸田恵子→比嘉久美子), マイケル・アンジェリス(森本レオ→ジョン・カビラ) ◆イギリス製の子供番組。先頭車両に顔が付いた機関車や列車たちが巻き起こす騒動を描いた人形劇。日本では当初、幼児番組「ひらけ！ポンキッキ」の1コーナー内で放映された。映像はミニチュアを使った実写からCGへと変化していった。オリジナル音声ではリンゴ・スターやアレック・ボールドウィンなどが歴代のナレーターを務めている。[D]

キケンな女刑事　バック・トゥ・80's
ASHES TO ASHES (2008-2010) S3 英 BBC

キーリー・ホーズ, フィリップ・グレニスター, ディーン・アンドリューズ ◆「時空刑事1973 LIFE ON MARS」の続編に当たる、イギリスBBC製作によるSF刑事ドラマ。現代から1980年代にタイムスリップした女刑事アレックス・ドレイクが、現地の事件を解決しながら現代に戻ろう

官僚天国！～今日もツジツマ合わせマス～

とする姿を描く。

危険な逃亡者
EXTREMELY DANGEROUS (1999) S1 英 ITV
ショーン・ビーン (てらそままさき), アレックス・ノートン (遠藤純一), ジュリエット・オーブリー (小野未喜), ラルフ・ブラウン (高瀬右光), アントニー・ブース (伊井篤史) ◆秘密捜査官のニール・バーンは組織への潜入捜査中、妻子を殺害されその罪をなすりつけられる。さらに組織の金を盗んだ疑いもかけられ、警察と組織の双方から追われる身となった彼は、追っ手をかいくぐりながら真相を暴いていく。「ゴールデンアイ」「ロード・オブ・ザ・リング」の S・ビーン主演によるサスペンス・シリーズ。[D]

危険を買う男ロビン・スコット
THE CASE OF THE DANGEROUS ROBIN (1960-1961) S1 米
リック・ジェイソン (納谷悟朗), ジーン・ブレイク・フレミング (佐山智子) ◆オックスフォード出身のロビン・スコットは、空手や柔道にも精通しているフリーの腕利き保険調査員。婚約者フィリスが億万長者の娘だったため、彼女とつり合いがとれるように高額の仕事を引き受けるのだが、それは同時に危険な仕事でもあった。世界中を舞台に、保険金詐欺や盗難事件に立ち向かう調査員の姿を描いた犯罪サスペンス。

機甲戦虫紀 LEXX
LEXX: THE DARK ZONE STORIES (1996) S1 米
ブライアン・ダウニー (青野武), エヴァ・ハーバーマン (富沢美智恵), マルコム・マクダウェル (青山穣) ◆昆虫型の巨大宇宙船 LEXX に乗る、臆病者のスタン、夫を殺害して美女に改造させられたゼブ、動く死体のカイ、頭だけのロボット 790(セブン・ナインティ) ら、クルーたちの冒険を描いた SF ドラマ。グロテスクな描写が多くカルト的な人気を博す。[D,L,V]

ギジェットは 15 才
GIDGET (1965-1966) S1 米 ABC
[別] レモンガール GO!
サリー・フィールド (太田淑子), ドン・ポーター (中村正), ベティ・コナー (平井道子), ピート・デュエル (納谷六朗) ◆「アヴェ・マリア」でアカデミー賞にノミネートされた脚本家フレデリック・コーナーが手がけた、自分の娘キャシーをモデルにして執筆したベストセラー小説『Gidget』を映像化した 1 話 30 分の青春ドラマ。ギジェットとは“少女”と“小さい人”という 2 つの言葉をあわせたもの。主演は当時 19 歳の S・フィールド。ギジェットはカルフォルニアに住む多感な 15 歳の少女。大学教授の父と暮らし、友人たちとサーフィンに明け暮れながら、次第に大人への階段を登っていく…。

奇術探偵ジョナサン・クリーク
JONATHAN CREEK (1997-2014) S6 英 BBC
アラン・デイヴィス , キャロライン・クエンティン , スチュアート・ミリガン ◆イギリス製の本格ミステリー。マジックのトリックを考案して奇術師に売却しているジョナサン・クリークが、仕事柄備えている奇妙な着眼点から、女性ジャーナリストのマドリン・マゲランの持ち込む密室殺人などの難事件を解決していく。

傷だらけの報復
BAND OF GOLD (1995-1997) S3 英 ITV
ジェラルディン・ジェームズ (宮寺智子), キャシー・タイソン (唐沢潤), バーバラ・ディクソン (小宮和枝) ◆イギリス製のミステリー作品。ブラッドフォードの売春地帯を舞台に、借金のために売春をする若い主婦ジーナ、精神が不安定なシングルマザーのキャロル、薬物中毒のトレイシーらが殺人事件に巻き込まれていく顛末を描く。

偽装亡命者 キリル
CODENAME: KYRIL (1988) 英 ITV
[別] コードネーム・キリル
エドワード・ウッドワード (横内正), イアン・チャールソン (荻島真一), ジョス・アックランド (田口計) ◆ジョン・トレンヘイルのスパイ・スリラー小説『偽装亡命者キリル』をドラマ化。KGB の最高幹部議長スターノフ元帥は部内にスパイがいることを確信していた。裏切り者を見つけるため、ブハレンスキー大佐を偽装亡命者としてイギリスに送り込む。彼は裏切り者の正体に近づくが、敵もまた暗殺者を送り込んでいた。

北と南
NORTH & SOUTH (2004) S1 英 BBC
ダニエラ・ダンビ・アッシュ , リチャード・アーミティッジ ◆イギリスの女流作家エリザベス・ギャスケルの同名小

機甲戦虫紀 LEXX

キッチン・コンフィデンシャル

説を映像化したミニシリーズ。イングランド南部の田園地帯で育ったマーガレット・ヘイルは、父に連れられて北部の工業都市ミルトンにやってくる。そこで彼女は、厳格な青年工場主ジョン・ソーントンと出会い、2人は反発を繰り返しながらも次第に惹かれあっていく。[D]

キッチン・コンフィデンシャル

KITCHEN CONFIDENTIAL (2005-2006) S1 米 Fox

ブラッドリー・クーパー , ニコラス・ブレンドン , ジョン・フランシス・デイリー ◆実在の人気シェフであるアンソニー・ボーデインが 2001 年に出版しベストセラーとなった、同名ノンフィクションを原作とするシットコム。営業を再開する人気レストラン " ノリタ " の料理長を任された元人気シェフのジャックと、彼を取り巻くスタッフたちの恋模様を描くラブ・コメディ。主演は「アメリカン・ハッスル」「アメリカン・スナイパー」の B・クーパー。

キッドナップ

KIDNAPPED (2006-2007) S1 米 NBC

ジェレミー・シスト (最上嗣生), ティモシー・ハットン (古澤徹), ダナ・デラニー (泉裕子) ◆誘拐事件のスペシャリストが挑む犯罪ドラマ。富豪の息子が通学途中に誘拐され、そのボディガードも殺されてしまった。両親から息子の救出を依頼されたフリーランサーのナップは、警察未介入のまま事件解決を図ろうとするのだが…。[D]

ギデオン警部　非情の街

GIDEON'S WAY / GIDEON C.I.D. (1964) S1 英 ITC

[別] ハードボイルド 非情の街

ジョン・グレッグソン , アレクサンダー・ダヴィオン , ダフネ・アンダーソン ◆ 1959 年に「ジョン・フォード／ギデオン」として映画化もされている、J・J・マリックの警察小説『ギデオンの一日』を TV シリーズ化した英国産犯罪ドラマ。ロンドン警視庁犯罪捜査部の部長ジョージ・ギデオン警視とデビッド・キーン主任警部が、様々な難事件に挑んでゆく。

キーナン＆ケル

KENAN & KEL (1996-2000) S4 米 Nickelodeon

キーナン・トンプソン (谷田真吾), ケル・ミッチェル (佐藤せつじ), ケン・フォリー (内海賢二) ◆ニコロデオン製作の少年少女向けシチュエーション・コメディ。元気すぎる 15 歳のキーナンと大親友のケルが巻き起こす大騒動を、笑いの連続で描く。

絹の疑惑　シルク・ストーキング

SILK STALKINGS (1991-1999) S8 米 USA Network

ミッチ・キャプチャー (相沢恵子), ロブ・エステス (檀臣幸→桐本拓哉), ベン・ヴェリーン (廣田行生) ◆フロリダのパームビーチを舞台に、リタ・リー・ランスとクリス・ロレンゾの男女コンビの刑事が、富裕層の間で起きる特異な事件を解決していくポリス・ストーリー。

騎馬警官

DUE SOUTH (1994-1999) S4 米＝加 CBS/CTV

ポール・グロス (小山力也), デヴィッド・マルシアーノ (阿藤快), トニー・クレイグ (真実一路) ◆カナダで騎馬警官をしていたベントン・フレイザーは、父を殺した犯人を追い愛犬と一緒にシカゴにやって来る。領事官の入口に立つ仕事をしながら犯人を探すフレイザーに、シカゴ警察の刑事レイ・ベッキオは渋々ながらも協力するのだが…。古風で礼儀正しい主人公と、お調子者で都会的な刑事のコンビによる痛快な警察アクション作品。カナダの山岳地帯で育ち、先住民の知恵と優れた聴覚や味覚の持ち主であるフレイザーが、独特の捜査方法で事件を解決していく。企画は「クラッシュ」のポール・ハギス。

気分はぐるぐる

MORTIFIED (2006-2007) S2 豪 Nine Network Australia

マーニー・ケネディー (宇山玲加), ニコラス・ダン (久保田恵), マイア・ミッチェル (玉川砂記子) ◆クィーンズランドに住む少女を主人公にしたシチュエーション・コメディ作品。変わり者の両親と共に暮らす、自分だけはまともだと思っている 11 歳の女の子テイラー・フライの日常を、面白おかしく描く。テイラーがテレビのこちら側の視聴者に話しかけてくるなど、ユニークな演出が特徴のオーストラリア製ドラマ。

逆転夫婦

TURNABOUT (1979) S1 米 NBC

ジョン・シャック (内海賢二), シャロン・グレス (武藤礼子), ボビー・ジョーダン ◆魔法の力で精神だけが入れ替わってしまった夫婦を描いたシチュエーション・コメディ。スポーツ記者のサム・アルストンと、その妻で化粧品の宣

絹の疑惑　シルク・ストーキング

騎馬警官

伝担当のペニー。2人はある日、そうとは知らずに呪文を唱え、心だけが入れ替わってしまう。

キャシーの big C　いま私にできること
THE BIG C (2010-2013) S4 米 Showtime

ローラ・リニー(戸田恵子),オリヴァー・プラット(茶風林),ガブリエル・バッソ(泰勇気),ジョン・ベンジャミン・ヒッキー(内田直哉)◆余命宣告を受けた女性が人生を謳歌する姿を描く、笑いあり涙ありのコメディ作品。42歳の高校教師キャシー・ジェイミソンは、ある日、自分が末期がんで余命わずかであることを医師から宣告される。家族のためだけに生きてきて周囲から「退屈な女」と思われてきたキャシーは、残り少ない人生を謳歌することを決意。しかしあまりの豪快さに、周囲は圧倒されてしまい…。[D]

キャッスル ～ミステリー作家は事件がお好き
CASTLE (2009-2016) S8 米 ABC

[別]キャッスル／ミステリー作家の NY 事件簿

ネイサン・フィリオン(加藤亮夫),スタナ・カティック(湯屋敦子),スーザン・サリヴァン(鳳芳野)◆作家と刑事のコンビが協力しながら事件を解き明かす、スタイリッシュな犯罪ミステリー。人気推理小説家のリック・キャッスルは、自身の小説を真似たと見られる殺人事件が発生したことにより、ニューヨーク市警の捜査に参加することに。美人で聡明なケイト・ベケット刑事とタッグを組み、2人は事件を解決に導いてゆく。[D]

キャット
T.H.E. CAT (1966-1967) S1 米 NBC

[別]キャット 闇に挑む男

ロバート・ロジア(梶健司→金内吉男),R・G・アームストロング◆宝石泥棒の前歴を持つボディガードの活躍を描くサスペンス・アクション。かつてサーカスの軽業師で"キャット"の異名を持つ宝石泥棒トーマス・ヒューイット・エドワード・キャットは、今やプロのボディガードとしてサンフランシスコで働いていた。かつての特技を生かし、マクアリスター警部の協力を得て、キャットは依頼人の命を守るため奔走する。

キャノン・ボール
CANNONBALL (1958-1959) S3 加

[別]がんばれキャノン

ポール・バーチ,ウィリアム・キャンベル◆長距離トラックの運転手マイク・マローンが、相棒のジェリー・オースティンと共に、アメリカとカナダを舞台に繰り広げる冒険ドラマ。

キャピタル・シティ
CAPITAL CITY (1989-1990) S2 英 ITV

ダグラス・ホッジ(荒川太郎),ジェイソン・アイザックス(二又一成),ジョアンナ・カンスカ(土井美加)◆1986年にマーガレット・サッチャー首相によってロンドン証券取引所で行われた証券制度改革"ビッグバン"後の混乱した金融街シティを舞台に、デクランやチャスなど金融トレーダーたちの奮闘を描いたイギリス製の経済ドラマ。

キャピタル　欲望の街
CAPITAL (2015) S1 英 BBC

トビー・ジョーンズ,ジェマ・ジョーンズ,レスリー・シャープ,ズリンカ・ツヴィテシッチ,ラドスラフ・カイム◆ロンドン郊外のピープス通りに住むすべての家庭に「あなたのものが欲しい」とだけ記された差出人不明の手紙が届く。事件を担当したミル警部補は手紙の送り主を捜査するが手がかりは一向につかめない。やがてそれぞれの家庭の出来事を載せた WEB ページまでが開設されるようになり…。謎めいた手紙によって隠されていたそれぞれの家庭の秘密があらわになっていく、ミステリー・タッチのヒューマン・ドラマ。

キャプテン・スカーレット
CAPTAIN SCARLET / CAPTAIN SCARLET AND THE MYSTERONS (1967-1968) S1 英 ITV

(声)フランシス・マシューズ(中田浩二),エド・ビショップ(羽佐間道夫),サイ・グラント(野沢那智)◆ジェリー・アンダーソンによる人形と特撮を組み合わせた、スーパーマリオネーションを駆使して制作された SF シリーズ。火星に基地を持ち地球人の殲滅を企む謎めいた異星人ミステロンと、不死身のヒーロー"キャプテン・スカーレット"との戦いを描く。[D,L,V]

キャプテン・ドレーク
SIR FRANCIS DRAKE (1961-1962) S1 英 ATV/NBC

テレンス・モーガン(金内吉男),ジーン・ケント◆大航

キャット

キャプテン・スカーレット

海時代に実在した伝説の海賊フランシス・ドレークを主人公にした、30分もののアクション・ドラマ。16世紀に財宝を手に入れ七つの海で大暴れした、ゴールデンハインド号を操るキャプテン・ドレークの活躍を描く。

キャプテン・ナイス
CAPTAIN NICE (1967) S1 米 NBC

ウィリアム・ダニエルズ(庄司肇), アン・プレンティス(向井真理子), アリス・ゴーストリー ◆警察で鑑識として働くカーター・ナッシュは気弱で地味な青年。ところが調合ミスから誕生したある薬を飲んだところ、空を飛ぶ怪力のスーパーヒーローに大変身。彼はキャプテン・ナイスと名乗り、正義と平和のために奮闘するのだが、いつも周囲の一般人を巻き込んだ大騒動になってしまう。バック・ヘンリー企画によるSFコメディで、ハニーナイツの歌う日本版主題歌も話題になった。30分、全15話。

キャプテン・パワー
CAPTAIN POWER AND THE SOLDIERS OF THE FUTURE (1987-1988) S1 米

ティム・ダンカン(田中秀幸), ジェシカ・スティーン(小山茉美), デヴィッド・ヘンブレン(柴田秀勝) ◆日本のスーパー戦隊シリーズをモチーフに製作されたと言われるSFヒーロー・アクション作品。コンピュータによる人類支配を企むバイオドレッド帝国を倒すため、身にまとったパワー・スーツの力で戦いを挑むキャプテン・ジョナサン・パワーと4人の仲間たちの活躍を描く。日本放映時には日本語版の主題歌が用意され、オープニングを堀江美都子、エンディングをZIGZAGが担当した。1989年にはTVシリーズの再編集総集編であるTVムービー「キャプテン・パワー スペシャル/帝国の野望」が製作された。[V]

キャプテン・ロジャース
BUCK ROGERS IN THE 25TH CENTURY (1979-1981) S2 米 NBC

[別] 25世紀の戦士キャプテン・ロジャース

ギル・ジェラード(屋良有作), エリン・グレイ(戸田恵子), パメラ・ヘンズリー(沢田敏子), ヘンリー・シルヴァ(寺島幹夫) ◆アメリカのSF作家フィリップ・フランシス・ノーランが創造した人気キャラクター、バック・ロジャースの活躍を描くSF冒険活劇ドラマ。アメリカ空軍のウィル・"バック"・ロジャースが、事故によるコールド・スリープ(冷凍睡眠)により500年後に目を覚まし、地球征服を企む異星人ドラコニアと戦いを繰り広げる。パイロット版は「スペース・レイダース」としてTV放映された後、「25世紀の宇宙戦士キャプテン・ロジャース」としてビデオリリースされた。[V]

CAMELOT 〜禁断の王城〜
CAMELOT (2011) S1 アイルランド=米=英=加 RTE/Starz/Channel 4/CBC

ジョセフ・ファインズ(咲野俊介), ジェイミー・キャンベル・バウアー(前野智昭), エヴァ・グリーン(魏涼子) ◆総製作費60億円を投じ、アーサー王伝説を新解釈で映像化した歴史ファンタジー・ドラマ。ブリテン王の隠し子であるアーサー・ペンドラゴンを中心に、異母姉のモーガン、魔術師のマーリンたちが繰り広げる愛憎渦巻く闘いを、セクシー描写を織り交ぜながら描く。ブリテン王ウーサーの死を予言した魔術師のマーリンは、ウーサーの隠し子であるアーサーを後継者とすべくキャメロット城へ導くのだが…。[D]

GALACTICA /ギャラクティカ
→バトルスター・ギャラクティカ

ギャラント・メン
THE GALLANT MEN (1962-1963) S1 米 ABC

ロバート・マックィニー(原保美), ウィリアム・レイノルズ(松本朝夫) ◆ワーナー・ブラザースが製作した、第二次世界大戦を舞台とした戦争ドラマ。1944年にイタリア上陸を果たしたアメリカ陸軍第36部隊の姿を、従軍記者コリン・ライトの視点で描くヒューマン・ドラマだったが、戦争アクションではなく地味な作風であったため視聴率が取れず、1シーズンで打ち切りとなった。

キャロライン in N.Y.
CAROLINE IN THE CITY (1995-1999) S4 米 NBC

リー・トンプソン(佐々木優子), エリック・ルーツ(相沢正輝), マルコム・ゲッツ(青山穣) ◆キャロライン・ダフィーは新聞に4コマ漫画の連載を持つ売れっ子の漫画家。グリーティング・カード会社社長のデル・キャシディーとは婚約したものの喧嘩が絶えない。親友アニー・スパダーロはブロードウェイ・ミュージカル「キャッツ」に出演す

キャプテン・ロジャース

キャロライン in N.Y.

る舞台女優だが、いつまで仕事があるかと先行きは不安でいっぱい。画家志望のアシスタント、リチャード・カリンスキーは皮肉屋の変わり者だが、実は密かにキャロラインに思いを寄せていた…。「バック・トゥ・ザ・フューチャー」で人気が爆発したL・トンプソン主演。大都会ニューヨークのハードなビジネス業界に生きる男女を描いたコメディ。

ギャング

→特捜官ニック・ケイン

ギャング・イン・LA

GANG RELATED (2014) S1 米 Fox

ラモン・ロドリゲス，クリフ・カーティス，テリー・オクィン ◆凶悪化するギャングに対抗すべく組織されたロス市警の特別捜査班ギャング・タスク・フォースに所属する若き刑事、ライアン・ロペスが活躍するポリス・アクション。ギャングに育てられたライアンの葛藤を軸に描く。

キャンプ・キキワカ

BUNK'D (2015-2017) S2 米 Disney Channel

ペイトン・リスト（今井麻夏），カラン・ブラル（平田真菜），スカイ・ジャクソン（野中藍）◆ニューヨークで暮らす子供たちと、彼らの面倒を見るナニーが巻き起こす騒動を描いたコメディ「ジェシー!」のスピンオフ。ロス家のエマ、ズーリ、ラビの3人は夏休みに、両親が出会ったというサマー・キャンプ「キャンプ・キキワカ」に参加しにやってくる。彼らの母親クリスティーナはかつてキャンプリーダーを務め、現在まで語り継がれる伝説的な存在だったことから、長女のエマもリーダーになることを期待されていたのだが…。

吸血キラー／聖少女バフィー

→バフィー〜恋する十字架〜

96時間　ザ・シリーズ

TAKEN (2017) S1 米 NBC

クライヴ・スタンデン，ジェニファー・ビールス，ガイウス・チャールズ ◆誘拐された娘を取り戻すために奮闘する元CIA工作員ブライアン・ミルズの活躍を描き大ヒットを記録した、リュック・ベッソン製作総指揮、リーアム・ニーソン主演の映画「96時間」(2008年)のドラマ版。若き日のブライアンがいかにして様々なスキルを培っていったかを描く前日譚となっている。グリーンベレーの元隊員ブライアンは、妹を巻き添えで殺されてしまう。大切な妹を失い復讐を誓う彼の前に、秘密工作員としてスカウトしたいとクリスティーナ・ハートという女性が現れる。ブライアンは困難なミッションに身を投じていくが…。映画版同様、L・ベッソンが製作総指揮を担当している。

救命医ハンク　セレブ診療ファイル

ROYAL PAINS (2009-2016) S8 米 USA Network

[別] ロイヤル・ペインズ〜セレブ専門救命医｜ロイヤル・ペインズ〜救命医ハンク〜（ソフト）

マーク・フォイアスタイン（咲野俊介），パウロ・コスタンゾ（遊佐浩二），レシュマ・シェティ（木下紗華）◆高級住宅地で活躍するセレブ専門医師の姿を描く医療エンターテインメント。ニューヨークにある病院のERで働く医師ハンク・ローソンは、病院理事の治療を優先しなかったために解雇されてしまう。他の病院にも就職できず婚約も破棄された彼は、高級住宅地ハンプトンズのセレブから専属の医療スタッフにならないかと誘われ、セレブ専門の医師"コンシェルジュ・ドクター"として診療室を開業するのだった。[D]

QBセブン〜ロンドン裁判所第7号法廷

QB VII (1974) S1 米 ABC

[別] 衝撃の告発!QBセブン

ベン・ギャザラ（近藤洋介），アンソニー・ホプキンス（中谷一郎），レスリー・キャロン（武藤礼子）◆あるベストセラー作家の出版した1冊の本。ユダヤ系である彼の執筆したその作品は、第二次大戦中にユダヤ人の強制収容所で起きた人体実験の暴露本だった。文中で実験の張本人として名指しされた医師はこの作家を名誉棄損で告訴、それが引き金となり、英国大陪審第七号法廷、通称「QBVII」を舞台に戦争犯罪をめぐる一大法廷劇が展開される。ミニシリーズ草創期の大作で、それまでのTVの常識を覆した堂々たるディスカッション・ドラマとなり、エミー賞では数多くの賞に輝いた。監督はトム・グライス。

恐怖と怪奇の世界

TALES OF THE UNEXPECTED / QUINN MARTIN'S TALES OF THE UNEXPECTED (1977) S1 米 NBC

ウィリアム・コンラッド ◆「逃亡者」「インベーダー」な

96時間　ザ・シリーズ

救命医ハンク　セレブ診療ファイル

どの人気ドラマを製作したクイン・マーティンによる 60 分もののホラー・オムニバス。全 8 エピソードのミニシリーズで、バミューダ・トライアングルでのタイムトリップや宇宙人の侵略、死刑囚の疑似体験など、ゴシック・ホラーではなく"トワイライト・ゾーン"的なストーリーが多い。

恐怖のドアー
INNER SANCTUM (1954) S1 米 NBC
ポール・マクグラス ◆「口笛を吹く男」同様、長年に渡ってラジオドラマとして好評を得ていたミステリー・アンソロジーを映像化した TV シリーズ。ラジオドラマ後期のナレーター、P・マクグラスが引き続きホストとナレーターを務めた。超自然の出来事ではなく、日常に潜む恐怖をサスペンス豊かに描いたエピソードが多い。

恐竜 SF ドラマ プライミーバル
→プライミーバル

恐竜王国
LAND OF THE LOST (1991-1992) S2 米 ABC
[別] 恐竜帝国 (第 2 シーズン)
ティモシー・ボトムズ (安原義人), ジェニファー・ドラガン (坂本千夏), ロバート・ギャヴィン (沼田祐介) ◆キャンプ旅行中の大地震で発生した裂け目にジープともども落下し、恐竜たちの時代にタイムスリップした、兄のケヴィン、妹のアニー、父親のトムのポーダー一家が、原始人や恐竜の子供たちと遊びながら繰り広げる SF 冒険ドラマ。[V]

恐竜家族
DINOSAURS (1991-1994) S4 米 ABC
スチュアート・パンキン (樋浦勉), ジェシカ・ウォルター (小宮和枝), ジェイソン・ウィリンガー (矢尾一樹), サリー・ストラザース (松本梨香), ジェイソン・ウィリンガー (矢尾一樹) ◆ 6000 万年前の地球を舞台に、恐竜一家のアール・シンクレアと妻のフラン、そしてロビー、シャーリーン、ベイビーの 3 匹の子供たちが繰り広げる騒動を描いたブラックなホームコメディ。「セサミストリート」や「マペット・ショー」で知られるジム・ヘンソン・プロダクションが製作しており、登場人物は全て着ぐるみやマペットである。[L,V]

虚栄の市
VANITY FAIR (1998) S1 英 BBC
ナターシャ・リトル , フランシス・グレイ , ナサニエル・パーカー ◆ウィリアム・サッカレーの同名小説をドラマ化したミニシリーズ。貧しい孤児ながら持ち前の美貌と野心で男に取り入り、他人を踏み台にしてのし上がっていく女性レベッカ・シャープの半生を描く。[D]

巨匠とマルガリータ
MASTER AND MARGARET (2005) S1 ロシア
アンナ・カヴォルチュク , アレクサンダー・ガリビン , オレグ・ワシラシヴィ ◆ソ連で長らく禁書となっていたミハイル・ブルガーコフの同名小説をドラマ化したミニシリーズ。精神病院に入れられている"巨匠"とその恋人マルガリータの恋愛を軸に、イエスと悪魔に関わる奇妙な物語が進行する。[D]

巨人の惑星
LAND OF THE GIANTS (1968-1970) S2 米 ABC
[別] 巨人国
ゲイリー・コンウェイ (広川太一郎), ドン・マシスン (家弓家正), ドン・マーシャル (朝倉宏二), ヘザー・ヤング (杉山佳寿子), カート・カズナー (滝口順平), ディアナ・ランド (武藤礼子) ◆宇宙旅客船が磁気嵐のために軌道を外れて"巨人の惑星"に不時着。機長のスティーブ・バートンを始めとする 7 人は、捕らえようとする巨人たちをかわし、地球への帰還を目指して決死のサバイバルを開始する。アーウィン・アレン製作による SF サスペンス。

巨象マヤ
MAYA (1967-1968) S1 米 NBC
ジェイ・ノース (西川幾雄), サジッド・カーン (朝倉宏二) ◆ 1966 年の映画「虎の谷」を TV シリーズとしてリメイク。行方不明の父を探すためにインドに渡ったアメリカ人の少年テリー・ブラウンと、象のマヤを連れたインド人の少年ラジが、知恵と勇気で追っ手をかわしていく冒険活劇。全 18 話。

ギリガン君 SOS
GILLIGAN'S ISLAND (1964-1967) S3 米 CBS
ボブ・デンヴァー (八代駿), ドーン・ウェルズ (鈴木弘子), ラッセル・ジョンソン (原田一夫) ◆船長、大金持ちとその妻、映画スター、先生、農場の娘マリアン、そして船員のギリガンを乗せた船が嵐に遭遇、難破して無人島

恐竜家族

巨人の惑星

に流れ着く。「七つの大罪」をモチーフとした 7 人の登場人物たちが、島での生活に順応しながらも脱出を図る。ドジなギリガンが招くトラブルを描いたシチュエーション・コメディ。

THE KILLING ／キリング

FORBRYDELSEN / THE KILLING (2007-2012) S3 デンマーク DR

ソフィー・グローベール (野沢由香里), ソーレン・マリン (山野井仁), ビャールネ・ヘンリックセン (石住昭彦) ◆デンマーク発のミステリー作品。コペンハーゲンの殺人課に所属するサラ・ルンド刑事が、1 人の少女の殺害事件をきっかけに浮かび上がる錯綜した複雑な謎に挑む。事件を追う刑事をはじめ、次々に現れる容疑者、葛藤に揺れる被害者家族や政治家など、様々な人物の波乱万丈のドラマを「1 日＝ 1 話」の形式で描き、本国はもちろんイギリスやアメリカでも大ヒットを記録した。[D]

THE KILLING ／キリング ～闇に眠る美少女

THE KILLING (2011-2014) S4 米 AMC → Netflix

[別] キリング／ 26 日間 (ソフト)

ミレイユ・イーノス (林真里花), ミシェル・フォーブス (岡田恵), ビリー・キャンベル (野沢聡) ◆デンマークをはじめヨーロッパで大ヒットを記録したサスペンス・ドラマ「THE KILLING ／キリング」をアメリカでリメイク。シアトル在住の 17 歳の少女ロージー・ラーセンが行方不明となり、殺人課の刑事サラ・リンデンは捜索を始める。友人、家族、隣人、政治家、そして担当刑事、誰もが容疑者となるという巧みなストーリー展開が話題に。第 3 シーズンの別題は「キリング／ 17 人の沈黙」。[D]

KILLJOYS/ 銀河の賞金ハンター

KILLJOYS (2015-2017) S3 加 Space

ハナ・ジョン＝カーメン , アーロン・アシュモア , ルーク・マクファーレン ◆「ロスト・ガール」と「オーファン・ブラック」のクリエイター陣がおくる、宇宙を舞台に賞金稼ぎの活躍を描く SF アクション。クワド惑星系で指名手配犯を追う賞金稼ぎ組織“キルジョイ”に属するダッチが、相棒であるジョンとダヴィンのジャコビ兄弟と共に、犯罪組織や凶悪犯と戦いを繰り広げる。腕が確かで面倒見も良いダッチだが、彼女には隠された過去の秘密があった。

キルデア先生

→ドクター・キルデア

ギルト　～罪深き闇～

GUILT (2016) S1 米 Freeform

デイジー・ヘッド (渋谷はるか), エミリー・トレメイン (ちふゆ), ビリー・ゼイン (落合弘治), クリスチャン・ソリメノ (三上哲) ◆殺人事件の第一容疑者として、警察とマスコミの両方から追われる身となった女子大生の苦闘を描くミステリー。ロンドンで、パーティー三昧の日々を送っていた女子大生のモリーが惨殺された。発見者は、モリーのルームメイトでアメリカ人留学生のグレース。彼女は重要参考人として警察に呼び出され、マスコミや世間からも疑いの目を向けられてしまう。グレースは嫌疑を晴らすため、姉ナタリーと義父が雇った敏腕弁護士スタンの力を借りるのだが…。シーズン 1 で打ち切りとなった。

キル・ポイント

THE KILL POINT (2007) S1 米 Spike TV

ジョン・レグイザモ (咲野俊介), ドニー・ウォールバーグ (山野井仁), J・D・ウィリアムズ (楠大典) ◆予期せぬアクシデントで銀行に立てこもった強盗団に対し、警察ではホルスト・カリー警部が交渉人として事件を担当することになったが…。人質を取って篭城した武装グループの意外な結末を描いたサスペンス・アクションのミニシリーズ。[D]

ギルモア・ガールズ

GILMORE GIRLS (2000-2007) S7 米 The WB → The CW

ローレン・グレアム (岡寛恵), アレクシス・ブレデル (川庄美雪), メリッサ・マッカーシー (須部和佳奈) ◆アメリカ、コネチカット州の架空の町スターズ・ホローを舞台に、シングルマザーの母ローレライ・ギルモアと優等生の娘ローリーとの姉妹のような親子関係を軸に、それぞれの人生模様や彼女たちを取り巻く個性豊かな面々との日常をユーモラスかつハートフルに描いたファミリー・ドラマ。他の作品に比べ、登場人物たちのセリフが多くユニークなのが特徴的。[D]

ギルモア・ガールズ：イヤー・イン・ライフ

GILMORE GIRLS: A YEAR IN THE LIFE (2016) S1 米 Netflix

ローレン・グレアム (岡寛恵), アレクシス・ブレデル (川庄美雪), ケリー・ビショップ (藤生聖子) ◆本国アメリカ

THE KILLING ／キリング ～闇に眠る美少女

ギルモア・ガールズ

では2000年から2007年まで全7シーズンにわたって放送された人気ファミリー・ドラマ「ギルモア・ガールズ」の続編。9年ぶりにスターズ・ホローの町に集ったギルモア家の女性3人の新たな日常を、四季をテーマにした4つのエピソードで綴る。記者として順調にキャリアを積んでいたローリー・ギルモアは里帰り。エミリーは長年連れ添った夫を亡くすも気丈に振るまっている。ローレライはホテルの仕事で大忙し。それぞれに悩みを抱えたギルモア家の女たち3人が、互いに支え合いながら幸せを追求していく。

疑惑
FATAL VISION (1984) 米 NBC

ゲイリー・コール (磯部勉), カール・マルデン (鈴木瑞穂), エヴァ・マリー・セイント (鳳八千代), バリー・ニューマン (小林昭二), アンディ・グリフィス (中村正) ◆実際の事件を元にアメリカの作家ジョー・マクギニスが著した小説を原作とするミニシリーズ。米軍基地内に住む軍医の家で、その妻と子供たちの惨殺事件が起きる。唯一の生存者である軍医の証言は二転三転しあいまいな部分があるため、警察は彼を容疑者として軍の法廷に立たせるが、ついに軍医を容疑者として立証することができなかった。マスコミにヒーローのような態度で顔を出すようになった軍医の言動にますます不信感を覚えた警察や殺された妻の父親は、軍医が法廷で証言した膨大な資料をひとつずつ読み返し事件の真実を追おうとする…。監督はTVミニシリーズ「ROOTS／ルーツ」や映画「原子力潜水艦浮上せず」のデヴィッド・グリーン。

銀河アドベンチャー／ SF 宝島
→スターレジェンド

緊急出動 !L.A. ファイターズ
L.A. FIREFIGHTERS (1996-1997) S1 米 Fox

ジャロッド・エミック (檀臣幸), アレクサンドラ・ヘディソン (深見梨加), ブライアン・スミアー (石森達幸) ◆ロサンゼルスの第132消防署に所属するジャック・マロイ隊長と、消防司令長の娘で女性隊員のエリン・コフィを始めとする部下たちの、危険かつ勇気ある活動と隊員らの人間模様を描いたアクション・シリーズ。

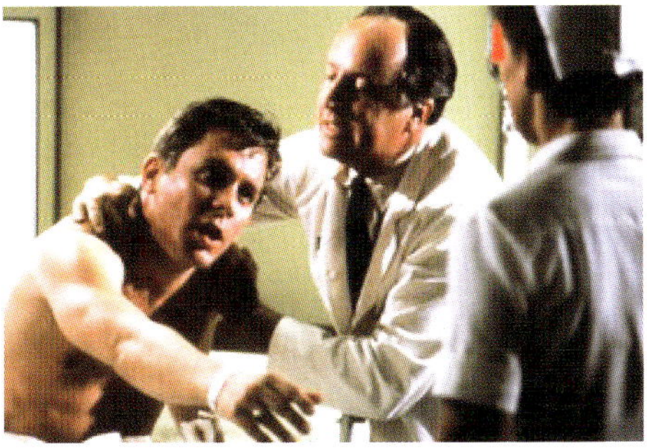

疑惑

キング・オブ・キングス
→ナポレオン

KING 兄弟
PAIR OF KINGS (2010-2013) S4 米 Disney XD

ミッチェル・ムッソ (手塚祐介), ドック・ショウ (代永翼), ケルシー・チャウ (優希知冴) ◆シカゴに住んでいる双子のブレイディとブーマーのもとに、ある日、南の島国キンカウ王国から使者が訪れる。なんと2人は王家の血を引いているというのだ！ 彼らの人生は一転、キンカウで王として迎えられるのだが…。南国を舞台に、様々な風習や陰謀に振り回される兄弟の姿を描くコメディ作品。

キングストン・コネクション
→特報記者キングストン

キングス・ロー
KINGS ROW (1955-1956) S1 米 ABC

ジャック・ケリー , ナン・レスリー , ロバート・ホートン ◆ 1942年に「嵐の青春」として映画化されたヘンリー・ベラマンの小説『Kings Row』を原作とするTVシリーズで、原作者自らも脚本を担当している。ウィーン帰りの青年医師を主人公に、20世紀初めのキングス・ローの街を舞台に繰り広げられる青春群像劇を描く。

キングダム・オブ・ソルジャーズ KGB 特殊部隊
OFFICERS: LAST SOLDIERS OF THE EMPIRE / OFITSERY: POSLEDNIE VOINY IMPERII (2006) S1 ロシア

アレクセイ・マカロフ , ヴァシリー・ラノヴォイ , エルヴィラ・ボルゴヴァ ◆ソ連の諜報機関KGB、その中で対テロを目的として組織された特殊部隊にスポットを当てたアクション・シリーズ。アフガン侵攻からソ連崩壊の時代を背景に、特殊部隊に配属されたエゴールが過酷なミッションに挑む姿を描く。[D]

禁断の関係～愛と憎しみのブーケ～
BOUQUET OF BARBED WIRE (2010) S1 英 ITV

トレヴァー・イヴ (佐々木勝彦), ハーマイオニー・ノリス (井上喜久子), イモージェン・プーツ (竹田まどか) ◆ 1976年にイギリスで放送されたサスペンス・ドラマ「Bouquet of Barbed Wire」のリメイクとなる、家族の愛憎劇を描くミニシリーズ。妻子と共にロンドン郊外で幸せに暮らす

KING 兄弟

ピーター・マンソンは、ある日、溺愛する娘のブルーに恋人ギャヴィン・ソレンソンを紹介される。だがギャヴィンは挑戦的に娘の妊娠を告げ、ピーターの許可を得ることなく結婚してしまうのだった。

キンドレッド／狼の血族
KINDRED: THE EMBRACED (1996) S1 米 Fox

C・トーマス・ハウエル , マーク・フランケル , ジェフ・コーバー ◆ RPG「ヴァンパイア・ザ・マスカレード」にヒントを得て製作された TV シリーズ。人間社会でセレブとして生き続けるヴァンパイアの一族と若き族長ジュリアン・ルナをめぐる策謀と愛憎を描いたメロドラマ。[V]

銀髪の狼
MAN IN A SUITCASE (1967-1968) S1 英 ITV

[別] スーツケースの男

リチャード・ブラッドフォード (新田昌玄) ◆元アメリカ諜報部員のマクギルは裏切り者の濡れ衣を着せられ組織を追われた。以来、彼はスーツケースひとつを持って世界中を駆け回る私立探偵となる。そして身につけたスパイの技術で依頼人を守っていく。英国製の硬派なスパイ・アクション。オリジナルのふたつのエピソードを再編集した「百万ドルが俺を呼ぶ」も放送された。

く

クィニー
QUEENIE (1987) 米 ABC

ミア・サラ (萩尾みどり), カーク・ダグラス (瑳川哲朗), サラ・マイルズ (中西妙子), クレア・ブルーム (公郷敬子), ジョス・アックランド (富田耕生), トポル (家弓家正) ◆女優マール・オベロンの半生を描いたマイケル・コルダの同名小説を TV ドラマ化。インドとイギリスの血を引くクィニー・ケリー。時代の波に押し流されるように彼女はインドから脱出せざるを得なくなる。やがてストリッパーとなったクィニーは大物プロデューサーの目に留まり、大作の主演女優に抜擢される。だが、その作品がインドで撮影されるため、彼女は二度と帰るまいと誓ったその大地に再び立つことになる…。[D]

クイーン
QUEEN (1993) S1 米 CBS

ハリー・ベリー , アン＝マーグレット , マーティン・シーン ◆「ROOTS ／ルーツ」で自身の母方の家系をたどったアレックス・ヘイリーが今度は父方の祖母に焦点を当てた長編小説をドラマ化。1841 年、アラバマ。白人の農場主と黒人奴隷の間に生まれ " クイーン " と名付けられた女の子。彼女は成長し、やがて南北戦争の嵐に巻き込まれていく…。WOWOW で放映された際のサブタイトルは「第 1 章～運命の大地に生まれて」「第 2 章～愛と自由を求めて」「第 3 章～長い旅路の果てに」。[D]

Queen of the South　～女王への階段～
QUEEN OF THE SOUTH (2016-2017) S2 米 USA Network

[別] クイーン・オブ・ザ・サウス　～女王への階段～

アリシー・ブラガ , ベロニカ・ファルコン , ジャスティナ・マシャド , ピーター・ガジオット , ヨアキム・デ・アルメイダ , ヘムキー・マデーラ ◆アルトゥーロ・ペレス＝レベルテのサスペンス・ミステリー小説『ジブラルタルの女王』をドラマ化。メキシコの貧民街に生まれた女性が、麻薬組織の男と関わったことから数奇な運命に巻き込まれ、やがて裏社会の女王にまで登りつめていく姿を描く。メキシコのシナロア州でその日暮らしをするテレサ・メンドーサは、麻薬組織の運び屋グエロと出会い恋に落ちる。貧困からやっと抜け出せたと思ったのも束の間、グエロは何者かに殺害され、テレサは麻薬組織に深く関わっていく。

クイーン・オブ・ソード　ソード・オブ・レジェンド
QUEEN OF SWORDS (2000-2001) S1 米＝英＝加＝スペイン＝仏

テシー・サンチャゴ , グラント・ラッセル , ピーター・ウィングフィールド ◆ 19 世紀初頭のスペイン領カリフォルニアを舞台に、父を殺された美貌の女貴族テッサ・アルバラードが、仮面で素顔を隠し、クイーン・オブ・ソードと名乗って父の仇を討っていくアクション・アドベンチャー。日本では「オリエンタル・アサシン 日本からの刺客」「仮面の女剣士 運命の聖戦」「キラー・デッド 地獄からの訪問者」「スネーク・バンディッツ」「パイレーツ・フロム・イングランド」「バウンティ・ハンター スペインの賞金稼ぎ」「ファイナル・アドベンチャー」「ミステリー・トレジャー カリフォルニアの秘宝」「レディ・ウォリアーズ」の 9 本

キンドレッド／狼の血族

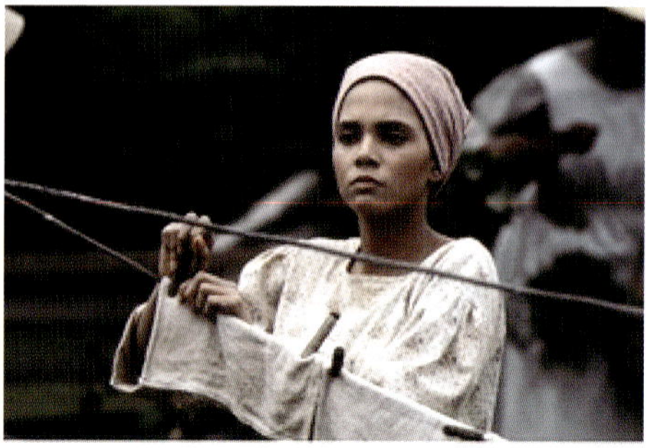

クイーン

にわけてビデオと DVD がリリースされた。[D,V]

Quintuplets クィンタプレッツ　5 つ子はティーンエイジャー

QUINTUPLETS (2004-2005) S1 米 Fox

[別] 5 つ子はティーンエイジャー (FOX チャンネル)

アンディ・リクター , レベッカ・クレスコフ , エイプリル・マトソン ◆個性豊かな大家族が繰り広げるドタバタな日常を綴るシチュエーション・コメディ。ボブ・チェイスとキャロルが授かったのは 5 つ子。赤ちゃんの時は天使のようだった子供たちも、ティーンになったらケンカとトラブルばかりの毎日。5 人の子育ては大変だが、ボブとキャロルは子供たちと楽しい日々を送るのだった。

空想科学映画 ウルトラゾーン

→アウターリミッツ

空想科学劇場

SCIENCE FICTION THEATRE (1955-1957) S2 米

トゥルーマン・ブラッドレイ ◆ 1950 年代当時の最新科学データをもとに、宇宙旅行や UFO、テレパシーなどに人気 TV 司会者 T・ブラッドレイが解説を加えながら、未来世界を 1 話完結のドラマ仕立てで描いた SF アンソロジー。NHK 初の海外ドラマ作品だが、日本語吹替ではなく字幕での放送だった。

空想科学劇場 アウターリミッツ

→アウターリミッツ

クォーリーと呼ばれた男

QUARRY (2016) S1 米 Cinemax

ローガン・マーシャル＝グリーン (宮内敦士), ジョディ・バルフォー (清水はる香), ピーター・ミュラン (中博史), ニキ・アムカ＝バード (山賀晴代), デイモン・ヘリマン (渡辺穣) ◆マックス・アラン・コリンズの人気小説シリーズをドラマ化。ベトナム帰還兵のマック・コンウェイは帰国後、ベトナム時代に民間人を虐殺したという嫌疑をかけられる。彼に対する世間の目は厳しく社会復帰もままならない。そんな矢先、ブローカーと名乗る男がマックを殺し屋として雇うと接触してきた。マックは拒絶するがベトナム時代の親友から、直接手を下すのではなく援護役を依頼され、仕方なく引き受けることにする。

クーガータウン

COUGAR TOWN (2009-2015) S6 米 ABC → TBS

コートニー・コックス , クリスタ・ミラー , ビジー・フィリップス ◆離婚したてのシングルマザーが、新たな人生を送ろうと悪戦苦闘する様を描いたコメディ作品。シングルマザーのジュールズ・コッブは、17 歳の息子を持つアラフォー女性。若くありたいと願いながら、中年女性ならではの悩みを抱えている。離婚経験者や未婚の友人たちに囲まれながら、彼女は新しい人生をスタートしようとするのだが、周囲の人間はおろか自分自身までも一癖も二癖もあり、なかなか思うように進まず…。

グースバンプス

→ミステリー・グースバンプス

口笛を吹く男

THE WHISTLER (1954-1955) S1 米 CBS

ウィリアム・フォーマン ◆ラジオドラマとして長く親しまれていたスリラー・アンソロジーを映像化した TV シリーズ。原題の "WHISTLER"、すなわち口笛を吹く男とは、口笛を吹きながら影だけが壁や地面に映る本ドラマのホスト役を意味している。毎回有名なスターがゲスト出演し、スリルとサスペンスに満ちたエピソードが放送された。モノクロ 30 分、全 39 話。

Cuckoo クックー

CUCKOO (2012-2016) S3 英 BBC

アンディ・サムバーグ , グレッグ・デイヴィス , ヘレン・バクセンデイル ◆個性的すぎるアメリカ人青年の登場により、家族全員が振り回される様子を面白おかしく描くイギリス BBC のシットコム。ケンとローナのトンプソン夫妻は、タイから帰国する娘レイチェルとの再会を心待ちにしていた。しかし娘がいつの間にかアメリカ人のヒッピー青年クックーと結婚していたことを知りショックを受ける。不本意ながらも彼を歓迎し家に招き入れたケンとローナだったが、それは親としての悪夢の始まりに過ぎなかった。

グッド・ウィッチ

GOOD WITCH (2015-2017) S3 米＝加 Hallmark

キャサリン・ベル , ベイリー・マディソン , リス・マシュー・ボンド ◆アメリカの小さな町で暮らす母と娘の日常を、ファンタジックに描くコメディ・ドラマ。ニューヨークから

クーガータウン

グッド・ウィッチ

ミドルトンへ引っ越してきた外科医のサム・ラドフォードと高校生の息子ニックは、隣家に住むキャシー・ナイチンゲールと高校生の娘グレースと知り合う。キャシーは町に店を出しており、医者のいない町で人々のトラブル(アレルギー、コレステロール、捻挫や神経症など)を、ハーブなどの自然療法で解決していた。西洋医学を信じる医師のサムは、そんなキャシーのやり方に反発するのだったが…。

グッドウィン家の遺産相続バトル
THE GOODWIN GAMES (2013) S1 米 Fox

ベッキー・ニュートン,スコット・フォーリー,T・J・ミラー ◆父ベンジャミンが亡くなり、ヘンリー、クロエ、ジミーのグッドウィン三兄妹に莫大な財産が遺された。しかしその遺産を受け取れるのはたった1人。その権利をめぐって三兄妹が、父の用意したゲームで争い合うというシチュエーション・コメディ。

グッド・ガールズ! ～NY女子のキャリア革命～
GOOD GIRLS REVOLT (2015-2016) S1 米 Amazon

ジュヌヴィエーヴ・エンジェルソン(遠藤綾),アンナ・キャンプ(清水理沙),エリン・ダーク(岡純子),クリス・ディアマントポロス(前田一世),ハンター・パリッシュ(西健亮) ◆1970年代に起こった実際の訴訟問題をベースに、職場の性差別と戦う女性たちを描いたAmazonオリジナル作品。「ユー・ガット・メール」のノーラ・エフロンや、フェミニスト運動で知られるエレノア・ホルムズ・ノートンなど実在の人物がストーリーにからむ。ニューズ・オブ・ザ・ウィーク誌で調査員として働くパティ・ロビンソン、シンディ、ジェーンの3人は、有能ではあるが女性というだけで他の男性社員たちから軽んじられていた。彼女たちは職場の改革を目指して訴訟を起こすことにする。

グッド・プレイス
THE GOOD PLACE (2016-) S2- 米 NBC

クリステン・ベル(世戸さおり),テッド・ダンソン(加藤亮夫),ウィリアム・ジャクソン・ハーパー(勝杏里) ◆「ブルックリン・ナイン-ナイン」「マスター・オブ・ゼロ」のクリエイターであるマイケル・シュアが手がけるファンタジックなコメディ作品。いつの間にか亡くなっていたエレノア・シェルストロップは、生前に良い行ないをして徳を積んだ人間だけが行けるという"グッド・プレイス"に送られてくるが、どうやら他の誰かと間違われている様子。だが"バッド・プレイス"に送られたくないがために、エレノアは死後の世界で良い人間になろうと奮闘する。

グッドラック・サイゴン
TOUR OF DUTY (1987-1990) S3 米 CBS

テレンス・ノックス,スティーヴ・キャフレイ ◆ジーク・アンダーソン軍曹率いるブラボー小隊の活動を中心に、ベトナムの戦場で繰り広げられる戦闘と人間模様を描くドラマで、「ツアー・オブ・デューティ」シリーズの第2シーズン。第1シーズンは「ベトナム1967」としてビデオで発売され、第3シーズンは「グッドラック・サイゴン2」としてTVで放送された。また第1シーズンの1話と2話は「NAM/地獄の突破口」として劇場公開され、第3シーズンの一部は「コマンド7/閃光のM16」というタイトルでビデオ発売された。[V]

グッドラック・チャーリー
GOOD LUCK CHARLIE (2010-2014) S4 米 Disney Channel

ブリジット・メンドラー(牛田裕子),ジェイソン・ドリー(林勇),ブラッドリー・スティーヴン・ペリー(三好りえ) ◆産まれてきた妹の成長をビデオ日記として記録する、個性的な家族のドタバタ生活を描くハートフル・コメディ。テディ・ダンカンは年の離れた妹のチャーリーが産まれたことから、チャーリーがティーンエージャーになったときに自分なりのアドバイスを残せるよう、日常をビデオで録画することに。忙しい両親の代わりに、長男PJと末っ子ゲイブと共にチャーリーの面倒を見るのだが…。

グッド・ワイフ
THE GOOD WIFE (2009-2016) S7 米 CBS

[別]グッド・ワイフ 彼女の評決(ソフト)

ジュリアナ・マルグリーズ(野沢由香里),ジョシュ・チャールズ(田中明生),クリスティーン・バランスキー(小宮和枝) ◆イリノイ州検事である夫が女性スキャンダルと汚職で逮捕されたことから、代わりに家族を養うべく久しぶりに弁護士に復帰したアリシア・フロリック。彼女は熾烈な駆け引きが展開する法曹界に強い信念で臨みながら、母

グッド・プレイス

グッド・ワイフ

として、また妻として、公私の様々な問題に毅然と立ち向かっていく。巧妙なプロットと個性豊かなキャラクター構成でサスペンスフルに描く法廷ドラマ。[D]

クマとマーク少年
GENTLE BEN (1967-1969) S2 米 CBS
デニス・ウィーヴァー (羽佐間道夫), ベス・ブリッケル (武藤礼子), クリント・ハワード (太田淑子) ◆人間と野生動物の交流を描くウォルト・モーレーの児童文学『熊と少年』を原作に、フロリダの自然保護官であるトム・ウェドローと息子のマークが、熊のベンと触れ合う姿を描くドラマ・シリーズ。

クライアント・リスト
THE CLIENT LIST (2012-2013) S2 米 Lifetime
ジェニファー・ラヴ・ヒューイット (中野麻衣), ロレッタ・デヴァイン (滝沢久美子), シビル・シェパード (高島雅羅) ◆平凡なシングル・マザーが送る二重生活を、エロティックな描写と共に綴るドラマ・シリーズ。2010 年に放送された TV ムービー「クライアント・リスト ザ・ムービー」が原作となっているが、キャラクターもストーリーもすべて変更されている。夫が借金を残して蒸発したライリー・バークスは、家族の生活のためにスパで働き始める。平凡な主婦と風俗マッサージ嬢という二つの顔を持ちながら、大金を手にして贅沢を覚えた女性の転落と葛藤を描く。[D]

CRISIS ～完全犯罪のシナリオ
CRISIS (2014) S1 米 NBC
ジリアン・アンダーソン , ダーモット・マローニー , レイチェル・テイラー ◆アメリカ全土を揺るがす政治的陰謀を描く社会派サスペンス・ドラマ。ワシントン DC の名門バラード高校のスクールバスがバスジャックに遭遇、大統領や産業界のトップ、外交官など国を代表する人々の子供たちが拉致されてしまう。シークレット・サービスのマーカス・フィンリーは、FBI のスージー・ダンと共に誘拐犯を追って奔走するが、その犯人から親たちへある要求が提示される…。

クライムエイリアン／何かがあなたを狙ってる
SOMETHING IS OUT THERE (1988) 米 NBC
[別] スペースウォリアーズ／宇宙からの侵略 (TV)
ジョー・コーテス (堀勝之祐), マリアム・ダボ (島本須美), ジョージ・ズンザ (石井敏郎), キム・デラニー (宗形智子), グレゴリー・シエラ (仲木隆司) ◆監獄船から地球に逃亡して来た極悪エイリアンを追うロス市警の刑事と美女異星人 (「007 ／リビング・デイライツ」直後の M・ダボ) のコンビを描いた SF アクション。特撮スタッフにリック・ベイカーやジョン・ダイクストラといったビッグ・ネームが参加。2 時間枠前後編のミニシリーズとして放映 (日本では 3 時間枠の映画劇場で放映) され、これが好評で半年後にシリーズ化されたが、全 8 話が製作されたものの 6 話まで放映された段階で打ち切りとなった。日本では未放映。[V]

クライム 13
THE INVESTIGATORS (1961) S1 米 CBS
ジェームズ・フランシスカス (城達也), ジェームズ・フィルブルック , メアリー・マーフィ ◆ニューヨークを舞台に保険調査員の活躍を描くクライム・ドラマ。保険調査機関の調査員であるラス・アンドリュース、スティーブ・バンクスとビル・デービスの 3 人が、秘書マギー・ピータースの協力を得て、保険金に関わる犯罪に立ち向かう。

クライム・シティ
→ザ・シークレット・ハンター

クライム・ストーリー
CRIME STORY (1986-1988) S2 米 NBC
[別] ザ・ベガス (第 2 期ビデオ)
デニス・ファリナ (銀河万丈), アンソニー・デニソン (石塚運昇), スティーヴン・ラング (大塚芳忠) ◆「マイアミ・バイス」で成功したマイケル・マンが製作総指揮を務めたポリス・ストーリー。1960 年代のシカゴを舞台に、マイク・トレロ率いるシカゴ警察犯罪特捜班と、レイ・ルカが支配する犯罪組織との飽くなき戦いを、当時のヒット曲にのせて描く。日本では TBS 系列で放送された後にビデオリリース。第 2 シーズンは「ザ・ベガス」のタイトルでビデオ発売された。[V]

グラスゴーの連続殺人鬼
IN PLAIN SIGHT (2016) S1 英 ITV
ダグラス・ヘンシュオール , マーティン・コムストン , ショーナ・マクドナルド ◆グラスゴーに実在したシリアルキラー、

クライアント・リスト

CRISIS ～完全犯罪のシナリオ

ピーター・マニュエルと彼を追うマンシー警部との戦いを描いたサスペンス・ミステリー。強盗殺人事件が発生、現場に残された証拠からマンシー警部はかつて彼が逮捕したレイプ犯、ピーターが犯人であると確信する。しかし別の男が犯人として逮捕されピーターは野放しに。一方、ピーターはマンシー警部に激しい恨みを抱き、復讐の機会をうかがっていた。

crash クラッシュ

CRASH (2008-2009) S2 米 Starz

デニス・ホッパー , ジョッコ・シムズ , ロス・マッコール ◆ 2004 年の映画「クラッシュ」を、監督・脚本のポール・ハギスが自ら製作総指揮を務め TV ドラマ化。人種のるつぼである大都市ロサンゼルスを舞台に、人種差別とアメリカン・ドリームをテーマとして、様々な登場人物たちによる複数のドラマが同時進行していく。白人、黒人、アジア、ラティーノ、そしてジプシー。彼らが衝突 (クラッシュ) の果てに見たものとは…。[D]

クラッシュとバーンスティーン

CRASH & BERNSTEIN (2012-2014) S2 米 Disney XD

コール・ジェンセン (佐藤美由紀), ティム・ラガス (佐藤せつじ), ランドリー・ベンダー (菊池こころ) ◆パッとしない少年としゃべる人形の奇妙な友情を描いた、ディズニー製作のティーン向けコメディ。母親と三姉妹に囲まれ、家ではちっとも楽しくない少年ワイアット・バーンスタイン。しかし誕生日にもらった人形が突然感情豊かに動き出したことから、念願の弟分ができたと大喜び。本物の兄弟のように大暴れする、1 人と 1 体のハチャメチャな生活が始まった。

クラッシング

CRASHING (2016) S1 英 Channel 4

フィービー・ウォーラー＝ブリッジ , ジョナサン・ベイリー , ジュリー・ドレイ , ルイーズ・フォード , デイミアン・モロニー ◆女優の P・ウォーラー＝ブリッジが企画・脚本・主演を務める 1 話 30 分弱のコメディ作品。使用されず廃墟となった病院に居住管理者として暮らすアンソニーの誕生を祝うため、同居人たちがパーティーを催すが、そこへアンソニーの幼なじみであるルルがやってきた。同居人でアンソニーの婚約者であるケイトは、彼とルルの親密ぶりが気になる。同じく一緒に住むサムとフレッドは男同士で恋に落ち、メロディは中年男性に恋をしてしまう。20 ～ 30 代の男女の恋と人生を、テンポ良く描いていく。

クラッシング

CRASHING (2017) S1 米 HBO

ピート・ホームズ , アーティ・ラング , ジョージ・ベイジル , ローレン・ラプカス ◆アメリカのコメディアンである P・ホームズが自分自身を演じた半自伝的コメディ作品。スタンダップ・コメディアンとしての成功を夢見る若者を描く。初体験の女性と結婚したピートは、妻の浮気現場を目の当たりにしてしまい、家を飛び出しかつての夢であったコメディアンを目指してニューヨークにやってくる。そしてそこで出会ったコメディアン、アーティー・ラングの家に居候することに。ピートは劇場に立つため、街頭に出て自分のショーのチラシを配るのだったが…。製作総指揮は主演の P・ホームズとジャド・アパトー。

クラブ・デ・クエルボス

CLUB DE CUERVOS (2015) S1 メキシコ Netflix

ルイス・ヘラルド・メンデス , マリアナ・トレビノ , ステファニー・カヨ ◆メキシコのプロサッカーチームのオーナーが突然死した。サッカーチームの主導権をめぐり、遺された家族ばかりか、亡きオーナーの子供を身ごもったと主張する怪しげな女まで登場、それぞれに陰謀を繰り広げていく。メキシコを舞台に、あの手この手で家族の足を引っ張ろうとする一族のドタバタを描いたコメディ。

グランチェスター　牧師探偵シドニー・チェンバース

GRANTCHESTER (2014-2017) S3 英 ITV

ジェームズ・ノートン , ロブソン・グリーン , モーヴェン・クリスティ ◆英国製のミステリー作品。1950 年代のケンブリッジ郊外、グランチェスターという自然豊かな小さな村を舞台に、イングランド国教会の牧師シドニー・チェンバースが、ジョーディ・キーティング刑事と共に事件の謎に挑む。牧師でありながらごく普通の青年と変わらない面を持つシドニーの人間臭い魅力で好評を得た。

クランチ船長

CRUNCH AND DES (1955-1956) S1 米

フォレスト・タッカー (小山田宗徳), サンディ・ケニオン ,

クラッシュとバーンスティーン

グランチェスター　牧師探偵シドニー・チェンバース

ジョアン・ベイズ ◆チャーター・ボートの船長であるクランチ・アダムスとその相棒デス・スミスが、カリブ海のバハマを舞台に様々な冒険を繰り広げてゆく海洋冒険ドラマ。モノクロ 30 分。

クランフォード
CRANFORD (2007-2009) S2 英 BBC
ジュディ・デンチ , アイリーン・アトキンス , リサ・ディロン ◆エリザベス・ギャスケルの小説『女だけの町－クランフォード』を、イギリス国営放送 BBC が映像化したヒューマン・ドラマ。19 世紀のイギリスを舞台に、変わりゆく社会に対する人々の葛藤を描く。近代化が進む中でも昔からの規律を守る保守的な町クランフォード。そこへ継母とうまくいかないメアリー・スミスや新人医師ハリソンなど新しい住人がやってくる。[D]

Glee
GLEE (2009-2015) S6 米 Fox Network
[別] glee／グリー 踊る♪合唱部!?(DVD) | glee／グリー(ソフト)
マシュー・モリソン (森川智之), ジェーン・リンチ (野沢由香里), リア・ミシェル (坂本真綾) ◆オハイオ州の田舎町の高校教師ウィル・シュースターは、かつて自分も在籍していた合唱部グリー・クラブの顧問となるが、集まった部員はクラスの嫌われ者や落ちこぼればかり。だが音楽の力を信じるウィルは、才能豊かな生徒たちを励ましながら州大会優勝を目指す。しかしチア部の顧問スー・シルベスターはそんな彼を目の敵にし、色々と難癖をつけてくるのだった。ライアン・マーフィー企画・製作総指揮によるミュージカル・コメディ。マドンナやビヨンセなど大物アーティストが曲を提供し、舞台で活躍する実力派キャストが毎回見どころとなる見事な歌と踊りを披露する。ゴールデン・グローブ作品賞 (ミュージカル・コメディ部門) やエミー賞助演女優賞など、数々の賞に輝いた。[B,D]

GREEK ～ときめき★キャンパスライフ
GREEK (2007-2011) S4 米 ABC Family
ヤコブ・ザッカー , スペンサー・グラマー , スコット・マイケル・フォスター ◆大学の社交クラブ (友愛会) を舞台に、アメリカのリアルなキャンパス・ライフを描くコメディ作品。姉のケイシー・カートライトと弟のラスティはサイプラス・ロードス大学に通っている。ケイシーは名誉ある女子友愛会に所属しているが、理系オタクのラスティはおバカでナンパ系の友愛会 " カパ・タウ " に入会してしまった。

クリスティのフレンチ・ミステリー
LES PETITS MEURTRES D'AGATHA CHRISTIE (2009-2017) S10 仏 FR2
[別] アガサ・クリスティのフレンチ・ミステリー
アントワーヌ・デュレリ , マリウス・コルッチ ◆アガサ・クリスティーの作品をフランスを舞台にドラマ化。綿密な構成や複雑な人間関係など原作のテイストは残しつつ、フランスならではの映像美と新鮮な解釈で新たな魅力を前面に押し出している。高慢だが憎めないラロジエール警視と、警視に振り回されつつ真面目な捜査を続けるランピオン刑事のコンビが難事件に挑む。

グリッチ
GLITCH (2015) S1 豪 Netflix
パトリック・ブラモール (東地宏樹), ジュネヴィーヴ・オライリー (藤本喜久子), エマ・ブース (宮島依里) ◆死者が墓地から蘇ったことで起きる出来事を描く、オーストラリアで製作されたヒューマン・ドラマ。オーストラリアの辺鄙な町ヨラーナの墓地で、深夜に 6 人の男女が土の中から這い出してきた。通報を受け現地に駆け付けたジェームズ・ハイエス巡査は、彼らを近くの診療所へ運び込むが、その中に 2 年前にがんで亡くなった自分の妻ケイトの姿を発見する。彼らは一体なぜ蘇ったのか。

クリミナル・マインド　FBI 行動分析課
CRIMINAL MINDS (2005-) S13- 米 CBS
[別] クリミナル・マインド／ FBI vs. 異常犯罪 (DVD)
マンディ・パティンキン (有本欽隆)<S1-3>, トーマス・ギブソン (森田順平), ジョー・マンテーニャ (小川真司)<S3-> ◆ FBI 行動分析課 "BAU" の捜査官たちの活躍を描くサイコ・ミステリー。シアトルで女性を狙った連続殺人が起こり、ベテラン・プロファイラーのジェーソン・ギデオン捜査官が呼ばれるが、チームのリーダーであるアーロン・ホッチナーは彼の能力に疑念を抱いていた。彼のチームには、爆弾処理班出身のデレク・モーガン、性犯罪のエ

Glee

クリミナル・マインド　FBI 行動分析課

か

キスパート、エル・グリーナウェイ、天才的な頭脳の持ち主Dr.スペンサー・リード、マスコミ対応を担当するジェニファー・ジャロウ、元ハッカーでコンピュータに精通するペネロープ・ガルシアがいる。チームは一丸となって事件解決に当たるのだが…。製作総指揮のひとり、エドワード・アレン・バーネロは元警察官であり、監督や脚本も兼ね、本作をよりリアルなものにしている。[D]

クリミナル・マインド　国際捜査班

CRIMINAL MINDS: BEYOND BORDERS (2016-2017) S2 米 CBS

ゲイリー・シニーズ(堀内賢雄),アラナ・デ・ラ・ガーザ(藤貴子),ダニエル・ヘニー(中川慶一)◆人気TVシリーズ「クリミナル・マインド FBI行動分析課」のスピンオフ作品。国境を越え世界各地で活躍するFBI特捜班の姿を描く。タイ、インド、エジプトなどアメリカ国外で犯罪の被害に遭う米国人に対応するために設立されたFBI国際捜査班(IRT)。ジャック・ギャレット率いる捜査班のメンバーたちは、犯罪が報告されるやすぐさま現地に飛び事件を解決していく。主演のG・シニーズが製作も兼ね、日本を舞台にしたエピソードでは小澤征悦がゲスト出演を果たしている。[D]

クリミナル・マインド　特命捜査班レッドセル

CRIMINAL MINDS: SUSPECT BEHAVIOR (2011) S1 米 CBS

[別]クリミナル・マインド／FBI特命捜査班レッドセル(ソフト)

フォレスト・ウィテカー(立木文彦),ジャニーン・ガロファロー(高島雅羅),マイケル・ケリー(原康義)◆大ヒット作「クリミナル・マインド」のスピンオフとなる犯罪捜査ドラマ。BAU(行動分析課)だけでは対応しきれない凶悪事件を根絶するために結成された、FBI長官直属の非公式捜査班"レッドセル"の活躍を描く。F・ウィテカーを主演に迎え製作されたが、視聴率が低迷し第1シーズンのみで打ち切りとなった。[D]

GRIMM ／グリム

GRIMM (2011-2017) S6 米 NBC

デヴィッド・ジュントーリ(花輪英司),ラッセル・ホーンズビー(志村知幸),サイラス・ウェイア・ミッチェル(松本大)◆犯罪捜査ものにダーク・ファンタジーとホラーの要素を融合させたサスペンス作品。『グリム童話集』をはじめ世界各地に残された伝承文学や伝説を盛り込み、グリム兄弟の末裔である刑事ニック・ブルクハルトが、数々の難事件を捜査しながら、人間社会に紛れ込んだ魔物たちと対決していく姿を描く。[B,D]

グリム童話

(2008-2010) 独 ARD

オーディン・ヨーネ,ハンス＝ラウリン・バイヤーリンク,クリストフ・M・オールト◆ドイツ発のファンタジー・ドラマ。グリム兄弟が収集・編集した『グリム童話』から「白雪姫」「眠れる森の美女」「ラプンツェル」「カエルの王子」など16エピソードを60分ドラマとして映像化。本国ではシリーズ・タイトルは存在せず、それぞれが単発のTVムービーだったが、日本では「グリム童話」シリーズとして放送された。

グリンドル

GRINDL (1963-1964) S1 米 NBC

イモジーン・コカ(高橋和枝),ジェームズ・ミルホリン◆好奇心旺盛で、推理小説好きの中年家政婦グリンドルが、行く先々の家庭で数々のミステリアスな犯罪に巻き込まれてゆく姿を描く、ミステリー・タッチのコメディ作品。

グリーンハウス・アカデミー

GREENHOUSE ACADEMY (2017) S1 米 Netflix

アリエル・モートマン(水野理沙),フィン・ロバーツ(山下章),クリス・オニール,ダラス・ハート,シンシア・カルモナ◆イスラエルで2012年に放送開始となったドラマ「The Greenhouse」のアメリカ版リメイク作品。キッズ向けの学園ドラマと、学園をめぐる陰謀を描くドラマとが融合した、一風変わった内容となっている。スペースシャトルの事故で女性宇宙飛行士の母を亡くしたヘイリーとアレックスの姉弟は、母の母校であるグリーンハウス・アカデミーの試験にパスし入学した。やがて彼らは大人たちが企てる陰謀に巻き込まれていく。

グリーン・ホーネット

THE GREEN HORNET (1966-1967) S1 米 ABC

ヴァン・ウィリアムズ(羽佐間道夫),ブルース・リー(青野武)◆日本ではB・リーの出世作として知られる、1話30分のアクション・ドラマ。黒いマスクで顔を覆った神

GRIMM ／グリム

グリーン・ホーネット

出鬼没のヒーロー、グリーン・ホーネットの活躍を描く。その名のごとく、スズメバチ(ホーネット)のように悪党にまとわりつき、一刺しで事件解決へと導いていく。グリーン・ホーネットが駆使する様々な秘密兵器と、カトーが繰り出す格闘術が話題を呼んだ。B・リー人気に便乗してカトーの活躍するエピソードを中心に劇場用に再編集した「ブルース・リーのグリーン・ホーネット」「ブルース・リー／電光石火」の2本の映画も作られた他、2011年にはコメディ仕立てのリメイク映画版も製作された。

グリーンリーフ
GREENLEAF (2016-2017) S2 米 OWN

マール・ダンドリッジ(藤本喜久子), キース・デヴィッド(玉野井直樹), リン・ウィットフィールド(宮寺智子), オプラ・ウィンフリー(小宮和枝), キム・ホーソーン(岡寛恵)◆アメリカを代表する司会者であり、映画「プレシャス」のプロデューサーとしても知られるオプラ・ウィンフリーが製作総指揮を務めるドラマ。メンフィスの巨大な教会を運営するカリスマ宗教家ジェームズ・グリーンリーフとその家族の、欲望と愛憎が渦巻く本当の顔を描く。

クルーソー
CRUSOE (2008-2009) S1 米＝英＝加＝南アフリカ NBC/City

フィリップ・ウィンチェスター, トンガイ・キリサ, アンナ・ウォルトン◆ダニエル・デフォーの名作古典文学『ロビンソン・クルーソー』を、現代版アクション・アドベンチャーとしてドラマ化した作品。原作にはないエピソードを加え、さらにアドベンチャー要素を盛り込みつつ、クルーソーのサバイバル生活を壮大なスケールで描く。船が難破し南海の孤島に漂着したクルーソーは、友人となったフライデーと共に生存をかけて様々な困難に立ち向かってゆく。[D]

グルメ探偵　ネロ・ウルフ
A NERO WOLFE MYSTERY (2001-2002) S2 米 A&E

ティモシー・ハットン(西田紘二), モーリー・チェイキン(前島貴志), ビル・スミトロヴィッチ(安元洋貴)◆レックス・スタウトが創造した安楽椅子探偵ネロ・ウルフの活躍を描いたミステリー・ドラマ。蘭と美食を愛し外出することを極度に嫌う名探偵ネロ・ウルフが、部下のアーチーが集めてきた情報をもとに難事件を解決していく。

グルメ探偵　ネロ・ウルフ

グルメ探偵ネロ・ウルフ　イタリアへ行く！
NERO WOLFE (2012) S1 伊 Rai

フランチェスコ・パノフィーノ, ピエトロ・セルモンティ, アンディ・ルオットー◆アメリカの推理作家レックス・スタウトの「名探偵ネロ・ウルフ」シリーズを映像化した、イタリアの推理ドラマ。原作では偏屈なキャラクターであるウルフが、本作では愛嬌たっぷりの美食家という設定で登場し、難事件の数々を解決していく。毎回登場するお抱えシェフ特製の料理も見どころのひとつ。

クルーレス
CLUELESS (1996-1999) S3 米 ABC → UPN

[別]クルーレス〜ビバリーヒルズのハチャメチャ学園〜
レイチェル・ブランチャード(湯屋敦子), ステイシー・ダッシュ(安達忍), ドナルド・アデオサン・フェイソン(横堀悦夫)◆アリシア・シルヴァーストーン主演の1995年の同名映画をTVシリーズ化した青春コメディ。アメリカのハイスクールを舞台に、外面の格好良さばかりを気にしているわがままな女の子シェールと彼女の友達が巻き起こす騒動を描く。

クレイジー・エックス・ガールフレンド
CRAZY EX-GIRLFRIEND (2015-) S3- 米 The CW

レイチェル・ブルーム(川庄美雪), ヴィンセント・ロドリゲス三世(奥田隆仁), ドナ・リン・チャンプリン(斉藤貴美子)◆恋に一途な女性の姿を、オリジナルナンバー満載で描くミュージカル・コメディ。製作総指揮は主演を務めるR・ブルームの他に「(500)日のサマー」「スパイダーマン」のマーク・ウェブも参加している。ニューヨークの法律事務所で働くエリート弁護士のレベッカは、10年前に別れたきりだった元カレのジョシュと偶然再会し、彼がカリフォルニアのウェストコビーナへ引っ越すと知ると、昇進のチャンスを蹴って自らもウェストコビーナへ引っ越してしまう。果たしてレベッカはジョシュとの恋を叶えることができるのか。

クレイジー刑事 BACKSTROM
BACKSTROM (2015) S1 米 Fox

レイン・ウィルソン, ジュヌヴィエーヴ・エンジェルソン, クリストファー・ポラーハ◆特別犯罪捜査を任されることになった型破りな刑事の活躍を描く犯罪ドラマ。エヴァレッ

クルーレス

ト・バックストローム警部補は、無礼でキレやすく不健康な人物のため交通課に左遷されていた。そんな中、ポートランド捜査局の特別捜査班 (通称 S.C.U) の新本部長アナ・セルバンテスがバックストロームを抜擢し特別捜査班に呼び戻す。優秀ながらもその非常識さで周囲を巻きこみつつ、バックストロームは個性的な面々と共に様々な事件に挑んでゆく。

クレイジーヘッド
CRAZYHEAD (2016) S1 英 Channel 4

カーラ・テオボルド (清水理沙), スーザン・ウォーコマ (根本圭子), ルイス・リーヴス (横田大輔), トニー・カラン (中博史) ◆「魔術師マーリン」と「Misfits ／ミスフィッツ － 俺たちエスパー !」のクリエイターがおくるホラー・コメディ作品。ボウリング場で働くエイミーには、他の人には見えない悪霊の姿を見ることができる能力が備わっていた。社交性のかけらもないが悪霊ハンターとしての腕前を持つラクエルとコンビを組み、二人は悪霊たちが呼ぶ " キャッチャー " として活動を開始する。

クレイジーワン　ぶっ飛び広告代理店
THE CRAZY ONES (2013-2014) S1 米 CBS

ロビン・ウィリアムズ , サラ・ミシェル・ゲラー , ジェームズ・ウォーク ◆アカデミー賞受賞俳優 R・ウィリアムズ主演でおくる、広告業界の裏側を垣間見ることができる痛快コメディ。サイモン・ロバーツは広告界の異端児であり、大手代理店を率いるカリスマ的存在。娘シドニーをパートナーに、自由奔放な発想でビジネスを展開していく。

グレイズ・アナトミー　恋の解剖学
GREY'S ANATOMY (2005-) S14- 米 ABC

エレン・ポンピオ (三石琴乃), パトリック・デンプシー (根本泰彦), サンドラ・オー (沢海陽子) ◆シアトルの大病院を舞台に、研修 1 年目を迎える外科インターンたちの過酷な日常を描いた医療ドラマ。勤務初日前夜、バーで出会った男性と行きずりの関係を持ったメレディス・グレイは自分の担当教官となった神経外科医デレクを見て仰天。彼が前夜の相手だったからだ。インターン仲間は元下着モデルだったイジー、うぬぼれ屋のアレフ、上昇志向の塊ヤン、控えめなジョージの 4 人。ジョージとイジーはメレディスのルームメイトとなり共に医師を目指すのだが…。かつての青春スターで一時低迷していた P・デンプシーは本作で復活。S・オーがゴールデン・グローブ助演女優賞を獲得した。[D]

グレイス＆フランキー
GRACE AND FRANKIE (2015-2017) S3 米 Netflix

ジェーン・フォンダ , リリー・トムリン , サム・ウォーターストン ◆ " 熟年の危機 " を豪華俳優陣で描くシチュエーション・コメディ。長い付き合いだが互いに相手を疎ましく思っていた老婦人グレイスとフランキーは、ある日突然、それぞれの夫ロバートとソルから、自分たちはゲイで結婚したいと思っていると告げられる。仲が悪いながらも同じ境遇に陥ったグレイスとフランキーは、互いの存在を意識していくのだが…。

グレイスランド　西海岸潜入捜査ファイル
GRACELAND (2013-2015) S3 米 USA Network

[別] 西海岸捜査ファイル ～グレイスランド～

アーロン・トヴェイト (羽多野渉), ダニエル・サンジャタ (東地宏樹), ヴァネッサ・フェルリト (小松由佳) ◆ FBI の新人捜査官マイク・ウォーレンが赴任した先は、西海岸のビーチに建つ " グレイスランド " という名のシェアハウスだった。FBI(連邦捜査局)、DEA(麻薬取締局)、入国管理局の捜査官たちが、一見スタイリッシュな共同生活を送りながら、力を合わせて難解な潜入捜査をこなしていく新感覚犯罪捜査ドラマ。[D]

クレオパトラ
CLEOPATRA (1999) 米 ABC

[別] レジェンド・オブ・エジプト (ビデオ)

レオノア・バレラ (山像かおり), ティモシー・ダルトン (大和田伸也), ビリー・ゼイン (井上倫宏), ルパート・グレイヴス (咲野俊介), ジョン・バウ (池田勝) ◆多くの男を虜にした絶世の美女クレオパトラの生涯を描いたマーガレット・ジョージの小説を原作に、ホールマーク社が製作したミニシリーズ。「007」の T・ダルトンや「タイタニック」の B・ゼインが脇を固め、主人公のクレオパトラにはチリ出身の L・バレラが抜擢された。[V,D]

紅の館
LE CHEVALIER DE MAISON ROUGE (1963) S1 仏 = 伊 ORTF

グレイズ・アナトミー　恋の解剖学

グレイスランド　西海岸潜入捜査ファイル

アニー・デュコー，アンヌ・ドア ◆文豪アレクサンドル・デュマの『赤い館の騎士』を映像化した全4話のミニシリーズ。フランス革命の中で繰り広げられるモーリス・ランディの悲恋を描く。本作が初めて日本で放送されたフランス製ドラマとなった。

黒いジャガー

SHAFT (1973-1974) S1 米 CBS

リチャード・ラウンドトゥリー（坂口芳貞），エディ・バース（島宇志夫）◆映画「黒いジャガー」シリーズのヒットを受けて製作されたアクション・ドラマ。レザーコートを着こなすダンディな黒人探偵ジョン・シャフトが、警察でも解決できない難事件に立ち向かう姿を描く。映画版と同じR・ラウンドトゥリーが主演を務めた。

- 暗殺団のツラをはげ　THE ENFORCERS (1973)
- あかしは俺がたてる!　THE KILLING (1973)
- 賭場の扉をぶち破れ　HIT-RUN (1973)
- 誘拐犯をしめあげろ　THE KIDNAPPING (1974)
- 悪徳警官をあばけ　THE COP KILLER (1974)
- 宝石に手を出すな　THE CAPRICORN MURDERS (1974)
- 殺し屋は俺が葬る　MURDER MACHINE (1974)

グローイング・ペインズ／愉快なシーバー家

→愉快なシーバー家

GLOW：ゴージャス・レディ・オブ・レスリング

GLOW (2017) S1 米 Netflix

アリソン・ブリー（東内マリ子），ベティ・ギルピン（渡辺明乃），マーク・マロン（加藤亮夫）◆「ナース・ジャッキー」「オレンジ・イズ・ニュー・ブラック」のクリエイターたちがおくる、女優志願の女性たちが女子プロレスの世界で奮闘する姿を描いたスポーツ・コメディ。1980年代のロス。オーディションを受けては落ちてばかりの売れない女優のルースに、新たな仕事のオファーが舞い込む。それは女子プロレスの番組で本当にプロレスをするというものだった。監督サムの話を聞いて多くの女優が棄権する中、預金も底を尽きかけていたルースを含む12人の女性が出演を決意する。5週間後に控えた本番さながらの公開ショーで、果たして女子プロレスラーとして魅せることはできるのか。

黒いジャガー

クロウ　天国への階段

THE CROW: STAIRWAY TO HEAVEN (1998-1999) S1 加

マーク・ダカスコス（坪井智浩），マーク・ゴメス（楠見尚己），ケイティ・スチュアート（奥島和美）◆大人気のダーク・コミックをブランドン・リー主演で映画化した「クロウ／飛翔伝説」(1994年）のヒットに続き製作されたTVシリーズ。ミュージシャンのエリック・ドレイヴンとその恋人が惨殺されるが、エリックは暗黒の力により不死者"クロウ"として蘇る。彼を導くのは、謎めいた一羽のカラス。憎き相手を倒し、恋人の仇を取ったクロウは、現世の善と悪のバランスを取り戻すために孤独な闘いを続ける。日本では第1話（パイロット版）が「クロウ3」として、そして第2話以降が「クロウ ザ・リベンジ」「クロウ／ウィッチクロウ」「クロウ vs クロウ」「デス・オブ・ザ・クロウ」としてビデオリリースされた。[D,V]

黒馬物語

THE ADVENTURES OF BLACK BEAUTY (1972-1974) S2 英 ITV

[別] 新黒馬物語（第2シーズン）

ウィリアム・ルーカス（福田豊土），ジュディ・バウカー（秋山泉）<S1>，ロデリック・ショー（清水秀生→水島裕），シャーロット・ミッチェル（中西妙子），ステイシー・ダウニング（横沢啓子）<S2> ◆イギリスの女流作家アンナ・シュウエルの同名小説をTVドラマ化。18世紀末のイギリスの農村を舞台に、ゴードン一家と愛馬との交流を描く。映画「ブラザー・サン　シスター・ムーン」で人気となったJ・バウカーがヒロインを演じ話題になったが、「新黒馬物語」（第2シーズン）では主演がS・ダウニングに交代した。

クローザー

THE CLOSER (2005-2012) S7 米 TNT

キーラ・セジウィック（山像かおり），J・K・シモンズ（佐々木勝彦），コリー・レイノルズ（竹若拓磨）◆いかなる難事件も"クローズ"させる（終わらせる）敏腕女性刑事の活躍を描いた犯罪ドラマ。CIA仕込みの卓越した尋問術を買われ、アトランタ市警からロサンゼルス市警の殺人特捜班チーフとして引き抜かれたブレンダ・リー・ジョンソン。私生活より仕事優先でスイーツ好きな南部訛りの彼女が、はじめは個性豊かな部下たちの反発に遭いなが

クローザー

らも的確な指示と判断力でチームをまとめあげ、一致団結して事件解決へと導いていく。2007 年ゴールデン・グローブ賞と 2010 年エミー賞主演女優賞を受賞。[D]

クロスボーンズ／黒ひげの野望

CROSSBONES (2014) S1 米 NBC

ジョン・マルコヴィッチ (池田勝), リチャード・コイル (てらそままさき), クレア・フォイ (うえだ星子) ◆ 17 ～ 18 世紀に実在した伝説の海賊 " 黒ひげ " の生涯をダイナミックに描くアクション・アドベンチャー。イギリスのスパイであるトム・ロウは、ウィリアム・ジャガー総督から黒ひげことエドワード・ティーチ暗殺の密命を受ける。トムは人質としてエドワードへの接近を試みるのだが…。

クロッシング・ライン ～ヨーロッパ特別捜査チーム～

CROSSING LINES (2013-2015) S3 米 = 独 = 仏 NBC

ウィリアム・フィクトナー , ドナルド・サザーランド , マルク・ラヴォワーヌ ◆ EU 各国から集められた特別捜査チームが、国境を越えた凶悪犯罪に挑む。元ニューヨーク市警の刑事カール・ヒックマン、フランス国家警察の警視ルイ・ダニエル、国際刑事裁判所監察官のミヘル・ドルンなど、国籍も専門分野も異なる精鋭たちが、ヨーロッパの安全を脅かす凶悪犯罪に立ち向かう姿を描く、緊迫感あふれるクライム・サスペンス。[D]

クロニクル　倒錯科学研究所

PERVERSIONS OF SCIENCE (1997) S1 米 HBO

エリザベス・バークレイ , ジョージ・ニューバーン , ヴィンセント・スキャヴェリ ◆ TV シリーズ「テイルズ・フロム・ザ・クリプト」のスピンオフ作品。SF コミック雑誌「ウィアード・サイエンス」を原作に、CG アニメによるメタリックな女性アンドロイド、クロームがホストを務める SF オムニバス。[D,V]

グローリー・デイズ

GLORY DAYS (1990) S1 米 Fox

ブラッド・ピット , スパイク・アレクサンダー , エヴァン・ミランド ◆ 4 人の若者の成長を描いた青春ドラマ。アメフトの花形選手だったウォーカーが大学で挫折、故郷に戻ってくる。迎えるかつての親友、デイヴ、ドミニク、トリッグはそれぞれの道を歩み始め、ウォーカーはジャーナリストを目指す。[V]

クロンダイク・ゴールドラッシュ

KLONDIKE (2014) S1 米 = 加 Discovery Channel

リチャード・マッデン , アビー・コーニッシュ , サム・シェパード ◆時はゴールドラッシュ真っ盛りの 1897 年。金鉱が発見され、一気に注目を浴びるカナダ・ユーコン地方のクロンダイクには、北の果てでの一攫千金を夢見て大勢の人々がやって来る。無法地帯と化した最果ての地で繰り広げられる欲望むき出しの人間模様を描いたシリーズで、ドキュメンタリー専門のディスカバリー・チャンネルが初めて製作したドラマ。製作総指揮はリドリー・スコット。

クワンティコ／ FBI アカデミーの真実

QUANTICO (2015-2017) S2 米 ABC

プリヤンカー・チョープラ (木下紗華), ジェイク・マクラフリン (土田大), ジョシュ・ホプキンス (咲野俊介) ◆ FBI アカデミーを舞台に、FBI 候補生たちが捜査官になるまでの話と、捜査官になった彼らが巨大なテロに巻き込まれていく話が交互に展開するクライム・サスペンス。バージニア州クワンティコにある FBI アカデミーに集まる FBI 候補生たちの中に、アレックス・パリッシュの姿があった。彼女は FBI 捜査官になるため、分析官の研修生たちと共に厳しい訓練を受ける。そして 9 ヶ月後、ニューヨークで起きた爆破テロの首謀者として、アレックスは FBI に追われる身となるのだった。[D]

軍医さんは本日多忙

HENNESEY (1959-1962) S3 米 CBS

ジャッキー・クーパー (近石真介), アビー・ダルトン (藤波京子) ◆アメリカの海軍基地を舞台に描かれるシットコム。サンディエゴ海軍基地に勤める軍医のチック・ヘネシーと、同僚の軍医たちや家族が日々引き起こす騒動を描く。主演の J・クーパーが製作総指揮も務めている。

け

警官フォレスター

JOE FORRESTER (1975-1976) S1 米 NBC

ロイド・ブリッジス (小林勝彦), パット・クローリー (鳳芳野), エディ・イーガン (村松康雄), ドワン・スミス (高島雅羅) ◆元警官のジョゼフ・ウォンボーが原案・企画

クロッシング・ライン ～ヨーロッパ特別捜査チーム～

クワンティコ／ FBI アカデミーの真実

を担当したTVドラマ「ポリスストーリー」第2シーズンの最終話「ジョー・フォレスターの帰還」(日本では「ポリス・ストーリー／聞き込み」としてビデオリリース)からのスピンオフ作品。ニューヨーク市警のパトロール警官ジョー・フォレスターの地道な捜査を描く。

警察医サイモン・ロック

DR. SIMON LOCKE / POLICE SURGEON (1971-1974) S3 加 CTV

[別] 警察医物語 (第2シーズン以降)

サム・グルーム (伊武雅刀→菅生隆之), レン・バーマン (飯塚昭三), ラリー・D・マン ◆内科医でありながら警察官としての捜査権も持つ警察医サイモン・ロックが、警部補たちの協力を得ながら大都会で起こる事件を解決に導いていく。

警察医ブレイク

THE DOCTOR BLAKE MYSTERIES (2013-2017) S5 豪

クレイグ・マクラクラン, ナディーン・ガーナー, リック・ドナルド ◆オーストラリア製のミステリー・シリーズ。退役軍人のルシアン・ブレイクはシンガポールで捕虜となっていた第二次大戦中のトラウマを抱えていたが、亡くなった父親の診療所を引き継ぐため故郷に戻ってくる。そして診療のかたわら、バララット署の警察医としてマシュー・ローソン警視に協力し事件に深く関わっていく。

警察犬アイバン

THE PURSUERS (1961-1962) S2 英

ルイス・ヘイワード ◆イギリスのロンドン警視庁で働くジョン・ボリンジャー警部と、ジャーマン・シェパードの警察犬アイバンとの活躍を描く30分ものの警察ドラマ。

警察犬キング

SERGEANT PRESTON OF THE YUKON (1955-1958) S3 米 CBS

ディック・シモンズ ◆ゴールドラッシュ時代のカナダを舞台に、ユーコン川流域を警備する北西騎馬警官隊のプレストン軍曹が、愛犬である警察犬キングと共に犯罪者に立ち向かう姿を描く。1話30分のアクション・ドラマ。

警察署長

CHIEFS / ONCE UPON A MURDER (1983) S1 米 CBS

チャールトン・ヘストン (小林昭二), キース・キャラダイン (日下武史), ウェイン・ロジャース (山本圭), テス・ハーパー (萩尾みどり), ポール・ソルヴィノ (金田龍之介) ◆アメリカのベストセラー作家スチュアート・ウッズのデビュー作にしてMWA賞受賞作をミニシリーズ化。南部の架空の街デラノを舞台に、警察署長を歴任した一家三世代の長い歴史と、第一世代に起きた迷宮入り殺人事件の数十年後の解決までを描く。架空の街の百年間の歴史を緻密にシミュレーションした構成と、徹底的に趣向を凝らした衣装と小道具により、原作が創造したデラノを見事に映像化した。[D,V]

警察署長ジェッシイ・ストーン

JESSE STONE (2005-2015) 米 CBS

トム・セレック (柴田秀勝) ◆ハードボイルド作家ロバート・B・パーカーが生み出した推理小説シリーズを、T・セレック主演で映像化した長編TVシリーズ。孤独な初老のジェッシィ・ストーンが、別れた妻を忘れるため過去に起きた未解決事件の捜査に乗り出す。日本では第1作「影に潜む」から第4作「訣別の海」までがDVDでリリースされた後、第5作「薄氷を漂う」以降を含めスターチャンネルで放送された。第9作「4番目の真実」はDVDでのリリースのみ。[D]

- 影に潜む　STONE COLD (2005)
- 暗夜を渉る　NIGHT PASSAGE (2006)
- 湖水に消える　DEATH IN PARADISE (2006)
- 訣別の海　SEA CHANGE (2007)
- 薄氷を漂う　THIN ICE (2009)
- 非情の影　NO REMORSE (2010)
- 奪われた純真　INNOCENTS LOST (2011)
- 消された疑惑　BENEFIT OF THE DOUBT (2012)
- 4番目の真実　LOST IN PARADISE (2015)

刑事ウィクリフ

WYCLIFFE (1994-1998) S5 英 ITV

ジャック・シェパード, ヘレン・マスターズ, ジミー・ユイル ◆イギリスの作家W・J・バーリーの『ウィクリフ警視』シリーズをTVドラマ化。イギリスのコーンウォール地方を舞台に、チャールズ・ウィクリフ警視と、レイン警部補、カーシー警部補らの活躍を描いたポリス・ストーリー。

刑事コジャック

KOJAK (1973-1978) S5 米 CBS

テリー・サヴァラス (森山周一郎), ダン・フレイザー (柳

警察犬キング

警察署長ジェッシイ・ストーン

生博), ケヴィン・ドブソン(津嘉山正種) ◆ニューヨーク市警マンハッタン南13分署の一匹狼刑事テオ・コジャックが、上司や同僚のサポートを受けながら、犯罪都市にはびこる難事件を見事な推理で次々と解決してゆく正統派刑事ドラマ。実際の事件に取材した脚本を採用し、派手なアクションを廃したリアルな描写が高い評価を得た。またスキンヘッドに棒付きキャンディというコジャックのユニークな風貌は、森山周一郎の吹替ともども、強い印象を残した。3時間枠のスペシャル「マーカス＝ネルソン殺人事件」をパイロットとしてシリーズ化されており、番組終了後も1985～1990年の間に7本のTVムービーが製作された。[D]

刑事コロンボ

COLUMBO (1968-1978) 米 NBC

ピーター・フォーク(小池朝雄) ◆「殺人処方箋」「死者の身代金」の2本のパイロットの後、始まったTVシリーズ。ロス市警殺人課の警部補コロンボが数々のトリックを解明していく。よれよれのレインコート、ボサボサ頭、粘りに粘るそのしつこさは、演じるP・フォークの魅力なくしては語れないものだが、小池朝雄による吹替がさらにその魅力を高めている。第3話「構想の死角」はスティーヴン・スピルバーグが、第42話「美食の報酬」ではジョナサン・デミが、それぞれ監督を務めている。[B,D,L,V]

- 殺人処方箋 PRESCRIPTION: MURDER (1967)
- 死者の身代金 RANSOM FOR A DEAD MAN (1971)
- 構想の死角 MURDER BY THE BOOK (1971)
- 指輪の爪あと DEATH LENDS A HAND (1971)
- ホリスター将軍のコレクション DEAD WEIGHT (1971)
- 二枚のドガの絵 SUITABLE FOR FRAMING (1971)
- もう一つの鍵 LADY IN WAITING (1971)
- 死の方程式 SHORT FUSE (1971)
- パイルD-3の壁 BLUEPRINT FOR MURDER (1971)
- 黒のエチュード ETUDE IN BLACK (1972)
- 悪の温室 THE GREENHOUSE JUNGLE (1972)
- アリバイのダイヤル THE MOST CRUCIAL GAME (1972)
- ロンドンの傘 DAGGER OF THE MIND (1972)
- 偶像のレクイエム REQUIEM FOR A FALLING STAR (1972)
- 溶ける糸 A STITCH IN CRIME (1972)
- 断たれた音 THE MOST DANGEROUS MATCH (1972)
- 二つの顔 DOUBLE SHOCK (1972)
- 毒のある花 LOVELY BUT LETHAL (1973)
- 別れのワイン ANY OLD PORT IN A STORM (1973)
- 野望の果て CANDIDATE FOR CRIME (1973)
- 意識の下の映像 DOUBLE EXPOSURE (1973)
- 第三の終章 PUBLISH OR PERISH (1973)
- 愛情の計算 MIND OVER MAYHEM (1973)
- 白鳥の歌 SWAN SONG (1973)
- 権力の墓穴 A FRIEND IN DEAD (1973)
- 自縛の紐 AN EXERCISE IN FATALITY (1974)
- 逆転の構図 NEGATIVE REACTION (1974)
- 祝砲の挽歌 BY DAWN'S EARLY LIGHT (1974)
- 歌声の消えた海 TROUBLED WATERS (1974)
- ビデオテープの証言 PLAYBACK (1974)
- 5時30分の目撃者 A DEADLY STATE OF MIND (1974)
- 忘れられたスター FORGOTTEN LADY (1975)
- ハッサン・サラーの反逆 A CASE OF IMMUNITY (1975)
- 仮面の男 IDENTIFY CRISIS (1975)
- 闘牛士の栄光 A MATTER OF HONOR (1975)
- 魔術師の幻想 NOW YOU SEE HIM (1975)
- さらば提督 LAST SALUTE TO THE COMMODORE (1975)
- ルーサン警部の犯罪 FADE IN TO MURDER (1976)
- 黄金のバックル OLD FASHIONED MURDER (1976)
- 殺しの序曲 THE BYE-BYE SKY HIGH I.Q. MURDER CASE (1977)
- 死者のメッセージ TRY AND CATCH ME (1977)
- 美食の報酬 MURDER UNDER GLASS (1977)
- 秒読みの殺人 MAKE ME A PERFECT MURDER (1977)
- 攻撃命令 HOW TO DIAL A MURDER (1978)
- 策謀の結末 THE CONSPIRATORS (1978)

刑事ジョー　パリ犯罪捜査班

JO (2013) S1 仏 TF1

ジャン・レノ(菅生隆之), ジル・ヘネシー(藤貴子), トム・オースティン(板倉光隆) ◆J・レノ演じるパリ警視庁の刑事ジョーことジョアシャン・サン＝クレールが、パリの名所で起こる殺人事件の解決に当たる犯罪捜査ドラマ。難事件の捜査に挑みながら、自身の素行不良のせ

刑事コジャック

刑事コロンボ

いで失った娘アデルとの信頼関係を取り戻そうと奮闘する様を描く。[D]

刑事ジョン・ルーサー

LUTHER (2010-2013) S3 英 BBC

イドリス・エルバ , ルース・ウィルソン , スティーヴン・マッキントッシュ ◆ゴールデン・グローブ賞受賞、エミー賞にノミネートされた、孤独な刑事と美しき犯罪者の心理戦を描くサイコ・ミステリー。深い洞察力と優れた捜査能力を持つが、心に闇を抱えた刑事ジョン・ルーサーの目の前に、美しき完全犯罪者アリス・モーガンが現れる。ジョンが追う数々の事件の裏には、なぜかアリスが関与していることが判明する…。[D]

刑事スタスキー＆ハッチ

STARSKY AND HUTCH (1975-1979) S4 米 ABC

デヴィッド・ソウル (高岡健二), ポール・マイケル・グレイザー (下條アトム), バーニー・ハミルトン (金井大), アントニオ・ファーガス (富山敬) ◆下町育ちで陽気なデヴィッド・マイケル・スタスキーと、インテリで甘いマスクのケネス・ハッチソン (ハッチ) という対照的な 2 人がコンビを組む刑事アクション・ドラマ。ラフなジーンズに派手なカーチェイス満載で、従来の刑事ドラマの枠を破り大ヒット。2 人の軽妙な掛け合いでコミカル・タッチかと思いきや、人身売買や麻薬、ベトナム戦争の後遺症を描くなど硬派な内容が魅力。2004 年にはベン・スティラー、オーウェン・ウィルソン主演で映画「スタスキー＆ハッチ」が公開された (日本ではビデオスルー)。[D,V]

刑事タガート

TAGGART (1983-2010) S27 英 ITV

マーク・マクマナス , ニール・ダンカン , ジェームズ・マクファーソン ◆スコットランドのグラスゴーを舞台に、叩き上げのベテラン刑事ジム・タガートの活躍を描いたミステリー・ドラマ。本格推理小説を思わせる謎解きものを 1 話 90 分～ 120 分以上の尺を使って放送。1 年に 2 ～ 3 話のペースで丁寧に製作され、目の肥えたミステリー・ファンをうならせた。タガートは皮肉屋で気難しい性格だが、どんな難事件も淡々と地道に捜査し、解決していく。タガートの相棒でピーターリビングストン巡査部長の後任であるマイケル・ジャーディン巡査部長は当初、タガートのやり方に戸惑うが次第に尊敬するようになり、刑事として成長していく。タガートを演じた M・マクマナスが 1994 年に急死。その後はジャーディンを主人公にして「新タガート」として製作が続けられた。[D]

刑事デリック

DERRICK (1974-1998) S25 西独 ZDF

ホルスト・タッペルト , フリッツ・ヴェッパー ◆西ドイツ連邦警察殺人課のステファン・デリック刑事部長と部下のハリー・クライン刑事が、ヨーロッパを股にかけて捜査をしていく西ドイツ製刑事ドラマ。25 年にも渡って放映された長寿番組だが、日本では一部が放映されたのみ。

刑事デルベッキオ

DELVECCHIO (1976-1977) S1 米 CBS

ジャド・ハーシュ (近藤洋介), チャールズ・ヘイド (玄田哲章), マイケル・コンラッド (石田太郎), マリオ・ガロ (八奈見乗児) ◆ロス市警ワシントンハイツ署のドミニク・デルベッキオ巡査部長とその相棒ポール・ションスキー巡査部長が、マキャバン警部補の命令を受けて警察内部の不正や麻薬調査、殺人事件などあらゆる犯罪と戦っていく人間味あふれる刑事ドラマ。

刑事トマ

TOMA (1973-1974) S1 米 ABC

トニー・ムサンテ (青野武), スーザン・ストラスバーグ (上田みゆき), サイモン・オークランド (塩見竜介) ◆潜入捜査によって高い検挙率を誇った実在の刑事デイヴィッド・トマの自伝をもとに TV ドラマ化したリアルなポリス・アクション。ニュージャージーの刑事トマが得意の変装を駆使して犯罪と戦っていく。パイロット版は「シシリアン・コネクション」の題で映画劇場枠で放映。1 シーズンのみで主演の T・ムサンテが降板、後任としてロバート・ブレイクが抜擢されたが、番組は内容を変更し「刑事バレッタ」として再スタートを切った。

刑事トム・ソーン

THORNE: SLEEPYHEAD / THORNE: SCAREDYCAT (2010) 英 Sky

デヴィッド・モリッシー (堀内賢雄), エイダン・ギレン (檀臣幸), エディ・マーサン (宗矢樹頼) ◆イギリスのミステリー作家マーク・ビリンガムの大ヒット小説を原作とする

刑事スタスキー＆ハッチ

刑事デリック

サスペンス。ロンドンで発生した女性を狙った殺人事件を追って、殺人課の刑事トム・ソーンが自分の信念に従い、犯人を追い詰めていく。「声なき目撃者」「臆病な殺人者」の２シリーズ（各３話）として放映された。

刑事ナッシュ・ブリッジス

NASH BRIDGES (1996-2001) S6 米 CBS

ドン・ジョンソン（野沢那智），チーチ・マリン（青野武），ジェイム・ゴメス（佐久田修）◆サンフランシスコ市警特捜班のチーフで仕事の鬼であるナッシュ・ブリッジスが、時にシリアスに、時にコミカルに、相棒のジョー・ドミンゲスと凶悪犯罪の捜査に取り組む痛快ポリス・アクション。主演のD・ジョンソンは製作総指揮も務めている。パイロット版は「処刑調書」というタイトルでビデオ・リリースされた。[D]

刑事ヴァランダー

WALLANDER (2008-2016) S4 英＝スウェーデン BBC

［別］刑事ヴァランダー　白夜の戦慄 (WOWOW)

ケネス・ブラナー（辻親八），サラ・スマート（佐古真弓），リチャード・マッケーブ（遠藤純一）◆ある日、スウェーデンの港町イースタ署に勤務する刑事ヴァランダーの目の前で少女が自らガソリンをかぶって焼身自殺してしまう。さらにその直後、引退した政府高官が惨殺される事件が発生。イースタ署の刑事たちは捜査に駆り出されるが、ヴァランダーの脳裏からは少女の姿が離れない。一方、一人娘のエヴァはヴァランダーと祖父の関係に心を痛めるが…。全世界でベストセラーとなったヘニング・マンケルの原作に惚れ込んだK・ブラナーが主演と製作総指揮を兼任。全編スウェーデン・ロケによる静謐な風景と陰惨な殺人のコントラストにより、ヴァランダーの孤独と苦悩を丹念に描き出す。BAFTAアワード（英アカデミー賞テレビ部門）で最優秀作品賞、英国放送記者協会賞主演男優賞獲得。[D]

刑事バレッタ

BARETTA (1975-1978) S4 米 ABC

ロバート・ブレイク（中尾彬），エドワード・グローヴァー（富山敬），トム・イーウェル（梶哲也），ダナ・エルカー（富田耕生）◆１シーズン限りで主役が降板した「刑事トマ」に代わり、新たなキャラクター設定で製作された刑事ドラマ。巧みな変装術を駆使してを潜入捜査を行う、ニューヨーク市警の一匹狼トニー・バレッタ刑事の活躍を描く。サミー・デイヴィス・Jrの歌う主題歌もヒットした。

刑事ハンター

HUNTER (1984-1991) S7 米 NBC

フレッド・ドライヤー（掘勝之祐），ステファニー・クレイマー（戸田恵子），チャールズ・ハラハン（神山卓三）◆ファミリー（マフィア組織）出身という出自を持つ、ロス市警の一匹狼リック・ハンター刑事が、男勝りの女刑事ディー・ディー・マッコールとコンビを組み、過激な捜査方法で悪と対決していく。TV版「ダーティハリー」と言われた刑事アクション。2002年に復活スペシャル、その後も単発と新シリーズが製作された。

刑事フォイル

FOYLE'S WAR (2002-2015) S8 英 ITV

マイケル・キッチン（山路和弘），アンソニー・ハウエル（川島得愛），ハニーサックル・ウィークス（山根愛）◆第二次世界大戦のさなか、イギリス南部にある町ヘイスティングスの警察に赴任した警視正クリストファー・フォイルが、町で起きる事件を解決するために奔走する姿を描くTVシリーズ。本国イギリスでは高い人気を誇り、放送期間が10年を超える大ヒットシリーズとなった。[D]

刑事フライデイ

→ドラグネット

刑事ブロンク

BRONK (1975-1976) S1 米 CBS

ジャック・パランス（西村晃），トニー・キング（田中信夫），ジョセフ・マスコロ（大木民夫），ヘンリー・ベックマン（塩見竜介），ディナ・オーズレー（横沢啓子）◆警部補だった男アレックス・ブロンコフ＝通称ブロンクが、爆弾事件に巻き込まれて身体が不自由になった娘の世話のために一度は引退するが、友人のサントーリ市長の依頼で特殊捜査チームに所属し事件を解決していく刑事ドラマ。

刑事マードックの捜査ファイル

→マードック・ミステリー 刑事マードックの捜査ファイル

刑事マルティン・ベック

BECK (1997-2016) S6 スウェーデン

ペーター・ハーバー，ミカエル・パーシュブラント◆映

刑事ヴァランダー

刑事ブロンク

画化もされたスウェーデンのベストセラー・ミステリー小説『刑事マルティン・ベック』シリーズのTVドラマ版。原作の舞台である1960〜70年代ではなく、ドラマが製作された1990〜2000年代に設定を変え、首都ストックホルムで発生する凶悪犯罪に立ち向かう特捜班の活躍を描く。2009年を最後に製作・放映が止まっていたが、2015年に新しいエピソードが放送された。

刑事物語

THE SMITH FAMILY (1971-1972) S2 米 ABC

ヘンリー・フォンダ(納谷悟朗),ジャネット・ブレア(市川千恵子),ダーリーン・カー(塚田恵美子),ロン・ハワード(鹿沼政仁),マイケル・ジェームズ・ウィックステッド(鈴木れい子)◆ロサンゼルス市警のチャド・スミス警部を主人公に、妻ベティと3人の子供たち、シンディ、ボブ、ブライアンとの交流にスポットを当てたファミリー向けのコメディ・ドラマ。名優H・フォンダが主演した30分シリーズ。全39話。

警視ランスキー

DAVID LANSKY (1989) 仏 Antenne 2

ジョニー・アリディ◆「ダーティハリー」も真っ青の過激な暴力警視の活躍を描くフランス製のハードボイルド・ポリス・アクション。事件の担当に任命されたランスキーは、周囲の軋轢と闘いながら、犯人グループを追い詰め、手荒な方法で事件を解決するのだった。ランスキー役のJ・アリディの渋さが見どころ。[V]

- 香港フレンチ・コネクション　HONG KONG SUR SEINE (1989)
- 凶暴捜査　PRISE D'ATAGE (1989)
- アメリカ・マフィアを撃て　L'ENFANT AMERICAN (1989)
- リムジン・ギャング　LE GANG DES LIMOUSINES (1989)

刑事ロニー・クレイブン

EDGE OF DARKNESS (1985) S1 英 BBC

ボブ・ペック(村井国夫),ジョー・ドン・ベイカー(石田太郎),ジョアンヌ・ウォーリー(日高のり子)◆ロニー・クレイブン刑事は、ヨークシャーの自宅の前で娘のエマと一緒にいるところを近距離から散弾銃で撃たれ、彼を庇ったエマが死んだ。その夜から彼はエマの霊と話すようになる。娘の部屋を調べていた彼は拳銃とガイガーカウンターを発見し、娘の住んでいたロンドンで捜査を始める。娘は反核組織に深く関わっていた。単なる殺人事件の捜査と思いきや、事件は政府を巻き込んだ巨大な陰謀へと発展する。切なくも凛々しい音楽はエリック・クラプトンとマイケル・ケイメン。監督マーティン・キャンベルは自ら2010年に「復讐捜査線」として本作を映画化。[D,V]

警部ダン・オーガスト

DAN AUGUST (1970-1971) S1 米 ABC

バート・レイノルズ(田中信夫),リチャード・アンダーソン(家弓家正),ノーマン・フェル(真木恭介)◆カリフォルニアの架空の都市サンタルイザを舞台に、殺人課警部ダン・オーガストの活躍を描くアクション・ドラマ。主演のB・レイノルズがセックス・シンボルとしてブレイクするきっかけとなった。ゲストに無名時代のハリソン・フォード、マーティン・シーンらが出演。人種差別問題など当時の世相に深く切り込んだ内容は高い評価を受けた。なおジャネット・リー主演のTVムービー「消えた死体/浮気妻のセックス事情」は本シリーズのパイロット版に当たり、クリストファー・ジョージがオーガストを演じている。

警部マクロード

McCLOUD (1971-1977) S6 米 NBC

デニス・ウィーヴァー(宍戸錠),J・D・キャノン(加藤武),テリー・カーター(橋本功)◆ニューヨークに出張して来たニューメキシコ州タオスの刑事(正式には保安官補)サム・マクロードの活躍を描いたポリス・アクション。勝手の違う大都会にとまどいながら、カウボーイ・ハットにウェスタン・ブーツの格好で型破りな捜査を展開、難事件を解決していく。日本では60分枠の第1シーズンが「マクロード警部」として民放で放映されたが、その後、90分〜120分枠の第2シーズン以降はNHKから「警部マクロード」と邦題を変えて放送。現代版ウェスタンとでもいう肩の凝らない娯楽編として幅広く人気を得た。[D]

- ミス・アメリカ殺人事件　WHO KILLED MISS U.S.A.?/ PORTRAIT OF A DEAD GIRL (1970)
- 裏町の怪盗　THE MILLION DOLLAR ROUND UP (1973)
- ニューヨークのわな　TOP OF THE WORLD, MA! (1971)
- ニューメキシコの顔　THE NEW MEXICAN

刑事ロニー・クレイブン

警部ダン・オーガスト

CONNECTION (1972)
・コロラド大追跡　THE COLORADO CATTLE CAPER (1974)
・はだしのスチュワーデス　THE BAREFOOT STEWARDESS CAPER (1972)
・潜入捜査　THE PARK AVENUE RUSTLERS (1972)
・セントラルパークの対決　SHOWDOWN AT THE END OF THE WORLD (1973)
・赤い死のマーク　THE SOLID GOLD SWINGERS (1973)
・ハワイ出張始末記　A COWBOY IN PARADISE (1974)
・もう一人の演奏者　THE FIFTH MAN IN A STRING QUARTET (1972)
・うわさの四人組　BUTCH CASSIDY RIDES AGAIN (1973)
・マンハッタンギャング　THE GANG THAT STOLE MANHATTAN (1974)
・カギを握る女　THE BAREFOOT GIRLS OF BLEECKER STREET (1974)
・顔のない肖像　SOMEBODY'S OUT TO GET JENNIE (1971)
・人質交換　A LITTLE PLOT, A TRANQUIL VALLEY (1972)
・不吉な当たり番号　SHIVAREE ON DELANCY STREET (1974)
・組織壊滅作戦　THE CONCRETE JUNGLE CAPER (1974)
・騎馬警官隊大奮戦　THE 42ND STREET CAVALRY (1974)
・メキシコ一匹狼　LADY ON THE RUN (1974)
・ブロードウェイへお悔やみ　GIVE MY REGRETS TO BROADWAY (1972)
・牡羊座の入れ墨　ENCOUNTER WITH ARIES (1971)
・ねらわれた男　THE DISPOSAL MAN (1971)
・市警本部最悪の日　THIS MUST BE THE ALAMO (1973)
・死を呼ぶカウボーイハット　THE MAN WITH THE GOLDEN HAT (1974)
・市警察本部大混乱　RETURN TO THE ALAMO (1974)
・空中追跡 SOS　SHARKS! (1974)
・帰ってきたマクロード　THREE GUNS FOR NEW YORK (1975)
・ホテルの強盗四人組み　SHOWDOWN AT TIMES SQUARE (1975)
・ニューヨークの海賊　PARK AVENUE PIRATES (1975)
・市警本部大攻防戦　THE DAY NEW YORK TURNED BLUE (1975)
・シドニーの鮫　NIGHT OF THE SHARK (1975)
・連続放火　FIRE! (1975)
・疾走！トラック大部隊　BONNIE AND McCLOUD (1976)
・クリスマスイブ大混乱　IT WAS THE FIGHT BEFORE CHRISTMAS (1976)
・総動員！ニューヨークタクシー　THE GREAT TAXICAB STAMPEDE (1977)
・ロンドンの泥棒貴族　LONDON BRIDGES (1977)
・ニューヨークのドラキュラ　McCLOUD MEETS DRACULA (1977)
・砂漠の陰謀　OUR MAN IN THE HAREM (1975)
・モスクワ公演始末記　THE MOSCOW CONNECTION (1977)

ケインとアベル／権力と復讐にかけた男の情熱

KANE & ABEL (1985) S1 米 CBS
[別] ケインとアベル／愛と欲望に燃える日々 (TV)
ピーター・ストラウス (平幹二朗), サム・ニール (山本圭), デヴィッド・デュークス (羽佐間道夫), ベロニカ・ハーメル (山口果林), トム・バード (田中秀幸), アルバータ・ワトソン (藤田淑子), ケイト・マクニール (水沢アキ) ◆ジェフリー・アーチャーのベストセラー小説を映像化した大河ドラマ。裕福な銀行家の息子として生まれたケインと、私生児として生まれたアベル。それぞれ対照的な境遇に生まれ育った２人の男児が、やがて成長しアメリカを代表する経済人になり、宿命の対決を繰り広げていく姿を、２人の生い立ちを交互に絡めながら約５時間に及ぶスケールで描く。[V]

外科医ギャノン

MEDICAL CENTER (1969-1976) S7 米 CBS
チャド・エヴェレット (仲村秀生), ジェームズ・デーリー (大木民夫), クリス・ハトソン ◆カリフォルニア大学の付属病院メディカル・センターを舞台に、そこに集う医師や患者の人々の人間模様を描く。理想に燃える若き医師ジョー・ギャノンが評判となり、時代を代表する医療ドラマのひとつとなった。

激戦

COURT MARTIAL (1965) S1 英 ABC
ブラッドフォード・ディルマン (山内雅人), ピーター・グ

警部マクロード

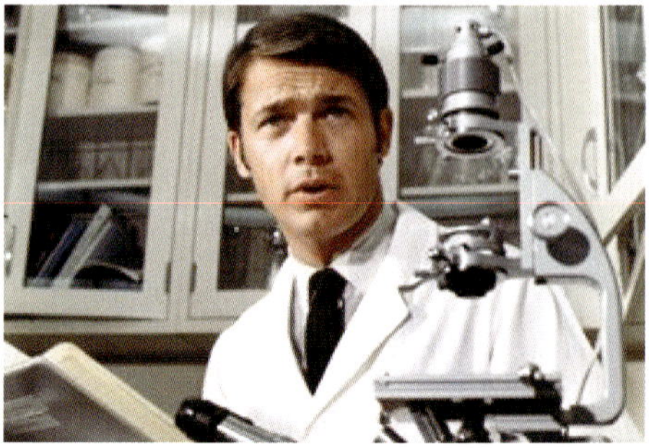
外科医ギャノン

レイヴス(黒沢良)◆第二次世界大戦を舞台に、陸軍法務官たちが軍法会議で真相を追及する姿を描く異色の戦争ドラマ。アメリカ陸軍の法務官であるデビッド・ヤング大尉とその上司のフランク・ホイッテカー少佐が、兵士たちの不法行為をめぐり、時に対立しながらも真実を追い求めてゆく。

ケーシー・ジョーンズ
CASEY JONES (1957-1958) S1 米
アラン・ヘイル・Jr(織本順吉), ボビー・クラーク, メアリー・ローレンス ◆自分の命を顧みず、乗員・乗客の救命に全力を挙げた実在の英雄機関士をモデルとして製作された、子供向けの西部劇ドラマ。妻のアリス、息子のケイシー・ジュニアとミズーリ州に住む鉄道機関士ケーシー(ケイシー)・ジョーンズが、蒸気機関車のキャノンボール・エクスプレスを駆って活躍する。

ケース・センシティブ　静かなる殺人
CASE SENSITIVE (2011-2012) S2 英 ITV
オリヴィア・ウィリアムズ(山像かおり), ダーレン・ボイド(三上哲), ピーター・ワイト(長克巳)◆イギリスの人気女流作家ソフィー・ハンナのベストセラー小説をドラマ化。英国郊外にある平和な町レークウッドを舞台に、地元警察の女性巡査部長チャーリー・ゼイラーと男性巡査サイモン・ウォーターハウスが謎めいた事件に挑んでいく姿を描く。

傑作なエディ
→エディの素敵なパパ

月長石
THE MOONSTONE (2016) S1 英 BBC
ジョシュア・シルヴァー, テレニア・エドワーズ ◆英国ヴィクトリア朝の人気作家として知られるウィルキー・コリンズの代表作『月長石』を映像化した、英 BBC 制作の TV シリーズ。インドから神聖なムーンストーンを盗んで帰ってきたハーンカスル大佐は、そのムーンストーンを姪のレイチェル・ヴェリンダに遺贈。やがてそれは従兄弟のフランクリンの手でレイチェルの元へと届けられるが、その直後何者かによって盗まれてしまう。

ゲッティング・オン
GETTING ON (2013-2015) S3 米 HBO
ローリー・メトカーフ, アレックス・ボースタイン, ニーシー・ナッシュ, メル・ロドリゲス ◆イギリス BBC の同名医療コメディをアメリカ HBO がリメイク。高齢者の介護現場で巻き起こる騒動をコミカルに描く。カリフォルニアの大病院に勤務していた女医のジェナ・ジェームズは、ミスをしたため病院系列の介護施設に左遷されてしまう。そこは長期介護を必要とする高齢者ばかりを集めた施設で、ジェナは患者のわがままに振り回される日々を迎える。患者ばかりではなく風変わりな医師も大勢いて、ジェナの毎日は退屈する暇もないほど。

決闘シマロン街道
→シマロン

ゲットダウン
THE GET DOWN (2016-2017) S1 米 Netflix
ジミー・スミッツ(山路和弘), ジャスティス・スミス(渡辺拓海), ヘリゼン・グアルディオラ(橋本結)◆「ダンシング・ヒーロー」「ムーラン・ルージュ」を手がけたバズ・ラーマンがおくる、1970 年代後半のヒップホップ誕生をとらえたオリジナル・ドラマ。行政から見放され治安が最悪だった 1970 年代後半のサウスブロンクスを舞台に、音楽やダンスを通じてがむしゃらに生きようとする若者たちを描く青春群像劇。カリスマ・ラッパーであるナズが製作総指揮とラップ監修を担当。ラップ・バトルやダンス・バトルなどが繰り広げられる。

ゲット・リアル
GET REAL (1999-2000) S1 米 Fox
アン・ハサウェイ, ジョン・テニー, デブラ・ファレンティノ ◆サンフランシスコで暮らす 18 歳の長女メーガンを中心に、長男キャメロンと次男ケニー、中年の危機を迎えた両親ミッチとメアリー、そして祖母のエリザベス。家族が抱える悩みや葛藤を描きつつ、どんなときでも前向きな姿勢を忘れないグリーン家の 6 人が綴る、心温まるファミリー・ドラマ。

ゲド／戦いのはじまり
EARTHSEA (2004) S1 米
ショーン・アシュモア(石田彰), クリスティン・クルック(浅野真澄), イザベラ・ロッセリーニ(寺内よりえ)◆世界三大ファンタジーのひとつと言われるアーシュラ・K・ル=

ケース・センシティブ　静かなる殺人

ゲットダウン

か

グウィンの『ゲド戦記』から、第1巻と第2巻をベースにドラマ化したミニシリーズ。魔法の国アースシーを舞台に、優秀な魔法使いの青年ゲドと、魔法使いに偏見を持つカルガド帝国の巫女テナーとの交流と活躍が、オリジナルの設定を加えて描かれた。[D]

ケネディ家の人びと

THE KENNEDYS (2011) S1 米＝加 History Television/ReelzChannel

[別] JFK: ケネディ家の人びと(ソフト)

グレッグ・キニア(井上和彦), バリー・ペッパー(平田広明), トム・ウィルキンソン(稲垣隆史) ◆大ヒットドラマ「24 TWENTY FOUR」のクリエイター陣がおくる、ケネディ一族の光と闇を描いた歴史ドラマ。実業家として巨万の富を得て大統領を目指すも失脚することになったジョセフ・ケネディは、長男ジョーにその夢を託すが、ジョーは第二次世界大戦で命を落としてしまう。長男に対してコンプレックスを抱いていた次男のジョンは政治への道を押し付けられるが、やがてその才能を開花させ大統領になるのだった。だがそれは、これから始まる本当の闘いの始まりでしかなかった…。エミー賞、ジェミニ賞受賞作品。[D]

ケーブル・ガールズ

LAS CHICAS DEL CABLE / CABLE GIRLS (2017) S2 スペイン Netflix

ブランカ・スアレス, ヨン・ゴンサレス, マルティーニョ・リバス, マアナ・フェルナンデス, ナディア・デ・サンティアゴ, ギー・シバントス ◆ 1920年代のマドリードを舞台に、電話交換手として働く4人の女性の愛と苦悩を描いた、スペイン製作のNetflixオリジナルドラマ。1928年のマドリード。リディア、マルガ、カルロタ、アンヘレスの4人は、国営電話会社で働く若き女性交換手。彼女たちは友情を育みながら夢に向かって奮闘するが、その一方、それぞれが他人には言えない秘密を抱えていた。

ゲーム・オブ・サイレンス

GAME OF SILENCE (2016) S1 米 NBC

デヴィッド・ライオンズ, マイケル・レイモンド＝ジェームズ, ラレンズ・テイト ◆ 1996年に映画化もされたロレンツォ・カルカテラの小説『スリーパーズ』を原作としたトルコのTVドラマ「SUSKUNLAR」のリメイク版。「CSI」シリーズの生みの親であるキャロル・メンデルソーンが製作総指揮を務めた。テキサス州ヒューストンで弁護士として成功を収めているジャクソン・ブルックスの目の前に、ある日突然かつての友人ギルとショーンが現れる。ジャクソンは2人から、友人のブーツの弁護をしてほしいと頼まれる。実はジャクソンたち4人は、少年院で凄惨な虐待を受けた過去を持っていたのだった…。

ゲーム・オブ・スローンズ

GAME OF THRONES (2011-2017) S7 米＝英 HBO

ショーン・ビーン(手塚秀彰)<S1>, ピーター・ディンクレイジ(森川智之)<S1->, ニコライ・コスター＝ワルドー(桐本拓哉)<S1-> ◆ジョージ・R・R・マーティンの小説『氷と炎の歌』シリーズをもとに製作された、七つの王国を舞台に繰り広げられる大スペクタクル・ファンタジー。かつて七つの国に分かれていた大陸ウェスタロスを舞台に、それぞれの王家による陰謀と攻防を壮大なスケールで描く。エミー賞をはじめ様々な賞レースで高い評価を得ている。全八章まで製作されることが発表された。[B,D]

GAME OF LIFE(ゲーム オブ ライフ)

EL JUEGO DELA VIDA (2001-2002) S1 メキシコ

サラ・マルドナド, アナ・ライエブスカ, ジャクリーン・ガーシア, マルガリータ・マガーニャ ◆メキシコで製作され世界100か国以上で大人気を博したテレノベラ。日本ではKBS京都のみで放送されていたが、シーズン途中で打ち切りとなってしまった。サッカーと恋と友情に青春をかける4人の少女たちの成長を描く。

ゲームシェイカーズ

GAME SHAKERS (2015-2017) S3 米 Nickelodeon

クリー・チッキーノ(花澤香菜), マディシン・シップマン(釘宮理恵), ベンジャミン・フローレス・Jr(くまいもとこ), トーマス・カック(下野紘), ケル・ミッチェル(真殿光昭) ◆ブルックリンの女子中学生、ベイブとケンジーは学校の宿題で「スカイホエール」というゲームを作った。それをネット販売したところ、たちまち大ヒット商品となり、2人は友だちのハドソンと共にゲームシェイカーズという会社を起ち上げる。そして無断でゲーム曲に使用したことが縁でラッパーのダブルGとその息子トリプルGをパートナーに加える。天才中学生とちょっとおかしな仲間たち

ケネディ家の人びと

ゲーム・オブ・スローンズ

が繰り広げる騒動を描いたシチュエーション・コメディ。

ゲームの達人
MASTER OF THE GAME (1984) S1 米
ダイアン・キャノン(寺田路恵), ハリー・ハムリン(堀勝之祐), イアン・チャールソン(中田浩二)◆ミリオン・セラー作家シドニー・シェルダン原作による、1883年から1982年にかけての家族四代の栄光と破滅の運命を描いた超大河ドラマ。アフリカ、ヨーロッパ、アメリカを舞台に65億円の製作費を投じて作られ、全米200局以上で放映された大ヒット作。ダイヤモンドラッシュに沸く南アフリカへ飛んだジェミー・マクレガーはようやくダイヤを手にするものの、裏切りにあった上、瀕死の重傷を負わされる。復讐に燃えるジェミーは盗んだダイヤで巨万の富を築き上げ、様々な事業に乗り出していく。そしてダイヤモンド発掘から100年、彼の血をひく女性実業家ケイトもまた、ビジネスの覇者「ゲームの達人」となるべく知略をめぐらせていく。[D,V]

毛をむしられて…リッピング・ヤーン
→リッピング・ヤーン

検死医マッカラム
MCCALLUM: KEY TO MY HEART (1995-1998) S2 英 ITV
ジョン・ハナー, キャサリン・ハリスン, ジェラルド・マーフィ◆イギリス製の法医学ドラマ。ロンドン聖パトリック病院の若き検死医イアン・マッカラムが独自の視点と鋭い直感で、難事件解決への糸口を見つけていく。本国では40%を超える視聴率を得たが、主演のJ・ハナーは8話で降板した。[D,V]

検事コースター
FOR THE PEOPLE (1965) S1 米 CBS
ウィリアム・シャトナー, ジェシカ・ウォルター◆ニューヨークを舞台に、正義感にあふれる若き地方検事補デヴィッド・コースターの活躍を描くリーガル・ドラマ。主演のW・シャトナーはこの作品でブレイクを果たした。

検視法廷
THE CORONER (2015-2016) S2 英 BBC
クレア・グース, マット・バードック, ビーティ・エドニー◆徹底的な検証をもとに不可解な事件の真相を解明していく女性検視官の活躍を描いた、英BBC放送のクライム・ミステリー。小さな海沿いの町に帰郷したジェーン・ケネディは、かつて弁護士だったが現在は検視官として働いている。徹底的な調査と検証を怠らないジェーンは、元恋人で刑事のディヴィーと度々衝突しながらも、町で起こる不可解な事件の真相と被害者の死因を確実に暴いていく。

剣士モンテクリスト
THE COUNT OF MONTE CRISTO (1956) S1 英＝米
ジョージ・ドレンツ, ニック・クラヴァット◆アレクサンドル・デュマの『モンテ・クリスト伯』をTVドラマ化。18世紀のフランス、エドモン・ダンテスは親しい友人たちの策謀によって無実の罪でイフ城に投獄される。そこで知り合った囚人に莫大な財宝のありかを教えられたダンテスは城から脱獄、モンテ・クリスト伯と名を変えて、復讐のため社交界に乗り込んでいく。

拳銃街道
TALES OF WELLS FARGO (1957-1962) S6 米 NBC
[別]ウエルス・ファーゴー
デイル・ロバートソン(金内吉男)◆1860年代のカリフォルニアを舞台に輸送会社代理人の活躍を描く西部劇。実在する運送・郵便事業の"ウエルス・ファーゴー"の代理人(エージェント)であるジム・ハーディが、現金輸送の運送網を悪人たちの手から守るべく奮闘する。

拳銃兄弟
TWO FACES WEST (1960-1961) S1 米
チャールズ・ベイトマン, ポール・コミ◆1800年代半ばのコロラド州ガニソンを舞台に、医師と保安官という全く異なる境遇で再会した双子の兄弟が、町の正義と平和を守るために奮闘する姿を描いた西部劇ドラマ。主演のC・ベイトマンが医師のリックと保安官のベンの二役を1人で演じている。

拳銃とペチコート
PISTOLS 'N' PETTICOATS (1966-1967) S1 米 CBS
アン・シェリダン, ルース・マクデヴィット, ダグラス・フォーリー◆1870年代のコロラドを舞台に描かれるウェスタン・コメディ。牧場主の未亡人ヘンリエッタとその娘、祖父母らハンクス一家が、様々な悪党たちと銃を構えて闘う姿を描く。家族全員が銃の名手という突拍子もない設定

ゲームの達人

拳銃街道

が魅力。

拳銃無宿

WANTED: DEAD OR ALIVE (1958-1961) S3 米 CBS

[別] ガンファイター

スティーヴ・マックイーン (宮部昭夫→大辻伺郎→寺田農), ジョー・デ・サントス ◆賞金のかかったお尋ね者を捕らえるべく、1870 年代の西部の街を旅する一匹狼の賞金稼ぎジョシュ・ランドール。温かな素顔と悪を憎む非情さを持ち合わせた、人間味あふれる男気とアクションが話題になった。マックイーンの人気を決定づけた西部劇シリーズ。[D,V]

原子力潜水艦シービュー号

VOYAGE TO THE BOTTOM OF THE SEA (1964-1968) S4 米 ABC

[別] 原潜シービュー号／海底科学作戦

リチャード・ベースハート (黒沢良), デヴィッド・ヘディソン (田口計→納谷悟朗), ロバート・ドーデル (愛川欽也→二瓶秀雄) ◆アーウィン・アレンが製作と監督を務めた SF 映画「地球の危機」(1961 年) に登場した原子力潜水艦シービュー号にスポットを当ててTV シリーズ化。ネルソン提督とクレーン艦長を始めとするシービュー号のクルーが、軍事スパイから宇宙怪獣まで様々な困難に立ち向かう SF 冒険アクション。[D,L]

原子力超特急スーパートレイン

SUPERTRAIN (1979) S1 米 NBC

エドワード・アンドリュース (加藤正之), パトリック・コリンズ (安西正弘), ハリソン・ペイジ (小滝進), ロバート・アルダ (池田勝), ニタ・タルボット (加川三起) ◆ニューヨークとロサンゼルスを 36 時間で結び、内部にはバーや美容室など豪華客船並みの設備を備えた原子力超特急スーパートレイン。そこで巻き起こる騒動をオムニバス形式でコミカルに描く。パイロット版は「スーパートレイン／豪華原子力超特急・謎の連続殺人事件」のタイトルで「日曜洋画劇場」で放映。巨額の予算をかけたが全 9 話で打ち切られた。

現代の英雄

GEROY NASHEGO VREMENI (2006) ロシア

イゴール・ペトレンコ , エルヴィラ・ボルゴヴァ , ユーリー・コロコリニコフ ◆夭折したロシアの天才詩人ミハイル・レールモントフの同名傑作小説をドラマ化したミニシリーズ。ロシア革命前夜、作者自身が左遷された地方都市カフカスを舞台に、青年将校ペチョーリンの破滅的な半生を描く。[D]

ケンブリッジ・スパイ ～英国を裏切った美しき男たち

CAMBRIDGE SPIES (2003) S1 英 BBC

トム・ホランダー , サミュエル・ウェスト , ルパート・ペンリー＝ジョーンズ ◆共産主義の信奉で結ばれた 4 人のケンブリッジ大学の学生、ガイ・バージェス、アンソニー・ブラント、キム・フィルビーとドナルド・マクリーンは、その優秀な頭脳で社会的地位を獲得し、英国情報部や外務省で確たる地位を占めていく。20 年以上もの間、ソ連のスパイ活動を行っていた実在の人物を描くミニシリーズ。

権力と陰謀・大統領の密室

WASHINGTON BEHIND CLOSED DOORS (1977) S1 米

クリフ・ロバートソン (瑳川哲朗), ジェイソン・ロバーズ (西村晃), ロバート・ヴォーン (田口計) ◆大統領と側近たちの陰謀を描いたミニシリーズ。ニクソン大統領の法律顧問だったジョン・アーリックマンが著した、実在の人物たちをモデルにした小説『ザ・カンパニー』が原作。権力にとりつかれたモンクトン大統領がフラハティ首席補佐官と共謀して敵対者を排除していくが、やがて陰謀が明らかとなり失脚するまでを描く。

こ

恋するアンカーウーマン

→ PEPPER ～恋するアンカーウーマン

恋するインターン

EMILY OWENS M.D. (2012-2013) S1 米 The CW

メイミー・ガマー (高森奈緒), ジャスティン・ハートリー (平川大輔), アヤ・ナオミ・キング (宮島依里) ◆大病院で働くドクターが恋に仕事に奮闘する、ロマンティックなメディカル青春ドラマ。優等生だが奥手だったエミリー・オーウェンズは、大学卒業後にデンバー記念病院でインターンとして働くことに。憧れの先輩ドクターや仲の良い同級生、高校時代のライバルなどが登場し、学園ドラマのパ

拳銃無宿

権力と陰謀・大統領の密室

ターンを病院に持ち込んだような設定が話題を呼んだ。

恋するハリウッド日記 ～ジジは幸せアン・ハッピー！～

G-SPOT (2005-2009) S3 加 TMN

[別] G-Spot ～彼女たちの好きなこと (CS・旧題)

ブリジット・バーコ (石塚理恵), キンバリー・ヒューイ (重松朋), ハンナ・ロックナー (桑島三幸) ◆売れないアラサー女優の笑いと涙の日々を描く、ちょっとエロティックなシチュエーション・コメディ。華やかなハリウッドの中で、仕事と恋に再起をかける売れない女優ジジ。30 歳がヤマ場と言われるこの世界で、ジジは生き残ることができるのか。主人公ジジのキャラクターは、主演の B・バーコの実生活を反映していると言われている。[D]

恋するパリジェンヌ～エリザはトップモデル～

ELISA TOP MODEL (1996) S1 仏 TF1

アガタ・ムロウィック・トーマス (児玉孝子), アレクシ・デュピュイ (真殿光昭) ◆フランス発のティーンズ・ドラマ。パリジェンヌの高校生エリザがカメラマンのロランによってスカウトされ、ファッションモデルの道を歩み始める。厳しい業界の中で、恋や人間関係に悩みながらもエリザはトップモデルを目指していく。

恋するブライアン

WHAT ABOUT BRIAN (2006-2007) S2 米 ABC

バリー・ワトソン , マシュー・デイヴィス , ロザンナ・アークエット ◆ロスに住むブライアン・デイヴィスは友人デイヴ・グレコと立ち上げたゲームソフト会社で働く 30 代の独身男性。ハンサムで誰からも好かれる性格なのに、恋愛は長続きせず、悩み多き日々を送っていた。そんなある日、親友の弁護士アダム・ヒルマンが恋人マージョリー・シーヴァーにプロポーズしたと聞きショックを受ける。実はブライアンは密かに彼女に想いを寄せていたのだ。一方、順調だったデイヴの結婚生活は次第に波風が立ち始める…。J・J・エイブラムス製作総指揮による、恋に仕事に揺れ動く 30 代男女の人生ドラマ。

恋するマンハッタン

WHAT I LIKE ABOUT YOU (2002-2006) S4 米 The WB

アマンダ・バインズ (荒井静香), ジェニー・ガース (原千果子), ウェスリー・ジョナサン (佐藤淳→徳石勝大) ◆真面目で几帳面な姉のバレリーと、活発で元気な妹のホリー。性格が正反対の仲良し姉妹の生活を綴る爆笑コメディ。父の転勤により、ホリーは姉が暮らすマンハッタンのアパートに転がり込むことになり…。[D]

恋のからさわぎ

10 THINGS I HATE ABOUT YOU (2009-2010) S1 米 ABC Family

リンゼイ・ショウ (浅野真澄), メーガン・ジェット・マーティン (中村千絵), ラリー・ミラー (宇垣秀成) ◆性格も価値感も正反対の姉妹を軸に少女たちの学校生活を描く、シェイクスピアの戯曲『じゃじゃ馬ならし』を原作とした青春ドラマ。正義感が強く冷静なキャット、八方美人で派手好きのビアンカ。パドゥア高校に転校してきた姉妹には多くの可能性を秘めた様々な出会いが訪れ、新たな友情や恋へと発展していく。

恋の手ほどき教えまショー

THE TAB HUNTER SHOW (1960-1961) S1 米 NBC

[別] タブ・ハンター・ショー

タブ・ハンター , リチャード・アードマン ◆ 29 歳の陽気な独身漫画家ポール・モーガンを主人公とするシチュエーション・コメディ。ポールと、彼のボスであるラーセンやプレイボーイの友人ピーター、家政婦のセルマらとの日常を描く。

交渉人 ～ Standoff

STANDOFF (2006-2007) S1 米 Fox

ロン・リヴィングストン , ローズマリー・デウィット , ジーナ・トーレス ◆ FBI でもトップランクの交渉人の活躍を描く 1 話完結の犯罪ドラマ。FBI 犯罪交渉班の交渉人であるマット・フラナリーとエミリー・リーマンは、プライベートでも恋人同士であり、仕事上で衝突することもしばしば。だが持ち前の交渉術と人質救出部隊の協力により、事件を解決に導いていく。

子馬のポリー

→ぼくらのポリー

高慢と偏見

PRIDE AND PREJUDICE (1995) S1 英

コリン・ファース (小山力也), ジェニファー・イーリー (山像かおり), クリスピン・ボナム＝カーター (大滝寛) ◆イ

恋するマンハッタン

高慢と偏見

ギリスの田舎町。資産家のベネット氏の5人の娘たちは財産相続権を得るために結婚相手を見つけることに躍起になっていた。そんな彼女たちの前に、ダーシーという高慢な青年が現れるが…。18世紀に書かれたジェーン・オースティンの同名長編小説を、原作に忠実にドラマ化したイギリスBBC発のミニシリーズ。[B,D]

高慢と偏見、そして殺人

DEATH COMES TO PEMBERLEY (2013) S1 英 BBC

マシュー・リス, アンナ・マックスウェル・マーティン, ジェナ・コールマン ◆ジェーン・オースティンの『高慢と偏見』の後日譚という設定で著されたイギリス女流作家P・D・ジェイムズの同名ミステリーをドラマ化。ダーシーとエリザベスが結ばれて数年後、領地内で殺人事件が発生し2人を巻き込んでいく。

荒野の王子

PRETENDERS (1972) S1 英 ITV

フレデリック・ジーガー(小松方正→赤津進), エリザベス・ロビラード(伊藤愛美) ◆17世紀のイギリス。旅の一座に加わっていた幼い兄妹エラムとパーフェクトが、2人の父親はモンマス公だと告げて亡くなった母の言葉を信じ、まだ見ぬ父を探して旅に出る姿を描く。全13話。日本ではNHKの「少年ドラマシリーズ」枠で放映された。

荒野の七人

THE MAGNIFICENT SEVEN (1998-2000) S2 米 CBS

マイケル・ビーン(森川智之), エリック・クローズ(井上倫宏), アンドリュー・カヴォヴィット(入江崇史) ◆名作「荒野の七人」をベースに製作されたTVドラマ。南北戦争後、夜盗となって村を荒らしまわる南軍の残党と戦うために集まった7人の男たちの活躍を描くアクション西部劇。キャラクターはオリジナルから一新されている。

荒野の追跡者～ラレード通り

STREETS OF LAREDO (1995) S1 米 CBS

ジェームズ・ガーナー(鈴木瑞穂), シシー・スペイセク(塩田朋子), サム・シェパード(佐々木勝彦) ◆ラリー・マクマートリー原作の西部ドラマ「ロンサム・ダブ」シリーズの一編。テキサス・レンジャーを引退し今は賞金稼ぎを生業としているウッドロー・コール大尉。鉄道会社からの依頼で列車強盗や殺人犯を追う追跡劇をメインに、コールの仲間や友人たちとの交流を通して西部に生きる人々を描いていく。老練なコール大尉に扮するのはTV「マーベリック」や「墓石と決闘」など数々の西部劇に出演してきたJ・ガーナー。2時間枠の全3話。

荒野の流れ者

BRANDED (1965-1966) S2 米 NBC

[別] 勇者マッコード

チャック・コナーズ ◆軍隊から除籍させられた男の孤独な闘いを描く西部劇。陸軍士官学校を卒業したものの、戦いでただ1人生き残ったため「敵前逃亡を図った」と誤解され軍籍剥奪・追放された元陸軍大将ジェーソン・マッコードが、自身の無実の罪を晴らし名誉を回復するため西部を旅する。

荒野のピンカートン探偵社

THE PINKERTONS (2014) S1 米

アンガス・マクファーデン(石住昭彦), ジェイコブ・ブレア(小松史法), マーサ・マックアイサック(石田嘉代) ◆リンカーンの暗殺計画を防いで一躍有名になり、後に探偵社を設立した実在の探偵アラン・ピンカートンをモデルにしたミステリー・アクション・シリーズ。1860年代のカンザスを舞台に、ピンカートン探偵社の所長アラン・ピンカートンと息子ウィリアム、そして女性探偵ケイト・ウォーンが、当時最新の科学捜査を用いて事件を解決していく。[D]

荒涼館

→ブリーク・ハウス

氷の家

THE ICE HOUSE (1997) 英 BBC

ペニー・ダウニー(藤田淑子), キティ・オルドリッジ(戸田恵子), フランシス・バーバー(小宮和枝), ダニエル・クレイグ(安原義人), コリン・レッドグレーヴ(小林清志) ◆英国で人気の女流ミステリー作家、ミネット・ウォルターズのサイコ・ミステリー小説を完全映像化したTVドラマ。フィービー・メイベリーは、10年前に夫が失踪した際、殺人容疑者として逮捕された過去を持っていた。彼女は女友達と3人で暮らし、同性愛者ではないかと町で噂されるようになる。ある日、彼女のワイン用の氷室から腐乱死体が発見され、警察は遺体が失踪したフィービーの

荒野の七人

荒野の流れ者

夫ではないかと疑念を抱くが…。1 話 1 時間半、全 2 話のミニシリーズとして放送された。[V]

ごきげんチンパン君

THE HATHAWAYS (1961-1962) S1 米 ABC

ジャック・ウェストン (富田耕生), ペギー・キャス (阿部寿美子) ◆チンパンジーと暮らす一家を描いたシチュエーション・コメディ。ロサンゼルス郊外で、子供の代わりに 3 匹のチンパンジーを育てているウォルターとエリナーのハサウェイ夫妻。芸もできるチンパンジーたちが、様々な珍騒動を引き起こす。

コーキーとともに

LIFE GOES ON (1989-1993) S4 米 ABC

クリス・バーク (関俊彦), ケリー・マーティン (伊藤美紀), ビル・スミトロヴィッチ (石田太郎) ◆シカゴで普通学級に通うダウン症の青年コーキーと、彼を取り巻くドリュー、リビー、ベッカら、サッチャー家の人々を描いたホームドラマ。コーキー役とそのガールフレンドのアマンダ役には、実際にダウン症の俳優を起用している。

国際非常線

INTERPOL CALLING (1959-1960) S1 英 ITV

[別] パリ指令 69

チャールズ・コーヴィン (笠間雪雄), エドウィン・リッチフィールド (杉浦宏) ◆インターポール (国際刑事警察機構) の警視が世界を股にかけて活躍するクライム・アクション。インターポールのパリ本部に所属するポール・デュヴァル警視が、国際的な犯罪に対抗すべく、各国の警察と協力しながら捜査する姿を描く。

黒人教師ディックス

ROOM 222 (1969-1974) S5 米 ABC

[別] ディックス先生、こんにちは (改題)

ロイド・ヘインズ (川合伸旺→田中信夫), デニース・ニコラス (加藤みどり→此島愛子), マイケル・コンスタンティン (塩見竜介→竹尾智晴), カレン・ヴァレンタイン (藤田淑子→武藤礼子) ◆黒人高校教師の奮闘を描く学園コメディ。ロサンゼルスのウォルト・ホイットマン高校で歴史を教えるディックスの、厳しくも優しく生徒に接する姿を描く。1969 年エミー賞受賞。

孤高の警部　ジョージ・ジェントリー

INSPECTOR GEORGE GENTLY (2007-2015) S7 英 BBC1

マーティン・ショウ , リー・イングルビー , サイモン・ハバード ◆ 1960 年代のイギリスを舞台に、高潔なひとりの警部が殺人事件を解明していく姿を、当時の世相を織り込みながら描くミステリー・シリーズ。警察の汚職や麻薬の蔓延など社会が荒廃していく中、妻を失い心に闇を抱えるジョージ・ジェントリー警部が、信念を貫き様々な犯罪や腐敗した組織に挑んでいく。

GO!GO! ジェット

THE FAMOUS JETT JACKSON (1998-2001) S3 米 Disney Channel

リー・トンプソン・ヤング (佐藤貴広), ライアン・ソマーズ・バウム (中村聡志), ケリー・ダフ (小笠原亜里沙) ◆ヒーロー・アクション・ドラマ「シルバーストーン」で大人気アイドルとなったジェット・ジャクソンが、ロサンゼルスから自分の故郷ノースカロライナに帰ってきて番組を続けることで巻き起こる騒動を描いた青春ドラマ。

地上 (ここ) より永遠に

FROM HERE TO ETERNITY (1979) S1 米 NBC

スティーヴ・レイルズバック (小川真司), ウィリアム・ディヴェイン (森川公也), ナタリー・ウッド (小沢左生子) ◆ 1953 年の同名映画をミニシリーズとしてリメイク。1941 年 4 月のハワイ・ホノルルを舞台に、G 部隊に配属されたラッパ手のプルーイットと上官のウォーデン曹長が部隊から孤立していき、それぞれ恋人との情事にひとときの癒しを求めるが、日本軍による真珠湾攻撃によってすべてが一変するまでを描く。

こころ呼ぶとき

WHEN CALLS THE HEART (2014-2017) S4 米＝加 Hallmark/Super Channel

[別] ホープバレー物語 (シーズン 1)

エリン・クラコフ , ダニエル・リッシング , マーティン・カミンズ , ロリ・ロックリン ◆カナダの女性作家ジャネット・オークの小説『WHEN CALLS THE HEART』をドラマ化。1900 年代初頭のカナダ西部。小さな炭鉱町で爆発事故があり、子供を含む多数の男たちが命を落とした。上流階級出身のエリザベスがその町にやってきて、教師とし

黒人教師ディックス

地上 (ここ) より永遠に

て働き始める。彼女は町に溶け込もうと努力するが、様々な事件が持ち上がり…。

ゴシップガール
GOSSIP GIRL (2007-2012) S6 米 the CW
ブレイク・ライヴリー (甲斐田裕子), レイトン・ミースター (弓場沙織) ◆ニューヨーク市マンハッタンのアッパー・イースト・サイドにある名門私立学校に通う高校生を軸に描かれる恋愛群像ドラマ。誰もがうらやむ存在のセリーナ・ヴァンダーウッドセンと、かつて学園の女王だったブレア・ウォルドーフ。彼女たちのゴージャスかつセレブな生活を描きながらも、セックスやドラッグを絡めた際どい人間関係から家族の物語まで、様々な人生模様が綴られる。果たして、セレブたちの情報や事件を誰よりも早くスクープしてブログで配信する謎の女性"ゴシップガール"の正体は誰なのか。[D]

腰抜け中隊
F TROOP (1965-1967) S2 米 ABC
フォレスト・タッカー , ラリー・ストーチ , ケン・ベリー ◆辺境地にある砦を守る守備隊を中心に描かれるミリタリー・コメディ。騎兵隊を誤った方向へ誘導したことが転じて英雄となったウィルトン・パーメンター大尉の率いるF中隊。抜け目のない隊員たちは先住民らと連携して観光客相手の商売をする始末。そんな中、雑貨店で働くジェーンは大尉にアプローチし続けるのだが…。

ゴースト ～天国からのささやき
GHOST WHISPERER (2005-2010) S5 米 CBS
ジェニファー・ラヴ・ヒューイット (宮島依里), デヴィッド・コンラッド (福田賢二), カムリン・マンハイム (すずき紀子) ◆人間の愛と絆を描くスピリチュアル・ドラマ。アンティーク・ショップを経営している新婚のメリンダ・ゴードンは、幼い頃に祖母から"未練を残して亡くなった人々の魂と会話する能力"を持っていると知らされる。メリンダはゴーストたちから託された思いを、彼らの愛する人々へ伝え続けるのだった。主演のJ・ラヴ・ヒューイットが製作も務めている。[D]

こちらブルームーン探偵社
MOONLIGHTING (1985-1989) S5 米 ABC
[別] 新・こちらブルームーン探偵社 (ビデオ)
シビル・シェパード (浅茅陽子), ブルース・ウィリス (荻島真一), アリス・ビーズレー (松金よね子) ◆資産を失った元モデルのマディ・ヘイズが残された物件のブルームーン探偵社を経営する羽目になり、口ばかり達者なお気楽探偵デビッド・アディスンと共に難事件に挑戦していくコメディ・タッチの探偵ミステリー。マディとデビッドが常に衝突し、口喧嘩を繰り返す様が人気となり、当時無名だったB・ウィリスは本作でブレイクした直後に「ダイ・ハード」(1988年) でトップスターの仲間入りを果たした。[D,V]

GOTHAM ／ゴッサム
GOTHAM (2014-) S4- 米 Fox
ベン・マッケンジー (小野大輔), ドナル・ローグ (仲野裕), ダヴィード・マズーズ (田村睦心) ◆バットマンが生まれた街ゴッサム・シティを舞台に、若き日のジェームズ・ゴードン刑事 (後に警察本部長) の活躍と成長を描くクライム・アクション。後にバットマンとなるまだ幼いブルース・ウェインや、オズワルド (後のペンギン)、エドワード (後のリドラー) など、数多くのキャラクターたちがドラマを彩る。[B,D]

ゴッサム・シティ・エンジェル
BIRDS OF PREY (2002-2003) S1 米 The WB
アシュレイ・スコット (朴路美), ディナ・メイヤー (日野由利加), レイチェル・スカーステン (小林沙苗) ◆『バットマン』のスピンオフ・コミック『Birds of Prey』をドラマ化。バットマンが姿を消した近未来のゴッサム・シティを舞台に、街を犯罪から守るために戦うジェームズ・ゴードンの娘バーバラ、キャットウーマンの娘ヘレナ、そしてブラックキャナリーの娘ダイナの活躍を描く。

ゴッドレス －神の消えた町－
GODLESS (2017) S1 米 Netflix
ジャック・オコンネル (内田岳志), ジェフ・ダニエルズ (宝亀克寿), スクート・マクネイリー (津田健次郎), ミシェル・ドッカリー (小林希唯) ◆映画監督を引退後、4年の時を経て復帰を果たしたスティーヴン・ソダーバーグが製作総指揮を務める西部劇ドラマ。アメリカ西部を恐怖に陥れる無法者フランク・グリフィンは、自分を裏切り金を奪った手下のロイ・グッドを追っていた。ロイはニュー・メキシコのラ・ベルに身を寄せるが、そこは女ばかりの

ゴースト ～天国からのささやき

こちらブルームーン探偵社

町だった。

コップロック
COP ROCK (1990) S1 米 ABC
トニー・A・アンジェロ，ロニー・コックス ◆警察ドラマにミュージカルの要素を織り込んだ、前代未聞のTVシリーズ。ある警察署を舞台に、そこで働く刑事や警官たちをグランドホテル形式で描く。警官や容疑者たちが唐突に歌い出す展開が斬新。

ゴーティマー・ギボン ～ふしぎな日常～
GORTIMER GIBBON'S LIFE ON NORMAL STREET (2014-2016) S3 米 Amazon
スローン・モーガン・シーゲル（花倉洸幸），アシュリー・ボーチャー（槙乃萌美），ドリュー・ジャスティス（平田真菜）◆ノーマル・ストリートという小さな町に暮らす仲良し3人組の少年少女ゴーティマー・ギボン、レンジャー・ボーウェン、メル・ファラーが、ヒキガエルの呪いや消えない虹、声を奪っていく男などを相手に、不思議で謎に満ちた冒険を繰り広げるファミリー・ファンタジー。ドラマ「ミステリー・ゾーン」のような1話完結のオムニバス。

孤島の秘密
THE LOST ISLANDS (1976) S1 豪 0-10 Network
トニー・ヒューズ（田中秀幸），ロバート・エジントン（宮脇康之），ジェーン・ヴァリス（加藤由紀），クリス・ベナード（長谷川諭），アマンダ・マー（横沢啓子）◆オーストラリア製のTVシリーズ。船が難破し5人の子供たちが絶海の孤島に流れ着く。そこは時に取り残された島で、島民はオールマイティQと名乗る200歳のリーダーに支配されていた。日本ではNHK「少年ドラマシリーズ」枠で放映。全16話。

コード・オブ・キラー　DNA型鑑定で犯人を追え！
CODE OF A KILLER (2015) S1 英 ITV
ジョン・シム，デヴィッド・スレルフォール ◆DNA型鑑定が初めて犯罪捜査の決め手となった実際の事件をもとにドラマ化した英国発のミニシリーズ。2人の少女が殺害されるという事件が発生した。犯人と目された少年は無実であることが分かるが、アレックス・ジェフリーズ博士は付近の住民全員の血液をDNA鑑定することで犯人を絞り込むことを提案する。

コードネーム＞エタニティ
CODE NAME: ETERNITY (1999) S1 米＝加＝仏
キャメロン・バンクロフト（三木眞一郎），イングリッド・カヴェラルス（湯屋敦子），ゴードン・カリー（成田剣）◆人類を抹殺して地球への移住を企むテラ星の宇宙人バニング。しかし、同じ種族ながらそれを阻止しようとするエタニエルは、地球人ローラの助けを得てバニングと対決していく。地球の覇権をめぐって展開するSFアクション。

コードネーム・キリル
→偽装亡命者 キリル

コード・ブラック　生と死の間で
CODE BLACK (2015-2017) S2 米 CBS
マーシャ・ゲイ・ハーデン（勝生真沙子），ルイス・ガスマン（楠見尚己），ラザ・ジャフリー（阪口周平）◆救急医療の現場を追った2013年の同名ドキュメンタリー映画をベースとするTVシリーズ。患者数がER(救急治療室)の許容量を超える緊急事態"コードブラック"が、年間300回にも達する過酷なカリフォルニア州エンジェルス記念病院。そこに配属された4人の新米医師と、彼らを率いて患者の命を救うために奮闘する指導医リアン・ロリッシュの活躍をリアリスティックに描く。

コナン
CONAN (1997-1998) 米＝独
ラルフ・モーラー，ダニー・ウッドバーン，ロバート・マクレイ ◆アーノルド・シュワルツェネッガーの映画「コナン・ザ・グレート」の原作として知られるロバート・E・ハワードの小説『英雄コナン』シリーズをTVドラマ化。剣と魔法の世界を舞台に、1人の戦士の姿を描くヒロイック・ファンタジー。日本では「コナン・ザ・アドベンチャー」「コナン＆レッドソニア」「コナン ラスト・ウォリアーズ」のタイトルでビデオがリリースされた。[D,V]

コナン・ドイルの事件簿
MURDER ROOMS: MYSTERIES OF THE REAL SHERLOCK HOLMES (2000-2001) S1 英 BBC
イアン・リチャードソン（勝部演之），チャールズ・エドワーズ（森田順平）◆イギリスBBC発のミステリー・ドラマ。シャーロック・ホームズのモデルとなったエディンバラの

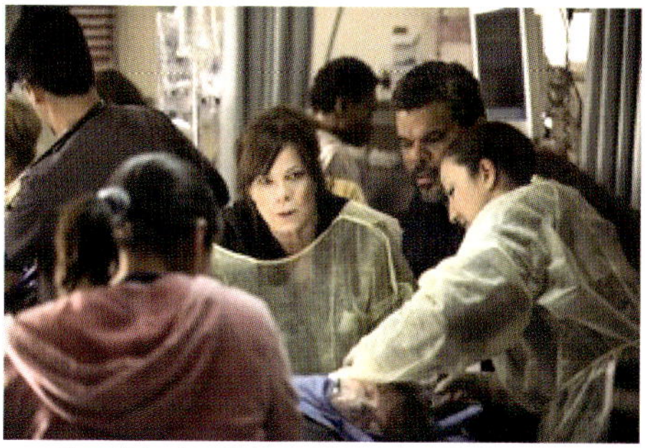
コード・ブラック　生と死の間で

コナン・ドイルの事件簿

実在の医学博士ジョセフ・ベルが、かつての教え子で医師となって間もない頃のコナン・ドイルをワトソン役にして難事件に挑む。なお、ベル博士がドイルの恩師であったのは事実だが、描かれるストーリーはフィクションである。[D]

- ドクター・ベルの推理教室　THE DARK BEGINNINGS OF SHERLOCK HOLMES (2000)
- 惨劇の森　MURDER ROOMS: THE PATIENT'S EYES (2001)
- 死者の声　MURDER ROOMS: THE PHOTOGRAPHER'S CHAIR (2001)
- 謎のミイラ　MURDER ROOMS: THE KINGDOM OF BONE (2001)
- 暴かれた策略　MURDER ROOMS: THE WHITE KNIGHT STRATAGEM (2001)

5人の女刑事たち　ザ・ディヴィジョン

THE DIVISION (2001-2004) S4 米 Lifetime

ボニー・ベデリア（野沢由香里）,レラ・ローション（日野由利加）,ナンシー・マッケオン（唐沢潤）,トレイシー・ニーダム（佐々木優子）,リサ・ヴィダル（沢海陽子）◆主役の5人がすべて女性の刑事ドラマ。サンフランシスコ市警の捜査課で働くケイト・マキャファティ警部をリーダーに、正義感あふれるアンジェラ・リード、無鉄砲なジニー・エクステッド、働き過ぎのCDことキャンダス・デ・ロレンゾ、シングルマザーのマグダことマグダレーナ・ラミレスが、仕事とプライベートに悩みながらも正義のため凶悪事件に立ち向かう姿を描く。

誤認 ～ Mistaken Identity ～

LA BLONDE AU BOIS DORMANT (2006) 仏 FR3

レア・ドリュッケール,ジョナサン・ザッカイ,リリー＝フルール・ポワントー◆フランス製サスペンス・ミステリーのミニシリーズ。列車内で殺害され車外に放り出されるという連続殺人事件が発生、その被害者の1人は失踪した少女クロエ・フェネロンだった。クロエの姉エステルはこの事件に深く関わっていく。

コバート・アフェア

COVERT AFFAIRS (2010-2014) S5 米 USA Network

[別] コバート・アフェア／CIA 諜報員アニー（旧）

パイパー・ペラーボ（樋口あかり）,クリストファー・ゴーラム（中嶋将平）,カリ・マチェット（田中敦子）◆「ジェイソン・ボーン」シリーズのダグ・リーマンが製作総指揮を務めるサスペンス・アクション作品。セクシーでタフなヒロインが、世界を股にかけて活躍する。類まれな語学力、身体的能力、瞬発力を備え、頭脳明晰で優秀なCIA訓練生アニー・ウォーカーは、いきなり現場諜報員に抜擢される。家族に正体を隠しながら、敏腕スパイとしての任務が始まった。[D]

コペンハーゲン／首相の決断

BORGEN / THE FORTRESS (2010-2013) S3 デンマーク DR1

[別] コペンハーゲン（第3シーズン）

シセ・バベット・クヌッセン（唐沢潤）,ピルウ・アスベック（前田一世）,ミケル・ビアクケーア（宮内敦士）◆大ヒットを記録したドラマ「THE KILLING ／キリング」のクリエイターによる政治ドラマで、デンマーク初の女性首相の政治活動と家庭生活を描く。誠実で情熱を持った政治家のビアギッテ・ニュボーは、夫と2人の子を持つ小さな政党の党首。ところが総選挙で勝利を収め、デンマークで初めての女性首相に就任することになり…。

コマンド・コディ

→宇宙戦士コディ

コミ・カレ !!

COMMUNITY (2009-2015) S6 米 NBC → Yahoo

ジョエル・マクヘイル,ジリアン・ジェイコブス,ダニー・プディ◆地域の住民が通うことのできる大学コミュニティ・カレッジ（＝コミ・カレ）に集う人々の学園生活を描くコメディ作品。生まれ育った環境も背景も全く異なる、様々な世代の人々が集まるコミュニティ・カレッジ“グリーンデール”。学歴詐称で業務停止を命じられた弁護士のジェフ・ウィンガーは、足りない単位を補うためグリーンデールに通うことになるが、個性的なクラスメートたちをまとめるリーダー役にさせられてしまい…。

ゴヤの生涯

GOYA (1985) S1 スペイン TVE

エンリク・マホー,ラウラ・モランテ,ジャンニーヌ・メストル◆スペイン国営放送が製作したミニシリーズ。「我が子を食らうサトゥルヌス」「裸のマハ」などで知られる宮廷画家フランシスコ・デ・ゴヤの波乱に満ちた生涯を

5人の女刑事たち　ザ・ディヴィジョン

コバート・アフェア

史実に沿って綴る伝記ドラマ。スペインを代表する画家の知られざる人生を、パトロンとしてアトリエを提供していたアルバ公爵の妻マリアとのロマンスや、スペイン独立戦争などの歴史をからめて描く。[D,V]

コーラス 〜 Heart & Soul 〜

ALL THE SMALL THINGS (2009) S1 英 BBC

サラ・ランカシャー , ニール・ピアソン , サラ・アレクサンダー ◆コーラスを通して様々な登場人物たちの人生模様を浮かび上がらせる、イギリス BBC 製作のファミリー・ドラマ。イギリスの小さな町グロソップで合唱団をまとめている夫婦、マイケルとエスターの前にレイラという若くて美しい声を持つ女性が登場し、マイケルは彼女に夢中になってしまう。夫を奪われたエスターは合唱団をやめてしまうが、周囲の人間に励まされ、新しい合唱団を作ることに…。

コラプターズ

TARGET: THE CORRUPTORS (1961-1962) S1 米 ABC

スティーヴン・マクナリー (大木民夫), ロバート・ハーランド (朝戸正明) ◆新聞記者ポール・マリノと政府の秘密捜査官ジャック・フラッドが、詐欺や汚職など様々な政治腐敗を暴き糾弾する社会派ドラマ。

コーリー　ホワイトハウスでチョー大変！

CORY IN THE HOUSE (2007-2008) S2 米 Disney Channel

カイル・マッセイ (伊藤亜矢子), ロンデル・シェリダン (福田信昭), マディソン・ペティス (成田紗矢香) ◆ TV ドラマ「レイブン 見えちゃってチョー大変！」のスピンオフ作品。大統領の料理人と周囲の人々が巻き起こす騒動を描くシットコム。ビクター・バクスターが大統領の選任シェフに選ばれ、バクスター家はホワイトハウスに引っ越すことになるのだが…。

コール・ザ・ミッドワイフ　ロンドン助産婦物語

CALL THE MIDWIFE (2012-2017) S6 英 BBC

ジェシカ・レイン , ミランダ・ハート , ジェニー・アガター ◆助産婦ジェニファー・ワースの自伝をもとに映像化した医療ドラマ。第二次大戦直後の 1950 年代、ロンドンのイースト・エンドを舞台に、ジェニー・リーが看護士資格を持つシスターたちと共同生活を送りながら、出産のみならず様々な患者たちを助けていく姿を描く。当時のロンドンを再現したセットが絶賛された。

コルディッツ大脱走

COLDITZ (1972-1974) S2 英 BBC

ロバート・ワグナー (城達也), デヴィッド・マッカラム (野沢那智), エドワード・ハードウィック (富田耕生) ◆第二次大戦下のライプツィヒ近郊、捕虜収容所として使われていたコルディッツ城を舞台に、集められた連合国軍の捕虜たちの脱走劇を描いたサスペンス・アクション。実際にここから脱走したパット・リードがテクニカル・アドバイザーを務めた。

ゴールデン・ボーイ　若き NY 市警本部長

GOLDEN BOY (2013) S1 米 CBS

テオ・ジェームズ , ケヴィン・アレハンドロ , ボニー・サマーヴィル ◆野心と正義感にあふれ、若くして市警本部長となったウォルター・クラーク。若く血気盛んな警官時代の姿と、市警本部長として働く姿を交互に描き、ひとりの警官が本部長にまで上り詰めていく姿をとらえた新感覚のクライム・ドラマ。

コールドケース　迷宮事件簿

COLD CASE (2003-2010) S7 米 CBS

キャスリン・モリス (田中敦子), ダニー・ピノ (高橋広樹), ジョン・フィン (佐々木梅治) ◆フィラデルフィア市警察殺人課の女刑事リリー・ラッシュは、27 年前に起きた殺人事件を目撃した女性の訪問を受け捜査を開始するが、やがて意外な真実を探り当てる。未解決の凶悪事件“コールドケース”を担当する刑事たちを描くクライム・ドラマ。事件が起こった当時の世相、ヒット曲を織り込み、現代の映像と交錯させながら事件に巻き込まれた者たちの運命を描く。当初リリーとコンビを組んでいたクリス役のジャスティン・チェンバースは途中降板、第 6 話からスコッティ・ヴァレンズが相棒となる。日本では吉田羊主演によるリメイク版も製作。当時のヒット曲をふんだんに使用しているため、その権利上、いまだにソフト化されていない。

コルト 45

COLT .45 / COLT 45 (1957-1960) S3 米 ABC

ウェイド・プレストン (川合伸旺), ドナルド・メイ ◆陸軍情報部のクリストファー・コルト大佐が、コルト社製のコ

ゴールデン・ボーイ　若き NY 市警本部長

コールドケース　迷宮事件簿

ルト・シングル・アクション・アーミー、通称ピースメーカーという拳銃のセールスマンとして西部を旅しながら、ならず者を成敗していく西部劇。同拳銃が45口径であることから「コルト45」というタイトルがつけられた。

CORLEONE コルレオーネ
IL CAPO DEI CAPI (2007) S1 伊 Canale 5
クラウディオ・ジョエ, ダニエレ・リオッティ, シモーナ・カヴァッラリ ◆対立する敵や政治家などを暗殺し、その凶悪な行状から“野獣”と恐れられた、コルレオーネ村に実在したマフィアのボス、サルヴァトーレ・トト・リイナの半生をドキュメンタリー・タッチで描いた実録ドラマのミニシリーズ。[D]

これがドラマだ
SCREEN DIRECTORS PLAYHOUSE (1955-1956) S1 米 NBC
◆米国コダック社がおくるドラマ・アンソロジー。ハリウッドの著名な監督とスターがタッグを組み、コメディやサスペンス、ミュージカルなど様々なジャンルのドラマを1話完結のスタイルで描く。その回の監督 “Director” が椅子に座って登場し、台本を手にスタッフやキャストに指示を出してストーリーが始まるのが毎回の導入部だった。

これは実話です
→世にも不思議な物語

コロネット・ブルーの謎
CORONET BLUE (1967) S1 米 CBS
フランク・コンヴァース (岸田森), ジョー・シルヴァー (田中明夫), ブライアン・ベッドフォード (愛川欽也) ◆記憶を失った青年を主人公にしたサスペンス・ミステリー。客船から突き落とされイーストリバーで救助された男は記憶喪失になっており、ただ一言「コロネット・ブルー (青い宝冠)」と発するのみ。自らをマイケル・オルデンと名乗る男は、自分の記憶を取り戻そうとするが、やがて自分が謎の組織から狙われていることを察知する。全13話。

コンスタンティン
CONSTANTINE (2014-2015) S1 米 NBC
マット・ライアン, アンヘリカ・セラヤ, チャールズ・ハルフォード ◆キアヌ・リーヴス主演で映画化されたことでも知られる人気DCコミックス『ヘルブレイザー』をTVドラマ化したアクション・シリーズ。人間界に潜む悪魔と黒魔術で戦うダーク・ヒーローの活躍を描く。超常現象に精通し悪魔祓いもできる探偵ジョン・コンスタンティンは己の能力を封印していたが、知り合いの娘を助けるために再び黒魔術の力を使い、悪の勢力と戦っていく。

コンティニアム CPS特捜班
CONTINUUM (2012-2015) S4 加 Showcase
レイチェル・ニコルズ, ヴィクター・ウェブスター, エリック・ヌードセン ◆2077年のバンクーバーで都市警護の任務についていたキーラ・キャメロンは、テロリスト・グループのタイムトラベルに巻き込まれ、2012年の現代にやってくる。未来を守るために戦う警護官の活躍を描いたSFアクション。[D]

こんにちはマージー
MARGIE (1961-1962) S1 米 ABC
シンシア・ペパー (北川麻理), デイヴ・ウィルロック, ウェズリー・マリー・タキット ◆1920年代のアメリカ、ニューイングランドを舞台にした青春コメディ。真面目な父親、優しい母、そして兄と共に暮らす少女マージーの、恋や友情を明るく楽しく描く。

コンバット
COMBAT! (1962-1967) S5 米 ABC
ヴィク・モロー (田中信夫), リック・ジェイソン (納谷悟朗), ジャック・ホーガン (羽佐間道夫) ◆第二次世界大戦のヨーロッパ戦線を舞台に、米陸軍のある第二小隊の活躍を描いた米ABC放映の戦争人間ドラマ。映画「史上最大の作戦」の大ヒットを受けて1962年9月に放送を開始し、5シーズン全152話のロングラン作品となった。レギュラー陣の中でもサンダース軍曹は日本でも人気となり、V・モローの代表的キャラクターとなった。また監督もロバート・アルトマン、バート・ケネディ、テッド・ポスト、ボリス・セイガルと豪華な布陣で、ストレートなアクション編から反戦風メロドラマ、不条理劇と様々なドラマを作り出した。[D,L,V]

コンバット・ホスピタル 戦場救命
COMBAT HOSPITAL (2011) S1 英＝加 CanWest Global Television Network
イライアス・コティーズ (辻親八), ミシェル・ボース (加藤有生子), ルーク・マブリー (小泉隼人) ◆アフガニス

コンティニアム CPS特捜班

コンバット

タン紛争の真っ只中で命がけの医療活動を続ける多国籍医療チームを描く戦場医療ドラマ。2006年、アフガニスタン南部のカンダハル飛行場にあるロール3病院に、若手軍医のレベッカ・ゴードン少佐とボビー・トラン大尉が赴任。薬剤や血液は不足し、医療設備は故障したまま。だが患者は間断なく運び込まれてくる…。過酷な状況の中、人命救助に立ち向かう医療スタッフの真実の姿を映し出す。[D]

コンフェッション　復讐の暗殺者
THE CONFESSION (2011) S1 米 Hulu

[別] The Confession - コンフェッション -

キーファー・サザーランド(小山力也), ジョン・ハート(清川元夢), マックス・カセラ(岩崎正寛) ◆「24 TWENTY FOUR」のK・サザーランドが製作と主演を務めたクライム・アクション。教会にやってきた男が、告解室で神父に過去の罪を話し出す。しかしそれは殺人の告白であり予告であった。告白の理由は？　殺人のターゲットは？　そして神父は男の心を目覚めさせることができるのか。[B,D]

コンフリクト
CONFLICT (1956-1957) S1 米 ABC

ギグ・ヤング, レックス・リーズン ◆ワーナー・ブラザース製作のアクション・ドラマを主軸にしたアンソロジー・シリーズ。1話完結だけではなく数話で完結するストーリーがあり、ホレイショ・ホーンブロワーの海洋冒険譚や、後に「サンセット77」としてシリーズ化された私立探偵スチュアート・ベイリーの活躍を描くなど、内容もバラエティに富んでいた。

さ

罪悪～ドイツの不条理な物語～
SCHULD NACH FERDINAND VON SCHIRACH (2015) S1 独 ZDF

モーリッツ・ブライブトロイ ◆ドイツの弁護士にしてベストセラー作家フェルディナント・フォン・シーラッハが実在の事件に材を採ったミステリー小説『罪悪』をミニシリーズとして映像化。ベルリンで刑事事件の弁護士をしているフリードリヒ・クロンベルクが出会った5つの物語。勝つのは正義ではなく、悪も裁かれるとは限らないという不条理をテーマに描く。

サイエンス・シミュレーション　人類 火星に立つ
RACE TO MARS (2007) S1 加＝仏 Discovery Channel

マイケル・ライリー(中村秀利), ロテール・ブリュトー(江原正士), クローディア・フェリー(弘中くみ子) ◆人類初の有人火星旅行を、最新のデータをもとに科学的にシミュレートしたSFドラマ。2030年、6人の男女を乗せたロケットが火星に向かって発射された。到着はおよそ600日後。予測不能のトラブルを越えて、彼らはたどり着けるか…。[D]

最強ビッチになる方法
→ The Girl's Guide 最強ビッチのルール

サイク／名探偵はサイキック？
PSYCH (2006-2014) S8 米 USA Network

ジェームズ・ロデイ, デュレ・ヒル, ティモシー・オマンソン ◆幼い頃から父親に鍛えられたことで非凡な観察力を身につけた自称"サイキック(超能力者)"の青年ショーン・スペンサーが、親友のガスことバートン・ガスターと探偵事務所を開業し、地元警察に協力しながら数々の難事件に挑んでいく姿をコミカルなタッチで描いた犯罪ドラマ。

サイコ前章「ベイツ・モーテル」
→ベイツ・モーテル

最後のカルテ
THE ELEVENTH HOUR (1962-1964) S2 米 NBC

[別] イレブンス・アワー

ウェンデル・コーリイ(天津敏), ジャック・ギン, ラルフ・ベラミー ◆法廷精神鑑定医であるセオドア・バセットと臨床医ポール・グラハムが、様々な事件の背景にアプローチする姿を描く医療ドラマ。

サイコ・ファイル
LA PORTA SUL BUIO (1973) S1 伊 RAI

ダリオ・アルジェント ◆D・アルジェントといえば「サスペリア」(1977年)以降、日本でも多くのホラー・ファンを獲得しているが、これはアルジェントがその前作「サスペリア PART2」(1975年)より前に企画と総指揮を務めたイタリアのTVシリーズ。アルジェント自身がストーリーテラー的な役どころで各話の冒頭に出演し、スリラーと推理劇の融合したドラマが繰り広げられた。[V]

サイク／名探偵はサイキック？

最後のカルテ

サイバー諜報員 ～インテリジェンス～
INTELLIGENCE (2014) S1 米 CBS
ジョシュ・ホロウェイ(宮内敦士), ミーガン・オリー(佐古真弓), マージ・ヘルゲンバーガー(高島雅羅)◆脳内に埋め込まれたマイクロチップによって、世界中のネットワークにアクセス可能となったNSA(アメリカ国家安全保障局)諜報員の活躍を描く近未来アクション。元陸軍特殊部隊のガブリエル・ヴォーンは、コンピュータ・チップを脳内に埋め込むというプロジェクトに参加、サイバースペースにあるどんな情報にも瞬時にアクセスできる能力を手に入れた。彼は女性エージェントのライリーと共に国家諜報活動を行いながら、テロ組織に寝返り消息を絶ったとされる妻の捜索に挑む。

PSI FACTOR(サイ・ファクター)超常現象特捜隊
PSI FACTOR / PSI FACTOR: CHRONICLES OF THE PARANORMAL (1996-2000) S4 米
[別] 怪奇ファイル(DVD) | 悪霊・呪われた館／世紀末超常現象特捜隊(ビデオ) | 13階・魔界への扉／世紀末超常現象特捜隊(ビデオ)
ダン・エイクロイド, ポール・ミラー, コリン・フォックス◆超常現象を調査する科学者グループ "OSIR" に持ち込まれた実話をベースに製作された、ドキュメンタリー・タッチのカナダ製SFドラマ。超常現象や怪奇現象と呼ばれるものを再現し、その中に息づく真実を探る科学者たちの活躍を描く。D・エイクロイドがドラマのナビゲーターを担当。様々なタイトルでビデオリリースされ、DVDは「怪奇ファイル」というシリーズ名で発売された。[D,V]

サイボーグ危機一髪
→600万ドルの男

ザ・インターネット
THE NET (1998-1999) S1 米 USA Network
ブルック・ラングトン(小島幸子), ティム・カリー(大塚明夫), ジョセフ・ボトムズ(納谷六朗)◆サンドラ・ブロック主演のハイテク・スリラー「ザ・インターネット」(1995年)のTVシリーズ版。テロ組織 "プレトリアン" の情報を知ってしまったハッカーのアンジェラ・ベネットが、警察から追われる身となりながら組織と戦う姿を描く。

ザ・インターネット

ザ・ウィンザーズ
THE WINDSORS (2016-2017) S2 英 Channel 4
ヒュー・スキナー, ルイーズ・フォード, リチャード・ゴールディング, ヘイドン・グウィン, ハリー・エンフィールド◆イギリス王室であるウィンザー家の人々の姿をコミカルに描いたイギリス発のソープオペラ。チャールズ皇太子の後妻カミラは、先妻の子供であるウィリアムと彼の婚約者ケイトが大衆の人気をひとり占めしていることが気にいらず、ケイトが目立たないよう何かと横やりを入れる。一方、ウィリアムは救命救急ヘリのパイロットになろうとするのだったが…。

サウス・オブ・ヘル 魔物の巣食う街
SOUTH OF HELL (2015) S1 米 We TV
[別] サウス・オブ・ヘル ～女エクソシスト マリア～
ミーナ・スヴァーリ(本名陽子), ザカリー・ブース, ラマン・ラッカー◆「ホステル」「グリーン・インフェルノ」のイーライ・ロスが製作総指揮を手がけるアクション・ホラー。心に悪魔を宿しデーモン・ハンターとなった若い女性の戦いを描く。サウス・カロライナ州チャールストンに暮らすマリア・アバスカルは、悪魔アビゲイルと契約を交わし悪魔祓いを行うデーモン・ハンターとして、人知れず戦いに明け暮れる毎日を過ごしていた。ある日、マリアの能力に気付いた牧師ブレッドソーから「娘を助けてほしい」と頼まれるが…。

サウスランド
SOUTHLAND (2009-2013) S5 米 NBC → TNT
ベン・マッケンジー, マイケル・カドリッツ, レジーナ・キング◆ロサンゼルスを舞台に、警官たちが任務の中で陥る苦悩をリアルに描き出すクライム・サスペンス。ロサンゼルス市警の新人警官ベン・シャーマンが、殺人や強盗、誘拐など苛酷な現場で様々な凶悪事件に立ち向かい成長していく姿を追う。

ザ・オフィス
THE OFFICE (2005-2013) S9 米 NBC
スティーヴ・カレル, レイン・ウィルソン, ジョン・クラシンスキー◆ペンシルベニア州にある製紙会社にTV局の撮影クルーが到着、会社のドキュメンタリーが撮影開始される。カメラに向かって本音を話す社員たちの中、マネー

ザ・オフィス

ジャーのデヴィッド・ブレントは下品な言葉を発しながら、自分は人気者であると信じて疑わない。他にも個性的な面々が次々に現れて…。リッキー・ジャーヴェイスをスターダムに押し上げたイギリスのドラマ「The Office」のアメリカ版で、オフィスの日常をドキュメンタリー・タッチで描いたシットコム。

サーカス西部を行く

FRONTIER CIRCUS (1961-1962) S1 米 CBS

チル・ウィルス , ジョン・デレク , リチャード・ジャッケル ◆ 1880 年代のアメリカ西部を舞台に、各地をめぐりながら数々の苦難を乗り越えていくサーカス一座の姿を描く冒険西部劇。

サーカス・ボーイ

CIRCUS BOY (1956-1958) S2 米 NBC → ABC

ミッキー・ブラドック , ノア・ビアリー・Jr ◆空中ブランコの事故で両親を亡くした 12 歳の少年コーキーは、サーカス一座で子象ビンボの飼育を担当していた。少年の目を通してサーカスの裏側を描く子供向けドラマ。主人公のコーキー役を務めた子役は、後にザ・モンキーズのメンバーとなるミッキー・ドレンツ。

ザ・ガーディアンズ

DARK RISING: WARRIOR OF WORLDS (2014) S1 加

ブリジット・キングズレー , マイク・ヌグ・ナーギャン ◆人類をデーモン族から守るため、太古に地球から分離させられたもう 1 つの地球ダーク・アース。偶然テザーと呼ばれる魔力を宿した青年ネイサンが、デーモン族との抗争に巻き込まれていくファンタジー・アクション。[D]

ザ・カムバック

THE COMEBACK (2005-2014) S2 米 HBO

リサ・クドロー , ローラ・シルヴァーマン , ロバート・マイケル・モリス ◆かつて売れっ子女優だったが今は仕事も激減しているヴァレリー・チェリッシュのもとに、リアリティ・ショーへの出演依頼が舞い込む。カムバックのチャンスをつかんだヴァレリーだが…。業界の内幕を描いたシットコム。

The Girl's Guide 最強ビッチのルール

THE GIRL'S GUIDE TO DEPRAVITY (2012-2013) S2 米 Cinemax

[別] 最強ビッチになる方法

レベッカ・ブラムハーゲン , サリー・ゴラン , ジョー・コマラ ◆全米で恋愛に悩む女子に人気のブログ「The Girl's Guide to Depravity」をドラマ化。OL のサマンサと弁護士リジーのアラサー独身女子コンビが、イイ男を求めて日々奔走する過激なアダルト・コメディ。恋が成就する、というよりもベッドまで持ち込む方法が満載。[D]

The Good Fight ／ザ・グッド・ファイト

THE GOOD FIGHT (2017) S1 米 CBS

クリスティーン・バランスキー (小宮和枝), デルロイ・リンドー (辻親八), ローズ・レスリー (鶏冠井美智子), クシュ・ジャンボ (鈴木美園), エリカ・タゼル (山賀晴代) ◆大ヒット人気ドラマ「グッドワイフ」のスピンオフ作品で、弁護士ダイアン・ロックハートを中心に描くリーガル・ドラマ。引退を決めたダイアンは、新人のマイア・リンデルを補佐に付けて最後の担当案件に取り組んでいた。だがトラブルからダイアンは破産し、マイアともども法律事務所を解雇されてしまう。二人は知人の紹介でシカゴの有名法律事務所であるレディック＆ボーズマンに入るのだが…。「グッドワイフ」に引き続き、映画監督のリドリー・スコットが製作総指揮に名を連ねる。

ザ・クラウン

DER CLOWN (1998-2001) S6 独 RTL

スフェン・マルティネク (大川透／てらそままさき), ダイアナ・フランク (幸田夏穂), トーマス・アンツェンホファー (樫井笙人／内田直哉) ◆国際諜報警察 WIPA の敏腕エージェントであるマックス・ザンダーがピエロの仮面をかぶって正体を隠し、相棒のダブス、TV レポーターのクラウディアと共に悪と戦っていく、映画ばりの爆発シーンが売りのアクション・シリーズ。[D,V]

ザ・クラウン

THE CROWN (2016-2017) S2 英 Netflix

クレア・フォイ (渋谷はるか), マット・スミス (川島得愛), ジャレッド・ハリス (森田順平) ◆「クィーン」「フロスト×ニクソン」の脚本家ピーター・モーガンと、「リトル・ダンサー」「めぐりあう時間たち」の監督スティーヴン・ダルドリーが共同で製作した Netflix オリジナル・ドラマ。1952 年に 25 歳の若さでイギリス女王に即位し激動の時

The Girl's Guide 最強ビッチのルール

ザ・クラウン (1998-2001)

代を生きたエリザベス２世の半生を、実話に基づいて描き出す。豪華なセットや衣装はもちろん、夫婦や家族としての苦悩を赤裸々に綴り、ゴールデン・グローブ賞のテレビ部門で作品賞と女優賞に輝いた。[D]

THE CLICK
CLICK (1997) S1 米
ジョン・ラザー , ロバート・ドノヴァン ◆イタリアの作家、ミロ・マナラのエロティック・コミックをもとに映像化したR 指定のドラマ・シリーズ。フェズ博士が開発した魔法のボックス“クリッカー”、それは女性の隠された欲望を解放するという能力を持っていた。ダイヤルを回すと瞬く間に女性たちは深層心理に押し込められていた欲望をあらわにしていく…。日本では各エピソードが DVD として発売された。[D]

ザ・グリッド
THE GRID (2004) S1 米＝英 TNT
ディラン・マクダーモット (藤原啓治), ジュリアナ・マルグリーズ (野沢由香里), ジェマ・レッドグレーヴ (幸田夏穂) ◆ロンドンでイスラム過激派によるテロが発生。イギリスから連絡を受けたアメリカは、国家安全保障会議テロ対策担当責任者であるマレン・ジャクソンをリーダーとする、様々なスペシャリストを集めた合同捜査チームを組織する。一方、テロ組織のリーダーであるユーセフ“ムハンマド”ナサリヤーは、アメリカ本土の同時多発テロを計画していた…。世界を標的としたテロに対抗するために組織された対策チームの活躍を描くサスペンス。[D,V]

ザ・グレイズ ～フロリダ殺人事件簿
THE GLADES (2010-2013) S4 米 A&E
マット・パスモア , キエレ・サンチェス , カルロス・ゴメス ◆有能だが自信過剰なところもある刑事ジム・ロングワースは、上司の妻との仲を誤解され、シカゴからフロリダの田舎町へ左遷されてしまう。陽光降り注ぐ町で、監察医カルロス・サンチェスと協力して、次々と起こる殺人事件に向かっていく姿を描くミステリー・ドラマ。

ザ・ケープ～宇宙の挑戦者たち
THE CAPE (1996-1997) S1 米
コービン・バーンセン , アダム・ボールドウィン , キャメロン・バンクロフト ◆宇宙飛行士候補生たちと彼らを支えるクルーを描いたドラマ・シリーズ。フロリダのスペースコーストを舞台に、ヘンリー・“ブル”・エカート大佐の元で訓練を重ねるジーク・ボマントたち候補生に様々な試練が降りかかる。

ザ・ケープ　漆黒のヒーロー
THE CAPE (2011) S1 米 NBC
デヴィッド・ライオンズ (山寺宏一), サマー・グロー (本名陽子), ジェームズ・フレイン (木村靖司) ◆ハリウッドを席巻するアメコミ映画ブームを受けて製作された、NBC オリジナルのスーパーヒーロー・ドラマ。漆黒のケープを身にまとった覆面ヒーローの活躍を描く。腐敗した都市パームシティで正義を貫く誠実な警察官ヴィンス・ファラデーは、大企業の社長で犯罪王のピーター・フレミングにより犯罪者の汚名を着せられてしまう。すんでのところで逃げ延びたヴィンスは、伝説のケープを身にまとい技を習得、“ケープ”として生まれ変わる。[D]

THE GAME
THE GAME (2014) S1 英 BBC
トム・ヒューズ , ブライアン・コックス , ヴィクトリア・ハミルトン ◆イギリスへ亡命した KGB の幹部によって、ソ連の機密事項“オペレーション・グラス”が MI5 にもたらされた。その作戦を阻止するべく、MI5 のエージェント、ジョー・ラムが乗り出す。1970 年代の米ソ冷戦中を舞台背景に、KGB 将校の亡命に端を発する情報戦の行方を描いたスパイ・サスペンス。BBC 製作のミニシリーズ。[D]

ザ・コスビー・ショー
THE COSBY SHOW (1984-1992) S8 米 NBC
ビル・コスビー (田中信夫), フィリシア・ラシャド (宗形智子) ◆コメディアンとして確固たる地位を獲得していたB・コスビー製作・主演によるシチュエーション・コメディ。ニューヨーク・ブルックリンに暮らす裕福な産婦人科医のクリフ・ハクスタブルとその妻で弁護士のクレア、そして彼らの子供たち、テオ、デニス、バネッサ、ルディーらが巻き起こす騒動を描く。

ザ・コード
THE CODE (2014-2016) S2 豪 ABC1
ダン・スピールマン , アシュリー・ズーカーマン , アデル・ペロヴィッチ ◆キャンベラを舞台に、巨大な陰謀に立ち

ザ・グリッド

ザ・グレイズ ～フロリダ殺人事件簿

向かう兄弟の姿をスリリングに描く、オーストラリアの連続ドラマ。ネット記者のネッド・バンクスとハッカーのジェシーは、とある車の衝突事故が巨大企業ファイサントと関係していることを突き止めるのだが…。

ザ・コミッシュ

THE COMMISH (1991-1995) S5 加 ABC

マイケル・チクリス (屋良有作), テレサ・サルダナ (達依久子), カイ＝エリック・エリクセン (種田文子) ◆ニューヨーク郊外の小さな町の警察本部長トニー・スカリーの風変わりな捜査を描く一方、彼の妻レイチェル、息子のデヴィッド、変人の義兄アーニーら、トニーを取り巻く人々との日常も描いたコミカルなポリス・ストーリー。

ザ・コレクション

THE COLLECTION (2016) S1 英 Amazon

リチャード・コイル , トム・ライリー , メイミー・ガマー ◆ドラマ「プリティ・リトル・ライアーズ」のクリエイターが、第二次世界大戦後のパリを舞台に豪華なオートクチュール界の裏側を描く、Amazon UK 初のオリジナル・ドラマ。1947 年、パリ。新進気鋭のファッション・デザイナーとして活躍するポール・サビーヌには秘密があった。それはデザインを担当しながら決して表に出ることのない、弟クロードの存在だった。有力なスポンサーであるジュール・トゥルヴィエと提携を結び、パリのファッション界の頂点に立つチャンスを与えられたポールだったが、その目の前には様々な障壁が立ちふさがっていく。

ザ・シークレット・ハンター

THE EQUALIZER (1985-1989) S4 米 CBS

[別] クライム・シティ (ビデオ)

エドワード・ウッドワード (黒沢良), ロバート・ランシング (小林清志), キース・ザラバッカ (小杉十郎太→堀内賢雄) ◆元 CIA の凄腕エージェント、ロバート・マッコールが職を辞して探偵事務所を開き、諜報部員としての特技を活かして依頼人が持ち込む事件を解決していく社会派の探偵ドラマ。デンゼル・ワシントン主演「イコライザー」(2014 年) は本作の映画化。[V]

The Sinner －記憶を埋める女－

THE SINNER (2017) S1 米 USA Network

ジェシカ・ビール (本田貴子), クリストファー・アボット (山本高広), ビル・プルマン (津田英三) ◆女優の J・ビールが製作総指揮と主演を務めたミステリー・スリラー。ごく普通の主婦コーラが、家族と訪れた湖のほとりで見知らぬ青年を殺害してしまう。彼女の中に深い闇を感じ取った刑事ハリーは、真相を求めて捜査を開始するのだが…。

ザ・シューター

SHOOTER (2016-2017) S2 米 USA Network

ライアン・フィリップ (加瀬康之), シャンテル・ヴァンサンテン (園崎未恵), オマー・エップス (佐々木啓夫), シンシア・アダイ＝ロビンソン (村中知), エディ・マクリントック (坂本くんぺい) ◆ 2007 年に製作された映画「ザ・シューター／極大射程」の TV シリーズ版。R・フィリップが製作と主演を務め、同映画に主演したマーク・ウォルバーグが製作総指揮に名を連ねる。引退した元狙撃兵のボブ・リー・スワガーは、大統領暗殺計画を阻止するため現場に復帰するが、罠にかかり犯人に仕立て上げられてしまう。果たして彼は真犯人を探し出し、自分にかけられた疑いを晴らすことができるのか。

ザ・ショーガールズ

BODY LANGUAGE (2008-2010) S2 米 Showtime

ジェシカ・リマー , エイミー・ディギンズ , マリーナ・キュリック ◆アメリカのストリップ界の裏事情を、女性バーテンダーの視点からリアルに映し出したエロティック・ドラマ。とある高級ストリップバーでバーテンとして働くサマンサが見た、華やかな舞台の裏で繰り広げられるストリッパーたちの孤独や本当の愛、ドラッグ、恐怖などがオムニバス形式で綴られる。本国アメリカでは第 2 シーズンまで放送されたが、日本では DVD でのリリースのみ。[D]

ザ・シールド ～ルール無用の警察バッジ～

THE SHIELD (2002-2008) S7 米 FX

マイケル・チクリス (谷口節), ウォルトン・ゴギンズ (佐藤晴男),CCH・パウンダー (藤生聖子) ◆ヴィック・マッキー刑事率いるギャング犯罪専門ユニット " ストライクチーム " の、毒を以て毒を制する非合法で型破りな活躍を描く刑事ドラマ。ロサンゼルスにあるファーミントンは治安が悪く犯罪が横行する都市だったが、ファーミントン署内に新設されたチームの活躍により犯罪は激減していた。だが凶悪犯罪を根絶するためとはいえ、チームの捜

ザ・ケープ　漆黒のヒーロー

ザ・シールド ～ルール無用の警察バッジ～

査は時に非合法となる…。ゴールデン・グローブ賞やエミー賞で数多くのノミネートを受けた。[D,V]

THE SKETCH SHOW　ザ・スケッチショー

THE SKETCH SHOW (2001-2003) S2 英 ITV

リー・マック , ジム・タヴァレ , カレン・テイラー , ティム・ヴァイン , ロニ・アンコーナ ◆ 5 人のキャストが様々な役に扮して、怒濤のテンポでコントを繰り広げるコメディ番組。イギリスでのヒットを受け、2005 年にアメリカでリメイクされた他、カナダ版、ギリシャ版、イスラエル版など様々なバージョンが製作された。

ザ・スタンド

THE STAND (1994) S1 米 ABC

[別] スティーブン・キングの ザ・スタンド (ソフト)

ゲイリー・シニーズ (磯部勉), モリー・リングウォルド (伊藤美紀), ロブ・ロウ (檀臣幸) ◆スティーヴン・キング原作のミニシリーズ。ある研究所から実験中のウィルスが流出。パニックの中、ゲート封鎖の命令を無視し逃げ出した門番の男によってウィルスは外の世界に洩れ出してしまう。事態を重く見た軍は、門番が最後にたどり着いた町に戒厳令を敷き、被害を食い止めようとする。しかし努力も虚しく、感染率 99% の殺人ウィルスは、それをあざ笑うかの如く全米に蔓延していく…。黙示録をモチーフにしたキング流のハルマゲドンで、ウィルスによる脅威を描いた前半と、それぞれ悪の側と善の側に呼び寄せられた人々の戦いを描いた後半に分かれている。[D,V]

ザ・スパイ

SPIES (1987) S1 米 CBS

ジョージ・ハミルトン , ゲイリー・クローガー , バリー・コービン ◆金遣いの荒いプレイボーイタイプのエージェント、イアン・ストーンを問題視するボスのトマス・ブラディは、お目付け役として新人のベン・スマイスをあてがうことにするのだが…。ベテランと新人のスパイ・コンビを描くコメディ・タッチのアクション・アドベンチャー。全 6 話。

さすらいのライダー

THEN CAME BRONSON (1969-1970) S1 米 NBC

[別] さすらいのライダー・ブロンソン

マイケル・パークス (柴田侊彦→伊武雅刀) ◆親友の自殺をきっかけに生きる意味を見失った男ジム・ブロンソン。彼は勤めを辞め、親友が遺したハーレー・ダヴィッドソンに乗って目的地の無い旅に出る。主人公が旅を通して、見知らぬ人々と出会い、人間性を取り戻していく姿を描いたロードムービー風の人間ドラマ。

THE SEX-FILES

SEX FILES (1998-2000) 米

ウィリアム・フレドリック , ジャック・ペリー , ガブリエラ・ホール ◆超自然現象をテーマにした大人気 TV ドラマ「X- ファイル」のセクシャル・パロディ作品。アメリカ国民に真実を知らせると混乱が起きるため、極秘裏に解決された数々のセクシャルな事件を一冊にまとめた " セックス・ファイル " と呼ばれる機密文書。その中から特に印象的な事件の数々をオムニバス形式で描く。[D,V]

ザ・ソプラノズ／哀愁のマフィア

THE SOPRANOS (1999-2007) S6 米 HBO

[別] ザ・ソプラノズ／ 2 つのファミリーを持つ男 (ソフト)

ジェームズ・ガンドルフィーニ (池田勝／渡瀬恒彦), イーディ・ファルコ (藤生聖子／野沢由香里), ロレイン・ブラッコ (永井美奈子→風間舞子／唐沢潤) ◆イタリア系マフィアのボスを中心に綴られる究極のファミリー・ドラマ。現代アメリカのダークサイドともいえるマフィアを、時にリアルに、時にユーモアを交えて描き出す。仕事では上司と部下の板挟みとなり、家庭では妻カーメラに不満を抱かれてしまうマフィアのボス、トニー・ソプラノ。積み重なる重圧に耐えかねたトニーは、セラピーのため通院を始めるのだが…。[D,V]

ザ・タイタニック／運命の航海

→タイタニック～運命の航海

THE TUDORS ～背徳の王冠～

THE TUDORS (2007-2010) S4 アイルランド = 米 = 加 TV3/Showtime/CBC

[別] チューダーズ〈ヘンリー 8 世／背徳の王冠〉(DVD)

ジョナサン・リス・マイヤーズ (綱島郷太郎), サム・ニール (佐々木敏), ナタリー・ドーマー (鍋井まき子→松岡依都美) ◆ 16 世紀のイングランドで王となり、6 人の女性と結婚した、英国史上最大の暴君と称されるヘンリー 8 世の、波乱に満ちた生涯を描く壮大な歴史ドラマ。亡き兄の妻キャサリン・オブ・アラゴンとの結婚、アン・ブー

ザ・ソプラノズ／哀愁のマフィア

THE TUDORS ～背徳の王冠～

リンとの愛、そしてローマ・カトリック教会との確執や政治権力との戦い…。果たしてヘンリー 8 世はどんな人物だったのか。[D]

作家探偵ジェイソン・キング
JASON KING (1971-1972) S1 英 ITV
ピーター・ウィンガード (山田康雄) ◆「秘密指令 S」の 3 人の主役の 1 人、ジェイソン・キングを独立させたスピンオフ作品。流行ミステリー作家のジェイソン・キングが、脱税を見逃してもらう代わりに政府の仕事を請け負い、世界中を飛び回って難事件を解決していく。

殺人の足跡～マーダーランド～
MURDERLAND (2009) S1 英 ITV
ロビー・コルトレーン (土師孝也), アマンダ・ヘイル (水町レイコ), ベル・パウリー (清水理沙) ◆過去に母親を殺害された女性が、当時事件を担当していた元警部と共に真犯人を追う姿を描いたクライム・ミステリー。15 年前に娼婦の母親を殺害されたキャリー・ウォルシュ。犯人と覚しき人物を目撃しダグラス・ヘイン警部の捜査に加わるが、事件は未解決のまま迷宮入りとなってしまう。成長しキャロルと名を変えた彼女は、すでに警察をやめたヘインを訪問するが、驚くべきことにヘインは、キャロルの母を捜査に利用していたと告白するのだった。

殺人を無罪にする方法
HOW TO GET AWAY WITH MURDER (2014-) S4- 米 ABC
ヴィオラ・デイヴィス (五十嵐麗), アルフレッド・イーノック (新垣樽助), ジャック・ファラヒー (平川大輔) ◆現役の敏腕弁護士であり、ロー・スクールで教鞭を執るアナリーズ・キーティングが教えるのは「殺人を無罪にする方法」という授業。優秀な 5 人のインターンを迎え、アナリーズはどんな手段を使ってでも、殺人事件の被告を無罪に導いていく。[D]

ザッツ・ライフ～リディアの人生ゲーム～
THAT'S LIFE (2000-2002) S2 米 CBS
ヘザー・ペイジ・ケント (山像かおり), デビ・メイザー (湯屋敦子), クリスティン・バウアー (山門久美) ◆ごくごく普通のアラサー女性が青春を謳歌する姿を描く痛快コメディ・ドラマ。ニュージャージー州に住む 32 歳のリディア・デ・ルッカは、長年にわたる婚約期間を経てやっと恋人のルーと結婚することに。ところが大学へ行く約束を反故にされそうになったリディアは激怒。彼女は婚約を破棄し、周囲の反対も押しきって大学生になるのだが…。

ザット '70s ショー
THAT '70S SHOW (1998-2006) S8 米 Fox
[別] アシュトン・カッチャーの青春ハイスクール (第 3 ～ 5 シーズン) ｜アシュトン・カッチャーの 70's ショー (第 6 シーズン以降)
トファー・グレイス (野島健児), アシュトン・カッチャー (渋谷茂), ローラ・プリポン (米村千冬) ◆好奇心旺盛な高校生エリック・フォアマンは幼馴染みのドナ・ピンチオッティと相思相愛だが、なかなか発展しないのが悩みの種。一方、親友のマイケル・ケルソーはハンサムだが頭はカラッポで、金持ちの令嬢ジャッキー・バークハートに惚れ込んでいるのに、エリックの姉からのアプローチにも応じてしまうお調子者。また、交換留学生で英語がうまく話せないフェズと、両親に見捨てられ一匹狼として生きるスティーブ・ハイドは暇があるとエリックの自宅の地下室に集まり、くだらないおしゃべりに明け暮れる。そんな 1970 年代の高校生たちのレトロな青春模様を、米ウィスコンシン州を舞台に描いたコメディ。ゲスト出演にザ・ロック (ドウエイン・ジョンソン)、ジョセフ・ゴードン＝レヴィットほか。

サティスファクション
SATISFACTION (2007-2010) S3 豪 Showtime Australia
ペータ・サージェント , アリソン・ホワイト , ボヤナ・ノヴァコヴィッチ ◆オーストラリア発、官能的で刺激的な高級娼婦たちの生活を描いた TV シリーズ。メルボルンにある高級娼館 "232" で働く、14 歳の娘を持つクロエ、オーナーと関係を持つメル、レズビアンのヘザー、学費を稼ぐために働くティッピ、そしてオーナーの娘ナタリーに焦点をあてた人間ドラマが綴られる。[D]

30 デイズ・ナイト : ヴァンパイア・インフェルノ
30 DAYS OF NIGHT: DUST TO DUST (2008) S1 米 FEARnet
アンドリュー・ローリッチ , クリストファー・ステイプルトン , ミミ・マイケルズ ◆映画「30 デイズ・ナイト」(2007 年) の前日譚である「30 デイズ・ナイト : ビギニング」の続編で、

殺人を無罪にする方法

ザット '70s ショー

さ

ヴァンパイアをめぐる恐怖の惨劇を描くサバイバル・ホラー。刑事を引退したニックは、看護師の妹サラが勤める刑務所で乱闘騒ぎが起きたと知らされる。そのまま行方不明になったサラは傷を負い、恐怖のヴァンパイアへ変貌を遂げようとしていた…。[B,D]

30 デイズ・ナイト：ビギニング

30 DAYS OF NIGHT: BLOOD TRAILS (2007) S1 米 FEARnet

アンドリュー・ローリッチ , ダニ・ジョーイ・オーウェン ,T・J・ゼイル ◆スティーヴ・ナイルズの人気グラフィック・ノベルを映画化した「30 デイズ・ナイト」の前日譚となる、恐怖の一夜を描いたサスペンス・ホラーのミニシリーズ。ヴァンパイア・ハンターと吸血鬼との死闘を描く。[B,D]

ザ・ディープ　深海からの脱出

THE DEEP (2010) S1 英 BBC

ミニー・ドライヴァー (山像かおり), ジェームズ・ネスビット (藤真秀), ゴラン・ヴィシュニック (てらそままさき) ◆北極海で姿を消した潜水艇ヘルメース号の任務を引き継ぎ、海底に眠る代替エネルギーの調査に向かった最新潜水艇オルフェウス号が遭遇する非常事態を描く、イギリス BBC 製作の海洋アクション・パニック作品。[D]

30 ROCK ／サーティー・ロック

30 ROCK (2006-2013) S7 米 NBC

ティナ・フェイ , アレック・ボールドウィン , ジェーン・クラコウスキー ◆アメリカの TV の中心地であるニューヨーク、マンハッタン。その 5 番街にあるロックフェラー・プラザ 30 番にスタジオを持つ TV 局 NBC を舞台に、放送作家のリズ・レモンやワンマンボスのジャック・ドナギーなど、一癖も二癖もあるキャラクターたちの日常を描くシチュエーション・コメディ。社会問題の風刺や業界の裏話を盛り込んだ内容は高い評価を受け、ゴールデン・グローブ賞やエミー賞など名だたる賞を受賞した。[D]

XIII　サーティーン

XIII (2008) S1 加 = 仏 Canal+

スティーヴン・ドーフ (横島亘), ヴァル・キルマー , ジェサリン・ギルシグ ◆初の女性大統領が暗殺されて 3 ヶ月後、記憶を失い首にローマ数字で "13" と刺青された男が発見された。男は暗殺犯と目されたが、司法当局とは別に謎のグループが彼を襲う。襲撃者を難なく撃退した己の戦闘能力に戸惑いながらも、男は真実を求めて調査を開始するが…。人気グラフィック・ノベルをドラマ化したミニシリーズ。[D]

XIII - サーティーン -

XIII: THE SERIES (2011-2012) S2 加 = 仏 Canal+/ Showcase

[別] XIII サーティーン : ザ・シリーズ

スチュアート・タウンゼント , アイシャ・タイラー , ヴィルジニー・ルドワイヤン ◆大人気の同名バンド・デシネ (グラフィック・ノベル) を原作とするスパイ・アクション。すべての記憶を失い、世間を揺るがした大統領暗殺事件の犯人として追われる元 CIA 工作員の通称 "XIII(サーティーン)"。わずかな記憶をたどりながら暗殺事件の黒幕を突き止める XIII だったが、それは新たなる陰謀の始まりだった。[D]

サーティーン／ 13　監禁事件ファイル

THIRTEEN (2016) S1 英 BBC

ジョディ・カマー , ナターシャ・リトル , スチュアート・グレアム ◆誘拐・監禁をテーマにイギリス BBC が製作し大ヒットを記録した、全 6 話のミニシリーズ。13 年間もの監禁生活から逃げ出した女性が直面する、社会や家族との断絶、そして犯人への憤りをサスペンスフルに描く。13 歳の時に誘拐・監禁されたアイビー・モクサムは、13 年後に自ら脱出し家族のもとへ帰ってきた。身体は 26 歳だが精神的には 13 歳のままであるアイビーに、家族は戸惑いを隠せない。警察の取り調べを受ける中、同一犯と思われる男によって今度は 10 歳の少女が誘拐されてしまった。やがて犯人は誘拐した少女の解放条件として、アイビーとの交換を申し出るが…。[D]

サード・ウォッチ

THIRD WATCH (1999-2005) S6 米 NBC

エディ・シブリアン (咲野俊介), アンソニー・ルイヴィヴァー (青木誠), スキップ・サダス (楠見尚己), コビー・ベル (堀川仁) ◆アメリカの大都市ニューヨークを舞台に、最も事件・事故が多発する午後 3 時から 11 時の時間帯に活躍するニューヨーク市警察 (NYPD) の警官、ニューヨーク市消防署 (FDNY) の消防士と救急救命士たちの姿

30 ROCK ／サーティー・ロック

サード・ウォッチ

を描くヒューマン・ドラマ。「ER 緊急救命室」のジョン・ウェルズが製作総指揮を務め、両作品を絡めたストーリーも展開された。[D,V]

The Tunnel －サボタージュ

→トンネル ～国境に落ちた血

サニー with チャンス

SONNY WITH A CHANCE (2009-2011) S2 米 Disney Channel

デミ・ロヴァート (世戸さおり), ティファニー・ソーントン (門田幸子), スターリング・ナイト (河西健吾) ◆一流のスターを夢見るウィスコンシン育ちのサニーは、TV 番組プロデューサーの目にとまり、彼女の好きな番組「ソーランダム」のキャストの 1 人として抜擢される。サニーは大喜びだが、新入りメンバーとして馴染めるか不安もいっぱい。サニーと風変わりなメンバーが繰り広げるドタバタ・コメディ。

The Knick ／ザ・ニック

THE KNICK (2014-2015) S2 米 Cinemax

クライヴ・オーウェン , アンドレ・ホランド , ジェレミー・ボブ ◆活動拠点を映画から TV へ移すことを表明した映画監督スティーヴン・ソダーバーグが、初めて手がけた異色の歴史医療ドラマ。1900 年代のニューヨークを舞台に、ニッカーボッカー病院、通称 " ザ・ニック " で働く天才外科医が様々な問題に立ち向かう姿を描く。ニッカーボッカー病院で働くジョン・サッカリーは、天才的な腕を持ちながら、様々なプレッシャーに耐えきれずコカインを常用していた。ジョンは外科部長に昇進するが、黒人のアルジャーノン・エドワーズを副部長として雇うよう、病院の後援者たちに要求される。

ザ・忍者マスター

→忍者ジョン＆マックス

ザ・ハイツ～青春のラプソディ

THE HEIGHTS (1992) S1 米 Fox

ジェイミー・ウォルターズ (神奈延年), アレックス・デザート (熊谷誠二) ◆「チャーリーズ・エンジェル」「ビバリーヒルズ青春白書」など数々の大ヒットドラマを世に送り出したアーロン・スペリングが製作総指揮を務めた、ロックバンドを中心とした若者たちを描く群像ドラマ。それぞれに事情を抱えるメンバーたちが、衝突を繰り返しながらも協力し、ロックバンド「ザ・ハイツ」の活動を続けていく。

サバイバー：宿命の大統領

DESIGNATED SURVIVOR (2016-) S2- 米 ABC

キーファー・サザーランド (志村知幸), ナターシャ・マケルホーン (宮島依里), エイダン・カント (福田賢二) ◆映画「X-MEN」シリーズのサイモン・キンバーグが製作総指揮を務め、主演に K・サザーランドを迎えた政治サスペンス・ドラマ。突然アメリカの運命を背負うことになった議員の運命を描く。アメリカ合衆国大統領による一般教書演説が行われている最中に、ワシントンで大規模な襲撃事件が発生、大統領および両院議員などがすべて殺害されてしまう。指定生存者に指名されていた議員のトム・カークマンは、すぐに宣誓を行い大統領に就任することに。突然の出来事に混乱しないよう奮闘するトムだったが、先の襲撃事件が大きな陰謀の始まりであることを彼はまだ知らなかった…。

THE BIBLE ～選ばれし者たちの歴史物語～

THE BIBLE (2013) S1 米 History

ディオゴ・モルガド (野島健児), グレッグ・ヒックス , エイドリアン・シラー ◆キリストの生涯を描いた映画「サン・オブ・ゴッド」のベースとなった、聖書の著名なエピソードを映像化するミニシリーズ。イエス・キリストにまつわる出来事のみならず、アダムとイヴの楽園追放、ノアの方舟、モーセの出エジプト、ソロモン王によるエルサレム宮殿建設など旧約聖書の出来事も含めて全 5 話で描く。

砂漠鬼部隊

→ラット・パトロール

ザ・パシフィック

THE PACIFIC (2010) S1 米 HBO

ジェームズ・バッジ・デール (相原嵩明), ジョン・セダ (上田大), ジョセフ・マッゼロ (桜木信助) ◆スティーヴン・スピルバーグとトム・ハンクスが製作総指揮を務め、実話に基づき太平洋戦争を壮大なスケールで描いたリアルな戦争ドラマ。製作費は 1 億 2 千万ドルといわれる。人が戦争により失うものは何か、また人はそれを取り戻せるのかというテーマを、戦争に参加した 3 人の若者を通して描く。[B,D]

The Knick ／ザ・ニック

サバイバー：宿命の大統領

THE PATH ／ザ・パス
THE PATH (2016-2017) S2 米 Hulu
アーロン・ポール , ミシェル・モナハン , エマ・グリーンウェル ◆新興宗教団体の熱心な信者が崩壊していく姿を描くサスペンス・ドラマ。恵まれない人に「光」を与えるという新興宗教団体マイヤリスト・ムーブメントに所属する若夫婦エディ・レーンと妻のサラは、カリスマ的指導者カルの言葉に従うことで日々の平穏を手に入れていた。しかしある日、エディは脱退した女性から教団の恐ろしい事実を聞かされる。教団のグロテスクな真実に直面したエディを待ち受けるものは…。

サハラの秘宝
SECRET OF THE SAHARA (1988) S1 米＝伊＝独
マイケル・ヨーク , ベン・キングズレー , デヴィッド・ソウル ◆考古学者のデズモンド・ジョーダンは、サハラ砂漠の奥地に伝説の“トーキング・マウンテン”が存在することを突き止めた。だが、そこに眠る秘宝をめぐって盗賊や軍人たちが跋扈し始める。ユダヤ人シェロモンの助けを得て、彼はトーキング・マウンテンを目指すが…。イタリア＝ドイツ＝アメリカ合作による、スペクタクル・アドベンチャー大作。[V]

ザ・バロン
THE BARON (1966-1967) S1 英 ITV
[別] バロン登場
スティーヴ・フォレスト (小林修), スー・ロイド (森ひろ子), ポール・フェリス (城達也) ◆古美術商のジョン・マネリング。しかしその裏の顔は国際的な犯罪組織と戦う政府のエージェント、バロンである。イギリス女情報部員のコーデリア・ウィンフィールドと共に、バロンは今日も世界を飛び回る。ちょっとオシャレなスパイ・アクション。

ザ・ハンガー
THE HUNGER (1997-2000) S2 米＝英＝加 Showtime/TMN
スティーヴン・マクハティ , ジェイン・ハイトメイヤー , テレンス・スタンプ ◆トニー・スコット監督、デヴィッド・ボウイ出演の吸血鬼映画「ハンガー」(1983 年) を TV シリーズ化。製作総指揮はリドリー・スコットとトニーが兄弟で担当。不老不死の吸血鬼たちをからめながら、人間の奥底に潜む暴力や欲望を、幻想的な映像やエロティックなイメージで浮き彫りにしてゆく 1 話完結のミステリー・シリーズ。[D,L,V]

サバンナ
SAVANNAH (1996-1997) S2 米 The WB
ロビン・ライヴリー , ジェイミー・ルナー , シャノン・スタージェス ◆ジョージア州サバンナを舞台に、幼馴染みの女性たちの複雑に絡み合った愛憎劇を描くサスペンス・ドラマ。富豪に雇われている家政婦の娘ペイトンは、雇い主の娘で幼馴染みでもあるリースを様々な手段で陥れていく。

THE VISITOR
THE VISITOR (1997-1998) 米
ジョン・コーベット , レオン・リッピー , グランド・L・ブッシュ ◆映画「インデペンデンス・デイ」を手がけたローランド・エメリッヒとディーン・デブリンが製作総指揮を務めた SF ドラマ。アメリカ本国では本編 12 話が放送されたが、日本では再編集版のビデオが 4 本リリースされたのみ。地球に忽然と現れた謎の UFO を米国国防省が迎撃するが、その数ケ月後、さらに巨大な UFO が地球にやって来た…。[V]

ザ・ビースト／巨大イカの逆襲
THE BEAST (1996) 米 MCA
[別] ビースト／巨大イカの逆襲 (TV)
ウィリアム・ピーターセン (磯部勉), カレン・サイラス (弘中くみ子), チャールズ・マーティン・スミス (田中亮一), ラリー・ドレイク (麦人) ◆「JAWS ／ジョーズ」で知られるピーター・ベンチリーの原作を 2 時間枠前後編 (実質約 180 分) でミニシリーズ化した生物パニック。ニューイングランドの小さな漁港で若いカップルが失踪。遭難事故かと思われたが、続発する類似事件に町は揺れ動く。やがてそれは想像を絶する巨大なイカの仕業によるものだと判明。海洋学者は漁のエキスパート、ダルトンと女性警察官キャスリンの協力を得て巨大イカの捕獲に出発する。日本では日曜洋画劇場にて 2 時間枠に再編集して放映された後、ビデオや DVD で完全版がリリースされた。[D,V]

ザ・ヒッチハイカー
→怪奇ゾーンへようこそ

THE PATH ／ザ・パス

サバンナ

THE PUMA　ザ・ピューマ
DER PUMA - KAMPFER MIT HERZ (1999-2000) S1 独
ミッキー・ハート, マリア・ペッツ, スザンヌ・ホス ◆テコンドーの達人ヨッシュ・エンゲル、通称“ピューマ”の活躍を描いたドイツ製アクション・ドラマ。テロリストに占拠された高層ビルにたまたま迷い込んだピューマが単身戦いを繰り広げる第1話（パイロット版）のみが日本でDVD化されている。[D,V]

ザ・ファイブ　－残されたDNA－
THE FIVE (2016) S1 英 Sky 1
トム・カレン（相樂真太郎）,O・T・ファグベンル（西垣俊作）, リー・イングルビー（宮内隆臣）, サラ・ソルマーニ（水世晶己）, ハンナ・アータートン（藤野愛美）◆ミステリー作家ハーラン・コーベンがTV用に書き下ろし、イギリスで大ヒットしたサスペンス・ミステリー。1995年、友達と遊んでいた5歳の少年ジェシーが行方不明となり、その後、幼児連続殺人に巻き込まれたことが明らかになる。そして現代、ホテルで女性が殺害される事件が発生した。現場に残された絆創膏からDNAが採取され、検査の結果、それは20年前に殺害されたはずのジェシーのものであることが判明する。

ザ・ファインダー　千里眼を持つ男
THE FINDER (2012) S1 米 Fox
ジェフ・スタルツ, マイケル・クラーク・ダンカン, マーセデス・メイソン ◆犯罪捜査ドラマ「BONES ボーンズ－骨は語る－」のスピンオフ作品。リチャード・グリーナーの小説『The Locator』をもとに、誰にも見つけられない探し物を見つけ出す主人公ウォルター・シャーマンの活躍を描く。

ザ・ファーム　法律事務所
THE FIRM (2012) S1 米＝加 NBC/CanWest Global Television Network
ジョシュ・ルーカス（内田夕夜）, モリー・パーカー（加藤優子）, ナターシャ・カリス（下山田綾華）◆ミステリー界の巨匠、ジョン・グリシャム原作の映画「ザ・ファーム／法律事務所」(1993年）から10年後のストーリーを、グリシャム自身の製作総指揮で描く。10年前マフィアを破滅に追い込んだ弁護士ミッチ・マクディーアに報復の手が迫る。[D]

ザ・フィクサー
THE FIXER (2015) S1 米
エリック・デイン, キャスリーン・ロバートソン ◆石油プラットフォームの事故を調べていた調査員のモラロは、事件の背後に巨大な黒幕が潜んでいることを突き止める。やがてその黒幕たちの狙いはワシントンD.C.であることが明らかになるが…。災害に見せかけた事故で株価を操作し、莫大な利益をあげる黒幕たちと、民間調査員との闘争を描いたサスペンス・ミニシリーズ。[D]

THE FALL　警視ステラ・ギブソン
THE FALL (2013 2016) S3 英 BBC Two
ジリアン・アンダーソン（相沢恵子）, ジェイミー・ドーナン（藤真秀）, ジョン・リンチ（やまむらいさと）◆狙った獲物は逃さない女性警視ステラ・ギブソンと、一見ごく普通の男でありながら殺人を繰り返すポール・スペクター。北アイルランドのベルファストを舞台に、追う者と追われる者との心理戦をスリリングに描く犯罪サスペンス。[D]

ザ・フォロイング
THE FOLLOWING (2013-2015) S3 米 Fox
ケヴィン・ベーコン（山路和弘）, ジェームズ・ピュアフォイ（東地宏樹）, ショーン・アシュモア（下崎紘史）◆洗脳された殺人集団を操る最凶の殺人鬼ジョー・キャロルと、キャロルをかつて逮捕した元FBI捜査官ライアン・ハーディとの対決を描くサイコ・サスペンス。自らの信奉者を洗脳して壮大な計画を実行しようとする殺人犯と、捜査官との死闘が繰り広げられる。キャロルの信奉者は何人いるのか、そしてキャロルの狙いは何なのか。[B,D]

サーフサイド6
SURFSIDE 6 (1960-1962) S2 米 ABC
トロイ・ドナヒュー（石浜朗）, リー・パターソン（勝田久）, ヴァン・ウィリアムズ（牧真史→井上孝雄）◆「サンセット77」「バーボン・ストリート」「ハワイアン・アイ」に続く“ワーナー探偵4部作”の最終作。サンディ・ウィンフィールド二世は財閥の息子で、所有しているボートをマイアミの波止場の6号ブイに係留している。そこを間借りしているのが私立探偵のデイブ・ソーンとケニー・マディ

ザ・ファーム　法律事務所

THE FALL　警視ステラ・ギブソン

さ

ソンだ。冒険好きの３人は、ボート内に構えた探偵事務所に持ち込まれる難事件を、次々に解決していく。３人の青年の活躍を描く青春ミステリー。

The Booth ～欲望を喰う男
THE BOOTH AT THE END (2011-2012) S2 米 FX
[別]ブース・アット・ジ・エンド
ザンダー・バークレイ, マット・ノーラン, ケイト・メイバリー ◆その男は、いつもダイナーの隅にあるブースに座っていた。男には、どんな望みでも叶えることができる力がある、という噂だ。ただしそのためには、彼が言うタスク(課題)をこなさなければならない。爆弾を仕掛ける、銀行を襲う、子供を殺す…。人は、自分の望みを叶えるためにどこまでできるのか。人間の深層心理を描き出す異色のSFミステリー。

ザ・ブック／CIA大統領特別情報官
STATE OF AFFAIRS (2014-2015) S1 米 NBC
キャサリン・ハイグル, アルフレ・ウッダード, アダム・カウフマン ◆CIAのトップ分析官であるチャーリー・タッカーが、殺された婚約者の父である大統領の下で働き、国際的な脅威からアメリカ合衆国を守り、婚約者の死の謎を追う姿を描く政治ドラマ。

ザ・フューチャーズ
MASTERS OF SCIENCE FICTION (2007) 米 ABC
マルコム・マクダウェル, ジョン・ハート, ジェームズ・クロムウェル ◆ロバート・A・ハインライン、ハーラン・エリスン、ハワード・ファストなどのSF短編小説を元にした全6話のSFアンソロジー・ドラマ。「スター・トレック／叛乱」のジョナサン・フレイクス、「シー・オブ・ラブ」のハロルド・ベッカー、「フォー・ザ・ボーイズ」のマーク・ライデルなどが監督を務めた。オープニングのナレーションをスティーヴン・ホーキング博士が担当しているのも話題になった。日本では「ザ・フューチャーズ」というタイトルで「漂流宇宙船 / 未来裁判」「地球外生命体 / 人造人間」「全人類監視 / 記憶障害」と3枚のDVDが発売された。[D]

ザ・プラクティス／ボストン弁護士ファイル
THE PRACTICE (1997-2004) S8 米 ABC
ディラン・マクダーモット(藤原啓治), マイケル・バダルコ(茶風林), リサ・ゲイ・ハミルトン(加藤沙織) ◆「アリー・my ラブ」のデイビッド・E・ケリーが製作し、エミー賞で15部門を受賞した、正義と感動の法廷エンターテインメント。ボストンを舞台に、ボビー・ドネルを筆頭とする弁護士たちが、強い信念のもとに社会的弱者を救うべく奮闘する姿を描く。同じ製作者による「アリー my Love」「ボストン・パブリック」の登場人物がお互いのドラマに出演する、いわゆるクロスオーバーも実現している。[D]

ザ・プリテンダー／仮面の逃亡者
THE PRETENDER (1996-2000) S4 米 NBC
マイケル・T・ワイス(大塚明夫→楠大典), アンドレア・パーカー(小山茉美→深見梨加), パトリック・ボーショー(糸博) ◆どんな技能も瞬時にして理解し行使できる能力者"プリテンダー"。幼いときから謎の組織"センター"でその能力を開発されてきたジャロッド・ラッセルが組織を脱走し、驚異的な学習能力で悪と戦っていくサスペンス・ドラマ。[V]

サブリナ
SABRINA, THE TEENAGE WITCH (1996-2003) S7 米 ABC → The WC
[別]サブリナ ティーンエイジ・ウイッチ (DVD)
メリッサ・ジョーン・ハート(石塚理恵), ベス・ブロデリック(藤田淑子), キャロライン・レイ(雨蘭咲木子) ◆16歳の誕生日を迎えた途端に魔法が使えるようになってしまったサブリナ・スペルマン。彼女は実は魔法使いの一族だったのだ。思いがけず魔女として人間界で生きることになった主人公が巻き起こす騒動を描いたコメディ。2本の長編TVムービー「サブリナ 麗しの魔女 in ローマの休日」と「サブリナ 麗しの魔女 in グレートバリアリーフの休日」も製作された。[D]

THE BRINK ／史上最低の作戦
THE BRINK (2015) S1 米 HBO
ジャック・ブラック(高木渉), ティム・ロビンス(安原義人), パブロ・シュレイバー(北田理道) ◆パキスタンで発生したクーデターによる混乱は他の国をも巻き込み、世界は第三次大戦の危機を迎える。アメリカ政府トップの国務長官ウォルター・ラーソンと、パキスタン在住で大使館

ザ・プラクティス／ボストン弁護士ファイル

サブリナ

職員の中でも末端のアレックス・タルボットは、互いに協力し合って世界の危機を回避しようとするが…。ブラックなポリティカル・コメディ。

The Principal

THE PRINCIPAL (2015) S1 豪 SBS

アレックス・ディミトリアデス , エイデン・ヤング , ミラー・フォークス ◆学内で起きた殺人事件をめぐって人間の様々な思いが交錯する、オーストラリア製作のヒューマン・ドラマ。シドニー南西部にあるボックスデール男子高校に、元教員のマット・バシールが新しい校長として赴任してきた。高校は荒れており、マットは学校の改革に乗り出そうとするが、その矢先、学校の敷地内で 17 歳の学生カリムの遺体が発見される。果たして犯人は誰なのか。そしてマットが目指す学校改革は実現するのか。

ザ・プレイヤー 〜究極のゲーム〜

THE PLAYER (2015) S1 米 NBC

フィリップ・ウィンチェスター (高橋広樹), ウェズリー・スナイプス (大塚明夫), チャリティー・ウェイクフィールド (沢城みゆき) ◆犯罪予知システムを使った卑劣なギャンブルが横行しているラスベガスを舞台に、ギャンブルのプレイヤーとして犯罪者と戦うことになった男が、犯罪の成り行きに大金を賭けるセレブたちのゲームに弄ばれながらも人々を救うべく奔走する姿を描くサスペンス・アクション。米 NBC ネットワークにて放送を開始したものの 1 シーズンで打ち切りとなり、話数も 13 話から 9 話に縮小された。元 FBI のアレックス・ケインは元妻の女医ジニーを殺害された上、その容疑者として逮捕されてしまう。謎の男ミスター・ジョンソンにより釈放されたアレックスは、そこで驚愕の事実を知らされる。[D]

ザ・プロテクター／狙われる証人たち

IN PLAIN SIGHT (2008-2012) S5 米 USA Network

メアリー・マコーマック , フレデリック・ウェラー , ニコール・ヒルズ , ポール・ベン＝ヴィクター ◆アメリカのニューメキシコ州アルバカーキを舞台に、証人保護プログラムの対象者を守る男勝りの女性連邦保安官メアリー・シャノンの奮闘と私生活での苦悩を描いた犯罪ドラマ。

ザ・ベガス

→クライム・ストーリー

ザ・プロテクター／狙われる証人たち

ザ・ホワイトハウス

THE WEST WING (1999-2006) S7 米 NBC

マーティン・シーン (小林薫→小林尚臣), ロブ・ロウ (吉田栄作→横堀悦夫), アリソン・ジャネイ (夏木マリ→堀江真理子) ◆一般には非公開とされているホワイトハウスの西棟 (サウス・ウィング) を舞台に、大統領とスタッフたちの日常をリアルに描き出す政治ドラマ。映画並みの予算を投じた作りで、エミー賞史上、最も多くの記録を樹立したことで知られる。個性的な大統領や側近たちが苦戦しながらも、アメリカ内外で起こった実際の事件を参考にした様々な問題に立ち向かっていく。[D,V]

ザ・マジシャン

THE MAGICIAN (1973-1974) S1 米 NBC

ビル・ビクスビー (矢島正明), ジュリアン・クリストファー , キーン・カーティス ◆当時問題になっていた暴力描写を極力排し、マジックによって事件を解決するという新しい手法が採用された異色のアクション・ドラマ。人気マジシャンのトニー・ブレイクが、銃や拳ではなくマジックの技術を駆使して、犯罪に立ち向かっていく姿を描く。本職のマジシャンが監修し、ドラマ内では主役の B・ビクスビー本人がマジックを行った。全 21 話。

サマンサ Who?

SAMANTHA WHO? (2007-2009) S2 米 ABC

クリスティナ・アップルゲイト (小島幸子), ジェニファー・エスポジート (沢海陽子), メリッサ・マッカーシー (坂本千夏) ◆記憶喪失になったアラフォー女性が、過去を捨てて新しい自分になろうとする姿を描くシチュエーション・コメディ。若くして不動産会社のエグゼクティブにまで登り詰めたサマンサ・ニューリーは、ある日交通事故に遭い、一命は取り留めたものの記憶喪失になってしまう。自分の過去の記憶を取り戻すべく友達に話を聞くのだが、耳に入るのは驚くほどの悪評ばかり。自分が性悪女だったことを知ったサマンサは、真人間に生まれ変わろうと奮闘するのだが…。

ザ・マンティス

M.A.N.T.I.S. (1994-1995) S1 米 Fox

カール・ランブリー ◆サム・ライミが原案と製作総指揮を担当した、カマキリをモチーフにした仮面のスーパー

ザ・ホワイトハウス

さ

ヒーロー "マンティス" が活躍するアクション。下半身麻痺に陥ったマイル・ホーキンズは、再び歩くため、友人の協力を得て外骨格の特殊スーツを開発。その能力を駆使して犯罪と戦うことを決意する。日本ではパイロット版がビデオで発売されたのみ。[V]

ザ・ミスト

THE MIST (2017) S1 米 Spike

モーガン・スペクター(小原雅人), アリッサ・サザーランド(藤本喜久子), ガス・バーニー(大関英里), ダニカ・クルチッチ(渡辺明乃) ◆ 2007年にフランク・ダラボンにより映画化されたスティーヴン・キングの小説『霧』を新たに映像化したTVシリーズ。原作とも映画とも異なる構成でストーリーが始まったが、多くの謎を残したまま1シーズンのみで打ち切りとなってしまった。すべてを飲み込む濃霧が町を覆うが、霧に囲まれた人間は不可解な死に方をする。ケビンは霧から逃れるために警察署に逃げ込むが、妻のイブと娘のアレックスはショッピングモールに閉じ込められてしまう…。

ザ・ミッシング　～消えた少年～

THE MISSING (2015) S1 米＝英 Starz!/BBC

ジェームズ・ネスビット(遠藤大智), フランシス・オコナー(藤本喜久子), チェッキー・カリョ(金尾哲夫) ◆イギリス人夫婦トニー・ヒューズとエミリーは5歳の息子オリヴァーと共にフランスにやってきた。ところが車の故障で立ち寄った小さな村で、オリヴァーの姿が消えてしまう。事故に遭ったか誘拐されたかさえ分からぬまま警察の捜査は終了、トニーは単身、我が子の行方を調べ続けていたが…。事件が起きた8年前と現在を交互に描きながら、錯綜した謎で視聴者を釘付けにしたミステリー。

ザ・ミッシング　～囚われた少女～

THE MISSING (2017) S1 米＝英 Starz!/BBC One

チェッキー・カリョ(金尾哲夫), デヴィッド・モリッシー(安原義人), キーリー・ホーズ(幸田直子) ◆イギリス・アメリカ合作のミステリー「ザ・ミッシング　～消えた少年～」の続編。2003年のドイツ・エックハウゼンで、アリス・ウェブスターという少女が誘拐され、その11年後、衰弱した女性が同地の病院に搬送される。彼女が口にしたソフィー・ジルーという名から、かつてフランスで発生した誘拐事件との関連が判明し、その事件の担当刑事だった元警部ジュリアン・バティストに連絡が入った。発見された女性はアリスか、あるいはソフィーなのか、ジュリアンは疑念を抱くが…。オリジナルは「THE MISSING」というドラマのシーズン2だが、日本ではサブタイトルを変更して放送された。

ザ・ミドル ～中流家族のフツーの幸せ

THE MIDDLE (2009-) S9- 米 ABC

パトリシア・ヒートン(井上喜久子), ニール・フリン(志村知幸), チャーリー・マクダーモット(仲田隼人) ◆アメリカの中流家庭をリアルかつ前向きに描いたドラマとして高い評価を得たファミリー・コメディ。ごく普通の主婦であるフランシス・フランキー・ヘックと夫のマイクは、3人の子供を抱え夫婦共働きで暮らしている。そんな家族が送るドタバタな日常を、ウィットとユーモアを交えて描き出す。

サム・アセンブリー　ティーン・エイジャー CEO

SOME ASSEMBLY REQUIRED (2014-2016) S3 加 YTV/Netflix

コルトン・スチュワート(勝杏里), チャーリー・ストーウィック(下田レイ), ハリソン・ハウド(石上裕一) ◆ティーン・エイジャーのジャーヴィス・レインズは、購入した化学実験セットが火を噴いて自宅が火事になってしまったことから、おもちゃ会社を相手に訴訟を起こし、その会社のオーナーの権利を手に入れた。彼は同級生のアスター、ノックスらをスタッフとして雇い入れるが…。ティーン・エイジャーが巻き起こす騒動を描いたコメディ。

サム＆キャット

SAM & CAT (2013-2014) S1 米 Nickelodeon

ジェネット・マッカーディ(小林沙苗), アリアナ・グランデ(清水理沙), キャメロン・オカシオ(宮田幸季) ◆ティーンに人気のTVドラマ「iCarly」のサム・パケットと「ビクトリアス」のキャット・バレンタインがコンビを組んだハチャメチャ・コメディ。毒舌のサムと天然ボケのキャットがルームメイトになりベビーシッターを始めたことから巻き起こる騒動を、両ドラマでおなじみのキャラクターをゲストに迎えつつ、明るく楽しく描く。

ザ・ミドル ～中流家族のフツーの幸せ

サム＆キャット

サムライ・ガール
SAMURAI GIRL (2008) S1 米 ABC Family
ジェイミー・チャン , ブレンダン・フェア , セイジ・トンプソン ◆アメリカで人気の同名ヤングアダルト小説をドラマ化したミニシリーズ。飛行機事故で唯一生き残り、日本人の資産家に引き取られたヘヴン。19 歳になり政略結婚のために渡米するが、これまで育ててくれた男がヤクザで、兄のヒロの死にも関係していることが明らかになる。ヘヴンはサムライとして、兄の親友ジェイクらの助けを得ながら運命の闘いに挑んでゆく。

THE MENTALIST メンタリストの捜査ファイル
→メンタリスト

ザ・モンキーズ
THE MONKEES (1966-1968) S2 米 NBC
デイビー・ジョーンズ (高橋元太郎), ミッキー・ドレンツ (鈴木ヤスシ), マイク・ネスミス (長沢純), ピーター・トーク (太田博之) ◆ビートルズに対抗するためオーディションによって結成されたグループ、ザ・モンキーズの面々を売り出すために作られたドタバタ・コメディ。デイビー、ミッキー、マイク、ピーターの 4 人組、モンキーズが騒動を巻き起こす。[V]

ザ・ユニット　米軍極秘部隊
THE UNIT (2006-2009) S4 米 CBS
デニス・ヘイスバート (福田信昭), スコット・フォーリー (置鮎龍太郎), ロバート・パトリック (佐々木勝彦) ◆アメリカ政府がその存在を隠し続ける極秘特殊部隊 " ユニット " の壮絶な任務を描くミリタリー・アクション。ジョナス・ブレイン隊長は新人のボブ・ブラウンや信頼できる部下マック・ゲルハルトらアルファ・チームを率いて、アメリカの平和を脅かす国際犯罪に立ち向かっていく。[D]

ザ・ラストコップ
DER LETZTE BULLE / THE LAST COP (2010-2013) S5 独 Sat.1
ヘニング・バウム , マクシミリアン・グリル , プロシャット・マダニ ◆ドイツで放送され大人気を博した刑事ドラマ。頭に弾丸を受けて 20 年もの間、昏睡状態に陥っていた熱血刑事ミック・ブリスコが奇跡的に回復し、己の知っていた世界とはまるで違ってしまった " 現代 " に戸惑いながらも、持ち前の熱い正義で難事件を追っていく TV シリーズ。日本では唐沢寿明主演でリメイクされ好評を博した。

ザ・ラストシップ
THE LAST SHIP (2014-2017) S4 米 TNT
エリック・デイン (神尾佑), ローナ・ミトラ (藤本喜久子), アダム・ボールドウィン (山野井仁) ◆南極での任務を終えた合衆国海軍駆逐艦ネイサン・ジェームズは、4 ヶ月間に渡る無線封鎖を解除して、マイアミへ帰還することになった。だが彼らは知らなかった。無線封鎖によって情報が隔絶されていた間に、全世界を未知のウィルスが襲い、各国の政府が崩壊していたことを…。人類の危機に立ち向かう乗組員たちの活躍を描く、マイケル・ベイ製作総指揮による海洋アクション。[B,D]

The Ranch　ザ・ランチ
THE RANCH (2016-2017) S3 米 Netflix
アシュトン・カッチャー (星野貴紀), ダニー・マスターソン (駒谷昌男), サム・エリオット (東和良) ◆ A・カッチャーが主演と製作総指揮を務める Netflix オリジナルのコメディ・ドラマ。アメフト選手としての夢を諦めてコロラドの田舎町に帰郷した青年が、父と兄の牧場経営を手伝いながら家族の絆を取り戻していく姿を描く。かつてカナダでセミプロのアメフト選手として活躍したコルト・ベネットは、デンバーにあるチームの入団を受けるつもりで帰郷するが、家族の牧場経営がうまく行っていないことを知る。

ザ・リターン
THE RETURNED (2015) S1 米 A&E
ケヴィン・アレハンドロ (新城健), アグネス・ブルックナー (入江純), インディラ・エネンガ (清水理沙) ◆フランスの同名 TV シリーズをリメイクしたホラー・サスペンス。アメリカのある小さな村でバスが転落し、乗客乗員が全て死亡するという事故が発生した。そして数年後、そのバスで死亡したはずの少女カミールが何事も無かったかのように自宅に帰ってくる。やがて彼女の他にも次々と死んだはずの人々が戻ってくるが…。

ザ・リッチズ
THE RICHES (2007-2008) S2 米 FX
エディ・イザード , ミニー・ドライヴァー , シャノン・ウッドワード ◆小さな詐欺やスリで小金を稼ぎながら町から

ザ・モンキーズ

ザ・ラストシップ

さ

町へ旅をしているマロイ一家。そんな流浪の日々に終止符を打つ日がやってきた。一家の長ウエインが、交通事故死をした富豪に成りすますことを画策したのだ…。アメリカのケーブル局 FX で放送された、流れ者のアイルランド人一家を描く異色の犯罪コメディ。

THE RIVER　呪いの川

THE RIVER (2012) S1 米 ABC

[別] The River(ザ・リバー)

ブルース・グリーンウッド , ジョー・アンダーソン , レスリー・ホープ ◆スティーヴン・スピルバーグと「パラノーマル・アクティビティ」のオーレン・ペリ製作による TV シリーズ。アマゾン奥地で " 謎の魔力 " を探るエメット・コール博士が消息を絶った。残された家族は TV クルーと共に博士の消息を追うが、人類に襲い掛かる大自然の驚異と、現実に魔術が存在する世界で、失踪に隠された真実が徐々に明らかとなる。ビデオカメラで撮影した POV(主観映像) によるフェイク・ドキュメンタリーの手法を取り入れ、未知の世界を進むクルーたちが体験する戦慄と恐怖をリアルに映し出す。[D]

猿の惑星

PLANET OF THE APES (1974) S1 米 CBS

ロディ・マクドウォール (植木等), ロン・ハーパー (羽佐間道夫), ジェームズ・ノートン (井上真樹夫) ◆ 1968 年に公開された SF 映画「猿の惑星」は世界的大ヒットとなり 4 本の続編が製作されたが、これは映画シリーズ終了を受けて 1974 年から始まった同名 TV シリーズ。猿の惑星に不時着した 2 人の宇宙飛行士アラン・バードンとピート・バークは、唯一の理解者である猿の科学者ゲイラン (映画版と同じく扮するは R・マクドウォール) と共に逃亡の旅を続けることになる。全 14 話。[D]

ザ・レーサー

STRAIGHTAWAY (1961-1962) S1 米 ABC

ブライアン・ケリー (納谷悟朗), ジョン・アシュレイ (田中信夫) ◆カー・デザイナーのスコット・ロスとメカニック担当のクリッパー・ハミルトンが共同経営するストレートガレージを舞台に、恋と冒険とカーレースを描いたモノクロ 30 分の青春ドラマ。

ザ・レポーター

THE REPORTER (1964) S1 米 CBS

ハリー・ガーディノ (外山高士), ゲイリー・メリル ◆架空の新聞社であるニューヨーク・グローブ社を舞台に、野心的な敏腕記者ダニー・テイラーが、編集長ロウ・シェルドンやタクシー運転手アーティー・バーンズの協力を得て取材活動を行う姿を描く社会派ドラマ。

ザ・ローグス

THE ROGUES (1964-1965) S1 米 NBC

[別] 泥棒貴族

シャルル・ボワイエ (和田文夫), デヴィッド・ニーヴン (川久保潔), ギグ・ヤング ◆金持ちから絵画や宝石を盗むアメリカ人のトニー・フレミング、イギリス人のアレック・フレミング、フランス人のマルセル・サン・クレールの活躍を描く、泥棒を主人公としたドラマ。アメリカ編、イギリス編、フランス編が交互に放映された。

ザ・ローマ　帝国の興亡

ANCIENT ROME: THE RISE AND FALL OF AN EMPIRE (2006) S1 英 BBC

マイケル・シーン , ジェームズ・ウィルビー , マイケル・マロニー ◆古代ローマ帝国の勃興から滅亡まで、暴君ネロの自殺、将軍シーザーと元老院との対立、カルタゴとローマの地中海の覇者をめぐる決戦など、ローマ史を代表する 6 つのエピソードを連ねて描いた歴史ドラマのミニシリーズ。[D]

THE WIRE ／ザ・ワイヤー

THE WIRE (2002-2008) S5 米 HBO

ドミニク・ウェスト , ランス・レディック , ソーニャ・ソーン ◆ボルティモア市警殺人課の刑事ジミー・マクノルティは、麻薬がらみの殺人事件の裁判を傍聴し、犯人として逮捕されたディアンジェロが証拠がありながらも無罪放免となったことに怒りを覚え、判事に不満をぶつける。判事は組織を壊滅させるべく特捜班の編成を命じ、セドリック・ダニエルズ警部補が責任者に任命された。特捜班に配属されたマクノルティは盗聴 (ワイヤー) 捜査の重要性を訴え、女性刑事キーマ・グレッグスは情報屋バブルスを使い、取引の現場に盗聴器を仕掛ける。一方、無罪となったディアンジェロは、叔父エイヴォン・バークスデー

猿の惑星

THE WIRE ／ザ・ワイヤー

ルのもとで働くことに次第に反発を感じるようになり…。米ケーブル局 HBO 製作による社会派犯罪ドラマ。

サン・オブ・アナーキー
SONS OF ANARCHY (2008-2014) S7 米 FX
[別] サンズ・オブ・アナーキー
チャーリー・ハナム, ケイティ・セイガル, ロン・パールマン ◆カリフォルニア州の小さな街を舞台に、街と仲間を守るために壮絶な戦いを繰り広げるギャングチームを描くクライム・アクション。カリフォルニア州チャーミングにあるバイククラブ"サンズ・オブ・アナーキー"は、武器売買により資金を得るギャングチームだ。暴力と違法行為を繰り返すならず者の集まりだが、外敵から街を守る姿は住民たちから支持されていた。そんな彼らの前に、ギャングやマフィア、捜査機関たちが立ちふさがる。彼らは街を、そして仲間を守ることができるのか。[D]

サン・オブ・ザ・ビーチ
SON OF THE BEACH (2000-2002) S3 米 FX
ティモシー・スタック, ローランド・キッキンジャー, レイラ・アルシーリ ◆ライフセーバーの活躍を描いた超人気ドラマ「ベイウォッチ」のパロディ作品で、くだらない下ネタが炸裂するお下劣コメディ。ノッチ・ジョンソンはライフ・セーバーとして、B・J・カミングスやジャマイカ・セント・クロイたちとカリフォルニアの海を守っていた。ところがある日、女性市長のメッセンギルがノッチ更迭を企み、新任ライフガードのキンバリーをスパイとして送りこんできた…。

サン・オブ・ザ・モーニング・スター／悲劇の将軍カスター
SON OF THE MORNING STAR (1991) S1 米 ABC
ゲイリー・コール (荻島真一), ロザンナ・アークエット (駒塚由衣), ディーン・ストックウェル (小林清志), バフィー・セント・マリー (根岸明美), テリー・オクィン (小林修), デヴィッド・ストラザーン (菅生隆之) ◆ 1876 年 6 月に起きたアメリカ陸軍と先住民族との熾烈な戦争、いわゆるリトルビッグホーンの戦いをリアルに描いてベストセラーとなったエヴァン・S・コンネルの歴史小説を前後編でミニシリーズ化した西部大河ロマン。それぞれの指揮官であるカスター将軍とクレージーホースの姿を、カスターの妻エリザベスとシャイアンの女性ケイト・ビッグヘッドの視点から捉えており、「E.T.」のメリッサ・マシスンが脚色にあたった。

サンクチュアリ
SANCTUARY (2008-2011) S4 加 Sci-Fi Channel → Syfy
アマンダ・タッピング (高島雅羅), ロビン・ダン (平川大輔), エミリー・ウラアップ (佐古真弓) ◆人気SFTVシリーズ「スターゲイト SG-1」「スターゲイト：アトランティス」のスタッフが製作する、架空都市を舞台に繰り広げられる SF ドラマ。時空を超えて存在する謎の女性研究者ヘレン・マグヌスは、17 世紀に父が作った施設サンクチュアリを運営している。彼女は世間から疎まれる未確認生物や遺伝子変異種などの"アブノーマル"を研究・保護し、未知の科学分野に挑戦していくのだが、それらアブノーマルを我が物にしようとする組織カバールが現れる。

サンセット 77
77 SUNSET STRIP (1958-1964) S6 米 ABC
エフレム・ジンバリスト・Jr(白井正明→黒沢良), ロジャー・スミス (園井啓介), エド・バーンズ (高山栄) ◆ロサンゼルスのサンセット大通りに事務所を構える私立探偵コンビ、元情報将校のスチュアート・ベイリーと元秘密捜査官のジェフ・スペンサーの活躍を描いたスマートな探偵ドラマ。いつもクシで髪を撫でつけている青年クーキーが人気者となり、主題歌は日本でもヒットした。[V]

サンセット・ビーチ
SUNSET BEACH (1997-1999) S1 米 NBC
スーザン・ウォード, クライヴ・ロバートソン, ハンク・チェイン ◆「ビバリーヒルズ高校白書」「ビバリーヒルズ青春白書」のプロデューサー陣が、南カリフォルニアのビーチを舞台に製作したメロドラマ。メールで知り合ったベン・エヴァンスとメグ・カミングスとの恋愛を軸に、様々なキャラクターたちが入り乱れ、恋や犯罪に巻き込まれていく姿を描く。

サンタクラリータ・ダイエット
SANTA CLARITA DIET (2017) S1 米 Netflix
ドリュー・バリモア (石塚理恵), ティモシー・オリファント (宮本充), リヴ・ヒューソン (末柄里恵) ◆ロス郊外のサンタクラリータという町で暮らす平凡な主婦シーラ・ハモ

サン・オブ・ザ・ビーチ

サンセット 77

ンド。そんな彼女がある日突然ゾンビになってしまう。人肉を食べたがるシーラに、夫のジョエルは殺人はいけないことだが、悪人なら殺して食べてもいいと妥協案を提示する。そして娘のアビーもまた、シーラがゾンビになったことを受け入れ、家族そろってシーラの秘密を守っていく。ショッキングな映像が満載のスプラッター・コメディ。製作総指揮にも名を連ねる主演のD・バリモアがシーラを好演。

サンダーストーン・未来を救え！

THUNDERSTONE (1999-2000) S3 豪 Network Ten

ジェフリー・ウォーカー (藤田大助), メレオニ・ヴキ (竹田まどか), アナ＝グレース・ホプキンズ (高橋千代美) ◆彗星の衝突によって再び氷河期になった未来の地球。人類は地下のコロニーに退避して生活していた。その一つ、ノース・コルで暮らす少年ノア・ダニエルズは、体験していたホログラムの暴走で未来の世界に飛ばされてしまう。オーストラリアで製作された子供向けのSFアドベンチャー作品で、日本ではNHK教育テレビの「海外少年少女ドラマ」枠で放送された。

サンダーバード

THUNDERBIRDS (1965-1966) S2 英 ITC

(声) シェーン・リマー (中田浩二), デヴィッド・ホリデイ (宗近晴見), マティアス・ジマーマン (剣持伴紀) ◆ 1964年から英国で放送された特撮人形劇。21世紀、億万長者で元宇宙飛行士のジェフ・トレイシーは、5人の息子と共に国際救助隊を組織、運営していた。サンダーバードと名付けられた1号から5号までの特別機を操り、世界の危機と難事件に立ち向かう。人形操演とは思えないダイナミックな爆発シーンやアクションシーンが見どころで、今なお根強い人気を誇る。[B,D]

サンタバーバラ

SANTA BARBARA (1984-1993) S9 米 NBC

A・マルティネス, マーシー・ウォーカー, ナンシー・リー・グラーン ◆カリフォルニア州のサンタバーバラに住む、リッチなキャプウェル一家の姿を描いた愛憎劇。シリーズを通してエピソード数が2000話以上もあり、おびただしい数のキャラクターが複雑な人間模様を展開する壮大なスケールのソープオペラとなっている。本国アメリカではデイタイムに放送された"昼ドラ"だったが、エピソードの途中で俳優が交代したり、主要なキャストが突然降板したりと、ドラマの成り立ちは内容に負けず劣らず複雑だった。

サンディエゴ特捜隊

→マンハント

サンデー・スター劇場

ALCOA THEATRE (1957-1960) S3 米 NBC

◆様々な危機に直面する人々を描く、1話30分のアンソロジー・ドラマ。デヴィッド・ニーヴンやジャック・レモンなど多彩な俳優が出演を果たした。

三人の若者

LE TEMPS DES COPAINS (1961-1962) S1 仏 RTF

ジャック・ルッソー (笈田勝弘), クロード・ロレ (関根信昭), アンリ・ティゾー (平凡太郎) ◆偶然出会った3人の青年が織り成す群像劇。花の都パリへと向かう夜行列車の中で、医大への入学が決まっているエチエンヌ、芸術家を志望しているルシアン、富豪の息子ジャンが知り合う。お互い意気投合し、友情を育むことになった彼らの青春を描く。

三ばか大将

THE THREE STOOGES SHOW (1960-1972) 米

[別] トリオ・ザ・三バカ

モー・ハワード (藤岡琢也), カーリー・ハワード (和久井節緒), ラリー・ファイン (江幡高志) ◆ 1930年代から50年代にかけて高い人気を誇った短編コメディ映画群を再編集したTVシリーズ。3人のドタバタ・ギャグは国や世代を超えて受け入れられ、日本でも子供を中心に高い人気を得た。1949年にアメリカで初めて放送されて以来、膨大な数の短編作品が現在に至るまでTV放映され続けている。2012年にはリメイク映画「新・三バカ大将　ザ・ムービー」が公開。他にもTVムービーやアニメなど、数多くの関連作品が製作された。

3%

3% (2016) S1 ブラジル Netflix

ビアンカ・コンパラート, ミシェル・ゴメス, ホドウフォ・ヴァレンチ, ヴァネッサ・オリヴェイラ ◆「シティ・オブ・ゴッド」でアカデミー賞撮影賞にノミネートされたセザール・

サンダーバード

三人の若者

シャローンらが監督を務めるブラジル製のスリラー作品。人口の大半が大陸のスラム街で暮らしている近未来。豊かな楽園の“島”に移住するには、20歳を迎えた年にたった一度だけ挑戦できる選抜テスト“プロセス”に合格しなければならなかった。一度きりのチャンスを掴むため、若者たちは合格率わずか3%の試験に死力を尽くす。

サンフランシスコ捜査線

THE STREETS OF SAN FRANCISCO (1972-1977) S5 米 ABC

マイケル・ダグラス(納谷六朗), カール・マルデン(森山周一郎), ダーリーン・カー ◆サンフランシスコ警察に所属するコンビ、大卒の新人刑事スティーヴ・ケラーとベテランのマイク・ストーン警部補の活躍を描いたTVドラマ。ヒットシリーズの一つとなり、1977年にはアメリカ探偵作家クラブ・最優秀TVドラマ賞を受賞した。[V]

サンフランシスコ大空港

SAN FRANCISCO INTERNATIONAL AIRPORT (1970) S1 米 NBC

ロイド・ブリッジス(中村正), クルー・ギャラガー(広川太一郎), バーバラ・ワール(北浜晴子), バーバラ・シーゲル(麻上洋子) ◆ 1970年3月にアメリカで公開された映画「大空港」のヒットにインスパイアされて、ユニヴァーサルTVが製作し同年秋に放映された同名のTVムービー(日本では映画劇場枠で放映)が、これも高視聴率を取ったためシリーズ化となった。もっとも「マクロード警部」「四次元への招待」「ドクター・ホイットマン」に本作を加えた4作品を週替わりで放映する「フォー・イン・ワン」枠での扱いで全6話しかない。サンフランシスコ国際空港で発生する様々なトラブルや犯罪に立ち向かう、ジム・コンラッド部長たち保安部や空港スタッフの活躍を描く。主人公のジム役はパイロット版のパーネル・ロバーツからL・ブリッジスに変更された。

サンフランシスコの空の下

PARTY OF FIVE (1994-2000) S6 米 Fox

スコット・ウルフ(鳥海勝美), マシュー・フォックス(宮本充), ネーヴ・キャンベル(岡本麻弥) ◆突然の交通事故で両親を亡くしたサリンジャー家の5人兄弟、チャーリー、ベイリー、ジュリア、クラウディアそしてオーウェンが、両親が残したレストランの経営を引き継ぎ、力を合わせて困難に立ち向かっていくファミリー・ドラマ。

サンフランシスコ・ビート

→捜査線

し

CIA: ザ・エージェンシー

THE AGENCY (2001-2003) S2 米 CBS

ギル・ベローズ(咲野俊介), ロニー・コックス(水野龍司), ロッキー・キャロル(佐藤晴男) ◆爆弾や生物兵器、核によるテロなど国の安全や世界平和の秩序を乱す、様々な陰謀に立ち向かうCIAテロ対策班の活躍を描くスパイ・アクション。CIA本部内の撮影が初めて許可されるなど、CIAの全面協力も話題となった。ウォルフガング・ペーターゼンが製作総指揮を担当。[D,V]

CIA ／薔薇の復讐

→地獄のシンジケート／ CIA・薔薇の戦慄

ジ・アメリカンズ

THE AMERICANS (2013-2017) S5 米 FX

ケリー・ラッセル, マシュー・リス, ノア・エメリッヒ ◆ 1980年代のアメリカ、バージニア州で旅行代理店を営むフィリップとエリザベスのジェニングス夫妻は2人の子供に恵まれたごく平凡な夫婦に見えたが、実は20年前にアメリカに潜入し、今も諜報活動を行っているKGBの工作員だった…。長らくアメリカで活動しているソ連工作員を描いたサスペンス・ミステリー。

CR ／コール・レッド

CALL RED (1996) S1 英 ITV

クレア・ベネディクト, アリ・バーン, ケン・ドルーリー ◆航空事故や火災などの災害によって生命の危機に瀕した人々を救うレイ・シドリー、アリソン・バトラーら緊急医療チームの活躍を描くサスペンス・アクション。[V]

THE HOUR　裏切りのニュース

THE HOUR (2011-2012) S2 英 BBC

ベン・ウィショー, ドミニク・ウェスト, ロモーラ・ガライ ◆ 1956年のイギリス国営放送BBCを舞台に、ニュース番組で活躍する若きジャーナリストたちが歴史的な事件の調査を進める内、殺人事件を含む陰謀の渦中に巻き

CIA: ザ・エージェンシー

ジ・アメリカンズ

さ

込まれていく姿を描くミステリー・サスペンス。冷戦時代、BBCで報道記者として働くフレディ・ライアンは、スエズ危機へのイギリスの関与を報道しようとした「ジ・アワー」制作チームが政府から圧力を受けたことを知り、独自に調査を開始しようとするのだが…。[D]

しあわせの処方箋
HAWTHORNE (2009-2011) S3 米 TNT
ジェイダ・ピンケット＝スミス(本田貴子), マイケル・ヴァルタン(古澤徹), デヴィッド・ジュリアン・ハーシュ(小野塚貴志)◆ウィル・スミスの妻であるJ・ピンケット＝スミスが主演と製作総指揮を務める医療ドラマ。リッチモンド・トリニティ病院のクリスティーナ・ホーソンは、強くて優しい、真面目だけどユーモアもある看護師。時には医者と対立したりもするが、常に患者目線で看護に当たっている。そんな彼女も家に帰ればシングルマザーで、年頃の娘とうまくいかないこともあり…。日々奮闘する看護師たちの懸命な姿を描く。[D]

JAG 犯罪捜査官ネイビーファイル
→犯罪捜査官ネイビーファイル

JFK: ケネディ家の人びと
→ケネディ家の人びと

シェイムレス　俺たちに恥はない
SHAMELESS (2011-) S8- 米 Showtime
ウィリアム・H・メイシー(梅津秀行), エミー・ロッサム(坂本真綾), ジャスティン・チャットウィン(川田紳司)◆イギリスで放送され第11シーズンまで続いた大人気ドラマ「Shameless」をアメリカでリメイクした、ちょっと下品で過激なコメディ・ドラマ。シカゴで暮らすギャラガー家は個性派ぞろいの大家族。フランクは6人の子を持つ父親だが、妻に逃げられアルコール依存症で無職。貧しくトラブルも多いが、強い絆で結ばれた家族は今日もたくましく生きていく。

ジェイン・オースティンに恋して
LOST IN AUSTEN (2008) S1 英 ITV
ジェミマ・ルーパー, エリオット・コーワン, ヒュー・ボネヴィル◆ジェイン(ジェーン)・オースティンの名作『高慢と偏見』の世界に迷い込んだ現代女性の姿を描くファンタジー・ドラマ。ロンドンの銀行で働くアマンダは小説『高慢と偏見』をこよなく愛しているが、ある日、アマンダの部屋にその主人公エリザベス・ベネットが出現。アマンダはエリザベスと入れ替わりに小説の世界に迷い込んでしまい、憧れのダーシー様に恋をするのだったが…。

ジェイン・オースティンの後悔
MISS AUSTEN REGRETS (2008) 米＝英 PBS/BBC
オリヴィア・ウィリアムズ, サミュエル・ルーキン◆『高慢と偏見』『エマ』など女性たちを虜にする恋愛小説を書き続けた、イギリスを代表する女流作家ジェイン(ジェーン)・オースティンの晩年を描くドラマ。裕福な男性から求婚されたジェインは、一旦は了承するものの断ってしまう。母や姉と共に暮らしながら独身生活を謳歌していたジェインだったが、姪のファニーから結婚の悩みを打ち明けられ…。[D]

ジェイン・オースティンの「分別と多感」
→分別と多感

シェキラ！
SHAKE IT UP! (2010-2013) S3 米 Disney Channel
ベラ・ソーン(清和祐子), ゼンデイヤ・コールマン(真壁かずみ), アダム・イリゴエン(浅利遼太)◆プロのダンサーになることを夢見る2人の少女の、お互いを思いやる友情とダンスにかける情熱を描くシチュエーション・コメディ。一流のプロダンサーを目指すシーシーとロッキーは、憧れのダンス番組「シェキラ！シカゴ」のオーディションに無理やり合格。夢に向かって進み続ける2人を待ち受けるハチャメチャな運命とは。

ジェシー！
JESSIE (2011-2015) S4 米 Disney Channel
デビー・ライアン(宮原永海), ペイトン・リスト(今井麻夏), キャメロン・ボイス(下田レイ)◆テキサスの田舎から大都会ニューヨークへやってきたジェシーが、住み込みの子守となって子供4人と体長2メートルのオオトカゲを相手に大奮闘するシチュエーション・コメディ。陽気なジェシーといたずら盛りの子供たちの賑やかな日常を描く。

ジェシカおばさんの事件簿
MURDER, SHE WROTE (1984-1996) S12 米 CBS
アンジェラ・ランズベリー(森光子), トム・ボスレー(富田耕生), ウィリアム・ウィンダム(村松康雄)◆アメリカ

シェイムレス　俺たちに恥はない

ジェシカおばさんの事件簿

の田舎町に住むジェシカ・フレッチャーは売れっ子のミステリー作家。タイプライターに架空の物語を打ち込むはずが、なぜか頻発する実際の事件に巻き込まれ、図らずも素人探偵として解決していく…。「刑事コロンボ」シリーズのリチャード・レヴィンソンとウィリアム・リンクが企画・製作したミステリー・ドラマ。毎回、ジェーン・アリソン、シド・チャリシー、アン・ブライスなど往年のハリウッドスターがゲスト出演し花を添えた。アガサ・クリスティーを思わせる主人公を演じた A・ランズベリーは、ゴールデン・グローブ最優秀主演女優賞に 4 度輝いている。[D]

CSI: 科学捜査班

CSI: CRIME SCENE INVESTIGATION (2000-2015) S15 米 CBS

ウィリアム・ピーターセン (野島昭生)<S1-9>, ローレンス・フィッシュバーン (銀河万丈)<S9-11>, テッド・ダンソン (樋浦勉)<S12-> ◆ジェリー・ブラッカイマー製作総指揮による、科学の力で犯罪にアプローチする科学捜査班の活躍を描く推理ドラマ。証拠第一主義のギル・グリッソム率いるラスベガス市警犯罪課犯罪現場捜査研究所科学捜査班に、血痕・繊維・化学・オーディオ分析などの専門官が集結した。彼らは残されたわずかな手掛かりをもとに証拠を導き出してゆく。捜査のみならず人間関係の描写やセット、小道具にも力を入れており、見応えあるストーリーとなっている。主演は第 9 シーズンまでは W・ピーターセンだが、その後、R・フィッシュバーン、T・ダンソンと変わっていった。[D,V]

CSI: サイバー

CSI: CYBER (2015-2016) S2 米 CBS

パトリシア・アークエット (松本梨香), ジェームズ・ヴァン・ダー・ビーク (小松史法), ピーター・マクニコル (江原正士) ◆「CSI: 科学捜査班」のスピンオフで、実在のサイバー心理学者メアリー・エイケンに材を取った作品。FBI は急増するサイバー犯罪に対してサイバー犯罪課を開設、その主任に FBI 特別捜査官エイヴリー・ライアンを任命する。元ハッカーのレイヴン・ラミレス、ブロディ・ネルソンを部下に従え、エイヴリーは姿の見えないサイバー犯罪者と戦う。[D]

CSI: ニューヨーク

CSI: NY (2004-2013) S9 米 CBS

[別] CSI:NY

ゲイリー・シニーズ (中村秀利), メリーナ・カナカレデス (野沢由香里), カーマイン・ジョヴィナッツォ (平田広明) ◆「CSI: 科学捜査班」のスピンオフ第 2 弾。アメリカ最大の都市ニューヨークを舞台に、最新科学を駆使して犯罪の真実を暴くニューヨーク市警 CSI チームの活躍を描く。ニューヨーク市警 CSI のチーフであるマック・テイラーを筆頭に、ダニー・メッサー、シェルドン・ホークスら科学捜査のプロたちが、大都市で起こる悲惨な事件を、微細な証拠品から緻密な捜査で解決に導いてゆく。[D]

CSI: マイアミ

CSI: MIAMI (2002-2012) S10 米 CBS

デヴィッド・カルーソー (石塚運昇), エミリー・プロクター (宮島依里), アダム・ロドリゲス (竹若拓磨→阪口周平) ◆「CSI: 科学捜査班」のスピンオフ作品。アメリカ有数のリゾート地であるフロリダ州マイアミを舞台に、郡警察のホレイショ・ケインをチーフとした科学捜査班 (CSI) チームの活躍を描く。カリー・デュケーンやエリック・デルコなどの捜査員たちと共に、最新科学による鑑識捜査を駆使して、犯罪都市マイアミの凶悪事件に挑む。[D,V]

GSG-9　対テロ特殊部隊

GSG 9 - DIE ELITE EINHEIT (2007-2008) S2 独 Sat.1

[別] スペシャル・ユニット GSG-9 対テロ特殊部隊 (DVD)

マルク・ベンヤミン・プーフ (小山力也), ビューレント・シャリフ (三上哲), アンドレーアス・ピーチュマン (内田夕夜) ◆ドイツ連邦警察局に所属する対テロ用の特殊部隊 GSG-9 の活躍を描いたアクション・シリーズ。GSG-9“ チーム 50” のリーダー、ゲープことゲープハルト・シュルラウを中心とした 5 人の精鋭がテロや武装犯罪などの凶悪犯罪に立ち向かう。[D]

ジェット・ジャクソン

CAPTAIN MIDNIGHT / JET JACKSON / JET JACKSON, FLYING COMMANDO (1954-1958) S2 米 CBS

[別] 空の勇者ジェット・ジャクソン

リチャード・ウェッブ (緑川稔), シド・メルトン (千葉順二), オラン・ソウル ◆人気ラジオ番組「キャプテン・ミッドナ

CSI: 科学捜査班

CSI: マイアミ

さ

イト」を映像化した航空アクション。元空軍の凄腕パイロットであるジェット・ジャクソンが、キャプテン・ミッドナイトとしてジェット機を操り、様々な犯罪を解決すべく冒険を繰り広げる。

ジェット・パイロット

THE BLUE ANGELS (1960-1961) S1 米

ドン・ゴードン (織本順吉), デニス・クロス , マイケル・ギャロウェイ ◆米海軍の飛行チームの活躍を描くアクション・ドラマ。フライト・アクロバットを専門とするアーサー・リチャード司令官以下“ブルーエンジェルス”のパイロットたちが、訓練飛行や航空ショーなどで遭遇する様々な事件を解決してゆく。

ジェット・ファイター

STEVE CANYON (1958-1960) S1 米 NBC

ディーン・フレデリックス ◆カリフォルニアにある空軍基地に所属するパイロットでトラブルシューターのスティーブ・キャニオン中佐が、特殊な任務を遂行していく 1 話 30 分の航空アクション作品。当時の最新鋭機だったセンチュリー・シリーズの機体が多数登場した。原作は同名人気コミックス。

シェトランド

SHETLAND (2013-2017) S3 英 BBC

ダグラス・ヘンシュオール , スティーヴン・ロバートソン , アリソン・オドネル ◆イギリスの大人気ドラマ「ヴェラ～信念の女警部～」の原作者であるアン・クリーヴスが手がけ、イギリスの文学賞である CWA 賞を受賞した『シェトランド』シリーズを映像化したミステリー。英国最北端に位置するシェトランド諸島で巻き起こる事件を軸に、閉鎖的な環境で暮らす島民たちの人間関係と心理が暴かれていく。日本では AXN ミステリーで放送された。

シェナンドー

A MAN CALLED SHENANDOAH (1965-1966) S1 米 ABC

ロバート・ホートン ◆記憶をなくした男がさすらう姿を描いた西部劇。シェナンドーの川の畔で銃撃され、傷を負って倒れていたカウボーイ。記憶喪失となっていた彼は、自らをシェナンドーと名乗り、失った記憶を取り戻すために西部へ向かうのだが…。モノクロ 30 分。

ジェネレーション

→新スター・トレック

ジェネレーション・ウォー

UNSERE MUTTER, UNSERE VATER / GENERATION WAR (2013) S1 独 ZDF

フォルカー・ブルッフ , トム・シリング , カタリーナ・シュットラー ◆第二次世界大戦下、ヨーロッパ東部戦線での悲惨な戦いを舞台とする戦争ドラマ。人間が戦争によってどのように変えられてしまうのかを、ドイツの若い兵士たちの視点からリアルに描き出す。大作映画並みのスケールとクオリティが高い評価を得て、ドイツ本国のみならずヨーロッパ各国で放送された。出征前に集まったヴィルヘルムたち 5 人の若者は、戦争が終わったら再会しようと誓い合うが、戦況はますます悪化の一途をたどり、彼らの希望は絶望へと変わっていくのだった。[D]

ジェネレーション・キル　兵士たちのイラク戦争

GENERATION KILL (2008) S1 米 HBO

アレキサンダー・スカルスガルド , ジェームズ・ランソン , リー・ターゲセン ◆ 2003 年、フィック中尉率いるブラボー小隊は、クウェート北部の駐屯基地で訓練に明け暮れながら出撃命令を待っていた。冷静沈着でアイスマンと呼ばれるコルバート軍曹は、十分に支給されない物資のことで上層部への不満を口にするが、バーソン伍長は不満を煽って攻撃の際に爆発させるのが海兵隊のやり方なのだと応じる。そんな中、民間人記者のエヴァン・ライトが取材のためにブラボー小隊に加わり、軍用車ハンヴィーに同乗する。彼が目撃したイラク戦争の真実とは…。アメリカ海兵隊の偵察大隊がバグダッドに侵攻するまでを描いた全 7 話のミニシリーズ。原作はローリング・ストーン誌の記者エヴァン・ライトの同名ノンフィクション。ライト自身もコンサルタントとして製作に参加し、実際の海兵隊員も本人役で出演している。[B,D]

ジェミニマン

GEMINI MAN (1976) S1 米 NBC

ベン・マーフィ (津嘉山正種), キャサリン・クロフォード (上田みゆき), リチャード・A・ダイサート (小林清志), ウィリアム・シルヴェスター ◆低視聴率で打ち切られた

ジェネレーション・ウォー

ジェミニマン

デヴィッド・マッカラムの「透明人間」の後、再びH・G・ウェルズの原作を元にしてSFスパイ・アクション色を濃くして製作されたTVシリーズ。アメリカ政府の組織インターセクトの諜報部員サム・ケーシーは、アビー・ローレンス博士が開発した透明時計で15分間だけ透明になれる能力を手に入れる。パイロット版は「ジェミニマン・放射能透明人間」として洋画劇場枠で放映。

ジェミーの冒険旅行
THE TRAVELS OF JAIMIE MCPHEETERS (1963-1964) S1 米 ABC
[別] 西部遥かなり
ダン・オハーリヒー (山田康雄), カート・ラッセル (中野繁雄), チャールズ・ブロンソン (納谷悟朗) ◆ロバート・ルイス・テイラーによるピューリッツァー賞受賞作品『ジェイミー・マックフィーターズの冒険』をTVドラマ化。19世紀半ばのアメリカを舞台に、少年ジェミーと父親が金鉱を求め幌馬車に乗り、東部からカリフォルニアを目指す旅を描く。ジェミーを演じたのは、若き日のK・ラッセル。最終エピソードのスピンオフとして映画「不死身のファイター」が製作され、ブロンソンとラッセルが同じキャラクターで登場した。ブロンソンがメインとなるエピソードを劇場用に再編集したのが「マードックの拳銃」(1964年)。

ジェームス・ウィルビーの 二都物語
A TALE OF TWO CITIES (1989) 英 = 仏
ジェームズ・ウィルビー , サヴィエ・ドリュック , ジョン・ミルズ ◆チャールズ・ディケンズの同名歴史ロマンをドラマ化。イギリスにやってきたフランス貴族のチャールズと、彼に似た容貌を持つカートン弁護士は、無実の罪で18年間牢獄に囚われていた父マネット医師と共に暮らすルーシーと知り合い恋に落ちる。やがてチャールズはフランスに戻って革命に巻き込まれるが…。[V]

ジェームズ・ボンドを夢見た男
FLEMING / FLEMING: THE MAN WHO WOULD BE BOND (2014) S1 英 Sky Atlantic
[別] フレミング ～ 007 誕生秘話～ (ソフト)
ドミニク・クーパー (川島得愛), ララ・パルヴァー (宮島依里), サミュエル・ウェスト (三上市朗) ◆映画「007」シリーズの原作者であり、ジェームズ・ボンドのモデルでもあるイアン・フレミングの伝記ドラマ。第二次世界大戦中にイギリス海軍の諜報部員として活動した時期を中心に、虚実を織り交ぜながらその知られざる素顔を描く。[D]

ジェリコ
JERICHO (1966-1967) S1 米 CBS
ドン・フランクス (小林昭二), ジョン・レイトン (山田康雄), マリノ・マッセ (前田昌明) ◆第二次大戦を舞台にしたスパイ・アクション。連合軍最高司令部に所属する米英仏の情報将校、フランクリン・シェパード大尉、ジャン＝ガストン・アンドレ中尉とニック・ゲージ中尉の3人が、ドイツ軍の領域に潜入し破壊工作や要人救出などのスパイ活動を行う。

ジェリコ ～閉ざされた街～
JERICHO (2006-2008) S2 米 CBS
スキート・ウールリッチ (家中宏), レニー・ジェームズ (西凜太朗), アシュレイ・スコット (田中敦子) ◆アメリカのカンザスにある田舎町ジェリコ。市長の息子ジェイク・グリーンが祖父の遺産を受け取るために帰郷したその日、国内の主要都市が核攻撃で壊滅してしまう。変わり果てた世界で生きていこうとする人々の葛藤を描くSFドラマ。[D]

シェルビーの事件ファイル
THE MYSTERY FILES OF SHELBY WOO (1996-1999) S4 米 = 加 Nickelodeon
アイリーン・ウン (竹田まどか), パット・モリタ (中村正), アダム・ブッシュ (杉山大) ◆女子高生シェルビー・ウーが警察署でアルバイトをしながら事件の情報を集め、小さなホテルを経営しているが実は犯罪学の大家である祖父のマイクの助言を得て、高校の仲間と共に事件を解決していくミステリー・ドラマ。

シェーン
SHANE (1966) S1 米 ABC
デヴィッド・キャラダイン (家弓家正), ジル・アイアランド (此島愛子), クリストファー・シェア (貴家堂子), トム・タリー (吉沢久嘉) ◆アラン・ラッド主演の同名名作をTVシリーズとしてリメイク。主人公のシェーンには当時新鋭のD・キャラダインが扮し、孤独なガンマンを好演した。牧場主から迫害を受けるスターレット家のもとに現れた1人のガンマンの活躍を描く。

ジェームズ・ボンドを夢見た男

ジェリコ ～閉ざされた街～

さ

ジェーン・ザ・ヴァージン
JANE THE VIRGIN (2017-) S4- 米 The CW
ジーナ・ロドリゲス, アンドレア・ナヴェド, ヤエル・グロブグラス ◆祖母の厳しい教えに従い、結婚まで純潔を守り続けていたジェーンは、医療ミスによって人工授精で妊娠させられてしまう。出産は避けようとしたジェーンだが、精子の提供者である若きホテル王ラファエルにとって我が子を得る最後の望みであることを知り…。ベネズエラ発のラテン・メロドラマをリメイクしたコメディ・シリーズ。

The OA
THE OA (2016) S1 米 Netflix
ブリット・マーリング (永宝千晶), ジェイソン・アイザックス (田村真), エモリー・コーエン (遠藤純平) ◆映画「ザ・イースト」のB・マーリングとザル・バトマングリッジがタッグを組んで制作したNetflixオリジナルのミステリー作品。7年間消息を絶っていた若い女性が突如姿を現し、家族の元へ帰ってくる。しかし盲目だった彼女の視力は回復しており、背中には奇妙な傷跡がついていた。彼女は失踪中の経緯を家族にもFBIにも話そうとしないが、その一方で5人の見知らぬ者たちを集め、彼らに身の上を語り始めるのだった。

The OC
THE O.C. (2003-2007) S4 米 Fox
ミーシャ・バートン (小林沙苗), ベンジャミン・マッケンジー (小野大輔), アダム・ブロディ (岡野浩介), レイチェル・ビルソン (斉藤梨絵) ◆カリフォルニア州オレンジ・カウンティ(OC)で強盗容疑で捕まったライアン・アトウッドは、セス・コーエン弁護士の家に引き取られ上流家庭で暮らすことに。そして隣人クーパー家の長女マリッサと恋に落ちるのだが…。セレブ社会で繰り広げられるファッショナブルな人間関係を描く。主演のM・バートンは若い女性の絶大なる支持を得て大ブレイクを果たした。[D]

The Office
THE OFFICE (2001-2003) S3 英 BBC
リッキー・ジャーヴェイス, マーティン・フリーマン, マッケンジー・クルック ◆ロンドン郊外スラウにある紙の卸会社にBBCの撮影クルーが到着、会社の内部を追うドキュメンタリーの製作が開始される。カメラに向かい本音をぶちまける社員たち。番組の中心となるのはマネージャーのデヴィッド・ブレント。自己顕示欲の塊で下品なジョークを連発、自分が人気者だと信じて疑わない史上最低の上司だが、部下たちも一風変わった個性派ぞろいだった。ドキュメンタリー・タッチで製作された、とてもリアルでブラックなシニカル・コメディ。脚本・演出はブレントを演じるR・ジャーヴェイス。本国のみならずアメリカでも放映され大ヒットし、イギリス作品としては初のゴールデン・グローブ作品賞と主演男優賞に輝いた。その後、アメリカ・バージョンが「40歳の童貞男」のスティーヴ・カレル主演で「ザ・オフィス」としてリメイク。[D]

シカゴ警察ヒルストリートブルース
→ヒル・ストリート・ブルース

シカゴ特捜隊 M
M SQUAD (1957-1960) S3 米 NBC
[別] 犯罪都市M | 鬼刑事バリンジャー
リー・マーヴィン (若山弦蔵), ポール・ニューラン ◆シカゴ警察のタフな鬼刑事フランク・バリンジャー警部補の活躍をハードボイルド・タッチで描いたポリス・アクション。それまでは傍役や悪役の多かったL・マーヴィンを一躍トップスターにした。

シカゴ P.D.
CHICAGO P.D. (2014-) S5- 米 NBC
ジェイソン・ベギー (藤沼建人), ジョン・セダ (辻井健吾), ソフィア・ブッシュ (土井真理) ◆シカゴの消防士たちの活躍を描いたTVシリーズ「シカゴ・ファイア」のスピンオフ。市民を脅かす悪には容赦をしない巡査部長率いるシカゴ市警察21分署特捜班の刑事たちの活躍を描く。「シカゴ・ファイア」で主人公ケイシーの命を狙う悪徳警官だったハンク・ボイトが出所後、特捜班のリーダーを任され、危険を顧みない捜査で悪と戦っていく異色のポリス・ストーリー。見ごたえのある物語が好評を博し、スピンオフ・ドラマの製作も決定した。[D]

シカゴ・ファイア
CHICAGO FIRE (2012-) S6- 米 NBC
ジェシー・スペンサー (鈴木正和), テイラー・キニー (阪口周平), モニカ・レイモンド (岡田恵) ◆シカゴ消防局51分署を舞台に、命がけで人命救助を行う消防士たち

The OC

シカゴ・ファイア

の勇姿を描いたレスキュー・アクション。迫力の救助シーンと見応えある人間ドラマが好評を博し、のちに「シカゴ P.D.」を始めとするスピンオフ番組が続々と製作された。製作総指揮は「LAW & ORDER」シリーズのディック・ウルフ。はしご第 81 小隊のマシュー・ケイシーと救助/レスキュー第 3 小隊のケリー・セブライドは、同僚の殉職をきっかけに反目しあうようになるのだが…。[D]

シカゴホープ
CHICAGO HOPE (1994-2000) S6 米 CBS

マンディ・パティンキン (磯部勉/大塚芳忠), ヘクター・エリゾンド (愛川欽也/辻親八), アダム・アーキン (仲野裕/小室正幸) ◆総合病院シカゴホープを舞台に、最先端の医療設備を駆使するエリート外科医たちの活躍を映し出す医療ドラマ。毎回放送されるリアルな手術シーンのみならず、医師や患者の人間模様も丁寧に描き出されている。[L,V]

シカゴ・メッド
CHICAGO MED (2015-2017) S2 米 NBC

コリン・ドネル (川島得愛), トーレイ・デヴィート (宮島依里), ニック・ゲルファス (櫻井孝宏) ◆「シカゴ P.D.」に続く「シカゴ・ファイア」のスピンオフ第 2 弾。「シカゴ・ファイア」シーズン 3 の第 19 話が本作のパイロット版になっている。シカゴにある大病院"シカゴ医療センター (シカゴ・メッド)"に新設された救急外来 (ED) を舞台に、次々と運び込まれてくる患者たちを救おうとする医師たちの必死の活躍を描く。手術シーンは医療ドラマの代名詞「ER」をしのぐほどリアルと言われ、作品自体も高い評価を得ている。[D]

ジキル
JEKYLL (2007) S1 英 BBC

ジェームズ・ネスビット , ジーナ・ベルマン , デニス・ローソン ◆スティーヴンソンの古典『ジキル博士とハイド氏』の後日譚として展開するサスペンス・ドラマ。2007 年のロンドンを舞台に、トム・ジャックマン博士が己の中に眠るもう 1 つの凶暴な人格ハイドの秘密に迫っていく。[D]

ジキル&ハイド
JEKYLL & HYDE (2015) S1 英 ITV

トム・ベイトマン , リチャード・E・グラント , トム・リース・ハリーズ ◆二重人格を扱い幾度となく映像化されてきたロバート・ルイス・スティーヴンソンの名作小説『ジキル博士とハイド氏』を、全く新たな解釈で蘇らせたアクション・ホラー作品。1935 年、イギリス領セイロン。新米医師として働く気立てのいい青年ロバート・ジキルのもとに一通の手紙が届く。そこには、ロンドンに住んでいたという彼の知らない親族の存在が記されていた。ジキルは真相を探るべくロンドンを訪れるが、そこで次々と不可解な事件に巻き込まれ、やがて自分の中に潜む戦慄の存在"ハイド"と遭遇する。ハイドに変身する呪いを解くため、ジキルはハイドのダークな世界へと足を踏み入れるのだった。

ジークアンドルーサー
ZEKE AND LUTHER (2009-2012) S3 米 Disney XD

ハッチ・ダーノ (浅沼晋太郎), アダム・ヒックス (宮下栄治), ダニエル・カーティス・リー (岡林史泰) ◆スケートボードのプロを目指す 2 人の少年を軸に描かれる痛快コメディ。スケボーでプロ級のテクニックを持つ 15 歳のジークとルーサーが、ある日スカウトマンの目に留まりパフォーマンスを披露することに。高難度のジャンプが要求されていることを知り怖気づく 2 人だが、前日にホテルへチェックインすると羽目を外して大騒ぎ。果たしてイベントは成功するのか。

時空刑事 1973　LIFE ON MARS
LIFE ON MARS (2006-2007) S2 英 BBC

ジョン・シム (浪川大輔), フィリップ・グレニスター (天田益男), リズ・ホワイト (林真里花) ◆ 2006 年。マンチェスター警察の警部サム・タイラーは、仕事も私生活も順調だったが捜査中に交通事故に遭い、意識不明となってしまう。目を覚ました彼が見たものは、1973 年の世界だった。そこでサムは警察の犯罪捜査部に配属されるのだが…。エミー賞でベスト・ドラマ賞を受賞した、SF ドラマと刑事ドラマのハイブリッド作品。2008 年にはアメリカで「ニューヨーク 1973/LIFE ON MARS」としてリメイクされた。[D]

シークエスト
SEAQUEST DSV (1993-1996) S3 米 NBC

ロイ・シャイダー (阪脩), ジョナサン・ブランディス (石

シカゴホープ

シークエスト

さ

田彰), ドン・フランクリン(大川透), ステファニー・ビーチャム(野沢由香里), ステイシー・ハイダック(湯屋敦子) ◆スティーヴン・スピルバーグが製作総指揮を務めた海洋SFドラマ。近未来の地球を舞台に、海底資源をめぐる紛争を回避し平和を維持するために活躍する最新鋭の潜水艦シークエストを描く。本国アメリカでは第3シーズンまで続いたが、日本で放送されたのは第2シーズンまで。パイロット版である第1話の監督は「スター・ウォーズ/帝国の逆襲」を手がけたアーヴィン・カーシュナー。

ジグザグ
THE MOST DEADLY GAME (1970-1971) S1 米 ABC

ジョージ・マハリス(井上孝雄), イヴェット・ミミュー(富田恵子), ラルフ・ベラミー(宮川洋一) ◆美術品のコレクターにして犯罪研究家のイーサン・アーケンが、元諜報部員のジョナサン・クロフト、ファッション・モデルで新進の犯罪学者でもあるヴァネッサ・スミスと共に、最も危険なゲーム=殺人事件に挑むミステリー劇。

シグナル/時空を超えた捜査線
FREQUENCY (2016-2017) S1 米 The CW

ペイトン・リスト(浅野真澄), ライリー・スミス(福田賢二), デヴィン・ケリー(藤本喜久子), メキー・ファイファー(乃村健次), レニー・ジェイコブソン(吉田ウーロン太), ダニエル・ボンジュール(平川大輔) アンソニー・ルイヴィヴァー(津田健次郎) ◆2000年のファンタジックなSFサスペンス映画「オーロラの彼方へ」をテレビドラマとしてリメイク。過去と通話できる無線機を通して、父と娘が悲劇を回避しようと奮闘する姿を描く。2016年、ニューヨーク市警のレイミー・サリヴァンは、自宅のガレージで父のアマチュア無線機を発見する。その無線機から聞こえてきた声は、20年前に殉職した父フランクのものだった。レイミーは父を救うべく「これから起きること」を告げるが、死ぬはずだったフランクが生き残ったためにレイミーの現在は大きく変化してしまう。

Secrets ~過去を秘めた女たち~
SUSPECTES: CHAQUE FEMME A UN SECRET / SECRETS (2007) S1 仏 M6

イングリッド・ショーヴァン, カリーナ・ロンバード, エロディ・フランク ◆記憶喪失に陥った殺し屋が持っていたリストには、専業主婦のマリナ・ドヴォー、美容外科医のクロード・パーキンス、OL志望のジュリエット・ヴァル、お互いに無関係な3人の女性の名前が記載されていた。それぞれ秘密を隠した女性たちが巻き込まれる恐怖を描くサスペンス・ドラマ。

シークレット・アイズ　華麗なる作戦
FORTUNE HUNTER (1994) S1 米 Fox

マーク・フランケル(江原正士), ジョン・ロバート・ホフマン(安西正弘), キム・フェイズ(叶木翔子) ◆世界的に有名な民間の調査機関インターセプトに所属する腕利きの諜報員カールトン・ダイヤルと、超小型カメラやコンピュータなどハイテク技術で彼をバックアップするハリー・フラックの活躍を描いたアクション・シリーズ。

シークレット・アイドル　ハンナ・モンタナ
HANNAH MONTANA (2006-2011) S4 米 Disney Channel

[別] ハンナ・モンタナ フォーエバー(第4シーズン)

マイリー・サイラス(白石涼子), ジェイソン・アールズ(梯篤司), エミリー・オスメント(小林由美子) ◆主演のM・サイラスを一躍スターダムに押し上げた、ティーン向けのコメディ作品。カリフォルニア州マリブに引っ越してきたマイリー・スチュワートは、友人のリリーやオリバーと共に学校生活を楽しんでいるが、実は彼女は全米で大人気のアイドル"ハンナ・モンタナ"というもう一つの顔を持っていた…。日本では最終シーズンとなる第4シーズンのみ「ハンナ・モンタナ フォーエバー」と改題された。[D]

シークレット・エージェントマン
SECRET AGENT MAN (2000) S1 米 UPN

コスタス・マンディロア(小杉十郎太), ディナ・メイヤー(佐々木優子), ドンドレ・ホイットフィールド(乃村健次) ◆ミュージシャンの名前をコードネームに持つ3人の諜報員、女好きだが凄腕のモンク、色気過剰のホリディ、秘密兵器マニアのデイヴィスの活躍を、スタイリッシュかつコミカルに描いたスパイ・アクション・ドラマ。

シークレット・サイファー　ナチス原爆計画
TAJEMNICA TWIERDZY SZYFROW (2007) S1 ポーランド TVP

パヴェウ・マワシンスキ, ヤン・フリッシュ, カロリーナ・グルシュカ ◆第二次大戦最後の二ヶ月間、戦争を一気に

シークレット・アイドル　ハンナ・モンタナ

シークレット・エージェントマン

終結させる原子爆弾の開発に際し、アメリカとドイツはそれぞれ激しい諜報戦を繰り広げていた。その鍵を握る暗号システム"アパラタス"をめぐるスパイたちの活躍を描いたサスペンス。[D]

シークレット・サークル
THE SECRET CIRCLE (2011-2012) S1 米 The CW
ブリット・ロバートソン(潘めぐみ), トーマス・デッカー(内山昂輝), フィービー・トンキン(東條加那子)◆『ヴァンパイア・ダイアリーズ』で知られる人気作家L・J・スミスの同名ベストセラー小説をドラマ化。母を亡くしワシントン州に引っ越してきた16歳のキャシーの身の回りで、いくつもの不思議な現象が起き始める。混乱するキャシーは同じ高校の同級生たちから、自分も彼らも魔法使いであることを知らされる。魔法使いが集まりサークルを結成したとき、謎と危険に満ちた冒険が始まる。

シークレットサービス　マル秘ミッション
AU SERVICE DE LA FRANCE / A VERY SECRET SERVICE (2015) S1 仏 Arte
ヒューゴ・ベッカー, ウィルフレッド・ベネイシュ, クリストフ・クロチキーヌ◆フランス製のドタバタ・スパイ・コメディ作品。1960年、冷戦時代の真っただ中。若きアンドレ・メルローはフランスのシークレットサービスに入局するが、そこにいたのは癖の強い同僚や国外の敵、そして官僚たちだった…。様々なトラブルに巻き込まれながらも成長していくアンドレの姿を描く1話30分のTVシリーズ。

事件記者コルチャック
KOLCHAK: THE NIGHT STALKER (1974-1975) S1 米 ABC
ダーレン・マクギャヴィン(大塚周夫), サイモン・オークランド(木村幌), ジャック・グリネージ(富山敬)◆通信社の事件記者コルチャックが巻き込まれる怪奇現象を描くTVシリーズ。1990年代の大ヒットドラマ「X-ファイル」に影響を与えたと言われる。彼の追う事件の犯人は、吸血鬼、呪い、宇宙人、モンスター、ゾンビ、狼人、亡霊など。自ら事件を解決するのだが、いつも証拠や目撃者がなくて記事にならないオチがつく。シリーズ放送前に「事件記者コルチャック／ナイト・ストーカー」「事件記者コルチャック／ナイト・ストラングラー」と2本のパイロット版が製作されているが、日本では未放映(ビデオとDVDのみ)。また2005年にはリメイク版ドラマ「ナイト・ストーカー」が放送された。[D,L,V]

事件記者ルー・グラント
LOU GRANT (1977-1982) S5 米 CBS
エドワード・アズナー(小松方正), メイソン・アダムス(石井敏郎), ロバート・ウォーデン(山口健), ナンシー・マーシャン(麻生美代子), ジャック・バノン(筈見純), リンダ・ケルシー(榊原良子), ダリル・アンダーソン(幹本雄之)◆ロサンゼルスの新聞社トリビューン紙社会部の編集長ルー・グラントと、彼の下で社会的な問題を追求していく新聞記者たちの姿を描いたドラマ。人気シットコム「メアリー・タイラー・ムーア・ショウ」のスピンオフ作品。

事件と裁判
ARREST AND TRIAL (1963-1964) S1 米 ABC
ベン・ギャザラ(矢島正明), チャック・コナーズ◆ロサンゼルスを舞台に、番組の前半で事件の発生から犯人逮捕までを、後半でその裁判の様子を描く、1話90分の異色ドラマ。ひとつの犯罪事件を、警察と検察の両方の視点からとらえたドラマだったが、残念ながら1シーズンのみの放送で終わってしまった。

事件をあばけ
→おしゃれ㊙探偵

地獄のシンジケート／CIA・薔薇の戦慄
THE BROTHERHOOD OF THE ROSE (1989) 米 NBC
[別] CIA／薔薇の復讐(ビデオ)
ロバート・ミッチャム(阪脩), ピーター・ストラウス(中尾隆聖), コニー・セレッカ(水谷優子), デヴィッド・モース(菊池正美)◆「ランボー」の原作者デヴィッド・マレルがCIAの闇の陰謀を描いたスパイ・サスペンス小説をミニシリーズ化。CIA副長官に引き取られて育てられた身よりのない2人の少年は、一人前のスパイに育てられ養父に報いるために危険な任務をこなしてゆく。だが副長官は知りすぎた彼らを中東均衡のための捨てゴマにすることを決定、任務を失敗させ彼らを殺そうとするのだが…。[V]

GCB ～キラめく女の逆襲バトル～
GCB (2012) S1 米 ABC
レスリー・ビブ(甲斐田裕子), クリスティン・チェノウェ

シークレット・サークル

GCB ～キラめく女の逆襲バトル～

ス(雨蘭咲木子),アニー・ポッツ(定岡小百合)◆「SEX AND THE CITY」のスタッフが手がける、ブラックな笑いが満載のコメディ作品。夫の事故死でセレブな生活から一転、故郷のダラスに戻ってきた“嫌な女”アマンダ・ヴォーン。しかしそこには、かつてアマンダに虐げられてきた元クラスメイトたちが待ち構えていた。個性的なマダムたちによる逆襲バトルが繰り広げられる。[D]

思春期まっただ中

THE INBETWEENERS (2008-2010) S3 英 E4

サイモン・バード,ジェームズ・バックリー,ブレイク・ハリソン◆イギリスの高校生活をリアルに描き出し、人気を博したコメディ・ドラマ。イギリスでは3シーズンにわたり放送された後、同じキャストで映画版も製作された。両親の離婚が原因で転校してきたウィルは、そこでジェイ、ニール、サイモンという悪ガキたちと仲良くなる。いつも女の子のことばかり考えている4人の高校生活はバラ色か、はたまた灰色か。

シーズ・ガッタ・ハヴ・イット

SHE'S GOTTA HAVE IT (2017) S1 米 Netflix

ディワンダ・ワイズ(加藤沙織),リリク・ベント(野川雅史),アンソニー・ラモス(高坂宙),クレオ・アンソニー(松田修平),チャイナ・レイン(阿部彬名)◆映画監督のスパイク・リーが、自身の長編2作目を新たにTVシリーズとしてセルフリメイク。タイプの異なる3人の恋人を持つノーラ・ダーリンが、自分らしさや本当の幸せを探し求めて奮闘する姿を描く。30分、全10話。

シースプレー号の冒険

ADVENTURES OF THE SEASPRAY (1965-1967) S1 豪

ウォルター・ブラウン(小林修),ゲイリー・グレイ◆自家用スクーナー(帆船)で大海に繰り出す家族を描いた海洋冒険ドラマ。ジャーナリストで男やもめのダン・ウェルズが、マイク、ノア、スーという3人の子供たちと、フィジー人のウィリアムズと共に、シースプレー号で南太平洋へ船出する。彼らは冒険の途中、海や島で様々な事件に遭遇するのだった。

G-Spot ～彼女たちの好きなこと

→恋するハリウッド日記 ～ジジは幸せアン・ハッピー！～

ジス・マン・ドーソン

THIS MAN DAWSON (1959-1960) S1 米

キース・アンデス(田口計→小林清志),ウィリアム・コンラッド(宮部昭夫)◆地方都市の警察本部に署長として赴任した、元アメリカ海兵隊大佐のフランク・ドーソンが、町の犯罪や警察の腐敗を暴くために戦いを繰り広げる姿を描いた犯罪捜査ドラマ。

死線突破

→挑戦

7人の検事

EQUAL JUSTICE (1990-1991) S2 米 ABC

ジョージ・ディセンゾ,コッター・スミス,キャスリーン・ロイド,ジェーン・カツマレク,ジョー・モートン,サラ・ジェシカ・パーカー,バリー・ミラー,デブラ・ファレンティノ◆正義と真実のため、ピッツバーグの地方検事局で働く7人の検事たちを、複数のエピソードを並行して描くドラマ。後に「SEX AND THE CITY」で大ブレイクを果たすS・J・パーカーも出演している。日本ではパイロット版がビデオリリースされた。[V]

666パーク・アベニュー NYの悪夢

666 PARK AVENUE (2012-2013) S1 米 ABC

レイチェル・テイラー,デイヴ・アナブル,ロバート・バックリー◆ニューヨークの超一等地に建つ、歴史ある高級マンション“ザ・ドレイク”の住み込み管理人に合格したジェーン・ヴァン・ヴィーンとヘンリー・マーティン。新生活に心弾ませる若いカップルの2人が次々と怪奇現象に襲われていく様子を、ミステリアスかつスタイリッシュに描くホラー・ドラマ。

シックス・フィート・アンダー

SIX FEET UNDER (2001-2005) S5 米 HBO

ピーター・クラウス(桐本拓哉),マイケル・C・ホール(小野塚貴志),フランセス・コンロイ(土井美加)◆「アメリカン・ビューティー」の脚本家アラン・ボールが手がけるHBO製作のヒューマン・ドラマ。ロサンゼルス郊外パサデナで葬儀屋を営むフィッシャー家。家業を継ぐことを嫌い一家と離れて暮らすも父の死を機に実家へ戻ってきた長男ネイト、ゲイであることをひた隠す生真面目な次男デイヴィッド、夫亡きあと控え目だった自分自身を解

666パーク・アベニュー NYの悪夢

シックス・フィート・アンダー

放していく母ルース、反抗的で天の邪鬼な高校生の末娘クレアといった家族の面々を中心に、登場人物それぞれが抱える問題や秘密を浮き彫りにしながら、悲喜こもごもの人生模様をシニカルとブラックユーモアを交え生々しく淡々としたタッチで描く。エミー賞、ゴールデン・グローブ賞ほか多数受賞。

失踪ー VANISHED

VANISHED (2006) S1 米 Fox

ゲイル・ハロルド, ミン・ナ, ジョン・アレン・ネルソン ◆上院議員ジェフリー・コリンズの妻サラが失踪した。単なる失踪事件と思われたが、FBI 捜査官グレアム・ケルトンが調査を進める内に、次々と意外な事実が明らかになっていく。目まぐるしく展開するサスペンス・ドラマ。ミミ・レダーが監督と製作総指揮を務めた。

シッツ・クリーク

SCHITT'S CREEK (2015-2017) S3 加＝米 CBC

ユージン・レヴィ, キャサリン・オハラ, ダニエル・レヴィ, アニー・マーフィ ◆突然無一文になったセレブ一家の没落ライフを描いたカナダ製のシットコム。経理担当者に資産を横領され、突如セレブから文無しへと没落したローズ一家。彼らは仕方なく、過去におふざけで購入していた田舎町シッツ・クリークに移住し、さびれたモーテルで暮らし始める。父ジョニーと母モイラは町を売り飛ばそうと画策、町長に近づくのだが…。

CITY OF GOD　シティ・オブ・ゴッド ～ TV シリーズ～

CIDADE DOS HOMENS / CITY OF MEN (2002-2005) S4 ブラジル Rede Globo de Televisao

ダルラン・クーニャ, ドグラス・シルヴァ, ジョナサン・アージェンセン ◆映画「シティ・オブ・ゴッド」(2002 年) のスピンオフであり、この後に製作される映画「シティ・オブ・メン」(2007 年) へとつながるストーリーを持つ TV シリーズ。犯罪がはびこるリオ・デ・ジャネイロの貧民街で夢を追い続ける、2 人の少年の姿を描く。[D]

自動車

WHEELS (1978) S1 米 NBC

ロック・ハドソン (近藤洋介), リー・レミック (渡辺美佐子), ブレア・ブラウン (紀比呂子), ラルフ・ベラミー (久米明), ジョン・ベック (野沢那智), ジェラルド・S・オローリン (中条静夫), ジェシカ・ウォルター (原知佐子) ◆ナショナル・モータースの副社長アダム・トレントンは、新開発の車ホークに情熱を注ぎこんでいた。その一方で妻エリカはレーサーのスモーキーとの情事に夢中だったが…。アーサー・ヘイリーの同名小説をドラマ化したミニシリーズ。自動車の街デトロイトを舞台に、大手自動車メーカーの新車開発をめぐる人間模様を主軸に描く。全 5 話。

シドニー・シェルダンの 明日があるなら

→明日があるなら

ジーナ

XENA: WARRIOR PRINCESS (1995-2001) S6 米

ルーシー・ローレス, テッド・ライミ, ケヴィン・スミス ◆ギリシャ神話を題材にしたケヴィン・ソーボ主演の TV シリーズ「ヘラクレス」(日本では複数のタイトルでリリース) のスピンオフ作品。古代ギリシャを舞台に、正義に目覚めた女剣闘士ジーナと、彼女を慕う少女ガブリエルの冒険を描いたヒロイック・ファンタジー。「ヘラクレス」同様に、サム・ライミが製作総指揮を務めている。[D,V]

シナリオライターは君だ！

INCREDIBLE STORY STUDIOS (1997-2002) S5 加 YTV

カミール・ディヴァイン (清水香里), ハロルド・ギレスピー (後藤哲夫) ◆カナダで製作された子供向けオムニバス・ドラマ。子供たちから応募された物語をドラマ化し、1 回につき 2 つのエピソードが取り上げられる。日本では NHK「海外少年少女ドラマ」枠で放送された。

ジーニアス：世紀の天才 アインシュタイン

GENIUS (2017) S1 米 National Geographic Channel

ジェフリー・ラッシュ (稲葉実), ジョニー・フリン (浪川大輔), エミリー・ワトソン (高島雅羅) ◆ナショナル・ジオグラフィック初のドラマとして話題になったドキュメンタリー・タッチのドラマシリーズ。映画監督のロン・ハワードと「24 TWENTY FOUR」のクリエイターであるブライアン・グレイザーが製作総指揮を務めた。光量子仮説を始め相対性理論など、輝かしい理論の数々を築き上げた天才アルベルト・アインシュタインの半生を描く。スイスのチューリッヒ連邦工科大学に入学したアルベルトはそこでミレヴァ・マリッチという女学生と知り合う。やがて 2

ジーナ

ジーニアス：世紀の天才 アインシュタイン

人は結婚、アルベルトは特許庁の職を得ていよいよ相対性理論の論文執筆に取り掛かっていく。

CINEMA　シネマ
CINEMA (1988) S1 仏
アラン・ドロン (野沢那智), セルジオ・カステリット (富山敬), イングリッド・ヘルド (島本須美) ◆映画スターのジュリアン・マンダの母親はかつて著名なピアニストだったが、彼女をモデルとした誹謗に満ちた映画が作られたせいで精神に異常をきたしていた。マンダは真実を伝えるべくその映画をリメイクしようとするが、若き日の母親を演じてくれる女優がなかなか見つからず…。孤独な男が真実の愛を得るまでを描いたラブ・ストーリー。

THIEF ／シーフ
THIEF (2006) S1 米 FX
アンドレ・ブラウアー , マイケル・ルーカー , マリク・ヨバ ◆プロの窃盗団のリーダー、ニック・アトウォーターはチャイナタウンの銀行に忍び込み、当初の予定に無かった予想外の大金を盗み出す。しかしそれはチャイニーズ・マフィアの金だった。マフィアの報復によって仲間を殺され大金を失った彼は、アメリカ財務省が保管する 3000 万ドルの強奪を計画するが…。暗黒街に生きる男たちを描いたクライム・ドラマ。

ジプシー
GYPSY (2017) S1 米 = 英 Netflix
ナオミ・ワッツ (黒井蘭), ソフィー・クックソン (岡崎恭子), ビリー・クラダップ (ジェット E. リンク) ◆映画「フィフティ・シェイズ・オブ・グレイ」でメガホンをとった女性監督サム・テイラー＝ジョンソンが、主演の N・ワッツと共に製作総指揮を務めた官能的サイコスリラー。セラピストのジーン・ホロウェイは優秀であったが患者に感情移入するあまり、患者自身の人生にまで介入し、個人的な関係をも結んでしまうという危険な治療を行っていた。複数の患者とそれぞれ別の人格で付き合っていくジーン。やがてそれはジーンの夫マイケルの知るところとなり、次第にジーン自身にもどれが本当の自分なのか分からなくなっていく…。

シマロン
CIMARRON STRIP (1967-1968) S1 米 CBS
[別] 決闘シマロン街道
スチュアート・ホイットマン (小林修), パーシー・ハーバート (塩見竜介), ランディ・ブーン (森功至), ジル・タウンゼント (麻上洋子) ◆ 1880 年代のシマロン準州を舞台に、連邦保安官ジム・クラウンの活躍を描いた 90 分の TV シリーズ。全 23 話。

地味っこジェーンの大胆な放課後
JANE BY DESIGN (2012) S1 米 ABC
エリカ・ダッシャー , ニック・ルー , ローリー・デニス ◆地味な女の子ジェーン・クインビーが、有名なファッション・ブランド、ドノヴァン・デッカー社の気難しい重役グレイのアシスタントとして研修生になったことで、思わぬ才能を開花させていくというシチュエーション・コメディ。[D]

Jim Henson のおはなしマザーグース
→マザーグース

ジム・ヘンソンのストーリーテラー
JIM HENSON'S THE STORYTELLER (1987) S1 米 HBO
ジョン・ハート (大塚周夫)<S1>, マイケル・ガンボン <S2> ◆「セサミストリート」や「ダーククリスタル」のマペット・クリエイターとして有名なジム・ヘンソンが、ヨーロッパ各地の民話を独特のキャラクターを使って映像化。暖炉の前で、老語り部が犬に語って聞かせる昔話というスタイルをとっている。マペットのキャラクターと俳優が演じる登場人物が混在し、異世界ではない民話の舞台を見事に表現している。[D,L,V]

ジム・ヘンソンのファンタジー・ワールド
THE JIM HENSON HOUR (1989-1993) S1 米 NBC
[別] ジム・ヘンソン アワー (ビデオ) ｜ジム・ヘンソン ショー (LD)
ジム・ヘンソン (富山敬) ◆マペット・クリエイターとして知られる J・ヘンソンがホストを務めたアンソロジー TV シリーズ。マペットによるスケッチや「ジム・ヘンソンのストーリーテラー」の再放送など、バリエーション豊かな内容となっている。日本ではその内のエピソードである「モンスター・メーカー」と「ドッグ・シティ」の 2 本がソフト化された。また「モンスター・メーカー」は 1992 年に NHK で放送された。[L,V]

G メン
DANGEROUS ASSIGNMENT (1952) S1 米

シマロン

ジム・ヘンソンのストーリーテラー

ブライアン・ドンレヴィ (久松保夫) ◆ 1949 年から放送されて人気を博した B・ドンレヴィ主演のラジオドラマを、ドンレヴィ自ら製作総指揮・主演で TV シリーズ化したスパイ・アドベンチャー。合衆国政府の秘密捜査官スティーブ・ミッチェルが“コミッショナー”の命を受け、毎回世界各地へ飛び国際犯罪に立ち向かう姿を描く。モノクロ 30 分。

シャイアン
CHEYENNE (1955-1963) S7 米 ABC

クリント・ウォーカー (塩見竜介) ◆インディアンと白人の間に生まれ、逞しく成長したシャイアン・ボーディが陸軍偵察員となり、西部を渡り歩きながら難事件を解決していく大ヒット西部劇シリーズ。主演の C・ウォーカーは本作で人気者となった。日本での放送は 1960 年から開始されたが、それ以前に 20 本を超えるエピソードが中編映画扱いで劇場公開されている。

シャイニング
THE SHINING (1997) 米 ABC

レベッカ・デモーネイ (山崎美貴), スティーヴン・ウェバー (井上倫宏), コートランド・ミード (菊池いづみ), メルヴィン・ヴァン・ピーブルズ (山野史人), エリオット・グールド (小林修) ◆スタンリー・キューブリックによる 1980 年の映画化に失望したと言われる原作者スティーヴン・キングが、自ら製作総指揮と脚本も担当したミニシリーズ版。冬になると豪雪により陸の孤島と化す歴史あるホテルを舞台に、そこで一冬の間、管理人として暮らすことになった一家を襲う恐怖を描く。[D,V]

SHARK ～カリスマ敏腕検察官
SHARK (2006-2008) S2 米 CBS

ジェームズ・ウッズ , ジェリ・ライアン , サム・ペイジ ◆一匹狼のダーク・ヒーロー検察官が活躍する法廷ドラマ。カリスマ弁護士だったセバスチャン・スタークは、妻を虐待し殺人未遂の罪に問われた男を無罪にするが、その直後に男が妻を殺害したことにショックを受け、弁護士をやめニューヨークの検察官に転身する。かつて敵だった検事や若い検察官たちとチームを組み、弁護士を相手に法廷で戦いを繰り広げる。

ジャクリーン／ケネディが愛した女
A WOMAN NAMED JACKIE (1991) S1 米 NBC

ローマ・ダウニー , スティーヴン・コリンズ , イヴ・ゴードン ◆ケネディ大統領夫人として知られたジャクリーン・ケネディ・オナシスの生誕から死去まで、波乱に満ちた生涯を史実に沿って綴った伝記ドラマのミニシリーズ。ブーヴィエ家に誕生した幼少期から結婚前までの時代、結婚してケネディと姓が変わった時代、ケネディと死別し海運王オナシスと結婚した時代の、三部構成で描く。[V]

シャクルトン～南極海漂流からの生還～
SHACKLETON (2002) 英

[別] シャクルトン　南極海からの脱出 (DVD)

ケネス・ブラナー (磯部勉), ローカン・クラニッチ (菅生隆之), マット・デイ (家中宏), ケン・ドルーリー (納谷悟朗), ケヴィン・マクナリー (五代高之) ◆人跡未踏の地、南極への挑戦が盛んに行われていた 20 世紀初頭。アムンゼン隊が南極点に到達したことを知ったアイルランド生まれの冒険家アーネスト・シャクルトンは、今度は南極大陸横断という無謀とも思える旅に挑む。だが南極でシャクルトンたち探検隊を待ち受けていたのはあまりにも熾烈な自然の脅威だった。グリーンランドやアイスランドで撮影された迫真の映像と、K・ブラナーの熱演で数々の賞に輝いた。[D]

じゃじゃ馬億万長者
THE BEVERLY HILLBILLIES (1962-1971) S9 米 CBS

バディ・イブセン (千葉順二), ドナ・ダグラス (向井真理子), アイリーン・ライアン (関弘子) ◆田舎者のジェド・クランペットとその家族が、石油を掘り当てたことから大金を手に入れ都会にやってくるが、都会での暮らしはそれまでの生活とは全く違っていて、周囲の人間を巻き込んで大騒動を巻き起こしてしまう。カルチャー・ショックが生み出す笑いを前面に押し出したシチュエーション・コメディ。1993 年に「ビバリー・ヒルビリーズ／じゃじゃ馬億万長者」として映画化。

JUSTIFIED　俺の正義
JUSTIFIED (2010-2015) S6 米 FX

ティモシー・オリファント , ニック・サーシー , ジョエル・カーター ◆エルモア・レナードの小説に登場するキャラクター

SHARK ～カリスマ敏腕検察官

じゃじゃ馬億万長者

さ

にインスパイアされた、現代版西部劇ともいえるクライム・サスペンス。連邦保安官のレイラン・ギヴンは故郷のケンタッキーに戻るが、そこには悪に染まった幼馴染みや別れた妻などが待っていた。[D]

ジャック＆ジル

JACK & JILL (1999-2001) S2 米 The WB

アマンダ・ピート (根谷美智子), アイヴァン・セルゲイ (楠大典), ジェイミー・プレスリー (朴路美) ◆結婚式当日、夫となる人が親友と浮気したことを知ったジャックことジャクリーン・バレットはニューヨークに行き、高校時代の友人でダンサーを目指すオードリー・グリフィンの部屋に転がり込む。そこで偶然出会ったのが同じアパートに住むジルことデヴィッド・ジルフルスキー。玩具メーカーで働く彼には長年付き合ってる恋人エリサ・クロンカイトがいるのだが、なぜかジャックが気にかかり…。ジャックとジルの恋の行方にそれぞれの親友が絡み合う男女 6 人の青春ラブ・ストーリー。

ジャックと豆の木～あなたの知らない物語

JACK AND THE BEANSTALK: THE REAL STORY (2001) 米 CBS

[別] ビーンストーク　ジャックと豆の木 (DVD)

マシュー・モディーン (入江崇史), ミア・サラ (魏涼子), ヴァネッサ・レッドグレーヴ (京田尚子), ジョン・ヴォイト (塚田正昭) ◆童話『ジャックと豆の木』が実際にあった出来事だったら…という設定で、その後の天上界と人間たちとの関わりをファンタジックに描いたミニシリーズ。製作・脚本・監督はブライアン・ヘンソン。日本では NHK 衛星で 2004 年と 2006 年に放送された。[D,V]

ジャック・ハンター　クリスタル・ロッドの謎

JACK HUNTER AND THE LOST TREASURE OF UGARIT (2008) 米

アイヴァン・セルゲイ (東地宏樹), ジョアンヌ・ケリー (安東麻吹), トゥーレ・ライフェンシュタイン (木下浩之) ◆伝説の秘宝を追い求めるトレジャー・ハンターの冒険を描くアクション・アドベンチャー。日本では DVD でリリースされた。ジャック・ハンターは考古学者フレデリックの研究のため、闇の美術商から伝説の石板を盗み出すが、フレデリックは謎の組織に殺害されてしまう。石板には伝説の秘宝 " クリスタル・ロッド " のありかを示す地図が記されていたのだ。「失われた砂漠の秘宝」(JACK HUNTER AND THE QUEST FOR AKHENATEN'S TOMB) と「呪われた黄金の冠」(JACK HUNTER AND THE STAR OF HEAVEN) の 2 本の続編あり。[D]

ジャック・ベニー

THE JACK BENNY PROGRAM / THE JACK BENNY SHOW (1950-1965) S15 米 NBC → CBS

ジャック・ベニー ◆ 1942 年のコメディ映画「生きるべきか死ぬべきか」で知られる J・ベニーが主演を務めるコメディ・シリーズ。元はラジオ番組として人気を博し、その後 TV シリーズとして放送が始まった。

ジャッジメント ～ NY 法廷ファイル～

THE WHOLE TRUTH (2010-2011) S1 米 ABC

ロブ・モロー , モーラ・ティアニー , イーモン・ウォーカー ◆ジェリー・ブラッカイマー製作総指揮による、同じ事件を検察側と弁護側それぞれから描く斬新な法廷ドラマ。ロースクール時代の同級生であり友人でもある、検事補のキャスリン・ピールと弁護士のジミー・ブローガンが、一つの事件をめぐり法廷で知力と駆け引きを使ったバトルを繰り広げる。

シャッタード～多重人格捜査官

SHATTERED (2010-2011) S1 加 Showcase

カラム・キース・レニー , カミール・サリヴァン , モリー・パーカー ◆心に傷を負う捜査官の活躍を描いたカナダ発の刑事ドラマ。有能でタフな殺人課の捜査官ベン・サリバンは、過去に起きた息子の誘拐事件がトラウマとなり、多重人格者となってしまっていた。複雑な状況の中、ベンは相棒の美人捜査官エイミーと共に、難事件に挑んでゆく。

シャドウハンター : The Mortal Instruments

SHADOWHUNTERS: THE MORTAL INSTRUMENTS / SHADOWHUNTERS (2016-2017) S2 米 Freeform

キャサリン・マクナマラ (清水理沙), ドミニク・シャーウッド (相原嵩明), アルベルト・ロゼンデ (水越健) ◆カサンドラ・クレアの全米ベストセラー小説『シャドウハンター』シリーズを原作とした TV ドラマ。自身が妖魔を狩る一族 " シャドウハンター " の一員だと知った 15 歳の少女クラリーが、過酷な宿命を背負いながら戦いに身を投じてい

ジャック＆ジル

シャドウハンター : The Mortal Instruments

く姿を描いたファンタジー・アクションとなっている。続編の企画が頓挫した2013年の映画版からスタッフ・キャストを一新し、新たにリブート作品として製作された。

シャドウ・ライン
THE SHADOW LINE (2011) S1 英 BBC
キウェテル・イジョフォー, クリストファー・エクルストン, スティーヴン・レイ ◆善と悪が複雑に絡み合う殺人事件に隠された謎に迫るクライム・サスペンス。出所したばかりの麻薬王ハービー・ラッテンが何者かに殺害された。刑事のジョナ・ガブリエルは、過去に受けた銃弾が頭の中に残っていることから記憶障害を患っていたが、現場に復帰する。彼はハービー事件の捜査を開始するのだが、自宅で覚えのない大金を見つけてしまい…。

シャドー・コップ
→ B.L. ストライカー

シャナラ・クロニクルズ
THE SHANNARA CHRONICLES (2016-2017) S2 米 MTV
オースティン・バトラー, ポピー・ドレイトン, イバナ・バケロ ◆「アイアンマン」のジョン・ファブロー、「ヤング・スーパーマン」のクリエイターであるアルフレッド・ガフとマイルズ・ミラーが企画した、アメリカのファンタジー作家テリー・ブルックスの " シャナラ " シリーズを原作とするSFファンタジー作品。現在から数千年後の地球を舞台に、滅びゆく四つの国を救うため危険な世界へ旅立つ三つの種族の若者たちの冒険を描く。[B,D]

「ジャーナリスト事件簿」〜匿名の影〜
MAMMON (2014) S1 ノルウェー NRK1
ヨン・オイガーデン (村治学), テリエ・ストロムダール (東和良), イングイェルド・エーゲベルグ (山像かおり) ◆ノルウェーを舞台に、金融界、政界、メディアを巻き込む巨大な陰謀に立ち向かう新聞記者の姿を描く。ノルウェーの新聞社で記者として働くペテル・ヴェロスは、兄ダニエルの横領を暴露する匿名の情報を受け取る。直後にダニエルは自殺するが、調査を進める内に、匿名情報の送り主がダニエル本人だったことが判明する。

ジャーニーマン 〜時空を越えた赤い糸
JOURNEYMAN (2007) S1 米 NBC
ケヴィン・マクキッド, グレッチェン・エゴルフ, ムーン・ブラッドグッド ◆過去と現在を往来する男の運命を描いたロマンチック・ミステリー。サンフランシスコに住む新聞記者ダン・ヴァサーは、ある日突然過去にタイムスリップしてしまう。そして彼は、死んだはずの元婚約者と再会するのだった。なぜダンはタイムスリップするのか。タイムスリップに意味はあるのか。愛する妻子と元婚約者との間で揺れ動くダンの物語は続く。

シャノン
SHANNON (1961-1962) S1 米
[別] シャノン 00
ジョージ・ネイダー (広川太一郎), レジス・トゥーミイ (館敬介) ◆悪質な保険金詐欺や強盗、輸送がらみのトラブルなど、保険会社が巻き込まれる難事件に立ち向かう保険調査員ジョー・シャノンの活躍を描いたクライム・アクション。シャノンが乗る61年型のビュイック・スペシャルには事件解決に必要なカメラやテープレコーダーなどの秘密道具が装備されている。

シャーリー・テンプル・ショー
THE SHIRLEY TEMPLE SHOW (1958-1961) S2 米 NBC → ABC → NBC
[別] おとぎの国ーシャーリー・テンプル劇場 (旧)
シャーリー・テンプル (武藤礼子) ◆名子役として有名なS・テンプルをメインに据え、名作童話をミュージカル仕立てでドラマ化するアンソロジー番組。日本では当初NHKで「おとぎの国」というタイトルで放送され、その後フジテレビで「シャーリー・テンプル・ショー」として放送された。

シャーリー・ホームズの冒険
THE ADVENTURES OF SHIRLEY HOLMES (1996-1999) S4 加 YTV
メレディス・ヘンダーソン (相田さやか), ジョン・ホワイト (浅野まゆみ), ブレンダン・フレッチャー (柳知樹) ◆カナダ製の子供向けミステリー・ドラマ。名探偵シャーロック・ホームズの血を引く12歳の少女、シャーリー・ホームズが飼い犬のワトソンや彼女に心酔する少年ボーと共に、身近で発生する難事件を解決していく。

SHERLOCK(シャーロック)
SHERLOCK (2010-2017) S4 英 BBC

シャドウ・ライン

SHERLOCK(シャーロック)

ベネディクト・カンバーバッチ(三上哲),マーティン・フリーマン(森川智之),ルパート・グレイヴス(原康義)◆現代のロンドンを舞台に、私立探偵のシャーロック・ホームズとアフガン帰りの軍医ジョン・ワトソンの活躍をスタイリッシュに描く、イギリスBBC製作の推理ドラマ。様々なTVドラマ賞を受賞し、主演の2人もこの作品をきっかけにブレイクを果たした。2015年には、同じキャストが原作の舞台であるヴィクトリア朝時代で活躍するスペシャル・ドラマ「SHERLOCK/シャーロック　忌まわしき花嫁」が製作された。[B,D]

シャーロック・ホームズとワトソン

SHERLOCK HOLMES AND DR. WATSON / SHERLOK KHOLMS I DOKTOR VATSON (1979-1986) ソ連

ワシリー・リワノフ,ヴィータリー・ソローミン,リナ・ゼリョーナヤ◆アーサー・コナン・ドイルが生み出したイギリスの名探偵を、旧ソ連が映像化した本格派・正統派のミステリー作品。1979年から1986年の間に5本11エピソードが製作され、本国で大反響を呼んだ。世界中でその存在が知られるようになったのは2000年以後であり、原作に忠実な内容と格調高い映像が高く評価された上、ホームズを演じたV・リワノフは2006年に大英帝国名誉勲章を授与されている。日本ではAXNミステリーにて放送された。

シャーロック・ホームズの冒険

THE ADVENTURES OF SHERLOCK HOLMES (1984-1985) S2 英 ITV

[別]シャーロック・ホームズ全集(ビデオ)

ジェレミー・ブレット(露口茂),デヴィッド・バーク(長門裕之),エドワード・ハードウィック(福田豊土)◆アーサー・コナン・ドイルの原作に最も忠実といわれる、シャーロック・ホームズの活躍を描くイギリスITVによる傑作推理ドラマ。主役のJ・ブレットをはじめとする出演者の演技、19世紀のロンドンを再現したロケーションとセットなど、大人の鑑賞に堪えうるクオリティが高い評価を受けた。ベイカー街221Bに住む探偵のホームズが、医師であり無二の親友でもあるジョン・H・ワトソンと共に、彼のもとを訪れる依頼者たちからもたらされる様々な難事件に立ち向かう。[B,D,V]

ジャングル・ジム

JUNGLE JIM (1955-1956) S1 米

ジョニー・ワイズミュラー(田中明夫),マーティン・ハストン(安田千永子),ディーン・フレデリックス(日下武史)◆映画「ターザン」シリーズでトップ・スターとなったJ・ワイズミュラーが、今度は狩猟ガイドに扮した映画「ジャングル・ジム」(1948年)。全16作の人気シリーズ(日本では数本のみ公開)となり、続けてTV版(本作)が製作された。ジャングルの平和を守るため、スキッパー少年と仲間のカシームの協力を得て、密猟者や猛獣と戦う姿を描く。全26話。

ジャングルの女王

SHEENA, QUEEN OF THE JUNGLE (1955-1956) S1 米

アイリッシュ・マッカラ,クリス・ドレイク◆1940~50年代に女版ターザンとして人気を博したコミック『ジャングルの女王シーナ』を原作とする、1話30分の冒険ドラマ。ケニアのジャングルを舞台に、部族に育てられ美しく成長した白人の娘の活躍を描く。原住民から白い女神と崇められているシーナは、ジャングルの平和を守るべく、チンパンジーのチムや探検家のボブと一緒に戦いを繰り広げてゆく。1984年にはタニア・ロバーツ主演で「シーナ」として映画化。2000年には再度TVシリーズ化されたが、日本ではシリーズとして放映されず一部のエピソードが「ジャングル」「ジャングル2」「人喰蟻　DEATH ANTS」としてDVDリリースされた。[D]

ジャングル・パトロール

EVERGLADES (1961-1962) S1 米

ロン・ヘイズ(高橋悦史)◆フロリダ州南部に広がる湿地帯“エバーグレーズ”を舞台に、エアボートを駆使して犯罪者たちを追うリンカーン・ヴェイル巡査の活躍を描くモノクロ30分の捜査ドラマ。

ジャングル・ボーイ

ADVENTURES OF A JUNGLE BOY (1957) S1 英

マイケル・カー・ハートリー,ロナルド・アダム◆アフリカで飛行機事故に遭遇し家族を亡くした少年が、ジャングルでたくましく生きる姿を描いたターザン風のファミリー・ドラマ。医学博士ローレンスの協力を得て、仲間のチーターと共にジャングルの平和を守るために奮闘す

シャーロック・ホームズの冒険

ジャングル・ジム

る。全 13 話。

ジャングル・ボンバ

ZIM BOMBA / BOMBA, THE JUNGLE BOY (1962) S1 米

ジョニー・シェフィールド (矢代哲也) ◆アフリカのジャングルで育てられた少年が活躍する映画「ボンバ」シリーズ 12 本 (1949 ～ 55 年) を TV 用に再編集し、全 13 話のシリーズにしたもの。15 歳のボンバとチンパンジーのキンバをはじめとする動物たちが、ジャングルを舞台に冒険を繰り広げる。主演の J・シェフィールドは、ジョニー・ワイズミュラーのターザン映画で、ターザンの息子を演じたことで知られる。

ジャン＝クロード・ヴァン・ジョンソン

JEAN-CLAUDE VAN JOHNSON (2016-2017) S1 米 Amazon

ジャン＝クロード・ヴァン・ダム (大塚芳忠), カット・フォスター (ちふゆ), フィリシア・ラシャド (水野ふゆ), モイセス・アリアス (越後屋コースケ) ◆アクション俳優 J=C・ヴァン・ダムのセルフ・パロディや自虐ギャグを盛り込んだ、Amazon オリジナルのアクション・コメディ作品。アクション俳優のヴァン・ダムは世を忍ぶ仮の姿であり、その正体はシークレット・エージェントのジョンソンだった。現役から退いていたジョンソンは仕事への復帰を決意、ジョンソンとしてのミッションをこなすため、映画のロケと称し世界各国を飛び回る。1 話完結、全 6 話のシリーズだったが、わずか 1 シーズンで打ち切りとなってしまった。

ジャンヌ・ダルク

JOAN OF ARC (1999) 加 CBC

[別] ヴァージン・ブレイド～ジャンヌ・ダルクの真実～ (ビデオ)

リーリー・ソビエスキー (小川範子), ピーター・オトゥール (川辺久造), シャーリー・マクレーン (小沢寿美恵), ジャクリーン・ビセット (野村須磨子), オリンピア・デュカキス (太田淑子), パワーズ・ブース (佐々木勝彦) ◆ 15 世紀のフランスを舞台に、神の啓示により祖国のために従軍し、華々しい戦果を上げていく少女ジャンヌ・ダルクの生涯を描いた歴史大作。映画と見紛う豪華キャストで、ジャンヌには同年の「アイズ ワイド シャット」で注目を浴びた美少女スター、L・ソビエスキーが扮している。オリジナルは 180 分だがビデオは再編集の 140 分。[V]

11 月の陰謀

ACROSS THE RIVER TO MOTOR CITY (2007) S1 加 Chum Television

サッシャ・ロイズ , デヴィッド・フォックス , アン・オープンショー ◆二つの時代と二つの都市を舞台に描かれる、カナダ発のサスペンス・ミステリー。ケネディ大統領暗殺事件の直後に飛び立ったデトロイト行きの旅客機の乗員すべてが死亡または行方不明になっていた。その事件によって恋人を失った男ベン・フォードは、暗殺事件の闇に迫っていく。[D]

15 の不思議な物語

A TWIST IN THE TALE (1999) S1 ニュージーランド

ウィリアム・シャトナー (羽佐間道夫) ◆子供向けオムニバス・ミニシリーズ。ファンタジーや SF、ホラーなど多彩なジャンルの物語を描く。「スター・トレック／宇宙大作戦」の W・シャトナーがストーリーテラーを演じている。オリジナルは全 15 話だが、日本では 1 話を前編と後編に分け NHK「海外少年少女ドラマ」枠で全 30 話として放送された。

13 階・魔界への扉／世紀末超常現象特捜隊

→ PSI FACTOR(サイ・ファクター) 超常現象特捜隊

13 日の金曜日

FRIDAY THE 13TH: THE SERIES (1987-1990) S3 米

[別] 魔界倶楽部／伝説・13 日の金曜日 (ビデオ)

ルイーズ・ロビー (佐々木優子), クリス・ウィギンス (藤本譲), ジョン・D・ルメイ (古田信幸) ◆悪魔と契約して呪われたアイテムを売っていた骨董商が死亡し、店を含む遺産は遠い親戚同士のミッキー・フォスターとライアン・ダリオンに託された。叔父の所業を知った 2 人は、呪いのアイテムを次々と回収し封印していくのだが…。カルト的な人気を誇ったホラーシリーズ。ビデオでは「魔界倶楽部／伝説・13 日の金曜日」としてリリースされた。[V]

13 の理由

13 REASONS WHY / TH1RTEEN R3ASONS WHY (2017) S1 米 Netflix

ディラン・ミネット (杉山紀彰), キャサリン・ラングフォード (山根舞), クリスチャン・ナバロ (谷口悠) ◆ティーン

13 日の金曜日

13 の理由

エイジャーの問題をセンセーショナルに描いて全米でベストセラーとなったジェイ・アッシャーの同名ヤング・アダルト小説をドラマ化。ハンナ・ベイカーという高校生の少女が自殺した。二週間後、ハンナに思いを寄せていたクレイという少年のもとにカセットテープが送られてくる。そのテープにはハンナが自殺した13の理由がハンナ自身の声で録音されていた。クレイはそのテープを聴き、原因のひとつひとつを確認していくが、やがて驚くべき事実が判明する…。いじめや自殺、レイプなど、現代の高校生を取り巻く問題を赤裸々に描いて話題となった。

銃弾の副作用

COMPLICATIONS (2015) S1 米 USA Network

ジェイソン・オマラ , ジェシカ・ゾー , ベス・リースグラフ ◆心にトラウマを抱えた医師が、1人の少年を助けたばかりに図らずもギャングの抗争に巻き込まれていく様を描いた、医療ミステリーと犯罪サスペンスが融合した新感覚ドラマ。ジョン・エリソン医師は移動中に少年が銃で撃たれる現場に遭遇する。少年の応急手当を始めたとき、そこへ狙撃者の車が舞い戻ってくる。とっさにジョンはその車に向かって銃を撃つが…。

修道士カドフェル

CADFAEL: ONE CORPSE TOO MANY (1994-1996) S4 英 ITV

デレク・ジャコビ (山野史人), ショーン・パートウィー (森田順平→土師孝也), ピーター・コプリー (北村弘一) ◆女流ミステリー作家エリス・ピーターズ原作の同名人気シリーズをTVドラマ化。12世紀のイングランドを舞台に、シュルーズベリー大修道院の修道士カドフェルが、豊富な知識と卓越した推理力で奇妙な事件を解決していく。

[D,V]

修道女フアナ・イネス

JUANA INES (2016) S1 メキシコ Canal Once T.V.

アルセリア・ラミレス , アランツァ・ルイス , エルナン・デル・リエゴ , マルガリータ・サンス , リサ・オーウェン ◆紙幣に肖像画が印刷されるほど、本国メキシコでは知られた存在である修道女フアナ・イネス・デ・ラ・クルスの生涯を題材にしたミニシリーズ。17世紀のメキシコを舞台に、女性に対する社会的抑圧と戦いながら自らの信念を貫き通した実在の修道女の生涯を描く。スペイン副王と副王妃に気に入られた才能豊かな少女フアナは、彼らのもとで侍女として働くことに。しかし副王妃のフアナに対する寵愛は一線を越えていた…。

自由の剣

SWORD OF FREEDOM (1957-1958) S1 英 ITV

エドマンド・パードム (矢島正明), モニカ・スティーヴンソン ◆イギリスで製作された、イタリアを舞台にした歴史活劇。15世紀ルネッサンス期、フィレンツェの支配者として絶大な力を持つメディチ家と闘う自由の闘士、マルコ・デ・モンテの活躍を描く。

シュガー・フット

→アリゾナ・トム

縮小人間ハンター

WORLD OF GIANTS (1959) S1 米

マーシャル・トンプソン , アーサー・フランツ ◆事故の副作用で身長15センチになってしまった諜報員メル・ハンターの活躍を描いたモノクロ30分のSFスパイ・シリーズ。相棒であるビル・ウィンタースの持つブリーフケースに潜み、その小ささを利用して様々なミッションに挑んでいく。全13話。

宿命の系譜　さまよえる魂

THE LIVING AND THE DEAD (2016) S1 英 BBC

コリン・モーガン , シャーロット・スペンサー , ニコラス・ウーデソン ◆19世紀末のイギリス南西部のサマセットを舞台に、不可思議な現象に翻弄される精神分析医の姿を描く、ホラーのテイストとスリラーの要素を併せ持ったドラマ。1894年、新進気鋭の精神分析医ネイサン・アップルビーは、母の農場を引き継ぐため、妻シャルロットと共に実家へ戻ることに。ある日、デニング牧師から娘ハリエットの様子がおかしいと相談されたネイサンは、殺人事件や謎の凶作、光る本を持った女との遭遇といった不可解な出来事に巻き込まれていく。そして彼は、幼い頃に亡くなったはずの息子に出会うだのが…。

ジュディ・ガーランド物語

LIFE WITH JUDY GARLAND: ME AND MY SHADOWS (2001) 米 ABC

ジュディ・デイヴィス (萩尾みどり), マーシャ・メイソン (藤

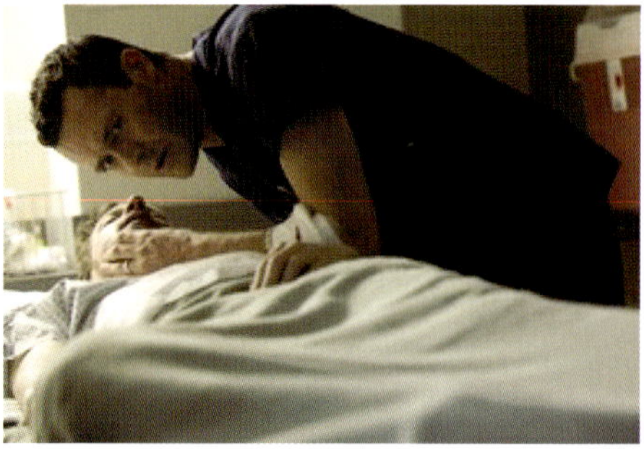

銃弾の副作用

主任警部アラン・バンクス

田弓子), タミー・ブランチャード (佐藤あかり), ヴィクター・ガーバー (内田直哉), ジョン・ベンジャミン・ヒッキー (森田順平) ◆「オズの魔法使」(1939 年) や「スタア誕生」(1954 年) で知られる大スター、J・ガーランドの生涯を、実の娘ローナ・ラフトが綴った伝記をミニシリーズでドラマ化。華やかな生活の一方で映画スタジオとの確執や私生活でのトラブルが積み重なり、やがて彼女は睡眠薬に依存するようになっていく…。

主任警部アラン・バンクス

DCI BANKS (2010-2015) S5 英 ITV

スティーヴン・トンプキンソン (金子由之), アンドレア・ロウ (本名陽子), キャロライン・キャッツ (堀江真理子) ◆ピーター・ロビンソン原作による、犯罪捜査部で働く主任警部の活躍を描いたクライム・ミステリー。ヨークシャー警察の主任警部アラン・バンクスは、人間味あふれる刑事だが、被害者を思うあまりに時に暴走もしてしまう。捜査員たちは全力を注いで粘り強い捜査を行い、凶悪犯罪に立ち向かってゆく。

主任警部モース

INSPECTOR MORSE (1987-2000) S12 英 ITV

[別] モース警部シリーズ (ビデオ)

ジョン・ソウ (横内正), ケヴィン・ウェイトリー (岩崎ひろし), ジェームズ・グラウト (岡部政明) ◆ CWA(英国推理作家協会) のゴールドダガー賞とシルバーダガー賞を受賞し、1990 年の CWA 会員投票では「好きな探偵」第 1 位に選ばれるなど、高い人気を誇るコリン・デクスター原作の " モース警部シリーズ " を TV ドラマ化。直観的な推理力を誇る反面、酒と女に目がない、人間的な魅力あふれるモースによる謎解きを描く。[D,V]

ジュラシック・ニューワールド

PRIMEVAL: NEW WORLD (2012-2013) S1 英 = 加

ニオール・マター , サラ・カニング , ダニー・ラヒム ◆バンクーバーに恐竜が出現。発明家のエヴァン・クロスは事件の根源を時空の亀裂と見て調査を開始するが…。イギリスの人気 FSTV シリーズ「プライミーバル」のスピンオフ作品であり、カナダとイギリスが共同で製作を行った。時空の亀裂を消去しようとする主人公たちの奮闘を描いた SF アクション。[D]

ジュリア

JULIA (1968-1971) S3 米 NBC

ダイアン・キャロル (中村メイコ), マーク・コペイジ (中村カンナ), ロイド・ノーラン ◆夫を亡くし、看護士として働くアフリカ系の黒人女性ジュリア・ベイカーが、一人息子のコレイと前向きに暮らす毎日を描いたホームコメディ。黒人女性が TV ドラマ・シリーズの主役になったのは本作が初めてと言われている。

シュリッツ・プレイハウス

→プレイハウス

ジューン・アリスンと共に

→ハリウッド名作アワー　ジューン・アリスンと共に

Joey　ジョーイ

JOEY (2004-2006) S2 米 NBC

マット・ルブランク (平田広明), ドレア・ド・マッテオ (勝生真沙子), パウロ・コスタンゾ (遊佐浩二) ◆大ヒットを記録したコメディ・ドラマ「フレンズ」の主要キャラクターのひとり、ジョーイ・トリビアーニのその後の生活を描くスピンオフ作品。俳優になるという夢を叶えるため、ニューヨークからハリウッドへ移り住むことになったジョーイのドタバタ新生活をコミカルに描く。[D,V]

女医フォスター

DOCTOR FOSTER (2015-2017) S2 英 BBC

[別] 女医フォスター　夫の情事、私の決断

サランヌ・ジョーンズ , バーティ・カーヴェル , トム・テイラー , スーシータ・ジャヤスンデラ , ジョディ・カマー ◆不倫をめぐる男女の愛憎を描いたミステリー・タッチのミニシリーズ。女医のジェマ・フォスターはある日、夫サイモンのマフラーに着いた 1 本の金髪から、夫の浮気を疑い始める。ジェマは患者の 1 人であるカーリーに協力を依頼、やがてサイモンのスマホから浮気相手の素性が明らかになる。だがサイモンの持つ秘密はそれだけに留まらなかった。彼の事業の失敗によって財産も失いかけていることを知ったジェマは、心痛のあまり医療ミスを繰り返してしまう…。

将軍　SHOGUN

SHOGUN (1980) S1 米 = 日 NBC

リチャード・チェンバレン (瑳川哲朗), 島田陽子 , 三船敏

主任警部モース

Joey　ジョーイ

さ

郎 ◆ジェームズ・クラヴェルのベストセラー小説をミニシリーズ化。全米では「ルーツ」に次ぐヒットを記録し、日本ブームをもたらした。17 世紀、オランダ船に乗っていたイギリス人航海士のブラックソーンは、伊豆の下田に漂着する。彼は言葉も慣習も全く異なる文化に戸惑いながらも、戦国大名の虎長や宣教師などと関わり、次第に日本を理解していく。やがて通訳として行動を共にする日本人女性まり子と深く愛し合うようになるのだが…。島田陽子が日本人として初めてゴールデン・グローブ主演女優賞を獲得した。日本では編集版が劇場用映画として公開されている。[B,D]

将軍アイク

IKE: THE WAR YEARS (1979) 米 ABC

[別] アイク (TV)

ロバート・デュヴァル (鈴木瑞穂), リー・レミック (渡辺美佐子), ダナ・アンドリュース (神田隆) ◆第二次世界大戦の中、ヨーロッパ方面の連合軍最高司令官に任命されたドワイト・D・アイゼンハワー (アイク) が、難しい局面を乗り切りながらドイツ軍に勝利するまでを描いた大作ミニシリーズ。アイクの軍人としての面だけでなく私生活を中心に、秘書官との恋愛関係、味方の将軍やドイツ軍との駆け引きなども描いている。[V]

衝撃の告発 !QB セブン

→ QB セブン〜ロンドン裁判所第 7 号法廷

小公子

LITTLE LORD FAUNTLEROY (1995) S1 英 BBC

マイケル・ベンツ (矢島晶子), ジョージ・ベイカー (阪脩), ベッツィ・ブラントリー (戸田恵子) ◆アメリカで貧しいながらも母と幸せに暮していたセディのもとに、彼がイギリスのドリンコート伯爵の後継者であるとの報せが届く。真面目で融通の利かない伯爵はセディだけを手元に置くが、セディの優しい心に触れ次第に打ち解けていく…。フランシス・ホジソン・バーネットの同名原作を全 6 話でドラマ化したミニシリーズ。

情熱のシーラ

EL TIEMPO ENTRE COSTURAS (2013-2014) S1 スペイン Antena 3

アドリアーナ・ウガルテ (渋谷はるか), エルビラ・ミンゲス (藤生聖子), ハンナ・ニュー (小島幸子) ◆マリーア・ドゥエニャスの同名ベストセラー小説を映像化した TV シリーズ。スペイン内乱から第二次世界大戦に移っていくスペイン、モロッコ、ポルトガルを舞台に、お針子として働き始めたシーラ・キローガが、ファシズムに飲み込まれようとする祖国スペインのためにスパイとなり、ナチス・ドイツと戦っていく姿を描く。[D]

少年カウボーイ

THE COWBOYS (1974) S1 米 ABC

モーゼス・ガン (中台祥浩), ダイアナ・ダグラス (川上夏代) ◆ 1971 年に公開されたジョン・ウェイン主演の映画「11 人のカウボーイ」の後日談を描く TV シリーズ。強盗や牛泥棒たちから未亡人と牧場を守るため、7 人の少年カウボーイたちが事件を解決する。日本では NHK「少年ドラマシリーズ」枠で放送された。

少年ミステリー・シリーズ

→ハーディ・ボーイズ＆ナンシー・ドルー

女王ヴィクトリア　愛に生きる

VICTORIA (2016-2017) S2 英 ITV

ジェナ・コールマン (蓮佛美沙子), トム・ヒューズ (前野智昭), キャサリン・フレミング (深見梨加), ルーファス・シーウェル (堀内賢雄), ポール・リス (森田順平) ◆絶頂期の大英帝国を統治していたことで知られるヴィクトリア女王の、孤独と愛を描くイギリスの歴史ドラマ。バッキンガム宮殿の内部を再現したセット、豪華な衣装や調度品の数々により、格調高い映像に仕上がっている。1837 年のイギリス。突然 18 歳で即位することになったヴィクトリアは、やがてドイツの王子アルバートと出会い恋に落ちるが、いつしか大きな運命の渦に巻き込まれていく…。

娼婦ナナ

NANA (1981) S1 仏 Antenne 2

ヴェロニク・ジェネ , ギイ・トレジャン , パトリック・プレジャン ◆エミール・ゾラの小説『ナナ』をフランスでドラマ化したミニシリーズ。パリの劇場に、全裸に近い恰好で登場したのはナナという若い女優だった。そのことで彼女は非難と喝采を浴び、やがてそういった評判から上流階級の男たちとも交流できるようになっていく。今や高級娼婦となったナナだが、彼女はある日突然、姿を消してし

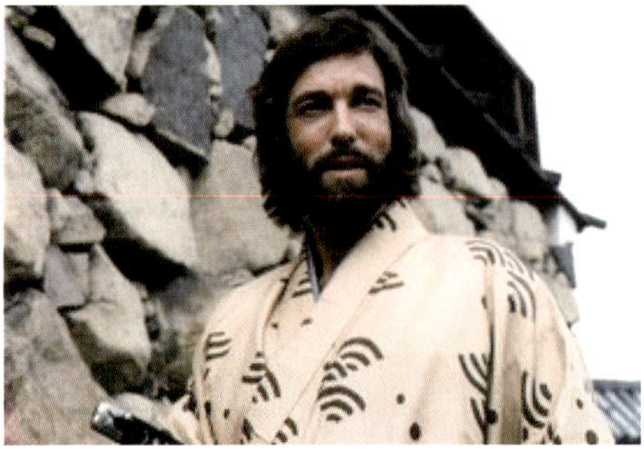

将軍　SHOGUN

情熱のシーラ

まい…。オリジナルは 90 分×全 4 話のミニシリーズだったが、日本では 3 時間枠に再編集されて放映。

ジョー 90

→スーパー少年・ジョー 90

処刑の方程式

PLACE OF EXECUTION (2008) S1 英 ITV

リー・イングルビー , フィリップ・ジャクソン , ジュリエット・スティーヴンソン ◆ヴァル・マクダーミドによる同名ミステリー小説を映像化したミニシリーズ。1963 年にイギリス北部の小さな村で起きた 13 歳の少女アリソンの失踪事件。若い警部補ジョージ・ベネットは捜査に執念を燃やし、ついに被疑者を逮捕し裁判に持ち込むことに成功する。しかし 45 年後、事件のドキュメンタリーを制作するためジャーナリストのキャサリンが調査を進める内、驚愕の真実が明らかになっていくのだった。

ジョージ・ワシントン

GEORGE WASHINGTON (1984) S1 米 MGM/UA

[別] ジョージ・ワシントン／激動とロマンの中に…

バリー・ボストウィック (徳丸完), デヴィッド・デュークス (千田光男), ジャクリン・スミス (宗形智子), ホセ・ファーラー (大久保正信), ジェームズ・メイソン (平林尚三), パティ・デューク (公卿敬子) ◆アメリカ建国の基礎を築いた初代大統領ワシントンの半生を 3 部構成 8 時間で描いたミニシリーズ。日本では「揺れる新しい夢」「愛と血の大地」「燃える植民地」「独立への戦い」「栄光の誕生」の全 5 話で TBS にて放映。

女性大使の闘い

THE AMBASSADOR (1998-1999) S2 英 BBC

ポーリーン・コリンズ , デニス・ローソン , オーウェン・ロー ◆在アイルランドの女性英国大使ハリエット・スミスが、イギリス保安局や彼女自身が作った特殊チームの協力を得て、様々な国際問題に対処していく姿を描いたポリティカル・ドラマ。

署長マクミラン

MCMILLAN & WIFE (1971-1977) S6 米 NBC

ロック・ハドソン (若林豪), スーザン・セント・ジェームズ (結城美栄子), ジョン・シャック (東野孝彦), ナンシー・ウォーカー (中村たつ) ◆サンフランシスコ市警の署長に抜擢された弁護士のスチュワート・マクミランは、推理好きの妻サリーの協力を得て数々の難事件に挑んでいく。夫婦探偵ものの変種といえるミステリー・コメディで、主人公が組織のトップながら現場へ乗り込んでいくのが新味。毒舌の家政婦ミルドレッドと、マクミランの相棒となるエンライト刑事がレギュラー陣。

ショック！

SHOCK THEATER (1963-1966) 米

◆ 1930 ～ 40 年代にユニバーサルが製作した「フランケンシュタイン」「ドラキュラ」「狼男」などの怪奇映画を TV 用に再編集したアンソロジー番組。

ショットガン・スレード

SHOTGUN SLADE (1959-1961) S2 米

スコット・ブラディ (納谷悟朗), モニカ・ルイス ◆開拓時代のアメリカ西部を舞台に、保安官やガンマンではなく私立探偵が活躍する異色の西部劇。コロラド州デンバーで、ショットガンとライフルを携えた探偵のスレードが、様々な事件に挑んでゆく。

ジョナス

JONAS / JONAS L.A. (2009-2010) S2 米 Disney Channel

[別] ジョナス in L.A.(第 2 シーズン)

ケヴィン・ジョナス (勝杏里), ジョー・ジョナス (浪川大輔), ニック・ジョナス (堀江一眞) ◆アメリカの人気ロックバンド、ジョナス・ブラザーズが出演するホームコメディ。ロックスターのジョーとケビンとニックの三兄弟は、ワールドツアー後の夏休みをニュージャージーの自宅で過ごすことになった。地元にいる幼馴染みのステラとその友達メイシーも加わり、彼らの普通だけどちょっと変わった生活が始まる。

ジョニー・スタッカート

JOHNNY STACCATO (1959-1960) S1 米 NBC

ジョン・カサヴェテス (穂積隆信), エドゥアルド・シャネリ ◆私立探偵の活躍を描いたハードボイルド・ドラマ。ジョニー・スタッカートはグリニッジ・ビレッジのジャズクラブでピアノも弾く私立探偵。クラブにかかってきた電話で依頼を受け、事件に挑んでゆく。テーマ曲をエルマー・バーンスタインが作曲し、本編中には数多くのミュージシャンがゲスト出演した。

ジョナス

ジョニー・スタッカート

ジョン・アダムズ
JOHN ADAMS (2008) S1 米 HBO
ポール・ジアマッティ, ローラ・リニー, スティーヴン・ディレイン, デヴィッド・モース, サラ・ポーリー, トム・ウィルキンソン, ルーファス・シーウェル ◆「英国王のスピーチ」のトム・フーパーが監督を手がけたミニ・シリーズ。ピューリッツァー賞を受賞したデヴィッド・マックローの著書を原作に、アメリカ合衆国建国に尽力した第2代大統領ジョン・アダムズの激動の人生を全7話で描く。1770年のボストン。弁護士のジョン・アダムズは、ボストン虐殺事件に関与した英国軍人たちの弁護を引き受け、民衆を敵に回しながらも裁判に勝利する。この一件がきっかけでマサチューセッツ議会の議員に選出されたアダムズは、その後、脱植民地化を目指して尽力するのだが…。

ジョン・ウォーターズ in DEATH13
TIL DEATH DO US PART / LOVE YOU TO DEATH (2006-2007) S1 米 Court TV
ジョン・ウォーターズ, アラン・ロイヤル, メラニー・マーコスキー ◆「ピンク・フラミンゴ」(1972年) などいくつものカルト映画を生み出してきた悪趣味映画の巨匠J・ウォーターズが、死神に扮してストーリーテラーを演じるブラックなホラー・コメディ作品。13組の男女が幸福に包まれて結婚をするが、やがて不可避的な殺人で幕を閉じるその顛末を描く。[D]

ジョン・ウーの狼たちの絆
ONCE A THIEF / JOHN WOO'S ONCE A THIEF (1996-1998) S1 加 CTV
アイヴァン・セルゲイ (若林久弥), サンドリーヌ・ホルト (金沢映子), ニコラス・リー (花田光) ◆元中国マフィアのマック・ラムジーとリアン・ツェイ、そして彼女の婚約者ビクター・マンスフィールドがチームを組んで犯罪と戦うアクション・ドラマ。1991年の映画「狼たちの絆」をジョン・ウー自身がリメイクしたTVムービー「ジョン・ウー 狼たちの絆」に続いて製作されたTVシリーズ。ジョン・ウーが製作総指揮を務めているが、映画とTVでは内容的に共通点が少ない。

知られざる戦場/フィリップ・カプートの青春
A RUMOR OF WAR (1980) 米 CBS
[別] 知られざる戦場ーある兵士の叫びー (CS) | ロックパイル・ベトナム (ビデオ)
ブラッド・デイヴィス, キース・キャラダイン, マイケル・オキーフ ◆原作者フィリップ・カプートのベトナム戦争体験を元にしたピューリッツァー賞受賞のノンフィクション小説『A RUMOR OF WAR』を前後編でミニシリーズ化。のん気な学生だった主人公が徴兵され、当初は戦争に疑問を持ちながらも過酷な戦場の中で次第に狂気にとらわれていく様を描く。[V]

シリコンバレー
SILICON VALLEY (2014-2017) S4 米 HBO
トーマス・ミドルディッチ, T・J・ミラー, ジョシュ・ブレナー ◆アメリカのシリコンバレーを舞台に、革新的なプログラムの開発に成功した青年がオタクな仲間たちと共に会社を立ち上げ成功を勝ち取るべく奮闘する姿を"起業あるある"エピソード満載でコミカルに描いたTVシリーズ。黄金期を迎えたITの聖地シリコンバレー。内気なプログラマーのリチャードは、独自に開発を進めていたウェブサイトの副産物として、強力なデータ圧縮アルゴリズムを開発する。すると彼のもとに有力な投資家が現れ、超高額でプログラムを買収したいと提案。悩んだ挙句その申し出を断ったリチャードは、風変わりなオタク仲間たち4人と"パイドパイパー社"を立ち上げ、自らの手で成功を掴み取ろうと決心するのだが…。

私立探偵ジャクソン・ブロディ
CASE HISTORIES (2011-2013) S2 英 BBC
ジェイソン・アイザックス, アマンダ・アビントン, ゾウイ・アシュトン ◆ケイト・アトキンソンが創造した風変わりな探偵ジャクソン・ブロディの活躍を描いたイギリス製のミステリー・シリーズ。元警官のジャクソンが探偵事務所を開き、私生活にトラブルを抱えながらも次々と舞い込む事件を解決していく。

私立探偵ジョー・ダンサー
JOE DANCER (1981-1983) 米 NBC
ロバート・ブレイク ◆ロサンゼルスを舞台に、しがない私立探偵ジョー・ダンサーの活躍を描くTVムービーの連作。1970年代にTVシリーズ「刑事バレッタ」で人気を博したR・ブレイクが、企画・製作総指揮・主演を

シリコンバレー

私立探偵ジャクソン・ブロディ

兼ねて 80 年代用に製作した作品で、雰囲気はジャック・ニコルソンの「チャイナタウン」に近い。[V]

私立探偵スペンサー

SPENSER: FOR HIRE (1985-1988) S3 米 ABC

[別] 探偵スペンサー (WOWOW)

ロバート・ユーリック (星野充昭), エイヴリー・ブルックス (笹岡繁蔵), バーバラ・ストック (井上喜久子) ◆ロバート・B・パーカーによる探偵小説" スペンサー・シリーズ " を原作とした、ボストンに住む私立探偵スペンサーの活躍を描くハードボイルド・ドラマ。元警官でもあるスペンサーが、精神分析医で恋人のスーザンや用心棒のホークらと共に、依頼人を守るために活躍する。物語のコンサルタントとして、原作者のパーカーも参加している。第 2 シーズンは「探偵スペンサー」のタイトルで放送された。全 3 シーズンの TV シリーズに加えて単発の TV ムービーが 4 本作られ、またホークを主人公としたスピンオフ・ドラマ「ホークと呼ばれた男」も製作された。[V]

私立探偵ダーク・ジェントリー

DIRK GENTLY'S HOLISTIC DETECTIVE AGENCY (2016-2017) S2 米 BBC America

サミュエル・バーネット (岸尾だいすけ), イライジャ・ウッド (野島裕史), フィオナ・ドゥーリフ (うえだ星子), ハンナ・マークス (松井暁波), ジェイド・エシェット (もりなつこ), エムポー・クワホー (落合福嗣) ◆イギリスの SF 作家ダグラス・アダムスの小説『ダーク・ジェントリー全体論的探偵事務所』を原作とする、SF コメディ・ミステリー作品。連続殺人事件を追う私立探偵を描いているものの、序盤から謎が謎を呼ぶ伏線が大量に出現し、全 8 話でその伏線が回収されるという異色の展開となっている。ホテルでベルボーイとして働くトッドは、ホテルで起きた連続殺人事件が原因で職を失うが、探偵を名乗るあやしい男ダーク・ジェントリーの助手となり、事件解決の手伝いをすることに。

私立探偵バニオン

BANYON (1971-1973) S1 米 NBC

[別] 私立探偵バニヨン

ロバート・フォスター (羽佐間道夫), リチャード・ジャッケル (内海賢二), ジョーン・ブロンデル (中村紀代子) ◆ 1930 年代のロサンゼルスを舞台に、元刑事の私立探偵マイルズ・C・バニオンの活躍を描く犯罪ドラマ。警察からは嫌われているが、友人でもあるロス市警のピート・マクニール警部補は唯一の理解者。また探偵事務所のビルに秘書養成学校があり、その経営者ペギーの計らいで毎回臨時の秘書をつけてくれるのも大きな特徴。往年のフィルムノワールのような雰囲気を持ったハードボイルドな探偵物である。パイロット版は「バニオン／その罠をあばけ」として映画劇場枠で放映。

私立探偵ハリー

CRAZY LIKE A FOX (1984-1986) S2 米 CBS

ジャック・ウォーデン (内田稔), ジョン・ルービンスタイン (佐久田修), ペニー・ペイサー (篠倉伸子) ◆サンフランシスコで探偵として働くハリー・フォックスが、息子で法廷弁護士のハリソンの協力を得ながら、様々な難事件を解決に導いていく姿をコメディ・タッチで描く異色のバディもの推理ドラマ。2 シーズンが放送された後、続編 TV ムービー「熱血探偵ハリー」(STILL CRAZY LIKE A FOX) も製作された。

私立探偵ヴァルグ

VARG VEUM (2007-2012) S2 ノルウェー

トロン・エスペン・セイム (東地宏樹), ビョルン・フローバルグ (塾一久) ◆ノルウェーで人気の犯罪ミステリ・シリーズ (日本未訳) を映像化。その高い捜査能力ゆえに警察からもマークされるほどの探偵ヴァルグ・ヴェウムが、北欧社会の暗部に広がる様々な犯罪を解き明かす。本国では劇場公開されるほどの人気を誇り、日本では WOWOW で 5 シーズンに分けて放送された。

私立探偵フィリップ・マーロウ

PHILIP MARLOWE, PRIVATE EYE (1983-1986) S2 米 = 英 = 加 HBO/ITV

[別] フィリップ・マーロー・シリーズ (WOWOW) | フィリップ・マーロウ事件簿 (ビデオ)

パワーズ・ブース , ケイト・リード , ジェニファー・デイル ◆イギリス ITV 放送とアメリカのケーブル TV 局 HBO が製作した探偵ドラマ。レイモンド・チャンドラーが生み出した私立探偵フィリップ・マーロウの活躍を描く。各エピソードはチャンドラーの短編をベースにしている。[D,V]

私立探偵スペンサー

私立探偵ヴァルグ

私立探偵マグナム
MAGNUM, P.I. (1980-1988) S8 米 CBS
トム・セレック (荻谷俊介→柴田秀勝), ジョン・ヒラーマン (中村正→上田敏也), ロジャー・E・モーズリー (渡部猛→島香裕) ◆ベトナム帰還兵であるトーマス・サリヴァン・マグナムはハワイに住む大富豪の作家マスターズに雇われ、彼の留守を守る傍ら私立探偵業に勤しむ。仲間はベトナム時代の戦友 TC とナイトクラブのマスター、リック。マスターズの執事ヒギンズはいろいろと口うるさいが、マグナムは雇い主の赤のフェラーリを颯爽と乗り回し、ビキニの美女をはべらせながら悠々と事件を解決していく。「ナイトライダー」と「エアウルフ」のクリエイターが組んだユーモアたっぷりのアクション・ドラマ。主演の T・セレックはタフな探偵役でブレイクした。[D]

私立探偵ライアン
RYAN (1973-1974) S1 豪
[別] 特捜ライアン
ロッド・マリナー (羽佐間道夫), パメラ・スティーヴンソン (麻上洋子), ルイジ・ヴィラーニ (たてかべ和也) ◆当時としては珍しいオーストラリア製の探偵ドラマ。オーストラリアの観光都市を舞台に、かつて特捜刑事だったマイケル・ライアンが私立探偵となり、秘書のジュリー・キングや相棒のトニー・アンジェリーニの助けを得て事件を解決する姿を描く。

私立探偵ローガン
THE MAN FROM BLACKHAWK (1959-1960) S1 米 ABC
ロバート・ロックウェル ◆ 1870 年代のアメリカ西部を舞台に、シカゴにあるブラックホーク保険会社の調査員として働く探偵サム・ローガンが、保険金に関わる犯罪を解決すべく活躍する姿を描く異色の西部劇。モノクロ 30 分。

死霊伝説 セーラムズ・ロット
→スティーヴン・キングの呪われた町

死霊のはらわた リターンズ
ASH VS EVIL DEAD (2015-2016) S2 米 Starz!
ブルース・キャンベル (江原正士), レイ・サンティアゴ (中村章吾), ダナ・デロレンゾ (田野アサミ) ◆ホラー映画三部作「死霊のはらわた」「死霊のはらわた II」「キャプテン・スーパーマーケット」の続編として製作されたホラー・コメディ。映画版の監督であるサム・ライミが製作総指揮を務め、主演も映画と同じく B・キャンベルがキャスティングされた。映画同様、恐怖と笑いが混然一体となった世界観を再現している。悪霊との死闘から 30 年、戦いで右手首を失ったアッシュ・ウィリアムズは、ドラッグでラリってしまい「死者の書」の呪文を口にしてしまった。再び姿を現した悪霊たちを退治すべく、アッシュは嫌々ながら、チェーンソーとショットガンを手にするのだった。[B,D]

Silk　王室弁護士マーサ・コステロ
SILK (2011-2014) S3 英 BBC
マキシン・ピーク , ルパート・ペンリー＝ジョーンズ , ニール・ステューク ◆優秀なごく一部の者だけが選ばれる王室顧問弁護士 (シルク) を目指す弁護士たちを中心に、イギリス法曹界のリアルな実情を描き出す法廷ドラマ。女性弁護士のマーサ・コステロが、社会的弱者の側に立つという信念のもと、依頼人のために奔走する。

白バイ野郎ジョン＆パンチ
CHIPS (1977-1983) S6 米 NBC
[別] 白バイ野郎パンチ＆ボビー (第 6 シーズン)
ラリー・ウィルコックス (田中秀幸), エリック・エストラーダ (古川登志夫), ロバート・パイン (嶋俊介) ◆カリフォルニア・ハイウェイパトロール専門の交通警官、真面目なジョナサン・アンドリュー・ベイカー (ジョン) とノリの良いフランシス・ルエリン・パンチョレロ (パンチ) が互いに協力しながら交通違反の取り締まりに向かう。当時流行していた暴力や銃撃戦といった描写をやめ、明るく健全な警察ドラマとして製作され話題となった。第 6 シーズンから新たにボビー・ネルソン (トム・ライリー／声：太川陽介) が加入し、邦題も「白バイ野郎パンチ＆ボビー」に変更された。[D]

新・愛情物語
TV READER'S DIGEST (1955-1956) S1 米
ジーン・レイモンド , ヒュー・レイリー ◆様々な雑誌記事の優れたものをダイジェストして掲載することで知られるリーダーズ・ダイジェスト誌に寄せられた実話をベースにした 1 話完結のアンソロジー・ドラマ。愛にまつわるハッピーエンドのストーリーが多かった。

死霊のはらわた リターンズ

白バイ野郎ジョン＆パンチ

親愛なる白人様
DEAR WHITE PEOPLE (2017) S1 米 Netflix
ローガン・ブラウニング (樋口あかり), ブランドン・ベル (森田了介), アントワネット・ロバートソン (木下紗華), デロン・ホートン (白石健斗), アシュリー・ブレイン・フェザーソン (もりなつこ) ◆ 2014 年の映画「ディア・ホワイト・ピープル」をシリーズ化した、Netflix オリジナルのコメディ作品。アメリカの名門大学に通う非白人学生が、不条理な現実と葛藤しながら自らのアイデンティティを模索していく姿をユーモアを交えて描き、アメリカ特有の人種差別問題を風刺的に映し出している。クリエイターは映画版の監督を手がけたジャスティン・シミエン。米国アイビーリーグの名門校であるウィンチェスター大学。白人生徒らによって " 黒人扮装パーティー " が開かれ、学内のラジオ番組「親愛なる白人様」のホストを務めるサマンサは猛抗議する。しかし、サマンサが白人学生と付き合っていることが発覚し…。

新アウターリミッツ
THE OUTER LIMITS (1995-2002) S7 米 Showtime → Sci-Fi
◆ 1960 年代に放映された SF オムニバスを、最新 SFX を用いてリメイク。地球外生命体の脅威や最先端テクノロジーがもたらす恐怖、人間の心の奥底に眠る悪意などを、奇抜な着眼点と卓越したストーリー展開で見せる。日本語版のナレーションを担当したのは鈴木瑞穂。[D]

新・アンタッチャブル
THE UNTOUCHABLES (1993-1994) S2 米 UPN
トム・アマンデス (大塚芳忠), ウィリアム・フォーサイス (麦人), デヴィッド・ジェームズ・エリオット (中田和宏) ◆ 1959 年から始まった TV シリーズ「アンタッチャブル」をリメイク。30 年代のシカゴを舞台に、連邦財務省の敏腕捜査官エリオット・ネス率いるアンタッチャブル・チームと暗黒街を牛耳るアル・カポネとの戦いを描く。

新宇宙空母ギャラクティカ
GALACTICA 1980 (1980) S1 米 ABC
ローン・グリーン , ケント・マッコード , バリー・ヴァン・ダイク ◆機械人間サイロンの奇襲で全滅しかけた人類が宇宙船団で故郷の地球を目指すという SF ドラマ「宇宙空母ギャラクティカ」の続編。ようやく目的地である地球にたどり着いたギャラクティカだが、そこは文明が遥かに遅れている過去の地球だった。サイロンが追撃していることを知ったアダマ司令は先発隊を地球に派遣、アメリカに到着したトロイ大尉とディロン中尉は地球人の協力を得ながらサイロンとの戦闘に備えていく…。日本では総集編が「新・宇宙空母ギャラクティカ／地球征服」としてビデオリリースされていたのみで、ようやく 2008 年に CS で全 10 話が放映された。[B,V]

新・宇宙戦争
WAR OF THE WORLDS (1988-1990) S2 米
[別] エイリアン・ウォーズ (TV)
ジャレッド・マーティン (大塚芳忠), リンダ・メイソン・グリーン (高島雅羅), フィリップ・エイキン (星野充昭) ◆人類制圧を目前にして地球上の微生物によって仮死状態になっていた火星人が、微生物が放射線によって死んだために復活、再び地球侵略に動き出す。ジョージ・パル監督「宇宙戦争」(1953 年) の後日譚という設定の SFTV シリーズ。[V]

新・エアーウルフ　復讐編
AIRWOLF (1987) S1 米 = 加 USA Network
バリー・ヴァン・ダイク (津嘉山正種), ジェラント・ウィン・デイヴィス (石丸博也), ミシェル・スカラベリ (潘恵子) ◆スーパーハイテクヘリの活躍を描いた「エアーウルフ」を、スタッフ・キャストを一新して製作した続編。前作の主人公ホークが兄セントジョンの救出に成功するが重傷を負ったため、代わってセントジョンがエアーウルフを操縦して活躍する。

新・俺がハマーだ！
SLEDGE HAMMER! (1986-1988) S2 米 ABC
デヴィッド・ラッシュ (羽佐間道夫), アン・マリー・マーティン (小宮和枝), ハリソン・ペイジ (内海賢二) ◆やたらに銃をブッ放しながら事件をややこしくするハミ出し刑事、スレッジ・ハマーの活躍をスラップスティック調に描いたコメディ・シリーズの続編。前作のラストの 5 年前を描く。なお日本では TV 放映はされずソフトでの発売のみとなった。[D,L,V]

新カンガルー・スキッピー
THE ADVENTURES OF SKIPPY (1992-1993) S1 豪

新・アンタッチャブル

新・宇宙戦争

さ

アンドリュー・クラーク (金尾哲夫), ケイト・マクニール (横山智佐), フィオナ・シャノン (田中敦子) ◆ 1960 年代に放送されたドラマ「カンガルー・スキッピー」のリメイク作品。オーストラリアの国立公園を舞台に、パークレンジャー隊の家族とカンガルーのスキッピーとの交流を描く。

シングルパパの育児奮闘記

RAISING HOPE (2010-2014) S4 米 Fox

ルーカス・ネフ , マーサ・プリンプトン , ギャレット・ディラハント ◆貧乏ながらたくさんの愛と笑いに包まれた家族を描き、全米で高い人気を得たハートフル・コメディ作品。23 歳でフリーターのジミー・チャンスは見知らぬ女性ルーシーと一夜を共にするが、彼女は逃亡犯であえなく逮捕されてしまう。数ヶ月後ジミーが面会に向かうと、何と彼女は妊娠していた。しかもルーシーは死刑となり、ジミーには生まれたばかりの赤ちゃんだけが残される。ジミーは赤ちゃんを " ホープ (希望)" と名付けるが、慣れない子育てにジミーも両親も七転八倒。果たして彼らは無事にホープを育てることができるのか !?

新・刑事コロンボ

COLUMBO (1989-2003) 米 ABC

ピーター・フォーク (石田太郎) ◆ 20 年の時を経て再開した新シリーズ。刑事コロンボの吹替は、亡くなった小池朝雄に代わり、石田太郎が声を担当している。[B,D,L,V]

- 汚れた超能力 [別] 刑事コロンボ '90 ／超魔術への招待　COLUMBO GOES TO THE GUILLOTINE (1989)
- 狂ったシナリオ [別] 刑事コロンボ '90 ／予期せぬシナリオ　MURDER, SMOKE AND SHADOWS (1989)
- 幻の娼婦 [別] 刑事コロンボ '90 ／黒いドレスの娼婦　SEX AND THE MARRIED DETECTIVE (1989)
- 迷子の兵隊 [別] 刑事コロンボ '90 ／おもちゃの兵隊　GRAND DECEPTIONS (1989)
- 殺意のキャンバス　MURDER A SELF PORTRAIT (1989)
- だまされたコロンボ　COLUMBO CRIES WOLF (1989)
- 完全犯罪の誤算　AGENDA FOR MURDER (1990)
- かみさんよ、安らかに　REST IN PEACE, MRS. COLUMBO (1990)
- 華麗なる罠　UNEASY LIES THE CROWN (1990)
- マリブビーチ殺人事件　MURDER IN MALIBU (1990)
- 殺人講義　COLUMBO GOES TO COLLEGE (1990)
- 犯罪警報　CAUTION - MURDER CAN BE HAZARDOUS TO YOUR HEALTH (1991)
- 影なき殺人者　THE MURDER OF A ROCK STAR/ COLUMBO AND THE MURDER OF A ROCK STAR (1991)
- 大当たりの死　DEATH HIS THE JACKPOT (1991)
- 初夜に消えた花嫁　NO TIME TO DIE (1992)
- 死者のギャンブル　A BIRD IN THE HAND (1992)
- 恋におちたコロンボ　IT'S ALL IN THE GAME (1993)
- 4 時 02 分の銃声　BUTTERFLY IN SHADES OF GREY (1993)
- 死を呼ぶジグソー　UNDERCOVER (1994)
- 奇妙な助っ人　STRANGE BEDFELLOWS (1995)
- 殺意の斬れ味　A TRACE OF MURDER (1997)
- 復讐を抱いて眠れ　ASHES TO ASHES (1998)
- 奪われた旋律　MURDER WITH TOO MANY NOTES (2000)
- 殺意のナイトクラブ [別] 虚飾のオープニング・ナイト　COLUMBO LIKES THE NIGHTLIFE (2003)

ジンジャー・ツリー　異国の女

THE GINGER TREE (1989) 日＝英 BBC/NHK

サマンサ・ボンド , 隆大介 ◆日本で 18 年間を過ごした作者オズワルド・ワインドのベストセラー小説を、NHK とイギリス BBC との共同製作でドラマ化したミニシリーズ。英国女性のメアリは婚約者を追ってはるばる北京にやってきた。そして結婚式を挙げるが、社交場で出会った日本人、栗浜伯爵に次第に惹かれていく。やがて彼の子を宿したメアリは夫を捨て日本に渡るのだが…。

真珠湾

PEARL (1978) S1 米 ABC

[別] 真珠湾 (パール) ／運命を変えた四日間 (TV)

ロバート・ワグナー (城達也), デニス・ウィーヴァー (高橋昌也), アンジー・ディキンソン (長山藍子), レスリー・アン・ウォーレン (鈴木弘子), リチャード・アンダーソン (家弓家正) ◆ハワイ在留部隊に所属するフォレスト大佐の妻ミッジ、女性医師ラング、日系女性のホリー永田らのそれぞれの恋愛を軸に、日本軍による真珠湾奇襲攻撃を市井の人々の側から描いたミニシリーズ。日本軍の艦隊や攻撃シーンは 1970 年の映画「トラ・トラ・トラ !」のフィルムから借用された。[V]

新・刑事コロンボ

新スター・トレック

新スター・トレック
STAR TREK: THE NEXT GENERATION (1987-1994) S7 米
[別] スター・トレック '88 ／新・宇宙大作戦 (ビデオ) ｜ジェネレーション (ビデオ) ｜新スタートレック／ザ・ネクスト・ジェネレーション (LD)
パトリック・スチュワート (吉水慶→麦人), ジョナサン・フレイクス (大塚明夫), ブレント・スピナー (大塚芳忠) ◆「宇宙大作戦」の世界を受けついだ、約 1 世紀後の世界が舞台。冷静沈着な艦長ジャン・リュック・ピカード、行動派の副長ウィリアム・トーマス・ライカー、主任航海士のデータ、クリンゴン人のウォーフなど個性豊かな面々と共に、24 世紀の新しい宇宙探査旅行を描く SF 作品。開始当初は前作のファンによる否定的な意見が多かったものの、ユニークなキャラクターと新たな設定などで次第に人気を得、最終的には前作をしのぐ長寿番組となった。[B,D,L,V]

新スパイ大作戦
MISSION: IMPOSSIBLE (1988-1990) S2 米 ABC
ピーター・グレイヴス (若山弦蔵), トニー・ハミルトン (大塚明夫), フィル・モリス (大塚芳忠), タアオ・ペングリス (中尾隆聖), テリー・マークウェル (高島雅羅) ◆政府の極秘特務機関の活躍を描いて一世を風靡した 1966 年の同名シリーズの、リーダー以外のメンバーが一新された続編。ジム・フェルプス率いる各種のエキスパートたちが、困難なミッションに挑むスパイ・アクション。製作費節減のため、撮影はオーストラリアで行われた。

新スパイ㊙作戦
→おしゃれ㊙探偵

新スーパーマン
LOIS & CLARK: THE NEW ADVENTURES OF SUPERMAN (1993-1997) S4 米 ABC
[別] LOIS & CLARK ／新スーパーマン (ソフト)
ディーン・ケイン (堀内賢雄), テリー・ハッチャー (日野由利加), ジョン・シーア (江原正士) ◆誰もが知っているスーパーヒーローの恋の行方を描く、SF アドベンチャーとロマンティック・コメディが融合した新感覚の TV ドラマ。悪に立ち向かうスーパーマンは裏の顔という設定で、クラーク・ケントのキャラクターがクローズアップされ、ロイス・レインや周囲の人々との関係などが描かれる。[D]

人生短し…
LIFE'S TOO SHORT (2011-2013) S1 英 BBC/HBO
ワーウィック・デイヴィス , リッキー・ジャーヴェイス , スティーヴン・マーチャント ◆「The Office」の R・ジャーヴェイスと S・マーチャントによるコメディ・ドラマ。「スター・ウォーズ」シリーズのイウォーク役などで知られる俳優 W・デイヴィスの " 小人症俳優としての人生 " を、モキュメンタリー (擬似ドキュメンタリー) 形式でブラックユーモアたっぷりに描く。リーアム・ニーソンやジョニー・デップなど豪華ゲストの出演も話題に。

新世界 ～航海の果てに～
TO THE ENDS OF THE EARTH (2005) S1 英 BBC
ベネディクト・カンバーバッチ , ジャレッド・ハリス , ヴィクトリア・ハミルトン ◆ノーベル賞作家ウィリアム・ゴールディングの小説を原作とした TV ドラマ。19 世紀初頭を舞台に " 地の果て " と呼ばれたオーストラリアを目指す過酷な船旅に身を投じた英国貴族の青年が、幾多の困難をくぐり抜けながら成長していく姿を描いた海洋アドベンチャー。1812 年、政府の要職に就くことになった英国貴族の青年エドマンド・タルボットは、オーストラリア行きの船に乗り込む。しかしある日、無知で世間知らずなタルボットの取った横柄な態度が、ある乗客の悲劇を引き起こしてしまい…。

新・第一容疑者
PRIME SUSPECT (2011-2012) S1 米 NBC
マリア・ベロ , ブライアン・F・オバーン , カーク・アセヴェド , エイダン・クイン ◆イギリスの刑事ドラマ「第一容疑者」を、舞台をアメリカに移してリメイク。男社会の警察組織で生きる女性刑事の活躍を描く。殺人課の刑事ジェーン・テニスンは、周囲の男性同僚から疎まれ担当から外される。そんな中、担当刑事が急死した事件をリーダーとして引き継ぐことになるのだが…。視聴率が伸び悩み、13 話で放送終了となった。

新チャーリーズ・エンジェル
CHARLIE'S ANGELS (2011) S1 米 ABC
アニー・イロンゼ (東條加那子), ミンカ・ケリー (魏涼子), レイチェル・テイラー (浅野まゆみ) ◆ 1970 年代を代

新スーパーマン

新チャーリーズ・エンジェル

さ

表する女性アクション・ドラマ「チャーリーズ・エンジェル」のリメイク版。マイアミに移転した探偵事務所を舞台に、セクシー美女たちがスリルとサスペンスに満ちた様々なアクションをこなしてゆく。2000 年の映画版に出演したドリュー・バリモアが製作総指揮を務めていたが、低視聴率のため全 8 話が製作されただけとなった。[D]

新・天地創造

GREATEST HEROES OF THE BIBLE (1978-1979) 米 NBC

リュー・エアーズ , ヴィンセント・エドワーズ ◆「十戒」「モーゼ」「バベル」「サムソンとデリラ」など、聖書に記されているエピソードをオールスターキャストで描くオムニバス形式のミニシリーズ。

新トランザム 7000

BANDIT (1994) 米

[別] 新トランザム 7000 ／バンディット (ビデオ)

ブライアン・ブルーム , ブライアン・クラウズ ◆ハル・ニーダム監督、バート・レイノルズ主演の映画「トランザム 7000」を TV ドラマ化。映画同様、ハル・ニーダムが全エピソードの監督を務めた。[V]

新トワイライト・ゾーン

THE TWILIGHT ZONE (1985-1989) S3 米 CBS

ブルース・ウィリス , メリンダ・ディロン , ラルフ・ベラミー ◆ロッド・サーリングがホストを務める、奇妙な世界に入り込んだ人々を描いたオムニバス・シリーズ「トワイライト・ゾーン」のリメイク新シリーズ版。スタッフ・キャストに一線級の面々を取り揃えているのも特徴のひとつ。監督はウェス・クレイヴン、ジョー・ダンテ、ジョン・ミリアス、ウィリアム・フリードキンなど。[L,V]

ジーンのスパイスター

→秘密捜査官ノート

新 80 日間世界一周

AROUND THE WORLD IN 80 DAYS (1989) 米 NBC

ピアース・ブロスナン (富山敬), エリック・アイドル (羽佐間道夫), ジュリア・ニクソン (幸田直子), ピーター・ユスティノフ (今西正男), ロディ・マクドウォール (西村知道) ◆ 80 日という限られた期限の中で世界一周できるかどうかの賭けに出発した主人公の、文字通り世界を股にかけた大冒険を描いたジュール・ヴェルヌの小説を、1956 年の映画化に続いて 3 部作のミニシリーズで TV ドラマ化。主演は「探偵レミントン・スティール」の直後、5 代目 007 を襲名する前の P・ブロスナン。映画版同様に豪華なキャストが顔を揃えている。

新・ヒッチコック劇場

ALFRED HITCHCOCK PRESENTS (1985-1989) S4 米 NBC → USA Network

アルフレッド・ヒッチコック (熊倉一雄) ◆アメリカで 1955 年から放映されたモノクロ 30 分 (後に 1 時間) もののアンソロジー「ヒッチコック劇場」をカラー・リメイク。案内役のヒッチコックの映像は、旧作の映像にコンピュータ処理でカラー化したものが使用された。[L,V]

新ヒッチコック・シリーズ

→ヒッチコック・サスペンス

新ビバリーヒルズ青春白書

90210 (2008-2013) S5 米 The CW

シェネイ・グライムス (本名陽子), トリスタン・ワイルズ (奈良徹), ロブ・エステス (落合弘治) ◆大ヒットした「ビバリーヒルズ高校白書」の 10 年後を描く青春ドラマ。カンザス州からビバリーヒルズへ引っ越してきたアニーとディクソンはウェスト・ビバリーヒルズ高校へ転校するが、リッチで奔放な高校生活に驚きを隠せない。恋愛、友情、ドラッグ、妊娠など高校生たちの青春が綴られる。[D]

シン・ブルー・ライン

THE THIN BLUE LINE (1995-1996) S2 英 BBC

ローワン・アトキンソン , セレナ・エヴァンス , ミナ・アンウォー ◆「ミスター・ビーン」で世界的に大人気を博した R・アトキンソン主演による、警察を舞台にした爆笑 TV シリーズ。頑固警部レイモンド・ファウラーが、毎回信じられないような大騒動を巻き起こす。[V]

新フロム・ザ・ダークサイド

TALES FROM THE DARKSIDE: (1983-1988) S4 米

ロイ・プール , ティム・コート , ジョー・コーテス ◆ジョージ・A・ロメロによるホラー・アンソロジーの新リリース・バージョン。子供嫌いな男が迎えるハロウィンの夜の惨劇を描いた「ハロウィン・キャンディ」の他、「カサヴァンの呪い」「最後の車両」「静かに…」など。[V]

新トランザム 7000

新ビバリーヒルズ青春白書

新・弁護士プレストン
THE DEFENDERS (1997-1998) 米 Showtime
[別] ディフェンダーズ／新・弁護士プレストン (ビデオ)
E・G・マーシャル, ボー・ブリッジス, マーサ・プリンプトン ◆往年の人気TVドラマ「弁護士プレストン」の新シリーズ。主役のE・G・マーシャルに加え、新キャストとしてB・ブリッジスとM・プリンプトンが加わった。[D,V]

新・弁護士ペリー・メイスン
PERRY MASON (1986-1993) 米 NBC
[別] 帰って来たペリー・メイスン (衛星)
レイモンド・バー (鈴木瑞穂), ウィリアム・カット (堀秀行), バーバラ・ヘイル (藤波京子) ◆ 1957年から9シーズンに渡って放映された人気ドラマが約30年後に復活。弁護士のペリー・メイスンが秘書のデラ・ストリート、調査員のポール・ドレイクの協力を得て、無実の罪に問われた人々の無罪を勝ち取っていく。[V]

新米刑事モース ～オックスフォード事件簿～
ENDEAVOUR (2013-2017) S4 英 ITV
ショーン・エヴァンス (矢野正明), ロジャー・アラム (土師孝也), フローラ・モンゴメリー (藤本喜久子) ◆英国ではシャーロック・ホームズやエルキュール・ポワロを凌ぐ人気と言われるエンデバー・モース警部の、新米刑事時代を描く正統派ミステリー。原作者のコリン・デクスターがコンサルタントを務め、モースのキャラクターがより深く描かれた。1965年、警官となったモースは、その推理力で様々な事件の解明に挑む。[D]

新・燃えよ！カンフー
KUNG FU: THE LEGEND CONTINUES (1993-1997) S4 米 PTEN
デヴィッド・キャラダイン, クリス・ポッター, ロバート・ランシング ◆ 1972年から放映されたアクション・シリーズ「燃えよ！カンフー」の正式な続編。前作の主人公だったクワイ・チャン・ケインの曾孫ジョンが、生き別れになって現在は警官をしている息子ピーターを助けて悪と戦っていく。

新・世にも不思議な物語
NEXT STEP BEYOND (1978-1979) S1 米
ポール・ピーターセン, フランク・アシュモア, ジョン・ニューランド ◆実際に起きた不可思議な現象をもとにしたホラー・オムニバス「世にも不思議な物語」の新作シリーズ。アメリカでは1978年から、また日本では1982年から放映された。ホストは旧作と同じくJ・ニューランドが務めている。[D,V]

新・夜の大捜査線
IN THE HEAT OF THE NIGHT (1988-1995) S8 米 NBC → CBS
キャロル・オコナー (富田耕生), ハワード・ロリンズ (玄田哲章), アラン・オートリー (大塚明夫) ◆シドニー・ポワチエとロッド・スタイガーが主演した映画「夜の大捜査線」から、2人のキャラクターを借りて新たに製作されたTVシリーズ。偏見残る南部の町で、黒人のバージル・ティッブス刑事と白人のビル・ギレスピー署長が協力して事件を解決していく。

心理探偵フィッツ
CRACKER (1993-1996) S3 英 ITV
ロビー・コルトレーン (玄田哲章), クリストファー・エクルストン (大塚芳忠), バーバラ・フリン (駒塚由衣) ◆走行中の列車内で若い女性の惨殺死体が発見される。ビルボロー警部は連続殺人とみて捜査網を展開、やがて線路脇で犯人らしき男を捕らえ、尋問することに。しかし、その男は記憶を失っていた。そんな中、大学で心理学を教えるエディ・フィッツジェラルド (フィッツ) は教え子がその事件の被害者と知り、捜査の協力を申し出る。そして記憶喪失の容疑者と面会し、次第に事件の真相へと迫るのだが…。「ハリー・ポッター」シリーズのR・コルトレーンが鋭い分析力を持ちながら飲酒とギャンブルに明け暮れる心理学者フィッツを熱演。[D]

森林警備隊
THE FOREST RANGERS (1963-1966) S3 加 CBC
ラルフ・エンダースビー (森直也), ピーター・タリー (古谷徹), グレイドン・グールド (城達也), レックス・ヘイゴン (白田和男) ◆カナダの山林を守る森林警備隊の砦を舞台に、ジョージ・ケリー隊長と少年少女たちによるジュニア隊員たちの活躍を描くファミリー向けアドベンチャー・ドラマ。カナダ初のカラーによるTVドラマ・シリーズ。1話30分。

新・燃えよ！カンフー

心理探偵フィッツ

人類、月に立つ

→フロム・ジ・アース［人類、月に立つ］

す

スイッチ ～運命のいたずら～

SWITCHED AT BIRTH (2011-2017) S5 米 ABC Family

ケイティ・ルクレール (北西純子), ヴァネッサ・マラーノ (花村さやか), コンスタンス・マリー (野沢由香里) ◆新生児の取り違えから起きる 2 人の少女の運命を描く感動のヒューマン・ドラマ。女子高生のベイ・ケニッシュは、遺伝子検査の結果、自分が両親の子供でないことを知る。家族と共に調査を進めたベイは、過去に病院で自分が他の新生児と取り違えられたことを突き止めた。彼女の名はダフネ・バスケスで、シングルマザーの元で育つ聴覚障害者だった。[D]

スイート・ライフ

THE SUITE LIFE OF ZACK AND CODY (2005-2008) S3 米 Disney Channel

ディラン・スプラウス (細野雅世), コール・スプラウス (長谷瞳), ブレンダ・ソング (新井里美) ◆母のキャリーがティプトン・ホテル専属の歌手になったため、双子のザックとコーディーはスイートルームで暮らすことに。腕白盛りの 2 人がホテルの中で、支配人やベビーシッター、オーナーの娘たちと巻き起こす騒動を描くコメディ。

スイート・ライフ オン・クルーズ

THE SUITE LIFE ON DECK (2008-2011) S3 米 Disney Channel

ディラン・スプラウス (細野雅世), コール・スプラウス (長谷瞳), ブレンダ・ソング (新井里美) ◆ホテルを舞台としたコメディ・ドラマ「スイート・ライフ」の続編。今回は舞台を豪華客船に移し、その中で双子の兄弟が様々な事件を引き起こしていく。双子のザックとコーディーは、父親が所有する豪華客船ティプトン号で旅をすることになり、船内の学校に通いながら世界を回る。もちろん場所が変わっても、2 人のいたずらは相変わらず。船にはカンザスからやってきた美少女ベイリーも乗船しており、ザックとコーディーは 2 人ともぞっこんになってしまうのだった。

スイート・ライフ

推理作家コナン・ドイルの事件簿

ARTHUR & GEORGE (2015) S1 英 ITV

マーティン・クルーンズ , アーシャー・アリ , チャールズ・エドワーズ ◆スランプに陥っていたコナン・ドイルのもとに一通の手紙が届く。それは無実の罪で服役しているジョージ・エダルジというインド人青年からのものだった…。イギリスの作家ジュリアン・バーンズの小説『アーサー＆ジョージ』を映像化したミニシリーズ。ホームズの生みの親であるドイルが医学生のとき解決に導いた実際の冤罪事件を描く。

スウィート・エネミー／甘い媚薬

DULCE ENEMIGA (1995) S1 ベネズエラ Venevision

ジグリオラ・サンチェッタ・ピレーラ (沢海陽子), ギジェルモ・ダビラ ◆ベネズエラ製のメロドラマ。父の仇であるフリオを、そうとは知らずに愛してしまったビクトリアの波乱に満ちた恋の顛末を、愛と憎悪が渦巻く複雑な人間関係と共に綴る。日本ではテレノベラ三部作のひとつと言われている。

スウェーデン国家警察特捜班

(2011-2012) スウェーデン

シャンティ・ローニー , アイリーン・リンダ , マグナス・サミュエルソン ◆スウェーデンの作家のアルネ・ダールによるミステリー小説シリーズを TV ドラマ化。スウェーデン国家刑事警察の特別捜査班に所属する刑事たちが、それぞれ事情を抱えながらも難事件を活躍していく姿を描く。ヨーロッパで人気を博し、2011 年から 2015 年にかけて 10 本のドラマが製作された。日本で放送されたのは、そのうちの 5 本。

- 靄 (もや) の旋律　ARNE DAHL: MISTERIOSO (2011)
- 陰翳 (いんえい) の輪舞曲　ARNE DAHL: UPP TILL TOPPEN AV BERGET (2012)
- 憎しみの残響　ARNE DAHL: ONT BLOD (2012)
- 孤独の拍節　ARNE DAHL: DE STORSTA VATTEN (2012)
- 白の鎮魂歌　ARNE DAHL: EUROPA BLUES (2012)

スカイナイツ

THE SKY KNIGHTS / LES NOUVEAUX CHEVALIERS DU CIEL (1988-1991) S2 仏 TF1

クリスチャン・ヴァディム , ティエリー・レドレール ◆「トッ

スイート・ライフ オン・クルーズ

プガン」の影響で 1980 年代末に各国で青春ジェット・パイロットものが数多く作られたが、これはそのフランス空軍版。ビジュアル的には白銀の山脈やヨーロッパの農村の上空を舞う戦闘機の姿がハリウッド映画の空中シーンを見慣れた目には新鮮に映る。登場する戦闘機もミラージュ系で、アメリカ映画の F16 やクフィール戦闘機とはかなり違う趣き。日本では全 3 巻のビデオリリースのみ。[V]

スカイパトロール・チョッパーワン

CHOPPER ONE (1974) S1 米 ABC

ジム・マクマラン (ささきいさお), ダーク・ベネディクト (樋浦勉), テッド・ハートリー (勝部演之), ルー・フリッゼル (神山卓三) ◆ヘリコプター・チョッパーワンで空からのパトロールを行うドン・バーディック巡査とギル・フォーリー巡査の活躍を描いたポリスアクション。1 話 30 分・全 13 話で、日本では NHK の「少年ドラマシリーズ」枠で 12 話が放映された。

スカーレット／続・風と共に去りぬ

SCARLETT (1994) S1 米＝仏＝独＝伊＝英＝スペイン＝豪 CBS

[別] スカーレット (衛星)

ジョアンヌ・ウォーリー＝キルマー (黒木瞳), ティモシー・ダルトン (瑳川哲朗), スティーヴン・コリンズ (川辺久造) ◆マーガレット・ミッチェルの『風と共に去りぬ』の続編としてアレクサンドラ・リプリーが書いた『スカーレット』を、製作費 4 千万ドルをかけ、世界 53 ヶ国でロケを敢行して映像化したミニシリーズ。故郷のタラへ戻ったスカーレットは、マミーが病床にあったためレットに電報を打つが、彼の態度は冷たく、離婚要請書を突きつけられてしまう。失意のスカーレットは未亡人を装ってアイルランドに向かい、そこでレットの再婚を知る。スカーレットは英国貴族フェントンに身を委ねるが、フェントンは彼女を罠にかけ殺人の罪を着せようとするのだった。知らせを聞いたレットは、無実を証明するために奔走するのだが…。[V]

スキャンダル　託された秘密

SCANDAL (2012-2017) S6 米 ABC

[別] スキャンダル

ケリー・ワシントン (皆川純子), ヘンリー・イアン・キュージック (宮本充), コロンバス・ショート (板倉光隆) ◆ホワイトハウスで活躍する危機管理コンサルタントの姿を描く、実話をもとにしたサスペンス・ドラマ。元ホワイトハウスの広報オリヴィア・ポープは、スキャンダルのもみ消しを専門とする“フィクサー”として、犯罪から男女間の秘密まで、ありとあらゆるセレブのスキャンダル封印に奔走する。[D]

スキンズ

SKINS (2007-2013) S7 英 E4

ニコラス・ホルト , ジョー・デンプシー , マイク・ベイリー ◆イギリスのティーンの日常を描いたアンサンブル青春ドラマ。10 代の恋愛、セックス、ドラッグ、ゲイ、人種問題などを生々しく扱ったストーリーでヒット作品となり、第 7 シーズンまで製作された。第 1 シーズンではハンサムで頭も切れる青年トニーが中心になるが、シーズンを経るごとに徐々に若い世代を中心にストーリーが展開する。第 7 シーズンでは、過去のシリーズからハンナ・マリー、ジャック・オコンネル、カヤ・スコデラーリオの 3 人が再登場し、それぞれのアフターストーリーが 2 話ずつ描かれた。

scrubs ～恋のお騒がせ病棟

SCRUBS (2001-2010) S9 米 NBC → ABC

ザック・ブラフ , サラ・チョーク , ドナルド・フェイソン ◆医大付属病院で働く見習い研修医たちの姿をユーモアたっぷりに描く医療コメディ・ドラマ。J.D. ことジョン・ドリアンは知識も腕前も未熟な研修医。親友のクリス・タークやエリオット・リードたちと共に指導医や患者たちと向き合い、時には恋愛なども経験しながら、医師として、また 1 人の人間として成長していく。

スクリーム

SCREAM / SCREAM: THE TV SERIES (2015-2016) S2 米 MTV

ウィラ・フィッツジェラルド (藤村歩), ベックス・テイラー＝クラウス (花藤蓮), ジョン・カルナ (河西健吾) ◆ホラー映画の“お約束”を逆手に取った演出でヒットした同名ホラー映画の TV 版リメイク。レイクウッドという町で女子高生のニーナとそのボーイフレンドが殺されるという事件が発生、それは 20 年前に起きた連続殺人事件を想起

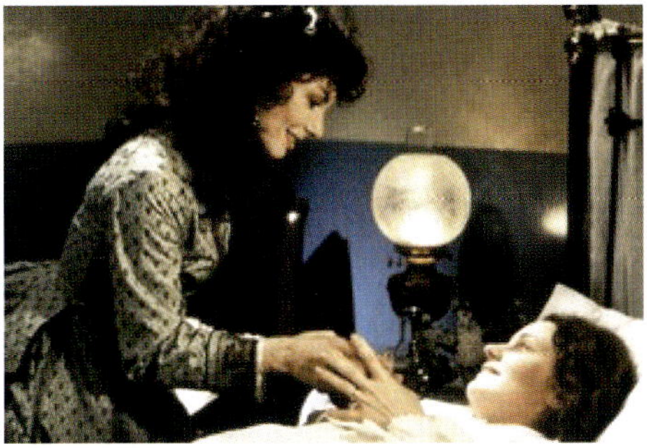

スカーレット／続・風と共に去りぬ

スキャンダル　託された秘密

させるものだった。事件に巻き込まれた同級生のエマは、独力で謎を解こうとするが…。

スクリーム・クイーンズ
SCREAM QUEENS (2015-2016) S2 米 Fox Network
エマ・ロバーツ (沢城みゆき), リア・ミシェル (坂本真綾), アビゲイル・ブレスリン (中原麻衣), ジェイミー・リー・カーティス (唐沢潤) ◆大学の社交クラブ "KKT" の会長シャネル・オーバリンはその美貌と親の有り余る財力とで、学生たちの間でまるで女王のように振舞っていた。彼女を含む KKT メンバーは大学のトラブルメイカーであり、学生部長のキャシー・マンチはシャネルの影響力を減じようと策を巡らす。そんなある日、学内で連続殺人事件が発生する。シャネルたちは事件の犯人を探し出そうとするが…。ゴージャスでビッチな女学生たちのドタバタ騒ぎを描いたコメディ・タッチのホラー・ストーリー。第 1 シーズンには歌手のアリアナ・グランデが出演を果たした。製作総指揮は「glee ／グリー」「アメリカン・ホラー・ストーリー」のライアン・マーフィー。[D]

スケルトンの大笑劇場
THE RED SKELTON SHOW (1951-1971) S20 加＝米 NBC/CBS
レッド・スケルトン ◆コメディアンの R・スケルトンがホスト役を務めるバラエティ・ショー。ショーガールたちによる歌とダンスで始まり、続いてスケルトンの漫談コーナーに移って、最後にゲストを交えたシットコムのコーナーで締めるというのが番組のフォーマットだった。番組は好評を博し、20 年の長きに渡る長寿番組となった。

SCORPION ／スコーピオン
SCORPION (2014-2017) S3 米 CBS
エリス・ガベル (杉田智和), キャサリン・マクフィー (小林沙苗), ロバート・パトリック (谷昌樹) ◆実在する IQ197 の天才ハッカー、ウォルター・オブライエンを主役のモデルにしたハイテク・サスペンス。コンピュータ、メカニック、数学、行動心理学、それぞれの分野で才能を発揮する 4 人の若き天才たちが " スコーピオン " という会社を作り、国土安全保障省の依頼を受けて様々な事件を解決していく。[D]

スコールズ・ブライドル〜鉄の口枷
→鉄の枷

スージー
→女秘書スージー

頭上の敵機
TWELVE O'CLOCK HIGH (1964-1967) S3 米 ABC
[別] 爆撃命令 (第 2 シーズン〜)
ロバート・ランシング (宮部昭夫)<S1>, ポール・バーク (御木本伸介)<S2->, クリス・ロビンソンン (野沢那智)<S2-> ◆グレゴリー・ペック主演の同名映画を TV シリーズ化。本物の B17 爆撃機を実際に飛ばし、国防省所有の記録フィルムを使ってリアルな戦闘シーンを描いた戦争ドラマ。第二次大戦下のヨーロッパを舞台に、サベージ准将率いる第 918 爆撃隊の活躍を描いたが、サベージは第 1 シーズンで戦死、第 2 シーズンからは P・バーク扮するギャラガー大佐が主人公となった。第 3 シーズンのみカラー。

進め！宇宙パトロール
ROCKY JONES, SPACE RANGER (1954) S1 米
リチャード・クレイン (近石真介), サリー・マンスフィールド, スコッティ・ベケット ◆侵略者たちと戦う宇宙ロケット隊の活躍を描くモノクロ 30 分の SF アドベンチャー。宇宙連邦に所属するロッキー・ジョーンズは、太陽系を侵略しようとやってくる他の惑星や外宇宙からのエイリアンたちから平和を守るため、宇宙ロケット隊を率いて交渉や戦いを繰り広げる。

進め騎兵隊
MACKENZIE'S RAIDERS (1958-1960) S1 米
リチャード・カールソン , アート・ギルモア ◆実在したラナルド・マッケンジーという騎兵隊指揮官をモデルに、騎兵隊の活躍を描いたモノクロ 30 分の西部劇。テキサスを舞台に、大統領からの密命を受け結成されたマッケンジー中佐率いる第 4 騎兵隊が、盗賊やインディアン相手に戦いを繰り広げる。

スターゲイト : アトランティス
STARGATE: ATLANTIS (2004-2009) S5 米 Sci-Fi Channel
[別] アトランティス (レンタル DVD)
ジョー・フラニガン (山野井仁), デヴィッド・ヒューレッ

頭上の敵機

スターゲイト : アトランティス

ト (遠藤純一), レイチェル・ラトレル (石塚理恵) ◆人気 SFTV シリーズ「スターゲイト SG-1」のスピンオフ作品。高度な科学知識を得るため宇宙の果てペガサス銀河のアトランティスを訪れた探索チームだったが、燃料切れのため地球に戻れなくなってしまう。そこへレイスと呼ばれるペガサス銀河最強の凶暴なエイリアンが現れる。[D]

スターゲイト SG-1

STARGATE SG-1 (1997-2007) S10 米 = 加
Showtime → Sci-Fi

[別] スターゲイト (TV)

リチャード・ディーン・アンダーソン (有本欽隆), マイケル・シャンクス (土方優人), アマンダ・タッピング (鈴木弘子) ◆ 1994 年の SF 映画「スターゲイト」の続編で、映画から 1 年後を舞台にエイリアンと特殊部隊との激しい戦いを描く SF ドラマ。コロラド州の地下施設で厳重に管理されていたはずのスターゲイトが突如作動し、絶滅したはずのエイリアンたちが襲撃してきた。事態を重く見た大統領は、空軍を退役したジャック・オニール大佐を呼び戻し、ゲイトの向こう側への偵察を命じるのだが…。[D,V]

スタートアップ

STARTUP (2016-2017) S3 米 Crackle

マーティン・フリーマン (小森創介), アダム・ブロディ (西健亮), オトマラ・マレロ (白石涼子), エディ・ガテギ (星野貴紀) ◆犯罪都市マイアミを舞台に、仮想通貨ビジネスに関わる多種多様なキャラクターたちの人間ドラマを描いたクライム・サスペンス。マイアミ在住の天才 IT 女子イザベル・モラレス (イジー) は、自身が開発した仮想通貨 " ジェンコイン " で新規ビジネスを展開すべく、銀行家のニック・タルマン、ハイチ系ギャングのロナルド・デイシーと手を組む。しかし、巨額なお金が動くそのビジネスは様々な人間を巻き込んでいき、やがて思いもよらぬ悲劇を生んでいく。[D]

スター・トレック／宇宙大作戦

STAR TREK (1966-1969) S3 米 NBC

[別] 宇宙大作戦｜宇宙パトロール｜スタートレック

ウィリアム・シャトナー (矢島正明), レナード・ニモイ (久松保夫), デフォレスト・ケリー (吉沢久嘉) ◆時は 23 世紀。100 を超える星系と惑星連邦を形成した地球人は、ジェームズ・T・カーク船長をリーダーとする宇宙船エンタープライズ号で銀河系の調査に出発した。船には様々な人種の地球人、非地球人らが乗り込んでいた。今や SF ドラマの古典ともいうべき名作シリーズの最初の作品。人間と宇宙人との共存や、精神世界などにも言及する高度なテーマも話題となった。また感情を表に出さない理論家のミスター・スポックや、情に厚く頑固なドクター・マッコイなど、個性的な乗組員たちがエピソードに深みを与えた。シリーズは世界的に成功をおさめ、数多くの続編や映画作品が製作された。[B,D,L,V]

スター・トレック／宇宙大作戦

スター・トレック '88 ／新・宇宙大作戦

→新スター・トレック

スター・トレック エンタープライズ

ENTERPRISE / STAR TREK: ENTERPRISE (2001-2005) S4
米 UPN

スコット・バクラ (谷口節), ジョリーン・ブラロック (本田貴子), コナー・トリニア (内田直哉) ◆「スター・トレック」シリーズ 5 作目となる SF ドラマ作品。22 世紀の宇宙空間を舞台に、ジョナサン・アーチャー船長率いる探査船とクルーたちの活躍を綴る。シリーズ 1 作目「宇宙大作戦」以前の時代設定で、壮大なスター・トレック世界の始まりを描き出している。[B,D]

スター・トレック：ディスカバリー

STAR TREK: DISCOVERY (2017-) S1- 米 CBS

ソネクア・マーティン＝グリーン (よのひかり), ダグ・ジョーンズ (桐本拓哉), ジェイソン・アイザックス (咲野俊介) ◆ TV ドラマ「ハンニバル」のブライアン・フラーと映画「スター・トレック」(2009) のアレックス・カーツマンが製作を務める SF ドラマ・シリーズ。「スター・トレック／宇宙大作戦」の 10 年前、冷戦状態にあった連邦とクリンゴンとの対立を軸に、USS ディスカバリーのクルーとなるマイケル・バーナム中佐の活躍と成長を描く。調査のため航行中の連邦宇宙船シェンジョウは謎の建造物と遭遇、その扱いを巡り船長のジョージャウとバーナムは対立してしまう。

スター・トレック／ディープ・スペース・ナイン

STAR TREK: DEEP SPACE NINE (1993-1999) S7 米

スター・トレック：ディスカバリー

エイヴリー・ブルックス(玄田哲章),ルネ・オーベルジョノワ(加藤精三),テリー・ファレル(佐藤しのぶ)◆「新スター・トレック」放映中に誕生した新シリーズ。惑星ベイジョーの宇宙ステーション"ディープ・スペース・ナイン"を舞台に、様々な異星人の交流と巻き起こる事件を描いていく。[D,L,V]

スター・トレック／ヴォイジャー
STAR TREK: VOYAGER (1995-2001) S7 米 UPN

ケイト・マルグルー(松岡洋子),ロバート・ベルトラン(石塚運昇),ロクサン・ドーソン(五十嵐麗)◆「スター・トレック」シリーズ第4作目。ワープの事故で7万光年先に飛ばされた、キャスリン・ジェインウェイ艦長率いる最新宇宙船ヴォイジャー号の、地球への帰還をメインテーマにしたSFドラマ。[D,L,V]

スターハンター
STARHUNTER (2000-2004) S2 加

マイケル・パレ(藤原啓治)<S1>,クローデット・ロシュ(中司ゆう花),ターニャ・アレン(うえだ星子)◆「CSI」シリーズなどを手がけたカナダのアライアンス・アトランティスが製作した全2シーズンのSFアドベンチャー・ドラマ。「ストリート・オブ・ファイヤー」のM・パレが主役を務めたが、第2シーズンには出演していない。日本では3本のDVD(計6話分)がリリースされたのみ。西暦2275年、太陽系では地球人の進出によって惑星間紛争が勃発し、各地で凶悪犯罪が多発していた。地球政府は犯罪者対策の要として、賞金稼ぎのダンテ・モンタナを雇うことに。10年前に息子を誘拐されたダンテは、老朽化した宇宙船を駆り様々なミッションに挑んでいく。[D]

スターマン
STARMAN (1986-1987) S1 米 ABC

ロバート・ヘイズ(安原義人),C・B・バーンズ(草尾毅),マイケル・キャヴァノー(池田勝),リック・ハースト(羽佐間道夫)◆1984年に公開されたジョン・カーペンター監督作品「スターマン／愛・宇宙はるかに」の続編となるTVシリーズ。映画の14年後の設定で、地球に残してきた息子スコット・ヘイドンを助けるため地球に戻ってきたスターマンが、行方不明の母を探して旅を続ける、ロード・ムービー調のSFドラマ。俳優のマイケル・ダグラスが製作に名を連ねている。日本ではシリーズ放送前に、2エピソードを再編集した「スターマン2／リターン」と「スターマン3」が洋画劇場枠で放映された。

スター名作劇場
ALCOA PREMIERE / FRED ASTAIRE'S PREMIERE THEATRE (1961-1963) S2 米 ABC

フレッド・アステア◆F・アステアがホストを務めるアンソロジー・ドラマ・シリーズ。レイ・ブラッドベリ(原作)、ジョン・フォード(監督)、チャールトン・ヘストン(出演)など豪華なゲストが話題を呼んだ。

STAR　夢の代償
STAR (2016-) S2- 米 Fox Network

ジュード・デモレスト,ブリタニー・オグレイディ,ライアン・デスティニー,クイーン・ラティファ◆「Empire 成功の代償」のリー・ダニエルズが企画・製作総指揮・監督を務める本格派音楽ドラマ。歌手になることを夢見る3人の女性たちが、人生のどん底から音楽界の頂点を目指して成長していく姿を、ドラマオリジナルの楽曲とパフォーマンスに乗せて描く。母親がドラッグ中毒で亡くなったのを機に、音楽の街アトランタでミュージシャンになる決意をしたスター。離れ離れに暮らしていた妹のシモーネと、SNSで知り合ったアレクサンドラと共に活動を開始するのだが…。

スターレジェンド
TREASURE ISLAND / L'ISOLA DEL TESORO (1987) S1 米＝伊＝仏＝西独 Rai 2

[別] 銀河アドベンチャー／SF宝島(TV)

アンソニー・クイン(小松方正),アーネスト・ボーグナイン(富田耕生),イタコ・ナルダッリ(田中真弓),フィリップ・ルロワ(納谷悟朗),デヴィッド・ウォーベック(堀勝之祐)◆西暦2300年、伝説の宇宙海賊により未知の惑星に隠された財宝を求めて宇宙船エスパニョーラ号が旅立つ。舞台を宇宙に置き換えてはあるが純然たるロバート・ルイス・スティーヴンソン『宝島』の映像化作品で、数カ国合作による大作プロジェクト。[V]

スターロスト宇宙船アーク
THE STARLOST (1973-1974) S1 加 CTV

ケア・デュリア(横内正),ゲイ・ローワン(中島葵),ロビ

STAR　夢の代償

スターレジェンド

ン・ウォード（東野孝彦）◆『世界の中心で愛を叫んだけもの』の作者として知られるSF作家ハーラン・エリスンが原案・脚本を担当し、製作総指揮と特撮がダグラス・トランブル、主演がK・デュリアという、錚々たるスタッフとキャストによって製作されたSFドラマ。農村で暮らす青年デヴォンは、自分の住む世界が宇宙船の内部であることを知る。それはアーク（方舟）と呼ばれる巨大な宇宙船で、地球を脱出し新天地を目指す途中、事故によりコントロールを失っていたのだ。各ドームは遮断され、住民たちは宇宙船の中にいることを知らずに独自の文化を発展させていた。デヴォンはアーク号が恒星との衝突コース上にあることを知り、仲間と共にアーク号を救う果てしない旅に出るのだった。[D]

スタン・リーのラッキーマン
STAN LEE'S LUCKY MAN (2016-2017) S2 英 Sky 1
ジェームズ・ネスビット，イヴ・ベスト，シエンナ・ギロリー，アマラ・カラン，ダーレン・ボイド ◆マーベル作品の産みの親、スタン・リーによる初のイギリス製アクション。幸運を授ける腕輪を手に入れた刑事が、腕輪の副作用によって巻き込まれる事件に、運のパワーで立ち向かっていく。ギャンブル好きが高じて妻に逃げられた中年刑事のハリー・クレイトンは、カジノで知り合った謎の美女に不思議な腕輪を授けられる。その腕輪によってハリーは難事件を解決していくが、その腕輪は持ち主に幸運をもたらすのと引き換えに、持ち主の周囲に不運をまき散らすという副作用があった。

SUITS ／スーツ
SUITS (2011-2017) S7 米 USA Network
ガブリエル・マクト（桐本拓哉），パトリック・J・アダムス（西健亮），リック・ホフマン（横島亘）◆「ボーン・アイデンティティー」のダグ・リーマンが製作総指揮を務める、法廷シーンがほとんど登場しない新しいスタイルの弁護士ドラマ。ニューヨークにある大手事務所で働くハーヴィー・スペクターは、敏腕だが部下を持ちたがらない若き弁護士。だが昇進と引き換えに部下を雇うことを命じられ、天才的な頭脳を持つ青年マイク・ロスとコンビを組むことに…。[D]

スーツケースの男
→銀髪の狼

スティーブン・キング／トミーノッカーズ
THE TOMMYKNOCKERS (1993) S1 米 ABC
ジミー・スミッツ（若本規夫），マージ・ヘルゲンバーガー（吉田理保子），ジョン・アシュトン（宝亀克寿），アリス・ビーズレー（高乃麗）◆緑色の発光が小さな田舎町ヘイヴンを包んだ時、人々に異変が起こり始めた。住民は森の中に集い、土の中から何かを懸命に掘り出そうとしている。ただ1人、緑の光の影響を受けていないアルコール中毒の詩人は、この町に起きつつある異変の正体を解き明かそうとするのだが…。S・キング原作のミニシリーズの一本で、町ぐるみの洗脳とそれに立ち向かう男を描く。[V]

スティーブン・キングの 悪魔の嵐
STORM OF THE CENTURY (1999) S1 米 ABC
[別] ストーム・オブ・ザ・センチュリー（ビデオ）
ティム・デイリー（山寺宏一），コルム・フィオール（大塚明夫），デブラ・ファレンティノ（金沢映子）◆スティーヴン・キングが自身の書き下ろし小説を脚本化し、製作総指揮も務めたサスペンス・ドラマ。大規模な嵐に備える、人口200人足らずの小さな島に現れた謎の男。女性が殺害され、その男が犯人として保安官に逮捕されるが、島民の不審死はなおも続く。やがて島の子供たちの様子もおかしくなっていく…。[D,V]

スティーヴン・キングのキングダム・ホスピタル
KINGDOM HOSPITAL (2004) S1 米 ABC
アンドリュー・マッカーシー（宮本充），ブルース・デイヴィソン（野沢那智），ダイアン・ラッド（谷育子）◆ラース・フォン・トリアーが手がけたデンマークのTVシリーズ「キングダム」を、S・キング製作総指揮のもと、アメリカでリメイクしたドラマ。アメリカ東海岸メイン州の呪われた土地に立てられた巨大病院を舞台に、病院の謎を明らかにしようとする人々と、彼らに襲いかかる超常現象を描くノンストップ・スリラー。[D,V]

スティーブン・キングの ゴールデン・イヤーズ
STEPHEN KING'S GOLDEN YEARS (1991) S1 米 CBS
キース・ザラバッカ（麦人），エド・ローター（加藤精三），フランシス・スターンハーゲン（斎藤昌）◆S・キングがTV用に書き下ろしたシナリオによるミニシリーズ。政府

SUITS ／スーツ

スティーブン・キングの 悪魔の嵐

の依頼により極秘の研究を行っているファルコプレインズ社で掃除夫として働くハーラン・ウィリアムズ老人は、ある日極秘実験の事故に巻き込まれ、光り輝く緑色の粉を大量に浴びてしまう。保安主任テリーは陸軍のクルーズ将軍と共に調査を開始するが、事故で死んだ科学者の遺体が政府直属の秘密組織"ショップ"によって運び出されたことで、2人は事の重大さに気づく。かつてショップの一員だったテリーは、追っ手が凄腕の殺し屋ジュード・アンドリュースだと知り、旧友でもあるクルーズ将軍のバックアップを受けてハーランとその妻ジーナを街から脱出させようとする。しかしハーランは日を追うごとに若返っていた…。逃亡劇を基本に、SF・ミステリー・アクションなどの要素をふんだんに注ぎ込んだ正統派のTVドラマ。[D,V]

スティーブン・キングの ザ・スタンド

→ザ・スタンド

さ

スティーヴン・キングの呪われた町

SALEM'S LOT (2004) S1 米 TNT

[別] 死霊伝説 セーラムズ・ロット(ビデオ)

ロブ・ロウ(咲野俊介),ドナルド・サザーランド(有本欽隆),アンドレ・ブラウアー(銀河万丈),サマンサ・マシス(湯屋敦子),ダン・バード(千葉一伸),ルトガー・ハウアー(若本規夫),ジェームズ・クロムウェル(大木民夫) ◆1979年に製作されたトビー・フーパー監督によるTVムービー「死霊伝説」(日本では82年に再編集版が劇場公開)をリメイク。設定を現代に置き換え、ある作家と古い屋敷に住み着く吸血鬼との闘いを描く。[D,V]

スティーヴン・キングのローズレッド

ROSE RED (2002) S1 米=加 ABC

[別] ローズ・レッド(ビデオ)

ナンシー・トラヴィス, マット・キースラー, ジュリアン・サンズ ◆S・キングが製作総指揮とオリジナル脚本を手がけたミニシリーズ。建築当時から人が死んだり失踪する事故が多発し、人々から幽霊屋敷と呼ばれ恐れられているローズ・レッド邸。超能力を研究する心理学者のジョイスは、そこに眠るという霊を呼び覚ますため、特殊な能力を持つ人々を集めて邸宅を訪れるが、1人、また1人と犠牲になっていき…。翌2003年には続編となるTVムービー「ローズ・レッド：ザ・ビギニング」も製作された。[D,V]

スティーヴン・キング 8つの悪夢(ナイトメアズ)

NIGHTMARES & DREAMSCAPES: FROM THE STORIES OF STEPHEN KING (2006) S1 豪=米 Five US

◆モダン・ホラーの巨匠S・キング原作による8つの短編小説を映像化したミニシリーズ。ウィリアム・ハートやトム・ベレンジャーなど豪華キャストで描く、史上最悪の悪夢とは…。[D]

スティーブン・キング/ランゴリアーズ

THE LANGOLIERS (1995) S1 米 ABC

[別] スティーブン・キングの ランゴリアーズ(ソフト)

パトリシア・ウェティグ(かとうかずこ/戸田恵子),デヴィッド・モース(篠田三郎/堀勝之祐),マーク・リンゼイ・チャップマン(磯部勉/大塚明夫),ディーン・ストックウェル(有川博/阪脩),ブロンソン・ピンチョット(大塚芳忠) ◆時空の裂け目から異次元空間に迷い込んだ人間に襲いかかる人喰いモンスター"ランゴリアーズ"の恐怖を描く、S・キング原作によるSFホラー。ロサンゼルスからボストンへ向かうアメリカン・プライド航空の旅客機。だが、眠っていた10人の客を残し、乗員乗客全員が忽然と消えてしまった。何が起きたのか納得できる説明がつかないまま、偶然居合わせた同航空のブライアン機長によって操縦された機はなんとか最寄りの空港に着陸する事になった。だが恐るべき事に、降り立った地上にも人影は全くなかったのだ。やがてフライト中から精神に異常を来たしていたビジネスマンのトゥーミーは、幼い頃父から聞かされた、何でも食い尽くす怪物=ランゴリアーズが現実のものとなったと脅え始め…。[D,V]

S・セガール劇場 -TRUE JUSTICE-

TRUE JUSTICE (2010-2011) S2 米 Nitro/5USA

スティーヴン・セガール(大塚明夫),ミーガン・オリー(有賀由樹子),ウォーレン・クリスティー(井上剛) ◆「沈黙」シリーズでマニアックな人気を誇るアクション・スター、S・セガールが製作総指揮を担当した連続ドラマ。シアトル警察で特別捜査隊(SIU)の隊長を務めるイライジャ・ケインとその部下たちの活躍を描くが、基本的にはセガールの鉄拳制裁を楽しむドラマ。それまで「TRUE JUSTICE」

スティーブン・キング/ランゴリアーズ

S・セガール劇場 -TRUE JUSTICE-

シリーズとして各エピソードが単発DVD化されていたが、2015年1月からテレビ東京で「S・セガール劇場」の題名でシリーズとして放映された。

すてきなアン
THAT GIRL (1966-1971) S5 米 ABC
マーロ・トーマス(山東昭子), テッド・ベッセル(田中信夫) ◆アン・マリーは、おっちょこちょいだが可愛らしくて憎めない、映画スターを夢見る女の子。ニューヨークを舞台に新人女優の生活を描くラブ・コメディ作品。

すてきなケティ
THE FARMER'S DAUGHTER (1963-1966) S3 米 ABC
インガー・スティーヴンス(北浜晴子), ウィリアム・ウィンダム(羽佐間道夫) ◆エストニア出身の作家ヘッラ・ヴオリヨキの戯曲を原作とした映画「ミネソタの娘」のTVドラマ化作品。仕事を探しワシントンにやってきたミネソタ出身の娘ケティ・ホルストラムが、下院議員の家へ住みこみ家政婦として雇われることになったのだが…。

すてきなサンディー
FUNNY FACE (1971) S1 米 CBS
サンディ・ダンカン(白石冬美), ヴァロリー・アームストロング(池田和歌子), キャスリーン・フリーマン(沼波輝枝), ヘンリー・ベックマン(八奈見乗児) ◆ TV界の人気者だったS・ダンカンを主演にしたコメディ。田舎町からロサンゼルスにやってきたサンディー・ストックトンが、様々なアルバイトで生活費を稼ぎながら暮らしていく姿をスラップスティック調に描く。

素敵なタミー
TAMMY (1965-1966) S1 米 ABC
デビー・ワトソン, デンヴァー・パイル, ドナルド・ウッズ ◆デビー・レイノルズで1本、サンドラ・ディーで2本作られた映画シリーズのTV版。田舎生まれの純朴な女性が都会で人気者になる姿を描く青春コメディ。ミシシッピーの田舎で育ったタミーは、都会へ出て秘書になることを目指す。文明社会に驚くタミーだが、その無邪気で可愛らしい純粋な性格から、あっという間に人気者になってしまう。

すてきなパートリッジ
→人気家族パートリッジ

ステート・ウイズイン ～テロリストの幻影～
THE STATE WITHIN (2006) S1 英 BBC
ジェイソン・アイザックス(山路和弘), シャロン・グレス(弥永和子), ベン・ダニエルズ(古澤徹) ◆イギリス製のポリティカル・サスペンス。アメリカで発生したイギリス行き旅客機爆弾テロ事件に端を発する、中央アジア・チルギスタンをめぐって軍需産業やイギリス、アメリカなどの大国をも巻き込む陰謀を重層的に描く。[D]

ステート・オブ・プレイ ～陰謀の構図～
STATE OF PLAY (2003) S1 英 BBC
ジョン・シム(家中宏), デヴィッド・モリッシー(内田直哉), ケリー・マクドナルド(乃音亜季) ◆ BBC製作のミニシリーズ。一見関連のない2つの事件に国家的陰謀を嗅ぎ取った新聞記者カル・マカフリーが、真相をめぐって巨大権力と熾烈な闘争を繰り広げる。2009年に「消されたヘッドライン」としてハリウッドでリメイク映画化された。[D]

STALKER: ストーカー犯罪特捜班
STALKER (2014-2015) S1 米 CBS
ディラン・マクダーモット, マギー・Q, マリアナ・クラヴェーノ ◆ストーカー案件を専門に扱う部署に所属する刑事の活躍を描いたディテクティヴ・ストーリー。ロス市警の脅威査定課TAU、それは個人に対するストーカー行為を扱う特捜班だった。TAUのリーダー、ベス・デイヴィスは自身もストーカーのトラウマを抱えながら新任のジャック・ラーセン刑事と共に事件に立ち向かっていく。

ストーム・オブ・ザ・センチュリー
→スティーブン・キングの 悪魔の嵐

ストライクバック：極秘ミッション
STRIKE BACK: PROJECT DAWN (2011) 英 Sky1
フィリップ・ウィンチェスター(高橋広樹), サリヴァン・ステイプルトン(藤原啓治), アマンダ・ミーリング(五十嵐麗) ◆テロリストに立ち向かう秘密情報部の活躍を描くアクション・ドラマ。イギリス軍の機密情報部であるセクション20に所属するジョン・ポーターは、南アジア地域でのテロ攻撃計画とその首謀者について調査していたが捕らえられてしまう。セクションを統括するグラント大佐は、部下のマイケル・ストーンブリッジや元デルタフォースの隊員を現地に派遣することを決定する。「反撃のレスキュー・

すてきなアン

STALKER: ストーカー犯罪特捜班

さ

ミッション（ストライクバック）」のスピンオフ作品。[D]

ストライクバック２：極秘ミッション

STRIKE BACK: VENGEANCE (2012) 英 Sky1

フィリップ・ウィンチェスター（高橋広樹）, サリヴァン・ステイプルトン（藤原啓治）, ローナ・ミトラ（藤貴子）◆イギリス発のスパイ・アクション「ストライクバック」シリーズの２作目。国際的なミッションを遂行する、イギリス軍の秘密部隊、セクション 20 に所属するマイケル・ストーンブリッジとダミアン・スコットの活躍を描く。前シーズンに引き続き、ワイルドな戦闘描写の連続とセクシーなお色気シーンが満載の作品となっている。

ストライクバック３：極秘ミッション

STRIKE BACK: SHADOW WARFARE (2013) 英 Sky1

フィリップ・ウィンチェスター（高橋広樹）, サリヴァン・ステイプルトン（藤原啓治）, ローナ・ミトラ（藤貴子）◆ワイルドな戦闘描写の連続とお色気シーンが話題を呼んだイギリス発のスパイ・アクション「ストライクバック」シリーズの３作目。引き続き、英国情報部所属の極秘部隊、セクション 20 に所属するマイケル・ストーンブリッジとダミアン・スコットの活躍を描く。

ストライクバック４：ラストミッション

STRIKE BACK: LEGACY (2015) 英 Sky1

フィリップ・ウィンチェスター（高橋広樹）, サリヴァン・ステイプルトン（藤原啓治）, ミシェル・ルークス（宮山知衣）◆テロリストに立ち向かう英軍機密情報部セクション 20 の活躍を描くアクション・シリーズの最終章。タイを舞台とした救出劇が壮大なスケールで繰り広げられる。タイのイギリス大使館で英国と北朝鮮の代表団による会議が行われる直前、フォスター英国大使の娘クロエが誘拐されてしまう。セクション 20 のマイケル・ストーンブリッジとダミアン・スコットはクロエの救出に向かうが、激しい銃撃戦の末に犯人グループを取り逃がしてしまった。娘をさらわれたフォスターは、グループのボスであるレイから時限爆弾が入ったバッグを渡されてしまう。

ストリートファイター　暗殺拳

STREET FIGHTER: ASSASSIN'S FIST (2014) S1 英

マイク・モー, クリスチャン・ハワード, 小家山晃◆CAPCOM の人気格闘ゲーム「ストリートファイター」を、従来の映像化作品に不満を持ったジョーイ・アンサーが監督・脚本・製作・出演、果てはスタントまでこなして映像化したアクション・ドラマ。強さを追い求める拳士たちの戦いを描く。[D]

ストレイン　沈黙のエクリプス

THE STRAIN (2014-2017) S4 米 FX

［別］ストレイン

コリー・ストール（咲野俊介）, デヴィッド・ブラッドリー（堀勝之祐）, ミア・マエストロ（樋口あかり）◆映画「パシフィック・リム」のギレルモ・デル・トロが手がけた小説『ザ・ストレイン』を自ら映像化したホラー・ドラマ。ベルリン発ニューヨーク行きの航空機が JFK 国際空港に着陸するが、210 人の乗員乗客の内、4 人を除いて全員が謎の死を遂げていた。疫病の予防管理を行う CDC が機内を調査したところ、貨物室にある髑髏のマークが入った棺から、謎の回虫らしきものが発見されるのだが…。[B,D]

ストレンジ・ストーリー

STRANGE FREQUENCY (2001) S1 米 VH1

ロジャー・ダルトリー, エリック・ロバーツ, パッツィ・ケンジット◆ザ・フーの R・ダルトリーをホストに迎え、ロックの名曲をモチーフに描くダーク・ファンタジー。アメリカで放映された TV シリーズ「STRANGE FREQUENCY」が、日本国内では「ストレンジ・ストーリー」としてビデオリリースされた。[V]

ストレンジャー・シングス　未知の世界

STRANGER THINGS (2016-2017) S2 米 Netflix

ウィノナ・ライダー（園崎未恵）, デヴィッド・ハーバー（山野井仁）, マシュー・モディーン（森田順平）◆1980 年代の SF・ホラー映画へのオマージュが満載の TV ドラマ・シリーズ。1983 年、インディアナ州の平和な町で 12 歳の少年ウィル・バイヤーズが失踪する事件が発生。ウィルの母ジョイスは警察署長ホッパーに相談し捜索を開始するが、手がかりもなく行方は分からないまま。そんな中、ウィルの友人たちの目の前に特殊な能力を持つ謎の少女が現れる。小さな町の出来事が、やがて政府がからむ恐ろしい実験へとつながっていく。

ストレンジ・ラック

STRANGE LUCK (1995-1996) S1 米 Fox

ストレイン　沈黙のエクリプス

ストレンジャー・シングス　未知の世界

D・B・スウィーニー , フランシス・フィッシャー , パメラ・ギドリー ◆事故に遭っても自分だけは無傷で助かってしまう男が、巨大な陰謀に巻き込まれるサスペンス。チャンスは、2 歳のときに家族と乗った飛行機が墜落、唯一の生存者となった。成人した彼はフォト・ジャーナリストとして活躍していたが、不思議なことに暗殺や爆破事件などの現場に常に遭遇してしまう。不審に思った警察は彼を逮捕。チャンスは精神鑑定医に催眠療法を施されるが、そこで生き別れの兄の存在を知るのだった。[V]

ストレンジ・ワールド

STRANGE WORLD (1999) S1 米 = 加 ABC

ティム・ギニー , サンドラ・クォーターマン , クリスティン・レーマン ◆「X- ファイル」風のテイストを持った異色の医療サスペンス。化学兵器によって身体を蝕まれた主人公ポール・ターナーが、謎の日本人女性の提供する血清で病状を抑えながら、最新科学が関与する奇怪な事件を解き明かしていく。

砂の妖精

FIVE CHILDREN AND IT / THE SAND FAIRY (1991) S1 英 BBC

サイモン・ゴッドウィン (浪川大輔), ニコール・モワット (高橋千代美), チャールズ・リチャーズ (佐藤史紀), タムゼン・アダムス (坂本真綾) ◆イーディス・ネズビットの同名児童小説を映像化したイギリス製の TV シリーズ。5 人の子供たちにより砂場で発見された妖精サミアドが、3 つの願いをかなえてくれることで巻き起こる騒動を描いたファンタジー・ドラマ。

スニーキー・ピート

SNEAKY PETE (2015-2017) S1 米 Amazon

ジョヴァンニ・リビシ (川島得愛), ピーター・ゲレッティ (堀越富三郎), マーゴ・マーティンデイル (磯辺万沙子) ◆「ブレイキング・バッド」のブライアン・クランストンや「それいけ!ゴールドバーグ家」のセス・ゴードンらが製作総指揮に名を連ねる、犯罪ドラマとヒューマン・ドラマを兼ね備えた Amazon プライム配信のドラマ・シリーズ。三年の刑期を終えて出所した詐欺師マリウス・ジョシポビックを待ち構えていたのは、彼に借りがあると主張するギャングのボス・ヴィンスだった。10 万ドルを支払わなければ弟を殺すと脅されたマリウスは、刑務所で同房だった受刑者ピートになりすまし、ピートの家族から 10 万ドルを盗み出そうとする。しかし家族はそれぞれ問題を抱えており、その上マリウスはそれまで味わったことのない家族の愛情に触れ、複雑な感情を抱くようになる。[D]

スニッファー　ウクライナの私立探偵

NYUKHACH / THE SNIFFER (2013-2017) S3 ウクライナ

[別] スニファー ウクライナの私立探偵 (旧) | スニッファー 嗅覚捜査官 (DVD)

キリル・カロ , イワン・オガネシアン , マリヤ・アニカノヴァ ◆超人的な嗅覚を備えているがために " スニッファー " と呼ばれる異色の私立探偵が活躍する、ウクライナ発のミステリー・ミニシリーズ。その優れた嗅覚は、搭乗前にギプスに仕込んだプラスチック爆弾を見抜いてしまうほど。スニッファーは、友人で捜査当局の特別捜査官をしているビクトル大佐と共に、奇妙な事件を解決していく。世界各国で高い人気を誇り、日本では 2016 年にリメイク版「スニッファー 嗅覚捜査官」が製作された。[D]

スヌープス

SNOOPS (1999-2000) S1 米 ABC

ジーナ・ガーション , エドワード・カー , ポーラ・ジャイ・パーカー ◆スタイリッシュでコミカルな女探偵もの。ロサンゼルスで事務所を開いている私立探偵グレン・ホールと、彼女を様々な形でサポートしていく元警官グレッグ・マコーマックの活躍を描く。視聴率が振るわずシーズン途中で打ち切りとなった。

スノーフォール

SNOWFALL (2017) S1 米 FX Network

ダムソン・イドリス , カーター・ハドソン , エミリー・リオス ◆映画「ボーイズ ' ン・ザ・フッド」で衝撃的なデビューを飾ったジョン・シングルトンが製作総指揮を務める犯罪ドラマ。人種差別や薬物犯罪が横行する 1980 年代のロサンゼルスを舞台に、19 歳の少年フランクリン・セイントが麻薬取引に巻き込まれていく姿を描く。BGM には当時のヒット曲を使い、ファッションや生活スタイルを忠実に再現している。

スパイ・エンジェル

WILDE ENGEL (2003-2005) S2 独 RTL

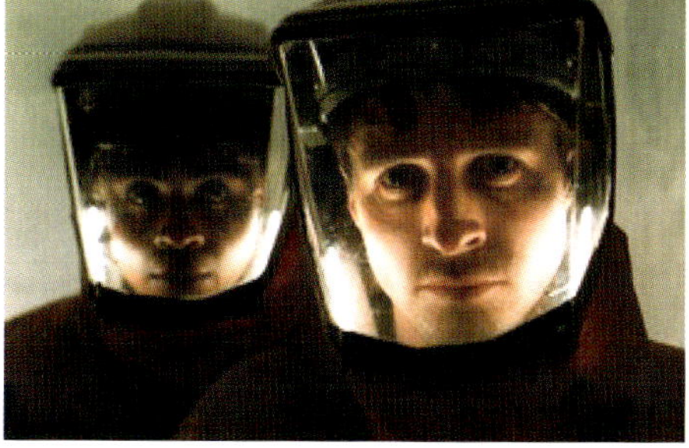

ストレンジ・ワールド

スヌープス

［別］ワイルド・エンジェル（パイロット版）
エヴァ・ハーバーマン（本田貴子），ビルギット・スタウバー（杉本ゆう），スーザン・アップレガー（五十嵐麗）◆上司の指令により3人の美女が悪を成敗する、ドイツ版「チャーリーズ・エンジェル」とも呼ばれるアクション・ドラマ。ドイツ連邦刑事局に認められた新人警官のレナと格闘家のクリス、そして資産家のフランツィスカが、銃撃戦やカーアクションを繰り広げる。日本ではパイロット版が「ワイルド・エンジェル」のタイトルで放送され、後に DVD も発売となった。[D,V]

スパイ／五本の指
FIVE FINGERS (1959-1960) S1 米 NBC
デヴィッド・ヘディソン（田口計），ルチアナ・パルッツィ（山東昭子）◆L・C・モイズイッシュの実録スパイ小説『Operation Cicero』を映画化したジェームズ・メイソン主演の「五本の指」(1952年)をさらにTVシリーズ化したもの。冷戦下のヨーロッパを舞台に、コードネーム"ファイブ・フィンガーズ"ことビクター・セバスチャンと世界各国のスパイたちによる諜報合戦を描く。

スパイスター
→秘密捜査官ノート

スパイ専科 '70
→アイ・スパイ

スパイ大作戦
MISSION: IMPOSSIBLE (1966-1973) S7 米 CBS
スティーヴン・ヒル（若山弦蔵）<S1>，ピーター・グレイヴス（若山弦蔵）<S2->，マーティン・ランドー（納谷悟朗）<S1-3> ◆ラロ・シフリンのテーマ曲と共に大ヒットしたスパイ・アクション。毎回「おはよう、フェルプス君、今回の君の使命は…」で始まるテープが届き、特殊な任務が与えられる。遂行するのは元俳優で変装の名人ローラン・ハンド、電子工学の天才バーニー・コリア、美貌のシナモン・カーター、怪力のウイリー・アーミテージなど各方面に優れたスペシャリストたち。冷静沈着なリーダーであるジム・フェルプスの指揮のもと実行不可能な任務がスリリングに描かれる。シナモンを演じたバーバラ・ベインは3年連続エミー賞主演女優賞に輝くなど高い評価を受けたが、ランドーと共に第3シーズンで降板。その後「スター・トレック／宇宙大作戦」のレナード・ニモイが参加。放送中に再編集劇場版「スパイ大作戦／薔薇の秘密指令」が公開されたり、1980年代後半にはリメイク版「新スパイ大作戦」が製作されたりと人気は根強く、96年からスタートしたトム・クルーズ主演の映画版「ミッション：インポッシブル」もシリーズ化され、こちらも大ヒットとなった。[D,L,V]

スパイダー・エンジェル
CLEOPATRA 2525 (2000-2001) S2 米
［別］スペース･アドベンチャー クレオパトラ2525（ビデオ）
ジーナ・トーレス（高乃麗），ジェニファー・スカイ（松本梨香），ヴィッキー・プラット（湯屋敦子）◆ベイリーと呼ばれる機械生命体に支配された遥か未来の地球。冷凍睡眠から蘇った20世紀の女性クレオが、レジスタンスの女戦士ヘル、サージ、そしてアンドロイドのマウザーと共に戦いを繰り広げるSFアクション・ドラマ。[D,V]

スパイダーマン
THE AMAZING SPIDER-MAN (1977-1979) 米 CBS
ニコラス･ハモンド（大塚芳忠），マイケル･パタキ（青野武）◆実験中、放射能を浴びたクモに噛まれた学生ピーターに、壁や天井を自由に歩き回れる不思議な力が宿る。彼は自らをスパイダーマンと称し、その能力を駆使して平和を乱す悪に立ち向かっていく。マーベル・コミックの最も有名なヒーローのTVシリーズ版。日本ではシリーズとして放映されたことはなく、パイロット版が「スパイダーマン」として1978年に劇場公開、「The Deadly Dust」と「The Chinese Web」の前後編エピソードがそれぞれ「プルトニウムを追え」「ドラゴンズ･チャレンジ」としてビデオリリースされた（後にTV放映も）。[L,V]

スパイのライセンス
IT TAKES A THIEF (1968-1970) S3 米 ABC
［別］プロスパイ
ロバート・ワグナー（城達也），マラチ・スローン（小林昭二），エドワード・ビンズ（木村幌）◆刑務所に収監されていた泥棒アレックス・マンディに、米国諜報機関SIAのノア・ベイン部長が、特赦と引き換えにSIAのエージェントになることを要求する。スマートな凄腕の怪盗が活躍するスパイ・アクション。

スパイ／五本の指

スパイダーマン

SPIRAL ～連鎖～
ENGRENAGES (2005-2014) S5 仏 Canal+
グレゴリー・フィトゥーシ , カロリーヌ・プルースト , フィリップ・デュクロ ◆現代社会の闇を描き出す、フランス発のサスペンス・スリラー。パリ郊外で若い女性の変死体が発見され、検事のピエール・クレマンは捜査をロール・ベルト警部に命じる。被害者は東欧出身と判明し、彼女の手帳には多数のセレブの名前が記されていた…。[D]

スーパーカー
SUPERCAR (1961-1962) S2 英 ITV
(声) グレイドン・グールド (納谷悟朗→石原良), デヴィッド・グラハム (沖竜太→杉浦宏), シルヴィア・アンダーソン (堀絢子) ◆「サンダーバード」で知られるジェリー・アンダーソンが、人形劇と特撮を組み合わせたスーパーマリオネーションを初めて本格的に取り入れて製作したSF ジュヴナイル。ビーカー博士とポプキス教授が開発した、陸、海、空をゆく万能のスーパーカーの活躍を描く。モノクロ 30 分、全 39 話。[D,V]

SUPERGIRL ／スーパーガール
SUPERGIRL (2015-2017) S2 米 CBS
メリッサ・ブノワ (小松未可子), キャリスタ・フロックハート (宮島依里), デヴィッド・ヘアウッド (広瀬彰勇), カイラー・リー (樋口あかり) ◆スーパーマンの従姉の活躍を明るくポップに描いたアクション・シリーズ。クリプトン星からやって来た少女カーラ・ゾー・エル。彼女は大人になるまでスーパーパワーを使うことは無かった。しかし義姉アレックスの乗った飛行機が航行不能になったとき、カーラは秘められた力を発揮、飛行機を救う。カーラは己の新たな使命に目覚めていくが…。[B,D]

スーパーキャリア
SUPERCARRIER (1988) 米 ABC
ケン・オランド (鈴置洋孝), ジョン・デヴィッド・ブランド (大塚芳忠) ◆アメリカ海軍の空母を舞台に、戦闘機を駆るパイロットたちなど軍人たちの姿を描く人間ドラマ。撮影には本物の空母や戦闘機が使われ、臨場感を生み出している。日本では「スーパーキャリア」「スーパーキャリア 2」「スーパーキャリア 3 ／ラスト・テイク・オフ」「スーパーキャリア 4 ／栄光のファイター」「スーパーキャリア／ザ・ファイナル」の 5 本がビデオリリースされた。またテレビ東京「木曜洋画劇場」では全エピソードを 3 時間に再編集したものが「スーパーキャリア／超巨大空母緊急出動」というタイトルで放送された。[L,V]

スーパー少年・ジョー 90
JOE 90 (1968-1969) S1 英 ITV
[別] ジョー 90
(声) レン・ジョーンズ (太田淑子), ルパート・デイヴィス (小林恭治), キース・アレクサンダー (中村正) ◆「サンダーバード」「キャプテンスカーレット」のジェリー・アンダーソンによるマリオネットと特撮を組み合わせたスーパーマリオネーションの一作。マックレイン教授が発明した学習マシン＝ビッグラットによって専門知識を得た少年ジョーが極秘活動を遂行する。[D,V]

SUPERNATURAL　スーパーナチュラル
SUPERNATURAL (2005-2017) S12 米 The WB → The CW
ジャレッド・パダレッキ (成宮寛貴→内田夕夜), ジェンセン・アクレス (井上聡→東地宏樹) ◆悪霊を狩るため全米各地を旅する兄弟を描くアクション・ホラー作品。22 年前、悪霊に母親の命を奪われた兄弟、サムとディーン。母の死以後、父は悪霊払いをして、兄のディーンは父を手伝っていたが、弟のサムは 2 人とは距離を置いていた。ところが、ディーンから父が行方不明になったという連絡を受けたサムは、兄と共に悪霊狩りの旅を始める。[B,D]

スーパーフォース
SUPER FORCE (1990-1992) S2 米
ケン・オランド (山寺宏一), パトリック・マクニー , ラリー・B・スコット ◆アメリカで製作された SF ヒーロー作品。宇宙探査から戻った宇宙飛行士のザック・ストーンは、治安が悪化し荒廃した 2020 年のマイアミを救うため、宇宙服を改造したパワードスーツを装着、正義のヒーロー“スーパーフォース”として悪と戦う。

スーパーフューリー
→名馬フューリー

スーパーマン
ADVENTURES OF SUPERMAN (1952-1958) S6 米 ABC
ジョージ・リーヴス (大平透→小林清志), フィリス・コーテス (高原郷子→麻生美代子), ノエル・ニール (高原郷子)

SUPERGIRL ／スーパーガール

スーパーマン

◆惑星クリプトンから地球にやって来た異星人は、新聞記者のクラーク・ケントとなって事件を追いかける。そして危機一髪のピンチを救うため、スーパーマンに変身して戦いを繰り広げる。超人ヒーローの初の実写化として話題になり、アメリカはもとより日本でも高い人気を誇った。

素晴らしき自動車野郎
→痛快！自動車野郎

素晴らしき日々
→ワンダー・イヤーズ

スパルタカス
SPARTACUS: BLOOD AND SAND (2010-2013) S3 米 Starz

アンディ・ホイットフィールド (小山力也)<S1>, リアム・マッキンタイア (小山力也)<S2-3>, ルーシー・ローレス (田中敦子)<S1> ◆バイオレンスとエロスの過激描写で大ヒットとなった歴史スペクタクル。ローマで剣闘士となったスパルタカスの壮絶な半生を描く。主役を演じたA・ホイットフィールドが急逝したため、第2シーズン以降はL・マッキンタイアが代役を務めた。[B,D]

スパルタカス　ゴッド・オブ・アリーナ
SPARTACUS: GODS OF THE ARENA (2011) S1 米 Starz

ジョン・ハナー (佐久田修), ルーシー・ローレス (田中敦子), ダスティン・クレア (東地宏樹) ◆「スパルタカス」のスピンオフで、全6話のミニシリーズ。剣闘士養成所"ルードゥス"の経営者であるバティアトゥスの若き日の物語が綴られ、剣闘士たちの過去が明らかになる。剣闘士の養成所を引き継いだバティアトゥスは、養成所の最強者であるガンニクスを闘技場に出場させようとしていた。そこで奴隷のクリクススに目をつけたバティアトゥスは、彼に訓練をつけることになるが…。[B,D]

スピン・シティ
SPIN CITY (1996-2002) S6 米 ABC

[別] マイケル・J・フォックスのスピン・シティ (CS) ｜チャーリー・シーンのスピン・シティ

マイケル・J・フォックス (宮川一朗太)<S1-4>, チャーリー・シーン (井上和彦)<S5-6>, バリー・ボストウィック (篠原大作) ◆映画「バック・トゥ・ザ・フューチャー」の大ヒットで一躍人気スターとなったM・J・フォックスのTV復帰作。ニューヨーク市長ランドール・ウィンストンは誠実だがいささか頼りない人物。有能な補佐官マイクことマイケル・フラハティはそんな市長の裏方として悪戦苦闘する。マイケルは3年連続ゴールデン・グローブ主演男優賞受賞。病気で降板したマイケルを引き継ぎ、C・シーンが第5シーズンより主演、タイトルは「チャーリー・シーンのスピン・シティ」として放送された。

SUBURRA ー暗黒街ー
SUBURRA: BLOOD ON ROME / SUBURRA: LA SERIE (2017) S2 伊 Netflix

アレッサンドロ・ボルギ, ジャコモ・フェラーラ, エドゥアルド・ヴァルダルニーニ, フランチェスコ・アクアローリ, フィリッポ・ニグロ ◆金と欲望と暴力にまみれた裏社会の利権争いを迫真の映像で描いた2015年のイタリア製ギャング映画「暗黒街」の前日譚にあたる、Netflixオリジナルのドラマ・シリーズ。2008年、ローマ。政治家たちは裏で大物マフィアのサムライに操られ、犯罪組織や地元ギャングらは激しい抗争を繰り広げていた。そんな中、生い立ちも野心も異なる3人の若者たちが、大金を手にするために同盟を結び、やがて彼らの行動がローマの裏社会全体を掻き乱していく。

SPACER(スペーサー)17
MYSTERE (2007) S1 スイス＝仏＝ベルギー TF1

トワネット・ラキエール, アルノー・ビナール, ヤン・サンベール ◆スイス・フランス・ベルギー合作によるSFミステリー。1980年、フランスの国内線飛行機がレーダーから消失する事件が発生。そして20年後、ヨーロッパ各地でミステリーサークルが出現、エイリアンによる怪現象が続発する。[D]

スペシャル・ユニット GSG-9 対テロ特殊部隊
→ GSG-9　対テロ特殊部隊

スペース・アドベンチャー クレオパトラ 2525
→スパイダー・エンジェル

スペース 1999
SPACE: 1999 (1975-1977) S2 英 ITV

[別] 宇宙大冒険 スペース 1999(第2シーズン)

マーティン・ランドー (瑳川哲朗), バーバラ・ベイン (此島愛子), バリー・モース (千葉耕市) ◆1999年、月面

スピン・シティ

スペース 1999

基地ムーンベース・アルファで起こった大爆発により、月は地球の軌道を離れて宇宙を漂流し始める。「サンダーバード」など数々のスーパーマリオネーション作品を手がけたジェリー・アンダーソン製作総指揮のTVシリーズ。未放映の前後編エピソード「The Bringers of Wonder」は再編集され海外では劇場公開、日本では「スペース2100」のタイトルでビデオリリースされた。[D,V]

スペースウォリアーズ／宇宙からの侵略

→クライムエイリアン／何かがあなたを狙ってる

スペースキッズ～木星脱出作戦／翔ベイカルス号

ESCAPE FROM JUPITER / RETURN TO JUPITER (1994,1997) 豪＝日

ダニエル・テイラー(谷田真吾),葵アンナ(永井紀子),ジャスティン・ロズニアク(鈴木邦敬)◆オーストラリアと日本の共同製作によるSFドラマ・シリーズ。NHKのスタッフがオーストラリアでの撮影に参加し、CGはセガエンタープライゼスが協力し制作している。西暦2995年、人類はすでに太陽系開拓時代を迎えていた。木星の衛星イオ、太陽系最大の火山活動がもたらす豊富な鉱物資源を誇るこの星には、民間企業による資源採掘プラント・コロニー327が建設されていた。木星イオの鉱山事故によって、主人公たちが木星を脱出、地球に到達するまでを描いた冒険ドラマ。日本では1994年にシーズン1のみが「木星脱出作戦 ESCAPE FROM JUPITER」のタイトルで放送され、その後97年に「スペースキッズ」としてシーズン1とその続編「翔ベイカルス号」が続けて放送された。

SPACED ～俺たちルームシェアリング～

SPACED (1999-2001) S2 英 Channel 4

サイモン・ペッグ,ジェシカ・スティーヴンソン,ジュリア・ディーキン◆住む場所を探していた売れないイラストレーターのティムが、夫婦限定という条件付きの格安物件を見つけ、たまたま目の前にいたライター志望のデイジーと夫婦になりすまして入居したことで巻き起こる騒動の数々を描いたコメディ。後に「ショーン・オブ・ザ・デッド」や「ホット・ファズ」を監督するエドガー・ライトの出世作。主演は以降もコンビを組むS・ペッグ。[D]

スペース・パトロール

SPACE PATROL (1963-1968) S3 英 ITV

[別] 宇宙機動隊

(声)ディック・ボスバーグ(久松保夫),ロニー・スティーブンス(肝付兼太)◆「サンダーバード」のジェリー・アンダーソンと共に製作会社APフィルムズを設立したアーサー・プロヴィスがクリエイターを務めた、1話30分のモノクロSF人形劇。西暦2100年を舞台に、地球人と火星人と金星人とが協力して、宇宙で起こる事件や事故を解決していく姿を描く。「サンダーバード」に先駆けて製作された、スーパーマリオネーションの第一弾ともいえる作品。

スペース・レンジャーズ

SPACE RANGERS (1993-1994) S1 米 CBS

ジェフ・カーク(江原正士),マージョリー・モナハン(さとうあい),ケイリー＝ヒロユキ・タガワ(笹岡繁蔵),ジャック・マクギー(屋良有作),リンダ・ハント(片岡富枝)◆人類が宇宙に移住を果たした宇宙暦2104年。凶悪エイリアンの襲撃から開拓者たちを守るコマンド部隊"スペース・レンジャーズ"が結成された。サイボーグや異星人など一癖も二癖もある連中ばかりだが腕は抜群、今日も惑星アヴァロンのホープ基地から宇宙艇スリングシップ377と共に任務へ向かう。全6話のSFアクション・シリーズで、日本では「スペース・レンジャーズ」「スペース・レンジャーズ2／銀河覇王の逆襲」「スペース・レンジャーズ3／流刑星からの脱出」のVHS全3巻が発売された後、NHKで放映された。[V]

SMASH

SMASH (2012-2013) S2 米 NBC

キャサリン・マクフィー(小林沙苗),メーガン・ヒルティ(たかはし智秋),デブラ・メッシング(勝生真沙子)◆スティーヴン・スピルバーグが製作総指揮を務め、マンハッタンのブロードウェイを舞台に、ミュージカル製作の裏側を描いたドラマ。実際にブロードウェイで活躍するスタッフとキャストが魅せる本格的なパフォーマンスが話題を呼んだ。マリリン・モンローを題材にしたミュージカルのオーディションが開催されることになり、ウェイトレスのカレン・カートライトと女優のアイヴィー・リンが主役の座をめぐっ

スペース・レンジャーズ

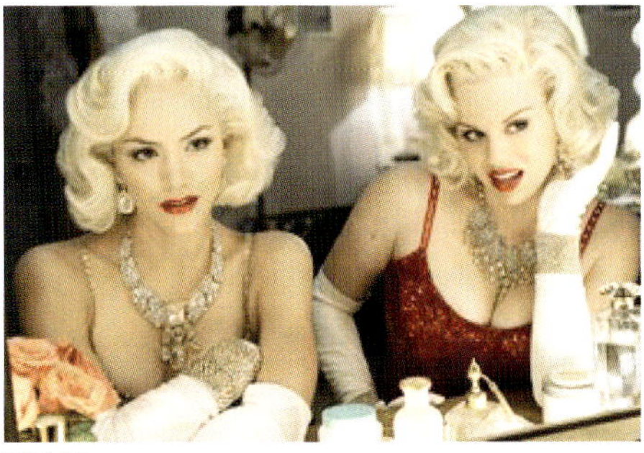

SMASH

て激しい火花を散らす。[D]

スミスという男
WHISPERING SMITH (1961) S1 米 NBC
[別] スミス保安官
オーディ・マーフィ (露口茂), ガイ・ミッチェル (牧逸夫) ◆1948年にアラン・ラッド主演で「ネブラスカ魂」としても映画化されたフランク・H・ピアソンの西部小説『Whispering Smith(ささやきスミス)』をA・マーフィ主演でTVシリーズ化したアクション・ウェスタン。1870年代後半のコロラド州デンバーを舞台に、刑事のトム・スミスが様々な犯罪を追う。

スモール・ショット
SMALL SHOTS (2017) S1 米 Netflix
ジェレミー・リュック, ジョセフ・ルッソ ,DJ・ルベル, ケイトリン・トンプソン ◆ハリウッドでの成功を目指す2人の俳優を描く、1話10分ほどのコメディ作品。ジョー・ペシによる新作映画のオーディションを受けるため、ニューヨークのスタテン島からやってきたターボとジョーイ。だが仕事も恋もうまく行かず、2人の道のりはまだまだ遠い。

SMALLVILLE ／ヤング・スーパーマン
→ヤング・スーパーマン

スラッシャー
SLASHER (2016-2017) S2 加=米 Super Channel/Chiller/Netflix
[別] スラッシャー：処刑人 (シーズン1) | スラッシャー：過去の裁き (シーズン2)
ケイティー・マクグラス <S1>, ブランドン・ジェイ・マクラレン <S1>, ラヴェル・アダムズ=グレイ <S2>, ジム・ワトソン <S2> ◆「リスナー 心を読む青い瞳」のクリエイター陣が手がけるスプラッター・ホラー。1988年のハロウィンに両親を殺害されたサラ・ベネットは、数十年ぶりに故郷のウォーターベリーを訪れた。夫のディランと共に両親が惨殺された家で暮らし始めたサラだったが、彼女の帰郷をきっかけに再び町で連続殺人事件が起き始める。

スラッタリー物語
SLATTERY'S PEOPLE (1964-1965) S2 米 CBS
リチャード・クレンナ, ロバート・ランシング, キャシー・ブラウン ◆州議会の少数党のリーダー、フランシス・ジェームズ・スラッタリー議員が様々な社会問題と対決していくTVシリーズ。硬派な社会派ドラマとして同時代のドラマの中でもひときわ高い評価を得た。日本ではNHKで字幕放送された。

スリーピー・ホロウ
SLEEPY HOLLOW (2013-2017) S4 米 Fox
トム・マイソン (三木眞一郎), ニコール・ベハーリー (木下紗華), カティア・ウィンター (たなか久美) ◆ティム・バートン監督が映画化したことでも有名な『スリーピー・ホロウの伝説』を、人気脚本家アレックス・カーツマンが新しい解釈を加え現代に蘇らせたミステリー・ホラー。18世紀の軍人イカボッド・クレーンと現代の警察官アビー・ミルズが、時空を超えて現われた"首なし騎士"に立ち向かう。[D]

スリープウォーカー
SLEEPWALKERS (1997-1998) S1 米 NBC
ブルース・グリーンウッド (仲野裕), ナオミ・ワッツ (田中敦子), エイブラハム・ベンルービ (辻親八) ◆ハイパー・レム睡眠状態の人間の夢に入り込み、精神障害の根源を突き止め対処する神経生理学者ネイサン・ブラッドフォード博士と、彼をサポートするケイト、ベン、ヴィンセントら仲間たちの活躍を描くSFTVシリーズ。製作総指揮は「ブレイド」シリーズで知られるデヴィッド・S・ゴイヤー。[V]

スリラー
THRILLER (1960-1962) S2 米 NBC
[別] ボリス・カーロフのスリラー／恐怖の館 (ソフト)
ボリス・カーロフ (熊倉一雄) ◆ロバート・ブロックやシャーロット・アームストロングなどの小説をもとに、スリルとサスペンスにあふれた物語を綴るアンソロジー・ホラー・ストーリー。映画「フランケンシュタイン」などで知られるB・カーロフがホストを務め、ウィリアム・シャトナーなどのスターがゲスト出演した。

スリー・リバーズ ～命をつなぐ熱き医師たち
THREE RIVERS (2009-2010) S1 米 CBS
アレックス・オロックリン, キャサリン・メーニッヒ, ダニエル・ヘニー ◆臓器移植をテーマに医師、臓器提供者と家族、移植患者を描く医療ドラマ。ピッツバーグにあるスリー・リバーズ病院で働く患者思いのアンディー・ヤブ

スリーピー・ホロウ

スリープウォーカー

ロンスキー医師が、どんな状況にも諦めることなく、臓器移植に最後の望みを託す。

スレッシュホールド ～ The Last Plan ～
THRESHOLD (2005-2006) S1 米 CBS → Sky1
カーラ・グギーノ(藤本喜久子), ブライアン・ヴァン・ホルト(落合弘治), ロブ・ベネディクト(細谷佳正) ◆映画「ハリー・ポッター」シリーズで製作を務めたデヴィッド・ハイマン、映画「ダークナイト」などの脚本で知られるデヴィッド・S・ゴイヤー、そして「スター・トレック エンタープライズ」のクリエイターであるブラノン・ブラーガが製作総指揮を担当した SF ドラマ。ウィルスを使ったエイリアンの侵略に対抗する人々の活躍を描く。未確認飛行物体に襲われた海軍のビックホーンの調査に出向いた専門家たちは、クルーの 1 人が生存していることを発見する。

スワンプ・シング
SWAMP THING (1990-1993) S3 米 USA Network
マーク・リンゼイ・チャップマン, ジェス・ジーグラー, キャレル・メイヤーズ ◆ DC コミックスを原作とし、映画化もされたモンスター・ヒーローを描く TV シリーズ。植物学者のアレックは同僚が仕掛けた爆弾に吹き飛ばされ、化学薬品を浴びたことからスワンプ・シングに変異し、同僚への復讐を誓う。エピソードの再編集版が洋画劇場枠で「スワンプ・シング／魔界沼の怪人」というタイトルで放送された他、4 話分を収録したビデオ「怪人スワンプシング／最後のアメリカン・ヒーロー登場！」もリリースされた。[V]

せ

正義の四人
→フォア・ジャスト・メン

政治家の妻
THE POLITICIAN'S WIFE (1995) S1 英 Channel 4
ジュリエット・スティーヴンソン, トレヴァー・イヴ, イアン・バネン ◆イギリス製のポリティカル・ドラマ。英国議会の議員ダンカン・マトロックが売春婦と関係を持っていたことが明らかになり、彼の忠実な妻であったフローラは夫の補佐官マークの協力を得て、ダンカンを政治の片隅に追いやっていく。

青春!カリブ海
GOING TO EXTREMES (1992-1993) S1 米 ABC
ダニエル・ジェンキンス(宮川一朗太), エリカ・アレクサンダー(松岡ミユキ), カミロ・ギャラード(大塚明夫) ◆南の島に新設された医学大学を舞台に、そこに集まった落ちこぼれ学生たちが巻き起こす騒動を描いた青春コメディ。クロフト教授は自費で南の島に、アメリカでの医師資格を取れる医学校を作った。しかし集まった学生は、本土の学校には入学できない落ちこぼればかり。彼らは共同生活をしながら卒業を目指すが…。

青春の河
IT'S A MAN'S WORLD (1962-1963) S1 米 NBC
[別] 若者の河
グレン・コーベット(広川太一郎), テッド・ベッセル(市川治), ランディ・ブーン(熊倉一雄) ◆オハイオ州の町コーデラにあるハウスボートで共同生活する苦学生のウェス、その弟のハウイ、ギタリストのボーン、そしてハウスボートの持ち主であるトム・トムの 4 人の日常を通して、若者の青春を描く 1 話 1 時間のコメディ・ドラマ。

青春ぶらんこ
THE PEOPLE'S CHOICE (1955-1958) S3 米 NBC
ジャッキー・クーパー(加茂嘉久), パトリシア・ブレスリン ◆「陽気なライリー」のクリエイターであるアーヴィング・ブレッチャーが製作を務めたモノクロ 30 分のコメディ。カリフォルニア州の架空の町を舞台に、鳥類学者で市議会議員ソクラテス・ミラーが巻き起こす騒動を描く。

生存者たち
SURVIVORS (2008-2010) S2 英 BBC
ジュリー・グレアム, マックス・ビースレイ, ニキ・アムカ＝バード ◆正体不明のウィルスにより壊滅した世界に生き残った人々を描くサバイバル・ドラマ。休暇から戻ったアビー・グラントと夫のデビッドは、謎のウィルスが蔓延していることを知り、学校行事で出かけている息子ピーターを探しに行く。だが体に異変を感じたアビーは寝込んでしまい、目を覚ますと夫の死体を発見してしまう。アビーは街中が死体で埋め尽くされていることに気づき、必死で息子の行方を追うのだが…。[D]

スレッシュホールド ～ The Last Plan ～

生存者たち

SAFE －カリフォルニア特別救助隊－
SAF3 (2013-2014) S1 米
ドルフ・ラングレン , テキサス・バトル , リディア・ハル ◆世界中で大ヒットを記録した人気 TV ドラマ「ベイウォッチ」のスタッフが手がけるレスキュー・アクション。陸・海・空の精鋭たちが集結したカリフォルニアのハイパー・レスキュー隊 "SAF3(セイフ)" の活躍を描く。人気アクション俳優の D・ラングレンが、本作で TV シリーズ初主演を果たした。全米屈指のリゾート地であるカリフォルニア州マリブ。元海軍特殊部隊のベテラン消防士ジョン・エリクソンは、陸・海・空のエリートたちで構成されたハイパー・レスキュー隊 SAF3 の隊長として、カリフォルニア一帯の安全を守っている。あらゆる事故や災害から人々を救うべく、ジョンと隊員たちはどんな状況でも躊躇せず身を投じていくのだった。[D]

西部少年ジョディ
BUCKSKIN (1958-1965) S1 米 NBC
トム・ノーラン , マイク・ロード , サリー・ブロフィ ◆小さなホテルを経営する母と息子が主人公の西部劇ドラマ。1880 年代のモンタナにある架空の町バックスキンで小さなホテルを経営する母アニーと 10 歳の息子ジョディが、町の人々やホテルの宿泊客と交流しながら、たくましく生きていく姿を描く。

西部二人組
ALIAS SMITH AND JONES (1971-1973) S3 米 ABC
ピート・デュエル (新克利), ロジャー・デイヴィス (高山栄), ベン・マーフィ (江守徹) ◆ 1800 年代の末、西部を舞台に暗躍した二人組の強盗、ハンニバル・ヘイズとキッド・カーリー。彼らは堅気になりたいと知事の出した恩赦に応じたが、1 年間真面目に過ごすことが条件。全西部の保安官や賞金稼ぎから追われながら逃げ続けなければならない 2 人は、スミスとジョーンズと名乗りなんとか罪を犯さずに 1 年間を過ごそうとするのだが…。映画「明日に向かって撃て！」を思わせる西部劇アクション・ドラマ。主演の P・デュエルと B・マーフィのコンビぶりが絶妙の人気シリーズだったが、第 2 シーズン撮影中にヘイズ役のデュエルが拳銃自殺により急逝。代わって R・デイヴィスがヘイズを演じ、製作は続行されたが以前の人気を回復することはできなかった。[D]

西部の王者ダニエル・ブーン
DANIEL BOONE (1964-1970) S6 米 NBC
フェス・パーカー , パトリシア・ブレア ◆実在の探検家ダニエル・ブーンの姿を描いた西部劇。ダニエルは野獣や先住民族から家族を守りつつ、未開の土地を開拓しながら西を目指す。1967 年には TV シリーズを再編集した映画「西部の男ダニエル・ブーン」が公開された。

西部の三匹
→ラレード

西部のスパイ作戦
→ワイルド・ウエスト

西部の対決
THE TALL MAN (1960-1962) S2 米 NBC
バリー・サリヴァン (高塔正翁), クルー・ギャラガー (義邦道夫) ◆西部史を代表する人物であり、何度も映画の題材にもなっているパット・ギャレットとビリー・ザ・キッドの物語を描いた西部劇シリーズ。1870 年代のニューメキシコで保安官として働くパットは立場上、無法者であるビリーを許す訳にはいかないが、ビリーはパットを父代わりとして慕っていた。奇妙な友情で結ばれた 2 人が、西部にはびこる悪党を倒していく。モノクロ 30 分。

西部のチャンピオン
STONEY BURKE (1962-1963) S1 米 ABC
ジャック・ロード , ウォーレン・オーツ , ブルース・ダーン ◆アメリカ西部地方でロデオ・チャンピオンを目指す男を描く現代の冒険ドラマ。世界ロデオ大会でチャンピオンになることを目標とするストーニー・バークが、ロデオ大会に出場するため各地を訪れ、行く先々で冒険を繰り広げる。

西部の流れ者ジェシー・ジェームス
THE LEGEND OF JESSE JAMES (1965-1966) S1 米 ABC
クリストファー・ジョーンズ (山田康雄), アレン・ケイス (羽佐間道夫) ◆ 1939 年の映画「地獄への道」を TV シリーズ化したモノクロ (後にカラー)30 分の西部劇で、実在のガンマン、ジェシー・ジェームズの若かりし頃を描く。19 世紀半ばのミズーリ州を舞台に、鉄道敷設によって土地を追われ母を失ったジェームズ兄弟は、復讐のため列車強盗を繰り返しアウトローになっていく。

西部の王者ダニエル・ブーン

西部のチャンピオン

西部のパラディン
HAVE GUN - WILL TRAVEL (1957-1963) S6 米 CBS
[別] 西部の男パラディン (TBS)
リチャード・ブーン (大木民夫) ◆アメリカの西部開拓時代が舞台のモノクロ 30 分の西部劇ドラマ。軍隊に嫌気が差してやめたパラディンが、1870 年代の西部の町を渡り歩き、全身黒ずくめの衣裳に身を包んでトラブルを解決していく。邦題「西部のパラディン」は NHK で放送されたときのタイトル。

西部の反逆児
THE REBEL (1959-1961) S2 米 ABC
[別] 反逆児ユマ
ニック・アダムス (小林和夫) ◆南北戦争が終結し、故郷に帰ってきた南軍の兵士ジョニー・ユマを待っていたものは、保安官だった父の死と、無法がはびこる変わり果てた町の姿だった。西部を征くジョニーは持ち前の勇気で次々と襲いかかる悪と戦っていく。「フランケンシュタイン対地底怪獣」や「怪獣大戦争」でお馴染みの N・アダムスが主演した西部劇ドラマ。銃身を切り詰めた二連ショットガンによるガンアクションが見もの。モノクロ 30 分。

西部の勇者キット・カースン
THE ADVENTURES OF KIT CARSON (1951-1955) S4 米
ビル・ウィリアムズ , ドン・ダイアモンド ◆西部開拓史の実在の人物、キット・カースンに材をとった TV 西部劇シリーズ。すご腕ガンマンのキット・カースンとメキシコ人の相棒エル・トロが、冒険を求めて 1880 年代の西部の町を回り、悪を退治していく姿を描く。[D]

西部の用心棒
HOTEL DE PAREE (1959-1960) S1 米 CBS
アール・ホリマン (野沢那智), ジャネット・ノーラン ◆殺人罪で服役し、17 年の刑期を終えて出所したサンダンスが向かったのは、コロラド州ジョージタウンにある、被害者の親類である姉妹が経営するホテル・ド・パリだった。共同経営者となった彼が、ホテルを守るために活躍する姿を描く西部劇。モノクロ 30 分。

西部遥かなり
→ジェミーの冒険旅行

西部のパラディン

セイント／天国野郎
THE SAINT (1962-1969) S6 英 ITV
[別] ヨーロッパ秘密指令 (モノクロ版)
ロジャー・ムーア (近藤洋介) ◆レスリー・チャータリス原作の怪盗小説シリーズをドラマ化。頭の上に輪っかを戴いた人物画を犯行現場に残すことで " セイント (聖者)" の異名を取る、神出鬼没の義賊サイモン・テンプラーの活躍を描いたスパイ・アクション。2 本の長編 TV ムービー「セイント／フィクションメーカーズ」「セイント対シシリアンマフィア」の他、1997 年にはヴァル・キルマー主演で「セイント」として映画化もされた。キャストを一新した続編「テンプラーの華麗な冒険」もある。

世界最大のサーカス
THE GREATEST SHOW ON EARTH (1963-1964) S1 米 ABC
ジャック・パランス , スチュアート・アーウィン ◆ 1952 年のアカデミー賞作品賞を受賞した映画「地上最大のショウ」をもとに製作された TV ドラマ。世界最大級のサーカス団を舞台に、そこへ集う人々の様々な関わりや背景が描かれている。実在のパフォーマーの協力を得て、華々しいパフォーマンスが繰り広げられた。

世界を駆ける男
MAN OF THE WORLD (1962-1963) S2 英 ITV
クレイグ・スティーヴンス (矢島正明), トレイシー・リード (浦川麗子) ◆フリーのジャーナリスト兼カメラマンのマイケル・ストレートは、助手のマギー・マクファーレンと共に世界を股にかけて特ダネを追う。世界各地で起きる陰謀や犯罪に出くわした 2 人の戦いを描いたアクション・シリーズ。

セカンド・サイト
SECOND SIGHT (1999) 英 BBC
クライヴ・オーウェン , クレア・スキナー , スチュアート・ウィルソン ◆特殊な能力を身につけた刑事の活躍を描く新感覚サスペンス。ロンドン警視庁で、解決が難しい事件ばかりを専任で捜査するロス・タナー刑事が、徐々に視力を失っていく代わりに、事件解決のヒントを幻視する能力、第二の視覚 (セカンド・サイト) を獲得。部下のキャサリン・タリー刑事の協力を得て事件を解決していく。[D]

セイント／天国野郎

さ

さ

セカンド・チャンス
EL CUERPO DEL DESEO (2005-2006) S1 米 = コロンビア = メキシコ Telemundo

マリオ・シマロ , ロレーナ・ロハス , アンドレス・ガルシア ◆南米発のサスペンス・ミステリー・テレノベラ (テレビ小説)。若く美しい妻イザベルを遺して急死した老大富豪ペドロ・ホセ・ドノソが、貧しくも心優しい青年サルヴァドール・セリンサの体に乗り移ってこの世によみがえり、自分の死の真相を探りながら、本当に自分を愛してくれる人々を救うために奔走する。[D]

セカンド・チャンス
SECOND CHANCE (2016) S1 米 Fox

ロブ・カジンスキー , ディルシャッド・ヴァザリア , アディール・カリアン ◆ 35 歳の肉体でよみがえった 75 歳の老人の、第二の人生を描く SF ヒューマン・ドラマ。製作総指揮は「24 TWENTY FOUR」「HOMELAND」のハワード・ゴードン。元保安官のジミー・プリチャードは、家庭を顧みないわがままな生活を送っていたが、強盗と鉢合わせして殺されてしまう。だがハワードが再び目を覚ますと、全く別人の若者としてよみがえっていた。家族との絆を取り戻すべく、ハワードは人生をやり直そうとするのだが、自分より年上になってしまった息子に信じてもらえるはずもなく…。

セカンド☆チャンス！恋する " パリ " キャリ
SECONDE CHANCE (2008-2009) S1 仏 TF1

カロリーヌ・ヴェイ , イザベル・ヴィターリ , セバスチャン・クーリヴォー ◆シングルマザーが恋に仕事に奮闘する姿を描く、フランス製ラブ・コメディ。結婚 18 年目に夫に逃げられた 35 歳の主婦アリス。何とか友人が働く広告代理店に就職できたものの、そこは私利私欲にかられて他人を追い落とす人間ばかりで、不慣れなアリスは陰険な同僚たちにいじめられる毎日。子供を 2 人抱えながらも前向きに生きるアリスに、果たして幸せは訪れるのか。

SEX AND THE CITY
SEX AND THE CITY (1998-2004) S6 米 HBO

サラ・ジェシカ・パーカー (永島由子), キム・キャトラル (勝生真沙子), クリスティン・デイヴィス (松谷彼哉), シンシア・ニクソン (渡辺美佐) ◆セックスについての記事を書くコラムニストのキャリー・ブラッドショーには 3 人の親友がいる。有能な弁護士ミランダ・ホッブス、画廊に勤めるシャーロット・ヨーク、PR 会社を経営するサマンサ・ジョーンズ。キャリア・ウーマンで独身の彼女たちは暇さえあれば集まり、男とセックスの話に花を咲かせるのだ。キャンディス・ブシュネルの『セックスとニューヨーク』を原作に 4 人の独身女性のライフスタイルをファッショナブルに描き、大ヒットしたコメディ。主演の S・J・パーカーはのちに製作も兼ねる。映画版も 2 本製作された。[D,V]

SEX AND THE CITY

SEX とアートと美しき男たち
DESPERATE ROMANTICS (2009) S1 英 BBC

エイダン・ターナー , レイフ・スポール , サミュエル・バーネット ◆ 1800 年代のイギリスを舞台に、ラファエル前派の青年たちを描く歴史ドラマ。英国注目株の俳優が集結し話題となった。ロイヤル・アカデミー所属の美術学校に通うダンテ・ゲイブリエル・ロセッティ、ウィリアム・ホルマン・ハン、ジョン・ミレイは、学校の古典的な教育方針に不満を抱き、主催する展覧会に有名評論家を招く計画を立てる。

Z ネーション
Z NATION (2014-2017) S4 米

ケリータ・スミス (宮澤はるな),DJ クオールズ (須藤翔), マイケル・ウェルチ (矢野正明) ◆未知のウィルスにより人類のほとんどがゾンビとなってしまった世界。しかしゾンビに噛まれウィルスに感染したにも関わらず、ゾンビになっていない男が存在した。その男の血液からワクチンを作るべく、兵士と市民たちがアメリカ横断のサバイバルに旅立つ。B 級映画を量産することで知られるアメリカの映画会社アサイラム製作によるホラー・アクション。[B,D]

セービング・グレイス
→女捜査官グレイス ～天使の保護観察中

セーフハウス ～狙われた家族～
SAFE HOUSE (2015-2017) S2 英 ITV

クリストファー・エクルストン (安原義人), マーシャ・トマソン (小林さやか), パターソン・ジョセフ (山野井仁) ◆元刑事のロバートは退職後、都会から離れて妻ケイティと共に観光客相手のペンション経営をすることになった。そこへ元上司のマーク刑事がやってきて、ペンションの

Z ネーション

離れの部屋を重要参考人の隠れ家として使わせてくれないかと言うのだが…。元刑事が秘密を持った客たちの謎を追うミステリー。

セーブ・ミー

SAVE ME (2013) S1 米 NBC

アン・ヘッシュ(氷上恭子), マディソン・ダヴェンポート(坂井恭子)◆周囲から疎まれ、夫に浮気され離婚まで持ちかけられた主婦のベス。飲んだくれてやけ食いをした挙句、サンドイッチを喉に詰まらせて臨死を体験。神の声を聞き、人々の行動や思考を見通せる能力を得た彼女は、その力で人生をやり直そうとするのだが…。よみがえってハチャメチャな言動をするようになった主婦が、周囲を巻き込んで騒動を起こすコメディ・ドラマ。[D]

7デイズ／時空大作戦

SEVEN DAYS (1998-2001) S3 米 UPN

ジョナサン・ラパリア(森田順平), ドン・フランクリン(高瀬右光), ニック・サーシー(田中正彦)◆テロリストの乗った飛行機がホワイトハウスに激突、大統領らが犠牲となり、その後も各地でテロが続発、多大な犠牲者が出る。事態を重く見た国務省は、極秘に進めていた"バックステップ・プロジェクト"を実行に移す決断をする。それはひとりの人間を7日間だけ過去にタイムトラベルさせるという計画だった。しかし装置はまだ開発途中で、操縦には大変な苦痛と困難が伴う。元CIAのフランク・パーカーが、その強靭な肉体と精神力で時空操縦士に選ばれるのだが…。タイムトラベルに制限を持たせることで現実性とドラマ性を織り込んだSFスペクタクル。

ゼルダ　～すべての始まり～

Z: THE BEGINNING OF EVERYTHING (2015-2017) S1 米 Amazon

クリスティナ・リッチ(小林沙苗), デヴィッド・ホフリン(福田賢二), デヴィッド・ストラザーン◆アメリカの作家F・スコット・フィッツジェラルドの妻として知られるゼルダ・セイヤーの波乱に満ちた人生を、ドラマティックに描き出すAmazonオリジナルの伝記ドラマ。1918年にスコットと出会ったゼルダはやがて恋に落ち、自由気ままできらびやかな人生を送り始めるが、それは嫉妬と愛憎が渦巻く結婚生活の始まりでもあった。主演のC・リッチが製作総指揮も務めていたが、1シーズンのみで打ち切りとなった。

セルピコ

→アウトロー刑事・セルピコ

セルフリッジ　英国百貨店

MR SELFRIDGE (2013-2016) S4 英 ITV

ジェレミー・ピヴェン(東地宏樹), フランシス・オコナー(玉川砂記子), アシュリング・ロフタス(渋谷はるか)◆世界最高の百貨店として知られる老舗デパートの創業者の人生を描くドラマ・シリーズ。19世紀末、イギリスに渡ったアメリカ人実業家ハリー・セルフリッジは、アメリカでは当たり前になっていた百貨店が無いことを知り、ロンドンで初の百貨店を作る。イギリスの風俗・習慣に戸惑いながらハリーは百貨店を根付かせていく。

セレブになりたくて　～サイモンの青春日記～

BEAUTIFUL PEOPLE (2008-2009) S2 英 BBC

ルーク・ウォード＝ウィルキンソン, オリヴィア・コールマン, エイダン・マクアードル◆世界的に有名なデパートであるバーニーズ・ニューヨークのディレクター、サイモン・ドゥーナンの少年時代をハートフルに描く青春コメディ・ドラマ。ロンドン郊外に住むゲイの少年サイモン。彼は周囲のからかいを受けながらも、自分の好きな音楽やファッションの分野で成功することを夢見ていた。

ゼロアワー　禁断の刻限

ZERO HOUR (2013) S1 米 ABC

アンソニー・エドワーズ, カーメン・イジョゴ, スコット・マイケル・フォスター◆オカルト雑誌の編集長ハンク・ガリストンは、骨董市でアンティークの時計を手に入れたことから奇妙な戦いに巻き込まれていく。ナチスの手から守るために12個の時計に隠された暗号をめぐって展開するミステリー・アクション。

0011ナポレオン・ソロ

THE MAN FROM U.N.C.L.E. (1964-1968) S4 米 NBC

ロバート・ヴォーン(矢島正明), デヴィッド・マッカラム(野沢那智), レオ・G・キャロル(真木恭介)◆国際秘密機関U.N.C.L.E.(アンクル)の諜報員の活躍を描くスパイ・アクション。ナポレオン・ソロはボス、ウェイバリーの指令を受け、相棒イリヤ・クリヤキンと共に世界征服を企む謎の組織THRUSH(スラッシュ)と戦う。プレイボーイ

セルフリッジ　英国百貨店

0011ナポレオン・ソロ

のソロと真面目な堅物クリアキンという水と油のコンビが大活躍。アンクル本部の入口は洋服店の更衣室にあるといった奇抜なアイディアやソロの軽口とクールなイリヤとの掛け合いが絶妙で高い人気を得た。ドラマのエピソードを再編集した8本の劇場用映画やスピンオフ「0022アンクルの女」も製作された他、2015年にはリメイク映画版「コードネーム U.N.C.L.E.」も作られた。[L]

0012 ／捕虜収容所
HOGAN'S HEROES (1965-1971) S6 米 CBS
[別] OK 捕虜収容所｜底抜け脱走作戦
ボブ・クレイン(戸田皓久),ワーナー・クレンペラー(大木民夫)◆第二次世界大戦下を舞台に、ドイツ軍捕虜収容所に収容されている連合軍捕虜たちを描いたコメディ・ドラマ。ドイツ空軍指揮下の第13捕虜収容所では、ホーガン大佐をリーダーとする捕虜たちが、クリンク所長やシュルツ軍曹に取り入りながら、今日も諜報活動にいそしんでいる。

0022 アンクルの女
THE GIRL FROM U.N.C.L.E. (1966-1967) S1 米 NBC
ステファニー・パワーズ(野際陽子),ノエル・ハリソン(広川太一郎),レオ・G・キャロル(真木恭介)◆「0011ナポレオン・ソロ」の姉妹編。秘密諜報組織アンクルから派遣された女エージェント、エイプリル・ダンサーが相棒のマーク・スレートと共に国際的犯罪組織スラッシュと戦いを繰り広げるスパイ・アクション。

0088 ／ワイルド・ウェスト
→ワイルド・ウエスト

ゼロ・ワン
ZERO ONE (1962-1965) S3 米＝英 BBC
ナイジェル・パトリック,ウィリアム・スミス◆空の安全を守るスペシャリストたちの活躍を描いた航空サスペンス。国際航空保安局、暗号名ゼロ・ワンの主任航空保安官アラン・ガーネットが、助手のジミーや秘書のマヤたちと共に、民間航空機を様々な事件から守るべく奮闘する。

戦火燃ゆる時
FORTUNES OF WAR (1987) S1 英 BBC
ケネス・ブラナー,エマ・トンプソン,ロナルド・ピックアップ◆第二次大戦下のルーマニアを舞台に、ナチスの暗い影に翻弄される一組の夫婦の危機を描いたイギリスBBC製作のミニシリーズ。イギリス人講師ガイ・プリングルは新婚の妻ハリエットを伴って、赴任地ブカレストにやってきた。しかし囁かれるナチスによる侵略の噂が夫婦の間に溝を作っていく…。[V]

全艦発進せよ
CONVOY (1965) S1 米 NBC
ジョン・ギャヴィン(納谷悟朗),ジョン・ラーチ(島宇志夫)◆第二次世界大戦を背景に、民間の輸送船団とその護衛艦の活躍を描いた戦争ドラマ。フォスター船長率いる民間の輸送船団は食料や物資などを戦地に運ぶため北大西洋を横断するが、行く手にはドイツ軍のUボートが待ち受けている。そこでタルボット司令官の米国海軍護衛駆逐艦DD-181が船団の護衛を担当することに。全13話。

潜行刑事ダン
DAVID CASSIDY - MAN UNDERCOVER (1978-1979) S1 米 NBC
デヴィッド・キャシディ(石丸博也),サイモン・オークランド(宮川洋一),ウェンディ・ラスタッター◆人気TVドラマ「ポリスストーリー」のスピンオフ作品。ロサンゼルスを舞台に、アブラム部長刑事の指揮の下、実年齢より若く見える顔を利用して潜入おとり捜査を行うダン・シェイ刑事の活躍を描いたポリス・アクション。

戦場
CITIZEN SOLDIER (1956-1957) S1 米
R・W・アルコーン◆第二次世界大戦と朝鮮戦争で起きた実際の出来事をドラマ化。撮影はドイツで行われた。二つの戦争で活躍した兵士たちの姿を描いた実話に基づく名作シリーズ。モノクロ30分。

潜水王ビル
→ビル船長

潜水王マイク・ネルソン
SEA HUNT (1958-1961) S4 米
[別] 潜水王ネルソン
ロイド・ブリッジス(宮部昭夫)◆海軍でフロッグマンだったマイク・ネルソンがフリーランスのスキューバ・ダイバーに転身し、海洋生物の研究をはじめ沈没船の財宝探しや

0012 ／捕虜収容所

センス8

水難事故など数々の冒険を繰り広げる海洋アクション・シリーズ。第1話では海底に沈んだ米海軍ジェット機からパイロットを救出。モノクロ30分。

センス8

SENSE8 (2015-2017) S2 米 Netflix

ダリル・ハンナ(佐々木優子),アムル・アミーン(森田了介),ペ・ドゥナ(佐古真弓) ◆「マトリックス」で知られるウォシャウスキー姉弟(当時)によるSFドラマ。世界中の異なる場所、異なる環境で8人の男女が突如、感情や感覚、能力を共有し始めた。鏡の向こうに見知らぬ顔を見出したり、自分には備わっていないはずの格闘能力を発揮したりといった不可解な現象が次々と現れる中、彼らは謎の組織から命を狙われていく。

戦争と追憶

WAR AND REMEMBRANCE (1988) S1 米 ABC

ロバート・ミッチャム,ジェーン・シーモア,シャロン・ストーン ◆ピューリッツァー賞作家ハーマン・ウォークの長編小説をミニシリーズ化した「戦争の嵐」の続編で、太平洋戦争を主軸に戦争に翻弄されるヘンリー一家を描いていく。「宣戦布告」「逆境」「大虐殺」「ミッドウェイ」「逃亡」「再会」「ガダルカナル」「勝利」「ゲットー天国」の全9巻に分けてビデオリリース。続きは「戦争の黙示録」。[V]

戦争と平和

WAR AND PEACE (2007) S1 伊 RAI

アレクサンダー・バイヤー,クレマンス・ポエジー,アレッシオ・ボーニ ◆トルストイの同名大河小説をドラマ化したイタリア発のミニシリーズ。19世紀初頭のナポレオン戦争時代を舞台背景に、ロシアのベズーホフ伯爵の私生児ピエールら貴族階級の人々が没落していく様を描く。[D]

戦争と平和

WAR & PEACE (2016) S1 英 BBC

ポール・ダノ(加瀬康之),リリー・ジェームズ(坂本真綾),ジェームズ・ノートン(間宮祥太朗) ◆ロシアの文豪レフ・トルストイによる大河小説を、イギリスBBCが映像化した全6話のミニシリーズ。2年以上の製作期間、豪華な美術と衣装、世界遺産に登録されたエカテリーナ宮殿での撮影など、TVの枠を超えたスケールが話題となった。19世紀前半、フランス皇帝ナポレオンによるロシア侵攻とその失敗を背景に、戦乱に巻き込まれていくロシア貴族社会の変遷と、莫大な財産を受け継いだ青年ピエール・ベズーホフ伯爵が時代に翻弄されながらもやがて真実の愛を見つけるまでを描く。[D]

戦争の嵐

THE WINDS OF WAR (1983) S1 米 ABC

ロバート・ミッチャム(瑳川哲朗),ポリー・バーゲン(水野久美),ベン・マーフィ(小川真司),ジャン=マイケル・ヴィンセント(津嘉山正種),リサ・アイルバッハー(岡江久美子),アリ・マッグロー(鈴木弘子),ジョン・ハウスマン(松村彦次郎),ピーター・グレイヴス(黒沢良),デヴィッド・デュークス,トポル,ジェレミー・ケンプ ◆『ケイン号の叛乱』で知られるピューリッツァー賞受賞作家ハーマン・ウォークの原作をドラマ化した戦争大作。ナチスのポーランド侵攻、伊ムッソリーニの勢力拡大から、太平洋戦争勃発までを描いている。群像劇なので特定の主役はいないが、その中の1人であるR・ミッチャムが渋い好演を見せている。また、第二次大戦勃発から初期への国際的な政治バランスを克明に再現した演出も見事で、一時ブームとなったミニシリーズの中でも突出した作品として評価された。クライマックスの真珠湾攻撃シーンも、それまで横行していた「トラ・トラ・トラ!」の流用を避け、全く新しく撮影し直している。続編は「戦争と追憶」。[V]

戦争の黙示録

WAR AND REMEMBRANCE (1988) S1 米 ABC

ロバート・ミッチャム,ジェーン・シーモア,ジョン・ギールグッド ◆オリジナルでは「戦争と追憶」の後半部分にあたるが、日本では新たな邦題を付けられてビデオリリースされた。ナチスのユダヤ人迫害が始まり、やがてノルマンディー上陸作戦によってドイツは次第に敗色が濃くなっていく。ヒトラーの暗殺未遂、アウシュビッツの惨劇を経て、ナチスが崩壊するまでを描く。原題は「War and Remembrance」(全12話)だが、日本では「戦争と追憶」(全9巻)と「戦争の黙示録」(全5巻)の2タイトルに分けてビデオリリースされている。1988年のゴールデン・グローブで最優秀作品賞(TVムービー/ミニシリーズ)を受賞。[V]

戦争と平和(2016)

戦争の嵐

セント・エルスウェア
ST. ELSEWHERE (1982-1988) S6 米 NBC
エド・フランダース , デヴィッド・バーニー ,G・W・ベイリー ◆ボストン・サウスエンドに位置するセント・エリジアス病院を舞台にした医療ドラマ。デンゼル・ワシントンを始め何人ものスターを輩出した人気ドラマで、全米脚本家組合による "TV 史上最高の脚本 101 本" の一つに選出されている。

旋風児マーロウ
PHILIP MARLOWE (1959-1960) S1 米 ABC
フィリップ・ケリー (西田昭市) ◆ミステリー作家レイモンド・チャンドラーのハードボイルド小説シリーズをドラマ化した、モノクロ 30 分ものの探偵ドラマ。1960 年代のロサンゼルスを舞台に、私立探偵のフィリップ・マーロウが様々な難事件に挑む姿を描く。

全米人気 No.1! 青春ロック！ハッピーデイズ
→ハッピー・デイズ

戦慄の旅券／危険へのパスポート
PASSPORT TO DANGER (1954-1958) S1 米
シーザー・ロメロ ◆特命を受けたアメリカの外交官スティーブ・マックィンが、世界中を駆けめぐり様々な冒険を繰り広げる連続ミステリー・ドラマ。モノクロ 30 分。

占領者たちのイラク～それぞれの闘い
OCCUPATION (2009) S1 英 BBC
ジェームズ・ネスビット , スティーヴン・グレアム , ウォーレン・ブラウン ◆ 2010 年の英国アカデミー賞で最優秀連続ドラマ賞に輝いた、イラク戦争に従軍した元イギリス軍人たちの姿を描いたヒューマン・ドラマ。2003 年に勃発したイラク戦争で、マイク、ダニー、ヒップスはイラク軍を相手に激戦を戦い抜いた。帰国後に除隊した 3 人は、様々な思いを胸に再びイラクの地へ赴いてゆく。果たして、そこで待ち受ける運命とは。

そ

捜査官アレン
THE INSPECTOR ALLEYN MYSTERIES (1990-1994) S2 英 BBC
パトリック・マラハイド , ウィリアム・シモンズ ◆ニュージーランドの女性推理作家ナイオ・マーシュが生み出した「アレン警部シリーズ」を原作とする、1 話 90 分のミステリー・ドラマ・シリーズ。ロンドン警視庁で主任警部として働くロデリック・アレンが、古典的ともいえる王道の捜査方法で難事件を解決していく。

捜査官エヴァ　孤独の森
JORDSKOTT (2015) S1 スウェーデン SVT
モア・ガンメル , ヨーラン・ラグナスタム , リチャード・フォルスグレン ◆ 7 年前に最愛の娘が失踪した女性捜査官が直面する衝撃的な事件を描く、スウェーデン発の犯罪ミステリー風ダーク・ファンタジー。警察で働くエヴァ・トーンブラットは、7 年ぶりに故郷のシルバーハイドを訪れる。表向きは父の葬儀のためだったが、実は 7 年前に行方不明になった娘ヨセフィーンを誘拐した犯人を捜すつもりだったのだ。森の中で立ち尽くす少女を保護したエヴァは、彼女が娘と同じピアスをしていたことから、その少女こそヨセフィーンだと確信する。

捜査官クリーガン
TOUCHING EVIL (1997-1999) S3 英 ITV
ロブソン・グリーン (森田順平), ニコラ・ウォーカー (林佳代子), マイケル・フィースト (有本欽隆) ◆銃撃を頭部に受けるも九死に一生を得たデイブ・クリーガンは、後遺症に苦しみながらも現場に復帰。連続凶悪犯罪を専門に扱う特別捜査班 OSC で女性刑事スーザン・テイラーらとチームを組み事件解決に当たるが、直感に頼り強引に捜査を進めるクリーガンのやり方は同僚から反発を買う。次々と起こる男児誘拐や猟奇殺人は次第に捜査官たちを追い詰め、クリーガンの焦燥感は一層濃くなっていく…。「心理探偵フィッツ」のポール・アボット原案・脚本によるハード・ミステリー。

捜査線
THE LINEUP / SAN FRANCISCO BEAT (1954-1960) S6 米 CBS
[別] サンフランシスコ・ビート
ワーナー・アンダーソン (千葉順二), トム・テューリー (西田昭市) ◆人気ラジオ番組をもとに、サンフランシスコ警察の協力を得て製作されたセミ・ドキュメンタリー・タッチの犯罪捜査ドラマ。ガスリー警部をはじめ私服刑事た

旋風児マーロウ

捜査官エヴァ　孤独の森

ちの活躍を描く。日本では第 6 シーズンが先に「捜査線」のタイトルで放送され、その後それ以前のシーズン (モノクロ 30 分番組) が「サンフランシスコ・ビート」として放送された。ドン・シーゲル監督の「殺人捜査線」(1958 年) は本シリーズのスピンオフ映画版 (日本劇場未公開、WOWOW で放映)。

捜査メモ
CITY DETECTIVE (1953-1955) S2 米
ロッド・キャメロン (松宮五郎) ◆ニューヨーク市警のバート・グラント警部が、数々の事件を解決に導いてゆく姿を描くモノクロ 30 分の犯罪捜査ドラマ。

捜査網
DECOY (1957-1959) S1 米
[別] ニューヨーク捜査網
ビヴァリー・ガーランド ◆アメリカの警察を舞台にしたものとしては、初めて女性を主人公にしたシリーズ。ニューヨーク市警の女性警官ケーシー・ジョーンズが、あらゆる犯罪現場に入り込んで危険なおとり捜査を行う。モノクロ 30 分全 39 話。

ゾウズ・フー・キル　殺意の深層
THOSE WHO KILL / DEN SOM DRAEBER (2011) S1 デンマーク TV2
ラウラ・バック (安藤麻吹), ヤコブ・セーダーグレン (宮本充), ラース・ミケルセン (牛山茂) ◆デンマーク発、刑事とプロファイラーのコンビが猟奇的殺人に立ち向かう様を描くクライム・サスペンス。森から遺体が発見され、ポーランド出身の売春婦だと判明。刑事のカトリーネ・レイス・イェンセンは遺体の奇妙な腕に注目し、犯罪心理専門の大学教授トーマス・シェファーに捜査協力を依頼する。[B,D]

壮烈！西部遊撃隊
NORTHWEST PASSAGE (1958-1959) S1 米 NBC
キース・ラーセン (菅原謙二), バディ・イブセン (納谷悟朗), ドン・バーネット ◆ 1940 年の映画「北西への道」を TV シリーズ化。植民地時代のアメリカ大陸を舞台に、フレンチ・インディアン戦争におけるイギリス遊撃隊の苦闘と活躍を描いた冒険ドラマ。

壮烈！第七騎兵隊
CUSTER / THE LEGEND OF CUSTER (1967) S1 米 ABC
ウェイン・モウンダー (天田俊明), ピーター・パーマー (羽佐間道夫), マイケル・ダンテ (大塚周夫) ◆開拓者保護のため活躍した第七騎兵隊のカスター将軍と、アメリカ原住民であるスー族との戦いを描くアクション西部劇。第七騎兵隊をより強くするため奔走するカスター将軍と、上司や部下、そして敵であるクレイジー・ホースとの友情などを描いたが、過激な戦闘シーンが含まれることから全 17 話で製作中止となってしまった。劇場用に再編集した映画「猛将カスター」(1968 年) もあり。

底抜けおとぼけ運転手
THE GOOD LIFE (1971-1972) S1 米 NBC
ラリー・ハグマン (青野武), ドナ・ミルズ (恵比寿まさ子), デヴィッド・ウェイン (北村弘一) ◆生活が上手く行かず疲れ果てた中流階級の夫婦アルバートとジェーンが、身分を偽り大富豪のお抱え運転手とメイドとして雇われたことから、様々な騒動を巻き起こす 30 分のコメディ作品。

底抜け脱走作戦
→ 0012 ／捕虜収容所

底抜けブラザーズ
OH, THOSE BELLS (1962) S1 米 CBS
ハーバート・ワイヤー (人見明), ハリー・ワイヤー (谷村昌彦), シルヴェスター・ワイヤー (平凡太郎) ◆スラップスティックのコメディアンとして世界的に有名だったワイヤー・ブラザーズが主演を務めたドタバタ・コメディ作品。ハリウッドの道具店で働くハービー、ハリー、シルビーのベル三兄弟が繰り広げる騒動をユーモアたっぷりに描く。

そして誰もいなくなった
AND THEN THERE WERE NONE (2015) S1 英 BBC
メイヴ・ダーモディ (佐古真弓), エイダン・ターナー (浪川大輔), バーン・ゴーマン (横島亘) ◆ミステリー界の女王アガサ・クリスティーの最高傑作と言われる同名推理小説を、原作に忠実に映像化した全 3 話のミニシリーズ。本国イギリスでは高い評価を得た。1939 年、謎の人物から招かれた 8 人の男女が、小さな孤島の邸宅を訪れた。邸宅の使用人夫婦を含む 10 人が揃って夕食をとったところ、どこからともなく 10 人それぞれが過去に

ゾウズ・フー・キル　殺意の深層

壮烈！西部遊撃隊

さ

犯した殺人を糾弾する声が響き渡り、直後にその内の 1 人が毒殺されてしまう。それは、かつてない連続殺人の始まりに過ぎなかった…。[D]

ゾディアック ～十二宮の殺人～
ZODIAQUE (2004) S1 仏 TF1
クレール・ケーム , フランシス・ユステール , ミシェル・デュショーソワ ◆アメリカで起きた未解決の連続殺人、ゾディアック事件に材をとったフランス製のミステリー・ドラマ。大富豪サンタンドレ家の孫娘エステルをめぐる殺人で、占星術のペンダントとノストラダムスの予言書が奇怪な役割を果たす。[D]

ソドムとゴモラ
ABRAHAM / THE BIBLE: ABRAHAM (1994) S1 米＝伊＝独＝仏
リチャード・ハリス , バーバラ・ハーシー , マクシミリアン・シェル ◆豊かな土地ウルで暮らしていたアブラムはある日、神の声を聞く。彼はその声に従い、一族を連れて約束の地カナンへ旅立つ。様々な試練を乗り越え、アブラムはついにカナンにたどり着き、神の命によって名をアブラハムと変える。旧約聖書・創世記から、ユダヤ人の祖となったアブラハムの後半生をたどるミニシリーズ。[D,V]

ソニー号空飛ぶ冒険
WHIRLYBIRDS / COPTER PATROL (1957-1960) S3 米
[別] ヘリコプターの冒険
ケネス・トビー (小林恭治), クレイグ・ヒル (城達也), ナンシー・ヘイル (小原乃梨子) ◆当時としては珍しい、ヘリコプターをメインに据えた航空アクション・ドラマ。南カリフォルニアでヘリのチャーター会社を経営するチャック・マーティンと相棒のピートが、現金輸送や負傷者の救出、さらには犯人の護送など一筋縄では行かない危険な仕事をこなしていく。日本での放映にあたって、SONY がスポンサーだったことから、ヘリコプターの名称がソニー号に変更された。

SOAP　ソープ
SOAP (1977-1981) S4 米 ABC
キャサリン・ヘルモンド (新村礼子), キャスリン・デーモン (幸田弘子), ロバート・マンダン (中村正), ロバート・マリガン (羽佐間道夫) ◆過激な内容から大ヒットとなったものの、差別的な会話が問題となり数多くの批判も受けた、ブラックユーモア満載のファミリー・ドラマ。コネチカット州に住む姉ジェシカと妹メアリー。2 人は浮気の真っ最中である上、それぞれの家族も浮気、同性愛、性倒錯者などアブノーマルな生活を送っていた…。数多くの登場人物の中で、黒人執事のベンソンに人気が集中し、スピンオフ番組「ミスター・ベンソン」も製作された。

ソフトリー・フロム・パリス
SERIE ROSE / SOFTLY FROM PARIS (1986-1990) 仏 FR3
ジーン・グリモード , アラン・ウェジャー , ナターシャ・ミルコヴィッチ ◆アントン・チェーホフ、ミシェル・ビュトール、エドモン・ロスタンなど文豪たちの官能的な短編をドラマ化したフランス製のソフトコア・オムニバス。日本では「ゴールデン・ロータス 黄金の蓮」「ポンパドールレシピ」「ピケラインの女達」他、全 9 タイトルが VHS でリリースされた。[V]

空飛ぶ鉄腕美女ワンダーウーマン
WONDER WOMAN / THE NEW ADVENTURES OF WONDER WOMAN (1975-1979) S3 米 ABC → CBS
[別] 紅い旋風！ワンダーウーマン (第 2・3 シーズン) ｜ワンダー・ウーマン
リンダ・カーター (二宮さよ子→由美かおる), ライル・ワグナー (伊武雅刀→佐々木功), リチャード・イーストハム (上田敏也), ビアトリス・コーレン (小宮和枝) ◆ DC コミックスの人気女性キャラであるワンダーウーマンを、ミス・ワールドのアメリカ代表にもなった L・カーター主演で実写化した SFTV ドラマ。バミューダ海域に存在する、地図に載っていない島パラダイス・アイランドに不時着した米軍のスティーブ・トレバーは、そこで年齢が 2000 歳を超えるという王女ダイアナと出会った。スティーブの助手として国際テロリストと戦うことになったダイアナは、ピンチが訪れるとワンダーウーマンに変身、様々な能力を用いて悪に立ち向かっていく。パイロット版は「奇想天外！空飛ぶ鉄腕美女ワンダーウーマン」として映画劇場枠で放映。続く第 1 シーズンも舞台は第二次大戦中だが、第 2 シーズン以降は舞台が現代に変更された。[D]

空飛ぶドクター
THE FLYING DOCTOR (1959) S1 豪

SOAP　ソープ

空飛ぶ鉄腕美女ワンダーウーマン

さ

リチャード・デニング, ピーター・マッデン ◆オーストラリアの実在の事業であるフライングドクター (Royal Flying Doctor Service of Australia) をもとに、僻地医療に従事する医師たちの姿を描いた冒険医療ドラマ。オーストラリアの奥地で飛行機を駆使し、献身的に治療に当たる米国人医師のグレッグ、ジムらの活躍を描く。

空飛ぶ魔女学校
→ミルドレッドの魔女学校

空飛べ！キャットウィーズル
→魔法使いキャットウィーズル

空の王者スカイキング
SKY KING (1951-1962) S4 米 NBC → ABC

カービィ・グラント (大平透), グロリア・ウィンタース ◆ 1930 年代の西部を舞台に、カリフォルニアで大牧場のオーナーを務めるスカイ・キングが、自分のセスナ " ソングバード " に乗って犯罪や災害に挑む姿を描くモノクロ 30 分のファミリー向け冒険アクション。" 空飛ぶカウボーイ " として 1940 年代に人気だったラジオドラマの TV ドラマ版。

空の男スカイダイバー
→リップコード

空の勇者ジェット・ジャクソン
→ジェット・ジャクソン

そりゃないぜ !? フレイジャー
FRASIER (1993-2004) S11 米 NBC

[別] フレイジャー (DVD)

ケルシー・グラマー (森田順平), デヴィッド・ハイド・ピアース (藤原啓治), ジョン・マホーニー (有本欽隆) ◆シアトルでラジオの人生相談を担当するフレイジャー・クレインは独身の精神科医。高級マンションで優雅な一人暮らしを満喫していたのだが、突然元警官の頑固な父親マーティンとその愛犬エディーが転がり込んでくる。足が悪い父親のため英国人の家政婦ダフネを雇うが、彼女に弟のナイルズが一目惚れ。しかしダフネは一風変わっていて…と様々なトラブルがフレイジャーを悩ませる。エミー賞作品賞 5 年連続受賞など多くの賞に輝くシットコムの代表作。K・グラマー演じるフレイジャーは人気番組「Cheers」の脇役キャラで、本作はそのスピンオフである。毎回フレイジャーに人生相談の電話をかけてくる、ビッグスターの声だけのゲスト出演もお楽しみのひとつ。[D]

それいけ！ゴールドバーグ家
THE GOLDBERGS (2013-) S5- 米 ABC

ウェンディ・マクレンドン＝コーヴィ, ショーン・ジャンブロン, トロイ・ジェンティル ◆ 1980 年代のアメリカを舞台に、ビデオ撮影が趣味の 11 歳の少年アダム・ゴールドバーグと、彼の一風変わった家族たちが織りなす日常を描いたシチュエーション・コメディ。製作者の子供の頃の体験をベースに作られている。

それ行け　二人はパートナー
THE PARTNERS (1971-1972) S1 米 NBC

ドン・アダムス (小松政夫), ルパート・クロス (飯塚昭三) ◆ロス市警 33 分署のレニー・クリック刑事とジョージ・ロビンソン刑事、白人と黒人の刑事コンビがドジを踏みながらも事件を解決していく 30 分枠のポリス・コメディ。D・アダムズが「それ行けスマート」に引き続いてコンビの片割れをつとめる。

それいけ！ポンコツ少年野球団
BACK IN THE GAME (2013-2014) S1 米 ABC

マギー・ローソン, ジェームズ・カーン, グリフィン・グラック ◆離婚して子供ダニーと共に実家に戻ってきたテリー・ギャノン・ジュニアが、少年野球の入団テストに落ちたダニーを含む落ちこぼれたちを集め、元野球選手の祖父キャノンの助けを得て強い野球チームに育て上げていくスポ根コメディ。

それゆけスマート
GET SMART (1965-1970) S5 米 NBC → CBS

[別] それ行けスマート

ドン・アダムス (藤村有弘), バーバラ・フェルドン (久里千春), エドワード・プラット (塩見竜介) ◆世界征服を企む秘密組織ケイオスに対抗するため、アメリカの諜報機関コントロールは 2 人のエージェントを送り出した。ドジなスパイのマックス・スマートと、その相棒である 99 号が巻き起こす騒動を描いた 30 分枠のスパイ・アクション・コメディ。企画はメル・ブルックスとバック・ヘンリー。1980 年には映画版「0086 笑いの番号」が製作された他、2008 年にはスティーヴ・カレルとアン・ハサウェイ

そりゃないぜ !? フレイジャー

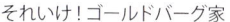

それいけ！ゴールドバーグ家

主演による映画版リメイク作品「ゲット・スマート」も製作された。

ソロリティ・フォーエバー

SORORITY FOREVER (2008) S1 米

ジェシカ・ローズ, ミカエラ・フーヴァー, タリン・サザン, アナベラ・カサノヴァ, ホアキン・パスター ◆1話2分、月曜から金曜まで毎日配信されるという、一風変わった形式のドラマ・シリーズ。ソロリティと呼ばれる女子大の友愛クラブを舞台に、一見華やかなクラブの裏に隠された謎に翻弄されるヒロインの姿を描く。新入生のジュリー・ゴールドは姉ナタリーの勧めで、学生たち憧れのソロリティ“ファイ・カイ・カッパ”に仮入会を果たす。カレッジの中でも最も伝統あるソロリティへの入会に心躍るジュリーだったが、外側からはうかがい知れなかった秘密が隠されていた。

ゾンビ・アット・ホーム

IN THE FLESH (2013-2014) S2 英 BBC Three

ルーク・ニューベリー, エミリー・ビーヴァン, ハリエット・ケインズ ◆自殺した青年キーレン・ウォーカーはゾンビとなったが、薬物療法とリハビリによって凶暴化せず一般人に混じって生活が送れるようになった。しかし彼の故郷では社会復帰した元ゾンビに対する敵意が激しく、かつてゾンビと戦った者たちを中心とするグループによる迫害が続いていた。イギリス発のミニシリーズ。

た

第一容疑者

PRIME SUSPECT (1991-2006) 英 ITV

ヘレン・ミレン(丘みつ子→寺田路恵) ◆H・ミレンの出世作となったイギリスの本格警察TVシリーズ。2003年に製作されたエピソード「姿なき犯人」では「英国王のスピーチ」「レ・ミゼラブル」のトム・フーパーがメガホンをとった。女警部(後に警視)のジェーン・テニスンが、警察内部で偏見や性差別、感情的な反発にさらされながらも数々の難事件を解決していく。[D,V]

大海賊バイキング

→バイキング

大恐竜時代へ GO!!

ANDY'S DINOSAUR ADVENTURES (2014) S1 英 BBC

アンディ・デイ, ケイト・コープランド ◆イギリスBBC製作による児童向けのアドベンチャー・シリーズ。大英博物館の若手職員アンディはうっかり展示物を壊してしまい、失敗を償うため、過去にタイムトリップして本物を手に入れようとするが…。[D]

対決スペルバインダー

SPELLBINDER (1995) S1 豪 = ポーランド

ズビフ・トロフィミウク(三木眞一郎), ゴーシャ・ピョトロフスカ(萩原恵美子), ブライアン・ルーニー(関智一) ◆オーストラリアとポーランドで共同製作されたSFアドベンチャー・ドラマ。パラレル・ワールドに飛ばされた高校生ポール・レノルズが、異世界でテクノロジーを独占し民衆を支配する集団スペルバインダーと対決していく。

対決スペルバインダー II

SPELLBINDER: LAND OF THE DRAGON LORD (1997) S1 豪 = ポーランド = 中

ローレン・ヒューエット(高橋紀恵), ライアン・クワンテン(谷川俊), ピーター・オブライエン(佐々木勝彦) ◆オーストラリアとポーランドの合作によるSFアドベンチャー・ドラマ「対決スペルバインダー」の続編。科学者メックが完成させた次元移動船でドラゴン王国に連れてこられたキャシー・モーガンが、元の世界へ帰るために冒険を繰り広げる。

対決／マフィアに挑んだ刑事

LA PIOVRA / THE OCTOPUS (1984) S1 伊 Rai 1

[別] 対決～マフィアに挑む男(衛星)

ミケーレ・プラチド(山野史人), フロリンダ・ボルカン(寺田路恵), ニコル・ジャメ(一柳みる), フランソワ・ペリエ ◆イタリア製ポリス・ストーリーのミニシリーズ。家族に問題を抱えながらも“ピオーヴラ”と呼ばれるマフィアのファミリーに戦いを挑むシシリア警察カッターニ警部の活躍を描く。イタリア本国はもとよりアメリカやソ連などでも好評を博し、主演を変えながら続編が次々に製作され全10部となったが、日本では“カッターニ警部編”の4部までがNHKで放映された。[V]

ゾンビ・アット・ホーム

対決／マフィアに挑んだ刑事

対決ランサー牧場
LANCER (1968-1970) S2 米 CBS
[別] 対決！ランサー牧場
ウェイン・モウンダー（木下秀雄→矢島正明），ジェームズ・ステイシー（青野武），エリザベス・バウアー（若松雅子→武藤礼子），アンドリュー・ダガン（塩見竜介）◆ 1870 年代のカリフォルニアを舞台に、サンホアキンに大牧場を持つマードック・ランサーと、それぞれ異なる環境で育った彼の2人の息子たち、スコットとジョニーが力を合わせて牧場を守っていく西部劇ドラマ。

第五騎兵隊
BOOTS AND SADDLES (1957-1958) S1 米
ジョン・ピカード，パトリック・マクヴィ，ガードナー・マッケイ ◆ 19 世紀後半、アメリカのアリゾナ準州にあるローウェル砦に駐屯し、アパッチとの闘いを繰り広げた、シャンク・アダムス隊長率いる第五騎兵隊の活躍を描く西部劇。モノクロ 30 分。

第三の男
THE THIRD MAN (1959-1965) S5 米＝英 BBC
マイケル・レニー（安部徹），ジョナサン・ハリス（水島晋）◆グレアム・グリーンの原作とそれを映画化した 1949 年の同名傑作スリラーを下敷きにした TV シリーズだが、内容は完全にオリジナル。映画でオーソン・ウェルズが演じたハリー・ライムはダンディな M・レニーとなり、国際的な美術商として世界を旅しながら、相棒のブラッドフォード・ウェブスターと共に、様々な事件や犯罪を解決していく。テーマ曲は、チターの音色で有名になった映画のものと同じ。モノクロ 30 分。

大西洋を乗っ取れ！
THE FRENCH ATLANTIC AFFAIR (1979) S1 米 ABC
テリー・サヴァラス（大平透），チャド・エヴェレット（中田浩二），シェリー・ウィンタース ◆「刑事コジャック」の T・サヴァラスが、狂信的なカルト集団の教祖を演じた、アーネスト・レーマンの原作による海洋サスペンス。ニューヨークからフランスへの船旅に出港した豪華客船フェスティバル。だが大西洋の沖へ出た時、突如カルト集団が船を乗っ取る。彼らは船のいたるところに爆弾を仕掛けていたのだ。一部の乗客は反撃の機会を伺うが、リーダーの教祖は見せしめに人質 30 人を銃殺してしまう…。オリジナルは 2 時間枠× 3 話のミニシリーズだったが、日本では日曜洋画劇場で「前編・7000 万ドルの爆破予告」「後編・沈みゆく超豪華船」として再編集され 2 週に分けて TV 放映された。

大草原の小さな家
LITTLE HOUSE ON THE PRAIRIE (1974-1983) S9 米 NBC
[別] 新・大草原の小さな家（第 9 シーズン）
マイケル・ランドン（柴田侊彦），カレン・グラッスル（日色ともゑ），メリッサ・スー・アンダーソン（石川弘美），メリッサ・ギルバート（佐藤久理子）◆女流作家ローラ・インガルス・ワイルダーの自伝的小説『インガルス一家の物語』を TV ドラマ化。アメリカ開拓時代を舞台に、新天地を求めて中西部を次々と移り住んでいくインガルス家の厳しくも温かい生活を描く。日本をはじめ世界中で人気となり、9 年に及ぶ長寿シリーズとなった。[D,V]

大脱走！カウラ日本兵捕虜収容所
→カウラ大脱走

大脱走　コルディッツ収容所
COLDITZ (2005) 英
ダミアン・ルイス，トム・ハーディ，ソフィア・マイルズ ◆ドラマ「HOMELAND」の D・ルイスと映画「マッドマックス 怒りのデス・ロード」の T・ハーディ共演による、愛する女性のために収容所からの脱走を繰り返すイギリス軍人を描く戦争ドラマ。第二次世界大戦のさなか、ドイツの捕虜収容所から脱走したジャックは捕らえられ、脱走の常習犯ばかりが収容されているコルディッツ城に収監される。一方ドイツの捕虜収容所からの脱走に成功したマクグレイは、ジャックの消息を伝えるため、彼の恋人であるリジーに会うのだが…。[D]

タイタニック　愛と偽りの航海
TITANIC (2012) 米＝英＝加＝ハンガリー ITV
[別] TITANIC 完全版 (DVD)
ライナス・ローチ（木下浩之），スティーヴン・ウォディントン（木村雅史），トビー・ジョーンズ（魚建），マリア・ドイル・ケネディ（永木貴依子），ピーター・マクドナルド（中尾一貴），ルース・ブラッドリー（弓場沙織）◆悲運の豪華客船タイタニックの物語を、沈没事故 100 年目

大西洋を乗っ取れ！

大草原の小さな家

の 2012 年にミニシリーズ化した大作ドラマ。映画「ゴスフォード・パーク」(2001 年) でアカデミー脚本賞を受賞し「ダウントン・アビー」のクリエイターでもあるジュリアン・フェロウズが脚本を担当しており、1 話と 2 話で視点が異なるという変則的な造りで複雑な人間模様を描いていく。[D]

タイタニック〜運命の航海

TITANIC (1996) 加 = 米 CBS

[別] ザ・タイタニック／運命の航海 (DVD)

ピーター・ギャラガー (山路和弘), ジョージ・C・スコット (阪脩), キャサリン・ゼタ・ジョーンズ (日野由利加), エヴァ・マリー・セイント (寺島信子), ティム・カリー (大塚明夫) ◆ 20 世紀最大の海難事故であるタイタニック号の悲劇を描いたミニシリーズ。1912 年 4 月、豪華客船タイタニック号は大西洋横断の処女航海に出発した。2000 人以上の乗客を収容した巨大な船内では、上流階級から下層民まで、それぞれの思惑とドラマを繰り広げていくが、氷山に衝突したことから船内はパニックとなる。前編「悲劇への序曲」、後編「大惨事の末に」として放映された。

タイタンズ　欲望のラプソディ

TITANS (2000-2001) S1 米 NBC

ヤスミン・ブリース (日野由利加), キャスパー・ヴァン・ディーン , ジョン・バロウマン ◆「ビバリーヒルズ高校白書」のプロデューサーであるアーロン・スペリングが手がけた、ドロドロした人間関係が展開するメロドラマ。航空業界の大物と結婚し玉の輿に乗った若い娘ヘザーが、周囲の人間を巻き込んで騒動を巻き起こす。全 13 話。

大統領選スキャンダル／野望の銃弾

FAVORITE SON / TARGET: FAVORITE SON (1988) S1 米 NBC

[別] 大統領を作る男たち (TV)

ハリー・ハムリン (津嘉山正種), リンダ・コズラウスキー (范文雀), ロバート・ロジア (瑳川哲朗), ジェームズ・ホイットモア (久米明) ◆党大会を間近に控えたワシントンで、コントラ (ニカラグアの親米反政府民兵) の指導者を迎えて演説中の若手議員が狙撃される。辛くも一命を取り留めた議員にマスコミの注目が集まり、ホワイトハウスはその男を副大統領候補に担ぎ出そうとするが…。大統領選の裏側に暗躍する陰謀をサスペンス・ドラマに仕上げたミニシリーズで、スティーヴ・ソーマーが自身の原作を脚色、製作総指揮も兼ねた。実質上の主役と言って良い、狙撃事件を追う FBI のベテラン捜査官に扮した R・ロジアが渋い味を見せ、後にこの人物ニック・マンクーゾを主人公にした TV シリーズ「FBI 特別捜査官」がスピンオフで作られた。[V]

大統領とバカ息子

1600 PENN (2012-2013) S1 米 NBC

ジョシュ・ギャッド , ジェナ・エルフマン , マーサ・マックアイサック ◆オバマ大統領の下でスピーチ・ライターを務めたジョン・ラヴェットが企画・製作総指揮・脚本を担当した、大統領一家が直面する騒動を描いたファミリー・コメディ作品。ギルクリスト大統領と妻のエミリーは、先妻の子を含む 4 人の子供に恵まれ、理想の家族のように見られていたが、長男のスキップが引き起こすトラブルをはじめ問題も数多く…。

タイトロープ

TIGHTROPE (1959-1960) S1 米 CBS

[別] 秘密指令

マイク・コナーズ (田口計) ◆命知らずの潜入捜査官の活躍を描いたサスペンス・アクション。アメリカ各地に存在する犯罪組織撲滅のため、潜入捜査を専門に行うニック・ストーンは、警察にすらその正体を知られていない。電話で指示を受けて組織に潜入し、任務が終了すると人知れず姿を消していくのだった。モノクロ 30 分、全 37 話。

ダイナスティー

DYNASTY (1981-1989) S9 米 ABC

ジョン・フォーサイス (阪脩), リンダ・エヴァンス (弥永和子), パメラ・スー・マーティン (勝生真沙子), ボー・ホプキンス (野島昭生), パメラ・ベルウッド (宗形智子), アル・コーリー (難波圭一) ◆大人気 TV シリーズ「ダラス」の成功の影響を受け製作された、大富豪一家の愛憎を描く作品。「ダラス」を凌ぐ製作費をかけ、豪華なセットと衣装、派手なストーリー展開で大ヒットとなった。石油王ブレイク・キャリントンは新しい妻クリスタルを迎え幸福の絶頂を迎えていた。しかし前妻アレクシスの登場が一家に波乱をもたらす。またキャリントン家の子供たちもそ

大統領とバカ息子

タイトロープ

た

れぞれ問題を抱えていた…。アレクシスを演じたジョーン・コリンズのゴージャスな悪女ぶりが話題となった。ゲストとしてロック・ハドソン、チャールトン・ヘストンなどハリウッドの大スターも登場した。

ダイナスティ
DYNASTY (2017-) S1- 米 The CW

グラント・ショウ (内田直哉), ナタリー・ケリー (甲斐田裕子), エリザベス・ギリーズ (小松由佳), ジェームズ・マッケイ (遠藤純平) ◆ 1980 年代に放送され大ヒットを記録したソープ・オペラ「ダイナスティー」を、舞台を現代に移し新たなスタッフ・キャストで製作。キャリントン家とコルビー家という二つの大富豪家族が、富と権力と名声をめぐって争いを繰り広げる。

ダイノトピア
DINOTOPIA (2002-2003) S1 米 = 英 = 独 ABC

[別] ダイノトピア 謎の恐竜王国 (テレビ朝日)

タイロン・レイツォ (草尾毅), ウェントワース・ミラー (佐久田修), ケイティ・カー (松本梨香) ◆嵐に巻き込まれて恐竜と人間が共存する世界 " ダイノトピア " に入り込んでしまった異母兄弟カールとデビッドの冒険を描いたファンタジー・アドベンチャー。「失われた恐竜王国」はシリーズを映画用に再編集したもの。[D,V]

第八救助隊
RESCUE 8 (1958-1960) S2 米

ジム・デイヴィス (柳川清), ラング・ジェフリーズ (竹内盛夫) ◆ロサンゼルス郡消防署の第 8 レスキュー隊の活躍を描くモノクロ 30 分のアクション・シリーズ。救急隊員であるウェス・キャメロンとスキップ・ジョンソンを中心に、山火事や洪水といった災害から、交通事故に犯罪者などの人災まで、様々な緊急救急活動にあたる隊員たちの姿を描く。

大平原
UNION PACIFIC (1958-1959) S1 米

ジェフ・モロー , ジャドソン・プラット , スーザン・カミングス ◆セシル・B・デミル製作・監督による 1939 年の同名映画を TV ドラマ化した、大陸横断鉄道敷設にまつわる出来事を描く開拓劇。南北戦争が始まった直後の 1862 年、大統領リンカーンの命により大陸横断鉄道の建設計画が立てられる。そこには各鉄道会社の思惑のみならず、先住民の襲撃、列車事故など多くの障壁が立ちはだかっていた。

大牧場
EMPIRE (1962-1964) S1 米 NBC

リチャード・イーガン (安部徹), テリー・ムーア (森ひろ子), ライアン・オニール ◆ニューメキシコに広がる巨大なギャレット牧場は様々な産業を生み出しており、その規模から " 帝国 " の異名が付いていた。敏腕マネージャーであるジム・レディゴを主人公に、牧場に降りかかる苦難やトラブルとそれに立ち向かうギャレット家の人々を描いた現代劇。後に人気スターとなる R・オニールの他にもチャールズ・ブロンソンが一時期出演していた。

タイム・アフター・タイム ～ H・G・ウェルズの冒険
TIME AFTER TIME (2017) S1 米 ABC

フレディ・ストローマ , ジョシュ・ボウマン , ジェネシス・ロドリゲス , ニコール・アリ・パーカー ◆ SF 作家の元祖 H・G・ウェルズが実際にタイムマシンを作った天才発明家だったという設定で、タイムマシンを利用して現代のニューヨークに逃亡した切り裂きジャックとウェルズとの時間を超えた戦いを描く。1979 年の同名映画の TV シリーズ版となる SF サスペンス。1893 年ロンドン。小説家のウェルズは、自分の発明したタイムマシンを友人たちに披露していた。そこへ警察隊が切り裂きジャックの捜査のためにやってくる。ウェルズの友人ジョン・スティーブンソンは、いきなりタイムマシンに乗り込み、マシンは未来へタイムトリップしてしまう。

タイムコップ　ネクストレベル
TIMECOP (1997) 米 ABC

T・W・キング , ドン・スターク ◆ジャン・クロード・ヴァンダム主演の SF アクション「タイムコップ」(1994 年) の設定をもとに製作されたミニシリーズ。タイムトラベルが実現した 2007 年を舞台に、時空犯罪を取り締まるタイムコップたちの活躍を描く。日本では全 4 巻のビデオとして発売された。[V]

タイムトラックス
TIME TRAX (1993-1994) S2 米 PTEN

ダイナスティー

ダイノトピア

た

デイル・ミッドキフ , ピーター・ドゥナット , エリザベス・アレクサンダー ◆ 21 世紀、犯罪者たちが理想の国を造るため 1993 年にタイムスリップしている事実を突き止めた逃亡犯捜査課のランバート警部が、相棒のコンピュータ“セルマ”と共に過去に飛び、悪人どもと戦う SF アクション・シリーズ。

タイム・トンネル
THE TIME TUNNEL (1966-1967) S1 米 ABC

ジェームズ・ダーレン (宗近晴見), ロバート・コルバート (小笠原良知), リー・メリウェザー (友部光子) ◆「原子力潜水艦シービュー号」や「宇宙家族ロビンソン」のプロデューサー、アーウィン・アレンが時間旅行をテーマに製作した SFTV シリーズ。アメリカ政府が極秘に開発中のタイム・トンネルは様々な時代に行き来できる時間転移装置。だがプロジェクトが中止になる可能性を知った若き科学者トニー・ニューマンは、成果を出そうと未完成のトンネルに入ってしまう。気がつくとそこは悲劇の豪華客船タイタニック号の船上だった。トニーを救うため、同僚のダグ・フィリップスも意を決してトンネルを通り抜けるのだった…。こうして毎週 2 人は、歴史上の重要なポイントで様々な騒動に巻き込まれていく。[D,L]

タイムマシーンにお願い
QUANTUM LEAP (1989-1993) S5 米 NBC

スコット・バクラ (安原義人), ディーン・ストックウェル (中村正) ◆“クォンタム・リープ”実験中の事故で意識だけが過去に飛ばされ、その時代の人間の意識と入れ替わってしまった天才科学者サム・ベケットが、ホログラフィとなって出現する相棒アルバートの助けを得ながら、その人物の人生をよりよい方向に修正していくという SF ヒューマン・アドベンチャー。そのクオリティの高さから数々の賞に輝き、5 シーズン続く人気作となった。パイロット版のみビデオリリースされた。[V]

タイムレス
TIMELESS (2017) S1 米 NBC

アビゲイル・スペンサー (加藤有生子), マット・ランター (中村悠一), マルコム・バレット (高木渉), ゴラン・ヴィシュニック (山路和弘), パターソン・ジョセフ (増元拓也), サキナ・ジャフリー (唐沢潤) ◆極秘裏に開発されていたタイムマシンをめぐり、歴史の改変によって復讐を遂げようとする男と、それを阻止しようとする歴史学者たちとの戦いを描く SF サスペンス。歴史学者のルーシー・プレストンは突如、大企業メイソン社に招待される。そこで待ち受けていたのは特殊部隊曹長のワイアット・ローガンとプログラマのルーファス・カーリンだった。元スパイがタイムマシンを盗み、過去にさかのぼって歴史を変えようとしている、それを阻止するためにルーシーの力が必要なのだ、と依頼されるのだが…。

ダイヤのジョニー
KING OF DIAMONDS (1961-1962) S1 米

[別] ダイヤモンド捜査網

ブロデリック・クロフォード (島宇志夫), レイ・ハミルトン (高山栄), スティーヴ・フィッシャー ◆ダイヤモンドに関係する国際犯罪を描く、モノクロ 30 分のアクション・ドラマ。ダイヤモンド産業の警備を担当するジョニー・キングが、密輸や宝石泥棒などの国際犯罪を追う。

ダイヤル 7000
TALLAHASSEE 7000 (1961) S1 米

ウォルター・マッソー (若山弦蔵) ◆フロリダの州都タラハシーを舞台に、特別捜査官レックス・ロジャースが犯罪に立ち向かう姿を描いたモノクロ 30 分の犯罪ドラマ。タイトルはタラハシーの緊急通報用電話番号を指す。全 26 話。

太陽を追え
→フォロー・ザ・サン

タイラント - 独裁国家 -
TYRANT (2014-2016) S3 米 FX

アダム・レイナー , ジェニファー・フィニガン , アシュラフ・バルフム ◆ドラマ「HOMELAND」を手がけたハワード・ゴードンとギデオン・ラフが製作総指揮を務め、中東にある架空の独裁国家を舞台に権力争いや内乱に翻弄される大統領一家の運命を描くポリティカル・サスペンス。中東のアブディンで独裁者として君臨する父親に反発し、米国に亡命して小児科医として働いていたバサムが、身内の結婚式に参列するため 20 年ぶりに家族を連れて故郷に戻ることになり…。

タイムマシーンにお願い

ダウントン・アビー

ダ・ヴィンチ　ミステリアスな生涯
→レオナルド・ダ・ビンチの生涯

ダウントン・アビー
DOWNTON ABBEY (2010-2015) S6 英 ITV
[別] ダウントン・アビー ～貴族とメイドと相続人～｜ダウントン・アビー 華麗なる英国貴族の館 (NHK)
ヒュー・ボネヴィル (玉野井直樹), エリザベス・マクガヴァン (片貝薫), マギー・スミス (一城みゆ希) ◆世界各国で高い評価を得たイギリス製ドラマ。20 世紀初頭のイギリス、田園地帯にある大邸宅 "ダウントン・アビー" を舞台に、貴族や使用人たちの間で繰り広げられる愛憎劇を描く。当主グランサム伯爵の爵位と財産を継承するはずだったパトリックがタイタニック号の沈没により亡くなってしまう。代わりの相続人として現れたのは、遠縁で中流階級のマシューだった。[B,D]

高い城の男
THE MAN IN THE HIGH CASTLE (2015-2016) S2 米 Amazon
アレクサ・ダヴァロス (山賀晴代), ルパート・エヴァンス (佐藤美一), ルーク・クラインタンク (川島得愛), ルーファス・シーウェル (木下浩之) ◆アメリカの SF 小説家フィリップ・K・ディックの代表作とも評される同名小説を映像化。第二次世界大戦で枢軸国が勝利した世界を舞台に、日本とナチス・ドイツにより分割統治されるアメリカを描く歴史改変SFドラマ。レジスタンスとして活動する妹トゥルーディから "違う世界" を映し出したフィルムを託されたジュリアナ・クレインは、フィルムを渡すためロッキー山脈へ向かう。道中でジュリアナが出会ったトラック運転手のジョー・ブレイクはナチスの親衛隊でありながら、レジスタンスとしてフィルムを運ぶ仕事に就いていた。やがて 2 人は "高い城の男" という謎の人物が、レジスタンスを助けていることを知る。

宝島
DIE SCHATZINSEL / TREASURE ISLAND (1966-1967) S1 仏 = 西独 ZDF
ミヒャエル・アンデ , アイヴァー・ディーン , ジョージ・リキエ ◆イギリスの小説家ロバート・ルイス・スティーヴンソン原作による児童向け小説『宝島』を、フランスと西ドイツの合作で実写化したアドベンチャー・ドラマ。宿屋の息子のジム・ホーキンズは、1700 年代半ばの古い地図を頼りに宝島を見つけるべく、帆船ラ・ヒスパニョーラ号で航海の旅に出る。

DARK ダーク
DARK (2017) S1 独 Netflix
ルイス・ホフマン , マヤ・ショーネ , オリヴァー・マスッチ , シュテファン・カンプヴィルト , ヨルディス・トリーベル , カロリーヌ・アイヒホルン ◆ Netflix オリジナル初のドイツ製 SF スリラー。ドイツの小さな村で発生した子供の失踪事件に端を発する、4 家族 3 世代に渡る謎を壮大なスケールで描く。ドイツの小さな町ヴィンデンでマッツという少年が失踪する事件が発生した。そして 33 年後の 2019 年、村では高校生のエリックが失踪、ヴィンデン警察のシャルロッテ刑事とウルリッヒ刑事が捜査を開始する。ウルリッヒは 33 年前に姿を消したマッツの兄だった。

ダークエイジ・ロマン　大聖堂
THE PILLARS OF THE EARTH (2010) S1 伊 = 加 = 独 Sky/Movie Central Network/TMN/Sat.1
イアン・マクシェーン (有本欽隆), ルーファス・シーウェル (てらそままさき), マシュー・マクファディン (井上和彦) ◆ケン・フォレットの大ベストセラー小説を原作に、リドリー・スコットが製作総指揮を務めた、壮大なスケールの人間ドラマ。12 世紀の英国キングスブリッジ修道院を舞台に、大聖堂建築を夢見る石工のトムを中心として描かれる群像劇。全 8 話で 4 千万ドルもの製作費がかけられた。[D]

ダーク・エンジェル
DARK ANGEL (2000-2002) S2 米 Fox
ジェシカ・アルバ (冬馬由美／坂本真綾), マイケル・ウェザリー (堀内賢雄／山寺宏一), ジョン・サヴェージ (石塚運昇／谷口節) ◆映画「タイタニック」(1997 年) のジェームズ・キャメロンが手がけた初めての TV シリーズで、企画と製作総指揮を担当。近未来のシアトル。DNA 研究所の遺伝子操作により誕生した人造人間のマックス・ゲバラは、11 人の仲間と一緒に施設からの脱走を試みる。逃亡中に仲間と離ればなれになってしまった彼女は、働きながら活動家のローガン・ケイルの力を借りて仲間

高い城の男

ダーク・エンジェル

た

たちを探し始めることになるのだが…。映画並の巨額の製作費を投じた SF アドベンチャーだったが、9.11 の影響もあり視聴率不振によって打ち切りとなった。[D,V]

TAXI　ブルックリン

TAXI BROOKLYN (2014) S1 米 = 仏 TF1

カイラー・リー , ジャッキー・イド , ジェームズ・コルビー ◆リュック・ベッソンが手がけたアクション映画「TAXi」シリーズのアメリカ TV 版。ニューヨークはブルックリンを舞台に、生真面目で運動音痴な女刑事キャットと、フランス出身の陽気な凄腕ドライバーのレオの、凸凹コンビの活躍を描く。[D]

ダークスカイ

DARK SKIES (1996-1997) S1 米 NBC

エリック・クローズ (松本保典), ミーガン・ウォード (林佳代子),J・T・ウォルシュ (麦人) ◆ 1960 年代のアメリカを舞台に、実際の出来事や実在の人物を配し、宇宙人の謎を追う SF サスペンス。宇宙人の存在を隠そうとする秘密委員会 MJ-12 に配属された議員秘書ジョン・ロエンガードが、真実を知るために MJ-12 を裏切り、宇宙人が引き起こした事件を追って独自の調査をしていく。[V]

DARK BLUE ／潜入捜査

DARK BLUE (2009-2010) S2 米 TNT

ディラン・マクダーモット , オマリ・ハードウィック , ローガン・マーシャル＝グリーン ◆「CSI: 科学捜査班」のジェリー・ブラッカイマー製作総指揮でおくる、潜入捜査を通じて犯罪者を追い詰める捜査員たちの姿を描くノンストップ・サスペンス。かつては最前線で犯罪者たちと戦っていたが、現在はデスクワークの仕事に就く刑事のカーター・ショウ。だが彼は精鋭の潜入捜査官で構成されたチームを率いる極秘ミッションのリーダーだった。

ターゲット・ダウン

TWO LEGENDS / DVE LEGENDY (2014) ロシア

アンナ・ポポーヴァ , アルチョム・クリロフ , オレグ・ゲラスキン ◆男女のコンビが反発しながらも協力し事件を解決していく、ロシア製のバディ・アクション作品。全 4 話のミニシリーズだが、日本では 2 巻に分けて DVD がリリースされた。別々の事件を追っていた FSB(ロシア連邦保安庁) 捜査官のマキシムとアンナ。偶然ハンブルクで出会いコンビを組むことになるのだが、生まれも育ちも異なる 2 人はことあるごとに衝突してしまい…。謎の国際テロ組織や脱獄した女ハッカーを相手に、個性的すぎるコンビが過激なアクション満載のバトルを繰り広げる。[D]

ダコタの男

THE DAKOTAS (1963) S1 米 ABC

ラリー・ウォード (大木民夫), チャド・エヴェレット (原田一夫), ジャック・イーラム (小林昭二) ◆ 1880 年代、ダコタ準州の無法地帯を舞台に、フランク・レーガン連邦保安官と 3 人の保安官補が法と秩序のために悪と戦う西部劇。

ターザン

TARZAN (1966-1968) S2 米 NBC

ロン・エリー (小林修), マニュエル・パディラ・Jr(浅井淑子) ◆繰り返し映像化されてきたジャングルのヒーロー、ターザンの活躍を描いたアドベンチャー・ドラマ。ジャングルにいる時は腰蓑一つだが、都会に出るときはスーツを着て車を運転するという、知的な面も見せた特徴的なターザンだった。平和なジャングルに脅威が訪れるとき、ターザンの怒りが爆発する。

ターザンの大冒険

TARZAN: THE EPIC ADVENTURES (1996-1997) S1 米

ジョー・ララ (菅原正志), アーロン・セヴィル (中尾隆聖) ◆エドガー・ライス・バローズの大ヒット冒険小説をドラマ化。ターザンがジャングルで育った経緯や出自などは特に説明されず、周知の事実としてストーリーが始まっている。原作の持つ秘境の冒険物というテイストを主眼にした作品。日本では NHK BS で放送され人気を得た。[D]

ダズマン S

THE D.A.'S MAN (1959) S1 米 NBC

ジョン・コンプトン (羽佐間道夫), ラルフ・マンザ ◆ニューヨーク市地方検事 (District Attorney) のために、事件の捜査や証拠の収集などを行う秘密調査員となった元私立探偵シャノンの活躍を描く、モノクロ 30 分の犯罪ドラマ。

脱線パトカー 54

CAR 54, WHERE ARE YOU? (1961-1963) S2 米 NBC

ジョー・E・ロス (戸田皓久), フレッド・グウィン (由利徹) ◆ブロンクスにあるニューヨーク市警 53 分署を舞台に、

DARK BLUE ／潜入捜査

ターザンの大冒険

た

小柄なガンサー・トゥーディと背の高いフランシス・マルドゥーンの凸凹警官コンビが巻き起こす騒動を描いたモノクロ 30 分の警察コメディ。1994 年にはリメイク版映画「パトカー 54 ／応答せよ!」が製作された。

TOUCH ／タッチ

TOUCH (2012-2013) S2 米 Fox

キーファー・サザーランド (小山力也), ダヴィード・マズーズ (竹内順子), ググ・ンバータ＝ロー (中村千絵) ◆「24 TWENTY FOUR」の K・サザーランドが主演と製作総指揮を務めたヒューマン・ミステリー。9.11 で妻を亡くしたマーティンは、言葉を発しない息子ジェイクが並べる " 奇跡の数字 " の特別な意味を探るが、その能力の悪用を企む巨大な陰謀に巻き込まれていく。マーティンの行動力とジェイクの能力は、世界を救うことができるのか。[D]

タッチング・イーブル 〜闇を追う捜査官〜

TOUCHING EVIL (2004) S1 米＝加 USA Cable Network

ジェフリー・ドノヴァン (桐本拓哉), ヴェラ・ファーミガ (岡寛恵), ザック・グルニエ ◆捜査中に銃弾を頭に受けるも、九死に一生を得たデヴィッド・クリーガンは 1 年の療養を経て職場に復帰。元上司エンライトの要請で凶悪犯罪を扱う特別組織 OSC に参加する。新たなパートナー、スーザン・ブランカは型破りなクリーガンの言動に戸惑いながらも、共に少年連続誘拐事件の捜査に取り組んでいく。やがてクリーガンは大学教授ヒンクスを犯人として追い詰めるが、ヒンクスは巧妙な罠を仕掛けていた…。英国ドラマ「捜査官クリーガン」のアメリカ・リメイク版。製作総指揮はブルース・ウィリス。

ダーティ・セクシー・マネー

DIRTY SEXY MONEY (2007-2009) S2 米 ABC

ピーター・クラウス (桐本拓哉), ドナルド・サザーランド (有本欽隆), ジル・クレイバーグ (野沢由香里) ◆大富豪一族に焦点を当て、セレブに翻弄される弁護士の姿を描く現代的なメロドラマ。ブライアン・シンガーが製作総指揮に名を連ねている。貧しい人々の役に立ちたいと弁護士を志したニック・ジョージに、父の死の知らせが届いた。父は大富豪のダーリング家の顧問弁護士をしており、一家はニックにその後を継げと命じる…。[D]

Dirt

Dirt

DIRT (2007-2008) S2 米 FX

[別] dirt ／ダート : セレブが恐れる女 (DVD)

コートニー・コックス (深見梨加), イアン・ハート (堀内賢雄), ジョシュ・スチュワート (加瀬康之) ◆ルーシー・スピラーは雑誌の売り上げを伸ばすためには手段を選ばない冷酷な女性編集長。彼女が最も頼りにしている有能なカメラマンのドン・コンキーとは堅い絆で結ばれていた。ハリウッドの人気女優ジュリアの恋人ホルト・マクラレンに目を付けたルーシーは、ネタを提供してくれたら自分の雑誌「Dirt」で取り上げると持ちかけ、ホルトはそれを足掛かりに映画出演のチャンスを得るのだが…。ハリウッドの内幕を描いた業界ドラマ。映画監督のデヴィッド・フィンチャーやルーカス・ハース、ヴィンセント・ギャロなどがゲスト出演。シーズン・ファイナル・エピソードには「フレンズ」の共演者、ジェニファー・アニストンが登場して話題となった。[D]

たどりつけばアラスカ

NORTHERN EXPOSURE (1990-1995) S6 米 CBS

[別] ノーザン・エクスポージャー アラスカ物語 (第 1 〜 2 シーズン)

ロブ・モロー (関俊彦), バリー・コービン (小林修), ジャニン・ターナー (沢海陽子) ◆大学時代の奨学金受給の条件として、アラスカの田舎町シシリーへ派遣されることとなった、ニューヨーク出身の若きユダヤ人外科医ジョエル・フライシュマン。変人揃いの変わった町に反発を覚えるも、周囲の人々と次第に打ち解けて町に馴染んでゆく。エミー賞とゴールデン・グローブ賞に輝くヒューマン・コメディ。

ダナ＆ルー　リッテンハウス女性クリニック

STRONG MEDICINE (2000-2006) S6 米 Lifetime

ジャニン・ターナー (日野由利加), ローザ・ブラシ (本田貴子), ジェニファー・ルイス (五十嵐麗) ◆フィラデルフィアを舞台に、恵まれない女性たちの治療に力を注ぐ女医ルー・デルガドと、リッテンハウス病院のエリート産婦人科医長であるダナ・ストウの情熱と友情を描いた TV シリーズ。プロデューサーのウーピー・ゴールドバーグも女医として出演し、作品に幅と深みを与えている。

たどりつけばアラスカ

た

谷啓の宇宙冒険
→宇宙船 XL-5

ダニーのサクセス・セラピー
NECESSARY ROUGHNESS (2011-2013) S3 米 USA Network
キャリー・ソーン(本田貴子),マーク・ブルカス(野島裕史),スコット・コーエン(牛山茂)◆一流スポーツ選手を陰で支えるセラピストの活躍と奮闘を描くヒューマン・ドラマ。高級住宅街のニューヨーク州ロングアイランドで、夫と2人の子供と暮らしていたセラピストのダニーことダニエル・サンティーノは、浮気性の夫を家から追い出し子供たちと再出発を図る。ダニーはバーで出会ったアメフトチーム"NYホークス"トレーナーのマシュー・ドナリーから、スランプに悩むホークスの選手のセラピーを依頼される。母として、キャリアウーマンとして、ダニーの新たな人生が幕を開ける。[D]

タバサ
TABITHA (1976-1978) S1 米 ABC
リサ・ハートマン,ロバート・ユーリック◆人気シットコム「奥さまは魔女」のスピンオフ作品。美しく成長した、サマンサとダーリンの長女タバサがTV局のアシスタントとして真面目に働きながらも、魔女という素性ゆえに騒動に巻き込まれていく様を描いたコメディ。[D]

ダ・ヴィンチと禁断の謎
DA VINCI'S DEMONS (2013-2015) S3 米 Starz
[別]ダ・ヴィンチ・デーモン(DVD)
トム・ライリー,ローラ・ハドック,ブレイク・リットソン◆映画「ダークナイト」の脚本家デヴィッド・S・ゴイヤーが、レオナルド・ダ・ヴィンチの知られざる青年時代を綴った歴史ファンタジー。周囲に渦巻く政治的陰謀や権力闘争をものともせず、稀代の創造力で時代を切り開いた若き日の天才の姿を色鮮やかに描く。[D]

TABOO
TABOO (2017) S1 英 BBC/FX Network
トム・ハーディ(花輪英司),ジョナサン・プライス(樋浦勉),ウーナ・チャップリン(遠藤綾)◆リドリー・スコット(製作総指揮)と、TVドラマ初主演となるT・ハーディの豪華コンビが話題となったBBC製作のTVシリーズ。父親の復讐のため巨大な敵に戦いを挑む男の姿を描く。19世紀のロンドン。死んだと思われていたジェームズ・キザイア・ディレイニーという男がアフリカから帰還した。彼は父の財産を譲り受け、父の死に関与した東インド会社に復讐すべく行動を開始する。しかし東インド会社のスチュアート・ストレンジ会長はあらゆる手段を講じてディレイニーの土地を手に入れようとするのだった。フラッシュバックで描かれるジェームズの過去とは? そしてタイトルにもなっている"タブー"とは一体…。

タブ・ハンター・ショー
→恋の手ほどき教えまショー

ターボチャージド・サンダーバード
TURBOCHARGED THUNDERBIRDS (1994-1995) S1 米 Fox
トラヴィス・ウェスター,ジョーナ・スチュワート◆スーパーマリオネーション「サンダーバード」をもとに、オリジナル映像と俳優による映像とをミックスして作り上げたもう一つの「アメリカ版サンダーバード」。未来の地球からやってきた2人の男女トリップとロキシーが、国際救助隊と協力しながら悪と戦っていく。

ダーマ&グレッグ
→ふたりは最高!ダーマ&グレッグ

ターミネーター:サラ・コナー クロニクルズ
TERMINATOR: THE SARAH CONNOR CHRONICLES (2008-2009) S2 米 Fox
レナ・ヘディ(五十嵐麗),トーマス・デッカー(武藤正史),サマー・グロー(小林沙苗)◆大ヒット映画「ターミネーター2」のその後を描いたクロニクル(年代記)。サラ・コナーとジョン・コナーの親子は、新型ターミネーターT-1000の破壊に成功したが、2人はいつまた未来から暗殺者が送られてくるか分からない状況の中、実際に送り込まれてくる刺客に命を狙われながら、各地を転々とさまよう生活を送っていた。そんな2人のもとに未来のジョンが送り込んだのは、女子高生タイプのターミネーター、キャメロンだった。[B,D]

ダメージ
DAMAGES (2007-2012) S5 米 FX → Audience Network
グレン・クローズ(大西多摩恵),ローズ・バーン(甲斐

TABOO

ターミネーター:サラ・コナー クロニクルズ

田裕子), ノア・ビーン(竹若拓磨)◆早朝のニューヨーク、血まみれのコート姿で彷徨う女性が保護される。彼女はエレン・パーソンズ。半年前、有名弁護士パティ・ヒューズの事務所に採用され、前途洋々だった彼女の人生は、パティの担当する大物実業家フロビシャーへの集団訴訟に関わったことから大きく変わっていく…。複雑なストーリーを過去と現在を交錯させながら描くリーガル・サスペンス・ドラマ。パティ役のG・クローズがゴールデン・グローブ賞とエミー賞主演女優賞を、共演のジェリコ・イヴァネクがエミー賞助演男優賞を獲得した。[B,D]

ダラス

DALLAS (1978-1991) S14 米 CBS

[別] ダラス 華麗なる悪の一族｜ダラス 愛と憎しみの二重奏

ラリー・ハグマン(横内正→大塚明夫), ジム・デイヴィス(久米明→大木民夫), パトリック・ダフィー(佐々木功→津嘉山正種), バーバラ・ベル・ゲデス(文野朋子→谷育子), リンダ・グレイ(武藤礼子→幸田直子), ヴィクトリア・プリンシパル(山口果林→沢海陽子), シャーリー・ティルトン(潘恵子→斎藤恵理)◆全米で大ヒットを記録した大河ドラマ。テキサス州の大都市ダラスを舞台に、石油で財をなした大富豪ユーイング一族の愛憎劇がドラマティックに描かれる。ユーイング家の家長ジョックは無一文から大企業の社長に登りつめた。跡継ぎである長男JRは冷酷な男で権力を握るためには手段を選ばない。三男のボビーはライバルであるバーンズ家の娘パメラと恋に落ちる。一方、二男のゲーリーは父親に反発して娘ルーシーを残し家を出ていく…。憎まれ役JRを演じたL・ハグマンが大人気となり一躍スターとなった。番組終了後も「ダラス／JRリターンズ」「ダラス／新たなる野望」の2本の続編TVムービーが製作された。

DALLAS ／スキャンダラス・シティ

DALLAS (2012-2014) S3 米 TNT

ジョシュ・ヘンダーソン(岩田翼), ジェシー・メトカーフ(前田一世), ジョーダナ・ブリュースター(行成とあ), ジュリー・ゴンザロ(吉田聖子), ブレンダ・ストロング(塩田朋子), パトリック・ダフィー(森田順平), ラリー・ハグマン(大塚周夫)◆テキサスの石油王ユーイング一族の愛憎劇を描いた大河群像ドラマ。視聴率50%を超えたオリジナル版から20年後、JRの息子ジョン・ロスとボビーの養子クリストファーの2人を主役としたドラマが展開する。[D]

ダルグリッシュ警視シリーズ

(1983-1998) 英 ITV

ロイ・マースデン◆イギリスの女性推理作家P・D・ジェイムズの原作を、R・マースデン主演で映像化したミステリー・ドラマ。警視庁のダルグリッシュ警視の活躍を描き、15年の間に全10話のミニシリーズ(一部はTVムービー)が製作された長寿番組となった。2003年以降は主演がマーティン・ショウに代わり「アダム・ダルグリッシュ警視」として2作のミニシリーズが作られている。[V]

- わが職業は死　DEATH OF AN EXPERT WITNESS (1983)
- ナイチンゲールの屍衣　SHROUD FOR A NIGHTINGALE (1983)
- 女の顔を覆え　COVER HER FACE (1985)
- 黒い塔　THE BLACK TOWER (1985)
- 死の味　A TASTE FOR DEATH (1988)
- 策謀と欲望　DEVICES AND DESIRES (1991)
- 不自然な死体　UNNATURA l CAUSES (1993)
- ある殺意　A MIND TO MURDER (1994)
- 原罪　ORIGINAL SIN (1997)
- 正義　A CERTAIN JUSTICE (1998)

ダルジール警視

DALZIEL AND PASCOE (1996-2007) S12 英 BBC

ウォーレン・クラーク, コリン・ブキャナン, デヴィッド・ロイル◆下品な鬼警視とインテリな若手刑事の凸凹コンビの活躍を描くイギリスの刑事ドラマ。鋭い洞察力を持ちながら下品な言葉を吐きまくるダルジール警視と、エリートでハンサムのパスコー部長刑事。全く対照的な2人だがその相性は抜群で、数々の難事件を次々と解決に導いてゆく。

男性ピンチ作戦

BROADSIDE (1964-1965) S1 米 ABC

キャスリーン・ノーラン(高橋和枝), エドワード・アンドリュース(滝口順平), ディック・サージェント◆第二次世界大戦末期のニューカレドニアにあるアメリカ海軍基地を舞台に、新たに配属されてきたアン・モーガンたち女性

ダラス

ダルジール警視

た

水兵の4人組が巻き起こすトラブルを、ユーモラスに描いたコメディ・ドラマ。

探偵記者ウィンチェル

THE WALTER WINCHELL FILE (1957-1959) S2 米 ABC

ウォルター・ウィンチェル(高塔正翁)◆ニューヨーク市警で発生した実際の事件を、新聞やラジオのゴシップ・コメンテイターとして知られたW・ウィンチェルが紹介するオムニバス形式のクライム・ドラマ・シリーズ。本作の成功が、TVシリーズ「アンタッチャブル」を生み出すことになり、ウィンチェルはそちらでもナレーションを務めている。

探偵キャノン

CANNON (1971-1976) S5 米 CBS

ウィリアム・コンラッド(瑳川哲朗→内海賢二)◆高級車やヨットを持つ一匹狼の探偵が犯罪を解決していく、大人向けの知的犯罪ドラマ。妻子を失ったベテラン刑事のキャノンは法の限界を痛感し私立探偵へと転身。報酬は高額を要求し、豪邸で贅沢三昧、美食がたたって体重は100キロを超える巨漢。毒舌で皮肉屋だが推理力と行動力は抜群。その人並み外れたパワーで犯人を追い詰めていく。

探偵兄弟ブラナガン

→ブラナガン

探偵ストレンジ

STRANGE REPORT (1968-1969) S1 英 ITV

アンソニー・クエイル(永井智雄),カズ・ガラス(佐々木功),アネク・ウィリス(池田和歌子)◆ロンドン警視庁もお手上げの難事件・怪事件を、科学的な調査で解決する犯罪学者アダム・ストレンジを描いたクライム・ミステリー。ストレンジの協力者は、大英博物館研究員のハム・ギントと、そのガールフレンドでモデルのイブリン・マクリーン。全16話。

探偵スヌープ姉妹

THE SNOOP SISTERS (1972-1974) S1 米 NBC

ヘレン・ヘイズ(荒木道子),ミルドレッド・ナトウィック(新村礼子),バート・コンヴィ(広川太一郎),ルー・アントニオ(山田吾一)◆老姉妹による犯罪捜査をユーモアたっぷりに描くミステリー・ドラマ。ミステリー作家のアーネスタと妹のグェンドリンのスヌープ姉妹が、甥のオストロスキー警部を引き連れて、持ち前の推理力で犯罪事件を捜査してゆく。日本未放映のパイロット版(姉妹以外の登場人物が異なる)を経て、90分のシリーズが4本製作された。

- あの世から電話が! CORPSE AND ROBBERS (1973)
- 私が容疑者No.1? FEAR IS A FREE-THROW (1974)
- 悪魔の祭はどこ? THE DEVIL MADE ME DO IT! (1974)
- 青ひげさんお気の毒! BLACK DAY FOR BLUEBEARD (1974)

探偵スペンサー

→私立探偵スペンサー

探偵ダイバー・プライマス

→青い探偵

ダンディ2　華麗な冒険

THE PERSUADERS! (1971-1972) S1 英 ITV

トニー・カーティス(広川太一郎),ロジャー・ムーア(ささきいさお),ローレンス・ネイスミス(早野寿郎)◆ニューヨーク・スラム出身のダニー・ワイルドと名門貴族出のブレット・シンクレア、生まれも育ちも違う2人がパートナーを組み、元判事フルトンの指示で世界各地の難事件を解決していくアクション・コメディ。日本語吹替の軽妙なやりとりが評判となった。[D]

探偵ハート&ハート

HART TO HART (1979-1984) S5 米 ABC

ロバート・ワグナー(城達也),ステファニー・パワーズ(武藤礼子),ライオネル・スタンダー(熊倉一雄)◆大富豪のジョナサンとその妻でジャーナリストのジェニファーのハート夫妻はいつもラブラブだが、旅行先で必ず事件に遭遇してしまう。しかしどんな難事件も持ち前の行動力と推理力、そして抜群の財力で解決していく。シドニー・シェルダンの原案をトム・マンキウィッツが脚本化。主演のR・ワグナーが共同製作に名を連ねた。ゲスト出演には当時のワグナー夫人、ナタリー・ウッドを始めステラ・スティーヴンス、ドロシー・ラムーアなど映画スターが多数顔を出している。

探偵ハード&マック

HARDCASTLE AND MCCORMICK (1983-1986) S3 米 ABC

探偵記者ウィンチェル

探偵ハート&ハート

[別] 新探偵ハード＆マック（第2・3シーズン）
ブライアン・キース（富田耕生→中庸助），ダニエル・ヒュー＝ケリー（安原義人→大塚芳忠）◆引退した元判事ミルトン・ハードキャッスルが、現役中に何らかの理由で結審できなかった事件をもう一度洗い直そうと思い立ち、最後に彼が手がけた保護観察中の自動車泥棒で元レーサーのマーク・マコーミックを相棒として事件を追っていくアクション。劇中に登場するスーパーカー“コヨーテ”によるカーアクションが話題を呼んだ。

探偵ホーキンズ

→ホーキンズ

探偵マイク・ハマー

MIKE HAMMER / THE NEW MIKE HAMMER (1984-1989) S4 米 CBS
ステイシー・キーチ（森川公也→小林清志），リンゼイ・ブルーム，ドン・ストラウド ◆ミッキー・スピレーンが生み出した私立探偵マイク・ハマーの活躍を、舞台を現代に移して描いたハードボイルド・アクション。トレンチコートに身を包んだ探偵が事件を解決していく姿を、一人称のナレーションをバックにとらえる。主演のS・キーチが麻薬所持で逮捕されたため、本国では1年以上もの放映中断期間があり、その後タイトルを変更して再開された。

探偵マイケル

MICHAEL SHAYNE (1960-1961) S1 米 NBC
[別] マイケル・シェーン
リチャード・デニング（中村正），パトリシア・ドナヒュー（林洋子→向井真理子）◆1940年代にロイド・ノーランやヒュー・ボーモント主演で計12本の映画化もされた、ブレット・ハリディのハードボイルド・ミステリーをTVドラマ化。マイアミを舞台に私立探偵マイケル・シェーンの活躍を描く。モノクロ、全32話。

探偵レミントン・スティール

REMINGTON STEELE (1982-1987) S5 米 NBC
[別] レミントン・スティール（ビデオ）
ステファニー・ジンバリスト（岡江久美子→井上喜久子），ピアース・ブロスナン（神谷明→関俊彦）◆探偵業を始めたローラ・ホルトは女1人の探偵事務所では信用に欠けると考え、レミントン・スティール所長という人物をでっち上げる。しかしある日レミントンだと自称する謎の青年が現れ…。スマートで軽快な探偵ドラマで、P・ブロスナンを一躍人気者にした。[V]

ち

CHASE チェイス／逃亡者を追え！

CHASE (2010-2011) S1 米 NBC
ケリー・ギディッシュ（深見梨加），コール・ハウザー（宮内敦士），ジェシー・メトカーフ（立岡耕造）◆ジェリー・ブラッカイマー製作総指揮による、人情味あふれるタフなテキサス州の連邦保安官たちの活躍を描くクライム・サスペンス。逃げる側に焦点を当て、1話完結で描く異色のドラマ。テキサス州の連邦保安官アニー・フロストとその仲間たちが、逃亡犯の交友関係や過去などを徹底的に洗い出し、心理や行動パターンを読み解き犯人を追いつめてゆく。

チェサピーク海岸

CHESAPEAKE SHORES (2016-2017) S2 米 Hallmark
ミーガン・オリー，ジェシー・メトカーフ，トリート・ウィリアムズ，ダイアン・ラッド，バーバラ・ニーヴン ◆アメリカの女流作家シェリル・ウッズの同名小説シリーズを原作とするファミリー・ドラマで、シェリルは製作総指揮も務めている。都会で働くキャリアウーマンのアビー・オブライエンが、生まれ育ったメリーランド州の小さな町に戻ってくる。都会での生活に疲れた彼女は、家族や初恋の相手だったトレイスと再会し、再びこの地で生活することを考え始める。

チェスター動物園をつくろう

OUR ZOO (2014) S1 英 BBC
リー・イングルビー（三木眞一郎），リズ・ホワイト（日野由利加），アメリア・クラークソン（下山田綾華）◆動物園を創設するため奮闘する家族を、実話をもとに描くファミリー向けのヒューマン・ドラマ。1930年代、イングランド北西部の小都市チェスター。雑貨店手伝いのジョージ・モッターズヘッドは、戦争で負った精神的な傷を抱えながら、人生に希望を見出せないまま、妻のリジーや娘のミュリエル、ジューン、そして両親と暮らしていた。あるときジョージは外国産の変わったオウムやサルを引き取

探偵レミントン・スティール

CHASE チェイス／逃亡者を追え！

た

り、動物園を作るアイデアを思いつく。彼は動物園開園へ向け活動を始めるのだが…。

チェックメイト

CHECKMATE (1960-1962) S2 米 CBS

アンソニー・ジョージ (木村幌), ダグ・マクルーア (田中信夫), セバスチャン・キャボット (田中明夫) ◆サンフランシスコの " チェックメイト探偵社 " を舞台に、犯罪を未然に防ぐために奮闘する探偵ダン・コーリーと相棒のジェド・シルズ、そして犯罪心理のアドバイザーを務めるカール・ハイアット博士３人の活躍を描くミステリー・シリーズ。

地球防衛軍テラホークス

TERRAHAWKS (1983-1986) S3 英 ITV

(声) ジェレミー・ヒッチェン (有川博), デニース・ブライヤー (弥永和子), ロビー・スティーブンス (鈴置洋孝) ◆ジェリー・アンダーソンによるイギリス製 SF 人形劇。地球征服を企む異星のアンドロイド一味ゼルダ一家と、9 人のクローン体を持つタイガー・ナインスタイン博士率いる地球防衛軍テラホークスとの戦いを描く。本国イギリスでは高い評価を得たが、日本では視聴率不振にあえぎ、コミカルなナレーションが追加され、放送時間帯も変更された。

地球防衛団

THE TOMORROW PEOPLE (1973-1979) S8 英 ITV

ニコラス・ヤング (太田博之), ピーター・ヴォーン＝クラーク (清水秀生), サミー・ウィンミル (竹内美香) ◆超能力を持った少年少女たちが活躍するティーン向け SF ドラマ。テレパシーやテレポーテーションなどの能力を持つジョン、スチーブ、キャロルたちは、政府の実験台にされるのを避けるため地下鉄の構内に秘密基地を作り、人工知能コンピュータの力を借りて、地球の平和を守るため悪との戦いを繰り広げていく。本国では高い人気を誇り８シーズンにわたって放送されたが、日本では第 1 シーズンのみが NHK「少年ドラマシリーズ」枠で放映。「地底の怪人」「26 世紀の海賊」「秘密結社の陰謀」の 3 話が各 4 エピソードからなる。リメイク版が 1992 年 (日本未放映) と 2013 年 (「トゥモロー・ピープル」) にそれぞれ製作された。

地上最強の美女たち！／チャーリーズ・エンジェル

CHARLIE'S ANGELS (1976-1981) S5 米 ABC

[別] チャーリーズ・エンジェル

ケイト・ジャクソン (高林由紀子→進千賀子)<S1-3>, ファラ・フォーセット・メジャーズ (中村晃子)<S1>, ジャクリン・スミス (上田みゆき), シェリル・ラッド (小山茉美)<S2-> ◆謎の人物チャーリー・タウンゼントは、警察学校卒のケリー・ギャレット、サブリナ・ダンカン、ジル・マンローの 3 名を自身の探偵事務所の調査員としてスカウト。チャーリーが依頼する、危険と隣り合わせの難しい調査に取り組む彼女たちの奮闘を描く。エンジェルたちの健康的なお色気が話題となり、特にジルを演じた F・フォーセットの人気は絶大なものだった。シーズンが進むにつれ、シェリー・ハックやタニア・ロバーツの新メンバーも加わったが、ケリー役の J・スミスだけは全シーズンに出演。2000 年に映画版、2003 年に映画版第 2 作、2011 年には新たな TV シリーズ「新チャーリーズ・エンジェル」も製作された。[D,V]

地上最強の美女！バイオニック・ジェミー

THE BIONIC WOMAN (1976-1978) S3 米 ABC → NBC

[別] バイオニック・ジェミー

リンゼイ・ワグナー (田島令子), リチャード・アンダーソン (勝部演之), マーティン・E・ブルックス (村越伊知郎) ◆元テニスプレイヤーのジェミー・ソマーズは、スカイダイビング中に事故に遭い重傷を負ってしまう。婚約者のスティーブ・オースティン大佐は彼女の命を救うため、科学情報局 OSI に自分と同じようなバイオニック移植手術を依頼。こうして右耳、右腕、両足がサイボーグ化して蘇ったジェミーは、その能力を活かし OSI の諜報活動に取り組むのだった。元々は「600 万ドルの男」に登場したキャラクターだったが、あまりにも好評を博したためスピンオフ作品としてシリーズ化され、主演の L・ワグナーにとっても代名詞となるほどのヒット作となった。それぞれが相手のドラマに登場するなどクロスオーバーのはしりとも言え、番組終了後も「バイオニック・ジェミー スペシャル／蘇えった地上最強の美女」「バイオニック・ジェミー スペシャル／地上最強の美少女誕生！」の 2 本の復活 TV

地上最強の美女たち！／チャーリーズ・エンジェル

地上最強の美女！バイオニック・ジェミー

スペシャルが製作されている。

地中海～愛の海～

MEDITERRANEE (2001) S1 仏 TF1

イングリッド・ショーヴァン, シャルロット・カディ, マーシャ・メリル ◆地中海に面した南フランスの美しい都市を舞台に、その都市の古くからの名家、ヴァルボンヌ家とラントスク家の複雑に交じり合った人間関係と、ヴァルボンヌ家当主の死をめぐる事件をミステリー・タッチで描いたメロドラマ。

地中海カモメ島殺人事件

SEAGULL ISLAND / L'ISOLA DEL GABBIANO (1981) S1 英＝伊 Prima/ITV

プルネラ・ランサム (榊原良子), ジェレミー・ブレット (家弓家正), ニッキー・ヘンソン (柴田侊彦), ガブリエル・ティンティ (石丸博也), シェリー・ブキャナン ◆失踪した盲目の妹メアリーアンを探すためローマへやって来た姉バーバラ。イギリス文化振興会のマーティン・フォスターの協力を得て妹の消息を追う中、事件に資産家のデヴィッド・マルコムが関与しているのではないかと疑い始めたバーバラは、盲目を装いデヴィッドへ接近。そして舞台はデヴィッドが所有する“カモメ島”へ…。伊・英の合作による全5話のミニシリーズ。主演は映画「ザ・チャイルド」のP・ランサム。「シャーロック・ホームズの冒険」のJ・ブレットが謎の男に扮している。

チック・タックのフライマン

MR. TERRIFIC (1966-1967) S1 米 CBS

スティーヴン・ストリンペル (晴乃タック＝高松しげお), ディック・ゴーティエ (晴乃チック), ジョン・マクガイヴァー ◆超人的なパワーを発揮できる薬がついに開発されたが、なんと薬の適合者は臆病者の青年スタンレー・ビーミッシュただ1人だった。ダメ男が空飛ぶスーパーヒーローに変身し、秘密情報局のエージェントとして活躍するSFコメディ。製作総指揮は「大アマゾンの半魚人」(1954年) や「縮みゆく人間」(1957年) のジャック・アーノルド。日本で放映された際に、当時人気の漫才コンビ晴乃チック・タックが吹替を担当したため、この邦題になっている。

ちびっこギャング

THE LITTLE RASCALS (1955) 米 CBS

[別] ちびっこ大将

ジョージ・マクファーランド (曽我町子), カール・スウィッツァー (野沢雅子), ビリー・トーマス (五月晴子) ◆小生意気な子供たちが繰り広げるドタバタ・コメディ。ガキ大将のスパンキーとトラブルメーカーのアルファルファを中心に、バックウィート、ダーラらがイタズラ騒動を巻き起こす。ハル・ローチが1930年代に製作した短編映画をTV用に編集したもの。[V]

地方検事

MR. DISTRICT ATTORNEY (1954) S1 米 ABC

デヴィッド・ブライアン (中村正), ジャッキー・ルーハリー (水城蘭子) ◆ 1939年から始まった人気ラジオ番組を、D・ブライアン主演により映像化した犯罪捜査ドラマ。ラジオでは名前のなかった主人公の地方検事はポール・ギャレットと名付けられた。地方検事のポールが、秘書のミス・ミラーらと共に様々な事件に挑んでゆく。

チボー家の人々

LES THIBAULT (2003) S1 仏 FR2

ジャン・ヤンヌ, ジャン＝ピエール・ロリ, マリック・ジディ ◆ノーベル文学賞受賞の同名小説をドラマ化したミニシリーズ。裕福で厳格なカトリックの一族と、自由な家風のプロテスタントの一族、それぞれの家庭に生まれた若者たちが革命運動に巻き込まれていく顛末を描く大河ドラマ。[D]

チャイナ・ビーチ

CHINA BEACH (1988-1991) S4 米 ABC

ダナ・デラニー, マイケル・ボートマン, マージ・ヘルゲンバーガー ◆ベトナム戦線のチャイナ・ビーチを舞台に、看護師のコリーンや活動家のチェリー、歌手のK.C.たち女性の視点からベトナム戦争を描く連続ドラマ。本国アメリカでは4シーズン62話にわたり放送され、ゴールデングローブ賞やエミー賞を受賞するなど高い評価を得たが、日本では97分にまとめたビデオがリリースされたのみ。[V]

CHILDHOOD'S END - 幼年期の終り -

CHILDHOOD'S END (2015) S1 米 Syfy

マイク・ヴォーゲル (高橋広樹), オシ・イカイル (勝杏里), デイジー・ベッツ (まつだ志緒理), チャールズ・ダンス (石

ちびっこギャング

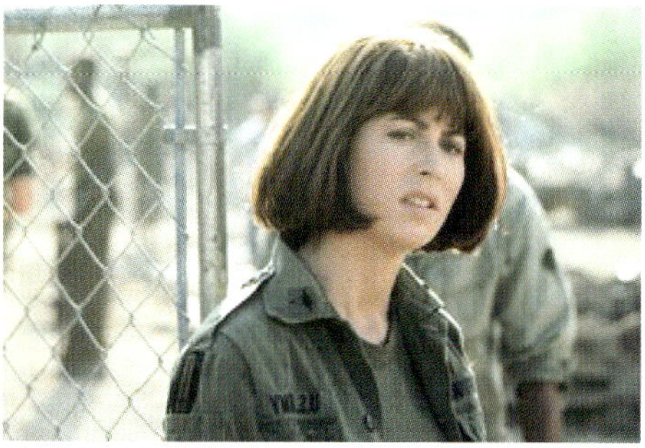

チャイナ・ビーチ

た

田圭祐）◆ある日突然、世界中の大都市の上空に異星人の宇宙船が出現し、圧倒的な科学力を見せ付けて人類の抵抗を無効にする。異星人の代表カレルレンは自らをオーバーロードと名乗り、オーバーロードの監視の下、人類は貧困も病もない黄金時代を迎えると言うのだが…。アーサー・C・クラークの同名 SF を映像化したミニシリーズ。

チャタレイ夫人の愛人

LADY CHATTER'S STORIES (2000-2001) S1 米 Showtime

ショーナ・オブライエン , ジュリー・メドウズ , ヴィニー・キャネル ◆ D・H・ローレンスの小説『チャタレイ夫人の恋人』にヒントを得て、フランス出身のポルノスター、レベッカ・ロードが製作したソフトコア作品。レディ・チャタレイと名乗る夫人によって語られる官能のストーリーをオムニバス形式で描く。主演は元スーパーモデルの S・オブライエン。

CHUCK ／チャック

CHUCK (2007-2012) S5 米 NBC

ザカリー・リーヴァイ（草尾毅）, イヴォンヌ・ストラホフスキー（魏涼子）, アダム・ボールドウィン（山野井仁）◆「The OC」のクリエイターであるジョシュ・シュワルツと「チャーリーズ・エンジェル」「ターミネーター 4」のマックGが手がける痛快アクション・コメディ。家電量販店に勤めるサエないオタク青年チャックことチャールズ・バトウスキーが、図らずも自分の脳内に国家機密データをダウンロードされたことから、否応なしにスパイ活動に巻き込まれ、CIA の美人エージェントのサラや NSA のベテラン・エージェントのケイシーらと共に、次々と迫る脅威に立ち向かう。[B,D]

チャニング学園

CHANNING (1963-1964) S1 米 ABC

ヘンリー・ジョーンズ , ジェイソン・エヴァース ◆架空の大学チャニング・カレッジを舞台に、教鞭を執りながら自作の小説を執筆する独身教授を通じて、アメリカの学園生活を綴るモノクロ 30 分の TV ドラマ。

チャームド～魔女 3 姉妹

CHARMED (1998-2006) S8 米 The WB

シャナン・ドハティ（坪井木の実）<S1-3>, ホリー・マリー・コムズ（冬馬由美）, アリッサ・ミラノ（本村真生）◆個性的な魔女の三姉妹が大活躍するファンタジー・ドラマ。亡き祖母の屋敷で暮らすプルー、パイパー、フィービーのハリウェル三姉妹はある日、自分たちが善の魔女の子孫だったことを知る。魔女として魔物たちとの戦いを繰り広げつつ、仕事や恋愛、家庭とも向き合う 3 人姉妹の物語が始まる。[D,V]

CHARLIE JADE　チャーリー・ジェイド

CHARLIE JADE (2005) S1 加 = 南アフリカ Chum Television

ジェフリー・ピアース（小山力也）, マイケル・フィリポウィッチ（萩原聖人）, パトリシア・マッケンジー（岡寛恵）◆カナダと南アフリカが共同製作した、総製作費 30 億円以上の超大作 SF ドラマ・シリーズ。私立探偵のチャーリー・ジェイドは、ゼロワン・ボクサーという人物の追跡調査を行っていたさなか砂漠地帯で爆風に巻き込まれ、宇宙に存在する三つのパラレル・ワールドのひとつに飛ばされてしまう。チャーリーは元の世界に残してきた恋人のもとへ戻るため、巨大企業ヴェクスコアの陰謀に立ち向かっていく。[D]

チャーリー・シーンのスピン・シティ

→スピン・シティ

チャーリー・シーンのハーパー★ボーイズ

→ハーパー★ボーイズ

チャーリーズ・エンジェル

→地上最強の美女たち！／チャーリーズ・エンジェル

Channel ZERO：キャンドル・コーヴ

CHANNEL ZERO / CHANNEL ZERO: CANDLE COVE (2016-2017) S2 米 Syfy

ポール・シュナイダー , フィオナ・ショウ , ルイーザ・ドリヴェイラ , ナタリー・ブラウン , ショーン・ベンソン ◆アメリカの有名都市伝説系サイト「Creepypasta」に投稿されたネタを元にしたホラー・アンソロジーの第 1 弾。児童心理学者のマイク・ペインターは、28 年前に双子の兄を含む 5 人の子供が殺害された事件を調べるため帰郷する。旧友のゲイリー、ジェシカ夫妻と再会したマイクは、事件が起きた頃に放送されていた不気味な子供番組「キャンドル・コーヴ」のことを思い出すが、番組を見たと話すゲイリーの娘ケイティがその翌日に失踪してしまう。

CHUCK ／チャック

チャームド～魔女 3 姉妹

チューインガム
CHEWING GUM (2015-2017) S2 英
ミカエラ・コーエル (森夏姫), ロバート・ロンズデール (須藤翔), ダニエル・ウォルターズ (嶋村侑) ◆ロンドンを舞台に、24 歳の女性が処女を卒業しようと奔走する姿をコミカルに描いた大人向けシットコム。主演の M・コーエルが脚本とプロデュースも務めている。ロンドン東部タワーハムレッツに暮らすトレイシー・ゴードンは、敬虔なクリスチャンの家庭で育った 24 歳の女性。彼氏のロナルドとは長い付き合いだが、未だにキスのひとつもした事がない。そんなある日、トレイシーは色仕掛けでロナルドを誘惑し関係を深めようとするのだが…。

チューダーズ〈ヘンリー 8 世／背徳の王冠〉
→ THE TUDORS 〜背徳の王冠〜

超音速攻撃ヘリ・エアーウルフ
AIRWOLF (1984-1986) S3 米 CBS
ジャン＝マイケル・ヴィンセント (磯部勉), アレックス・コード (家弓家正), アーネスト・ボーグナイン (富田耕生) ◆ CIA の秘密基地で行われた新開発のスーパーヘリ " エアーウルフ " のデモンストレーションの最中、設計者で自らヘリを操縦していたモフェット博士が突然基地を攻撃し逃走。爆撃で負傷した開発責任者マイケル・コールドスミス・ブリッグス 3 世 (コードネーム＝アークエンジェル) は、エアーウルフ奪回を優秀なパイロットのストリングフェロー・ホークに依頼。ホークは助手のドミニク・サンティーニと共にモフェットを倒し奪回に成功するが、彼もまた CIA に背を向けて砂漠地帯にエアーウルフを隠してしまう。ベトナムで行方不明になった兄の捜索を要求するホークは、アークエンジェルから捜索に全面協力する約束を取り付け、エアーウルフを使った様々な極秘任務に身を投じることになるのだった。様々な秘密兵器を持つスーパー・ヘリを描くスカイ・アクション・ドラマ。主人公が代わっての続編「新・エアーウルフ 復讐編」がある。
[B,D]

超音速ヒーロー　ザ・フラッシュ
THE FLASH (1990-1991) S1 米 CBS
ジョン・ウェズリー・シップ (山寺宏一), アマンダ・ペイズ (堀越真己), アレックス・デザート (江原正士) ◆実験中に雷に打たれ、超高速で動くことができる能力を手に入れた鑑識官のバリー・アレンが、スター研究所の科学者マッギーの協力を得て、超人 " ザ・フラッシュ " としてセントラルシティの平和を守っていく SF ヒーロー・ドラマ。2014 年には装いも新たに TV シリーズ「THE FLASH ／フラッシュ」が放送開始となった。

超感覚刑事ザ・センチネル
THE SENTINEL (1996-1999) S4 米 UPN
リチャード・バージ (小山力也), ギャレット・マガート (松本保典), ケリー・カーティス (相沢恵子) ◆ゲリラ鎮圧のために潜入したペルーの奥地で原住民と共に生き延びたジェームズ・エリソン大尉は、次第に奇妙な幻覚を見るようになる。実は、彼はセンチネルという特殊な能力を隠し持っていたのだ。刑事となったエリソンはその能力を駆使して事件を捜査するが、センチネルを使うことは同時に自らの身を危険に晒すことでもあった。そこで、大学で人類学を研究するブレア・サンドバーグがセンチネルを解明しながらエリソンに協力、コンビで事件を解決していく…。マッチョなエリソンとオタク気質のブレアとの掛け合いが魅力的なアクション・ドラマ。

超ゲーマー伝説　ぼくらの裏ワザ青春白書
GAMER'S GUIDE TO PRETTY MUCH EVERYTHING (2015-2017) S2 米 Disney XD
キャメロン・ボイス (下田レイ), マレー・ワイアット・ランダス (佐々木拓真), フェリックス・アビティア (粕谷雄太) ◆ディズニーが製作したティーン向けコメディ・ドラマ。伝説のプロゲーマーと呼ばれた 15 歳の少年コナーは、親指を故障したことからゲームの世界を引退し、普通の高校生活を送ることに。不慣れな人間関係や勉強など、これまでとは正反対の生活に困惑するコナーだったが、個性的な親友たちに支えられながら、ゲームで培った知識と知恵で数々のピンチを乗り越えていく。

超人ハルク
THE INCREDIBLE HULK (1978-1982) S5 米 CBS
ビル・ビクスビー (有川博), ルー・フェリグノ , ジャック・コーヴィン (青野武) ◆研究中、ガンマー線を大量に浴びてしまったデビッド・バナー博士。なんと、彼は怒りや悲しみなどの感情がたかぶると凶暴な緑の巨人に変身する体

超音速攻撃ヘリ・エアーウルフ

超人ハルク

た

質となってしまう。秘密を知る科学者エレーナ・マークスは彼を助けようとするが、新聞記者のジャック・マクギーがバナーを執拗に追い始める。「地上最強の美女！バイオニック・ジェミー」の製作者ケネス・ジョンソンがマーベル・コミックの人気ヒーローを実写ドラマ化。逃亡を続けるバナーが行く先で出会う人々とのドラマがシリアスに展開されていく。[D,V]

挑戦

THE MAN AND THE CHALLENGE (1959-1960) S2 米 NBC

[別] 死線突破

ジョージ・ネイダー(井関一) ◆人間工学研究所の博士研究員グレン・バートンが合衆国政府の要請で様々な実験を行い、人間がその持てる力の限界に挑戦する姿を描いたモノクロ30分のアドベンチャー・ドラマ。全36話。

超能力ファミリー　サンダーマン

THE THUNDERMANS (2013-) S4- 米 Nickelodeon

キーラ・コサリン(桜庭ななみ),ジャック・グリフォ(増田俊樹),アディソン・リーケ(遠藤綾) ◆超能力を持つハイティーンが巻き起こす騒動を描いたシチュエーション・コメディ。元スーパーヒーローのハンク・サンダーマンは、子供たちに普通の生活をさせるためヒーローを引退、ヒドゥン・ビルという町に引っ越してくるが…。

超能力プリンス　マシュー・スター

THE POWERS OF MATTHEW STAR (1982-1983) S1 米 NBC

ピーター・バートン(三ツ矢雄二),ルイス・ゴセット・Jr(銀河万丈),エイミー・スティール(鶴ひろみ) ◆故郷を蹂躙され地球に逃げてきた惑星クアドリスの王子マシュー・スターが、王家後見人のウォルト・シェパードと共に地球人の青年として暮らしながら超能力の才能を磨き、インベーダーと戦っていくSF冒険活劇。

チョーズン：選択の行方

CHOSEN (2013-2015) S4 米

マイロ・ヴィンティミリア,ニッキー・ウィーラン,ケイトリン・カーマイケル ◆突然、死のゲームに参加させられた男の恐怖を描いたサスペンス・アクション。弁護士のイアンのもとにある日、拳銃と見知らぬ人物の写真が入った箱が届く。理由も知らされぬまま、彼は殺し合いのゲームに入り込んでいくが…。

チョップ・ショップ

CHOP SHOP (2014) S1 米 Slice

ジョン・ブレガー,アナ・アヨラ,レネ・モラン ◆車泥棒で捕まり5年間の刑務所暮らしを終えたポーターは、元妻ソフィアと5歳の息子と再会する。そして生活のため、かつて自動車泥棒のパートナーだったケインに連絡を取り、新たな仕事に取り掛かるが…。ロサンゼルスを舞台に、けちな自動車窃盗団からのし上がっていこうとする若者を描いたクライム・アクション。

チンパン探偵ムッシュバラバラ

LANCELOT LINK: SECRET CHIMP (1970-1972) S1 米 ABC

(声)デイトン・アレン(鈴木ヤスシ),ジョアン・ガーバー(増山江威子) ◆登場人物すべてがチンパンジーという、奇想天外なアクション・コメディ。主人公の探偵ムッシュバラバラが美人助手のパンジーと共に、シャーネル長官の命を受けて東奔西走、国際的犯罪組織と対決していく。

沈黙部隊

THE SILENT FORCE (1970-1971) S1 米 ABC

[別] 覆面捜査官

エド・ネルソン,リンダ・デイ・ジョージ,パーシー・ロドリゲス ◆大統領直属の覆面捜査チームが大規模犯罪組織と戦うサスペンス・アクション。国家の安全を脅かす犯罪組織を壊滅させるために密かに組織されたサイレント・フォースのメンバーたち、元・連邦捜査官のワード・フラー、情報担当のジェイソン・ハード、変装して潜入捜査を行うアメリア・コールの活躍を描く。

つ

追憶の街　エンパイア・フォールズ

EMPIRE FALLS (2005) 米 HBO

エド・ハリス,フィリップ・シーモア・ホフマン,ヘレン・ハント,ポール・ニューマン ◆架空の街エンパイア・フォールズに生きる人々を描き、2002年のピューリッツァー賞で最優秀フィクション賞に輝いたリチャード・ルッソの小説『EMPIRE FALLS』を豪華キャストで映像化したミニシリーズ。ゴールデン・グローブ賞ではミニシリーズ／TVムービー作品賞を受賞した。

超能力プリンス　マシュー・スター

追憶の街　エンパイア・フォールズ

追跡者
HARRY O (1973-1976) S2 米 ABC
デヴィッド・ジャンセン(納谷悟朗), ヘンリー・ダロウ(中田浩二), アンソニー・ザーブ(家弓家正)<S2-> ◆サンディエゴ警察のハリー・オーウェル刑事は、犯人に撃たれた銃弾が体内に残ったために引退を余儀なくされたが、生活のために探偵稼業を開始する。大ヒット・ドラマ「逃亡者」のD・ジャンセンが障害を抱えた探偵に扮し、今度は追う側に回った犯罪アクションで、ジョディ・フォスターが出演している同名のパイロット版(日本では映画劇場枠で放映)を経てシリーズ化された。第2シーズンからレギュラーとなったトレンチ警部補役のA・ザーブは本シリーズでの演技が認められ、1976年のエミー賞で助演男優賞に輝いた。

追跡者
→トラックダウン

ついてる男
MR. LUCKY (1959-1960) S1 米 CBS
[別] ミスター・ラッキー
ジョン・ヴィヴィアン(久松保夫), ロス・マーティン ◆豪華船フォルトゥーナ2世号のカジノを手に入れたプロのギャンブラー、Mr.ラッキーの活躍を描くアドベンチャー・ドラマ。一流のギャンブラーであるMr.ラッキーは、相棒のアンダモと共に、船上で起きる盗難や殺人などの様々な事件を解決していく。ケイリー・グラント主演の映画「ミスター・ラッキー」(1943年)を元にブレイク・エドワーズが企画。ヘンリー・マンシーニのロマンティックなテーマ曲もヒットした。

ツイン・ピークス
TWIN PEAKS (1990-1991) S2 米 ABC
カイル・マクラクラン(原康義), マイケル・オントキーン(銀河万丈), シェリル・リー(高島雅羅) ◆カナダ国境に近い小さな田舎町、ツイン・ピークス。ある朝、湖のほとりに地元の高校生ローラ・パーマーの死体が打ち上げられる。FBI捜査官クーパーはトルーマン保安官と共に捜査に当たるが、次第にローラの隠された素顔と彼女を取り巻く異常な人々の全貌が浮かび上がる…。いったいローラを殺したのは誰なのか? 異才監督D・リンチによる狂気の迷宮世界が異様なまでの美しさと完璧なキャストでドラマ化。1992年に劇場版「ツイン・ピークス ローラ・パーマー最期の7日間」が製作され、2017年には四半世紀ぶりの新シーズンが放映。[B,D,L,V]

痛快！自動車野郎
BEARCATS! (1971) S1 米 CBS
[別] 素晴らしき自動車野郎
ロッド・テイラー(内海賢二), デニス・コール(納谷六朗) ◆1914年のアメリカ南西部を舞台に、トラブルシューティングを生業とするハンク・ブラケットとジョニー・リーチが名車スタッツ・ベアキャットを駆使して活躍する冒険アクション。舞台設定が第一次大戦が始まった年だけに、戦車や軍用車輌などのメカも数多く登場し、TVとは思えない破格のアクションを展開したが、よりオーソドックスなウェスタンが好まれた時期で13話で打ち切られてしまった。パイロット版は「トレインジャック／荒野の大列車強盗」として日曜洋画劇場で放映。

TSUNAMI 津波
TSUNAMI: THE AFTERMATH (2006) S1 英＝米
ティム・ロス(山路和弘), キウェテル・イジョフォー(てらそままさき), ソフィー・オコネドー(魏涼子), ヒュー・ボネヴィル(西村知道), トニ・コレット(土井美加), ジーナ・マッキー(佐々木優子), ウィル・ユン・リー(鉄野正豊), サムリット・マキエルセン(藤田大助), ケイト・アシュフィールド(唐沢潤) ◆2004年に起きたスマトラ沖大地震による大災害を、被災者たちへの取材と証言によりドラマ化したミニシリーズ。6歳の娘を捜すイギリス人夫婦、夫を捜すイギリス人の妻と子、そして家族と村を失ったタイ人のウェイター。津波に遭った人々と、災害に対する行政の対応を取材するジャーナリストを通して、災害の実態を描き出す。[D]

罪と罰
ПРЕСТУПЛЕНИЕ И НАКАЗАНИЕ (2007) S1 ロシア
ウラジーミル・コシェヴォイ, ポーリーナ・フィロネンコ, エレナ・ヤコヴレワ ◆ドストエフスキーの同名小説を映像化したロシア製のドラマ・ミニシリーズ。己の輝かしい未来のために、金貸しの老婆を殺して金を奪った冷徹な青年ラスコーリニコフが、信心深い娼婦ソーニャによって

ツイン・ピークス

痛快！自動車野郎

た

悔い改めるまでを描く。[D]

て

ディアナ〜禁断の罠
ACORRALADA (2007-2008) S1 米
アレハンドラ・ラスカノ, デヴィッド・ゼペダ, マリアナ・トレス ◆ベネズエラ発の愛憎渦巻くテレノベラ(テレビ小説)。母と生き別れ、祖母に育てられたディアナが、看護士として派遣されたイラサバル家の長男マキシミリアノと恋に落ちる。しかしイラサバル家の当主はディアナの母フェドラの宿敵だった…。[D]

T AND T
T AND T (1988-1991) S3 米 = 加 Family Channel
ミスター・T, アレクサンドラ・アミニ ◆犯していない殺人罪で有罪判決を受けていた元ボクサーのT・S・ターナーが、公選弁護人アマンダ・テイラーによって無罪を証明されたことから、彼女と共に弱い人々を助けるために奮闘する探偵アクション・ドラマ。TVシリーズとして放映されたことはなく、各25分のエピソードを4話ずつ収録したVHSが全3巻発売された。[V]

D.N.A.III
→海棲獣

デイ・オブ・ザ・トリフィド
THE DAY OF THE TRIFFIDS (1981) S1 英 BBC
ジョン・デューティン, エマ・ラルフ, モーリス・コルバーン ◆ 1962年にも「人類SOS!」として映画化されている、ジョン・ウィンダムのSF小説の古典『トリフィド時代』をBBCがTVドラマ化。大規模な流星群を見たことによって人類の大半が失明する中、栽培されていた歩行植物トリフィドが町にあふれ出し人々を襲い始める。破滅へ向かう世界で人類存亡のために奔走する主人公たちのサバイバルを描く。2009年に「ラストデイズ・オブ・ザ・ワールド」として再びTV化された。[D]

DIG ／聖都の謎
DIG (2015) S1 米 USA Network
ジェイソン・アイザックス, アン・ヘッシュ, オリ・フェッファー ◆エルサレムに赴任中のFBI捜査官ピーター・コネリーは、考古学を専攻している学生エマの手引きで、立ち入り禁止になっている遺跡で行われていた謎の儀式を目の当たりにする。そして翌日ピーターは、エマが殺害されたことを知る。世界を揺るがす陰謀に立ち向かうFBI捜査官の活躍を描いたミニシリーズ。

TAKEN　テイクン
TAKEN / STEVEN SPIELBERG'S TAKEN (2002) S1 米 Sci-Fi
アントン・イェルチン(宮田幸季), キャサリン・デント(田中敦子), スティーヴ・バートン(藤原啓治) ◆第二次大戦中にエイリアンの乗るUFOと遭遇したことから始まる三家族・三世代にわたる壮大なSFドラマ。スティーヴン・スピルバーグが製作総指揮を務め、トビー・フーパーらがメガホンをとった。地球を訪れたエイリアンをめぐり、秘密を解き明かそうとする者らが入り乱れて暗闘を繰り返していく。[D,V]

ディケンジアン
DICKENSIAN (2015-2016) S1 英 BBC
タペンス・ミドルトン, ジョセフ・クイン, ピーター・ファース ◆英国の文豪チャールズ・ディケンズの小説に登場するキャラクターたちが集結し、19世紀(ヴィクトリア朝)のロンドンを舞台に壮大なミステリーに挑む姿を描いたBBC放送のミステリー・ドラマ。『クリスマス・キャロル』に登場するジェイコブ・マーレイの死の真相に迫る『ブリーク・ハウス』のバケット警部をメインに、『クリスマス・キャロル』のエベニーザ・スクルージ、『大いなる遺産』のアメリア・ハヴィシャム、『オリバー・ツイスト』のフェイギンなどなど、数多のキャラクターたちのサイドストーリーが並行して展開されていく。

THIS IS US 36歳、これから
THIS IS US (2016-) S2- 米 NBC
ジャスティン・ハートリー(高橋一生), クリッシー・メッツ(林りんこ), スターリング・K・ブラウン(杉村憲司), マイロ・ヴィンティミリア(宮内敦士), マンディ・ムーア(園崎未恵) ◆アメリカで大ヒットを記録し、2017年のエミー賞では主演男優賞とゲスト男優賞を受賞したヒューマン・ドラマ。誕生日が同じ3人の男女の人生が、運命の糸に手繰り寄せられ交差していく様を、涙と笑いと感動で描く。俳優のケヴィンは自らのキャリアに疑問を持ち、肥満に悩むケイトはダイエットに励み、そしてランダルは捜してい

デイ・オブ・ザ・トリフィド

TAKEN　テイクン

た父親が見つかったという知らせを受ける。企画と製作総指揮は「カーズ」「塔の上のラプンツェル」の脚本を手がけたダン・フォーゲルマン。

ディズニーランド

DISNEYLAND (1954-2008) S52 米
ABC → NBC → CBS → Disney Channel → ABC

ウォルト・ディズニー (小山田宗徳) ◆ W・ディズニー自らがホスト役を務めるディズニー作品のアンソロジー番組。ディズニーランド・パークの紹介やディズニー映画を TV 用に再編集したもの、ドキュメンタリーなどを放映した。ウォルトが死去した後はホスト役とタイトルを変え、放送局も転々としながら第 52 シーズンまで続く長寿番組となった。

The Tick ／ティック　～運命のスーパーヒーロー～

THE TICK (2017-) S1- 米 Amazon

ピーター・セラフィノウィッツ (三宅健太), グリフィン・ニューマン (松野太紀), ヴァロリー・カリー (牛田裕子), ヤラ・マルティネス (平野夏那子), ジャッキー・アール・ヘイリー (中博史) ◆ 1986 年にマスコットキャラクターとして発表された同名スーパーヒーローを、1994 年のテレビアニメ、2001 年の TV ドラマに続いて実写化した、Amazon オリジナルのアクション・コメディ。過去に起きた事件がきっかけとなり心に問題を抱える会計士のアーサーは、自分の住む街が、長らく死んだとされてきたスーパーヴィランにより支配されていることに気づく。誰もアーサーの言うことをまともに取り合ってくれないが、ただ一人だけ彼の説に興味を示す人物が現れた。それは奇妙な青いスーツに身を包んだスーパーヒーローのティックだった。

ディックス先生、こんにちは

→黒人教師ディックス

ディック・パウエル・ショー

THE DICK POWELL SHOW (1961-1963) S2 米 NBC

ディック・パウエル (山村聡) ◆「眼下の敵」(1957 年) で製作と監督も務めたハリウッド・スターの D・パウエルをホストに迎えたドラマ・アンソロジー。人間ドラマから犯罪アクション、コメディまで幅広いジャンルの作品が作られ、時にはパウエル自身が出演することもあった。人気ドラマ「バークにまかせろ！」も、元々はこの番組の第 1 話にあたる「Who Killed Julie Greer?」でパウエルが演じたエイモス・バーク警部のキャラクターを発展させたもの。

ディック・フランシス・ミステリー

THE DICK FRANCIS THRILLER: THE RACING GAME (1979-1980) S1 英 ITV

マイク・グウィリム (寺田農), ミック・フォード (松山政路), スーザン・ウールドリッジ (弥永和子), ジェームズ・マックスウェル (神田隆) ◆英国のミステリー作家ディック・フランシスの小説『大穴』に登場する探偵シド・ハレーを主人公とした競馬ミステリー。騎手だったシドは落馬事故で腕を骨折し、再起は叶わぬことに。そんなシドが周囲の支えで立ち直り、友人のチコと共に競馬専門の探偵会社を設立、調査員となり業界にはびこる陰謀や犯罪を追う。「大穴」「追跡」「替玉」「誘拐」「断線」「注射」の全 6 話。「大穴」のみフランシス原作だが、残りの 5 話はフランシスがストーリー・コンサルタントを務めたオリジナルとなっている。

ディック・フランシス・ミステリー

DICK FRANCIS: IN THE FRAME / BLOOD SPORT / TWICE SHY (1989) アイルランド＝加

イアン・マクシェーン (橋本功) ◆競馬専門の探偵シド・ハレーを主人公にした同名のシリーズがあるが、こちらの主人公はジョッキークラブの調査員デヴィッド・クリーヴブランド。「追込」「血統」「配当」の 3 作が製作された。[V]

DEFIANCE ／ディファイアンス

DEFIANCE (2013-2015) S3 米 Syfy

グラント・バウラー (木下浩之), ジュリー・ベンツ (日野由利加), ステファニー・レオニダス (丸山有香) ◆人類とエイリアンの全面戦争後、2046 年の荒廃した地球で展開する壮大な SF アクション。宇宙から落下する物資をエイリアンのイリサと発掘する元兵士のジョシュア・ノーランは、人類とエイリアンが共存する開拓地 " ディファイアンス " に到着する。だが二大勢力の対立するその街に、突如、大軍が襲来する。[D]

THIS IS US 36 歳、これから

DEFIANCE ／ディファイアンス

た

ディフェンダーズ／新・弁護士プレストン
→新・弁護士プレストン

ディフェンダーズ　闘う弁護士
THE DEFENDERS (2010-2011) S1 米 CBS
ジム・ベルーシ (野島昭生), ジェリー・オコンネル (森川智之), ジャーニー・スモレット (樋口あかり) ◆実在の弁護士たちをモデルに製作されたリーガル・ドラマ。眠らない街ラスベガスを舞台に、熱血弁護士コンビのニック・モレリとピート・カズマレックが「あなたを守り抜きます」というキャッチフレーズのもと、困難に陥った被告人を救っていく。ミステリー要素とユーモアを加え、それまでの法廷ドラマとは一線を画す内容となっている。

ディープシークレット ～殺人者の海～
LE BLEU DE L'OCEAN (2003) S1 仏 TF1
クレール・ボロトラ, アレクサンドラ・ヴァンダヌート, ミレーユ・ダルク ◆フランス製ミステリー・ドラマのミニシリーズ。養母から実の母親の存在を教えられたタリアは、母の死の謎を解くためにフランス南西部の港町サン＝ジャン＝ド＝リュズを訪ねるが、それが新たな悲劇を招いていく。

ディープ・シー 20000
→海底 2 万マイル

デイ・ブレイク
DAY BREAK (2006-2007) S1 米 ABC → TV One
[別] デイ・ブレイク ～ 奪われた明日 (ソフト)
テイ・ディグス, ムーン・ブラッドグッド, ヴィクトリア・プラット ◆地方検事補殺害の疑いをかけられたロス市警麻薬課のブレット・ホッパー刑事は、窮地に立たされ意識を失ってしまうが、目覚めるとそこは昨日と同じ朝だった…。同じ一日を繰り返しながら真実に近づく刑事の活躍を描く、タイムループ・サスペンス。[D]

Divorce ／ディボース
DIVORCE (2016) S1 米 HBO
サラ・ジェシカ・パーカー (永島由子), トーマス・ヘイデン・チャーチ (石井康嗣), モリー・シャノン (杉本ゆう) ◆ S・J・パーカーが「SEX AND THE CITY」以来、12 年ぶりに TV ドラマに復帰した主演作。自分の人生をやり直すため、長年連れ添った夫との離婚を考え始める女性を描くコメディ作品。ニューヨーク郊外で夫ロバートと 2 人の子供と暮らすフランシスは、友人の誕生パーティーで勃発した夫婦喧嘩に感化され、ロバートに離婚を切り出す。だがロバートは離婚をやめさせようと、子供のような意地悪を繰り返すように。2 人の離婚バトルの行方は…。[B,D]

テイルズ・オブ・トゥモロー
TALES OF TOMORROW (1951-1953) S2 米 ABC
ロン・チェイニー・Jr, ジョン・ニューランド, メアリー・アリス・ムーア ◆ SF 怪奇をテーマにしたオムニバス形式の TV シリーズで「トワイライト・ゾーン」などの原型となったとも言われる。日本では TV 未放映だが数あるエピソードの内、「フランケンシュタイン」「火星での任務」「クリスタル・エッグ」のセット、「悪の欲求」「宇宙からのアイス」「過去への時間旅行」のセットがそれぞれ DVD 化されている。[D]

テイルズ・フロム・ザ・クリプト
TALES FROM THE CRYPT (1989-1996) S7 米 HBO
[別] ハリウッド・ナイトメア
ジョン・カッサー ◆ロバート・ゼメキス、リチャード・ドナー、ウォルター・ヒル、トビー・フーパーなど錚々たるメンバーがエピソード監督を務めたホラー・オムニバス。出演者もブルック・シールズ、カイル・マクラクラン、マイケル・J・フォックス、ウーピー・ゴールドバーグ、デミ・ムーア、トム・ハンクスなど豪華なラインナップが揃った。日本では「ハリウッド・ナイトメア」「新ハリウッド・ナイトメア」というシリーズ名でビデオが発売された他、「テイルズ・フロム・ザ・クリプト」と冠した LD もリリース。また「スクリーム」「フィアー・ナイト」「デーモン」などのタイトルで散発的にビデオが発売された。1995 年には「デーモン・ナイト」「ボーデロ・オブ・ブラッド／血まみれの売春宿」の 2 本の劇場映画も製作。[L,V]

ティーン・ウルフ
TEEN WOLF (2011-2017) S6 米 MTV
タイラー・ポージー (畠中祐), クリスタル・リード (折井あゆみ), ディラン・オブライエン (須田祐介) ◆高校生のスコットは奇妙な獣に噛まれ、素晴らしい身体能力を持つ人狼になった。やがて彼の前に古来から人狼狩りを行う一族が現れ、スコットは窮地に陥っていく…。マイケ

Divorce ／ディボース

ティーン・ウルフ

た

ル・J・フォックス主演の同名コメディを、よりシリアスにリメイクしたサスペンス・アクション・シリーズ。人狼になってしまった高校生の苦悩を描く。

ティーンズ救命隊
IN A HEARTBEAT (2000-2001) S1 米 Disney Channel

ショーン・アシュモア (小野塚貴志), リーガン・パスターナク (小島幸子), ダンソー・ゴードン (石井揮之) ◆ディズニー・チャンネルのキッズ向けオリジナル・ドラマ。パートタイムで救急救命士のボランティアをしている高校生のタイラー、ヴァル、ハンクに保護観察中のジェイミーが加わり、彼らの青春模様と活躍が描かれる。

ティーン・スパイ K.C.
K.C. UNDERCOVER (2015-) S3- 米 Disney Channel

ゼンデイヤ (真壁かずみ), ヴェロニカ・ダン (浅倉杏美), カミル・マクファデン (徳本恭敏) ◆ダンサー、歌手、女優など様々な顔を持つ全米ティーンのカリスマ、ゼンデイヤ主演によるコメディ・シリーズ。ハミルトン高校の女子生徒のケイシーは 16 歳のある日、両親から自分たちはスパイであり、ケイシーもスパイにならなければいけないと告げられる。彼女は弟たちと共に困難なミッションに挑んでいくが…。

テキサス決死隊
TALES OF THE TEXAS RANGERS (1955-1959) S3 米 ABC/CBS

ウィラード・パーカー (天津敏), ハリー・ローター ◆ 1840 年代と現代のテキサス・レンジャーを週替わりで交互に描いたモノクロ 30 分のアクション・シリーズ。元は西部劇スターのジョエル・マクリーがレンジャー隊員ジェス・ピアソンを演じたラジオドラマで、TV 化にあたって相棒のクレイ・モーガンが登場した。過去と現在、それぞれの時代でのテキサス・レンジャーの戦いを描いているのがユニーク。「線路は続くよどこまでも」の原曲である "I've Been Working on the Railroad" の替え歌が主題歌として採用され、そのメロディーが日本で広く知られるようになった。

テキサス平原児
THE RANGE RIDER (1951-1953) S3 米

ジョック・マホニー (日下武史), ディック・ジョーンズ (久米明) ◆腕っ節の強さで西部に名を知られたレンジ・ライダーと、その相棒の若者ディック・ウェストの活躍を描いたモノクロ 30 分の西部劇シリーズ。主演は数々の作品でスタントをこなしてきた J・マホニー。そのおかげで毎回派手なアクションが展開されていた。[D]

テキサン
THE TEXAN (1958-1960) S2 米 CBS

ロリー・カルホーン ◆実在したアウトローを主人公にしたモノクロ 30 分の西部劇シリーズ。南北戦争終結後、早撃ちで鳴らしたビル・ロンリーは西部をさすらいながら、困ってる人を助け悪と対決するのだった。主演は二枚目西部劇スターの R・カルホーン。

デキる女の負け犬事情
LOS CABALLEROS LAS PREFIEREN BRUTAS (2010) S1 コロンビア Canal Caracol

ヴァレリー・ドミンゲス, フアン・パブロ・ラバ, ミシェル・マンテロラ ◆恋、仕事、そして人生に悩む女性の姿を綴るコロンビアのコメディ・ドラマ。仕事も成功し、愛する人との結婚を控えていたクリスティナは、結婚式の前日に婚約者の浮気現場を目撃してしまう。これまでの完璧な人生からは考えられない挫折に、自暴自棄になってしまうクリスティナだったが…。

デクスター 〜警察官は殺人鬼
DEXTER (2006-2013) S8 米 Showtime

マイケル・C・ホール (桐本拓哉), ジェニファー・カーペンター (木下紗華), ジュリー・ベンツ (加納千秋) ◆シリアルキラーと鑑識官という 2 つの顔を持つ男の日常が主人公のモノローグに乗せて繰り広げられていく異色ミステリー・ドラマ。マイアミ警察で血液分析を専門とする鑑識官デクスター・モーガンには、人には言えない秘密があった。実は幼少期の惨い体験から、人を殺したいという欲望を抱いていたのだ。養父で刑事のハリーはその資質を見抜き、衝動を抑える術を教え込む。ハリーの導きに従い、法律では裁けない凶悪犯を殺害することで社会に貢献しようとするデクスター。デクスターの本性を知らない義妹で警官のデボラと共に、表向きは優秀な鑑識官として淡々と仕事をこなしていく。そんなある日、デクスターは発見されたある切断死体に魅了される。それは "冷

ティーン・スパイ K.C.

デクスター 〜警察官は殺人鬼

蔵庫キラー ” と名づけられた犯人からの挑戦状だった…。[B,D]

デグラッシ：ネクスト・クラス
DEGRASSI: NEXT CLASS (2016-2017) S4 加 Family
アマンダ・アーキュリ , アミール・バゲリア , ソーマ・バティア ◆カナダで 2001 年から 14 年間にわたり放送された人気ドラマシリーズ「Degrassi: The Next Generation」(日本未放送) の新シーズンとして Netflix で配信された青春ドラマ。デグラッシ高校を舞台に、現代の高校生たちの友情、恋、挫折、そしてマイノリティの苦悩などをリアルに描く。

テケテケおじさん
FUNNY MANNS (1961) 米 NBC
クリフ・ノートン ◆俳優 C・ノートンがホストを務める、TV 用に編集した無声映画を放送するコメディ番組。

凸凹劇場　アボット・コステロ
THE ABBOTT AND COSTELLO SHOW (1952-1953) S2 米 CBS → NBC
バッド・アボット , ルー・コステロ ◆ 1940 年の映画デビューから人気を博したコメディアンの B・アボットと L・コステロによるシットコム。2 人がハリウッドのアパートに住む失業中の役者を演じ、様々な人たちとの関わり合いを描くホーム・コメディ。2007 年にタイム誌が発表した “All-TIME 100 TV Shows” のひとつに選ばれている。

デザート・オブ・ファイアー
DESERTO DI FUOCO / LE DESERT DE FEU / PRINZESSIN AMINA (1997) S1 伊 = 独 = 仏
アントニー・ドロン , クラウディア・カルディナーレ , ジュリアーノ・ジェンマ ◆アラブを舞台に、数奇な運命に翻弄される若者ルネの恋と冒険を豪華なキャストで描いたアクション・メロドラマ。元々は全 3 話のミニシリーズだが、日本では 113 分に編集されビデオ作品として発売された。[D,V]

デジル劇場
WESTINGHOUSE DESILU PLAYHOUSE (1958-1960) S2 米 CBS
デジ・アーナズ , ベティ・ファーネス ◆「アイ・ラブ・ルーシー」で主演のみならず製作も務めた D・アーナズとルシル・ボールが手がけた 1 話完結のドラマ・アンソロジー・シリーズ。この中のエピソードから、後の人気シリーズとなる「ミステリー・ゾーン」や「アンタッチャブル」が生まれたことで知られる。

テス
TESS OF THE D'URBERVILLES (2008) S1 米 = 英 BBC
ジェマ・アータートン , エディ・レッドメイン , ルース・ジョーンズ ◆貧しい行商人のジョンは、自分が貴族ダーバヴィル家の末裔だと聞かされ、裕福な本家に親戚だと言って娘のテスを送り込む。現当主のアレックはたちまちテスを見初め、力ずくで彼女をものにするが、テスは身ごもったまま本家を後にする…。トーマス・ハーディの『ダーバヴィル家のテス』をドラマ化したミニシリーズ。[D]

デスパレートな妻たち
DESPERATE HOUSEWIVES (2004-2012) S8 米 ABC
テリー・ハッチャー (萬田久子), フェリシティ・ハフマン (唐沢潤), マーシア・クロス (渡辺美佐), エヴァ・ロンゴリア (日野由利加) ◆閑静な高級住宅地、ウィステリア通りに住む主婦メアリー・アリス・ヤングが突然自殺する。幸せそうに見えたメアリーに一体、何があったのか？　残された 4 人の親友は大きな衝撃を受けるが、実は彼女たちにも悩みと秘密があった。良妻賢母のブリー・バン・デ・カンプは完璧すぎて家族から拒否反応を起こされ、子育てに奮闘するリネット・スカーボは疲労困憊、元モデルのガブリエル・ソリスは夫に隠れて高校生と不倫、夫に浮気されて離婚したスーザン・メイヤーは自立できないシングル・マザー。ポーカーで集まっては憂さ晴らしをする彼女たちは、メアリーの自殺の原因を探ろうと行動を起こすが…。主婦たちの隠された欲望と本音をブラック・ユーモアたっぷりに描いたソープオペラ風コメディ。[D]

デスパレートな妻たち ～ラテン版
AMAS DE CASA DESESPERADAS (2006-2011) S2 エクアドル = コロンビア
アナ・マリア・オロスコ , ルディー・ロドリゲス , マリソル・ロメロ ◆肉食系主婦たちが巻き起こす騒動をコミカルかつ赤裸々に描いた人気ドラマ「デスパレートな妻たち」のエクアドル・コロンビア共同製作によるリメイク版。リンダ・イェベス、エウヘニア・デ・コペル、スサーナ・

凸凹劇場　アボット・コステロ

デスパレートな妻たち

マルティネス、ガブリエラ・ソリス、4 人の主婦たちの行状を描く。

Death Valley ～密着！ロス市警アンデッド特別捜査班～

DEATH VALLEY (2011) S1 米 MTV

ブライアン・カレン , チャーリー・サンダース , ブライス・ジョンソン ◆突如としてゾンビやヴァンパイアなどのモンスターたちに侵された街を舞台に、特別捜査班と彼らを追うカメラクルーたちが巻き起こすトラブルを描き出すホラー・コメディ。ロサンゼルス郊外のサンフェルナンド・バレーではゾンビの徘徊や狼男の暴力行為など、モンスターによる凶悪犯罪や不法行為が連日発生していた。こうした状況に対応するため、アンデッド・タスク・フォース (UTF) が新たに結成されるのだが、そのメンバーはみなキワモノ揃いの警官ばかりだった。

鉄拳児アダム

MAN WITHOUT A GUN (1957-1959) S2 米

レックス・リーズン , モート・ミルズ ◆ 1870 年代、依然として無法地帯のようなダコタ準州イエローストーンの街を舞台に、イエローストーン・センティネル新聞社で働くアダム・マクリーン記者が銃をペンに持ち替えて暴力と対決していく、一風変わったモノクロ 30 分の社会派西部劇。

デッドウッド ～銃と SEX とワイルドタウン

DEADWOOD (2004-2006) S3 米 HBO

ティモシー・オリファント , イアン・マクシェーン , ジョン・ホークス ◆西部開拓時代のアメリカ。ゴールドラッシュに沸くサウスダコタ州デッドウッドを舞台に、様々なガンマンたちが織り成すドラマを描いたウェスタン。実在のキャラクターが多数登場し、西部劇ファンを喜ばせた。企画・製作総指揮は「NYPD BLUE ～ニューヨーク市警 15 分署」のデヴィッド・ミルチで、エミー賞をはじめ数多くの賞に輝いた。第 1 話はバイオレンス・アクションに定評のある映画監督のウォルター・ヒルが演出を手がけた。

デッド・ゾーン

THE DEAD ZONE (2002-2007) S6 米 USA Network

アンソニー・マイケル・ホール (宮本充), ニコール・デ・ボア (石塚理恵), デヴィッド・オグデン・スタイアーズ (佐々木敏) ◆ 1983 年にデヴィッド・クローネンバーグ監督により映画化された、スティーヴン・キング原作の同名小説を TV ドラマ化。教師のジョニー・スミスは自動車事故に遭い、6 年間の昏睡状態に陥る。覚醒後、触れた者の過去や未来を見通せる超能力が身についたことを知ったジョニーは、その能力を何に使えば良いのか苦悩するのだが…。[D]

デッド・ライン

DEADLINE (1959-1961) 米

ポール・スチュワート (大木民夫) ◆過去に掲載された新聞記事を元に、ジャーナリストたちが様々な犯罪を取材する姿を描く 1 話 30 分のアンソロジー・シリーズ。ホストを務めるのは俳優の P・スチュワート。

鉄の枷

THE SCOLD'S BRIDLE (1997) S1 英 BBC

[別] スコールズ・ブライドル～鉄の口枷 (衛星)

ミランダ・リチャードソン (勝生真沙子), ボブ・ペック (金尾哲夫), ダグラス・ホッジ (安原義人), トルーディ・スタイラー (高畑淳子) ◆資産家の老婦人マチルダが自宅の浴槽で死んでいるのが発見された。ほぼ自殺と思われたが、ただひとつ不審だったのはマチルダが中世の拘束具である顔かせを着けられていたことだった。主治医のサラはクーパー刑事と死の謎に挑むが…。ミネット・ウォルターズの同名原作を映像化したイギリス BBC 発のミステリー・ドラマ。[V]

デトロイト 1-8-7

DETROIT 1-8-7 (2010-2011) S1 米 ABC

マイケル・インペリオリ , ジェームズ・マクダニエル , アイシャ・ハインズ ◆犯罪都市デトロイトを舞台に、刑事たちの活躍をドキュメンタリー・タッチで描くクライム・サスペンス。謎の多い敏腕刑事ルイス・フィッチを筆頭に、新人刑事のデイモン・ワシントン、美人女刑事のアリアナ・サンチェス、定年退職間近のジェシー・ロングフォードなど個性的な面々が、並行して発生する複数の殺人事件に立ち向かう。[D]

デビアスなメイドたち

DEVIOUS MAIDS (2013-2016) S4 米 Lifetime

アナ・オルティス (沢海陽子), ダニア・ラミレス (朴路美), ロゼリン・サンチェス (井上喜久子) ◆ビバリーヒルズの

デッド・ゾーン

デビアスなメイドたち

た

セレブに仕えるラテン系メイドたちのスキャンダラスな日常を描いたドラマ・シリーズ。大ヒット作「デスパレートな妻たち」のスタイルを踏襲し、ミステリーやコメディ、お色気の要素をふんだんに取り入れて展開していく。パウエル家で起きたメイド殺人事件を調べるため、大学教授のマリソル・スアレスは素性を隠し、メイドとしてスタッポード家に潜入するが…。[D]

デビッド・コパーフィールド

DAVID COPPERFIELD (1999) 英 BBC

ボブ・ホスキンス , マギー・スミス , イアン・マッケラン ◆チャールズ・ディケンズの自伝的要素が色濃い長編小説を英国 BBC がミニシリーズ化。母子家庭に生まれたデビッド・コパーフィールドが、不遇の幼少期を過ごしながらも、法律事務所で働くようになり、ついには幸せをつかむまでを描く。[D,V]

デビッド・リンチの ホテル・ルーム

HOTEL ROOM (1993) S1 米 HBO

ハリー・ディーン・スタントン , グリフィン・ダン , フレディ・ジョーンズ ◆ 1936 年、69 年、92 年。3 つの時代の、ニューヨークの同じホテル・同じ部屋で起きた一夜の出来事を綴るオムニバス・ストーリー。「トリック」「ロバートにさよなら」「停電」の 3 エピソードで構成される。[L,V]

デビーの奥さま作戦

THE DEBBIE REYNOLDS SHOW (1969-1970) S1 米 NBC

デビー・レイノルズ (天地総子), ドン・チャステン ◆ミュージカル映画「雨に唄えば」で一躍スターダムにのし上がったＤ・レイノルズが主演を務めるコメディ・ドラマ。新聞記者に憧れを抱く普通の主婦デビーが、スポーツ記者として有名な夫のジムを助けようと自らの力でネタ探しに奮闘するあまり、様々なトラブルを引き起こしてゆく。

デビルズ・トレード

DEVIL'S TRADE (2007) S1 米

ダン・ジェイグルズ , エドワード・カノッサ , マイケル・ジーン・コンティ ◆ 2007 年からネット配信されたホラー・シリーズ。しばり首の木から作られた呪いの十字架。そんな曰くがあるとは知らず、ネットショップ " デビルズ・トレード " から面白半分で十字架を購入した若者たちが遭遇する恐怖を描く。[B,D]

デビッド・コパーフィールド

デューン／砂の惑星

DUNE (2000) S1 米 = 加 = 独 Sci-Fi Channel

ウィリアム・ハート (楠見尚己), アレック・ニューマン (青木誠), サスキア・リーヴス (渡辺美佐), イアン・マクニース (宝亀克寿) ◆ 1984 年に公開された映画版とは異なり、フランク・ハーバートの SF 小説を原作に忠実にドラマ化したミニシリーズ。全宇宙で唯一、メランジという香料を産出する砂の惑星アラキス。その貴重なメランジをめぐり、アトレイデ家の当主レトが、敵対するハルコンネン家に殺害される。レトの忘れ形見ポウルは、砂漠の民に身をやつして復讐の機会を待つが…。[D,V]

デューン／砂の惑星 II

CHILDREN OF DUNE (2003) S1 米 = 加 = 独 Sci-Fi Channel

アレック・ニューマン (青木誠), ジュリー・コックス (皆川純子), ジェームズ・マカヴォイ (新垣樽助), サスキア・リーヴス (渡辺美佐) ◆ SciFi チャンネルが製作した「デューン／砂の惑星」の続編ミニシリーズ。全 3 話構成で、1 話が原作の『砂漠の救世主』、2・3 話が原作の『砂丘の子供たち』にあたる。

Terra Nova ～未来創世記

TERRA NOVA (2011) S1 米 Fox

ジェイソン・オマラ (畠中洋), スティーヴン・ラング (菅生隆之), シェリー・コン (河合美智子) ◆スティーヴン・スピルバーグら大物製作陣が手がけた、近未来を舞台とした SF アドベンチャー大作。西暦 2149 年、滅亡の危機に陥った人類が生き残る方法は、遠く離れた過去への移住のみ。8500 万年の時を超えて新しい大地テラノバへ入ったシャノン一家ら入植者たちは、白亜紀の中で新しい歴史を切りひらいてゆく。莫大な費用をかけて製作されたドラマだったが、わずか 1 シーズンのみで終了してしまった。[D]

デレク

DEREK (2012-2014) S2 英 Channel 4/Netflix

リッキー・ジャーヴェイス , ケリー・ゴッドリマン , カール・ピルキングトン ◆老人のケアハウスに勤務している中年男デレクの働き振りを、TV 番組が取材するという体裁で描くドキュメンタリー・タッチの TV シリーズ。老人ホー

デューン／砂の惑星

ム"ブロードヒル"で介護福祉士として働くデレク。彼自身も全くの健常者とは言いがたいが、同僚たちの温かいサポートを得て、ひたむきに仕事を全うしていく。

テレタビーズ

TELETUBBIES (1997-2001) S1 英 BBC

◆ファンタジックな架空の世界、テレタビーランドで暮らす TV をモチーフにした 4 体のキャラクター、ティンキーウィンキー、ディプシー、ラーラ、ポーたちの日常を描いたイギリス製の幼児向け着ぐるみ人形劇。[D,V]

TV キャスター　マーフィー・ブラウン

MURPHY BROWN (1988-1998) S10 米 CBS

キャンディス・バーゲン (藤田淑子), チャールズ・キンブロー (羽佐間道夫), ジョー・レガルブート (樋浦勉) ◆ワシントン DC にある TV 局を舞台にしたシットコム。主演の C・バーゲンは 5 度のエミー賞主演女優賞に輝いた。マーフィー・ブラウンは毎週水曜夜のニュース番組"F・Y・I"の名物メインキャスター。各界のトップに鋭くインタビューし、歯に衣着せぬ発言で視聴者にも大人気だが、私生活は荒れ気味で自己顕示欲が強く、周りからは恐れられている。番組のスタッフは融通の利かないベテランキャスターのジム・ダイヤル、行動的なリポーターのフランク・フォンタナ、美人キャスターのコーキー・シャーウッド、エリート・プロデューサーのマイルズ・シルバーバーグ。マーフィーの傍若無人ぶりに振り回されながら番組製作に明け暮れる日々を、時代の世相や社会情勢などを巧みに取り入れ、ユーモアたっぷりに描いている。

電撃スパイ作戦

THE CHAMPIONS (1968-1969) S1 英 ITV

スチュアート・デイモン (中田浩二), ウィリアム・ゴーント (羽佐間道夫), アレクサンドラ・バステード (池田昌子) ◆ジュネーブに本拠地を置く諜報機関"ネメシス"。所属するクレイグ・スターリング、リチャード・バレット、シャロン・マクレディは中国の細菌研究所の破壊に成功するも、砲撃を受けチベットの山奥に墜落してしまう。重傷を負った 3 人は謎の僧侶に救われ、不思議な特殊能力を授かるのだが…。「サンダーバード」の ITC 製作による異色スパイ・アクション。超能力を使うスパイが活躍するドラマだが決して荒唐無稽ではなく、主人公の能力にもそれぞれ限界があり、リアルな描写が緊迫感を生んでいる。

天才学級アント・ファーム

A.N.T. FARM (2011-2014) S3 米 Disney Channel

チャイナ・アン・マクレイン (藤田麻美), シエラ・マコーミック (朝田実依), ジェイク・ショート (田谷隼) ◆ 11 歳にして音楽の天才であるチャイナ・パークスは、記憶の天才オリーブ・ドイルと芸術の天才フレッチャー・クインビーと共に、カリキュラムの一環として一般の高校に通うことになった。年上の高校生たちに目の敵にされながらも、楽しい高校生活を送るために奮闘する姿を描く、キッズ向けのファミリー・ドラマ。

天才少年ドギー・ハウザー

DOOGIE HOWSER, M.D. (1989-1993) S4 米 ABC

ニール・パトリック・ハリス (合野琢真), ジェームズ・シッキング (坂口芳貞), ベリンダ・モンゴメリー (平淑恵→小宮和枝) ◆飛び級によって高校を 9 週間で卒業し、わずか 14 歳で臨床医になった天才児ドギー・ハウザーが、経験豊かな同僚カーリー・スポールディングや同い年の親友ビニー・デルピーノの助力を得て、医師として、また人間として成長していく姿を描いた青春医療ドラマ。

天才少年 マルコム奮闘記

→マルコム in the Middle

てんてこデパート

MANY HAPPY RETURNS (1964-1965) S1 米 CBS

マーク・ゴダード , ジョン・マクガイヴァー , エリノア・ドナヒュー ◆ロサンゼルスにあるデパートで苦情承り係を務める男やもめのウォルターが、家族や職場の人間を巻き込みながらてんてこ舞いの騒動を引き起こすシチュエーション・コメディ。

テンプラーの華麗な冒険

RETURN OF THE SAINT (1978-1979) S1 英 ITV

イアン・オギルビー (有川博) ◆ミステリー作家レスリー・チャータリスが生み出した人気キャラクター、正義の怪盗サイモン・テンプラーが活躍する TV ドラマ「セイント／天国野郎」を、キャストを一新して製作した正当なる続編。前作よりお色気とアクションがさらにパワーアップされた。

TV キャスター　マーフィー・ブラウン

天才学級アント・ファーム

た

と

ドイツ科学捜査チーム ～真実を追う者たち～
POST MORTEM (2007-2008) S2 独
ハンネス・イェーニッケ , アンネ・カトリン・ブーツ , ミルコ・ラング ◆ドイツのケルンを舞台に、法医学博士の精鋭たちの活躍を描くクライム・サスペンス。ダニエル・コッホをリーダーとする 5 人の科学捜査チームが、それぞれの卓越した専門分析能力と最新設備を駆使し、被害者が遺した最期の真実を暴いてゆく。

ドイツ 1983 年
DEUTSCHLAND 83 (2015) S1 独 RTL
ヨナス・ナイ , マリア・シュラーダー , ウルリッヒ・ヌーテン , シルヴェスター・グロート , ゾニア・ゲアハルト ◆世界が核戦争の危機に直面していた 1983 年を舞台に、西ドイツへ送り込まれた東ドイツの若きエージェントの活躍を描くスパイドラマ。ドイツ民主共和国 (東ドイツ) の秘密諜報機関 HVA にスカウトされたマーティン・ラオホは、スカウトを断り逃亡を図るが失敗に終わり、スパイのテクニックを仕込まれてドイツ連邦軍 (西ドイツ) に潜入することに。彼は副官モーリッツ・シュタムになりすまし、諜報活動を行うのだった。

12 モンキーズ
12 MONKEYS (2015-2017) S3 米 Syfy
アーロン・スタンフォード (小松史法), アマンダ・シュル (甲斐田裕子), エミリー・ハンプシャー (井上カオリ) ◆テリー・ギリアム監督の同名映画を TV シリーズ化した SF アドベンチャー。西暦 2043 年。地球は未知のウィルスに侵され人類の 99%、70 億人が死滅した。人類を救うには過去にタイムトリップし、ウィルス発生の原因を直接叩くしかない。そうした任務を負ってジェームズ・コールは未来から現代にやってくるが…。[D]

24 TWENTY FOUR
24 (2001-2010) S8 米 Fox
キーファー・サザーランド (小山力也), エリシャ・カスバート (園崎未恵)<S1-3,5,7,8>, デニス・ヘイスバート (福田信昭)<S1-5> ◆ CTU(テロ対策ユニット) ロサンゼルス支局の捜査官ジャック・バウアーは深夜 0 時に緊急招集を受ける。大統領候補デイビッド・パーマー上院議員の暗殺計画が発覚したためだ。その同時刻、ジャックの一人娘キムが帰宅せず、妻テリーは連絡を取ろうと必死で奔走していた。そしてロス上空で旅客機が爆破される。これはジャックの恐ろしく長い 1 日の始まりだった…。24 時間の出来事を 1 エピソード 1 時間というリアルタイムで描くノンストップ・アクション・ドラマ。同時進行で起こる複数の出来事を画面分割で描き、予想もつかない展開とドンデン返しで視聴者を引きつける。K・サザーランドはゴールデン・グローブ主演男優賞を受賞し、一気に TV 界のビッグスターへと躍り出た。[B,D,V]

24GUNS
GUNS (2008) S1 加 CBC
エリシャ・カスバート (園崎未恵), グレゴリー・スミス (増田裕生), アラン・ヴァン・スプラング (高橋圭一) ◆カナダが銃社会であることの問題点を追求したミニシリーズ。米国上院議員の父親が銃によって殺害されるという事件が発生した。事件の容疑者はボビー・ダギッド、イギリス人の武器商人ポール・ダギッドの息子だった。様々な訴訟をことごとく跳ね返してきた彼は、ミスター・テフロンの異名を取っていたのだが…。「24 TWENTY FOUR」の E・カスバートが出演しているため、この邦題となった。「DAY1 謀略のエピローグ」「DAY2 戦慄のプロローグ」の 2 本の DVD がリリース。[D]

24 TWENTY FOUR　リブ・アナザー・デイ
24: LIVE ANOTHER DAY (2014) S1 米 Fox
キーファー・サザーランド (小山力也), イヴォンヌ・ストラホフスキー (本名陽子), テイト・ドノヴァン (横堀悦夫) ◆ひとつの事件をリアルタイムで追い解決していく「24 TWENTY FOUR」が第 8 シーズンで終了した後、4 年後に製作された続編ミニシリーズ。前作の最後で姿を消し、国際指名手配の身となったジャック・バウアーが、ロンドンを舞台にテロリストと戦いを繰り広げる。1 話 1 時間の 24 話ではなく、12 話で完結。[B,D]

24：レガシー
24: LEGACY (2017) S1 米 Fox
[別] 24 TWENTY FOUR レガシー
コーリー・ホーキンズ (鈴木達央), ミランダ・オットー (山

12 モンキーズ

24 TWENTY FOUR

像かおり), ジミー・スミッツ (土師孝也) ◆大ヒットドラマ「24 TWENTY FOUR」のスピンオフ・シリーズ。同ドラマで主人公ジャック・バウアーを演じたキーファー・サザーランドは製作総指揮を務めている。陸軍特殊部隊に所属する主人公がテロリストから家族を守り、やがて判明する国家規模の陰謀と戦っていく姿をリアルタイムで描く。イエメンでテロリスト・グループのリーダーを殺害したエリック・カーターがある日突然、謎の一団に襲撃される。かつての仲間が次々と襲われたことから彼はテロリストの復讐と考えたが、やがて対テロ対策ユニット (CTU) 内部に裏切者がいる可能性が浮かび上がる…。全12話。1シーズンのみで打ち切りが決定した。[B,D]

21 ジャンプ・ストリート

21 JUMP STREET (1987-1991) S5 米 Fox

[別] ハイスクール・コップ (ビデオ) | ロックド・アウト (ビデオ)

ジョニー・デップ , ホリー・ロビンソン , ピーター・デルイーズ ◆若き日のJ・デップが出演、一躍スターとして認められた警察ドラマ。タイトルは青少年犯罪の警察官たちの本部の所在地を示す。フラー署長の下、トムやジュディ、ダグ、ハリーらの若手警察官が少年グループに潜入して数々の犯罪を摘発してゆく。2012年に同じタイトルで、アクション・コメディ映画としてリメイクされたが、その際J・デップがカメオ出演を果たした。[D,V]

TWO　同じ顔の悪魔

TWO (1996-1997) S1 加 CTV

マイケル・イーストン , バーバラ・タイソン , ロックリン・マンロー ◆充実した生活を送っていた大学教授のガス・マクレーンに、妻の殺害容疑がかけられる。それはガスの双子の兄弟ブースの仕業で、ブースはガスの持っている全てを破壊しようとしているのだった。カナダ製のサスペンス・ドラマ。

トゥゲザーネス

TOGETHERNESS (2015-2016) S2 米 HBO

マーク・デュプラス , メラニー・リンスキー , アマンダ・ピート , スティーヴ・ジシス ◆アラフォーの男女4人が同居生活を始めたことから巻き起こる騒動を描いたコメディ。ブレット・ピアソンとミシェルは今では会話も少なくなったアラフォー夫婦。そんな彼らのもとに家賃滞納で家を追い出された、ブレットの親友で売れない俳優のアレックスがやってきて勝手に同居生活を始める。そして、ミシェルの姉ティナも男にフラれたショックで寂しさに耐えかね、居候を決め込むのだった。主演のM・デュプラスと、その実兄のジェイが製作総指揮を務めている。

24：レガシー

闘神伝説シャカ・ズールー

SHAKA ZULU (1986) S1 英

エドワード・フォックス, ロバート・パウエル, クリストファー・リー ◆19世紀初頭のアフリカを舞台に、バラバラだったアフリカの小部族を戦闘によって次々と吸収し、南アフリカに王国を作り上げたズールー族の王シャカの半生を描いたミニシリーズ。母と共に部族を追放された少年期から、やがて戦闘の才能を開花させ次々と勝利をものにし、ついにはズールー族の王になるまでを描く。[V]

動物救助隊

SEARCH AND RESCUE (1977-1978) S1 米＝加 NBC/CTV

マイケル・J・レイノルズ (阪脩), ドナン・キャヴィン (潘恵子), マイケル・タフ (水島裕), ヘレン・シェイヴァー (有馬瑞香) ◆ドクター・ボブ・ドネルと、彼の2人の子供キャティとジムに加え、訓練を施した鷹や熊などの動物もメンバーに入れたレンジャー隊"アルファチーム"が、遭難者の救助や密猟者の取り締まりをするアドベンチャー・ドラマ。

動物先生ノア

NOAH'S ARK (1956-1957) S1 米 NBC

ポール・バーク (立岡光), ヴィクター・ロッドマン (嶋俊介), メイ・ウィン (島美弥子) ◆動物病院で働く獣医たちを描くヒューマン・ドラマ。青年医師のノアが、車椅子に乗った老医師サム、美人看護師のリズと共に、傷を負ったり病気に苦しむ動物たちの治療に当たる。

動物先生の日記

WOOBINDA, ANIMAL DOCTOR (1968) S1 豪

ドン・パスコー (小林昭二), ソニア・ホフマン (中島葵), ルッツ・ホッシュストラーチ (島津元), ビンディ・ウィリアムズ (竹内泉) ◆オーストラリアのニューサウスウェールズ州にある小さな田舎町ガデンズ・クリーク。ここに住む獣医のジョン・スティーブンスと、乗馬が得意な18歳の

闘神伝説シャカ・ズールー

た

娘ティギー、養子に迎えた原住民遺児のケヴィン、そしてドイツ出身の若い医師や周囲の人々のふれあいを描く。1話30分。全39話。

逃亡者
THE FUGITIVE (1963-1967) S4 米 ABC

デヴィッド・ジャンセン(睦五郎),バリー・モース(加藤精三),ウィリアム・コンラッド(矢島正明)◆妻殺しの濡れ衣を着せられ、死刑宣告を受けた医師リチャード・キンブルが護送途中に脱走。フィリップ・ジェラード警部の手を間一髪でかわし、知り合いになった市井の人々を助けながら逃亡を続けていく。絶大な人気を誇ったサスペンス・シリーズ。ドラマは好評を博し、その後いくつかのリメイク作品が製作された。特にハリソン・フォード主演の映画版は大ヒットを記録し、その後にはジェラード警部を主人公としたスピンオフ作品「追跡者」も作られた。[L,V]

逃亡者
THE FUGITIVE (2000-2001) S1 米 CBS

[別]新・逃亡者(CX)

ティモシー・デイリー(内田直哉),ミケルティ・ウィリアムソン(立木文彦),スティーヴン・ラング(青山穣)◆デヴィッド・ジャンセン主演の大ヒットドラマ「逃亡者」をリメイク。片腕の男に妻を殺され、その濡れ衣を着せられた医師リチャード・キンブルが、ジェラード警部の追跡をかわし逃亡先で人々を助けながら真相に迫っていく。[B,V]

逃亡者 デッドエンド
PREY (2014) S1 英 ITV

ジョン・シム(横堀悦夫),ロージー・カヴァリエロ(高乃麗),アナスタシア・ヒル(塩田朋子)◆イギリスで製作されたノンストップ・サスペンス・ドラマ。妻と息子を殺された上、その犯人に仕立て上げられてしまったロングサイト署の部長刑事マーカス・ファローは、護送車の事故に乗じて脱走。真相を突き止め冤罪を晴らすため、マーカスの孤独な戦いが始まる。

逃亡地帯・犯人を追え!
→特捜刑事サム

透明人間
THE INVISIBLE MAN (1958-1960) S2 英 ITV

ティム・ターナー(若山弦蔵),リサ・ダニエリー,D・ワトリング◆実験中の事故によって透明人間になってしまったピーター・ブレイディ博士が、その特殊能力を活かして犯罪組織と戦ったり諜報戦に活躍するモノクロ30分のSFアドベンチャー。H・G・ウェルズが創造した人気キャラクターが主人公だが、原作とは名前も性格も異なり、こちらは正義の味方となっている。[V]

透明人間
THE INVISIBLE MAN (1975-1976) S1 米 NBC

デヴィッド・マッカラム(野沢那智),メリンダ・フィー(加川三起),ジャッキー・クーパー(宮沢元)◆政府の研究所で物質透明化の研究をしていたダニエル・ウェスティン博士は、自分の研究が戦争に使われることを知り、研究の成果を破棄した上、自らを透明化、その身体を活かして悪と戦っていく。「0011ナポレオン・ソロ」のD・マッカラムが透明人間に扮したSFアクション。

トゥモロー・ピープル
THE TOMORROW PEOPLE (2013-2014) S1 米 The CW

ロビー・アメル,ペイトン・リスト,ルーク・ミッチェル,アーロン・ヨー,マデリン・マントック,マーク・ペルグリノ◆1970年代にNHK少年ドラマシリーズ枠で放映されていた英国製SF「地球防衛団」をアメリカでリメイク。トゥモロー・ピープルと呼ばれる超能力者たちと、彼らを排除しようとする政府組織ウルトラとの戦いを描く。高校生のスティーヴン・ジェームソンは最近、他人の声が聞こえたり、いつの間にか思わぬ場所で我に返ったりといったおかしな現象に悩まされていた。しかし精神の異常と思われたその現象は、テレパシーやテレポーテーションなどの超能力によるものだということが判明する。

TRU CALLING トゥルー・コーリング
TRU CALLING (2003-2005) S2 米 Fox

エリザ・ドゥシュク(甲斐田裕子),ショーン・リーヴス(平川大輔),ザック・ガリフィナーキス(村治学)◆死者の声を聞くことで過去に戻ることができるヒロインを描いた超常サスペンス。死体安置所で働くトゥルー・デイビーズは、亡くなった人の声が聞こえるようになってしまう。そして死者がトゥルーに救いを求めると、その人物が命を亡くした当日の朝に彼女が戻るのだった。最後の一日をやり直せるトゥルーは、無念の思いを持つ人々を助けるべく24

透明人間

TRU CALLING トゥルー・コーリング

時間という限られた時間の中で奔走する。[D,V]

TRUE DETECTIVE ／二人の刑事
TRUE DETECTIVE (2014) 米 HBO
[別] TRUE DETECTIVE ／トゥルー・ディテクティブ（シーズン 1)(ソフト)
マシュー・マコノヒー（森田順平), ウディ・ハレルソン（谷昌樹), ミシェル・モナハン（衣鳩志野）◆ルイジアナを舞台に、シリアルキラーを追う刑事たちの活躍を描いたサスペンス・ドラマ。17 年前の殺人を髣髴とさせる猟奇事件が発生、かつて事件に携わった 2 人の刑事マーティン・ハートとラストことラスティン・コールが事情聴取のために呼び戻される。[B,D]

TRUE DETECTIVE ／ロサンゼルス
TRUE DETECTIVE (2015) 米 HBO
[別] TRUE DETECTIVE ／トゥルー・ディテクティブ（シーズン 2)(ソフト)
コリン・ファレル（花輪英司), ヴィンス・ヴォーン（青山穣), レイチェル・マクアダムス（佐古真弓）◆「TRUE DETECTIVE ／二人の刑事」の第 2 シーズンに当たる犯罪ドラマ。舞台をロサンゼルスに移し、キャストも一新して新たな物語が展開する。ロサンゼルス近郊にあるヴィンチ市の幹部が殺害される事件が発生。ヴィンチ署のレイ・ヴェルコロ、郡保安局のアニー・ベゼリデス、州ハイウェイパトロールのポール・ウッドルーという、それぞれ所属の異なる 3 人の刑事が事件解決に乗り出す。[B,D]

トゥルーブラッド
TRUE BLOOD (2008-2014) S7 米 HBO
アンナ・パキン（坂本真綾), スティーヴン・モイヤー（福田賢二), サム・トラメル（村治学）◆アメリカ南部の田舎町ボン・タン。人の心が読めるという特別な能力を持つウェイトレスのスーキー・スタックハウスはある日、店に来た孤独なヴァンパイアのビル・コンプトンに惹かれる。一方、ビルも普通の人間とは違うスーキーに興味を抱く。急接近する 2 人だったが、町では連続惨殺事件が起こっており、住人の疑惑の目はビルに注がれる。人工血液“トゥルーブラッド”の発明によって共存が可能になったヴァンパイアと人間との種を超えた愛憎関係を大胆な描写で描く、アダルト向けのゴシックホラー。主演の A・パキンはゴールデン・グローブ主演女優賞に輝いた。[B,D]

トゥルー・ブルー
TRUE BLUE (1989-1990) S1 米 NBC
[別] NY 市警緊急出動部隊トゥルー・ブルー
ジョン・ボルジャー（大滝進矢), レオ・バーメスター（峰恵研), アリー・ウォーカー（深見梨加）◆ニューヨーク警察の緊急出動部隊の活躍を描いたポリス・アクション。トラック・ワンは、ニューヨーク市警第 8 分署を拠点とする緊急出動部隊。重装トラックなどで緊急出動を行い、マンハッタン地区における事件・事故のレスキュー活動を繰り広げてゆく。第 1 話と第 2 話（パイロット版）は「ニューヨーク特殊部隊／ E・S・U 出動！」としてビデオリリースされた。[V]

特殊能力捜査官　ペインキラー・ジェーン
PAINKILLER JANE (2007) S1 米＝加 Sci-Fi
クリスタナ・ローケン（本田貴子), ロブ・スチュワート（内田直哉), ノア・ダンビー（竹内良太）◆同名アメリカン・コミックを原作とするアクション・ドラマ。驚異的な治癒力を持つ捜査官ジェーン・バスコが、超人的な能力を持ち世界征服を企む集団ニューロを壊滅すべく、激しい戦いに身を投じていく。主演は「ターミネーター 3」で女ターミネーターを演じた K・ローケン。[D]

特殊部隊ライトニング・フォース
LIGHTNING FORCE (1991-1992) 加
ウィングス・ハウザー（玄田哲章), デヴィッド・ストラットン（辻谷耕史), マーク・ゴメス（小杉十郎太）◆カナダ製の 30 分ものアクション TV シリーズ。増大するテロの危機に対抗するべく、世界中から選び抜かれた兵士による特殊部隊、ライトニング・フォースの活躍を描く。彼らは世界のいかなる場所にも 24 時間以内に駆けつけ、極秘裏に任務を遂行する。主演は「ザ・モンスター」の W・ハウザー。[V]

特捜 SA7
SPECIAL AGENT 7 (1958) S1 米
ロイド・ノーラン ◆アメリカ財務省国税局情報部のスペシャル・エージェントであるフィリップ・コンロイが、宝石の密輸、麻薬の密売、偽札事件や脱税事件などの事件を追って奮闘するモノクロ 30 分の犯罪アクション。全

TRUE DETECTIVE ／二人の刑事

特殊能力捜査官　ペインキラー・ジェーン

た

26 話。

特捜官ニック・ケイン
CAIN'S HUNDRED (1961-1962) S1 米 NBC
[別] ギャング
ピーター・マーク・リッチマン (黒沢良) ◆犯罪組織の弁護士ニコラス (ニック)・ケインは婚約を機に裏社会と縁を切ろうとしたが、組織に狙われた結果、婚約者のステラが命を落としてしまう。復讐に燃えるケインは特捜官となり、FBI に協力して 100 人のボスたちに正義の制裁を下すべく奔走する。モノクロ、全 30 話。

特捜刑事アイシャイド
EISCHIED (1979-1980) S1 米 NBC
ジョー・ドン・ベイカー (内海賢二), ヴィンセント・ブファーノ (田中秀幸), スザンヌ・レデラー (弥永和子), エディ・イーガン (千葉耕市), アラン・オッペンハイマー (石森達幸) ◆ニューヨーク市警で捜査チームを率いるアール・アイシャイド刑事部長の活躍を描いたポリス・ストーリー。「イヤー・オブ・ザ・ドラゴン」などで知られる元ニューヨーク市警副本部長の作家ロバート・デイリーの原作をミニシリーズ化した「TO KILL A COP」(日本未放映) のキャラクターを用いてシリーズ化したもの。全 13 話。

特捜刑事サム
FELONY SQUAD (1966-1969) S3 米 ABC
[別] 逃亡地帯・犯人を追え !(第 2 シーズン)
ハワード・ダフ (久松保夫), デニス・コール (仲村秀生), ベン・アレクサンダー ◆西海岸の大都市を舞台に、20 年の経験を持つベテラン部長刑事サム・ストーンと、その相棒である新人刑事ジム・ブリッグス、そしてジムの父親であるダン・ブリッグス巡査の 3 人が、重犯罪 (原題の Felony) に立ち向かっていく 30 分のポリス・アクション。

特捜刑事マイアミ・バイス
MIAMI VICE (1984-1990) S5 米 NBC
[別] マイアミ・バイス (CS)
ドン・ジョンソン (隆大介), フィリップ・マイケル・トーマス (尾藤イサオ), エドワード・ジェームズ・オルモス (青野武) ◆フロリダ州のマイアミ警察。組織犯罪局風紀課 (バイス) で潜入捜査を行う、プレイボーイなソニー・クロケット刑事と硬派なリカルド・ダブス刑事が、リゾート地にはびこる麻薬組織や売春犯罪、マフィアたちに立ち向かう。2006 年には TV 版で製作総指揮を務めたマイケル・マンが自らメガホンをとり、コリン・ファレルとジェイミー・フォックスを主演に迎えて映画版も製作された。[D]

特捜隊アダム 12
ADAM-12 (1968-1975) S7 米 NBC
マーティン・ミルナー (青野武), ケント・マッコード (田中信夫) ◆ロサンゼルス警察 (LAPD) のベテランのピート・マロイ巡査と、警察学校を出たばかりの新人ジム・リード巡査の 2 人は、パトカーで巡回する中で様々な事件に遭遇していく。パトロール警官のリアルな日常を描いた 30 分の犯罪ドラマ・シリーズで、本国では 7 シーズンも続いた人気番組となった。製作は「ドラグネット」のジャック・ウェッブ。

特捜隊長エバース
MOST WANTED (1976-1977) S1 米 ABC
ロバート・スタック (金内吉男), シェリー・ノヴァク (池田秀一), ジョー・アン・ハリス (吉田理保子) ◆「アンタッチャブル」の R・スタックが、重犯罪者を専門に扱う特捜チームの隊長に扮したポリス・アクション。犯罪都市ロサンゼルスの市長ダン・ストッダードは重犯罪の指名手配犯を逮捕すべく少数精鋭の特別ユニットを結成。隊長に任命された殺人課のリンク・エバースは、チャーリー・ベンソン巡査部長とケイト・マナーズ巡査の 2 人と共に、大都会に潜む凶悪犯に立ち向かっていく。全 21 話。

特捜チーム　レベル 9
LEVEL 9 (2000-2001) S1 米 UPN → Syfy
ケイト・ホッジ (山口由里子), ファブ・フィリッポ (檜山修之), マイケル・ケリー (根本泰彦) ◆アメリカ国家安全保障局 (NSA) の指揮下に作られたハイテク犯罪に対処するための特殊チーム“ レベル 9” の活躍を描いたミステリー・アクション。FBI 特別捜査官アニー・プライスを中心とした各分野のプロフェッショナルたちが、秘密裏にサイバー犯罪に立ち向かう。

特捜追跡班チェイス
CHASE (1973-1974) S1 米 NBC
ミッチェル・ライアン (小林修), ウェイン・モウンダー (納谷六朗), リード・スミス (森功至), マイケル・リチャード

特捜刑事マイアミ・バイス

特捜隊アダム 12

ソン(青野武), ブライアン・フォン(神谷明) ◆特殊技能を持った刑事たちによる特捜チームの活躍を描いたポリス・アクション。チェイス・レディック警部を司令に、麻薬の専門家サム、ヘリ操縦士のノーム、元レーサーのスティーヴ、バイク乗りのフレッドらが犯罪に立ち向かう。パイロット版はシリーズ名のままで映画劇場枠で放映された。

特捜班 CI ☆ 5
THE PROFESSIONALS (1977-1983) S5 英 ITV
[別] プロフェッショナル
ゴードン・ジャクソン(森山周一郎), ルイス・コリンズ(若本規夫), マーティン・ショウ(野島昭生) ◆英国政府直下の特別犯罪捜査班"CI-5"(クリミナル・インテリジェンス・ファイブ)の活躍を徹底的なリアル描写で描いた本格派アクション・シリーズ。ジョージ・コーレイ部長の指揮の下、若き捜査官ボーディとドイルが国家保全のために共産圏のスパイやテロ集団、薬物組織らに立ち向かう。[D,V]

特捜ライアン
→私立探偵ライアン

ドクター・ウェルビー
MARCUS WELBY, M.D. (1969-1976) S7 米 ABC
ロバート・ヤング(根上淳), ジェームズ・ブローリン(橋本功), エレナ・ヴェルダゴ(水城蘭子) ◆サンタモニカの開業医マーカス・ウェルビーと若き同僚スティーヴン・カイリー医師が活躍する医療ドラマ。患者の病気を治すだけではなく、患者が抱えた悩みをも解消しようとするドクター・ウェルビーの姿は多くの共感を呼んだ。

ドクター・キルデア
DR. KILDARE (1961-1966) S5 米 NBC
[別] キルデア先生
リチャード・チェンバレン(山内雅人), レイモンド・マッセイ(小山源喜), ジャド・テイラー ◆アメリカ本国では「ベン・ケーシー」と人気を二分したといわれる医療ドラマ。LA の大病院を舞台に、若き内科研修医ジェームズ・キルデアが様々な疾病や人間関係を経て医師として成長していく姿と、それを暖かく見守るギレスピー院長を描く。元々は 1936 年にマックス・ブランドが発表した小説で、その後リュー・エアーズ主演で 9 本の映画も作られていた題材を TV シリーズ化したもの。主人公を演じた R・チェンバレンが歌う主題歌もヒットした。72 年には「Young Dr. Kildare」としてリメイクされたが、こちらは短命に終わった。

ドクター・クイン　大西部の女医物語
DR. QUINN, MEDICINE WOMAN (1993-1998) S6 米 CBS
ジェーン・シーモア(范文雀), ジョー・ランドー(谷口節), チャド・アレン(真殿光昭) ◆ゴールドラッシュに沸くコロラド・スプリングスに、ボストンから女医ミケーラ・クインがやってくる。男の医者が来ると思っていた村人は女の医者に抵抗するが、クインは事故死した友人の遺児の親代わりを務めながら過酷な医師の仕事を果敢にこなし、次第に住民たちに認められる。しかしその地は、白人と対立するインディアンの悲劇の土地でもあった…。差別や偏見に立ち向かう開拓時代の女医を J・シーモアが熱演し、ゴールデン・グローブ主演女優賞に輝いた。[D]

ドクター・クリスチャン
DR. CHRISTIAN (1956-1957) S1 米
マクドナルド・ケリー, ジャン・シェパード ◆ジーン・ハーショルトが医師ポール・クリスチャンを演じて人気を博したラジオドラマは、1939 年から 6 本の映画版(こちらもハーショルト主演)も作られたが、本作はその続編となる TV シリーズ版。開業医ポール・クリスチャンが引退することになったため、ミネソタ州の小さな田舎町で診療所を引き継いだ甥のマーク・クリスチャンの活躍を描く。序盤のエピソードにはハーショルトがポール・クリスチャンとして再登場しファンを喜ばせたが、これがハーショルトの遺作となった。モノクロ 30 分・全 39 話だが、日本で放送されたのは 38 話。

Dr. 刑事クインシー
QUINCY M.E. (1976-1983) S8 米 NBC
ジャック・クラグマン(北村和夫→宮川洋一), ロバート・イトー(玄田哲章→古川登志夫), ジョン・S・レジン(仁内建之→青野武) ◆ロサンゼルス郡検死局の検死官ドクター・クインシーが、不自然な遺体や死因を独自の捜査で解明し、そこから事件の真相に迫っていくという医療ミステリー。アメリカ在住の日本人医師、トーマス野口がクインシーのモデルとなっており、現在の科学捜査ドラマの元祖とも言える。

ドクター・クイン　大西部の女医物語

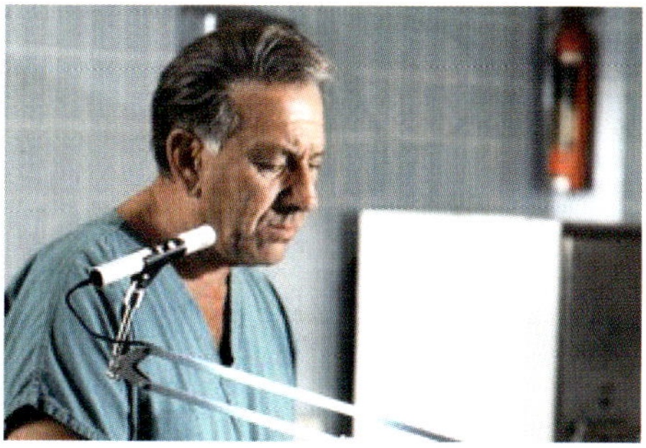
Dr. 刑事クインシー

た

Dr. トラッパー／サンフランシスコ病院物語
TRAPPER JOHN, M.D. (1979-1986) S7 米 CBS
[別] Dr. トラッパー
パーネル・ロバーツ (石田太郎), グレゴリー・ハリソン (安原義人), チャールズ・シーバート (野島昭生), メアリー・マカティ (遠藤晴), クリストファー・ノリス (高島雅羅) ◆朝鮮戦争の野戦病院を舞台にした映画「M ★ A ★ S ★ H」(1970 年) のキャラクター、トラッパーことジョン・マッキンタイア (映画ではエリオット・グールドが演じた) を主人公にしたスピンオフ。28 年後、サンフランシスコ記念病院で外科医のチーフを務める医師トラッパーと彼のチームの活躍を描く、ユーモアに満ちたメディカル・ドラマ。TV シリーズの「マッシュ」とは関連性は無い。

特ダネを逃がすな
BIG TOWN (1950-1956) S6 米 CBS → NBC
パトリック・マクヴィ , マーク・スティーヴンス ◆ニューヨークの大手新聞社イラストレイテッド・プレス紙の編集部を舞台に、編集長のスティーヴ・ウィルソンや新聞記者たちの奮闘ぶりを描く。人気ラジオ番組から始まり、4 本の映画を経て TV 化されたもの。

Dr.HOUSE ードクター・ハウスー
HOUSE M.D. / HOUSE (2004-2012) S8 米 Fox
[別] HOUSE(旧)
ヒュー・ローリー (木下浩之), リサ・エデルスタイン (中村かおり), ロバート・ショーン・レナード (蓮池龍三) ◆偏屈で無愛想な天才診断医が、他の医師が解明できない病気を治療するべく奮闘する、1 話完結スタイルの異色の医療ドラマ。プレインズボロ教育病院で働くグレゴリー・ハウスは、人付き合いが苦手で口が悪く、患者に話しかけることすら嫌がっていた。だがその腕前は一流であり、若き診断チームを率いて病気の原因を突き止めていく。[B,D]

ドクター・フー
DOCTOR WHO (1963-1989) S26 英 BBC
トム・ベイカー (玄田哲章), エリザベス・スレイデン (平野文) ◆イギリスが誇る世界最長 SF ドラマシリーズ。1963 年から 1989 年にかけて 26 シーズンが放送され、2005 年からはさらに新シリーズが放送。惑星ガリフレイに住む地球人そっくりの種族タイムロードの 1 人である " ドクター " が、ターディスという名のタイムマシンを駆使し、地球や宇宙の平和を守るために奔走する姿を描く。日本では T・ベイカーが 4 代目ドクターとして活躍するシリーズの内、1 シーズンのみが TV 放映された。

ドクター・フー
DOCTOR WHO (2005-2017) S11 英 BBC
[別] ドクター・フー ニュー・ジェネレーション
クリストファー・エクルストン (山路和弘／祐仙勇), デヴィッド・テナント (関俊彦), マット・スミス (川島得愛), ピーター・キャパルディ (内田直哉) ◆地球や他の惑星で起こる侵略やタイムパラドックスを防ぐために奮闘する、異星人 " ドクター " の活躍を描く世界最長 SF ドラマの、2005 年にスタートした新シーズン。ドクターが地球人の相棒と共に、宇宙を舞台に冒険を繰り広げる姿を描く。2010 年からはスタッフを一新し、主演に M・スミスを迎えて、さらに新たなシリーズが放送開始となった。日本では AXN ミステリーでの放送ならびに DVD で発売される際「ドクター・フー ニュー・ジェネレーション」というタイトルが付された。[D]

ドクター・ホイットマン
THE PSYCHIATRIST (1970-1971) S1 米 NBC
ロイ・シネス (納谷悟朗), ルーサー・アドラー (勝田久) ◆ロサンゼルスの精神科医ジェームズ・ホイットマンが、彼の師である Dr. バーナード・アルトマンと共に、心の問題を抱える人々を救っていく医療ドラマ。「激突 !」(1971 年) を撮る直前のスティーヴン・スピルバーグが 2 エピソードの監督を担当している。パイロット版「精神科医」は映画劇場枠で放映された。

Dr. マーク・スローン
DIAGNOSIS MURDER (1993-2001) S8 米 CBS
[別] 新 Dr. マーク・スローン (第 2 〜 4 シーズン)
ディック・ヴァン・ダイク (中村正→西村知道), バリー・ヴァン・ダイク (仲野裕→石井隆夫), ヴィクトリア・ローウェル (小山田詩乃→戸田亜紀子) ◆総合病院の内科医マーク・スローンが、刑事の息子ジョージにたしなめられながらも、若手の医師アマンダ・ベントリーらの協力を得て、持ち前の好奇心と鋭い推理力で難事件を解き明かしてい

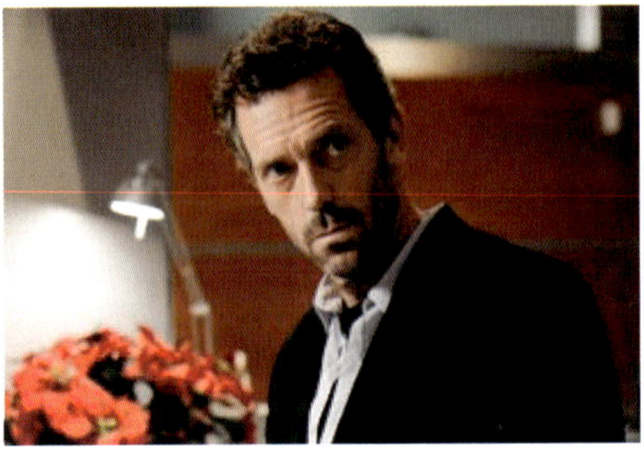
Dr.HOUSE ードクター・ハウスー

ドクター・フー (2005-2017)

くミステリー・シリーズ。

ドクター・マーティン
DOC MARTIN (2004-2015) S7 英 ITV
マーティン・クルーンズ, キャロライン・キャッツ, スチュワート・ライト ◆田舎の村に赴任してきた気難しい医者と、彼を取り巻く村人たちとの交流を描いたイギリスのコメディ・ドラマ。ロンドンの大病院で外科医として働くマーティン・エリンガムは、ある日突然、血を見ると吐いてしまうという"血液恐怖症"にかかってしまう。やむなく病院を辞め、イングランドの最西端に位置するコーンウォールに移ったマーティンは、ポートアイザックという小さな漁村にある診療所で働くが、素朴で大らかな村人たちにいつも振り回されることになる。

ドクター・ラファティ
RAFFERTY (1977) S1 米 CBS
パトリック・マクグーハン, ジョン・ゲッツ ◆元軍医で、現在は開業医をしながら総合病院の嘱託医も務めているシド・ラファティ。軍医としての経験から、強い信念を持って治療に当たるが、それは時として周囲との衝突を生む。「プリズナーNo.6」のP・マクグーハン主演による医療ドラマ。全13話。字幕方式で放映。

ドクトル・ジバゴ
DOCTOR ZHIVAGO (2002) 英＝独＝米 ITV
ハンス・マシソン(田中実), キーラ・ナイトレイ(石塚理恵), サム・ニール(有川博) ◆ノーベル文学賞を受賞したロシアの作家ボリス・パステルナークによる同名小説を映像化。ロシア革命を背景に、若く美しいラーラと医師ユーリー・ジバゴの愛と運命を描く。日本ではNHK衛星で前後編に分けて放送された。[D,V]

ドクトル・ジバゴ
DOKTOR ZHIVAGO (2006) S1 ロシア
オレグ・メンシコフ, オレグ・ヤンコフスキー, チュルパン・ハマートワ ◆ 1965年にデヴィッド・リーンによって映画化もされたロシアの作家ボリス・パステルナークの同名原作をTVドラマ化。帝政崩壊後の混乱するロシアを舞台に、医師のユーリー・ジバゴと彼の恋人ラーラの恋模様を描く。[D]

特別狙撃隊 S.W.A.T.
S.W.A.T. (1975-1976) S2 米 ABC
スティーヴ・フォレスト(小林修), ロッド・ペリー(青野武), ロバート・ユーリック(伊武雅刀), マーク・シエラ(曽我部和恭), ジェームズ・コールマン(納谷六朗) ◆ロサンゼルス警察のダン・"ホンドー"・ハレンソン警部補の指揮の下、戦争経験者の警官から集められた4人のスペシャリストによる特殊銃火器戦術班＝略称SWATが凶悪犯罪と戦っていく姿を描いたポリス・アクション。バリー・デ・ヴォーゾンのテーマ曲が大ヒットした。2003年にはリメイク映画版「S.W.A.T.」も作られた。[D]

特報記者キングストン
KINGSTON: CONFIDENTIAL (1976-1977) S1 米 NBC
[別] キングストン・コネクション
レイモンド・バー(石田太郎), アート・ヒンドル(野島昭生), パメラ・ヘンズリー(北島マヤ), ナンシー・オルソン(山口奈々) ◆新聞社やTV局を擁する巨大メディア、フレイジャー・ニュース・グループの敏腕編集長であるR・B・キングストンが、助手のトニー・マリノとベス・ケリーの協力を得て、激動する世界の影に潜む犯罪を暴き出す。主演は「鬼警部アイアンサイド」のR・バー。全13話。

特命記者
WIRE SERVICE (1956-1957) S1 米 ABC
デイン・クラーク, マーセデス・マッケンブリッジ, ジョージ・ブレント ◆事件の真相を求めて世界を駆けめぐる、大手通信社の記者たちの活躍を描いたモノクロ犯罪ドラマ。ダン・ミラー、ケイト・ウェルズ、ディーン・エヴァンスの3人が、毎週交代で主人公になるスタイルを取っている。全39話。

特命捜査官キング
→秘密指令S

特命捜査官モンティ・ナッシュ
MONTY NASH (1971) S1 米
[別] 特命捜査官
ハリー・ガーディノ(小林勝彦) ◆『シンシナティ・キッド』『摩天楼の身代金』で知られる小説家リチャード・ジェサップが、リチャード・テルフェア名義で著したスパイ小説"モンティ・ナッシュ"シリーズを原作とする犯罪アクショ

Dr. マーク・スローン

ドクター・ラファティ

た

ン。「ダーティハリー」などで知られるH・ガーディノが、アメリカ政府直属の特命捜査官モンティ・ナッシュに扮し、国家機密を守るため各国のスパイを相手に戦いを繰り広げる姿を描く。全14話。

どこかでなにかがミステリー

SO WEIRD (1999-2001) S3 米 Disney Channel

カーラ・デリツィア(愛河里花子), マッケンジー・フィリップス(華村りこ), パトリック・リーヴァイス(松野太紀) ◆ロック歌手を母に持つフィーと兄のジャック、そして親友のクルーが、母のツアーで全国を回りながら様々な超常現象に遭遇、機転と友情で危機を回避していく。ディズニー・チャンネルで放送されたキッズ向けのドラマでありながら、暗いトーンとオカルティックな内容が話題となった。

ドストエフスキーの悪霊

BESY (2014) S1 ロシア Telekanal Rossiya

マクシム・マトヴェーエフ, アントン・シャギン, ナジェジダ・マルキナ, マリヤ・シャライェヴァ ◆ロシアの小説家フョードル・ドストエフスキーの代表作の一つとして知られる長編小説『悪霊』を実写化。19世紀後半のロシアの静かな田舎町。突如、川で死体が発見される。警察はその死に、最近サンクトペテルブルクからこの町に戻ってきた美貌の青年貴族ニコライと彼の友人ピョートルが関係しているのでは、という疑惑を抱く。事実、彼らは知事夫人に取り入って秘密結社を作り、革命を起こそうとしているのだった。

ドーソンズ・クリーク

DAWSON'S CREEK (1998-2003) S6 米 The WB

ジェームズ・ヴァン・ダー・ビーク(川島得愛), ジョシュア・ジャクソン(竹若拓磨), ケイティ・ホームズ(宮島依里) ◆アメリカ東海岸にある架空の小さな町ケープサイドに住む高校生たちの成長を描く青春ドラマ。映画監督に憧れるドーソン・リアリーは幼馴染みのジョーイ・ポッターに思いを寄せていたが、ニューヨークから引っ越してきた奔放なジェン・リンドリーに惹かれていく。ドーソンの親友ペイシー・ウィッターは年上の女性との恋愛を経て次第にジョーイに接近するが、彼女の本心は…? 両親の離婚や家族との確執、恋愛やセクシュアリティなどに悩む10代を真摯に描いた作品。[D,V]

トータル・リコール

TOTAL RECALL 2070 (1999) S1 米 OnTV/Showtime

[別] トータル・リコール・ザ・シリーズ(DVD) | トータル・リコール2070

マイケル・イーストン(山野井仁), カール・プルーナー(佐久田修), シンシア・プレストン(湯屋敦子) ◆フィリップ・K・ディックの小説『追憶売ります』をドラマ化。同原作は1990年にアーノルド・シュワルツェネッガー主演「トータル・リコール」として映画化されているが、このドラマは同じディック原作の実写化「ブレードランナー」の影響を見て取ることができる。休暇などの目的で仮想現実を提供しているリコール社の謎を、市民保護局のデヴィッドとアンドロイドの相棒イアンが追求していく。[D,V]

トーチウッド 人類不滅の日 / ミラクル・デイ

→秘密情報部トーチウッド

とつげき!マッキーバー

MCKEEVER & THE COLONEL (1962-1963) S1 米 NBC

スコット・レイン(田上和枝), アリン・ジョスリン, ジャッキー・クーガン(大塚周夫) ◆ウェストフィールド陸軍幼年学校を舞台に、いたずらが大好きなゲイリー・マッキーバー少年が、教官や校長相手に巻き起こす大騒動を描いたモノクロ30分のシチュエーション・コメディ。全26話。

特攻ギャリソン・ゴリラ

GARRISON'S GORILLAS (1967-1968) S1 米 ABC

ロン・ハーパー(田口計), クリストファー・ケリー(内海賢二), ルディ・ソラリ(渡辺猛), ブレンドン・ブーン(中田浩二), チェザーレ・ダノーヴァ(森山周一郎) ◆変装の名手でペテン師の"アクター"、ナイフ投げの"アパッチ"、スリの"イタチ"、金庫破りの"カジノ"。個性的な4人のならず者がクレイグ・ギャリソン中尉の指揮のもと、特赦をエサに激戦区の敵地に乗り込んでいく。第二次大戦のヨーロッパ戦線を舞台にした戦争アクション・ドラマ。

特攻野郎Aチーム

THE A-TEAM (1983-1987) S5 米 NBC

ジョージ・ペパード(羽佐間道夫), ダーク・ベネディクト(安原義人), ミスター・T(飯塚昭三), ドワイト・シュルツ(富山敬) ◆変装の名人ハンニバルことジョン・スミス、怪力ながらメカニックの達人コングことB・A・バラカス、

ドーソンズ・クリーク

特攻野郎Aチーム

変わり者のパイロットであるクレイジーモンキーことマードック、何でも手に入れる調達屋のフェイスマンことテンプルトン・ペック。ベトナム帰りのお尋ね者4人がそれぞれの特技を活かし奇想天外な作戦で悪を討つ。ユーモラスなタッチと、豪快なアクションがうまく融合したヒット・シリーズ。2010年にはリメイク映画版が製作された。[D]

突然！サバイバル
FLIGHT 29 DOWN (2005-2010) S3 米 Discovery Kids
ローレン・ストーム(坂本真綾), ジェレミー・キスナー(平川大輔), ハリー・ハーシュ(ちふゆ) ◆不時着した孤島で生き抜くために奮闘する高校生たちの姿を描くサバイバル・ドラマ。エコ・キャンプに向かう10人の少年少女を乗せた小型旅客機が、落雷のためエンジン・トラブルを起こし南太平洋の孤島に不時着。機長のラッセルは3人を連れて島の反対側へ様子を見に行くことになるのだが…。彼らは過酷な環境の中で生き残り、無事に生還することができるのか!?

トップ・オブ・ザ・レイク ～消えた少女～
TOP OF THE LAKE (2013) S1 英＝豪＝ニュージーランド Sundance Channel
エリザベス・モス, デヴィッド・ウェンハム, ピーター・ミュラン ◆映画「ピアノ・レッスン」のジェーン・カンピオン監督と、「英国王のスピーチ」製作陣が手がけたBBCのミステリー。12歳で妊娠した少女トゥイの失踪を捜査するロビン・グリフィン刑事が、ニュージーランドの美しい湖畔の街に隠された恐るべき事実を明らかにする。[D]

トップモデル諜報員 カバー・アップ
COVER UP (1984-1985) S1 米 CBS
ジェニファー・オニール(さとうあい), ジョン・エリック・ヘクサム(小杉十郎太), アントニー・ハミルトン(石塚運昇), リチャード・アンダーソン(有本欽隆) ◆男女コンビが協力して冒険を繰り広げる内に恋に落ちるアクション・ドラマ。女流写真家のダニーことダニエル・レイノルズは、亡くなった夫が政府の秘密機関で働くエージェントだったため、その仕事を引き継ぐことになった。元グリーンベレーのマック・ハーパーとコンビを組んだダニーは世界各国で諜報活動に勤しむのだが…。シーズン途中でパートナー役を務めるJ・E・ヘクサムが死亡するというアクシデントがあり、新たなパートナーとしてA・ハミルトンが起用されたが、番組は1シーズンで終了してしまった。

となりのサインフェルド
SEINFELD (1989-1998) S9 米 NBC
ジェリー・サインフェルド(堀内賢雄), ジュリア・ルイス＝ドレイファス(小山茉美), マイケル・リチャーズ(磯部勉), ジェイソン・アレクサンダー(玄田哲章／岩崎ひろし) ◆1990年代のアメリカで最も高い人気を得たシチュエーション・コメディ。スタンダップ・コメディアンである主演のJ・サインフェルドが本人役を演じる設定で、仕事もなく日がな一日、自宅やカフェに入り浸っている友人たちと繰り広げる、何気無い日常をユーモアとギャグで綴る。[D]

トニー谷の海底大戦争
→海底大戦争スティングレイ

とび蹴り アチョ～ズ！
KICKIN' IT (2011-2015) S4 米 Disney XD
レオ・ハワード(阿部敦), ジェイソン・アールズ(梯篤司), オリヴィア・ホルト(伊瀬茉莉也) ◆つぶれかけの空手道場に入門した天才少年ジャックが巻き起こす騒動を明るく楽しく描く、格闘技を題材とした革新的な痛快コメディ。ジャックが入門したことにより、世間から見放された負け組の仲間たちが真の友情に目覚めていく。

ドビーの青春
THE MANY LOVES OF DOBIE GILLIS (1959-1963) S4 米 CBS
[別] ドビー・ギリス(旧) | 愉快なドビー
ドウェイン・ヒックマン(井上真樹夫), ボブ・デンヴァー(天田俊明) ◆マックス・シャルマン原案・脚本の映画「やんちゃ学生」に登場したキャラクター、ドビー・ギリスを大学生から高校生に変更した青春コメディ・シリーズ。1988年には中年になったドビーを描いた復活TVムービー「ドビーの青春スペシャル」も製作された。

跳べ！ロックガールズ ～メダルへの誓い
MAKE IT OR BREAK IT (2009-2012) S3 米 ABC Family
チェルシー・ホッブス(安藤瞳), エイラ・ケル(舞山裕子), キャシー・スケルボ(植竹香菜) ◆友情や恋、夢といった十代の少女たちが抱える悩みをテーマに描く、ハートフルなヒューマン・ドラマ。オリンピックを目指す名門体操

となりのサインフェルド

跳べ！ロックガールズ ～メダルへの誓い

た

クラブに奨学生として入ったエミリーは、シングルマザーの母親と足の不自由な弟と暮らしている。チームメイトは裕福な少女たちばかりで、早速エミリーは嫌がらせを受ける。チームは新しいコーチを迎えることになるのだが…。

トミー＆タペンス おしどり探偵

→二人で探偵を

トム・ジョーンズ

THE HISTORY OF TOM JONES, A FOUNDLING (1997) S1 英 BBC

[別] トム・ジョーンズの冒険 (TV)

マックス・ビースレイ (佐久田修), サマンサ・モートン (魏涼子), ベンジャミン・ホイットロー (小林修) ◆ある晩、イギリスの大地主オールワージの妹ブリジットのところでとんでもないことが発生する。独身であるはずの彼女の寝室に見たことのない男の赤ん坊がいたのだ。親切なオールワージはこの突然の訪問者を優しく受け入れ、トム・ジョーンズと名づける。トムは成長して、村の娘を追い回すプレイボーイになった。悪意を持った男にはめられて、路頭に迷うはめになるトム。しかしトムは、生来の陽気さで見たことのない華麗なる冒険へと旅立つ。古典的名作を TV ドラマ化したミニシリーズ。[D]

トム・ソーヤの冒険

THE ADVENTURES OF TOM SAWYER (1960) S1 英 BBC

フレッド・スミス (牛込安子), マーク・ストローサイド (曽我町子), ベティ・ハーディ (河村久子), ローナ・ヘンダーソン (五月女道子) ◆米国の国民的作家であるマーク・トウェインによる半自伝作品を英・BBC が TV ドラマ化。開拓時代のミシシッピー川沿いにある小さな町を舞台に、腕白な少年トム・ソーヤが友人のハックルベリー・フィンと共に経験する冒険の数々を生き生きと描く。全 7 話。

トム・ソーヤの冒険

LES AVENTURES DE TOM SAWYER (1968) S1 仏

ローランド・ドモンジョ (宇佐美豊), マルク・ディ・ナポリ (石井浩), ジャック・ビロドー (内海賢二), ルシア・オクラン (黒須薫) ◆仏・西独・ルーマニアの共同製作でマーク・トウェインの原作をドラマ化。ミシシッピーの田舎町に暮らす少年トム・ソーヤが、仲間たちと共に引き起こす様々な騒動を描く、ユーモアあふれる冒険ドラマ。全 13 話。

土曜名作劇場

→リチャード・ブーン・ショー

ドラグネット

DRAGNET (1951-1970) S12 米 NBC

[別] 刑事フライデイ

ジャック・ウェッブ (北村和夫), ベン・アレクサンダー (笠間雪雄), ハーブ・エリス ◆ラジオドラマで人気を得た後、実写化して長寿番組となったドキュメンタリー・タッチの刑事ドラマ。ジョー・フライデー刑事と相棒のフランク・スミス刑事の活躍を描く。作品のテーマ曲・イントロ部分は、おそらく多くの人が耳にしているだろう。ビデオは「再現ファイル／捜査網」として、また DVD は「ロス市警犯罪ファイル ドラグネット」のタイトルでそれぞれ発売された。1987 年にはダン・エイクロイドとトム・ハンクスの共演による映画版「ドラグネット 正義一直線」が製作された。[D,V]

ドラゴン・フロンティア

→バニシング・サン

ドラッグ・ウォーズ／麻薬戦争

→麻薬戦争

トラックダウン

TRACKDOWN (1957-1959) S2 米 CBS

[別] 追跡者

ロバート・カルプ (矢島正明) ◆ 1870 年代のアメリカ西部を舞台に、テキサスレンジャーの敏腕隊員ホビー・ギルマンが犯罪者たちを追うモノクロ 30 分の西部劇ドラマ。賞金稼ぎ役でゲスト出演したスティーヴ・マックィーンの評判が高く、その後マックィーンを主演に起用したドラマ「拳銃無宿」が製作された。

トラック野郎 !B・J

B.J. AND THE BEAR (1978-1980) S2 米 NBC

グレッグ・エヴィガン (柴田侊彦), クロード・エイキンス (木村幌), ミルズ・ワトソン ◆大型トレーラートラックの運転手ビリー・ジョー・"BJ"・マッケイと、ベトナム戦争以来の親友であるチンパンジーのベアの活躍を描いたロードムービー風の冒険アクション。BJ を追いかける保安官ロボ (C・エイキンス) に人気が集まり、単独主演のスピンオフ番組「The Misadventures of Sheriff Lobo」も製作

ドラグネット

トランスペアレント

された。第 3 シーズンは設定も変わり「爆走する 7 人の白雪姫 !! BJ &トラックギャル」として放映。

トラップ　凍える死体
TRAPPED (2015-2016) S1 アイスランド RUV
オラフル・ダッリ・オラフソン , リムル・クリスチャンスドウティル , イングヴァール・エッゲルト・シーグルソン ◆アイスランド北東部の小さな港町を舞台に、嵐で身動きが取れなくなった住民と町に接岸したフェリーの乗客が、身元不明の惨殺死体をめぐる不可解な事件に巻き込まれていく本格ミステリー・ドラマ。アイスランド本国で放送された第 1 話は視聴率 50%、占拠率 90% という驚異的な数字を叩き出した。アイスランド北東部の小さな港町セイジスフィヨルズルに、身元不明の男性の惨殺死体が漂着した。警察署長のアンドリは、デンマークからやってきたフェリーの乗客乗員に疑いの目を向け、捜査を開始する。

トラフィック／新たなる連鎖
TRAFFIC (2004) S1 米＝加 USA Network
クリフ・カーティス , イライアス・コティーズ , バルサザール・ゲティ ◆消えた旧ソ連製の致死性ウィルスを追う麻薬取締局の捜査官、不法入国者を乗せた貨物船の沈没事故、投資に失敗して無一文になり父親の怪しげな事業を受け継いだ男、3 つのストーリーがやがてアメリカとメキシコを結ぶ巨大麻薬ルート“トラフィック”をめぐる陰謀へと収斂していくサスペンス・ミニシリーズ。

トラフィック！ザ・シリーズ
TRAFFIK (1989) S1 英 Channel 4
ビル・パターソン , リンゼイ・ダンカン , ティロ・プリュックナー ◆英国製の犯罪ドラマのミニシリーズ。国際的な麻薬コネクション“トラフィック”を背景に、イギリス、ドイツ、パキスタンの各国で麻薬をめぐるドラマが展開されていく。スティーヴン・ソダーバーグ監督「トラフィック」(2000 年) の原型となったドラマ。[V]

トラブルシューター
THE TROUBLESHOOTERS (1965-1972) S7 米 BBC
ジェフリー・キーン , フィリップ・レイサム ◆建設事業に携わる主人公が、世界を股にかけて活躍する姿を綴る異色の冒険アクション。世界各地で行われる大規模な建設作業で、危険と向き合いながら事故を防ぎ、トラブルを解決してゆく建設会社の 2 人組の技師を描く。

トラベラーズ
TRAVELERS (2016-2017) S2 加＝米 Showcase
エリック・マコーマック (堀内賢雄), マッケンジー・ポーター (木下紗華), ジャレッド・アブラハムソン (茂木たかまさ), ライリー・ドルマン (大塚智則), ネスタ・クーパー (寺依沙織) ◆世界滅亡を阻止すべく未来から 21 世紀にタイムスリップしてきた人々の戦いと葛藤を描く SF ドラマ。「スターゲイト SG-1」「スターゲイト：アトランティス」のブラッド・ライトが企画・製作総指揮を務める。21 世紀。何の繋がりもない人々の人格が突如変化するが、それは未来からタイムスリップして来た“トラベラー”たちの仕業だった。人類最後の生き残りである彼らは、世界滅亡の要因となったある出来事を未然に防ぐため、自らの意識を過去の人間に転送して任務に奔走する。

トランスペアレント
TRANSPARENT (2014-2017) S4 米 Amazon
ジェフリー・タンバー (糸博), ギャビー・ホフマン (佐古真弓), エイミー・ランデッカー (山像かおり) ◆ロサンゼルスで暮らすフェファーマン一家。一家の長である元大学教授のモートンがある日、自分はトランスジェンダーで、モートンではなくモーラであることをカミングアウトしたことから巻き起こる騒動を描いたファミリードラマ。第 72 回ゴールデン・グローブ賞コメディ・ミュージカル部門で男優賞と作品賞を受賞した。

トランスポーター ザ・シリーズ
TRANSPORTER: THE SERIES (2012-2013) S1 米＝加＝独＝仏 TNT/HBO/RTL/M6
クリス・ヴァンス (藤原啓治), アンドレア・オズヴァルト (松浦裕美子), チャーリー・ヒュブナー (仗桐安) ◆リュック・ベッソン脚本・製作のアクション映画「トランスポーター」の TV ドラマ版。訳ありの依頼品を届ける運び屋フランク・マーティンが、フランスを舞台に、派手な格闘シーンやカー・アクションを繰り広げる。[B,D]

トランスポーター ザ・シリーズ ニューミッション
TRANSPORTER: THE SERIES (2014-2015) S1 加＝仏 HBO/Super Ecran/M6

トランスポーター ザ・シリーズ

トランスポーター ザ・シリーズ ニューミッション

クリス・ヴァンス(藤原啓治), フランソワ・ベルレアン(拝真之介), ヴィオランテ・プラシド(香坂さき) ◆リュック・ベッソンが生み出した"プロの運び屋"を主人公とするTVシリーズ「トランスポーター」の第2シーズン。世界各国を舞台に、元フランス対外治安総局のカテリーナ・ボルデューの協力を得て、様々な依頼品を確実に届けるトランスポーター、フランク・マーティンの活躍を描く。[B,D]

トリオ・ザ・三バカ

→三ばか大将

トリニティ ～背徳のキャンパス～

TRINITY (2009) S1 英 ITV

チャールズ・ダンス, クレア・スキナー, アントニア・バーナス ◆イギリスの名門大学を舞台に、セレブな組織とその対立派を描いた学園ドラマ。名門大学トリニティカレッジでは、セレブな子息たちから構成される"ダンデ・ライオンクラブ"が権力を握り大学を支配していた。伝統を発展させようと目論むクラブのOB、伝統を改革しようとする新学寮長。新入生たちはクラブをめぐる陰謀に巻き込まれてゆく。

ドリュー・ケリー DE ショー！

THE DREW CAREY SHOW (1995-2004) S9 米 ABC

ドリュー・ケリー(塩屋浩三), ライアン・スタイルズ(田尻ひろゆき), ディードリック・ベーダー(石井隆夫) ◆ウィンフレッド・ラウダー・デパートの人事部副部長ドリュー・ケリーが、ひと癖もふた癖もある連中に囲まれて奮闘する様を描いたシチュエーション・コメディ。人気コメディアンが自身の名前のまま演じて好評を博し長寿番組となった。

ドールハウス

DOLLHOUSE (2009-2010) S2 米 Fox

エリザ・ドゥシュク(東條加那子), オリヴィア・ウィリアムズ(五十嵐麗), ハリー・J・レニックス(谷口節) ◆「バフィー～恋する十字架～」のクリエイターであるジョス・ウェドンが製作総指揮を務めるSFドラマ。記憶を取り出して他人の人格をインストールする"ドール"を派遣する闇組織。依頼に合わせた人格が作られ、ドールたちは極秘任務に挑む。そんなドールであるエコーは、本当の自分の記憶を取り戻そうとするのだが…。エコーの活躍をメインに据えながら、加速度的に進化し制御不能となるテクノロジーの脅威を描く。[D]

ドルメン ～血の伝説～

DOLMEN (2005) S1 仏 TF1

イングリッド・ショーヴァン, ブルーノ・マディニエ, サヴィエ・ドリュック ◆フランス製のミステリー TV ドラマ。フランス・ブルターニュ地方の小さな島を舞台に、古代遺跡の巨石ドルメンにまつわる不可解な連続殺人事件と、事件に翻弄される島出身者の元警官マリー・ケルメルの推理劇を描く。[D]

ドレイク＆ジョシュ

DRAKE & JOSH (2004-2007) S4 米 Nickelodeon

ドレイク・ベル(浅沼晋太郎), ジョシュ・ペック(内田泰喜), ミランダ・コスグローヴ(成田紗矢香) ◆親同士の再婚により兄弟となった、性格も真逆の2人の少年が巻き起こす騒動を描く、ファミリー向けシットコム。女好きでチョイワルのドレイク・パーカーと、真面目で優しいジョシュ・ニコルズ。同じ学校に通う2人が、ある日突然兄弟になってしまった。家族や友人を巻き込みながら、2人のにぎやかな日常が描かれる。

トレジャーハンター

ADVENTURE INC. (2002-2003) S1 加

マイケル・ビーン, カレン・クリッチ, ジェシー・ニルソン ◆実在の海洋考古学者バリー・クリフォードにヒントを得て作られたアドベンチャー・シリーズ。プロの探検家ジャドソン・クロスが部下であるマッケンジーとガブリエルの助けを得てトレジャーハンターとして世界中を飛び回っていく。エピソード2編を収録したDVDが計11作(全22話)リリース。[D]

ドレスデン・ファイル produced by ニコラス・ケイジ

THE DRESDEN FILES (2007-2008) S1 米＝加 Sci-Fi

ポール・ブラックソーン(咲野俊介), ヴァレリー・クルス(木川絵里子), テレンス・マン(金子由之) ◆シカゴで私立探偵をしている男ハリー・ドレスデン。彼の正体は魔法協会が認定した本物の魔法使いだった。骸骨に閉じ込められた幽霊のボブを助手に、魔術師が奇怪な事件を解決

ドリュー・ケリー DE ショー！

ドレイク＆ジョシュ

していくハードボイルド・ファンタジー。タイトルにあるとおり、N・ケイジが製作総指揮を手がけている。[D]

トレニアム
AEON - COUNTDOWN IM ALL (2000-2001) S1 独
ベルンハルト・ベターマン , クリスチャン・ブルックナー , アンナ・バレ ◆国際宇宙ステーションに向かうシャトルが何者かによって制御不能になる。テロリストの仕業と思われたその事故は、やがて地球に接近する巨大な質量を持つ謎の物体と、それを隠蔽しようとするオメガ・プロジェクトの存在を浮かび上がらせていく…。ドイツ製 SF サスペンスのミニシリーズ。NASA が全面協力した作品。

トレーラー・パーク・ボーイズ
TRAILER PARK BOYS (2001-2017) S11 加 Showcase
ジョン・ポール・トレンブレイ , ロブ・ウェルズ , マイク・スミス ◆カナダ発のドキュメンタリー風ブラック・コメディ・ドラマ。カナダ・ダートマスの架空の町サニーヴェイル・トレイラーパークを舞台に、刑務所から出所したばかりの３人、いつもラム・カクテルを持ち歩いているジュリアン、マリファナ栽培の名人リッキーと２人の幼馴染みバブルスたちが巻き起こす騒動を描く。

トロイ　ザ・ウォーズ
HELEN OF TROY (2003) 米 USA Network
[別] トロイ／愛と宿命の戦い (BS)
シエンナ・ギロリー , ルーファス・シーウェル , マシュー・マースデン ◆古代ギリシャの伝説的なトロイ戦争を、戦争の原因となった美女ヘレン (ヘレネ) の半生を通じて描くミニシリーズ。クリエイター陣はこの翌年にドラマ「スパルタカス」を手がけている。トロイの王子パリスが秘かに、恋に落ちたスパルタ王の妻ヘレンを連れ帰ってしまったことを知り、スパルタ王の兄アガメムノンはヘレンを奪い返すためトロイへ総攻撃をしかける。日本では「トロイ／愛と宿命の戦い」のタイトルでスターチャンネルで放送された。[D,V]

泥棒貴族
→ザ・ローグス

トワイライト・ゾーン
THE TWILIGHT ZONE (2002-2003) S1 米＝加 UPN
フォレスト・ウィテカー (木村雅史) ◆案内役にアカデミー賞俳優 F・ウィテカーを迎えて製作された「ミステリー・ゾーン」の 2002 年版リメイク・シリーズ。TV ドラマの人気俳優や歌手などが各エピソードにゲストとして登場し話題を呼んだ。全 44 話。

トワイライト・ゾーン
→ミステリー・ゾーン

ドン・キホーテ
EL QUIJOTE DE MIGUEL DE CERVANTES / DON QUIJOTE DE LA MANCHA (1991-1992) S1 スペイン TVE
フェルナンド・レイ (日下武史), アルフレード・ランダ (山谷初男), フランシスコ・メリノ (山内雅人), マヌエル・アレクサンドレ (松村彦次郎) ◆ラ・マンチャに暮らす下級貴族アロンソ・キハーノは、騎士物語に夢中になるあまり、自らをドン・キホーテという騎士であると思い込む。そしてついには屋根裏にしまい込んでいた甲冑を身に着け、農夫のサンチョ・パンサを従者にして遍歴の旅に出る。セルバンテスの原作から、有名な前半部分を映像化したミニシリーズ。日本では NHK 衛星第２で放映。

トンネル ～国境に落ちた血
THE TUNNEL (2013-) S3- 英＝仏 Sky Atlantic/Canal+
[別] The Tunnel －サボタージュ (第２シーズン)
スティーヴン・ディレイン , クレマンス・ポエジー , ジョゼフ・マウル ◆スウェーデンとデンマークを結ぶ国境の橋に放置された死体をめぐるミステリー「THE BRIDGE ／ブリッジ」のリメイク作品。イギリスとフランスを結ぶ英仏海峡トンネルに舞台を移し、イギリスの刑事カール・ローバックとフランスの刑事エリーゼ・ワッセルマンが協力して、国境で連続殺人を続けるシリアルキラーに挑む。第２シーズンは「The Tunnel －サボタージュ」のタイトルで放送された。

な

ナイスサーティーズ
THIRTYSOMETHING (1987-1991) S4 米 ABC
ケン・オリン (戸谷公次), メル・ハリス (勝生真沙子), メラニー・メイロン (土井美加) ◆フィラデルフィアに暮らす 30 代の男女７人の日常を描いた TV ドラマ。マイケル・ステッドマンと妻のホープ、そしてマイケルの親友エリオッ

トレーラー・パーク・ボーイズ

トンネル ～国境に落ちた血

ト・ウェストンとその妻ナンシー、マイケルの従妹メリッサたちが、家族のこと、友情、離婚、不倫など様々な問題に直面し、日々の中で多くの騒動を巻き起こしていく。

ナイト・オブ・キリング　失われた記憶

THE NIGHT OF (2016) S1 米 HBO

ジョン・タートゥーロ(佐々木睦), リズ・アーメッド(武内駿輔), ビル・キャンプ(金尾哲夫) ◆「シンドラーのリスト」「マネーボール」の脚本を手がけたスティーヴン・ザイリアンが、イギリスで大ヒットを記録したドラマ「Criminal Justice」を、舞台をニューヨークに移してリメイクしたクライム・サスペンス。殺人の疑いをかけられたパキスタン系アメリカ人大学生が、差別や偏見に苦しめられながらも真相を追う姿を描く。大学生のナズは、ひょんなことからアンドレアという女性と一夜を共にするが、目を覚ました彼が目にしたのは、すでに死亡していたアンドレアの姿だった…。

ナイトシフト　真夜中の救命医

THE NIGHT SHIFT (2014-2015) S2 米 NBC

オーエン・マッケン(津田英佑), ケン・レオン(小森創介), ジル・フリント(佐古真弓) ◆救急病院でナイトシフト(夜勤)を担当する医師の奮闘を描いたメディカル・ドラマ。サンアントニオ記念病院で働く、腕はピカイチだが権威には何かと反抗するアフガニスタン帰りの元軍医 TC・キャラハンの型破りな救命医ぶりを描く。[D]

ナイト・ストーカー

NIGHT STALKER (2005-2006) S1 米 ABC

スチュアート・タウンゼント, ガブリエル・ユニオン, エリック・ジャングマン ◆カルト的な人気を誇った 1974 年の TV ドラマ「事件記者コルチャック」をリメイクしたホラー・シリーズ。妊婦の連続殺人に端を発する怪奇事件に、事件記者カール・コルチャックと同僚のペリ・リードが挑んでいく。全 10 話。

ナイト・スワローズ　空爆戦線：ユニット 46

NIGHT SWALLOWS / NOCHNYE LASTOCHKI (2012) S1 ロシア

タチアナ・アルントゴルツ, エリザヴェータ・ニローヴァ, デニス・ニキフォロフ ◆夜間に低空で飛来し、ドイツ軍を爆撃しては去っていく特殊部隊を描いたロシア発のミリタリー・アクション。第二次大戦中にソ連に実在した第 46 親衛夜間爆撃航空連隊、パイロットや整備士など全ての部隊兵士が女性たちだけで成ることから、ドイツ軍では "ナイト・ウィッチ＝夜の魔女" と恐れられた空挺部隊の活躍を描く。[D]

ナイトビジョン

NIGHT VISIONS (2001-2002) S1 米＝加 Fox

ヘンリー・ロリンズ(山野井仁) ◆「トワイライト・ゾーン」「アウターリミッツ」を彷彿とさせる SF ファンタジーのオムニバス・ドラマ。多彩かつ豪華なスタッフとキャストでストーリーもユニークなものが多かったが、9.11 テロの影響によりシーズン半ばで打ち切りとなった。

ナイトヒート／夜の大捜査網

NIGHT HEAT (1985-1989) S4 加 CTV

スコット・ハイランズ(有本欽隆), ジェフ・ウィンコット, アラン・ロイヤル ◆ミッド・サウス署管内の事件に直面する夜間担当捜査官を主人公とした重厚な刑事ドラマ。ベテラン刑事のケヴィン・オブライエンと熱血刑事のフランク・ジャンボーンの活躍を、友人である新聞記者トム・カークウッドの視点を通じてリアルに描き出す。

ナイトフォール

→バフィー〜恋する十字架〜

ナイト・マネジャー

THE NIGHT MANAGER (2016) S1 米＝英 BBC/AMC

トム・ヒドルストン, ヒュー・ローリー, オリヴィア・コールマン ◆スパイ小説の大家ジョン・ル・カレによる同名小説を「アフター・ウェディング」「未来を生きる君たちへ」で高い評価を得た女流監督スサンネ・ビアが映像化したドラマ・シリーズ。第 74 回ゴールデン・グローブ賞で主演男優賞、主演女優賞、助演男優賞を受賞した。カイロのホテルで夜間支配人(ナイト・マネージャー)として働く元兵士のジョナサン・パインは、武器商人リチャード・ローパーの秘密を知ったことで恋人を殺されてしまう。そして 4 年後、スイスのホテルでナイト・マネージャーをしていたジョナサンの前に、リチャード・ローパーが再び姿を現した。

ナイトメア 〜血塗られた秘密〜

PENNY DREADFUL (2014-2016) S3 米＝英 Showtime

ナイトシフト　真夜中の救命医

ナイト・マネジャー

[別] ペニー・ドレッドフル〜ナイトメア血塗られた秘密〜 (AXN)
ティモシー・ダルトン(石塚運昇), エヴァ・グリーン(木下紗華), ジョシュ・ハートネット(内田夕夜) ◆ヴィクトリア朝のロンドンを舞台に、マルコム卿の娘の失踪事件をめぐって、フランケンシュタイン、ヴァン・ヘルシング、ドリアン・グレイなど、ゴシックホラーのキャラクターたちが縦横に活躍するホラー・アクション。[D]

ナイトメア・ルーム

THE NIGHTMARE ROOM (2001-2002) S1 米
ジェームズ・アヴェリー(坂口芳貞) ◆『グースバンプス』の作者R・L・スタインによるホラー・アンソロジー『The Nightmare Room』シリーズを原作とした児童向けのホラー・ドラマ。子役時代のシャイア・ラブーフやアマンダ・バインズが出演している。

ナイトライダー

KNIGHT RIDER (1982-1986) S4 米 NBC
デヴィッド・ハッセルホフ(佐々木功), ウィリアム・ダニエルズ(野島昭生), エドワード・マルヘア(中村正) ◆瀕死の重傷を負った刑事マイケル・ロングは大富豪ウィルソン・ナイトに助けられて整形手術を受け、マイケル・ナイトとして蘇る。彼は"キット"と呼ばれる人格機能を持つコンピューターを搭載したスーパーカー、ナイト2000を与えられ、ナイト財団の責任者デヴォン、女性メカニックのボニーらと共に"陰謀と破壊と犯罪の渦巻く現代に蘇る正義の騎士"として悪と戦う。時速480キロで自動走行し、抜群のデータ収集・分析能力を持ち、おせっかい過ぎるほど世話を焼くキットと、美女に弱いマイケルのコンビぶりが魅力のカーアクション・ドラマ。番組は世界的な人気となり、D・ハッセルホフを一躍スターダムに押し上げた。[B,D]

ナイトライダー ネクスト

KNIGHT RIDER (2008-2009) S1 米 NBC
ジャスティン・ブルーニング(丹沢晃之), ディアンナ・ルッソ(加納千秋), ヴァル・キルマー(野島昭生) ◆ 1980年代にブームとなったドラマ「ナイトライダー」のリメイクで、前作の主人公の息子が主役という正統な続編になっている。人工知能権威のチャールズ・グレイマン博士の研究を奪おうと博士宅を襲撃する軍事組織。博士は急死するが、スーパーカー"キット"ことナイト3000が目覚め、博士の娘サラを救出する。博士によって事前にプログラムされていた指示に従い、サラはキットをラスベガスに向かわせる。そこにはサラの幼馴染みで元特殊部隊のマイク・トレイサーがいた。ナイトライダーに搭載されている人工知能K.I.T.T.の声はV・キルマーが担当。全17話。[B,D]

内部告発

THE WHISTLEBLOWERS (2007) S1 英 ITV
リチャード・コイル, インディラ・ヴァルマ, ダニエル・ライアン ◆英国発社会派ミステリーのミニシリーズ。ロンドンで弁護士事務所を開いた弁護士カップル、ベン・グレアムとアリーシャ・コールが、内部告発者をサポートするシステムを作り、隠された悪と戦っていく。

9mm サンパウロ市警捜査線

9MM: SAO PAULO (2008-2011) S2 ブラジル Fox
ルシアーノ・キリノ, ノリヴァウ・リッゾ, ニコラス・トレヴィジャーノ ◆ブラジル・サンパウロ市警の日常を描いたノンストップ・サスペンス。実際の事件を題材としており、舞台となるサンパウロ市内でロケが行われた。殺人課で保護した11歳の少女アマンダには性的虐待を受けた形跡があった。少女の母は遺体で発見され、容疑者と目される父親の行方を追う刑事たち。売春組織と殺されたモデルとの関係が浮上する中、モデル事務所の男とアマンダとの接点が疑われ…。

長くつ下のピッピ

PIPPI LANGSTRUMP / PIPPI LONGSTOCKING (1969) S1 スウェーデン
インゲル・ニルセン(キャロライン洋子), ペール・スンドベルイ(伊東永昌), マリア・ペショーン(田中美紀) ◆アストリッド・リンドグレーンの児童小説を映像化した、スウェーデン発のTVシリーズ。船長だった父を見習って将来は海賊になることを夢見る破天荒で怪力無双の少女、ピッピ・ロングストルンプの冒険を描く。日本ではNHKの「少年ドラマシリーズ」枠で放送され、続編として「長くつ下のピッピ〜冒険旅行〜」「長くつ下のピッピ〜海賊退治〜」も放送された。

ナイトライダー

ナイトライダー ネクスト

ナース・ジャッキー
NURSE JACKIE (2009-2015) S7 米 Showtime
イーディ・ファルコ (塩田朋子), イヴ・ベスト (五十嵐麗), メリット・ウェヴァー (愛河里花子) ◆クスリ漬けの看護師が主人公という一風変わったダーク・コメディ。ニューヨークのオールセインツ病院に勤務するジャッキー・ペイトンは患者思いのベテラン看護師だが、激務のストレスから逃れるためにクスリを常用し、夫や娘がいるにも関わらず薬剤師と不倫関係にあった。クスリの不当な入手がばれたため病院から逃亡したジャッキーだったが、大量のクスリを所持していたことから警察に逮捕されてしまう。ジャッキーは再びオールセインツ病院でナースとして復活することができるのか。[D]

謎の円盤 UFO
UFO (1969-1973) S1 英 ITV
エド・ビショップ (広川太一郎), マイケル・ビリングトン (羽佐間道夫), ジョージ・シーウェル (小林昭二), ガブリエル・ドレイク (松島みのり) ◆「サンダーバード」のジェリー・アンダーソンが人形を使わずにライブ・アクションで製作した SF 特撮ドラマ。宇宙人の侵略に備え、地球防衛軍 "SHADO" が始動する。そのリーダーとなった常に冷静沈着な司令官のエド・ストレイカーは、アレック・フリーマン大佐や月面基地のゲイ・エリス中尉たちの援助を受け、監視任務を遂行していく。スカイダイバーやインターセプターなど劇中に登場する数々のメカニックが人気を呼んだ。[B,D,V]

七十年目の審判
THE MURDER OF MARY PHAGAN (1988) 米 NBC
[別] メアリー・フェイガン殺人事件 (TV)
ジャック・レモン (中村正), リチャード・ジョーダン (池田秀一), ピーター・ギャラガー ◆ 1913 年、アトランタの鉛筆工場で 13 才の少女メアリーが殺された。確たる証拠も無いまま容疑はユダヤ人の工場長にかけられ、裁判は有罪となる。だが刑の執行を託されたジョージア州知事は、法務長官を始めとする地元住民との衝突の中、事件の洗い直しを図る…。実際の事件をもとに、黒人と白人、南部と北部、ユダヤ人と非ユダヤ人といった、法ですら平等に機能しない偏見の中で自らの信念を貫こうとする知事の葛藤を描いたミニシリーズ。工場長の妻を演じたのは、作家アーサー・ミラーの娘レベッカでこれがデビュー作。[V]

なにしてんのパパ
THE DENNIS O'KEEFE SHOW (1959-1960) S1 米 CBS
デニス・オキーフ (加藤和夫), ホープ・エマーソン (真咲美岐), リッキー・ケルマン (貴家堂子) ◆ニューヨーク・マンハッタンにあるペントハウスに住む父子を軸に描くシチュエーション・コメディ。コラムニストで男やもめのハル、息子のランディ、家政婦のアメリアの 3 人の暮らしを綴る。

ナポレオン
NAPOLEON (2002) 仏 = 英 = 独
[別] キング・オブ・キングス (DVD)
クリスチャン・クラヴィエ (菅生隆之), イザベラ・ロッセリーニ (小野洋子), ジェラール・ドパルデュー (村田則男), ジョン・マルコヴィッチ (佐々木敏), アヌーク・エーメ (小沢寿美恵) ◆マックス・ギャロの歴史小説を原作に、ナポレオンの生涯を 3 ケ国合作、豪華キャストの前後編で描いた大作ミニシリーズ。18 世紀末のフランス、国民の支持を受けたナポレオンはクーデターを起こし皇帝に即位する。勢いに乗り、全ヨーロッパ支配を掲げるナポレオンだが、戦況は次第に悪化していく…。[D,V]

ナルコス
NARCOS (2015-2017) S3 米 Netflix
[別] NARCOS ナルコス 大統領を目指した麻薬王 (ソフト)
ワグネル・モウラ , ボイド・ホルブルック (小川輝晃), ペドロ・パスカル (鶴岡聡), ジョアンナ・クリスティー (山像かおり) ◆実在の麻薬王パブロ・エスコバル率いる麻薬組織と、アメリカの麻薬取締捜査官たちとの戦いを、実話に基づいて描く Netflix オリジナルのクライム・ドラマ。1980 年代のマイアミ、急増するコカインの密輸に頭を悩ませていたアメリカは、麻薬捜査官をコロンビアに派遣する。しかしそこは莫大な富を有する麻薬王パブロ・エスコバルが君臨する独裁国のような都市だった。[D]

ナルニア国ものがたり
THE CHRONICLES OF NARNIA (1988-1990) S3 英 BBC
[別] ナルニア国物語 (ソフト)
リチャード・デンプシー , ソフィー・クック , ジョナサン・R・

謎の円盤 UFO

ナルコス

な

スコット ◆C・S・ルイスの小説『ナルニア国物語』をドラマ化した、イギリス BBC によるファンタジー作品。人々の想像の中に存在する国ナルニアを舞台に、ナルニアの創造主アスランとそこに暮らすファンタジー界の生き物、そしてロンドンからナルニアに飛び込んだペベンシー家の子供たちの冒険を描く。[D]

南海のテリー

VILLERVALLE I SODERHAVET (1963) スウェーデン

ローラン・グリヨンロス (田中秀幸), オロフ・スンベリー (北村和夫), レーナ・グランハーゲン (幸田弘子) ◆『帆船バウンティ号の反乱』の著者として知られるスウェーデンの作家ベンクト・ダニエルソンによる冒険小説が原作。父親の仕事の都合で南海のタヒチの島で暮らすことになった家族を描く児童向けアドベンチャー。日本では NHK で放映。全 13 話。

南海の冒険

ADVENTURES IN PARADISE (1959-1962) S3 米 ABC

ガードナー・マッケイ , ウィーヴァー・レヴィ ◆映画「南太平洋」(1958 年) の原作者ジェームズ・ミッチェナーが TV 用に企画した海洋ドラマ。朝鮮戦争で戦った元米軍兵士アダム・トロイは、帆船チキ三世号の船長となり、人や荷物を運ぶ仕事をしているが、毎回様々なトラブルに巻き込まれていく。

南海のマイク

THE ROVERS (1969-1970) S1 豪

[別] 南太平洋マイクの冒険

ノエル・トレヴァーゼン (広川太一郎), エディ・ヘップル (上田忠好), ロウェナ・ウェイラス (猪俣光世), グラント・セイデン (佐山泰三) ◆サム・マックギル船長、フリーカメラマンのボブ・ワイルド、野生動物ジャーナリストのラスティ・コリンズ、そしてマックギルの孫マイクたちを乗せた、帆船パシフィック・レディー号が数々の冒険に挑むオーストラリア製の海洋アドベンチャー。全 396 話の内、32 話を NHK で放映。

ナンシーはお年頃

NANCY (1970-1971) S1 米 NBC

レニー・ジャレット (杉山佳寿子), ジョン・フィンク (野島昭生), セレステ・ホルム ◆セレブな娘と獣医の青年が織り成すラブ・コメディ。大統領の娘ナンシーは、休暇を過ごすために訪れたアイオワの田舎町で青年獣医アダムと出会い恋に落ちる。しかし 2 人には様々な障害が待ち受けていた…。

NUMB3RS ナンバーズ ～天才数学者の事件ファイル

NUMB3RS (2005-2010) S6 米 CBS

ロブ・モロー (内田直哉), デヴィッド・クラムホルツ (咲野俊介), ジャド・ハーシュ (長克巳) ◆リドリー・スコットとトニー・スコット兄弟が製作総指揮を務める、FBI 捜査官と天才数学者の兄弟コンビが活躍する犯罪捜査ドラマ。FBI 特別捜査官のドン・エプスは捜査に難航し、天才数学者の弟チャーリーに捜査協力を依頼する。かつてない方法で犯人にアプローチする弟を見て、今後も兄弟で事件を解決しようと思うドンだったが…。過去の確執を乗り越え絆を深めていく兄弟と、それを温かく見守る父。犯罪捜査と家族愛が渾然一体となって描かれる。[D]

南仏プロヴァンスの 12 か月

A YEAR IN PROVENCE (1993) S1 英 BBC

ジョン・ソウ , リンゼイ・ダンカン ◆英 BBC で放送された、ピーター・メイル原作の世界的ベストセラー小説のドラマ化作品。南仏プロヴァンスに移り住んだ著者が体験した 12 ヶ月の季節の移り変わりが綴られる。ロンドンの元広告マンであったピーターは、何度か訪れている内にすっかりプロヴァンスの虜になり、ついにその地の住人になる。当初はゆっくりした時間の流れに戸惑うピーターだったが、次第に本当の生活というものを体験している喜びを味わっていくのだった…。[V]

南北戦争物語　愛と自由への大地

NORTH AND SOUTH (1985) S1 米 ABC

パトリック・スウェイジ (磯部勉), ジェームズ・リード (松橋登), レスリー＝アン・ダウン (田島令子), ジーン・シモンズ (谷育子), ミッチェル・ライアン (中村正), デヴィッド・キャラダイン (谷口節) ◆ジョン・ジェイクスの歴史小説を映像化したミニシリーズ。南北の対立が深まりつつある時代を背景に、南部出身のオリー・メーンと北部出身のジョージ・ハザードが友情を深めながらも戦争に巻き込まれていく。

な

NUMB3RS ナンバーズ ～天才数学者の事件ファイル

南北戦争物語　愛と自由への大地

に

ニキータ
LA FEMME NIKITA (1997-2001) S5 加 CTV
[別] ニキータ 1997(改題)
ペータ・ウィルソン (高乃麗), ロイ・デュプイ (鈴置洋孝), ドン・フランクス (仁内建之) ◆リュック・ベッソンの同名映画のカナダ版 TV シリーズ。無実の罪で終身刑となった少女ニキータが、対テロ特殊部隊 " セクション・ワン " にスカウトされ、凄腕の工作員になっていく中で意外な秘密が明らかになっていく。[D,L,V]

NIKITA ／ニキータ
NIKITA (2010-2013) S4 米 The CW
マギー・Q(園崎未恵), シェーン・ウェスト (咲野俊介), リンジー・フォンセカ (豊口めぐみ) ◆「ニキータ」映画版やカナダ TV 版などの設定を元にアメリカで製作されたアクション・シリーズで、美しき暗殺者ニキータの復讐を描く。闇組織ディヴィジョンによって暗殺者として育成され、逃亡したニキータ。アレックスという少女が強盗未遂の罪で刑務所に収容され、少女の能力に目をつけたディヴィジョンは彼女をリクルートするが、実は彼女はニキータが送り込んだスパイだった…。[B,D]

逃げろや逃げろ
RUN BUDDY RUN (1966-1967) S1 米 CBS
ジャック・シェルダン (本郷淳), ブルース・ゴードン ◆おっちょこちょいのバディ・オーバーストリートはある日、サウナの中でシンジケートのボスが発した謎の言葉を聞いてしまう。危険を感じて逃げ出すバディに、秘密を知られたと追うギャング。警察に助けを求めるも相手にされないバディは、全国に張り巡らされたシンジケートの暗殺命令から逃れるため、逃亡生活を送ることになる。まさにコメディ版「逃亡者」といった内容の 30 分シットコム。全 17 話。

25 世紀の戦士キャプテン・ロジャース
→キャプテン・ロジャース

23 号室の小悪魔
DON'T TRUST THE B - IN APARTMENT 23 (2012-2013) S2 米 ABC
クリステン・リッター , ドリーマ・ウォーカー , ジェームズ・ヴァン・ダー・ビーク ◆大都会ニューヨークに出てきた田舎娘の奮闘をコミカルに描くコメディ・ドラマ。憧れのニューヨークで新生活を始めたジューンだが、早々に会社が倒産してアパートを追い出されてしまう。その後、ジューンはニューヨーク・ガールのクロエとルームシェアをすることになるが、彼女は一筋縄ではいかない " 小悪魔 " だった。

22 世紀ファミリー ～フィルにおまかせ～
PHIL OF THE FUTURE (2004-2006) S2 米 Disney Channel
リッキー・ウルマン (平川大輔), アリソン・ミシャルカ (浅野真澄), エイミー・ブルックナー (遠藤綾) ◆ディズニー・チャンネルがおくるシチュエーション・コメディ作品。22 世紀から家族旅行にやってきたディフィー一家は、タイムマシンが故障して未来に帰れなくなってしまったことから、身分を偽り現代で生活を始めることに…。

二重誘拐
RED FOX (1991) 英
ジョン・ハート (近石真介), ジェーン・バーキン (泉晶子), ブライアン・コックス (浜田晃) ◆フランスのテロリスト集団の女性リーダーがイギリスで逮捕された。同志 " フォックス " はジェフリー・ハリソンというビジネスマンを誘拐し、彼女の解放を当局に迫る。テロ対策捜査官アーチー・カーペンターは事件解決のためパリへ派遣されるが…。ジェラルド・シーモアのベストセラー小説『レッド・フォックス』をドラマ化したミニシリーズ。

20 世紀フォックス名画座
THE 20TH CENTURY FOX HOUR (1955-1957) S2 米 CBS
[別] 20 世紀フォックス・アワー
ジョセフ・コットン <S1>, ロバート・スターリング <S2> ◆ 20 世紀フォックスの名作映画を放送するアンソロジー・シリーズ。オリジナルの映像を流用しつつ、映画とは異なる俳優でリメイクした作品が放送された。取り上げられた映画は「大帝国行進曲」(1933)、「牛泥棒」(1943)、「ボストン物語」(1947)、「三十四丁目の奇蹟」(1947)、「14 時間の恐怖」(1951) など。

2000 マリブロード／美しき疑惑
2000 MALIBU ROAD (1992) S1 米 CBS
リサ・ハートマン (小宮和枝), ジェニファー・ビールス (勝

NIKITA ／ニキータ

23 号室の小悪魔

な

生真沙子), ドリュー・バリモア(さとうあい), チューズデイ・ナイト(坂本千夏)◆「L.A. LAW/7人の弁護士」のテリー・ルイーズ・フィッシャーが企画・製作を、「セント・エルモス・ファイアー」のジョエル・シューマカーが監督を務めたサスペンス・タッチのソープオペラ。一軒のビーチハウスを舞台に、娼婦のジェイダ、弁護士のペリー、女優志望のリンゼイとその姉ジョイの奇妙な共同生活を描く。[V]

NIP/TUCK　マイアミ整形外科医

NIP/TUCK (2003-2010) S6 米 FX

[別] NIP/TUCK　ハリウッド整形外科医(シーズン5〜6)
ディラン・ウォルシュ(青山穣), ジュリアン・マクマホン(咲野俊介), ジョエリー・リチャードソン(田中敦子)◆敏腕で華々しい美容外科医のもとを訪れる患者たちの心理を描いた、過激でシニカルな社会派ドラマ。シカゴの整形美容外科を共同経営するショーン・マクナマラとクリスチャン・トロイの病院には、変身願望を抱いた患者たちが後を絶たない。しかし2人も家族や女性関係などで複雑な事情を抱えていた。[D]

二匹の流れ者

THE OUTCASTS (1968-1969) S1 米 ABC

ドン・マレー(穂積隆信), オーティス・ヤング(渡部猛)◆南北戦争直後の1860年代、元南軍将校のアール・コーレイは、かつて自分の農場で奴隷として働いていた黒人復員兵のジェマル・デビッドと出会い、今度はコンビを組んで賞金稼ぎとなる。南北戦争後のアメリカを舞台に、何もかも正反対で互いを信用していない2人が、旅の中で次第に友情を育んでいくという、人種問題を前面に押し出したユニークなアクション西部劇。

ニュー・アムステルダム

NEW AMSTERDAM (2008) S1 米 Fox

ニコライ・コスター=ワルドー, ズレイカ・ロビンソン, アレクシー・ギルモア◆年を取らない不死の身体を手に入れた男が"運命の人"を探し続ける姿を描くSFスリラー。1642年、大陸の植民地ニュー・アムステルダム(現在のニューヨーク)に派兵されたジョンは、原住民の少女を助けようとして命を落とすが、少女の呪文により生き返り"心から愛する人"を見つけるまで死ねない身となる。350年後、ニューヨーク市警の刑事となったジョンは職務中に倒れ、自分を治療してくれた女医が運命の人なのではと考えるのだが…。

New Girl 〜ダサかわ女子と三銃士

NEW GIRL (2011-2017) S6 米 Fox

ゾーイ・デシャネル, ジェイク・ジョンソン, マックス・グリーンフィールド, ラモーン・モリス, ハンナ・シモーヌ◆天真爛漫で個性的な女の子と、3人のモテたい男たちが繰り広げる爆笑ラブ・コメディ。恋人の浮気が発覚して引っ越すことになったジェスは、ニックとシュミットとウィンストンという3人の独身男たちとおかしなルームシェアを始める。個性あふれるキャラクターとテンポのいい掛け合い、そして主人公のファッションにも注目が集まった。

ニュースルーム

THE NEWSROOM (2012-2014) S3 米 HBO

ジェフ・ダニエルズ(郷田ほづみ), エミリー・モーティマー(石塚理恵), ジョン・ギャラガー・Jr(川中子雅人)◆「ソーシャル・ネットワーク」のアーロン・ソーキンが企画・製作総指揮を担当した社会派ドラマ。架空のアメリカ報道専門チャンネル、"アトランティス・ケーブル・ニュース(ACN)"の最前線で働くスタッフたちが、実際に起こった最新ニュースをどう捉え、どう伝えるか苦悩する様を描く。

ニュー・トリックス 〜退職デカの事件簿〜

NEW TRICKS (2003-2015) S12 英 BBC

アマンダ・レッドマン, デニス・ウォーターマン, ジェームズ・ボラム, アラン・アームストロング◆未解決事件専門の捜査班UCOS(ユーコス)を率いることになった、ロンドン警視庁の女性エリート警視サンドラ・ブルマン。彼女の部下となるのは、退職した元刑事の老人ばかり。新しいことはまったく覚えられない元刑事たちだが、意外にも自分たちが現役だった頃の古い捜査方法で次々に事件を解決していくのだった。時代に迎合しない、我が道を行く元刑事たちの活躍が人気を呼んだイギリス製ドラマ。

New Normal　おにゅ〜な家族のカタチ

THE NEW NORMAL (2012-2013) S1 米 NBC

ジャスティン・バーサ, アンドリュー・ラネルズ, ジョージア・キング◆「Glee」のクリエイターであるライアン・マーフィーが手がけた、ハート・ウォーミングながらもエッジ

New Girl 〜ダサかわ女子と三銃士

ニュースルーム

を効かせたコメディ・ドラマ。ブライアンとデビッドはロスで暮らす同性愛カップル。ひとり娘を連れてオハイオ州の自宅を飛び出してきたゴールディは、彼らの代理母になる決意をする…。視聴率が伸びず、わずか 1 シーズンで打ち切りとなってしまった。

ニュー・ブラッド　新米捜査官の事件ファイル
NEW BLOOD (2016) S1 英 BBC
マーク・ストリーパン , ベン・タヴァソリ , マーク・アディ , アンナ・チャンセラー , アリヨン・バカレ , アイーシャ・ハート , ドリアン・ラフ , キンバリー・ニクソン ◆「バーナビー警部」「名探偵ポワロ」などの脚本でも知られる小説家アンソニー・ホロヴィッツが脚本を担当する刑事ドラマ。殺人などの重大犯罪を扱う CID に所属するアラッシュはポーランドからの移民、企業の不正を扱う SFO に所属するステファンはイラン人移民の両親を持つ 2 世、出自も性格も異なる下っ端捜査官 2 人がコンビを組み、時には違法スレスレの捜査方法で巨大な悪に挑む姿を描く。

ニュー・ブリード
THE NEW BREED (1961-1962) S1 米 ABC
レスリー・ニールセン (島宇志夫), ジョン・ベラディーノ , ジョン・クラーク ◆大都市ロサンゼルスを舞台に、増加の一途をたどる凶悪犯罪に立ち向かうべく結成された特別機動捜査隊ニュー・ブリードの活躍を描く犯罪アクション・シリーズ。主人公のプライス・アダムス警部補に扮するのは L・ニールセン。後年のコメディ演技とは正反対のニヒルなリーダーを演じている。製作総指揮はクイン・マーティン。

ニューヨーク 1973/LIFE ON MARS
LIFE ON MARS (2008-2009) S1 米 ABC
ジェイソン・オマラ , ハーヴェイ・カイテル , マイケル・インペリオリ ◆イギリスで製作された「時空刑事 1973 LIFE ON MARS」をアメリカでリメイクした犯罪捜査ドラマ。連続殺人犯を追うニューヨーク市警のサム・タイラーは、車ではねられ 1973 年のニューヨークにタイムスリップしてしまう。果たして彼は元の時代に戻ることができるのか？

ニューヨーク警察本部
→ NYPD 特捜刑事

ニューヨーク結婚作戦
OCCASIONAL WIFE (1966-1967) S1 米 NBC
マイケル・カラン , パトリシア・ハーティ ◆やむなく偽装結婚生活を送ることになった男女と周囲の住民とのやりとりをコミカルに描くシチュエーション・コメディ。ベビーフードの会社で働く一人暮らしのピーター・クリストファーは、会社が妻帯者しか雇わないことを知り、友人の若い女学生グレタに妻に成りすましてほしいと依頼。2 人は同じアパートの 6 階と 8 階に住むことになるのだが…。

NY 市警緊急出動部隊トゥルー・ブルー
→トゥルー・ブルー

ニューヨーク捜査網
I'M THE LAW (1953) S1 米
ジョージ・ラフト ◆ギャング映画で人気者となった G・ラフトが TV シリーズで唯一主演を務めたモノクロ 30 分の警察ドラマ。ラフト扮するニューヨーク市警のジョージ・カービー警部が凶悪犯たちを追い詰めていく。製作総指揮はルー・コステロとその兄パット・コステロ。

ニューヨーク捜査網
→捜査網

ニューヨークの美女と野獣
→美女と野獣

ニューヨーク・パパ
FAMILY AFFAIR (1966-1971) S5 米 CBS
ブライアン・キース (若山弦蔵), セバスチャン・キャボット (滝口順平→田中明夫), アニッサ・ジョーンズ (久里洋子), ジョニー・ウィッテカー (久松夕子), キャシー・ガーヴァー (池田昌子) ◆ニューヨークで暮らす独身貴族のビル・デイヴィスのもとに、両親を亡くした姪と甥のシシー、ジュディ、バフィーの 3 人が転がり込んでくる。気ままな独身生活を送っていた男と子供たちが繰り広げるホームドラマ。

NY ボンビー・ガール
2 BROKE GIRLS (2011-2017) S6 米 CBS
カット・デニングス , ベス・ベアーズ , ギャレット・モリス ◆ニューヨークのダイナーを舞台に、ビンボー育ちのマックス・ブラックと元お嬢様のキャロライン・チャニングという対照的な 2 人が、ウェイトレスとして働きながらカッ

ニューヨーク・パパ

NY ボンビー・ガール

プケーキ店の起業を目指す姿をコミカルに描くシットコム。毒舌と下ネタを速いテンポで繰り出す主演2人の開けっぴろげなキャラクターが魅力。

ニューヨーク物語
NEW YORK CONFIDENTIAL (1959) S1 英＝米
リー・トレイシー ◆新聞社のジャーナリストが様々な犯罪と対決する社会派ドラマ。ニューヨークを舞台に、記者のリー・コクランが都会に潜む事件を追う姿を描く。1955年のギャング映画「組育秘密結社」と同じ小説をもとにしているが、内容は全く異なる。モノクロ30分、全39話。

ニュルンベルク軍事裁判
NUREMBERG (2000) S1 米＝加
[別] ヒトラー第三帝国最後の審判 ニュールンベルグ軍事裁判 (DVD)
アレック・ボールドウィン, ブライアン・コックス, クリストファー・プラマー ◆ジョゼフ・パーシコの同名小説をドラマ化。第二次大戦終戦後にドイツ・ニュルンベルクで行われた連合国による軍事裁判を描いたミニシリーズ。ヒトラーの後継者でありドイツ国家元帥だったヘルマン・ゲーリングと、アメリカ首席検事ロバート・ジャクソンとの論争が話題となり、エミー賞をはじめ多くの賞を受賞した。[D]

ニュルンベルク裁判
NUREMBERG: NAZIS ON TRIAL (2006) S1 英＝米 BBC
ナサニエル・パーカー (菅生隆之), ロバート・パフ (小川真司), ベン・クロス (大塚芳忠) ◆ドイツの戦争犯罪を裁いた「ニュルンベルク裁判」を、軍需大臣アルベルト・シュペーア、帝国元帥ヘルマン・ゲーリング、そしてナチ党副総統ルドルフ・ヘスという、3人の視点でミニシリーズ化したドキュメンタリー・ドラマ。要職に就いていた人物たちを中心とする再現ドラマをメインに、ドイツの戦争責任を追求する。

鶏さよりの華麗な生活
KIP (1998-) オランダ NPS
◆絵画、音楽、ダーツなど、様々な趣味と特技を持つモダンな雌鳥の日常を綴った、コント形式の子供向けショート・シリーズ。主人公の雌鳥はマペット操作で動き、鶏の声しか出ないが、物事に健気にチャレンジする姿が愛らしい。

人気家族パートリッジ
THE PARTRIDGE FAMILY (1970-1974) S4 米 ABC
[別] すてきなパートリッジ
シャーリー・ジョーンズ (香椎くに子), デヴィッド・キャシディ (田中亮一→関根信昭), スーザン・デイ (芝田清子→田浦環) ◆未亡人になったシャーリー・パートリッジの5人の子供たち、キース、ローリー、ダニー、クリス、トレーシーが兄弟姉妹でバンドを組み、母親を経済的に助けようとするホーム・コメディ。作中で歌う楽曲は実際に大ヒットを記録した。

忍者ジョン＆マックス
THE NINJA MASTER / THE MASTER (1984) S1 米 NBC
[別] ザ・忍者マスター (ビデオ)
リー・ヴァン・クリーフ (納谷六朗), ティモシー・ヴァン・パタン (井上和彦), ショー・コスギ (秋元羊介) ◆日本で忍者の修行をした元空軍大佐ジョン・マカリスターが、ベトナム帰りの青年マックス・ケラーを連れ、ジョンが持つ免許皆伝のペンダントを狙う敵と戦いながら、生き別れになった自分の娘を探して旅を続ける。80年代初めにアメリカで起きた忍者ブームの中で生まれたアクション・ドラマ。全13話。[V]

ニンフ／妖精たちの誘惑
NYMFIT / NYMPHS (2013) S1 フィンランド MTV3
サラ・スーリエ (山村響), レベッカ・ヴィータラ (林真里花), マヌエラ・ボスコ (美名) ◆フィンランドで高視聴率を獲得し世界60か国以上での放送が決まった、エロティック・ファンタジー作品。人間界に舞い降りた3人の美しき妖精 (ニンフ) が繰り広げる愛、欲望、裏切り、そして禁断の恋が官能的に描かれる。

ね

ネイキッド・ブラザーズ・バンド
THE NAKED BROTHERS BAND (2007-2009) S3 米 Nickelodeon
ナット・ウルフ (久保田恵), アレックス・ウルフ (中司ゆう花), トーマス・バトゥエロ (外村茉莉子) ◆実在のロックバンド"ネイキッド・ブラザーズ・バンド"を主人公に

ニュルンベルク軍事裁判

ネイキッド・ブラザーズ・バンド

な

したドキュメンタリー・タッチのコメディ・ドラマ。アメリカでは 2005 年に映画「The Naked Brothers Band: The Movie」が公開されており、本作品はそのドラマ版となる。ボーカルのナットが作曲を担当し、母親のポリー・ドレイパーが製作総指揮を、父親のマイケル・ウォルフが音楽監督を担当している。

ねじれた疑惑

TWISTED (2013-2014) S1 米 ABC Family

アヴァン・ジョーギア (小松史法), マディー・ハッソン (浅野真澄), カイリー・バンバリー (下田レイ) ◆交錯する過去と現在の疑惑と、幼馴染み 3 人の友情を描くミステリー・ドラマ。叔母を殺害したとして 11 歳で逮捕されたダニー・デサイが、5 年の刑期を終えてニューヨーク州グリーングローブへと帰ってきた。親友であったジョー・マスターソンとレイシー・ポーターとの絆を取り戻したダニーだったが、そんな矢先、新たな殺人事件が起こる。犯人はいったい誰なのか。

熱血弁護士カズ

KAZ (1978-1979) S1 米 CBS

ロン・リーブマン (石立鉄男), パトリック・オニール , ディック・オニール ◆刑務所で服役中に法律の学位を取得し、出所後に有名法律事務所に雇われた異色の弁護士マーティン・"カズ"・カジンスキーが、弱者を守るために戦う姿を描くリーガル・ドラマ。原案・脚本も担当した主演の R・リーブマンがエミー賞を受賞した。

ネバーエンディング・ストーリー　遥かなる冒険

TALES FROM THE NEVERENDING STORY (2001-2002) S1 加 = 独 HBO

マーク・レンドール (津村まこと), タイラー・ハインズ (浪川大輔), オードリー・ガーディナー (高橋理恵子), ヴィクトリア・サンチェス (本田貴子) ◆内気で友達のいない 12 歳の少年バスチアンは、古本屋で一冊のファンタジー小説を見つける。それは、読者の想像によって物語の世界を変えられるという魔法の本だった。バスチアンが本を読み進めていくと、驚くことに物語の登場人物が目の前に現れる。彼は本の中の世界"ファンタージェン"の危機を救うため、バスチアンの助けが欲しいと告げるのだが…。ミヒャエル・エンデの『果てしない物語』を映像化した TV シリーズ。[D,V]

ネバーランド

NEVERLAND (2011) S1 英 Syfy

キーラ・ナイトレイ (篠原千佳), リス・エヴァンス (押切英希), チャーリー・ロウ (手塚祐介) ◆ 1906 年のロンドン。孤児のピーターと仲間たちはフェンシング教師のジミーをリーダーとして、こそ泥で生計を立てていた。そんなある日、ピーターは骨董屋で不思議なオーブを発見する。そのオーブによって、彼らはネバーランドへ移動するが…。ピーターパンの誕生秘話を綴った SF ファンタジーのミニシリーズ。[D]

ネーム・オブ・ザ・ゲーム

THE NAME OF THE GAME (1968-1971) S3 米 NBC

ジーン・バリー (若山弦蔵), ロバート・スタック (矢島正明), トニー・フランシオサ (広川太一郎), スーザン・セント・ジェームズ (小谷野美智子) ◆アラン・ラッド主演の映画「恐喝の街」(1949 年) をリメイクした「ネーム・オブ・ザ・ゲーム／死んだ女の住所録」をパイロット版としてシリーズ化された冒険ミステリー。大手出版社を舞台に、国際的事件に挑む社長のグレン・ハワード、元 FBI 捜査官で凶悪犯罪を得意とするクライム・マガジン編集長のダン・ファレル、芸能界のゴシップに強い風俗誌ピープルマガジンの記者ジェフ・ディロンの 3 人に、大株主の娘ペギー・マックスウェルが加わり、様々な事件の真相を暴いていく。3 人の主人公が毎回ローテーションで交代する変わった構成だが、90 分枠というのも当時としては珍しく、この後に続く「刑事コロンボ」や「警部マクロード」の先駆け的な作品となった。

の

ノアズ・アーク

NOAH'S ARK (1999) S1 米 NBC

ジョン・ヴォイト (水内清光), メアリー・スティーンバージェン (沢海陽子), ジェームズ・コバーン (水野龍司) ◆旧約聖書・創世記からノアの箱舟の伝説をドラマ化。不信心な人間を一掃すべく、大洪水がやってくるという神の言葉を聴いたノアが、人々の嘲笑を浴びながらも家族の協

ねじれた疑惑

ネーム・オブ・ザ・ゲーム

力を得て巨大な箱舟を建造し、多くの動物たちを救う姿を描く。[D,V]

農園天国
GREEN ACRES (1965-1971) S6 米 CBS
エディ・アルバート (川久保潔), エヴァ・ガボール (宮地晴子), パット・バトラム (太宰久雄) ◆農場暮らしを始めた都会の夫婦が周囲の人々と巻き起こす騒動を描く、シュールな笑いが満載のコメディ・ドラマ。ニューヨークのエリート弁護士オリバーは、憧れていた農場暮らしをするため美しい妻リサを伴い田舎のフッタービルに引っ越した。ところが移り住んだ農家はボロ屋で土地も荒れ放題。スーツで農作業をしてしまうようなオリバーは、田舎のおかしな住民たちとうまくやっていけるのか。1990 年には復活スペシャル TV ムービー「突撃！グリーン農場をとりもどせ」も作られた。

納棺師の捜査ファイル
DER BESTATTER (2013-2017) S5 スイス
マイク・ミュラー , バルバラ・タープアテン , レト・スタルダー , サリー・ロスリスバーガー , サミュエル・シュトライフ , マルティン・オスターマヤー ◆スイス発のミステリー。元刑事の納棺師が、かつての同僚を手助けし事件を解決していく。本国では好評を博し 4 年以上も続くヒット作となった。刑事のルーク・コンラートは同僚刑事の殺害事件がきっかけで警察を辞職、家業の葬儀社を継ぐことに。事件に巻き込まれた遺体を引き取りに行くと、そこでかつての部下であり恋人でもあったアンナ・マリア刑事と出会う。元刑事の勘と推理力で、ルークはアンナの捜査の手助けをしていく。

脳外科医モンロー
MONROE (2011-2012) S2 英 ITV
ジェームズ・ネスビット (宮内敦士), サラ・パリッシュ (野沢由香里), トム・ライリー (川本克彦) ◆ガブリエル・モンローはその凄腕で完璧な執刀を行う脳外科医だが、家に帰れば妻アンナや息子ニックとすれ違う悩める父親でもあった。同僚の心臓外科医ジェニー・ブレムナーや麻酔科医ローレンス・シェパードらと共に患者に温かく寄り添うモンローの姿を、リアルな手術シーンを交えて描く医療ドラマ。

ノーザン・エクスポージャー アラスカ物語
→たどりつけばアラスカ

NORTH SHORE　ノース・ショア
NORTH SHORE (2004-2005) S1 米 Fox
クリストファー・ポラーハ , ブルック・バーンズ , ジェームズ・レマー ◆ハワイ・オアフ島のノース・ショアにある高級ホテルを舞台に、そこで働く若者たちの恋愛模様を描いたソープオペラ。ジェイソン・マシューズがゼネラルマネージャーとして働くグランド・ワイメア・ホテルに、新しく接客係の主任としてやって来たのはジェイソンのかつての恋人ニコール・ブースだった…。

ノー・セカンドチャンス ～身代金の罠～
UNE CHANCE DE TROP (2015) S1 仏 TF1
アレクサンドラ・ラミー (藤貴子), パスカル・エルベ (宮内敦士), リオネル・アベランスキ (金子由之) ◆アメリカの作家ハーラン・コーベンのベストセラー小説『ノー・セカンドチャンス』をフランスで映像化したミニシリーズ。夫を殺害され、生後まもない娘を誘拐された女医アリス・ランベールが、娘を取り戻すためにわずかな手がかりを追って真犯人に迫っていく。二重三重のどんでん返しで魅せるノンストップ・サスペンス。[D]

ノーベル　～戦火の陰謀～
NOBEL (2016) S1 ノルウェー NRK
アクセル・ヘニー (伊藤健太郎), リスティアン・ルーベク (諏訪部順一), アンデルシュ・ダニエルセン・リー (鈴木達央), ツヴァ・ノヴォトニー (本田貴子), アシーア・アデル (向井修) ◆ノルウェー発のポリティカル・サスペンス。ノルウェー陸軍特殊部隊に所属するアーリン・リーセルが、ノルウェーを訪れていたアフガンの大地主シャリフ・ザマニの暗殺を命じられる。アーリンは任務を果たすが、上司からそんな命令は出していないと告げられてしまう。やがて広大な石油埋蔵地をめぐる陰謀が露わになっていき…。ノーベル平和賞の裏側で進行していた策謀を描いたミニシリーズ。

ノーム・プロブレム
THE NORM SHOW (1999-2001) S3 米 ABC
ノーム・マクドナルド , ローリー・メトカーフ , イアン・ゴメス ◆人気コメディ番組「サタデー・ナイト・ライブ」

脳外科医モンロー

NORTH SHORE　ノース・ショア

出身のN・マクドナルドとL・メトカーフがコンビを組んだコメディ・ドラマ。自分の試合で賭博を行い逮捕されたアイスホッケー選手のノーム・ヘンダーソンは、社会福祉事務所で5年間の社会奉仕活動を行うことに。個性的な同僚や上司に囲まれ、ノームは適当な態度で働き始めるのだが、市民から日々寄せられる相談の数々はアメリカの現実を反映したような内容ばかり。果たしてノームたち職員は、様々な問題を解決することができるのか。

は

ハイ・インシデント／警察ファイルJ
HIGH INCIDENT (1996-1997) S2 米 ABC
マット・ベック(石井隆夫), マット・クレイヴン(青山穣), ウェンディ・デイヴィス(五十嵐麗) ◆スティーヴン・スピルバーグ製作総指揮によるハードかつリアルなポリス・ストーリー。アメリカ・ニューメキシコ州の町を舞台に、日夜、犯罪と戦い続けるエル・カミーノ警察署に所属する警官たちの活躍を描く。

ハイウェイ・パトロール
HIGHWAY PATROL (1955-1959) S4 米
ブロデリック・クロフォード, ウィリアム・ボイエット ◆カリフォルニアの高速道路を管轄する、ダン・マシューズ隊長を始めとする高速道路警備(ハイウェイ・パトロール)隊。彼らの仕事はスピード違反の取り締まりなどにとどまらず、逃走中の指名手配犯や誘拐犯の追跡など、凶悪犯罪に関係するものも多数含まれていた。日々、事件に追われる高速警備隊の活躍を描くモノクロ30分のシリーズ。

BIONIC WOMAN　バイオニック・ウーマン
BIONIC WOMAN (2007) S1 米 NBC
ミシェル・ライアン(魏涼子), ミゲル・ファーラー(菅生隆之), ケイティー・サッコフ(本田貴子) ◆日本でも1977年に放映されて人気番組となった「地上最強の美女！バイオニック・ジェミー」を、設定も新たにリメイクしたSFアクション。自動車事故に遭ったジェイミー・サマーズがバイオニック手術により蘇り悪と戦っていく。脚本家組合のストライキによる影響をもろに受け、シーズン途中の全8話で終了した。[D]

バイオニック・ジェミー
→地上最強の美女！バイオニック・ジェミー

バイオレンス・ウルフ
WEREWOLF (1987-1988) S1 米 Fox
ジョン・J・ヨーク, チャック・コナーズ, ランス・ルゴール ◆あるアメリカの田舎町を舞台に、狼男に噛まれ自分も狼男になってしまった青年エリックが、自分の運命に立ち向かう姿を描くホラー・ドラマ。日本では、デヴィッド・ヘミングスが監督したパイロット版がビデオ化されたのみ。[V]

バイキング
TALES OF THE VIKINGS (1959-1960) S1 米
[別] 大海賊バイキング
ジェローム・コートランド(黒沢良), バディ・ベア ◆10世紀初頭のスカンジナビアを舞台にバイキングたちの冒険を描いたモノクロ30分の海洋アクション・ドラマ。カーク・ダグラスが自身の会社で製作・主演した映画「バイキング」(1958年)のいわばTV版姉妹編で、同様にダグラスの会社が製作している。そのため、映画「バイキング」のフッテージをはじめ、セット、小道具、衣装なども流用されている。

バイキング
VIKINGANE / NORSEMEN (2017) S2 ノルウェー NRK
コーレ・コンラーディ, シリエ・トルプ, ニルス・ヨルゲン・カールスタード, マリアン・ソースタ・オッテセン, トロンド・ファウサ・アウルヴォーグ ◆8世紀の小さな村を舞台に、バイキングたちの日常を描く1話30分のコメディ作品。略奪の旅を終えた首領オラフと戦士たちが、ルーファスという名の俳優をはじめ多数の奴隷を引き連れて帰ってきた。オラフの弟オームは兄が不在の間、首領の代わりを務めていたが、その夜の宴席には呼ばれずじまい。個性豊かなキャラクターたちが巻き起こす騒動を、きつめのジョークで描く。

ヴァイキング ～海の覇者たち～
VIKINGS (2013-) S5- アイルランド＝加 History Canada
トラヴィス・フィメル, キャサリン・ウィニック, クライヴ・スタンデン ◆ヒストリーチャンネル初の連続ドラマとして話題となり、高視聴率をマークした歴史アドベンチャー。

BIONIC WOMAN　バイオニック・ウーマン

ヴァイキング ～海の覇者たち～

8世紀のスカンジナビアを舞台に、新天地を求めて未知の海域に挑む若きヴァイキングの青年ラグナル・ロズブロークの冒険を描く。

ハイジ

HEIDI (1978) S1 スイス＝西独 SF DRS/ZDF

[別] ハイジ アルプスの少女 (ソフト)

カティア・ポレティン, レネ・デルトゲン, ニコラス・バーンズ ◆ヨハンナ・スピリの同名児童文学を、スイス国営テレビのドイツ語放送局が原作に忠実に実写ドラマ化したTVシリーズ。アルプスの山にやってきた少女ハイジが、偏屈だが優しいおじいさんと一緒に仲良く暮らしていく姿を描く。[D]

ハイ・シャパラル

THE HIGH CHAPARRAL (1967-1971) S4 米 NBC

[別] 新ハイシャパラル

リーフ・エリクソン (大久保正信→納谷悟朗), マーク・スレイド (山本勝→野島昭生), キャメロン・ミッチェル (小林昭二→柴田秀勝), ヘンリー・ダロウ (草野大悟→山田康雄), リンダ・クリスタル (里見京子→谷育子) ◆アリゾナにやってきたジョン・キャノンを長とするキャノン一家が、厳しい環境と戦いながらハイ・シャパラル牧場を守っていくTV西部劇。1860年代のアリゾナの町を再現したオールド・ツーソン・スタジオで撮影された。

ハイスクール・ウルフ

BIG WOLF ON CAMPUS (1999-2002) S3 米＝加 YTV/Fox Family

ブランドン・クイン (坂詰貴之), ダニー・スミス (藤原堅一), ラシェル・ルフェーブル (石井麗子) ◆オオカミに似た獣に噛まれて以来、狼男の能力を発揮するようになった高校生のトミー・ドーキンスが、幼馴染みで超常現象が大好きなマートン・ディングルと共に、様々なモンスターや怪奇現象と戦うファンタジックなコメディ。

ハイスクール・コップ

→21ジャンプ・ストリート

バイス・プリンシパルズ

VICE PRINCIPALS (2016-2017) S2 米 HBO

ダニー・マクブライド, ウォルトン・ゴギンズ, キンバリー・エイベア・グレゴリー ◆空いた校長の座をめぐって相争う2人の副校長が巻き起こす騒動を描いたコメディ。ノース・ジャクソン高校の人望厚いウェル校長が、妻の介護のため引退することになった。副校長のニール・ギャンビーは次期校長の座を狙うも、生徒や親たちからの人望が全くない。もう一人の副校長リー・ラッセルは、人当たりも良く、周囲の評判も悪くなかったが、実は彼もまた校長の座を狙っていた。そんな彼らの前に、ベリンダ・ブラウン博士という新たな女性校長がやってくる。犬猿の仲だったニールとリーは、新校長を追い出すために手を握るのだが…。

ハイタイド探偵事務所

HIGH TIDE (1994-1997) S3 米

リック・スプリングフィールド, ヤニック・ビッソン, ジョージ・シーガル ◆元警官のミック・バレットと弟のジョーイはサーフィンショップを経営する傍ら、秘密探偵としての仕事もしていた。元政府機関エージェントのゴードンの依頼で、彼の部下で元KGBの女性諜報員フリッツと共に事件を解決していく2人の姿を、コミカルに描く探偵ドラマ。

ハイっ、こちらIT課！

THE IT CROWD (2006-2013) S5 英 Channel 4

クリス・オダウド, リチャード・アイオアディ, キャサリン・パーキンソン ◆大企業のお荷物部署IT課に所属する面々、なまけ者のロイとコンピュータオタクのモス、そしてPCに詳しいとウソをついたおかげでIT課に配属された上司ジェンが繰り広げる騒動を描いたシチュエーション・コメディ。[D]

ハイテク武装車　バイパー

VIPER (1994-1999) S4 米 NBC

[別] ハイテク武装車 バイパー2(第2シーズン) | ハイテク武装車 新バイパー (第4シーズン)

ジェームズ・マキャフリー (小杉十郎太)<S1,4>, ジェフ・カーク (山路和弘)<S2,3>, ドリアン・ヘアウッド (谷口節)<S1,4> ◆近未来のカリフォルニア州を舞台に、ハイテク技術を詰め込んだスーパーカー"バイパー"と、元犯罪者だが記憶を失い、警察によって新たな顔と名前を与えられた天才ドライバー、ジョー・アスターの活躍を描いたカー・アクション。パイロット版は「犯罪壊滅装甲兵器ヴァイパー」のタイトルでビデオリリース。第2シー

ハイ・シャパラル

ハイっ、こちらIT課！

ズンでメンバーを刷新したが、第 4 シーズンではホバークラフト機能などさらにパワーアップしたバイパーと第 1 シーズンのアスターの復活が見どころとなった (第 3 シーズンは日本未放映)。

VINYL －ヴァイナル－

VINYL (2016) S1 米 HBO

ボビー・カナヴェイル (立木文彦), オリヴィア・ワイルド (甲斐田裕子), レイ・ロマノ (楠大典) ◆映画監督のマーティン・スコセッシとミュージシャンのミック・ジャガーが企画と製作総指揮を担当した、1970 年代の音楽業界で成功を夢見る野心家たちの人間模様を描く大型ドラマ。正確な時代考証による音楽、美術、ファッションが話題を呼んだ。破産寸前となったアメリカン・センチュリー・レコードの社長リッチー・フィネストラは、酒と薬物に溺れる堕落した生活を送っていたが、あるパンクバンドと出会ったことから若い頃の情熱を取り戻し、会社を立て直すことを決意する。しかし成功までの道のりはあまりにも険しく…。

ハイ・ライフ

DISJOINTED (2017-) S1- 米 Netflix

キャシー・ベイツ (滝沢ロコ), アーロン・モーテン (中國卓郎), エリザベス・アルダーファー (渡辺明乃), トーン・ベル (江川央生) ◆「ふたりは最高！ダーマ＆グレッグ」「ビッグバン★セオリー ギークなボクらの恋愛法則」のクリエイターであるチャック・ロリーが企画・製作総指揮を務める、マリファナを題材としたシチュエーション・コメディ。マリファナ合法化に情熱を傾ける活動家のルースは、念願かなってロサンゼルスにマリファナ薬局 " ルースのケアショップ " を開く。息子や警備員、従業員はもちろん、来客もすべてハイな人ばかりで…。

ハイラム君乾杯！

THE ADVENTURES OF HIRAM HOLLIDAY (1956-1957) S1 米 NBC

ウォリー・コックス , エインスリー・プライア ◆コウモリ傘を片手に、世界を周る特派員となった新聞社の校正係ハイラム・ホリディが、訪ねた先々で事件に遭遇するモノクロ 30 分のコメディ・アドベンチャー。おっとりしたのんびり屋のハイラム君だが、実は剣の達人で、コウモリ傘を剣の代わりに振り回し悪人を追い詰めていく。原作は映画「ポセイドン・アドベンチャー」のポール・ギャリコによる『ハイラム・ホリデーの大冒険』。

パイレーツ・オブ・アトランティス

BLACKBEARD (2006) S1 米 Hallmark

アンガス・マクファーデン , マーク・アンバース , ジェシカ・チャステイン ◆キャプテン・キッドの財宝を探し求める黒ひげは、海賊たちが集まるニュープロビデンス島で、メイナードという新入りを迎える。彼の正体はティーチの捕縛を命じられた海軍士官だったが…。悪名高い海賊エドワード・ティーチ、通称・黒ひげと、海軍中尉ロバート・メイナードとの戦いを描いたミニシリーズ。[D,V]

HOUSE

→ Dr.HOUSE －ドクター・ハウス－

ハウス・オブ・カード　野望の階段

HOUSE OF CARDS (2013-2017) S5 米 Netflix

ケヴィン・スペイシー (石塚運昇), ロビン・ライト (深見梨加), マイケル・ケリー (河本邦弘) ◆ネットドラマとして初のエミー賞、ゴールデン・グローブ賞を受賞した政治ドラマ。大統領選への貢献の見返りとして約束されていた国務長官の座を反故にされ、怒りに燃えるベテラン議員フランシス・アンダーウッドが、選挙やマスコミ、スキャンダルなど、あらゆる手段を利用して復讐を繰り広げる。1990 年に放送されたイアン・リチャードソン主演のイギリスドラマ「野望の階段」のリメイク版である。[B,D]

爆音家族

I'M IN THE BAND (2009-2011) S2 米 Disney XD

ローガン・ミラー (柿原徹也), グレッグ・ベイカー (杉野博臣), スティーヴ・ヴァレンタイン (一条和矢) ◆往年のベテラン・バンドに加入することになった少年とすっかり中年になってしまったバンド・メンバーが、再び輝きを取り戻そうとする姿を描くハチャメチャ青春コメディ。ギターが得意でロックスターに憧れる高校生のトリンプ・キャンベルは、かつて大人気を誇ったロックバンド " アイアン・ウィーゼル " と知り合いリード・ギタリストとして加入することになるのだが…。

白鯨　MOBY DICK

MOBY DICK (2011) S1 オーストリア＝独 Encore

ウィリアム・ハート , イーサン・ホーク , チャーリー・コッ

ハウス・オブ・カード　野望の階段

白鯨　MOBY DICK

クス ◆ハーマン・メルヴィルの小説『白鯨』を、総製作費 20 億円を超えるスケールと豪華キャストでミニシリーズ化。「PART1・冒険者たち」「PART2・因縁の対決」の二部構成。捕鯨船に憧れ、捕鯨基地港のナンタケットに到着したイシュメイルは、銛打ちの大男クイークェグと共に、一等航海士スターバックスにスカウトされ捕鯨船ピークォド号の乗組員になる。船長のエイハブの義足は、かつてモビー・ディック (白鯨) に襲われた跡であり、エイハブはモビー・ディックに対して並々ならぬ復讐心を抱いていた…。[D]

爆撃命令

→頭上の敵機

爆笑ホテル

THE BILL DANA SHOW (1963-1965) S2 米 NBC

ビル・デイナ , ジョナサン・ハリス , ドン・アダムス ◆ 1953 ～ 1964 年の間に放映された人気番組「Make Room for Daddy」に登場したキャラクター、南米からやってきたホセ・ヒメネスを主人公にしたスピンオフ作品。ニューヨークの豪華ホテルを舞台に、南米訛りの激しいラテン系ベルボーイが巻き起こす騒動を描く。ホセに厳しいホテルの支配人は「宇宙家族ロビンソン」のドクター・スミスことJ・ハリスが扮している。モノクロ 30 分。

バグズ　ハイテクスパイ大作戦

BUGS (1995-1999) S4 英 BBC

[別] バグズ　超ハイテク犯罪組織 (AXN)

ジェシー・バーズオール (池田秀一), ジェイ・グリフィス (深見梨加), クレイグ・マクラクラン (古澤徹) ◆「特捜班 CI ☆ 5」のブライアン・クレメンスがシリーズ・コンサルタントとして携わった SF 犯罪捜査ドラマ。ベケットとロズとエドの 3 人がそれぞれの特技を生かしながら、ハイテク犯罪に立ち向かっていく姿を描く。

爆走する 7 人の白雪姫 !! BJ &トラックギャル

B.J. AND THE BEAR (1981) S1 米 NBC

グレッグ・エヴィガン (柴田侊彦), マーレイ・ハミルトン (阪脩), ジュディ・ランダース (杉原未樹), リンダ・マックロー (藤田淑子), エリック・サーヴァー (納谷六朗), アマンダ・ホラン・ケネディ (横尾まり), シェリリン・ウォルター (滝沢久美子), シーラ・ウィリス (川島千代子), キャンディ・ブロー (上山則子), ランディ・ブロー (江本はつみ) ◆大型トレーラートラックの運転手 B・J・マッケイと、チンパンジーの相棒ベアの活躍を描いた TV シリーズ「トラック野郎 !B・J」の第 3 シーズン。ロサンゼルスに運送会社ベア・カンパニー社を設立した BJ が 7 人の美女をドライバーとして雇い入れ、商売敵の陰謀と戦っていく。

爆走トラック !16 トン

MOVIN' ON (1974-1976) S2 米 NBC

クロード・エイキンス (木村幌), フランク・コンヴァース (原田一夫) ◆腕っ節には自信のあるタフガイ中年のソニーと、法学部出身のインテリ青年ウィルの凸凹コンビが、大型トラックで運送仕事をこなしながら全米を渡り歩くという人情アクション・ドラマ。パイロット版は「恐怖の大暴走」として映画劇場枠で放映。「ブリット」や「フレンチ・コネクション」のフィリップ・ダントニが企画と製作総指揮を手がけており、トラック・アクションなどの見せ場も充分。

バークにまかせろ！

BURKE'S LAW / AMOS BURKE, SECRET AGENT (1963-1966) S3 米 ABC

[別] エイモス・バーク (第 3 シーズン)

ジーン・バリー (若山弦蔵), レジス・トゥーミイ (早野寿郎), ゲイリー・コンウェイ (金内吉男), レオン・ロントク (愛川欽也) ◆大富豪にして伊達男という、ロス市警殺人課のエイモス・バークが冴えた推理力で次々と難事件を解決するアクション・ミステリー。元々は「ディック・パウエル・ショー」に登場したキャラクターで、好評だったため本作がスピンオフとして作られた。毎回、豪華なゲストが登場するのが特徴で、バークと運転手のヘンリーの掛け合いも好評を博した。第 3 シーズンからはバークの設定がいきなりスパイに変更され、邦題も「エイモス・バーク」となった。[V]

爆発！デューク

THE DUKES OF HAZZARD (1979-1985) S7 米 CBS

ジョン・シュナイダー (神谷明), トム・ウォパット (富山敬), キャサリン・バック (弥永和子), ソレル・ブーク (富田耕生), ジェームズ・ベスト (毒蝮三太夫) ◆元レーサーのボー、元海兵隊のルーク、ウェイトレスのデイジー、3 人のデュー

爆笑ホテル

爆発！デューク

ク家の従兄弟たちが叔父のジェシーを助け、汚職保安官のロスコー一味と毎回カーチェイスを繰り広げるコミカルな冒険アクション。2000年に復活スペシャルTVムービー「爆発！デューク　ハリウッドへ行く」、2005年にリメイク映画版「デュークス・オブ・ハザード」、2007年に新作TVムービー「デュークス・オブ・ハザード：ザ・ビギニング」が製作されている。

バークレー牧場
THE BIG VALLEY (1965-1969) S4 米 ABC

バーバラ・スタンウィック(西乃砂恵),リチャード・ロング(浦野光),ピーター・ブレック(近石真介),リー・メジャース(野沢那智) ◆ 1870年代のカリフォルニア州サンホアキン・バレーを舞台に、金鉱と広大な畑を所有する女牧場主ヴィクトリア・バークレーとその子供たちが、力を合わせて困難に立ち向かっていく姿を描いたウェスタン・ホームドラマ。ヴィクトリアを往年の名女優B・スタンウィックが演じて話題になった。

バージニアン
THE VIRGINIAN (1962-1971) S9 米 NBC

ジェームズ・ドルーリー(城達也),ダグ・マクルーア(田中信夫),リー・J・コッブ(富田耕生) ◆ワイオミング州のシャイロー牧場を舞台に、牧場に雇われた本名不詳でバージニアンと呼ばれているカウボーイが、牧場主で元判事のガース、娘のベッツィー、そしてカウボーイ仲間のトランパス、スティーブらと過ごす日常を描く。TV西部劇としては初の90分、カラーで放送された。原作は過去に3回も映画化されたオーウェン・ウィスターの小説。

恥はかき捨て
SHAMELESS (2004-2013) S11 英 Channel 4

デヴィッド・スレルフォール,アンヌ＝マリー・ダフ,ジョディ・レイサム ◆「心理探偵フィッツ」「ステート・オブ・プレイ ～陰謀の構図～」で知られる脚本家ポール・アボットが手がけ、本国イギリスでは11シーズンにも渡り放送されたコメディ・ドラマ。8人の子供を抱えながら無職の身であるフランク・ギャラガーは、何とか正気を保とうと努力するのだが、どうしても酒を手放すことができず…。2011年にはアメリカで「シェイムレス 俺たちに恥はない」としてリメイク版が製作された。

恥はかき捨て

ハーシュ・レルム
HARSH REALM (1999-2000) S1 米 Fox/FX

スコット・ベアストウ(成田剣),D・B・スウィーニー(鳥畑洋人),テリー・オクィン(村田則男) ◆軍の訓練用バーチャルマシン“ハーシュ・レルム”の中に独裁国を作り上げたサンチャゴ将軍を始末するため、マシン内に送り込まれたトーマス・ホッブス中尉の戦いを描くSFアクション。低視聴率のため3話で放映は打ち切られた。[V]

走れ！ケリー
KELLY (1991-1992) S2 豪 Network Ten

シャーメイン・ゴーマン(大谷育江),アレキサンダー・ケンプ(矢島晶子),マシュー・ケタリンガム(こおろぎさとみ) ◆負傷した警察犬を引き取ることになった家族を描くオーストラリアのファミリー・ドラマ。優秀な警察犬だったケリーは捜査中に重傷を負ってしまう。ケリーと共に捜査にあたっていたマイク巡査部長は、ケリーが完全に治るまで息子のフランクの家で預かることを提案。犬アレルギーのフランクに代わり、マイクの孫娘であるジョーが面倒を見ることになり…。日本ではNHK「海外少年少女ドラマ」枠で放送された。全26話。

走れチェス
NATIONAL VELVET (1960-1962) S2 米 NBC

ロリ・マーティン(栗葉子→池田昌子),アン・ドラン(吉田雅子→樫村治子),アーサー・スペース(篠田節夫→田辺晧一),キャロル・ウェルズ(吉本ミキ→友部光子→本山可久子),ジェームズ・マッカリオン(雨森雅司) ◆エニッド・バグノールド原作の同名小説を少女時代のエリザベス・テイラー主演で映画化した「緑園の天使」のTVドラマ版。牧場を営むブラウン一家の娘ベルベットが、チェスと名付けられた仔馬の飼育を任され、年に一回開催される障害競走“グランドナショナル”で優勝するべく、共に成長していく姿を描く。モノクロ30分、全58話。

走れバッファロー
→バッファロー・ビルの冒険

走れ！名馬チャンピオン
THE ADVENTURES OF CHAMPION (1955-1956) S1 米 CBS

[別] 名馬チャンピオンの冒険

ハーシュ・レルム

は

バリー・カーティス(北条美智留), ジム・バノン(佐藤英夫)◆1880年代のアメリカ南西部を舞台に描かれるファミリー西部劇。叔父サンディの牧場に住む12歳の少年リッキーが、野生馬のチャンピオンと愛犬レベルと共に様々な事件を解決してゆく。

ヴァージン・ブレイド～ジャンヌ・ダルクの真実～

→ジャンヌ・ダルク

パーセプション　天才教授の推理ノート

PERCEPTION (2012-2015) S3 米 TNT

エリック・マコーマック, レイチェル・リー・クック, アージェイ・スミス◆統合失調症を抱える大学教授のダニエル・ピアースは、その症状ゆえに研ぎ澄まされた知覚・洞察力を持つ。その特殊能力を活かしてFBIの捜査に協力し、真相を解明していくミステリー・ドラマ。

パーソン・オブ・インタレスト　犯罪予知ユニット

PERSON OF INTEREST (2011-2016) S5 米 CBS

[別] PERSON of INTEREST 犯罪予知ユニット

ジム・カヴィーゼル(滝知史), マイケル・エマーソン(牛山茂), タラジ・P・ヘンソン(浅野まゆみ)◆「スター・トレック」のJ・J・エイブラムスと「ダークナイト」のジョナサン・ノーラン製作によるクライム・サスペンス。謎の億万長者でコンピュータの天才でもあるハロルド・フィンチは、監視システム"マシン"を開発。それは、近い将来に起こりうる犯罪に被害者か加害者で関係するであろう人物の社会保障番号を弾き出すものだった。そんなマシンの情報をもとに犯罪を未然に防ぐことを決意したフィンチは、元CIA工作員でホームレスに身を落としていたジョン・リースを仲間に引き入れ、犯罪の阻止に奔走する。また一方で、警察の暗躍組織やマフィア、政府機関、天才ハッカーなどと熾烈な駆け引きを繰り広げていく。[B,D]

Persons Unknown ～そして彼らは囚われた

PERSONS UNKNOWN (2010) S1 米 NBC

デイジー・ベッツ, ジェイソン・ワイルズ, アラン・ラック◆アメリカNBCネットワークで放送された新感覚のミステリー・ドラマ。突然ゴーストタウンに集められた人々は、街を覆う電磁波によって完全に閉じこめられてしまう。人々は脱出を諦め絶望の淵に立たされるが、ある特定の人物にだけ、生還するためのミッションが渡されることになり…。第1シーズン全13話で打ち切りになった。

裸の町

NAKED CITY (1958-1963) S4 米 ABC

ジョン・マッキンタイア(中村正), ジェームズ・フランシスカス(石井敏郎), ハリー・ベラヴァー◆警察映画の名作「裸の町」(1948年)をもとに製作されたモノクロ30分のTVシリーズ。65分署のベテラン刑事ダン・マルドンと若手のジェームズ・ハロラン警部補の活躍を通して、ニューヨークの姿を活写する。第2シーズンからは60分枠となり、主演もポール・バークに変更となった。

裸足で公園を

BAREFOOT IN THE PARK (1970-1971) S1 米 ABC

スコーイ・ミッチェル, トレイシー・リード, ニプシー・ラッセル◆ニール・サイモンの大ヒット戯曲を映画化して好評を得た「裸足で散歩」(1967年)をTVシリーズ化したシチュエーション・コメディ。弁護士のポールとその妻コリーが小さなアパートで新婚生活を送りながら様々な騒動を巻き起こしていく設定は映画と同じだが、ロバート・レッドフォードとジェーン・フォンダが演じた役が黒人キャストに変更されているのが大きな特徴。全12話。

87分署

87TH PRECINCT (1961-1962) S1 米 NBC

ロバート・ランシング(西村晃), ロン・ハーパー(石原良), グレゴリー・ウォルコット(宮部昭夫), ノーマン・フェル(早野寿郎)◆アメリカの推理小説作家エド・マクベインの警察小説シリーズをTVドラマ化。ニューヨークに似た架空の犯罪都市アイソラを舞台に、スティーブ・キャレラをはじめ市警察の第87分署で働く刑事たちの姿を追う。キャレラと聾唖の妻テディ(ジーナ・ローランズ)の描写も多く、犯罪捜査だけでなく刑事たちの私生活まで丹念に描かれている。モノクロ、全30話。

バーチャル戦士トゥルーパーズ

V.R. TROOPERS (1994-1996) S2 米 FOX

ブラッド・ホーキンス(古澤徹), マイケル・ベーコン(中村大樹), サラ・ブラウン(冬馬由美)◆「パワーレンジャー」シリーズの好評を受けて、サバン・エンタテインメントが

パーセプション　天才教授の推理ノート

パーソン・オブ・インタレスト　犯罪予知ユニット

東映ヒーロー TV の素材を活用して作成した SF アクション。今回は「時空戦士スピルバン」と「超人機メタルダー」の映像が使用されている。ライアン・スティールは行方不明の父と、その親友ハート教授が開発したバーチャライザーで VR トゥルーパーに変身、邪悪な帝王グリムロードとその軍団に立ち向かう。日本では初期の 5 話が WOWOW で放映されたのみ。

バツイチママは実家暮らし

HOW TO LIVE WITH YOUR PARENTS (FOR THE REST OF YOUR LIFE) (2013) S1 米 ABC

サラ・チョーク , エリザベス・パーキンス , ジョン・ドア ◆離婚したシングルマザーのポリーは経済的な安定を求めて実家で暮らすことにするが、彼女の両親が巻き起こす破天荒な言動に振り回されっぱなし…。シングルマザーが巻き込まれる騒動を描いたシチュエーション・コメディ。

Bad Samaritans ／バッド・サマリタンズ

BAD SAMARITANS (2013) S1 米 Netflix

ブライアン・クーバッハ , ジュリアンナ・ギル , アリス・ハンター ◆ピクニックでの別れ話のもつれから、誤って山火事を起こしてしまったジェイクと元彼女のドリューは、一緒に 100 時間の地域奉仕を課せられる。元恋人同士となった 2 人が、奉仕活動の中で出会うおかしな人々と繰り広げるコメディ。

ハット・スクワッド　帽子の騎士たち

THE HAT SQUAD (1992-1993) S1 米 CBS

ドン・マイケル・ポール (真地勇志), ネスター・セラノ (堀之紀), ビリー・ワーロック (関俊彦) ◆犯罪の犠牲で孤児となった子供たち、バディ・キャパトーサ、ラフィことラファエル・マルティネス、マットことマシュー・マセソンの 3 人が、警察官のマイク・ラグランドとその妻キティの元で成長し、やがてロス市警の特殊部隊ハット・スクワッドの一員となって悪と対決するポリス・アクション。[V]

バット・マスターソン

BAT MASTERSON (1958-1961) S3 米 NBC

ジーン・バリー (高島陽→田口計) ◆無法地帯だったダッジ・シティに法と秩序をもたらした実在の保安官バット・マスターソンを主人公にしたモノクロ 30 分の TV シリーズ。山高帽にステッキという都会的でスマートな出で立ちが、西部劇という舞台背景の中で一際存在感を放っていた。[D]

バットマン

BATMAN (1966-1968) S3 米 ABC

[別] 怪鳥人間バットマン

アダム・ウェスト (広川太一郎／田口トモロヲ), バート・ウォード (太田博之／加藤賢崇), アラン・ネイピア (八奈見乗児／手塚とおる) ◆ボブ・ケイン原作のヒーロー・アクションを TV シリーズ化。大富豪のブルース・ウェインはゴッサムシティの平和を守るため、コウモリのコスチュームに身を隠し、相棒のロビンと共にペンギンやジョーカーなどの怪人犯罪者に立ち向かっていく。バットマンが使用するバットカーや電話などのガジェット類も話題で、また効果音を吹き出しで表現するなどコミックを意識したポップな演出も強い印象を残した。放送中に同キャストによる映画版も作られたが、その後、1989 年のティム・バートン監督の大作映画版をきっかけに多くの映画版やアニメ版も製作された。[B]

バッドランド ～最強の戦士～

INTO THE BADLANDS (2015) S1 米 AMC

ダニエル・ウー (小松史法), アラミス・ナイト (梶裕貴), オーラ・ブラディ (加藤有生子) ◆「ウォーキング・デッド」の米 AMC が製作を手がけるアクション・ドラマ。現代文明が滅び、力と非情さを持つ者だけが生き長らえる過酷な世界を舞台に、“ バロン ” と呼ばれる支配者たちと彼らに訓練された暗殺者たち “ クリッパー ” が繰り広げる壮絶な戦いを描く。銃を捨て格闘技術が向上している、という設定をベースに、アクロバティックかつバイオレンスなアクションが繰り広げられる。

ハッピー・タウン／世界一幸せな狂気

HAPPY TOWN (2010) S1 米 ABC

ジェフ・スタルツ , サム・ニール , ローレン・ジャーマン ◆大ヒットドラマ「エイリアス」の製作陣がおくるサイコ・サスペンス・ドラマ。“ ハッピー・タウン ” と呼ばれるミネソタ州の小さな町ハプリンで殺人事件が発生。それは 12 年前に起こり 7 年間続いた未解決連続失踪事件の犯人 “ マジックマン ” の再来なのか。保安官代理トミー・コンロイが直面する住人たちの秘密とは…。

バツイチママは実家暮らし

バット・マスターソン

ハッピー・デイズ
HAPPY DAYS (1974-1984) S11 米 ABC
[別] 全米人気 No.1! 青春ロック！ハッピーデイズ (旧)
ロン・ハワード (中尾隆聖), ヘンリー・ウィンクラー (安原義人), トム・ボスレー (村越伊知郎), マリオン・ロス (香椎くに子), アンソン・ウィリアムズ (森功至) ◆ 1950 年代を舞台に、高校生のリッチー・カニンガムとその家族、クラスメイトのポッティー、ラルフ、そしてリーゼント頭の悪友フォンジーたちが引き起こす騒動を、明るく楽しく、そしてちょっぴり感動も交えて描く青春ホーム・コメディ。

Happy Valley/ ハッピー・バレー
HAPPY VALLEY (2014-2016) S2 英 BBC
サラ・ランカシャー , シヴォーン・フィネラン , チャーリー・マーフィ ◆イギリス BBC 製作による、女性警察官を描く犯罪サスペンス作品。自分の娘をレイプし自殺に追い込んだ犯人トミー・リー・ロイスが釈放されたことを知った女性警官のキャサリン・ケイウッドは、娘を失ったトラウマに苦しみながらもトミーの居場所を探る。だがそんな矢先、キャサリンは若い女性の誘拐事件に巻き込まれてしまう。

バッファロー・ガールズ／カラミティ・ジェーンの半生
BUFFALO GIRLS (1995) 米
[別] バッファロー・ガールズ (ビデオ)
アンジェリカ・ヒューストン (高畑淳子), メラニー・グリフィス (沢海陽子), ガブリエル・バーン (荒川太郎), ジャック・パランス (大塚周夫), ピーター・コヨーテ (村田則男), サム・エリオット (坂口芳貞) ◆ 1800 年代後半、開拓時代も終焉間近な西部。故郷に戻ってきたカラミティ・ジェーンはビル・ヒコックとの間に一児をもうけるが、西部の女として生きる事を選んだ彼女は赤ん坊をイギリスへ養子に出さざるをえなかった。やがて時代は移り、西部に生きる人々は次第にその生活の場を追い立てられていく。ジェーンの仲間たちもバッファロー・ビルが主催するウェスト・ショーへの参加を決意し、ジェーンもまた一人娘ジェニーに会うためイギリスへの巡業に同行する事に。[V]

バッファロー・ビルの冒険
BUFFALO BILL, JR. (1955-1956) S2 米
[別] 走れバッファロー
ディック・ジョーンズ , ナンシー・ギルバート , ハリー・チェサイア ◆実在の西部のヒーロー、バッファロー・ビルに憧れている青年がそのジュニアを名乗り、トラブルメーカーの妹カラミティと共に西部の正義を守っていく。「テキサス平原児」に続き、D・ジョーンズの乗馬アクションが好評を得たモノクロ 30 分のアクション西部劇。[D]

ハップとレナード〜危険な 2 人〜
HAP AND LEONARD (2016-) S2 米 SundanceTV
ジェームズ・ピュアフォイ (東地宏樹), マイケル・ケネス・ウィリアムズ (多田野曜平), クリスティナ・ヘンドリックス (御呑優子) ◆ジョー・R・ランズデールの『凍てついた七月』を「コールド・バレット　凍てついた七月」(2014 年) として見事に映画化したジム・ミックルとニック・ダミチのコンビが、ランズデールの代表作である犯罪シリーズを TV ドラマ化。テキサスを舞台に、しがないコンビが遭遇する様々な事件を描いていく。白人中年男のハップ・コリンズと彼の親友で黒人のゲイ、レナード・パインのふたりは長年連れ添う親友だが、裕福な暮らしとは縁遠い生活を送っていた。ある日、ハップの元妻トルーディから大金を積んだまま川に沈んだ逃亡車の話を聞かされたハップは、分け前を目当てにレナードを誘い車探しに乗り出すが、その前にトルーディの奇妙な仲間や、謎の殺し屋たちが現れた。

パティ・デューク・ショー
THE PATTY DUKE SHOW (1963-1966) S3 米 ABC
[別] お茶目なパティ
パティ・デューク (島かおり／松尾佳子), ウィリアム・シャラート , ジーン・バイロン ◆映画「奇跡の人」でアカデミー助演女優賞に輝いた P・デュークが一人二役を演じ話題となったコメディ・ドラマ。活発な女の子パティの家におとなしい従姉妹のキャシーが預けられることに。ところが 2 人は双子のようにそっくりの顔立ちをしており、そこから様々な騒動が巻き起こっていく。モノクロ 30 分。

ハーディ・ボーイズ＆ナンシー・ドルー
THE HARDY BOYS / NANCY DREW MYSTERIES (1977-

ハッピー・デイズ

Happy Valley/ ハッピー・バレー

は

1979) S3 米 ABC
[別] 少年ミステリーシリーズ ハーディ・ボーイズ｜少年ミステリーシリーズ ナンシー・ドルー
パーカー・スティーヴンソン(永井秀和), ショーン・キャシディ(星正人), パメラ・スー・マーティン(高島雅羅) ◆私立探偵を父に持つフランクとジョーのハーディ兄弟と、近所に住む少女ナンシー・ドルーが、持ち前の行動力で難事件を解決していく冒険ミステリー・ドラマ。「ハーディ・ボーイズ」と「ナンシー・ドルー」が毎週交互に放送される形式だったが、第2シーズンに入ると共演するクロスオーバー・エピソードが増え、ナンシー役もジャネット・ルイス・ジョンソンに交代。結局、第3シーズンからナンシー・ドルーは退場となったものの、キャロリン・キーの原作小説の人気は根強く、2002年にはTVムービー「おてんば探偵ナンシー・ドリュー」、2007年には劇場作品「美少女探偵ナンシー・ドリュー」として映像化されている。

ハート・オブ・ディクシー　ドクターハートの診療日記

HART OF DIXIE (2011-2015) S4 米 The CW
レイチェル・ビルソン(坂本真綾), ジェイミー・キング(小松由佳), クレス・ウィリアムズ(藤真秀) ◆人と接するのが苦手な新米女性医師をコミカルに描くハートフル・コメディ。心臓外科医を目指す新米医師のゾーイ・ハートは、アラバマ州ブルーベルにある開業医のもとで研修を受けることになるのだが、よそ者に冷たい南部の小さな町は彼女をなかなか受け入れてくれず…。

パトカー・アダム30

T.J. HOOKER (1982-1986) S5 米 ABC → CBS
ウィリアム・シャトナー(矢島正明), エイドリアン・ズメッド(水島裕), ヘザー・ロックリア(佐久間レイ) ◆パトロール警官たちの活躍を描いたポリス・アクション。LCPD(リバティーシティ市警)署に勤務するベテランのT・J・フッカー巡査部長が、彼が指導に当たるルーキーのヴィンス・ロマノ巡査らと共にパトロール中に遭遇する事件を解決していく。

バード事件簿

GABRIEL'S FIRE (1990-1991) S1 米 ABC
[別] ガブリエル・ファイアー
ジェームズ・アール・ジョーンズ(大平透), ライラ・ロビンズ(井上喜久子) ◆無実の罪で20年もの間服役していた元シカゴ警官のガブリエル・バードが、彼の無実を信じる女性弁護士ビクトリアの尽力で釈放され、その後、彼女が扱う事件の調査を担当していく。重厚なムードのディテクティヴ・ストーリー。

HARD TIMES ～ボクのナニがアレなんで～

THE HARD TIMES OF RJ BERGER (2010-2011) S2 米 MTV
ポール・アイアコノ, ジャレブ・ドープレイズ, カーラ・タイツ ◆アメリカの高校を舞台に、思春期特有の悩みを持つ少年の成長を描く学園コメディ。オタクでモテない15歳のRJ・バーガーは、ある日ひょんなことから規格外のナニの持ち主であることを知られてしまい、それまでの生活が180度変わってしまう…。

波止場Gメン

SEAWAY (1965) S1 加 CBC
スティーヴン・ヤング(仲村秀生), オースティン・ウィリス(大木民夫) ◆カナダのトロントを舞台に、何隻もの船が往き来する河川航路の安全を守るエージェントを描いたモノクロのアクション・シリーズ。トロントの船主協会に所属する警備エージェントのニック・キングは、老練かつ大胆なフォックス提督の協力を得ながら、セント・ローレンス河の航路における船舶や積荷を保護するため、密輸や殺人などの犯罪に立ち向かってゆく。

ハートビート～小さな町に大事件

HEARTBEAT (1992-2010) S18 英 ITV
ジェイソン・デュール, マーク・ジョードン ◆1960年代のヨークシャーを舞台に、田舎町の警察署で発生する事件や人間模様を描いたポリス・ストーリー。シリーズ当初は都会の喧騒に疲れ妻の実家がある田舎に転職した警官ニック・ローワンを中心とした物語だった。

ハードボイルド 非情の街

→ギデオン警部　非情の街

ハートランド物語

HEARTLAND (2007-) S11- 加 CBC
アンバー・マーシャル, グレアム・ウォードル, ミシェル・モーガン ◆カナダのアルバータ州に、病気や故障した馬のケ

パトカー・アダム30

ハートランド物語

アをする保養施設"ハートランド厩舎"があった。厩舎の主は馬のケアに関しては天才的な腕を持っていたが、ある日事故で亡くなってしまう。娘エイミーは、傷ついた心を馬によって癒してもらうが…。ローレン・ブルックの同名原作をベースに映像化したTVシリーズ。

パトリオット　～特命諜報員 ジョン・タヴナー～

PATRIOT (2015-2017) S1 米 Amazon

マイケル・ドーマン(坂詰貴之),テリー・オクィン(長克巳),マイケル・チャーナス(志賀麻登佳),キャスリーン・マンロー(藤田奈央),カートウッド・スミス(加藤亮夫),アリエット・オパイム(有賀由樹子) ◆PTSDを抱える諜報員が、様々なトラブルに遭遇しながらも目的を果たすため奮闘する姿を、ブラックユーモアを交えて描くスパイドラマ。諜報員のジョン・タヴナーは、アメリカ中西部で工業用の配管を扱う企業に社員として入社し、政府から保護を受けない"非公式諜報員"として核武装を進めるイランに潜入する。だが入社の段階からトラブルが続いた上、捕虜になった過去から患ったPTSDを抱えており、なかなか諜報活動が進まない。精神のバランスを保つためフォークシンガーとなり、ギターを片手に任務内容を歌い上げる始末。ジョンは無事に任務を遂行することができるのか。

バトル・オブ・ブリテン

PIECE OF CAKE (1988) S1 英

[別] フライトジャケット／愛と栄光の翼(旧)

ボイド・ゲインズ,トム・バーリンソン,ニール・ダッジェオン ◆第二次世界大戦初期、約1年に渡る英国空軍(RAF)ホーネット中隊の戦いを描くミニシリーズ。日本では「迫りくるナチの脅威」「ナチに蹂躙されるヨーロッパ」「英本土大空中戦」の三本がビデオ発売された。また過去には「フライトジャケット／愛と栄光の翼」というタイトルでビデオがリリースされていた。[D,V]

Battleground －戦場

BATTLEGROUND (2012) S1 米 Hulu

ジェイ・ヘイデン,テリー・リーヴス,ジャック・デ・セナ ◆ウィスコンシン州上院議席をめぐる、民主党内での駆け引きを描いたコメディ。理想に燃える若き政治キャンペーンの戦略家クリス・タック・デービスとそのスタッフが、無名の候補者の当選を目指して奮闘する様をドキュメンタリーの手法も交えて描く。

バトル・クリーク　格差警察署

BATTLE CREEK (2015) S1 米 CBS

ジョシュ・デュアメル(川島得愛),ディーン・ウィンタース(てらそままさき),オーブリー・ダラー(浅野真澄) ◆ミシガン州バトルクリーク署にFBIのエリート捜査官ミルトン・チェンバレンが配属されてきた。彼はバトルクリーク署のベテラン刑事、ラッセル・アグニューを指名してコンビを組み事件を解決していく。都会的でハンサムなエリート捜査官と、たたき上げの地方ベテラン刑事の活躍を、軽いタッチで描いた刑事コメディ・ドラマ。[D]

バトルスター・ギャラクティカ

BATTLESTAR GALACTICA (2004-2009) S4 米 Sci-Fi Channel

[別] GALACTICA ／ギャラクティカ(ソフト)

エドワード・ジェームズ・オルモス(坂口芳貞),メアリー・マクドネル(佐藤しのぶ),ジェイミー・バンバー(千葉進歩) ◆人間の手により開発された生命体"サイロン"により、ほぼ壊滅してしまった人類。生き残った人々は、アマダ艦長率いる"ギャラクティカ"に乗船し、伝説の星・地球を目指す。「宇宙空母ギャラクティカ」のリメイクに当たるが、サイロンに新たな設定を加えるだけでなく、多様な登場人物による重厚な人間ドラマを展開させ、オリジナル版よりも大きな人気を獲得した。リアリティを追求した宇宙空間での戦闘シーンも見もの。[B,D]

パトロール隊出動

POLIZEIFUNK RUFT (1966-1970) S4 西独＝加＝仏＝日 ZDF

カール＝ハインツ・ヘス,ヨーゼフ・ダーマン ◆日本も製作に参加した、4カ国合作による警察ドラマ。ハンブルクの街を舞台に、パトロール隊のウォルター・ハルトマンと同僚たちの活躍を描く。4シーズン52話にわたって製作されたが、その内の2話は日本を舞台としたエピソードで、二谷英明がゲスト出演し、佐々木守が脚本(リライト)、飯島敏宏が共同監督を務めている。

バナチェック登場

BANACEK (1972-1974) S2 米 NBC

バトル・クリーク　格差警察署

バトルスター・ギャラクティカ

は

[別] 名探偵バナチェック
ジョージ・ペパード(伊武雅刀) ◆フリーの保険調査員の活躍を描く90分枠のミステリー・ドラマで、パイロット版は「テキサスハイウェイ殺人事件」として映画劇場で放映(これのみ声は小林清志)。第1シーズンの全8話は日本でも放映されたが、第2シーズンは未放映に終わった。高級住宅街に住むポーランド系アメリカ人のトマス・バナチェックは、ゲーム中に忽然といなくなったフットボールの選手や、密封された荷台から消えた絵画など、完全犯罪とも思われる事件を解決し、盗品の回収などで保険会社から手数料を得ている。運転手のジェイや古本屋のフェリックスら、友人の力を借りながら事件に挑むバナチェックの姿が綴られる。

- テキサスハイウェイ殺人事件　DETOUR TO NOWHERE (1972)
- 消えたフットボール選手　LET'S HEAR IT FOR A LIVING LEGEND (1972)
- 消えたスーパーカー　PROJECT PHOENIX (1972)
- 消えたバイヨンの十字架　NO SIGN OF THE CROSS (1972)
- 消えた現金　A MILLION THE HARD WAY (1972)
- 消えた10人の皇帝　TO STEAL A KING (1973)
- 消えた100万ドルの本　TEN THOUSAND DOLLARS A PAGE (1973)
- 消えた名画　THE GREATEST COLLECTION OF THEM ALL (1973)
- 消えた株券の原版　THE TWO MILLION CLAMS OF CAP'N JACK (1973)

花のスチュワーデス

FROM A BIRD'S EYE VIEW (1970-1971) S1 英 ATV/NBC
ミリセント・マーティン(小原乃梨子), パット・フィンレイ(堀絢子), ピーター・ジョーンズ(村越伊知郎) ◆2人のスチュワーデス(キャビンアテンダント)が巻き起こす騒動を描いたシチュエーション・コメディ。イギリス娘のミリー・グローバーはおっちょこちょいだが心の優しいスチュワーデス。しかし人の役に立とうと行動するとそれがいつも裏目に出てしまい…。日本語版ではナレーションを古今亭志ん駒が務めた。

バーナビー警部

MIDSOMER MURDERS (1997-2017) S19 英 ITV
[別] もう一人のバーナビー警部(第14シーズン〜)
ジョン・ネトルズ(小野武彦)<S1-S13>, ジェーン・ワイマーク(北條文栄)<S1-S13>, ダニエル・ケイシー(内田健介)<S1-S11>, ニール・ダッジェオン <S13->, ジェイソン・ヒューズ <S8->, バリー・ジャクソン <S8-> ◆イギリスの風光明媚な田園地帯にあるコーストン警察。タフで頑固な風貌だが、妻と娘には弱い警部トム・バーナビーは、相棒の若き巡査部長と共に日々奔走。派手なアクションシーンなどはなく、地道な捜査で事件を解決に導くバーナビーの活躍を描く。シーズン13で主役トム・バーナビー警部がストーリー上引退。シーズン14以降は、代わって従兄弟のジョン・バーナビー警部が主役となり邦題も「もう一人のバーナビー警部」と改められた。[D,V]

花嫁の父

FATHER OF THE BRIDE (1961-1962) S1 米 CBS
レオン・エイムズ(田中明夫), ルース・ウォリック(新村礼子), マーナ・ファイ ◆スペンサー・トレイシーとエリザベス・テイラーが共演した映画「花嫁の父」(1950年)をTVドラマ化。娘のケイの結婚で、複雑な心境に陥る父スタンリーの心情を、ユーモラスに描いたホーム・コメディ。原作はエドワード・ストリーターの同名小説。モノクロ30分。

バニシング・サン

VANISHING SON (1994-1995) 米
[別] ドラゴン・フロンティア(テレビ)
ラッセル・ワン, チ・モイ・ロウ, ヴィヴィアン・ウー ◆ロブ・コーエンが「ドラゴン／ブルース・リー物語」の直後に製作総指揮と脚本を務めたカンフー・アクション。激化する中国の民主化要求運動の中、当局にマークされたジョンとワゴの兄弟は北京からアメリカへと渡る。2人を待ち受ける過酷な運命と、東洋系ギャングの台頭を描いた大作で、90分×4話で構成されている。日本では「バニシング・サン」シリーズとしてビデオがリリース、その後WOWOWにて「ドラゴン・フロンティア」と改題された。4部作終了後、60分13話のTVシリーズにもなったが、こちらは日本未公開。[V]

バーナビー警部

花嫁の父

・バニシング・サン１／自由の大地（ドラゴン・フロンティア１／新天地の兄弟拳）
・バニシング・サン２／運命の兄弟（ドラゴン・フロンティア２／無法地帯の反撃拳）
・バニシング・サン３／野望の果て（ドラゴン・フロンティア３／約束の逆襲拳）
・バニシング・サン４／愛憎の行方（ドラゴン・フロンティア４／旅立ちの飛翔拳）

パニック
PANIC! (1957-1958) S2 米 NBC
ウェストブルック・ヴァン・ヴォーヒス ◆ギャングに尾けられる少年、妻の予知夢に翻弄される夫、給水塔に閉じこめられた男など、奇妙な事件に遭遇する人々を描いたモノクロ 30 分のミステリー・アンソロジー。

パニック・イン・ロンドン 人類 SOS! 襲いかかる肉食植物
→ラストデイズ・オブ・ザ・ワールド

ハニーにおまかせ
HONEY WEST (1965-1966) S1 米 ABC
アン・フランシス（富田恵子），ジョン・エリクソン（堀勝之祐），アイリーン・ハーヴェイ ◆エイモス・バーク警視が活躍する「バークにまかせろ」に登場した私立探偵ハニー・ウェストの活躍を描いたスピンオフ作品。セクシーで美人の上、格闘術にもすぐれたハニーが、秘密兵器を駆使して助手のサム・ボルトと共に事件を解決する。モノクロ 30 分。全 30 話。

バーニング・ラブ
BURNING LOVE (2012-2013) S3 米
ケン・マリーノ，マイケル・イアン・ブラック，マリン・アッカーマン ◆独身男性をゲットするべく集まった女性たちは、妊娠中の女性や 80 過ぎの老婦人、露出狂の女など変人ばかりだった…。１人の男性もしくは女性に何人もの恋人候補が集められ、勝ち抜きバトルを繰り広げるという人気のリアリティショー「ザ・バチェラー」「ザ・バチェロレッテ」をテーマに徹底的におちょくったコメディ。

ハノーバー高校 落書き事件簿
AMERICAN VANDAL (2017) S1 米 Netflix
タイラー・アルヴァレス（下妻由幸），ジミー・タトロ（勝沼紀義），ルー・ウィルソン（伊原正明），カミール・ハイド（水咲まりな），グリフィン・グラック（石川賢利）◆アメリカの高校で起きた事件を追うドキュメンタリー番組を通して、生徒たちが事件の謎を追う姿を描くモキュメンタリー（にせドキュメンタリー）。2016 年３月、ハノーバー高校で教師の車 27 台に男性器の落書きが発見された。教育委員会は同校の学生ディラン・マクスウェルの犯行と断定し、彼の退学を決めてしまう。この決定に疑問を持った放送研究会のピーター・マルドナードは、事件の真相を明らかにするため「American Vandal」というドキュメンタリー番組を制作する。

ハーバー・コマンド
HARBOR COMMAND (1957-1958) S1 米
ウェンデル・コーリイ，ケイシー・ウォルターズ ◆ラルフ・バクスター隊長を中心に、ヘリコプターやモーターボートを駆使して犯罪者を追いつめる港湾警察の活躍を描いたモノクロ 30 分のポリス・アクション。

ハーパーズ・アイランド　惨劇の島
HARPER'S ISLAND (2009) S1 米 CBS
エレイン・キャシディ（本田貴子），クリストファー・ゴーラム（内田夕夜），ケイティ・キャシディ（竹田まどか）◆孤島で繰り広げられる連続殺人の謎に迫るサバイバル・サスペンス。７年前、シアトル沖のハーバーズ島で６人が惨殺され、犯人は保安官に射殺されるという事件が起きた。幼い頃に島で過ごし、平和を取り戻した島で結婚式を挙げる青年ヘンリー・ダンは、パーティーのさなかに殺人事件に遭遇、再び悪夢がよみがえるのだった。[D]

パパ大好き
MY THREE SONS (1960-1972) S12 米 ABC
フレッド・マクマレイ（黒沢良），ウィリアム・フローリイ ◆男ばかりのダグラス家を描くコミカルなホームドラマ。男やもめの父親、３人の息子とおじいちゃん、そして犬までもがすべて男という家族。日常生活で起きる問題を、家族みんなで解決していく。大きな冷蔵庫やおしゃれな衣服など、当時のアメリカの豊かな生活を見ることができる。モノクロ（1965 年からはカラー）30 分。

パパと三人娘
TO ROME WITH LOVE (1969-1971) S2 米 CBS
［別］ローマでチャオ

ハニーにおまかせ

パパ大好き

ジョン・フォーサイス（矢島正明）, ジョイス・メンジス（渋沢詩子）, スーザン・ネハー（山本嘉子）, メラニー・フラートン（増山江威子）, ペギー・モンド（新道乃里子）◆イタリアへ渡ったアメリカ人のエンディコット一家の日常を描いたホームドラマ。大学教授のマイケルは、妻を亡くし、アメリカンスクールの教師としてローマへ行くことを決意。アリソン、ペニー、メリー・ジェーン（愛称ポーキー）の3人の娘と共に移住するのだったが…。それまで暮らしていたアイオワとは異なるローマの文化の中で奮闘する一家の姿をコメディ・タッチで描く。

パパとボクとで一人前

GUESTWARD HO! (1960-1961) S1 米 ABC

ジョーン・ドルー（野口ふみえ）, J・キャロル・ネイシュ, マーク・ミラー ◆都会の生活が身に染みた家族が、慣れない牧場生活に悪戦苦闘する姿を描くモノクロ30分のシチュエーション・コメディ。ニューヨークで暮らしていた家族が、都会暮らしに疲れニューメキシコへ移住、新しい生活を始めることになるのだが…。

パパにはヒ・ミ・ツ

8 SIMPLE RULES... FOR DATING MY TEENAGE DAUGHTER / 8 SIMPLE RULES (2002-2005) S3 米 ABC

ジョン・リッター（水島裕）, ケイティ・セイガル（高島雅羅）, ケイリー・クオコ（坂本真綾）◆娘2人と息子1人を持つ父親が、年頃の子供たちの子育てに翻弄されるシット・コム。新聞コラムニストのポール・ヘネシーは、仕事に復帰した妻ケイトに代わって子供の面倒を見ることに。しかしティーンエイジャーの娘2人のことを心配しすぎてしまい、いつも大騒動に発展してしまう。主演のJ・リッターがシーズン2の撮影中に急死したが、番組は彼の死を物語に実際に組み込むことで継続した。日本ではシーズン2が「パパにはヒ・ミ・ツ2」として放送された。

パパのおやじは30才

THE SECOND HUNDRED YEARS (1967-1968) S1 米 ABC

モンテ・マーカム, アーサー・オコンネル ◆ 1900年にアラスカで金を探していたルーク・カーペンターは冷凍状態で閉じこめられ、数十年ぶりに33歳のまま救出され奇跡の生還を果たす。だがそのとき、孫のケンは30歳、息子のエドウィンはすでに67歳になっていた。まともな生活を取り戻そうとするルークだったが、同年代の孫や年上の息子と珍騒動を繰り広げてしまい…。奇抜な設定とジェネレーション・ギャップが笑いを生むコメディ作品。

パパはスパイ

SPY (2011-2012) S2 英 BSkyB (Sky1)

ダーレン・ボイド, ジュード・ライト, ロバート・リンゼイ ◆親子関係に悩む新人中年スパイの日常をユーモラスに描くコメディ作品。PCショップの店員だったティムは、関係の上手く行っていない息子マーカスに良いところを見せようと、とある採用試験に応募して見事合格。だがそれは英国情報局保安部 (MI5) のスパイ募集だった。ティムの生活は刺激的なものに変わるが、自分の任務を口外することができず、マーカスとの関係だけは変えることができないでいた…。

パパは何でも知っている

FATHER KNOWS BEST (1954-1960) S6 米 NBC → CBS

ロバート・ヤング（小池朝雄）, ジェーン・ワイアット（樺島トシ子）◆典型的なアメリカの中流家庭を舞台に繰り広げられるシチュエーション・コメディ作品。アメリカ中西部にある架空の町スプリングフィールドに暮らす保険会社の営業マンのジム・アンダーソンと聡明な妻マーガレット、そしてベティ、バド、キャシーの3人の子供たちに巻き起こる、些細な騒動を明るく楽しく描く。

パパは年中苦労する

THE STU ERWIN SHOW / TROUBLE WITH FATHER (1950-1955) S4 米 ABC

スチュアート・アーウィン（あずさ欣平）, ジューン・コリア ◆高校の校長を務めるお堅いスチューも、家では妻のジューンと、ジョイスとジャッキーという年頃の2人の娘に振り回される毎日。実生活でも本当に結婚していたS・アーウィンとJ・コリアがそのまま夫婦役を演じたモノクロ30分のホームドラマ。シチュエーション・コメディではあるが、後続の作品のように観客の笑い声は挿入されなかった。

パパはヒーロー

THE HERO (1966-1967) S1 米 NBC

リチャード・マリガン, マリエット・ハートレイ, ヴィクター・フレンチ ◆ TV西部劇ドラマで勇敢なジェド・クレイトン

パパにはヒ・ミ・ツ

パパは何でも知っている

保安官を演じる俳優のサム・ギャレットは、実は馬が怖い上に馬アレルギーを持っていた…。外では人気俳優だが家では平凡な父親であるサムの、私生活のドジっぷりを描く30分のシチュエーション・コメディ。

パパはメロメロ

MY WORLD AND WELCOME TO IT (1969-1970) S1 米 NBC

ウィリアム・ウィンダム (山内雅人), ジョーン・ホッチキス (里見京子), リサ・ジェリッツェン (三輪勝恵) ◆映画「虹を掴む男」(1947年) の原作者として知られる、アメリカの作家であり漫画家でもあるジェームズ・サーバーのイラスト・エッセイを元にした、空想癖のある漫画家が巻き起こす騒動を描く30分のホーム・コメディ。漫画家のジョン・モンローは自分が描いた漫画の中に入り込んでしまい、ついつい自分だけの世界に浸っていることが多い。家で仕事をするジョンは、妻エレンと娘のリディアによっていつも現実に引き戻されてしまうのだが…。主人公の妄想をアニメーションと、それを実写化したようなセットで描いたコミック・タッチの作風が話題になった。

ハーパー★ボーイズ

TWO AND A HALF MEN (2003-2015) S12 米 CBS

[別] チャーリー・シーンのハーパー★ボーイズ (旧)

チャーリー・シーン (井上和彦), ジョン・クライヤー (桐本拓哉), アンガス・T・ジョーンズ (中司ゆう花) ◆世界40か国以上で放送され大人気を博した、過干渉な母と息子たちを描くシットコム。売れっ子作曲家のチャーリー・ハーパーはマリブの豪邸で独身生活を謳歌していたが、離婚し家を追い出された弟アランと、その息子ジェイクが転がりこんでくる。C・シーンの降板により、シーズン9からはアシュトン・カッチャー主演で継続された。

バーバリアンズ・ライジング ～ローマ帝国に反逆した戦士たち～

BARBARIANS RISING (2016) S1 米 History Channel

ニコラス・ピノック, ジェファーソン・ホール, ベン・バット ◆アメリカのヒストリーチャンネルで放送された、ローマ帝国に戦いを挑む戦士たちを描くスペクタクル歴史ドラマ。絶大な力を持つローマ帝国の歴史を、ハンニバルやスパルタカスなど反逆者たちの視点からひも解き、帝国の盛衰と崩壊を描く。

バビロン5

BABYLON 5 (1994-1998) S5 米 PTEN → TNT

マイケル・オーヘア (中多和宏) <S1-3>, ブルース・ボックスライトナー (加藤亮夫) <S2-4>, クローディア・クリスチャン (寺瀬今日子) <S1-4> ◆昆虫型の異星人シャドウの野望を阻止すべく、5つの星間文明が宇宙の平和維持のため建設した宇宙基地"バビロン5"を舞台に繰り広げられるSFTVシリーズ。CGによる特撮は優れており、ヒューゴー賞映像優秀賞にノミネートされた。[D]

バフィー～恋する十字架～

BUFFY THE VAMPIRE SLAYER (1997-2003) S7 米 The WB → UPN

[別] ナイトフォール (ビデオ) | ヴァンパイア・キラー聖少女バフィー (CX) | 吸血キラー／聖少女バフィー (TX)

サラ・ミシェル・ゲラー (水谷優子), ニコラス・ブレンドン (鳥海勝美), アリソン・ハニガン (大坂史子) ◆1992年の映画「バッフィ／ザ・バンパイア・キラー」のバフィーが主役を務めるTVシリーズで、映画「アベンジャーズ」の脚本・監督を担当したジョス・ウェドン製作によるバンパイア・ドラマ。生まれながらのバンパイア・スレイヤー (吸血鬼払い) のバフィー・アン・サマーズが、普通の高校生活を送りながらも、友人たちの助けを得てバンパイアと戦う姿を描く。青春ドラマとホラー・アクションが融合した斬新な内容が高い評価を獲得し、バフィーを演じたS・ミシェル・ゲラーの代表作となった。[D,V]

パーフェクト・クライム

FALLEN ANGELS / PERFECT CRIMES (1993-1995) S2 米 Showtime

キーファー・サザーランド, クリストファー・ロイド, ブレンダン・フレイザー ◆シドニー・ポラックが製作総指揮を務めた犯罪もののオムニバス・ドラマ。アルフォンソ・キュアロン、スティーヴン・ソダーバーグ、トム・クルーズやトム・ハンクスなど錚々たるメンバーが監督している。日本では第2シーズンの全9話が「完全犯罪」「殺意の罠」「犯罪指令」の3本でビデオ販売された後、衛星放送WOWOWにて「パーフェクト・クライム」のタイトルで放送された。第1シーズンは「墜ちた天使たち」のタ

ハーパー★ボーイズ

バフィー～恋する十字架～

は

イトルでビデオリリース。[V]

Huff ～ドクターは中年症候群

HUFF (2004-2006) S2 米 Showtime

ハンク・アザリア, パジェット・ブリュースター, ブライス・ダナー, アントン・イェルチン、オリヴァー・プラット ◆ 40 歳の精神科医、ハフことクレイグ・ハフスタッドの"中年の危機"を描くコメディ・ドラマ。16 歳の患者が治療中に自殺してしまったことから、ハフの普通の生活は突然終わりを迎え、不安定な日常が始まってしまった。もののの考え方がすっかり変わってしまったハフの、その後の人生とは…。

パブロ・エスコバル ─ 悪魔に守られた男

ESCOBAR, EL PATRON DEL MAL (2012) S1 コロンビア Caracol TV

アンドレス・パーラ, アンジー・セペダ ◆実在した麻薬王パブロ・エスコバルの生涯を綴る、本場コロンビアで製作された全 74 話の TV シリーズ。1993 年 12 月 2 日、逃亡中のエスコバルは治安部隊に追われながら、過去に犯してきた事件の数々を思い起こしていた。しがない窃盗犯だった幼少の頃から、やがて麻薬王としてコロンビアに君臨するまでのエスコバルを描く。

バーボン・ストリート

BOURBON STREET BEAT (1959-1960) S1 米 ABC

リチャード・ロング (広川太一郎), アンドリュー・ダガン (塩見竜介), ヴァン・ウィリアムズ (市川治), アーリン・ハウエル ◆ルイジアナ州ニューオーリンズを舞台とした犯罪アクション・ドラマ。タフガイのカル・カルホーンと元警察官のレックス・ランドルフの探偵コンビが、秘書のメロディ・リー・マーサーと助手ケニー・マディソンのサポートを受けながら、凶悪犯罪に立ち向かってゆく。バーボン・ストリートはフレンチ・クォーターに実在する通りで、2 人の探偵事務所がその一角にあるという設定になっている。ワーナーと ABC が製作した探偵シリーズのひとつだったが第 1 シーズンで終了、ただしランドルフ (R・ロング) は「サンセット 77」へ、マデイソン (V・ウィリアムズ) は「サーフサイド 6」へと関連番組へ移動。カルホーン (A・ダガン) もそのまま「サンセット 77」の 1 エピソードに出演している。

Huff ～ドクターは中年症候群

はみだしコップ・デンプシー＆メイクピース

→華麗な刑事デンプシー＆メイクピース

はみだし野郎／アウトサイダー

THE OUTSIDER (1968-1969) S1 米 NBC

ダーレン・マクギャヴィン (大塚周夫) ◆家庭も学歴もないまま犯罪に手を染め、刑期を終えて出所してきたデヴィッド・ロスが、ロサンゼルスで探偵稼業を始めるハードボイルド・タッチの犯罪ドラマ。D・マクギャヴィンが、自身のことを世間からはみ出した人間 (アウトサイダー) だと考える、孤高の男を好演。全 26 話。

早撃ち保安官

TOMBSTONE TERRITORY (1957-1960) S3 米 ABC

パット・コンウェイ, リチャード・イースタム ◆「OK 牧場の決闘」の舞台として知られる、19 世紀末のアリゾナ州トゥームストーンで悪と戦う法の番人、保安官クレイ・ホリスターの姿を描くモノクロ 30 分のアクション西部劇。地方紙「トゥームストーン・エピタフ」の新聞記者ハリス・クレイボーンが語り部となり、毎回様々な事件を記録していく。ドク・ホリデイやジェロニモなど、実在の人物も登場。

早射ちリンゴー

JOHNNY RINGO (1959-1960) S1 米 CBS

ドン・デュラント (大平透), マーク・ゴダード, カレン・シャープ ◆ 19 世紀後半に実在したジョニー・リンゴをモデルとした、凄腕ガンマンの活躍を描くモノクロ 30 分の西部劇ドラマ。放浪の末にアリゾナの町にたどり着いたジョニーが、町の保安官となり平和のために無法者と戦いを繰り広げる。

パラノイド

PARANOID (2016) S1 英 ITV

インディラ・ヴァルマ (志田有彩), ロバート・グレニスター (佐々木敏), ディノ・フェッチャー (田村真), ニール・ステューク (仲野裕), レスリー・シャープ (喜代原まり) ◆心に傷を負ったキャラクターたちが、謎を呼ぶ展開に翻弄されていくイギリス製クライム・ドラマ。子供たちで賑わう白昼の公園で、ひとりの母親が刺殺された。警察は統合失調症患者による通り魔的犯行だと考えるが、捜査に当たったニーナ、ボビー、アレックの 3 人は、これが単なる殺人事件ではないと気づいていた。

早射ちリンゴー

は

ハリウッド劇場
GENERAL ELECTRIC THEATER (1953-1962) S10 米 CBS
ロナルド・レーガン ◆後にアメリカ大統領となる俳優のR・レーガンがホストを務めるモノクロ1話30分のアンソロジー・シリーズ。本国アメリカでは人気を博し、9年10シーズンにわたり放送された。毎週多彩なゲストを迎え、小説や演劇、映画などを原作とするストーリーが綴られた。

ハリウッド・サファリ
HOLLYWOOD SAFARI (1998) S1 米
サム・J・ジョーンズ, カリン・リッチマン, デヴィッド・ラーゴ ◆ハリウッド映画に出演する動物たちの訓練を行う世界的なトレーナー、トロイ・ジョンソンと妻のジェーン、そして彼らの息子ジョシュとピーターの、ジョンソン一家の冒険を描いたファミリー・ドラマ。

ハリウッド・ナイトメア
→テイルズ・フロム・ザ・クリプト

ハリウッド名作アワー　ジューン・アリスンと共に
THE DUPONT SHOW WITH JUNE ALLYSON / THE JUNE ALLYSON SHOW (1959-1961) S2 米 CBS
[別] ジューン・アリスンと共に
ジューン・アリスン ◆「若草物語」「グレン・ミラー物語」に出演し、ディック・パウエルと結婚したことでも知られる女優J・アリスンをメインに据えたモノクロ30分1話完結のドラマ・アンソロジー。ベティ・デイヴィス、ジンジャー・ロジャース、ジェームズ・コバーン、デヴィッド・ニーヴン、ジョセフ・コットンなど、毎回多数のスターがゲスト出演し好評を博した。

パリ指令69
→国際非常線

ハリーズ・ロー　裏通り法律事務所
HARRY'S LAW (2011-2012) S2 米 NBC
キャシー・ベイツ (小宮和枝), ネイト・コードリー (川島得愛), ブリタニー・スノウ (藤村歩) ◆貧困地区に法律事務所を開設した、ハリーの愛称で呼ばれる女弁護士ハリエット・コーンの活躍をコメディ・タッチで描く。大手法律事務所をクビになった弁護士ハリーが、シンシナティに開いた事務所に舞い込むとんでもない依頼の数々を、タフな身体と明晰な頭脳を駆使して解決していく。

真珠湾 (パール) ／運命を変えた四日間
→真珠湾

遥かなる西部
THE WESTERNER (1960) S1 米 NBC
ブライアン・キース (相模太郎) ◆大好評を博した「ライフルマン」の後に、サム・ペキンパーが企画・製作・脚本 (監督も5話担当) を手がけた本格ウェスタン。32口径ウィンチェスター銃を手に、愛犬ブラウンと共に西部をさすらう孤高のガンマン、デイヴ・ブラッシンゲームを描く。モノクロ30分13話。

遥かなる西部／わが町センテニアル
CENTENNIAL (1978-1979) S1 米 NBC
ロバート・コンラッド (中尾彬), マイケル・アンサラ (小林清志), リチャード・チェンバレン (滝田裕介), バーバラ・カレラ (今井和子), デヴィッド・ジャンセン (小林昭二) ◆ベストセラー作家ジェイムズ・A・ミッチェナーの同名小説を、アメリカ建国200年を記念して映像化したミニシリーズ。コロラド州の架空の町センテニアルを舞台に、一攫千金を夢見て未開拓の土地にやってきた一族の西部開拓史を雄大なスケールで描き出す。

バルザック　情熱の生涯
BALZAC: A LIFE OF PASSION (1999) 仏
ジェラール・ドパルデュー (村井国夫), ジャンヌ・モロー (佐々木すみ江), ファニー・アルダン (萩尾みどり), ヴィルナ・リージ (山本陽子) ◆フランスを代表する作家バルザックの生涯をG・ドパルデューが演じた、前後編の歴史大作。数々の女性遍歴を重ねながら作家として次第に脚光を浴びていくバルザックだが、浪費癖や事業の失敗から多くの困難に見舞われていく。バルザックの人生に大きな影響を与えたと言われる母親役には名女優J・モローが扮している。

バルフォア家の人々
GOLDEN FIDDLES (1990) S1 豪＝加 Nine Network
ジョン・バック (阪口芳貞), ケイト・ネリガン (高林由紀子), レイチェル・フレンド (山像かおり), キャメロン・ダッド (成田剣), ピッパ・グランディソン (玉川紗己子), ハミッシュ・フレッチャー (広田雅宣) ◆ 1928年に発表され

ハリーズ・ロー　裏通り法律事務所

遥かなる西部／わが町センテニアル

たメアリー・グラント・ブルースの小説を、オーストラリアとカナダの合作で映像化した2部構成のミニシリーズ。ウォルター・バルフォアと妻のアンは4人の子供たちにも恵まれ、南オーストラリアの農場で貧しいながらもつつましく生きていた。だがアンの叔父が亡くなり、40万ポンドを越える遺産を残していたことから一家の生活は一変する。大恐慌時代を背景に、家族と幸福について描いたハートウォーミングな人間ドラマ。日本ではNHKで前後編に分けて放映された。

パルムの僧院
LA CERTOSA DI PARMA (1982) 伊＝仏＝西独
マルト・ケラー , ジャン・マリア・ヴォロンテ , アンドレア・オキピンティ ◆スタンダールの同名原作をイタリア、フランス、ドイツの共同製作で映像化したTVシリーズ。監督は「ビアンカ」「わが青春のフロレンス」のマウロ・ボロニーニ。貴族の青年ファブリスは政争にまつわる犯罪によってファルネーゼ牢獄に幽閉されるが、監獄長の娘クレリアと知り合い恋に落ちる。叔母サンセヴェリナ公爵夫人は彼の冤罪を晴らそうとするが…。日本ではNHKで三夜連続で放送された。[V]

バレエ・ガールズ ～パラダイスへようこそ～
BUNHEADS (2012-2013) S1 米 ABC Family
サットン・フォスター , ケイトリン・ジェンキンス , ジュリア・ゴルダニ・テレス ◆一流のダンサーになるという夢に破れたミシェル・シムズは、熱心な男性ファンのプロポーズを受け入れ、結婚して海辺の田舎町パラダイスにやってくる。姑、夫の元彼女、ダンサーの卵たちなど個性豊かな人々との交流や友情を通して、1人の女性が再生していく姿を描くドラマチック・コメディ。

パレスガード
PALACE GUARD (1991) S1 米 CBS
D・W・モフェット (石丸博也), マーシー・ウォーカー (横尾まり), トニー・ロー・ビアンコ (大木民夫) ◆かつて宝石泥棒だったトミー・ローガンは出所後、伝統ある一流ホテル・チェーンのオーナー、アルトゥーロ・タフトからセキュリティ部門を一任される。しかし美人重役のクリスティ・クーパーはローガンを信用できずにいて…。裏社会出身のプロフェッショナルが、美人の相棒と事件を解決していくアクション・ミステリー。[V]

ハーレーはド真ん中
STUCK IN THE MIDDLE (2016-) S3- 米 Disney Channel
ジェナ・オルテガ (相川奈都姫), アイザック・プレスリー (永塚拓馬), セリナ・ヴィンセント (水瀬郁), ジョー・ニーヴス (田村真) ◆9人家族のディアス家が織りなす笑いあり涙ありの日常を、7人兄弟のド真ん中である三女ハーレーの視点で描いたファミリー・コメディ。家族に忘れられやすい"真ん中っ子"のハーレーが、様々な苦楽と向き合いながら持ち前の頭脳とユニークな発明品を駆使して家族のために奮闘する。

ハローアインシュタイン　遥かなる宇宙へのメッセージ
EINSTEIN / HELLO EINSTEIN! (1984) 仏＝西独＝スペイン＝伊＝ハンガリー＝日＝ブラジル
ロナルド・ピックアップ (石坂浩二), マリー・デュボワ (比島愛子) ◆「相対性理論」で知られるドイツの物理学者アルベルト・アインシュタインの生涯を綴る、世界各国の共同製作によるミニシリーズ。生涯を通じて二回の大戦を経験し、自分の理論から原爆が生み出されるなど、戦争に翻弄されながら生きていくアインシュタインの姿を描く。音楽は「ディーバ」「ル・バル」のウラディミール・コスマが担当。日本放送時には手塚治虫による解説が追加された。

ハロー王ちゃん
KENTUCKY JONES (1964-1965) S1 米 NBC
デニス・ウィーヴァー (村越伊知郎), リッキー・デア , ハリー・モーガン ◆アメリカ中西部に住むやもめの獣医ジョーンズが、養子として迎えた10歳の中国人孤児ワンと過ごす日々を綴るモノクロ30分のコメディ作品。

バロン登場
→ザ・バロン

POWER/ パワー
POWER (2014-2017) S4 米 Starz!
オマリ・ハードウィック , リーラ・ローレン , ナトゥーリ・ノートン ◆ラッパーの50セントことカーティス・ジャクソンが製作総指揮を務めるクライム・サスペンス作品。表の顔と裏の顔を併せ持つ男をめぐる、愛憎渦巻く人間ド

バレエ・ガールズ ～パラダイスへようこそ～

POWER/ パワー

ラマが繰り広げられる。ニューヨークのマンハッタンでナイトクラブ "TRUTH(トゥルース)" を経営するジェームズ・セントパトリックには、礼儀正しく部下からの信頼も厚い経営者としての顔の他に、残忍なやり口から裏社会で " ゴースト " と呼ばれるドラッグ・ディーラーとしての顔も持ち合わせていた。裏社会から足を洗い真っ当に生きようとするジェームズだったが、そんな彼の目の前に現れたのは、かつての恋人で今は麻薬取引を追う検事のアンジェラ・ヴァルデスだった。

ハワイアン・アイ

HAWAIIAN EYE (1959-1963) S4 米 ABC

アンソニー・アイズリー (高松英郎), コニー・スティーヴンス (水垣洋子), ロバート・コンラッド (朝戸正明) ◆「サンセット 77」「バーボン・ストリート」に続く " ワーナー探偵 4 部作 " の第 3 作目は、50 番目の州となったばかりのハワイを舞台にした南国ムード溢れるシリーズ。風光明媚なホノルルにあるハワイアン・ヴィレッジ・ホテルのプールサイドに探偵事務所 " ハワイアン・アイ " を開設したトレイシー・スティールとトム・ロパカの活躍を描く。当時まだ一般的でなかったハワイのエキゾチックな魅力に溢れ、日本でも人気を博した。

ハワイの冒険

WESTWIND (1975) S1 米 NBC

ヴァン・ウィリアムズ (福田豊土), ニキ・ダンティーン (吉野佳子), キンバリー・ベック (天馬ルミ子), スティーヴ・バーンズ (斎藤正明) ◆太平洋の島々を舞台に、大型ヨット " ウェストウィンド号 " で航海を続けるアンドリュース家の、謎と驚きに満ちた冒険を描いた 30 分の海洋アドベンチャー。主演は「グリーン・ホーネット」の V・ウィリアムズが務め、アメリカではサタデー・モーニング枠で放映された。全 13 話。

ハワイ 5-O

HAWAII FIVE-O (1968-1980) S12 米 CBS

ジャック・ロード (川辺久造), ジェームズ・マッカーサー (田中信夫), カム・フォン (寄山弘), ズールー (小林修) ◆ハワイ州知事直属の特別捜査班 5-O の活躍を描いた刑事アクション。元海兵隊のスティーヴ・マクギャレットが精鋭ぞろいの部下を率い、ハワイで発生する凶悪事件に立ち向かう。ベンチャーズがカバーしたテーマ曲も大ヒットし、シーズン 12 まで続く人気長寿番組だった。1997 年には続編の企画が出てゲイリー・ビューシイ主演のパイロット版も製作されたが単発で終了、シリーズは 2010 年の完全リブート版まで待つことになる。

HAWAII FIVE-0

HAWAII FIVE-0 (2010-) S8- 米 CBS

アレックス・オローリン (綱島郷太郎), スコット・カーン (山路和弘), ダニエル・デイ・キム (新垣樽助), グレイス・パーク (松井茜) ◆ 1968 ～ 80 年まで放送された「ハワイ 5-0」のリメイク作品。オリジナルの要素を残しつつ、現代ならではの社会背景を盛りこんだポリス・アクションとなっている。海軍所属のスティーヴ・マクギャレットは、殺害された父の葬儀のためハワイに戻り、そこでハワイ州知事から特別捜査班を指揮するよう依頼される。スティーヴは父の死の真相を追いながら、個性的な同僚と共にハワイの安全を守るために奮闘する。[B,D]

パワー・オブ・フォー　普通じゃない家族

NO ORDINARY FAMILY (2010-2011) S1 米 ABC

マイケル・チクリス , ジュリー・ベンツ , ケイ・パナベイカー ◆突如超人的なパワーを身に付けた家族の生活を描いたコメディ作品。ジムはバラバラな家族をひとつにしようと家族旅行を計画するが、途中の飛行機事故により家族 4 人にとんでもないパワーが身についてしまう。4 人はその力を生かして悪を懲らしめようとするが、家族以外にも同じようなパワーを持つ人々がいることに気づく。[D]

POWERS ／パワーズ

POWERS (2015-2016) S2 米 PlayStation Network

シャールト・コプリー , スーザン・ヘイワード , オリーシア・ルーリン ◆マーベルのアメコミ作家ブライアン・マイケル・ベンディスが製作総指揮も兼ね、自身の原作を Playstation Network 初のドラマとして映像化した SF タッチの刑事アクション。超人的な " パワー " を持つ能力者と力を持たない人間とが共存する世界。かつてパワーを持っていたが今ではその力を失い、一般人として刑事の職につくクリスチャン・ウォーカー。彼は相棒の女刑事ディーナ・ピルグリムと共に、パワーが使われた特殊な犯罪を専門に追う捜査チームの一員だった。やがて 2 人

ハワイ 5-O

HAWAII FIVE-0

は

の前にパワーを悪用する能力者が立ちふさがり…。SFファンタジーと刑事のバディものの要素を融合した、一風変わった犯罪捜査ドラマとなっている。

パワーレンジャー
MIGHTY MORPHIN' POWER RANGERS (1993-1996) S3 米＝日 Fox
オースティン・セント・ジョン(中村大樹→村井厚之), サイ・トラング(まるたまり→三浦智子), ウォルター・ジョーンズ(鳥海勝美→田尻ひろゆき)◆日本の特撮ヒーロー「恐竜戦隊ジュウレンジャー」をベースに、素顔のシーンはすべてアメリカの俳優を使って撮り直し、特撮などは流用して再編集したアクションヒーローもの。その後も新シリーズが製作される人気TVシリーズとなった。[V]

パワーレンジャー イン スペース
POWER RANGERS IN SPACE (1998-1999) S1 米 Fox
クリストファー・カイマン・リー(保志総一朗), セルウィン・ウォード(岸祐二), ロジャー・ヴェラスコ(滝下毅)◆日本の戦隊ヒーロー「電磁戦隊メガレンジャー」をベースに、新撮シーンを加え再編集して作り上げた特撮ヒーローもの。新たに加わった正義の宇宙人アンドロスをリーダーとするパワーレンジャーとダークスペクターとの戦いを描く。[V]

パワーレンジャー S.P.D.
POWER RANGERS S.P.D.: SPACE PATROL DELTA (2005) S1 米＝日 ABC Family → Toon Disney
[別] POWER RANGERS S.P.D.(DVD)
ブランドン・ジェイ・マクラレン(載寧龍二), クリス・ヴァイオレット(林剛史), マット・オースティン(伊藤陽佑)◆日本の特撮ヒーローもの「特捜戦隊デカレンジャー」をベースとしたSFアクション。それまでの「パワーレンジャー」シリーズは、ドラマ部分をアメリカ人(とは限らないが)俳優を使い撮り直し、特撮部分と合わせて再編集する形式が主流だったが、ディズニー製作となった2003年以降のシリーズでは、日本側のフッテージはミニチュアやCGの特撮シーンなど最低限にとどめ、極力新規に製作される方向性に変わっていった。邪悪なエイリアンフォースの侵略による地球と銀河の危機に、宇宙警察学校の候補生パワーレンジャーS.P.D.たちが立ち向かう。[D]

パワーレンジャー SAMURAI
POWER RANGERS SAMURAI (2011-2012) S2 米 Nickelodeon
アレックス・ハートマン(遊佐浩二), エリカ・フォン(小島幸子), ヘクター・デヴィッド・Jr(羽多野渉)◆日本の特撮ヒーローもの「侍戦隊シンケンジャー」をベースとしたSFアクション。ディズニーとの契約が切れ、再びサバンに権利が戻った最初の作品。邪悪なナイロックのリーダー、ザンドレッドに対抗するため、レッドレンジャーのジェイデンと師のメンター・ジイが新しいサムライレンジャーを組織して戦う。[D]

パワーレンジャー SUPER SAMURAI
POWER RANGERS SUPER SAMURAI (2011-2012) S2 米 Nickelodeon
アレックス・ハートマン(遊佐浩二), エリカ・フォン(小島幸子), ヘクター・デヴィッド・Jr(羽多野渉)◆スーパー戦隊のアメリカ・ローカライズ版「パワーレンジャーSAMURAI」の続編。ジェイデンたちサムライレンジャーが、邪悪なナイロックのリーダー、ザンドレッドとの戦いに挑む。[D]

パワーレンジャー ターボ
POWER RANGERS TURBO (1997-1998) S1 米 Fox Kids
セルウィン・ウォード(岸祐二), パトリシア・ジャ・リー(藤原美央子), ロジャー・ヴェラスコ(滝下毅)◆日本の特撮ヒーローもの「激走戦隊カーレンジャー」をベースに、ドラマ部分はアメリカ人俳優を使い撮り直し、特撮部分とあわせて再編集して新たな作品にしたヒーロー・ドラマ。女宇宙海賊ディバトックスと、新メンバーを加えたパワーレンジャーの戦いを描く。[V]

パワーレンジャー・ミスティックフォース
POWER RANGERS MYSTIC FORCE (2006) S1 米 ABC
フィラス・ディラニ(櫻井孝宏), リチャード・ブランカティサーノ(岡野浩介), メラニー・バジェホ(戸松遥)◆日本の特撮ヒーローもの「魔法戦隊マジレンジャー」をベースとしたSFアクション。アンダーワールドから人類を狙うマスター一味とパワーレンジャーの戦いを描く。[D]

パワーレンジャー

パワーレンジャー ライトスピードレスキュー

パワーレンジャー ライトスピードレスキュー
POWER RANGERS: LIGHTSPEED RESCUE (2000-2001) S1 米 Fox Kids
ショーン・CW・ジョンソン（梯篤司）, マイケル・チャトゥランタバット（藤井啓輔）, アリソン・マッキニス（塩山由佳）◆日本の特撮ヒーローもの「救急戦隊ゴーゴーファイブ」をベースとしたSFアクション。5000年間封印されていたデーモン一族とパワーレンジャーとの戦いを描く。オリジナル版では主人公の5人は兄弟だったが、複数の人種を登場させるため、この設定は無くなっている。[V]

パワーレンジャー ロストギャラクシー
POWER RANGERS LOST GALAXY (1999-2000) S1 米 Fox Kids
ダニー・スラヴィン（小川輝晃）, アーチー・カオ（前原一輝）, ヴァレリー・ヴァーノン（松岡由貴）◆日本の特撮ヒーローもの「星獣戦隊ギンガマン」をベースとしたSFアクション。スコーピウス率いる宇宙昆虫軍団と、巨大宇宙船テラ・ベンチャーを守るパワーレンジャーの戦いを描く。[V]

バーン・アップ　石油利権の闇
BURN UP (2008) S1 英＝加 BBC/CanWest Global Television Network
ルパート・ペンリー＝ジョーンズ（宮本充）, ネーヴ・キャンベル（加藤優子）, ブラッドリー・ウィットフォード（内田直哉）◆石油と環境保護の取り組みにおける各国の熾烈な争い、企業内での抗争に翻弄されてゆく青年の姿を描いたサスペンス・ドラマ。資源開発会社アロー石油の会長トムは、友人で部下のロビイスト、マックの不正に対し疑惑を感じるようになる。そんな中、油田に関する環境調査のデータをめぐり、アロー石油や各国の経済界との間で様々な駆け引きが執り行なわれる。石油をめぐる現実をリアルな描写で切り取り、本国イギリスで高い評価を得たミニシリーズ。

反逆児ユマ
→西部の反逆児

反逆のヒーローレネゲイド
→レネゲイド／反逆のヒーロー

パワーレンジャー ロストギャラクシー

Hung／ハング
HUNG (2009-2011) S3 米 HBO
トーマス・ジェーン, ジェーン・アダムス, エディ・ジェイミソン◆華やかな学生時代を経て人生の下層へ落ちていく男性が、自分の特徴を生かして一獲千金を狙う、大人向けのコメディ作品。高校時代は花形フットボール・プレイヤーだったレイ・ドレッカーも、今では妻に逃げられ双子を男手一つで育てる高校教師になっていた。悪いことは続くもので、自宅を火事で失い、保険金が下りなかったためテント暮らしをする羽目に。子供たちを別れた妻に引き取られたレイは、ビジネス・セミナーに参加し自称詩人のターニャと再会し関係を持つが、彼女に「巨根だけの男ね」と言われてしまう。だが彼はその言葉から、自分の巨根をビジネスに利用することを思い付くのだった。

ハンク － ちょっと特別なボクの日常 －
HANK ZIPZER (2014-2016) S3 英 CBBC
ニック・ジェームズ（花江夏樹）, ジェイデン・ジャン・ポール＝デニス（深谷悠）, クロエ・ウォン（里郁美）◆頭の回転は速く口も達者だが、文字の読み書きが困難という学習障害"ディスレクシア"を持った少年ハンク・ジップツァーがウエストブルック中学校で巻き起こす騒動を描いたシチュエーション・コメディ。音楽教師役で出演している俳優ヘンリー・ウィンクラーの自伝的児童書をベースにドラマ化したミニシリーズ。

反撃のレスキュー・ミッション
CHRIS RYAN'S STRIKE BACK / STRIKE BACK (2010) 英 BSkyB (Sky)
リチャード・アーミティッジ（津田健次郎）, アンドリュー・リンカーン（村治学）, ジョディ・メイ（本田貴子）◆冒険小説作家クリス・ライアンの同名小説をドラマ化。イラク戦争から帰還しイギリス陸軍特殊部隊を除隊したジョン・ポーターが、誘拐されたイギリス人ジャーナリストを救出するため、再びイラクへ向かう姿を描くアクション・アドベンチャー。[D]

犯罪ジャーナリスト　ディクテ
DICTE (2012-2014) S2 デンマーク TV2 Danmark
イーベン・ヤイレ, ラーシュ・ブリグマン◆デンマーク製のクライム・ドラマ。女性犯罪ジャーナリストのディクテ・

Hung／ハング

は

スヴェンソンが夫と別れ、娘と共に故郷に戻ってくる。彼女には 16 歳のときに出産し、両親によって里子に出されてしまった息子がいた。ディクテは息子に関する情報を集めて再会することを望みつつ、地元の新聞社の記者として犯罪を追っていくが…。

犯罪心理分析官インゲル・ヴィーク

MODUS (2015) S1 スウェーデン TV4

メリンダ・キナマン (安藤みどり), ヘンリク・ノーレン (咲野俊介), マレク・オラヴェック (福田賢二) ◆ノルウェーの人気ミステリー作家アンネ・ホルトが、自身のベストセラー小説をもとに製作総指揮を務めて製作した犯罪サスペンス。かつて FBI のプロファイラーだったインゲル・ヨハンネ・ヴィークは、現在はストックホルム大学で心理学研究員として働いている。離婚して女手一つで 2 人の娘を育てているが、最近、抑うつ気味の長女スティーナの様子がおかしい。インゲルは連続殺人事件に巻き込まれていくが、長女が情緒不安定になった原因が連続殺人事件と関係あることを知り…。

犯罪捜査官アナ・トラヴィス

ABOVE SUSPICION (2009) S1 英 ITV

ケリー・ライリー (岡寛恵), キアラン・ハインズ (菅生隆之) ◆若い女性の惨殺死体が発見され、女性刑事アナ・トラヴィスは担当のジェームズ・ラングストン主任警部の捜査チームに配属される。警部はロンドン近郊で過去 12 年に渡って起きた 7 件の連続殺人事件と同じ手口だと断定。アナは有力な情報があると言ってきた退職刑事のもとへ向かう。彼は 20 年前に起きた娼婦の殺人事件が酷似していると語り、当時容疑者として挙がった人物の名を告げるのだが…。「第一容疑者」シリーズのリンダ・ラ・プラント原作・脚本・製作総指揮によるハード・ミステリー。連続殺人犯と向き合い、一人前の刑事として成長していくヒロインの奮闘を描く。日本ではシーズンごとに「潜入指令」「模倣犯」「消された顔」「孤独な叫び」という副題がつけられた。

犯罪捜査官ネイビーファイル

JAG (1995-2005) S10 米 NBC → CBS

[別] JAG 犯罪捜査官ネイビーファイル (DVD)

デヴィッド・ジェームズ・エリオット (宮本充), キャサリン・ベル (田中敦子)<S2->, トレイシー・ニーダム (佐々木優子)<S1> ◆米海軍内で起こる犯罪や問題の解明に尽力する、アメリカ軍犯罪法務部 "JAG" 所属のハーモン・ラブ・ジュニア大尉率いる士官たちの活躍を描く。米海軍の協力による空母、戦闘機等の迫力あるシーンも見どころ。「NCIS ～ネイビー犯罪捜査班」がスピンオフで製作された。[D]

犯罪～ドイツの奇妙な事件～

VERBRECHEN NACH FERDINAND VON SCHIRACH (2013) S1 独 ZDF

ヨーゼフ・ビアビヒラー ◆ドイツの刑事事件弁護士フェルディナント・フォン・シーラッハ初の小説で、本屋大賞など世界各国の文学賞を受賞した『犯罪』を映像化したドイツ・ミステリー。普通の人々が犯した異様な犯罪を、公平な弁護士の視点から鮮明に描く。

犯罪都市 M

→シカゴ特捜隊 M

Banshee ／バンシー

BANSHEE (2013-2016) S4 米 Cinemax

アントニー・スター , イワナ・ミルセヴィッチ , ウルリク・トムセン ◆「シックス・フィート・アンダー」「トゥルー・ブラッド」のクリエイターであるアラン・ボールが製作総指揮を務め、全米で大ヒットを記録したアクション犯罪ドラマ。15 年の刑期を終えて出所した男ルーカス・フードは、別れた恋人をバンシーという閉鎖的な村で発見する。しかし彼女はキャリー・ホープウェルと名を変え、地区検事長と結婚し子供 2 人を育てていた。村に赴任するはずの保安官が到着前に銃撃戦で命を落としたことで、ルーカスは保安官に成りまして村に留まることを決意。だが 15 年前に裏切ったマフィアが、復讐のためルーカスに近づいていた。

判事ディード　法の聖域

JUDGE JOHN DEED (2001-2007) S6 英 BBC

[別] 判事ジョン・ディード (CS)

マーティン・ショウ , ジェニー・シーグローヴ , サイモン・チャンドラー ◆型破りな判事が法廷で活躍するミステリー・ドラマ。伝統としきたりを重視するイギリスの法曹界において、正義のためには裁判官の頂点に立つ大法官との対

犯罪捜査官アナ・トラヴィス

Banshee ／バンシー

立も辞さないジョン・ディード判事。プライベートでは女性に奔放な面も併せ持つディードの姿を描く。

パン職人と美女

LEHIYOT ITA / THE BAKER & THE BEAUTY (2013-2017) イスラエル Channel 2

アヴィヴ・アルーシュ, ロテム・セラ, マーク・イヴァニール, ウーリ・ガヴリエル, ヒラ・サーダ, オフェル・ハユーン ◆パン職人の青年と、セレブ女優との恋を描いたイスラエル製の逆シンデレラ・ストーリー。父親が営むパン屋で修行中のパン職人アモス。彼には長年交際しているヴァネッサという恋人がいたが、いまだプロポーズには踏み切れないでいた。そんなある日、レストランで食事中の2人の前に、ホテル王の娘で女優としても知られるノア・ホーランデールが現れる。運命のイタズラから、別世界に住むはずのアモスとノアは互いに接近していくが…。

Hunters ／ハンターズ

HUNTERS (2016) S1 米 Syfy

ネイサン・フィリップス, ブリトニー・オールドフォード, マーク・コールズ・スミス ◆「ウォーキング・デッド」のゲイル・アン・ハードと「HEROES ／ヒーローズ」のナタリー・チャイデスが製作総指揮を手がけた米 Syfy 放送の SF スリラー作品。突然失踪した妻の行方を捜す元 FBI 捜査官が、妻と謎のテロ組織にまつわる衝撃の真実を知り、未知の脅威を退けるために壮絶な戦いを繰り広げていく。原作はホイットリー・ストリーバーのベストセラー小説『Alien Hunter』。FBI 捜査官のフリン・キャロルは、PTSD に悩まされながらも妻アビーと幸せな生活を送っていた。しかしある日、アビーが何者かに誘拐され消息を絶ってしまう。懸命に妻の行方を捜すフリンは、政府の秘密組織と協力して“ハンターズ”という謎のテロリスト集団と対決していくが、彼らには恐るべき真の姿があった。

HUNTED ／ハンテッド

HUNTED (2012) S1 英 BBC

メリッサ・ジョージ (坂本真綾), アダム・レイナー (津田健次郎), スティーヴン・ディレイン (小形満) ◆「X-ファイル」のプロデューサーであるフランク・スポトニッツが原案・脚本・製作総指揮を務めた、リアルなアクションが見どころのスパイ・サスペンス。任務中に襲撃され命を狙われた敏腕女スパイのサム・ハンターが、真実を求めて姿の見えない敵に立ち向かう孤独な戦いを描く。[D]

ハンド・オブ・ゴッド

HAND OF GOD (2014-2017) S2 米 Amazon

ロン・パールマン (菅生隆之), ダナ・デラニー (早野ゆかり), アンドレ・ロヨ (永井誠) ◆自殺を図り昏睡状態に陥った男ピー・ジェイ。彼の父親パーネルは息子の回復を神に懸命に祈り、ついに神の声を聴く。それは息子の妻をレイプした犯人を殺せというものだった。パーネルは判事という立場を利用し、同じく神に目覚めた元犯罪者を手足のごとく使って犯人を追い詰めていく。奇想天外なクライム・サスペンス。

バンド・オブ・ブラザース

BAND OF BROTHERS (2001) 米＝英 HBO

ダミアン・ルイス (役所広司), ロン・リヴィングストン (山寺宏一), ドニー・ウォールバーグ (山野井仁) ◆スティーヴン・スピルバーグ監督とトム・ハンクスが映画「プライベート・ライアン」に続いて製作し、第二次世界大戦を題材にした全 10 話のミニシリーズ。製作費 1 億 2 千万ドル、撮影期間に 9 ヶ月を費やし、ヨーロッパを転戦する米陸軍 101 空挺師団・第 506 パラシュート歩兵連隊 E 中隊を描く。原作はスティーヴン・アンブローズのノンフィクション。ドラマに登場するキャラクターはすべて実在する人物で、生存している本人が各エピソードの冒頭に登場する。当時無名の俳優を揃え、徹底したリアリズムで熾烈な戦場を描いた。ゴールデン・グローブ作品賞、エミー賞作品賞など 8 部門受賞。1944 年、ジョージア州トコア基地で激しい訓練に励んだ E 中隊の兵士たちが、ノルマンディの上空にパラシュートで降下し侵攻を開始する。しかしそれは厳しく長い戦いの始まりだった…。[B,D,V]

パンドラ・クロック／人類滅亡へのフライト

PANDORA'S CLOCK (1997) 米 NBC

リチャード・ディーン・アンダーソン (仲野裕), ロバート・ロジア (筈見純), ジェーン・リーヴス (田中敦子), ダフネ・ズニーガ ◆ジョン・J・ナンスの同名小説をミニシリーズ化したパニック・サスペンス。ドイツからニューヨークへ向う旅客機でひとりの男性が死亡。その人物は特殊なウイルスに感染していたことが判明し、ウイルスは空気感

Hunters ／ハンターズ

バンド・オブ・ブラザース

染を始めていた。発病者は 48 時間で死に至るため、機長は緊急着陸を行おうとするも受け入れ先はなく、しかも CIA はウイルスの蔓延を防ぐため、核ミサイルによる旅客機爆破をもくろんでいた。主演は「冒険野郎マクガイバー」の R・D・アンダーソン。[D,V]

The 100 ／ハンドレッド

THE 100 (2014-2017) S4 米 The CW

イライザ・テイラー (瀬戸麻沙美), ペイジ・ターコー (榊原良子), トーマス・マクドネル (興津和幸), ボブ・モーリー (星野貴紀), マリー・アヴゲロプロス (國立幸) ◆核戦争により地球が壊滅状態に陥ってから 97 年の歳月が流れた。生き残った人類はアークという名の宇宙ステーションで暮らしていたが、人口の増加と資源の枯渇から政府は地球への帰還を計画。居住が可能かどうかを調べるため、服役中の 100 人の少年少女たちが地球に送り込まれる。荒廃した地球を舞台に、壮絶なサバイバルが繰り広げられるアクション・ドラマ。[D]

PAN AM ／パンナム

PAN AM (2011-2012) S1 米 ABC

クリスティナ・リッチ (小島幸子), マーゴット・ロビー (坂本真綾), ケリー・ガーナー (中村千絵) ◆ 1960 年代、世界最大を誇った実在の航空会社パンアメリカン航空を舞台に、スチュワーデス (キャビンアテンダント) たちの恋とキャリアを描く。野心家のマギー・ライアン、恋多き女のコレット・ヴァロワ、スパイ活動に勤しむケイト・キャメロン、結婚式を逃げ出してきたローラ・キャメロンのスチュワーデス 4 人が、飛行機内や世界中の街で恋に仕事に奮闘する。[D]

ハンナ・モンタナ フォーエバー

→シークレット・アイドル　ハンナ・モンタナ

ハンニバル

HANNIBAL (2013-2015) S3 米 NBC

[別] HANNIBAL / ハンニバル (ソフト)

マッツ・ミケルセン (井上和彦), ヒュー・ダンシー (浪川大輔), ローレンス・フィッシュバーン (玄田哲章) ◆映画「羊たちの沈黙」(1990 年) に登場し映画史に残る悪役となった殺人鬼ハンニバル・レクター博士の若き日を描く TV シリーズ。女性ばかりを狙う連続殺人事件の捜査が難航する中、FBI のジャック・クロフォードは天才プロファイラーであるウィル・グレアムに協力を依頼する。ウィルは犯人に共感する特殊な能力を持っていたが、彼の精神状態が不安定であることを危惧したジャックは、著名な精神科医のハンニバル・レクター博士に助けを求めるのだった。[B,D]

バーン・ノーティス　元スパイの逆襲

BURN NOTICE (2007-2013) S7 米 USA Network

[別] BURN NOTICE ～消されたスパイ (CS)

ジェフリー・ドノヴァン (栗田貫一), ガブリエル・アンウォー (雨蘭咲木子), ブルース・キャンベル (江原正士) ◆いきなり契約を解除されてしまった元スパイの活躍を描くサスペンス・アクション。東欧で活動していたマイケル・ウェスティンは、任務の途中で CIA から解雇通告を受けてしまい、故郷のマイアミに舞い戻った。資金も ID も取り上げられてしまったマイケルは、昔の仲間と共に街の事件を解決しつつ、解雇の真相を探り出すべく調査を進める。[D]

ヴァンパイア・キラー 聖少女バフィー

→バフィー～恋する十字架～

ヴァンパイア・ダイアリーズ

THE VAMPIRE DIARIES (2009-2017) S8 米 The CW

ニーナ・ドブレフ (木下紗華), ポール・ウェズレイ (加瀬康之), イアン・サマーハルダー (桐本拓哉) ◆女性作家 L・J・スミスによる同名ベストセラー小説をもとに製作された、ヴァンパイアの哀しい運命を描くホラー・ラブストーリー。両親の死により人生が一変、新しい環境に慣れずにいた 17 歳のエレナ・ギルバートの前に、不思議な魅力を持った転校生ステファン・サルバトーレが現れる。2 人は恋に落ちるのだが、ステファンには誰にも打ち明けられない秘密があった。[B,D]

ヴァン・ヘルシング

VAN HELSING (2016-) S2- 米 Syfy

ケリー・オーヴァートン , ジョナサン・スカーフ , クリストファー・ハイアーダール ◆吸血鬼に支配された近未来を舞台に、不死身のヒロインが壮絶なバトルを繰り広げるホラー・アクション。2016 年、火山の大噴火により世界が闇に包まれ、ヴァンパイアたちが地上に出現し始めた。3 年後に昏睡状態から目覚めたヴァネッサ・ヘルシング

ハンニバル

ヴァンパイア・ダイアリーズ

は

は、行方知れずとなった一人娘を捜す旅に出て、荒廃した世界に台頭するヴァンパイアと戦う。

ひ

ビーイング・エリカ
BEING ERICA (2009-2011) S4 加 CBC
エリン・カープラック, マイケル・ライリー, タイロン・レイツォ ◆ 32 歳で無職、独身、彼氏ナシという負け組のエリカ・ストレンジ。あるとき、ドクター・トムという怪しげなセラピストからセラピーを受け、過去にタイムスリップしてしまう。果たしてエリカは、失った過去をもう一度やり直すことができるのか。等身大の女性の奮闘を描いたハートフルなラブ・コメディ。[D]

ビーイング・ヒューマン
BEING HUMAN (2008-2013) S5 英 BBC
レノーラ・クリッチロウ, ラッセル・トヴェイ, エイダン・ターナー ◆事故で亡くなったアニーは、彼氏だったオーウェンの家に幽霊としてさまよっていた。そこへ狼男のジョージとヴァンパイアのミッチェルがやって来たことで、3 人は同居することに。自分たちの素性を隠しながら、人間社会に溶け込もうとするアニーたちだったが、その道のりは平坦ではなく苦労の連続で…。イギリス発の異色のホラー・コメディ。

ピウス 13 世　美しき異端児
THE YOUNG POPE (2016-2017) S1 伊 = 仏 = スペイン = 英 = 米
[別] ヤング・ポープ 美しき異端児
ジュード・ロウ (森川智之), ダイアン・キートン (谷育子), シルヴィオ・オルランド (原康義) ◆アメリカ人として初のローマ法王となった男の顛末を描いたドラマ。製作も務めた J・ロウが初めてドラマ・シリーズで主演を務めたことでも話題になった。企画・監督は「イル・ディーヴォ - 魔王と呼ばれた男 -」や「グランドフィナーレ」などで高い評価を得たイタリア人映画監督のパオロ・ソレンティーノ。ヴォイエッロ枢機卿は、若く権威の無いアメリカ人レニー・ベラルドを傀儡にし実権を手中にしようと彼をローマ教皇ピウス 13 世に推挙した。しかしレニーは深い思慮でヴォイエッロの野望に対抗していく。[D]

ビーイング・ヒューマン

P.S. アイ・ラブ・ユー
P.S.I. LUV U (1991) S1 米 CBS
コニー・セレッカ (斉藤恵理), グレッグ・エヴィガン (高瀬右光), アール・ホリマン (中庸助) ◆マフィア相手のおとり捜査に失敗した詐欺師のワンダとニューヨーク市警のジョーイが、身を守るためコーディ・パウエルとその夫ダニエルという架空の夫婦に成りすまし、様々な事件を解決に導いていくアクション・ドラマ。

PAs ～秘書たちのゴシップライフ
PERSONAL AFFAIRS (2009) S1 英 BBC
アナベル・スコーリー, ローラ・エイクマン, マイミー・マッコイ ◆富裕層の個人向け資産運用会社で働く、4 人の個性的な秘書 (Personal Assistants=PAs) たちの恋と友情をコミカルかつスタイリッシュに描く。有能な秘書のグレース、野心家のルーシー、有名になりたいミッジ、男性不信のニコールは同じ会社で働く秘書仲間。ある日、グレースが行方不明になったことから、彼女たちはトラブルに巻き込まれてしまう。

B.L. ストライカー
B. L. STRYKER (1989-1990) S2 米 ABC
[別] シャドー・コップ (ビデオ)
バート・レイノルズ (宍戸錠), オシー・デイヴィス (石田太郎) ◆ニューオーリンズ警察を辞め、フロリダのパームビーチで探偵を営む B.L. ストライカーが、依頼をこなしていく姿を描くアクション・ドラマ。主演の B・レイノルズと俳優のトム・セレックが製作総指揮を務めた。日本では「シャドー・コップ」というタイトルでビデオリリースされ、また一部のエピソードは「B.L. ストライカー」としてTV で放送された。[V]

引金をひけ!
→ブロンコ

ピーキー・ブラインダーズ
PEAKY BLINDERS (2013-2017) S4 英 BBC
キリアン・マーフィ (内田夕夜), サム・ニール (内田直哉), アナベル・ウォリス (甲斐田裕子), ヘレン・マックロリー (宮寺智子), ポール・アンダーソン (魚健) ◆イギリスに実在したギャング・グループと警察との戦いを描いたクライム・ドラマ。1919 年のイギリス・バーミンガムで勢力

ピーキー・ブラインダーズ

を拡大しつつあるギャング・グループの“ピーキー・ブラインダーズ”。中でもボスのトミー・シェルビーはその凶悪さで恐れられていた。彼を捕らえるため、チェスター・キャンベル捜査官が現地に派遣されるが…。

PQ-17 - 対 U ボート海戦 -

KONVOI PQ-17 (2004) S1 ロシア

アレクセイ・デヴォチェンコ , セルゲイ・ツェボク , ボリース・ヴォイツェホフスキー ◆連合軍からソ連へ向かった輸送船団、コードネーム “PQ-17” 船団を襲った悲劇を描く、ロシア製の戦争ドラマ。護衛するイギリス艦隊はドイツ軍に次々と撃沈され、残された船団の人々はろくな武器も無しに苦難に立ち向かう。[D,V]

B 級軍人ブラザーズ

ENLISTED (2014) S1 米 Fox

ジェフ・スタルツ , クリス・ローウェル , パーカー・ヤング ◆前線で活躍していたエリート軍人のピート・ヒルは、上官を殴ったことで後方支援部隊への転属を命じられる。そこで待っていたのは彼の 2 人の弟デリックとランディーを含む落ちこぼれ兵士の集団だった。軍隊を舞台にしたコメディ。

秘境の勇者ケリー

→命知らずのケリー

ビクトリア～愛と復讐の嵐

OLVIDARTE JAMAS (2006) S1 米 = ベネズエラ Venevision

ソンヤ・スミス , ガブリエル・ポラス , マリアナ・トレス ◆大富豪モンテロ家の息子ゴンサロに脅迫され体を許してしまった使用人のルイサは、激怒したゴンサロの父ドン・グレゴリオによりお腹の子供を失ったばかりか、暮らしていた小屋と祖母の命までも奪われてしまう。ルイサは名をビクトリア・サリナスと改め密かにモンテロ家への復讐を狙うが、娘のカロリーナがモンテロ家のアレハンドロと恋に落ちてしまい…。美男美女が骨肉の愛憎劇を繰り広げる、中南米で高い人気を誇る連続テレノベラ (テレビ小説)。[D]

ビクトリアス

VICTORIOUS (2010-2013) S4 米 Nickelodeon

ヴィクトリア・ジャスティス (貫地谷しほり), ダニエラ・モネ (半場友恵), レオン・トマス三世 (奈良徹) ◆「i カーリー」の製作陣が手がけアメリカのティーンから絶大な支持を得た、歌と踊りが満載のシチュエーション・コメディ。普通の女の子トリー・ベガがひょんなことからハリウッド芸術高校に転校し、エンターテインメントの楽しさに魅了されていく。劇中の登場人物キャットが高い人気を誇り、後に「i カーリー」のキャラクターであるサムと共演するスピンオフ「サム & キャット」が製作された。

ピケット・フェンス　ブロック捜査メモ

PICKET FENCES (1992-1996) S4 米 CBS

トム・スケリット (有本欽隆), キャシー・ベイカー (紗ゆり), ホリー・マリー・コムズ (渡辺美佐) ◆元警官のジミー・ブロックは大都会からウィスコンシンの田舎町ローマに女医の妻ジルと 3 人の子供と共に移り住んでくる。人望を集めた彼は警察署長となりローマの平和を維持するために躍起となるのだが、次々と起こるのは“ブリキ男変死事件”や“サーカスの象盗難事件”に“連続入浴魔事件”など奇妙な事件ばかり。やがて町の住民たちの隠された裏の顔も見え始め、ブロックは思い描いた理想郷ではなかったローマの実態に困惑する…。企画のデイビッド・E・ケリーお得意のブラックユーモアに満ちた視点で描かれた人間ドラマであり、犯罪、医療、法廷、家庭と様々な要素がぎっしりと詰まっている。2 年連続でエミー賞作品賞を受賞した。

非常線

CODE 3 (1957) S1 米

リチャード・トラヴィス , フレッド・ウィン , デンヴァー・パイル ◆ロサンゼルス保安官事務所管内で実際に起きた殺人や強盗などの凶悪犯罪を再現して描く実録風のドラマ。R・トラヴィス扮するバーネット郡保安官が語り部となって事件を紹介するが、番組の最後には本物のロサンゼルス郡保安官が登場して締めくくる造りになっている。モノクロ 30 分。全 39 話。

非情の指令・スパイ！

SPY! (1980) S1 英 BBC

ジョン・ノーミントン , ポール・グレゴリー , リチャード・ジョンソン , ホリー・パランス ◆ 20 世紀前半に実際に起きた有名なスパイ事件をもとに描かれる、1 話完結のドキュ

ビクトリアス

ピケット・フェンス　ブロック捜査メモ

は

メンタリー風犯罪ドラマ。「ベンロ事件」「ハンス事件」「女スパイ」「ゾルゲ事件」「同性愛の罠」「暗殺・亡命」の全6話。

美女と野獣

BEAUTY AND THE BEAST (1987-1990) S3 米 CBS

[別] ニューヨークの美女と野獣

リンダ・ハミルトン (高島雅羅), ロン・パールマン (ささきいさお), ロイ・ドートリス (小林勝彦) ◆ 18世紀に出版され、映画・ドラマ・舞台と幅広い展開を見せる『美女と野獣』を新たな解釈で描く、ロマンチック・ファンタジー作品。ライオンのような異相を持ったがために、人々の目を逃れてマンハッタンの地下に住み着いている青年ヴィンセントが、美人弁護士のキャサリン・チャンドラーを守るため、彼女がピンチに陥るたびに姿を現して奮闘する。[V]

美女と野獣　～ Beauty and the Beast ～

BEAUTY AND THE BEAST (2014) 伊＝スペイン

ブランカ・スアレス, アレッサンドロ・プレツィオージ, レア・ボスコ ◆世界的に有名な物語を、まったく新しい解釈で映像化したミニシリーズ。豪華な衣装とセットで、運命的な愛の物語が綴られる。18世紀のフランス。美しい城で幸せに暮らしていたレオン大公は、火事により妻を失ったばかりか、自らの顔にも醜い傷を負ってしまった。絶望のあまり残忍な圧政者となったレオンは、民衆から野獣と呼ばれ恐れられるようになってしまう。だが城で働く若く美しい村娘ベルと出会ったことから、徐々に彼の心に変化が現れ始める。

BEAST

THE BEAST (2009) S1 米 A&E

パトリック・スウェイジ, トラヴィス・フィメル, ケヴィン・J・オコナー ◆潜入捜査官たちの活躍を描いたクライム・ドラマ。主人公を演じた俳優のP・スウェイジは、膵臓癌の治療を続けながら本作の撮影に挑んだが、この作品が遺作となった。そのため本作は第1シーズンのみとなっている。ベテラン捜査官のチャールズ・バーカーは、好き勝手な行動を取る曲者で敵も多い。その相棒に選ばれた新人捜査官のダヴは次第にバーカーの実力を認めるようになるのだが、別の捜査官からバーカーを監視するよう要請される。

ビースト／巨大イカの逆襲

→ザ・ビースト／巨大イカの逆襲

ピーター・ガン

PETER GUNN (1958-1961) S3 米 NBC → ABC

クレイグ・スティーヴンス (芦田伸介), ローラ・オルブライト (林肱子), ハーシェル・ベルナルディ ◆クールなスーツに身を包み、冷静沈着に難事件を解決していくスマートな私立探偵ピーター・ガンの活躍を描いたモノクロ30分のアクション・ミステリー。映画監督ブレイク・エドワーズの企画・製作であり、1967年にはエドワーズが原作・脚本・監督を務めたカラー映画版「銃口」も製作された。また1997年にはピーター・ストラウス主演でリメイク版TVムービーも作られたが、こちらはシリーズ化とはならなかった。ヘンリー・マンシーニが作曲したテーマ曲は、誰もが一度は耳にしたことがある名曲。[V]

ビッグバン★セオリー　ギークなボクらの恋愛法則

THE BIG BANG THEORY (2007-) S11- 米 CBS

ジョニー・ガレッキ (千々和竜策), ジム・パーソンズ (安達貴英), ケイリー・クオコ (新谷良子) ◆オタク男子と個性的女子が繰り広げるラブ・コメディ。物理学者のレナード・ホフスタッターとシェルドン・クーパーは、頭脳明晰だが冴えない外見とシャイな変わり者同士のルームメイト。普段は仲の良いオタク友達とマシンガン・トークを炸裂させているが、女性を前にすると途端に怪しい行動を取ってしまう。ある時、お向かいにブロンドのキュートな美女ペニーが引っ越してきたことから、オタク男子の生活は予想もしない方向に進んでいく![D]

ビッグ・ラブ

BIG LOVE (2006-2011) S5 米 HBO

ビル・パクストン, ジーン・トリプルホーン, クロエ・セヴィニー ◆ 一夫多妻を認めるモルモン教原理主義派たちが多く暮らすユタ州ソルトレイクシティを舞台に、経済的に成功した男ビル・ヘンリクソンと、彼の3人の妻バーブ、ニッキ、マージーン、そして7人の子供たちの奇妙な共同生活を描くドラマ。

美女と野獣

ビッグバン★セオリー　ギークなボクらの恋愛法則

ビッグ・リトル・ライズ　～セレブママたちの憂うつ～
BIG LITTLE LIES (2017) S1 米 HBO
ニコール・キッドマン(田中敦子), リース・ウィザースプーン(小島幸子), シェイリーン・ウッドリー(寿美菜子)◆映像化困難と言われたリアーン・モリアーティのベストセラー・ミステリー小説『ささやかで大きな嘘』をドラマ化したミニシリーズ。カリフォルニア州のセレブタウンを舞台に、それぞれに秘密を抱えた3人の母親たちが巻き込まれた殺人事件の謎を追う。クリエイターは「アリー・my ラブ」「ボストン・リーガル」のデイビッド・E・ケリーで、主演のR・ウィザースプーンとN・キッドマンも製作総指揮に名を連ねている。シングルマザーのジェーン・チャップマンはママ友のマデリン・マーサ・マッケンジー、セレステ・ライトと一緒に、子供が通う小学校の保護者懇親会に出席した。と、そこで予期せぬ殺人事件が発生。ジェーンたちは事件の原因となる過去の出来事について思い返していく…。

必殺!? ブレイキン・カンフー
KUNG FAUX (2003) S1 米＝香港
◆1970年代の様々なカンフー映画の映像を、アメコミ調の吹き出しや目まぐるしく変わる分割画面などを駆使して再編集し、有名ヒップホップ・ミュージシャンたちにアフレコを担当させて作り上げた"ヒップホップ・カンフー・アクション"。ヒップホップの老舗レーベルであるTommy Boyが製作し、実際の映画のシーンとは無関係なアフレコが話題を呼んだ。[D]

ピッチ　彼女のメジャーリーグ
PITCH (2016) S1 米 Fox
カイリー・バンバリー, マーク＝ポール・ゴスラー, モー・マクレー, メマーク・コンスエロス, アリ・ラーター◆メジャーリーグ初の女性ピッチャーの活躍を描く野球ドラマ。MLBが全面的に協力したことでも話題になった。幼いころから鬼コーチの父親から野球の技術を叩きこまれたジニー・ベイカー。マイナーリーグで活躍していた彼女はメジャーに昇格、サンディエゴ・パドレスへの入団を果たす。だが新人で黒人で女性であることから、チームメイトからの風当たりは強く、またマスコミからは興味本位で追いかけられ、自分のペースを保つことが困難になってしまう。果たして彼女は夢の舞台で成功することができるのか。

ヒッチコック劇場
ALFRED HITCHCOCK PRESENTS (1955-1962) S7 米 CBS → NBC
アルフレッド・ヒッチコック(熊倉一雄)◆サスペンス映画の重鎮A・ヒッチコック監督が原作と製作を務めた、1話完結スタイルの短編ミステリー。物語の前後で行われる巨匠の軽妙で忌憚のない解説が話題となった。日本では放送局や放送時間帯を変えて、1957年から1987年にかけて断続的に放送された。[D,L,V]

ヒッチコック劇場 2007
MYSTER MOCKY PRESENTE (1991-2013) S4 仏 13e Rue
ジャン＝ピエール・モッキー◆ミステリー専門雑誌「アルフレッド・ヒッチコック・ミステリー・マガジン」に掲載された短編をもとにドラマ化したミステリー・オムニバス。旧来の「ヒッチコック劇場」とは異なり、フランスの映像作家J=P・モッキーがホストを務めている。

ヒッチコック・サスペンス
THE ALFRED HITCHCOCK HOUR (1962-1965) S3 米 CBS
[別]新ヒッチコック・シリーズ
アルフレッド・ヒッチコック(三島雅夫→熊倉一雄)◆1955年から7年にわたり放送された「ヒッチコック劇場(Alfred Hitchcock Presents)」の後を受け、放送枠を30分から60分に拡大して放送されたミステリー・アンソロジー。日本では「ヒッチコック・サスペンス」というタイトルで放送後、続編として「新ヒッチコック・シリーズ」として放送された。

ピッツバーグ警察日記
SIRENS (1993-1995) S2 加 ABC
ジェイン・ハイトメイヤー(一柳みる), ライザ・シュナイダー(小山茉美), A・J・ジョンソン(坂本千夏)◆ピッツバーグ警察で働く3人の女性警官の、仕事とプライベートを描く犯罪ドラマ。警察学校を卒業したばかりのセーラ、モリー、リンはピッツバーグ警察に配属される。3人はそれぞれプライベートに問題を抱えながら、ベテラン警官とコンビを組んで警察の仕事に向き合うのだが…。

ビッグ・リトル・ライズ　～セレブママたちの憂うつ～

ヒッチコック劇場

は

ヒットラー 第 1 章：覚醒／第 2 章：台頭
HITLER: THE RISE OF EVIL (2003) 米 CBC/CBS
[別] ヒットラー 第 1 部 : 我が闘争／第 2 部 : 独裁者の台頭 (ビデオ)
ロバート・カーライル (家中宏), リーヴ・シュレイバー (小山力也), ジュリアナ・マルグリーズ (野沢由香里), ピーター・オトゥール (平野稔), マシュー・モディーン (木下浩之) ◆アドルフ・ヒットラーの生涯をひとりの新聞記者の視点で描いた 2 部構成の大作ミニシリーズ。オーストリアのリンツで生まれたヒットラーは、厳格な父から常に精神的な圧迫を受けていた。やがて彼は芸術を愛する青年に育つが、祖国ドイツの敗戦によって誤った愛国心に目覚めていく。陸軍に入ったヒットラーはドイツ労働者党、後のナチ党の調査を命じられるのだが…。[D,V]

ピッポと小馬
POLY A VENISE (1970) 仏 ORTF
[別] ベニスのポリー
ティエーリ・ミシュ (佐藤陽一), クレスティア・カッセル (柳川慶子), マウロ・ボスコ (柴田侊彦), イリナ・マレーヴァ (益田ひろ子) ◆「情婦マノン」で知られるフランスの女優セシル・オーブリーが、自らの原作小説 " ぼくらのポリー " シリーズを自身で実写化したドラマシリーズの一作。日本では 1971 年に NHK で放送された。ベネチアで暮らす貧しい少年ピッポは、一頭の子馬と出会ったことから、町の人気者になっていく。全 13 話。

ビデオゲーム・ハイスクール
VIDEO GAME HIGH SCHOOL (2012-2014) S3 米
ジョシュ・ブレイロック , ジョアンナ・ブラッディ , エラリー・ポーターフィールド , ジミー・ウォン , ブライアン・フィレンヅィ ◆アメリカの人気オリジナル Web シリーズ。ビデオ・ゲームが世界で最も人気のある競技スポーツとなった近未来を舞台に、ビデオ・ゲーム専門高校に入学した少年の活躍と青春を描くアクション・コメディ。ある日、ブライアンは全国放送の番組に生出演していた世界ゲーム・チャンピオンのローを、彼とは知らずに打ち負かしてしまう。一躍時の人となったブライアンは、選ばれし者だけが集う名門ビデオ・ゲーム高校への入学を許可されるのだが…。

ビトゥイーン
BETWEEN (2015-2016) S2 加 Citytv/Netflix
ジェネット・マッカーディ (長尾明希), ライアン・アレン (宮本克哉), カイル・マック (鳴海崇志) ◆プリティーレイクという人口 8000 人ほどの小さな町で突如、謎の伝染病が広がった。人々は次々と罹患していき、あらゆる手当ても虚しく死亡していく。しかし 22 歳以下の者たちだけは生き残っていた。政府は町を封鎖して出入りを厳しく禁じるが…。不可解な事件によって孤立させられた若者たちを描いたサスペンス。

Bitten　－わたしを愛した狼－
BITTEN (2014-2016) S3 加 Space
ローラ・ヴァンダーヴォート (藤田曜子), グレイストン・ホルト (越村友一), グレッグ・ブリック (小松史法), スティーヴ・ランド (竹内栄治) ◆ケリー・アームストロングの小説 "Women of the Otherworld" シリーズを原作とするホラー・ファンタジー。写真家のエレーナは、世界でただ 1 人のオオカミ女。正体を隠して平穏な日々を送っていたが、ある殺人事件をきっかけに、かつて属していたオオカミ人間の " 群れ " に呼び戻され、群れ同士の抗争に巻き込まれていく。

ひとすじの道
CAVALCADE OF AMERICA (1952) S5 米 NBC
◆歴史的な出来事だけでなく、人間の勇気や情熱にも焦点をあて、実際にあった様々なエピソードを再現ドラマ化したモノクロのアンソロジー・シリーズ。本国では 5 シーズンも続いた長寿番組だったが、日本では NHK で 32 話が放映されたのみ。

ヒトラー第三帝国最後の審判 ニュールンベルグ軍事裁判
→ニュルンベルク軍事裁判

ヴィーナス＆アポロ　恋してエステ
VENUS & APOLLON (2005-2009) S2 仏 Arte
ブリジット・ルアン (吉野ママ), マリア・デ・メディロス (酒井悠子), マエヴァ・パスクァーリ (高野将司) ◆映画「エステサロン／ヴィーナス・ビューティ」を TV シリーズとしてリメイク。男女両性をターゲットにしたパリのエステサロン " ヴィーナス＆アポロ " を舞台に、ユニークな女性

ヒットラー 第 1 章：覚醒／第 2 章：台頭

ビトゥイーン

は

スタッフたちが繰り広げる騒動を描く。[D]

ピノキオの大冒険

PINOCCHIO (2008) 英＝伊

ボブ・ホスキンス (橋沢進一), ロビー・ケイ (杉森多恵子) ◆カルロ・コッローディの童話を実写化したファンタジック・アドベンチャー。総製作費 15 億円をかけ、原作者からの目線でピノキオ誕生を描く。妻に先立たれて淋しく生きていた大工のジェペットは、譲り受けた丸太で人形を作り " ピノキオ " という名をつける。命を吹きこまれたピノキオだったが、誘惑から思わぬ冒険をすることに。[D]

ピノッキオの冒険

LE AVVENTURE DI PINOCCHIO (1972) S1 伊 Rai 1

[別] ピノキオ (NHK)

アンドレア・バレストリ (伊東永昌／津村まこと), ニーノ・マンフレディ (中村俊一／田原アルノ), ジーナ・ロロブリジーダ (河内桃子／定岡小百合) ◆カルロ・コッローディの『ピノッキオの冒険』を原作に沿って実写映像化した全 6 話のミニシリーズ。日本では 1973 年の年末から 1974 年の年始にかけて NHK で「ピノキオ」として放送され人気を得た。ただし 2003 年に発売された DVD の日本語吹替は新録版である。ジェペット爺さんは木の人形を作ってピノッキオと名づけるが、ある晩、妖精が現れてピノッキオを人間の子供の姿に変える。[D]

ビーバーちゃん

LEAVE IT TO BEAVER (1957-1963) S6 米 CBS → ABC

[別] がんばれビーバー

ジェリー・メイザース (田上和枝), ヒュー・ボーモント , バーバラ・ビリングスレー ◆ 1950 年代アメリカの理想的な家族像を描くホーム・コメディ作品。サラリーマンの父、専業主婦の母、アメフト好きな高校生のウォリーと共にカリフォルニアで暮らす小学生のセオドア・クリーバー (通称ビーバー) が、自宅や学校、家の近所などで冒険と騒動を繰り広げる。

ビバリーヒルズ高校白書

BEVERLY HILLS, 90210 (1990-2000) S10 米 Fox

[別] ビバリーヒルズ青春白書 (第 4 シーズン〜)

ジェイソン・プリーストリー (中原茂), シャナン・ドハティ (小金沢篤子), ルーク・ペリー (小杉十郎太) ◆ロスの高級住宅街ビバリーヒルズに住む高校生たちの恋愛模様を流行のファッションと音楽で彩り、若い世代を中心に熱狂的な支持を得た大ヒット青春ドラマ。ミネソタから引っ越してきたウォルシュ家のブランドンとブレンダは双子の兄妹。田舎育ちのふたりはリッチな都会の高校生活に戸惑うが、次第に慣れ親しんでいく。新たな友人は、お嬢様育ちのケリー・テイラー、真面目な優等生アンドレア・ザッカーマン、不良っぽいディラン・マッケイ、有名女優の息子スティーブ・サンダース、マイペースなドナ・マーティン、そして 1 歳下の弟的存在デビッド・シルバー。彼らは何不自由ない恵まれた環境に育ったように見えたが、両親の離婚やアルコールなどの問題を抱えていた…。[D,L,V]

BBC 版 シャーロック・ホームズ

SHERLOCK HOLMES (1964-1968) S2 英 BBC

ダグラス・ウィルマー <S1>, ピーター・カッシング <S2>, ナイジェル・ストック ◆世界で最も有名な名探偵、シャーロック・ホームズの活躍を描いた BBC 製作の TV シリーズ。「まだらの紐」「高名な依頼人」「青い紅玉」など全 13 話を放映。第 2 シーズンでは P・カッシングがホームズを演じた。[V]

Veep ／ヴィープ

VEEP (2012-2017) S6 米 HBO

ジュリア・ルイス＝ドレイファス , アンナ・クラムスキー , トニー・ヘイル ◆副大統領に担ぎ出された女性政治家が奮闘する様を描き、エミー賞をはじめ数々の賞に輝いたドタバタ・コメディ作品。米国合衆国副大統領に選出された元上院議員のセリーナ・マイヤーは、自分の能力を最大限に生かして国のために働きたいと考えていたが、理想と現実のギャップはあまりにも大きすぎた。大統領からの電話はまったく鳴らず、来る仕事といえば重要でないイベントへの代理出席程度。全く使えないスタッフに囲まれながら、セリーナは悪戦苦闘するのだが…。

ビーフ　裁判は肉屋で

BEEF (2014) 米

クリストファー・メローニ , マイケル・イアン・ブラック , ジョー・ロー・トゥルリオ ◆ブルックリンのデリカテッセンで店主をつとめるルー。彼は判事で陪審で刑の執行人

ビバリーヒルズ高校白書

Veep ／ヴィープ

は

である。肉に関するトラブルなら、彼に任せておけばたちどころに解決する。店員のフランク、アンソニー、デニース、マニー、そしてホームレスのリン・ヴァンデーロたちが、その解決に手を貸してくれるのだ。法廷劇をパロったおバカなコメディ。

ピープ・ショー　ボクたち妄想族

PEEP SHOW (2003-2015) S9 英 Channel 4

デヴィッド・ミッチェル , ロバート・ウェッブ , オリヴィア・コールマン ◆イギリス製のコメディ・ドラマ。生真面目で気弱なマークと、ミュージシャンを夢見る自信過剰なジェレミーの同居生活を描く。内心の声をナレーションという形でさらけ出し、カメラ目線を多用した映像が好評を呼び長寿番組となった。

秘宝を追え！〜イタリア特捜警察

CACCIA AL LADRO D'AUTORE (1985-1986) S1 伊 RAI

ジュリアーノ・ジェンマ (広川太一郎), バンニ・コルベッリーニ (井上和彦) ◆イタリアの国家憲兵カラビニエリの文化遺産保護部隊に所属するマッフイ大尉が、美術館から盗まれるなど行方不明となった様々な秘宝を追うクライム･サスペンス。「空飛ぶ外国人」「プロセルビーナの略奪」「フィディアの像」「さらばラファエロ」「ムラノの林」「聖なる地図」「名器ストラディヴァリ」の全 7 話からなるミニシリーズ。

秘密情報部トーチウッド

TORCHWOOD (2006-2011) S4 英 BBC → Starz

[別] トーチウッド 人類不滅の日 (第 4 シーズン) ｜トーチウッド・ミラクル・デイ (第 4 シーズン DVD 題)

ジョン・バロウマン (竹若拓磨／加瀬康之), イヴ・マイルズ (石塚理恵／よのひかり), バーン・ゴーマン (浪川大輔) ◆ウェールズの首都カーディフの制服警官グウェン・クーパーは、連続殺人事件の捜査中に介入してきた謎の組織トーチウッドのメンバーが被害者を蘇生させる現場に遭遇。そして彼らの正体を暴こうと、リーダーであるキャプテン・ジャック・ハークネスの経歴を調べるが、彼はすでに死んでいた。はたしてジャックとは何者なのか？　そしてトーチウッドの本当の目的とは。人気 SF ドラマ「ドクター・フー」に登場したキャプテン・ジャックを主人公に描いたスピンオフ・シリーズ。ホラーとエロティックな要素を加え、大人向けの SF ドラマに仕上げている。[D]

秘密指令

→タイトロープ

秘密指令 S

DEPARTMENT S (1969-1970) S2 英

[別] 特命捜査官キング (19 話以降)

ピーター・ウィンガード (久松保夫), ジョエル・ファビアーニ (広川太一郎), ローズマリー・ニコルズ (池田和歌子) ◆流行ミステリー作家のジェイソン・キング、元 FBI のスチュワート・サリバン、コンピュータに詳しく美貌のアナベル・ハースト、異色の 3 人がインターポールの特別捜査チームを組み、超常現象まがいの奇怪な事件を捜査していく。独立したシリーズ「作家探偵ジェイソン・キング」も製作された。

秘密捜査官オハラ

O'HARA, U.S. TREASURY (1971-1972) S1 米 CBS

デヴィッド・ジャンセン (睦五郎) ◆銃の密売、麻薬の密輸入、紙幣偽造など様々な凶悪犯罪に立ち向かう米国財務省 ATF 所属の捜査官ジム・オハラの活躍を描く。「ドラグネット」のプロデューサー、ジャック・ウェッブが「逃亡者」の D・ジャンセンを主演に迎えて製作した犯罪アクションだが、人気を得られず第 1 シーズンで終了。火事で妻子を失ったオハラがネブラスカの保安官から財務省の捜査官に転職するまではパイロット版 TV ムービー「空中大追跡／エアライン・コネクション」(映画劇場枠で放映) で描かれている。

秘密捜査官ノート

THE ADVENTUREER (1972-1973) S1 英 ITV

[別] スパイスター｜ジーンのスパイスター

ジーン・バリー (日高吾朗), バリー・モース (宮内幸平), カトリーヌ・シェル ◆世界的な映画スターであるジーン・ブラッドレーの裏の顔は、米国政府のために働くスパイだった。映画のロケで海外に出かけ、そこで諜報活動を行うというユニークなスパイの活躍を描く、1 話 30 分のアクション・ドラマ。

秘密諜報員ジョン・ドレイク

DANGER MAN / SECRET AGENT (1964-1966) S3 米 = 英

秘密情報部トーチウッド

秘密指令 S

ITV
パトリック・マクグーハン (黒沢良) ◆惜しまれながら終了した 30 分番組「秘密命令」は、その後の再放送で人気が再燃、折しもスパイを扱った作品も世界的なブームとなっており、1964 年に時間枠を 60 分に拡大し復活することなった。前シリーズ同様に P・マクグーハン扮する NATO(北大西洋条約機構) の諜報員ジョン・ドレイクの活躍を描くが、カメラやマイクなど諜報員が使う小道具がさらにパワーアップした点も見どころのひとつとなり、幅広い人気を得た。

秘密の白い石
DEN VITA STENEN (1973) S1 スウェーデン SVT1
ユーリア・ハーデ (山崎理香), ウルフ・ハッセルトルプ (染谷利貴) ◆スウェーデンの作家グンネル・リンデの児童書『ひみつの白い石』を原作とするミニシリーズ。白い小石を宝物にしている少女フィアとわんぱく少年ハンプスが巻き起こす騒動を描く。日本では NHK「少年ドラマシリーズ」枠で放送された。

秘密のホテル
EL HOTEL DE LOS SECRETOS (2016) S1 メキシコ
イレーナ・アスエラ , エリック・エリアス , ディアナ・ブラチョ , ダニエラ・ロモ ◆豪奢なホテルで繰り広げられる愛と陰謀の物語を描いたメキシコ発のミステリー。2011 年にスペインで放送された人気ドラマ「グランド・ホテル」のリメイク版となっている。1908 年のメキシコ。フリオ・オルメドは突然失踪した双子の妹クリスティーナを捜すため、プエブラ行きの列車に乗る。彼は駅のホームで見かけた美しい女性イサベルに惹かれ車内で声をかけるが、彼女は妹が働いていたグラン・ホテルのオーナーの娘だった。やがてホテルに到着したフリオは、クリスティーナの消息を追うべく新人の接客係として働き始める。そんな中、イサベルはオーナーである母テレサから強引な縁談を持ちかけられていた。

秘密命令
DANGER MAN (1960-1962) S1 英 ITV
パトリック・マクグーハン (酒井哲) ◆ NATO(北大西洋条約機構) のエージェント、ジョン・ドレイクがヨーロッパを股にかけて活躍するモノクロ 30 分のスパイ・ドラマ。企画段階ではイアン・フレミングも参加していた。ヨーロッパでは主演の P・マクグーハンの魅力もあって好評を博したが、アメリカでの展開が芳しくなく、結局 1 シーズンで終了。しかし 2 年後に、リブート版とも言える 60 分番組「秘密諜報員ジョン・ドレイク」として復活する。

百万弗貰ったら
THE MILLIONAIRE / IF YOU HAD A MILLION (1955-1960) S6 米 CBS
[別] 百万弗綺談 ミリオネア
マーヴィン・ミラー , ポール・フリース ◆ 1932 年のオムニバス映画「百萬圓貰ったら」と同じプロットを持つ、アンソロジー・コメディ作品。会ったことのない人に大金をプレゼントすることが趣味の大富豪マイケル・アンソニーとその秘書から 100 万ドルを贈られた人々の、悲喜こもごもの人生模様を描く。

ピュア・ジーニアス　ハイテク医療の革命児
PURE GENIUS (2016-2017) S1 英 CBS
ダーモット・マローニー , オーガスタス・プリュー , オデット・アナブル , レシュマ・シェティ , アーロン・ジェニングス , ウォード・ホートン , ブレンダ・ソング ◆シリコンバレーの大病院を舞台に、最先端の医療技術によって難病と戦う医師の姿を描いた医療ドラマ。IT 界で成功をおさめたジェームズ・ベルは、その財力をつぎ込んで最先端技術を取り入れた病院を設立する。そこに呼ばれたのは、かつて無認可の施術によって患者を死亡させてしまった過去を持つ天才外科医ウォルターだった。ジェームズとウォルターは、まだ認可されていない実験段階の技術を使って、治癒の可能性がわずかな患者たちを救うために奮闘していく。

ヒューストン・ナイツ
HOUSTON KNIGHTS (1987-1988) S2 米 CBS
マイケル・パレ (堀内賢雄), マイケル・ベック (大塚芳忠), ロビン・ダグラス (弘中くみ子) ◆シカゴからやって来た洒落者のジョーイ・ラフィアマ刑事と、テキサス・レンジャーの孫で根っからのテキサスっ子レボン・ランディ刑事。何もかもが水と油の 2 人がパートナーを組み、ヒューストンの町を守っていく刑事アクション。

秘密諜報員ジョン・ドレイク

ビューティ＆ビースト／美女と野獣

ビューティ＆ビースト／美女と野獣
BEAUTY & THE BEAST (2012-2016) S4 米 The CW
クリスティン・クルック, ジェイ・ライアン, ニーナ・リサンドレロ ◆ニューヨーク市警の美人刑事キャサリン・チャンドラーは、殺人事件の捜査で元医師のヴィンセント・ケラーにたどり着くが、彼は謎の組織によって遺伝子操作された"ビースト"だった…。人生を狂わされた2人が協力して謎の組織に迫っていくミステリー・アクション。[D]

ビューティフル・ピープル～ニューヨークの天使たち
BEAUTIFUL PEOPLE (2005-2006) S1 米 ABC Family
ダフネ・ズニーガ, サラ・フォレット, トーレイ・デヴィート ◆元デザイナーで離婚したばかりのリンは、次女ソフィーのマンハッタン有名私立高校への入学が決まったことを機に、モデルを目指す長女のカレンと共に大都会ニューヨークで新しい生活を始める。美人の母と娘たちが、支え合いながら困難を乗り越えていく姿を描くドラマ。

ヒューマニスト 堕ちた弁護士
→堕ちた弁護士 ～ニック・フォーリン～

ヒューマンズ
HUMANS (2015-2017) S2 英＝米 Channel 4/AMC
ジェンマ・チャン(田中理恵), コリン・モーガン(KENN), エミリー・バリントン, イヴァノ・ジェレマイア, キャサリン・パーキンソン, トム・グッドマン＝ヒル, ルーシー・カーレス ◆スウェーデンのドラマ「Real Humans」をもとにした英米合作のSF作品。人型の高機能ロボットが一般にも普及している架空の現代世界を舞台に、人工知能の進化が及ぼす不穏な近未来の可能性の一端をサスペンスフルに描く。ホーキンス一家の父ジョーはある日、人間に代わってあらゆる仕事をこなす最新の高機能ロボット"シンス"を購入する。"アニータ"と名付けられたそのロボットは忠実に仕事をこなしていく。だが妻のローラは度々おかしな行動を取るアニータに不信感を募らせていた。

ヒューマン・ターゲット
HUMAN TARGET (2010-2011) S2 米 Fox
マーク・ヴァレー(藤真秀), シャイ・マクブライド(北川勝博), ジャッキー・アール・ヘイリー(蒲田哲) ◆DCコミックスに登場するキャラクターをモチーフに創造されたボディガード兼私立探偵の活躍を描く、1話完結のアクションTVドラマ。クリストファー・チャンスは、自ら"ヒューマン・ターゲット(身代わりの標的者)"となり、まさに命がけでクライアント(依頼人)を守りながら、様々な問題を解決していく。

ヒューマン・トラフィック
HUMAN TRAFFICKING (2005) S1 米 Lifetime Television
[別]ヒューマン・トラフィック 人身売買捜査官
ミラ・ソルヴィノ(田中敦子), ドナルド・サザーランド(家弓家正), ロバート・カーライル(相沢正輝), ロランス・ルブーフ(津村まこと) ◆男から逃げようとしてビルの窓から落ちて死んだ少女。その死の背後に国際的な人身売買の組織の存在を嗅ぎ取った移民関税局の捜査官ケイトは、あるモデル事務所に目をつけるが…。人身売買の恐怖をリアルに描き出したミニシリーズ。モデル事務所を隠れ蓑にした売春組織とアメリカ移民関税局の捜査官たちとの戦いを描く。[D]

ビューラ・ランド／愛は大地とともに
BEULAH LAND (1980) S1 米 NBC
レスリー・アン・ウォーレン(此島愛子), メレディス・バクスター(宗形智子), マイケル・サラザン(堀勝之祐), ドリアン・ヘアウッド(玄田哲章), ポール・ラッド(神谷和夫) ◆南北戦争前後のアメリカ南部を舞台に、二つの家族の諍いを描いたロニー・コールマンの大河小説『ビューラ・ランド』をミニシリーズ化。1800年代のジョージア州に、ビューラ・ランド農園を経営するケンドリック家と、オークス農園を所有するデイヴィス家があった。ケンドリックの青年レオンに見そめられ、嫁ぐことになったサラ・ペニントンは二つの家の間で展開される様々な愛憎劇を目撃する。やがて南北戦争が始まり、両家もその混乱に巻き込まれていく…。第1部「大地の花嫁」、第2部「病める大地」、第3部「よみがえる大地」の2時間×3話で構成。

ビヨンド・ザ・ブレイク
BEYOND THE BREAK (2006-2009) S3 米
ナタリー・ラムシー(本仮屋ユイカ), スージー・ポラード(クリスティーナ), ソーニャ・バルモレス(千葉アリサ), ティファニー・ハインズ(藤井悠) ◆プロのサーフィン・チームに

ヒューマン・ターゲット

ヒューマン・トラフィック

は

所属する4人の女性が繰り広げる海洋青春ドラマ。プロサーファーを目指して単身ハワイに渡った女子高生のレイシー・ファーマーと、彼女と共同生活をするドーン・プレストン、カイ・ケアロハ、バーディ・スコット。彼女たちの恋とスポーツ、そして友情の物語をオアフ島の美しい景観をバックに描く。[D]

ビリオンズ
BILLIONS (2016-2017) S2 米 Showtime Networks
ポール・ジアマッティ, ダミアン・ルイス, マギー・シフ, マリン・アッカーマン ◆「ガールフレンド・エクスペリエンス」のクリエイター陣が製作する本格派金融サスペンス。ウォール街を舞台に、ヘッジファンドを操作する大富豪ボビー・アクセルロッドと、富裕層の犯罪を目の敵にする連邦検事チャック・ローズとの、数十億(ビリオンズ)ドルをめぐる駆け引きを描く。

BELIEVE ／ビリーブ
BELIEVE (2014) S1 米 NBC
ジェイク・マクラフリン, ジョニー・セコイヤ, ジェイミー・チャン ◆J・J・エイブラムスとアルフォンソ・キュアロンが製作総指揮を務めたSFサスペンス作品。超能力を持つ10歳の少女ボーを守るため刑務所から脱獄した死刑囚テイトと、彼女の力を利用して世界を操ろうとする謎の組織との攻防を描く。

ビル・コスビー・ショー
THE BILL COSBY SHOW (1969-1971) S2 米 NBC
ビル・コスビー ◆TV分野で最も成功した黒人コメディアンとして不動の地位を築いた、B・コスビーによるシチュエーション・コメディ。ロサンゼルスの高校で体育教師をしている独身のチェット・キンケイドの周囲で巻き起こる騒動を描く。

ヒル・ストリート・ブルース
HILL STREET BLUES (1981-1987) S7 米 NBC
[別]ヒル・ストリート分署｜シカゴ警察ヒルストリートブルース
ダニエル・J・トラヴァンティ(宮田光), チャールズ・ヘイド(小島敏彦), ブルース・ウェイツ(納谷六朗) ◆全米ドラマ界屈指の名プロデューサー、スティーヴン・ボチコーの出世作であると同時に、後のアメリカTVドラマの主流となるアンサンブル形式を確立させた作品。シカゴをモデルとした架空の都市の警察署を舞台に署長、私服刑事、制服警官、検事たちの一日の業務を淡々とリアルに描く。事件解決よりその裏に潜む人間ドラマに重点を置き、各キャラクターの内面に深く切り込んだ本作は高い評価を得た。エミー賞では4年連続ドラマ作品賞受賞をはじめ多数受賞。

ビル船長
ASSIGNMENT: UNDERWATER (1960-1961) S1 米
[別]潜水王ビル
ビル・ウィリアムズ(堀雄二), ダイアン・マウントフォード(藤田淑子) ◆元海軍で今は貸し船“Lively Lady(活発な婦人)”の船長を務めるビル・グリアが、フロリダを舞台に様々な事件を解決していく海洋冒険ドラマ。

HEROES ／ヒーローズ
HEROES (2006-2010) S4 米 NBC
マイロ・ヴィンティミリア(竹若拓磨→阪口周平), マシ・オカ(藤原堅一), ヘイデン・パネッティーア(田代有紀), ジャック・コールマン(谷昌樹), ザカリー・リーヴァイ(杉村憲司), ロビー・ケイ(花倉洸幸) ◆世界中の様々な地で、人々に突然備わり始めた特殊能力。その能力を奪う“サイラー”という殺人鬼、そして降りかかった核爆発の危機を阻止するため、能力者たちがニューヨークに集結。マシ・オカ演じるヒロの決め台詞「ヤッター!」も話題になったSFドラマ。全世界規模という壮大なスケールと各キャラクターの深い内面描写が話題となり、放送開始当初は全米視聴者数の新記録を達成した。またゴールデン・グローブ賞やピープルズ・チョイス・アワードなどでも高い評価を受けた。[B,D]

HEROES Reborn ／ヒーローズ・リボーン
HEROES REBORN (2015) S1 米 NBC
ジャック・コールマン(谷昌樹), ザカリー・リーヴァイ(杉村憲司), ロビー・ケイ(花倉洸幸), 祐真キキ(沖佳苗) ◆突然、超能力に目覚めた人々たちを描いて全米でトップの視聴率を獲得したSFシリーズ「HEROES ／ヒーローズ」の新章。テロ事件の犯人と目されたのは超能力を持つヒーローたちだった。政府は彼らを捕らえ、その力を封じ込めようとする。その一方で、新たにスーパーパワー

ヒル・ストリート・ブルース

HEROES ／ヒーローズ

は

に目覚める者たちが増加していた。[B,D]

HERO　野望の代償

SHOW ME A HERO (2015) S1 米 HBO

オスカー・アイザック , ウィノナ・ライダー , ジム・ベルーシ ◆ニューヨーク・タイムズの記者リサ・ベルキンのノンフィクション小説を原作とした HBO 製作の社会派ドラマ。1980 年代後半から 90 年代前半のニューヨーク州ヨンカーズ市を舞台に、公営住宅をめぐる人種差別問題の解決に尽力した 28 歳の市長ニック・ワーシスコの戦いと葛藤を描く。主役を熱演した O・アイザックは、第 73 回ゴールデン・グローブ賞で男優賞 (リミテッド・シリーズ／ TV ムービー部門) に輝いた。「クラッシュ」のポール・ハギスが監督を手がけ、「THE WIRE ／ザ・ワイヤー」のデヴィッド・サイモンが脚本を務める。1987 年 10 月、ヨンカーズ市長に当選した若手議員のニックは、公営住宅の建設をめぐる市民と市議会の対立に直面することとなり…。

ビーンストーク　ジャックと豆の木

→ジャックと豆の木～あなたの知らない物語

ヒンターランド

HINTERLAND / Y GWYLL (2013-2015) S2 英 S4C/BBC

リチャード・ハリントン , マリ・ハリーズ , ハンナ・ダニエル ◆イギリス発の本格ミステリー・ドラマのミニシリーズ。ウェールズ地方を舞台に、トム・マサイアス警部が錯綜した謎を解き明かしていく。ケルティック・メディア・フェスティヴァルでベストドラマ賞を受賞するなど好評を得た。

ふ

FINDING CARTER ／ファインディング・カーター

FINDING CARTER (2014-2015) S2 米 MTV

キャスリン・プレスコット , アナ・ジャコービー＝ヘロン , アレクシス・デニソフ , シンシア・ワトロス , ザック・プラム ◆運命に翻弄されながらも自分の過去と向き合う少女の姿を描くティーン向けのドラマ・シリーズ。母親と仲が良い 16 歳の女子高生カーターは、ある出来事をきっかけに衝撃の事実を知らされる。母親だと思っていた女性ロリは、実は誘拐犯だったのだ。実母のエリザベスと再会を果たしたカーターは、その後本当の家族と一緒に生活することになるのだが…。

ファイヤーフライ　宇宙大戦争

FIREFLY (2002-2003) S1 米 Fox

ネイサン・フィリオン , ジーナ・トーレス , アラン・テュディック ◆人類が宇宙に進出した遥か未来を舞台に、辺境宇宙で仕事をしているセレニティー号の船長マルとそのクルーが、同盟政府に追われている兄妹タムとリヴァーを匿ったことから数々の事件に巻き込まれていく SF アクション。製作は後に映画「アベンジャーズ」(2012 年) を手がけるジョス・ウェドン。短命に終わったが一部で根強い人気があり、キャストそのままで映画版「セレニティー」が作られた。

ファウダ －報復の連鎖－

FAUDA (2015-) S2- イスラエル Yes

リオル・ラズ , シャディ・マーリ , レティシア・エイドゥ ◆パレスチナ・イスラエル紛争の最前線を生きる人間を描いたイスラエル製のアクション・スリラー。かつてイスラエル精鋭部隊の敏腕エージェントだったドロンは、自分が殺したはずのハマス闘士アブ・アハメドが生きていることを知り、決着をつけるため現場に復帰する。しかし 2 人の因縁の戦いは、更なる混沌と報復の連鎖を生んでいく。

FARGO ／ファーゴ

FARGO (2014) 米 FX

マーティン・フリーマン (森川智之), ビリー・ボブ・ソーントン (山路和弘), アリソン・トルマン (高橋里枝) ◆ジョエル＆イーサンのコーエン兄弟が、1996 年に撮った奇妙な味わいの犯罪映画「ファーゴ」を、テイストを活かしつつ新たなストーリーで製作した TV シリーズ。気の弱い保険外交員のレスター・ナイガードが、謎の殺し屋ロン・マルヴォの前で愚痴をこぼしたことから犯罪に巻き込まれていく様を、ブラックユーモアたっぷりに描いていく。[D]

FARGO ／ファーゴ 2

FARGO (2015) 米 FX

[別] FARGO ／ファーゴ 始まりの殺人

キルステン・ダンスト (石塚理恵), パトリック・ウィルソン (小原雅人), ジェシー・プレモンス (丸山壮史) ◆映画

ファイヤーフライ　宇宙大戦争

FARGO ／ファーゴ

「ファーゴ」をもとに、コーエン兄弟自ら製作総指揮を務めたTVドラマの第2シーズン。本シリーズはシーズンごとに時代設定やストーリーが変わっているのが特徴で、今回は1979年のミネソタ州を舞台として、シーズン1に登場したモリーの父ルー・ソルヴァーソンが担当した、ある夫婦とギャング一家に関係する殺人事件を描く。[D]

FARSCAPE ファースケープ　宇宙からの帰還
FARSCAPE (1999-2003) S4 米＝豪 Sci-Fi Channel/Nine Network
ベン・ブロウダー(山野井仁),クローディア・ブラック(佐々木優子),ヴァージニア・ヘイ(一城みゆ希)◆宇宙の果てで異星人たちと冒険を繰り広げることになった地球人科学者を描いた、米・豪合作によるSFドラマ。スペースシャトル"ファースケープ"の試験飛行中にワームホールに飲み込まれた科学者ジョン・クライトンは、遥か彼方の宇宙空間で生命を持った宇宙船リバイアサンとその乗組員に遭遇する。製作費の高騰でシーズン4半ばで打ち切られるが、2004年に完結編となる3時間のTVムービー「ピースキーパー・ウォー 最終大戦」が製作された。[D,V]

ファースト・ウェイブ
FIRST WAVE (1998-2001) S3 米 Sci-Fi
[別]ファースト・ウェイブ／最終予言 1999(ビデオ)
セバスチャン・スペンス(小杉十郎太),ロブ・ラベル(大塚芳忠),ロジャー・R・クロス(小山力也)◆フランシス・フォード・コッポラが製作総指揮を務めたSFアドベンチャー・ドラマ。ノストラダムスの封印された予言。そこには宇宙人による地球侵略が記されていた。それを阻止すべき運命を持つケイド・フォスターは、エイリアンの陰謀で妻殺しの汚名を着せられるが逃亡、追っ手をかわしながら宇宙人と戦っていく。[V]

ファストレーン
FASTLANE (2002-2003) S1 米 Fox
ピーター・ファシネリ,ビル・ベラミー,ティファニー・ティーセン◆ロサンゼルスを舞台に潜入捜査官の活躍をスピーディかつスタイリッシュに描く、マックGの製作総指揮と企画によるカーアクション・ドラマ。相棒アンドレ・ヘイズを射殺されたロス市警のヴァンことドノヴァン・レイのもとへ、復讐に燃えるアンドレの弟ディークことディーコン・ヘイズがやって来る。そこへ現れた美貌の警部補ビリーことウィルヘミナ・チェンバースは、セレブの世界にはびこる悪を一掃すべく2人に潜入捜査を命令する。

ファッション・ハウス
FASHION HOUSE (2006) S1 米 My Network TV
ナタリー・マルティネス,ニコール・プリアム,ロバート・バックリー◆ロサンゼルスのファッション・デザイン事務所を所有するやり手の女経営者マリア・ジャンニと、優れた才能を持ちながら専業主婦をしているミシェルを中心に、ファッション業界に渦巻く陰謀などを描いたメロドラマ。

ファミリー／愛の肖像
FAMILY (1976-1980) S5 米 ABC
ジェームズ・ブロデリック(井上孝雄),サダ・トンプソン(馬渕晴子),ゲイリー・フランク,クリスティ・マクニコル◆弁護士のダグとその家族、妻ケイト、長女ナンシー、長男ウィリー、次女レティシアら、ローレンス家の身の上に起こる様々なトラブルを通して家族愛を描いたファミリー・ドラマ。次女役のK・マクニコルがティーンの間で大人気になり、一世を風靡した。

ファミリー・タイズ
FAMILY TIES (1982-1989) S7 米 NBC
[別]ファミリー・タイズ／家族はバラ色に(ビデオ)｜続ファミリー・タイズ／家族はバラ色に(ビデオ)
マイケル・J・フォックス(宮川一朗太),メレディス・バクスター＝バーニー(藤田淑子),マイケル・グロス(富山敬)◆アメリカ中西部オハイオに住むキートン一家を主人公に"家族の絆"をコミカルに描く30分のシットコム。主演のM・J・フォックスがエミー賞主演男優賞を3年連続受賞。無名時代のトム・ハンクスやリヴァー・フェニックスもゲスト出演している。[D,V]

ファルコ／ザ・ラストコップ仏版
FALCO (2013-2016) S4 仏 TF1
サガモア・ステヴナン,クレマン・マニュエル◆2010年にドイツで放送され絶大な人気を得た刑事ドラマ「ザ・ラストコップ」のフランス版リメイク作品。1991年、捜査中の刑事アレックス・ファルコは頭部に銃弾を受け昏睡状態に陥ってしまう。彼が再び目を覚ましたのは、22年もの歳月が流れた後だった。妻はすでに新しい人生を

FARSCAPE ファースケープ　宇宙からの帰還

ファミリー・タイズ

は

送り、幼かった娘は成人していることを知ったファルコは、失われた時間を自分1人で取り戻そうと決意する。ところが退院後、暴行されている女性を助けたファルコは、その女性が翌日殺害されたことから追われる身となってしまう。

フアン家のアメリカ開拓記

FRESH OFF THE BOAT (2015-) S3- 米 ABC

ランドール・パーク, コンスタンス・ウー, ハドソン・ヤン ◆レストラン経営者として知られる台湾系アメリカ人、エディ・フアンの自伝小説を原作としたコメディ・ドラマ。1990年代のフロリダ州オーランドを舞台に、移住してきた台湾系移民のフアン一家が偏見に揉まれながら成功を掴み取ろうと奮闘する姿を描く。

ファンタジー・アイランド

FANTASY ISLAND (1977-1984) S7 米 ABC

リカルド・モンタルバン(川久保潔), エルヴェ・ヴィルシェーズ(肝付兼太) ◆美しいファンタジー・アイランドに毎週、新たなゲストがやってくる。迎えるのは優雅で落ち着いたローク氏と、あわてんぼうのタトゥー。神秘的な島でゲストたちは過去の過ちを取り繕っていく。心温まるSFファンタジー・ドラマ。

ファンタジークエスト

DARK KNIGHT (2000-2002) S2 英＝ニュージーランド Channel 5

ベン・プレン(森川智之), シャーロット・コマー(五十嵐麗), ピーター・オファレル(桐本拓哉) ◆ウォルター・スコット著『アイヴァンホー』をTVドラマ化した歴史ファンタジー。中世のヨーロッパを舞台に、イギリス王リチャードを救うため数々の冒険を繰り広げるアイヴァンホーとその仲間たちの活躍を描く。[D,V]

V

V / V:THE FINAL BATTLE (1983) 米 NBC

[別] V／ビジター(TV)

マーク・シンガー(曽我部和恭／磯部勉), フェイ・グラント(勝生真沙子), ジェーン・バドラー(横尾まり／小宮和枝) ◆元祖「インデペンデンス・デイ」ともいえる、エイリアンの侵略とそれに立ち向かう人類を描いたSF大作。突如飛来した巨大なUFO群。ビジターと呼ばれる異星人たちは友好的であったが、その裏には恐るべき陰謀が待ち受けていた。彼らの正体を知った一部の人々は銃を手に立ち上がるのだが…。日本では5つのパートに分けられビデオリリースおよびTV放映されたが、厳密にはPart IからIIがTVムービーの「V」であり、IIIからVまではTVシリーズ「V: THE FINAL BATTLE」となる。好評につき続編シリーズ「V2／ビジターの逆襲」ができた他、2009年にはリメイク版も製作された。[D,V]

V

V (2009-2011) S2 米 ABC

エリザベス・ミッチェル(藤本喜久子), モリーナ・バッカリン(松谷彼哉), ジョエル・グレッチ(木下浩之) ◆1983年の同名SFドラマのリメイク(リ・イマジニング)版。ある日、世界の大都市の上空に巨大な宇宙船が出現。それは地球外生命"ビジター"たちで、地球上のわずかな資源と引き替えに、自分たちの高度な技術などの提供を提案してくる。しかし一部の人間は、ビジターに疑いの目を向けていた。視聴者数が落ち込み、第2シーズンのエピソードが短縮された上、その後の製作がキャンセルされた。[B,D]

FEAR ITSELF　フィアー・イットセルフ

FEAR ITSELF (2008-2011) S3 米 NBC

◆"FEAR(恐怖)"をテーマとして1話完結型で展開されるホラー・アンソロジー・シリーズ。監督には「チャイルド・プレイ／チャッキーの花嫁」のロニー・ユーや「ソウ」シリーズのダーレン・リン・バウズマン、「狼男アメリカン」のジョン・ランディス、「クライモリ」のロブ・シュミットなど錚々たるメンバーが並ぶ。[D]

V.I.P.

V.I.P. (1998-2002) S4 米

パメラ・アンダーソン(本田貴子), モリー・カルヴァー(深水由美), ナタリー・レイタノ(高乃麗) ◆しがないホットドッグ売りのヴァレリー・アイアンズが、偶然、ハリウッドセレブを暴漢から救う。一躍、時の人となったヴァレリーに目をつけた警備会社は、彼女を社長として警備の新会社を設立する。当時セックス・シンボルだった、P・アンダーソンのお色気満載アクション・コメディ。[D]

V (1983)

V.I.P.

は

フィアー・ザ・ウォーキング・デッド
FEAR THE WALKING DEAD (2015-) S3- 米 AMC
キム・ディケンズ(佐々木優子), クリフ・カーティス(木下浩之), フランク・ディレイン(岡井克升) ◆麻薬常習者のニックは、知り合いが人間を食べている光景を目の当たりにし気が動転する。その頃、町では謎のウィルスに関する噂が拡がり、やがて銃で撃たれても死なない男の存在が明らかになっていく。大ヒットドラマ「ウォーキング・デッド」のスピンオフであり、「ウォーキング・デッド」本編に至るまでを描いたパニック・ドラマ。[B,D]

VR5 THE SERIES
VR5 (1995) S1 米 Fox
ロリ・シンガー(深見梨加), ウィル・パットン(金尾哲夫), マイケル・イーストン(檀臣幸) ◆仮想現実をめぐる陰謀を描いたサスペンス・ドラマシリーズ。偶然にもVR(ヴァーチャル・リアリティ)の世界を発見したシドニーが、謎の委員会の陰謀に巻き込まれ、やがて彼女自身の過去の謎が明らかになっていく。[V]

V2 ／ビジターの逆襲
V / V: THE SERIES (1984-1985) S1 米 NBC
マーク・シンガー(磯部勉), フェイ・グラント(勝生真沙子), ジェーン・バドラー(小宮和枝) ◆着々と地球を侵略していく異星人に対するレジスタンス活動を描いたSFミニシリーズ「V」の続編。一度はビジターの撃退に成功した人類だったが、月の裏側に集結したビジターの大船団によって再び危機を迎える。[L,V]

フィービー・ケイツのレース
→レース　華麗なる愛の罠

フィービー・ケイツのレース II
→レース 第2章　冷酷な愛の復讐

フィラデルフィアは今日も晴れ
IT'S ALWAYS SUNNY IN PHILADELPHIA (2005-2017) S12 米 FX → FXX
チャーリー・デイ, ケイトリン・オルソン, グレン・ハワートン ◆フィラデルフィアでバーを共同経営するディー、チャーリー、デニス、マック。周囲から変人扱いされている4人の若者たちが巻き起こす騒動を描いた、ブラックなユーモアが横溢するシチュエーション・コメディ。

フィリップ・マーロウ事件簿
→私立探偵フィリップ・マーロウ

フィリップ・マーロー・シリーズ
→私立探偵フィリップ・マーロウ

風雲クロンダイク
KLONDIKE (1960-1961) S1 米 NBC
ラルフ・テージャー(山田康雄), ジェームズ・コバーン(大平透), マリー・ブランチャード ◆ゴールドラッシュに沸く19世紀末のアラスカを舞台に、男たちが黄金をめぐって冒険を繰り広げるモノクロ30分のアクション西部劇。ピエール・バートンの小説『THE KLONDIKE FEVER』を元にしたシリーズで、脚本・監督にサム・ペキンパーも参加していた。

フェアリーテール・シアター
FAERIE TALE THEATRE (1982-1987) 米 Showtime
◆おとぎ話に材をとり、豪華なスタッフ・キャストで映像化したファンタジー・オムニバスシリーズ。フランシス・コッポラやティム・バートンなどがメガホンをとり、クリストファー・リーやミック・ジャガーなどバラエティー豊かなメンバーが出演している。[D,L,V]

- カエルの王子さま　THE TALE OF THE FROG PRINCE (1982)
- ランプルスティルスキン　RUMPELSTILTSKIN (1982)
- ラップンゼル　RAPUNZEL (1983)
- ナイチンゲール[別]ミック・ジャガーのナイチンゲール　THE NIGHTINGALE (1983)
- 眠れる森の美女　SLEEPING BEAUTY (1983)
- ジャックと豆の木　JACK AND THE BEANSTALK (1983)
- 赤ずきんちゃん　LITTLE RED RIDING HOOD (1983)
- ヘンゼルとグレーテル　HANSEL AND GRETEL (1983)
- 三びきの熊　GOLDILOCKS AND THE THREE BEARS (1984)
- 豆つぶの上に寝たお姫さま[別]ライザ・ミネリのえんどうまめとお姫さま　PRINCESS AND THE PEA (1984)
- ピノキオ　PINOCCHIO (1984)
- おやゆび姫　THUMBELINA (1984)
- 白雪姫と七人の小人　SNOW WHITE AND THE SEVEN DWARFS (1984)
- 美女と野獣　BEAUTY AND THE BEAST (1984)

フィアー・ザ・ウォーキング・デッド

フィラデルフィアは今日も晴れ

は

・こわがることをおぼえようと旅に出た男の話 [別] クリストファー・リーとフランク・ザッパのこわがることをおぼえようと旅に出た男　THE BOY WHO LEFT HOME TO FIND OUT ABOUT THE SHIVERS (1984)
・三びきの子豚　THE THREE LITTLE PIGS (1985)
・雪の女王　THE SNOW QUEEN (1985)
・ハメルンの笛吹き　THE PIED PIPER OF HAMELIN (1985)
・シンデレラ　CINDERELLA (1985)
・長靴をはいた猫　PUSS IN BOOTS (1985)
・はだかの王様　THE EMPEROR'S NEW CLOTHES (1985)
・アラジンと魔法のランプ [別] ティム・バートンのアラジンと魔法のランプ　ALADDIN AND HIS WONDERFUL LAMP (1986)
・笑わぬ姫　THE PRINCESS WHO HAD NEVER LAUGHED (1986)
・リップ・ヴァン・ウィンクル [別] フランシス・フォード・コッポラのリップ・ヴァン・ウィンクル　RIP VAN WINKLE (1987)
・人魚姫　THE LITTLE MERMAID (1987)
・おどるお姫さま　THE DANCING PRINCESSES (1987)

フェイキング・イット ～噂のカップル !? ～
FAKING IT (2014-2016) S3 米
リタ・ヴォルク , ケイティ・スティーヴンス , グレッグ・サルキン ◆同性愛の噂から始まる女子高生たちの友情や騒動を描く、1 話 20 分のドタバタ学園コメディ。同級生で幼馴染みのカーマとエイミーは、地味な女の子。なんとか目立ちたいと考えていた彼女たちが、なんとレズビアンという噂を立てられてしまい一躍有名人に。ところが、その出来事が収拾不能な大騒動に発展してしまい…!?

FADES ／フェーズ
THE FADES (2010) S1 英 BBC
イアン・デ・カーステッカー , ダニエル・カルーヤ , ジョニー・ハリス ◆イギリス BBC 発のスーパーナチュラル・アクション。高校生のポール・ロバーツはある晩、フェーズというゾンビのような白い怪物と戦うことを運命付けられる。2012 年の英国アカデミー賞ベストドラマ賞を受賞。

フェニックス 5 号
PHOENIX FIVE (1970) S1 豪 ABC
マイク・ドーシー , ダミアン・パーカー , パッツィ・トレンチ ◆当時としては珍しいオーストラリア製作の子供向け 30 分の SF ドラマ。邪悪な侵略者ゾディアンや謀反を企む科学者プラトナスから銀河を守るために戦いを続ける、宇宙パトロール船フェニックス 5 号のクルーたちの活躍を描く。日本では一部のローカル局で放送。

フェニックスと魔法のじゅうたん
THE PHOENIX AND THE CARPET (1997) S1 英 BBC
デヴィッド・スーシェ (中尾隆聖), ベン・シンプソン (高山みなみ), ジェシカ・フォックス (大谷育江) ◆イギリスの女流児童作家イーディス・ネズビットの " 砂の妖精 "3 部作の第 2 章『火の鳥と魔法のじゅうたん』をドラマ化したミニシリーズ。魔法のじゅうたんとフェニックス (火の鳥) の卵を見つけた子供たちが繰り広げる冒険を描く。オリジナルは 30 分枠全 6 話だが、日本では 2 話ずつ全 3 話に編集して NHK 教育で放映。

フェーム LA
FAME L.A. (1997-1998) S1 米
ウィリアム・R・モーゼス , ハイディ・レンハート , ロゼリン・サンチェス , クリスチャン・ケイン ◆ 1980 年製作のアラン・パーカー監督による青春映画「フェーム」をもとに、舞台をロサンゼルスに移してリメイクした青春群像ドラマ。演劇や音楽、ダンスなどのスターを夢見る若者たちが挫折や葛藤を経て成長していく姿を描く。

フェーム／青春の旅立ち
FAME (1982-1987) S6 米 NBC
[別] 新・フェーム
デビー・アレン (吉田理保子), ジーン・アンソニー・レイ (田中秀幸), リー・キュレーリ (古川登志夫) ◆ニューヨークの芸術学校に集まった生徒たちを描いたアラン・パーカー監督の映画「フェーム」(1980 年) の TV シリーズ版。演劇や音楽、ダンスなどのスターを夢見る若者たちが挫折や葛藤を経て成長していく。ブロードウェイのトップダンサーである D・アレンをはじめ、映画に引き続き同じ役で出演しているキャストも少なくない。他にエリカ・キンベル、ロリ・シンガー、シンシア・ギブなど 80 年代のアイドルが多数出演している。[D]

フェイキング・イット ～噂のカップル !? ～

フェーム／青春の旅立ち

は

フェリシティの青春
FELICITY (1998-2002) S4 米 The WB
ケリー・ラッセル (小林さやか), スコット・スピードマン (三木眞一郎), スコット・フォーリー (置鮎龍太郎) ◆高校卒業の日、フェリシティ・ポーターは憧れの人ベン・コヴィントンに卒業アルバムへのサインを頼む。するとそこには、思いがけない言葉が。彼を追い、進路を変更してニューヨークの大学に入学したフェリシティ。しかし、再会したベンは彼女を覚えていなかった…。純情一途なヒロインが大学生となり成長していく過程を描く青春ドラマ。企画は「LOST」の J・J・エイブラムスで、彼の出世作となった。

フォア・ジャストメン
THE FOUR JUST MEN (1959-1960) S1 英
[別] 正義の四人
ジャック・ホーキンス (田島義文), ダン・デイリー (船橋元), リチャード・コンテ (芦田伸介), ヴィットリオ・デ・シーカ (永井智雄) ◆第二次世界大戦で共に闘った 4 人の戦友たち、ロンドンの国会議員ベン・マンフレッド、ニューヨークの大学で法学教授を務めるジェフ・ライダー、パリで活躍するアメリカ人記者ティム・コリア、ローマのホテルオーナーのリッコ・ポッカリが、社会を守るために悪に立ち向かう姿を描くモノクロ 30 分のシリーズ。主演は 4 人が持ち回る形式で、全員が揃うのは第 1 話のみ。

FOREVER　Dr. モーガンの NY 事件簿
FOREVER (2014-2015) S1 米 ABC
ヨアン・グリフィズ (森田順平), アラナ・デ・ラ・ガーザ (佐竹海莉), ジャド・ハーシュ (佐々木省三) ◆ニューヨーク市警の監察医を務めるヘンリー・モーガン博士には、医師としての優れた才能の他にもう 1 つ、彼だけが持つ特殊な能力があった…。どんな死に方をしても近くの水場で裸の状態で生き返るという不思議な能力を持ち、200 年もの間、不老不死で死の研究を続けていた男が、様々な犯罪を解き明かしていくミステリー。

フォスター家の事情
THE FOSTERS (2013-) S5- 米 ABC
テリー・ポロ , シェリー・ソーム , ジェイク・T・オースティン ◆ジェニファー・ロペスが製作総指揮を務めた、セクシュアル・マイノリティの家族を描くファミリー・ドラマ。警察官のステファニー (ステフ) ・フォスターと学校の副校長を務めるリーナ・アダムスは女性同士の同性婚カップル。ステフの実子ブランドン、養子として迎えた双子のヘスースとマリアナの 3 人を育てていたが、ある日リーナが施設からキャリーという少女を預かることになり…。

フォックス・ファイアー
→女諜報員フォックスファイアー

4400 未知からの生還者
THE 4400 (2004-2007) S4 米 USA Network
ジョエル・グレッチ (原康義), ジャクリーン・マッケンジー (佐々木優子), チャド・ファウスト (加瀬康之) ◆不思議な光る球体と共に現れた 4400 人もの人間たち。彼らは過去に光る球体に拉致され、そのまま全く年を取ることなく現代に蘇っていた。国家脅威対策本部の捜査官トム・ボールドウィンとダイアナ・スクーリスは、彼らが持つ不思議な能力と彼らに与えられた謎の使命について調査を開始するが…。カルト的な人気を得た SF サスペンス・シリーズ。[D]

4 ブロックス
4 BLOCKS (2017) S1 独 TNT Serie
キダ・コードル・ラマダン , ヴェイセル・ゲリン , フレデリック・ラウ ◆ベルリン南東部に位置するノイケルン区を舞台に、裏社会で生きる男たちを描く犯罪ドラマ。トニー・ハマディは愛する家族のために裏社会から抜け出し、犯罪とは無縁の生活を送りたいと考えていたが、警察の手入れが入ったことから計画は頓挫。再びリーダーの座に戻り働くことになってしまう。幼馴染みのヴィンスが街に舞い戻ってきたことから、事態は動き出すかに見えたが…。

フォーリング・ウォーター
FALLING WATER (2016) S1 米 USA Network
デヴィッド・アヤラ , リジー・ブロシュレ , ウィル・ユン・リー , カイ・レノックス , アンナ・ウッド , ザック・オース ◆生まれも育ちも、人種や性別さえも異なった 3 人の男女が、共通して見る夢をめぐって不可思議な事件に巻き込まれていく SF サスペンス。白人女性のテスは、そんな事実は無いのに男の子を出産したという強迫観念に悩まされていた。また銀行に雇われている黒人男性のバートンは、夢の中で出会った赤い服の女に恋をする。そして

フェリシティの青春

4400 未知からの生還者

東洋系の男性刑事タカは、夢の中でたびたび母親の記憶を呼び起こす。やがて3人が現実世界で出会った時、3人の見る夢に共通することが現れる。

フォーリング スカイズ
FALLING SKIES (2011-2015) S5 米 TNT

ノア・ワイリー(平田広明), ムーン・ブラッドグッド(本田貴子), ドリュー・ロイ(武藤正史) ◆スティーヴン・スピルバーグ製作総指揮のサバイバル・アクション。エイリアンの侵略によって壊滅してしまった地球を舞台に、わずかな生存者たちが人類の存亡をかけ、結束して侵略者への逆襲の機会を狙う。[B,D]

フォーリン・ボディ　陰謀のカルテ
FOREIGN BODY (2008) 米 Vuguru

プラニディ・ワシュネイ, ウェス・マッギー, テレイサ・リヴィングストーン ◆2分×50話という変則的な編成でネット配信された異色のドラマシリーズ。医療技術が高く治療費が安い第三世界への治療ツアーが人気となり、アメリカの医療関連会社は深刻なダメージを受けていた。スーペリア・ケア社は国内の患者数を増やすべく、カルとペトラを雇いアイデアを出させる。2人が出したプランは、インドの若い看護師たちを研修という名目でアメリカに呼び寄せ、インドでの治療データを入手するというものだった…。原作は映画「コーマ」のロビン・クック。[D]

フォルティ・タワーズ
FAWLTY TOWERS (1975-1979) S2 英 BBC

[別] Mr. チョンボ危機乱発 (TV)

ジョン・クリーズ(青野武), プルネラ・スケイルズ(堀絢子), アンドリュー・サックス(肝付兼太), コニー・ブース ◆イギリス・デヴォン州の観光ホテル"フォルティ・タワーズ"を舞台に、傍若無人のおかしな支配人バジル・フォルティと個性的なスタッフたちが巻き起こす騒動を描いたシチュエーション・コメディ。日本では「Mr. チョンボ危機乱発」として放送されたが、その後のビデオや DVD では原題のままになっている。[D,V]

フォロー・ザ・サン
FOLLOW THE SUN (1961-1962) S1 米 ABC

[別] 太陽を追え

バリー・コー(田口計), ブレット・ハルゼイ(黒沢良), ゲイリー・ロックウッド(本郷淳), ジジ・ペルー(渡辺知子) ◆ハワイのホノルルにある豪華なペントハウスに居を構えるフリー記者のベンとポールが、助手のエリックと大学生で秘書のキャサリンと共に、記事執筆のため犯罪を追うミステリー・アクション。モノクロ、全30話。

復讐の鬼探偵ロングストリート
→ロングストリート

復讐の追跡者
→ロングストリート

覆面捜査官
→沈黙部隊

不思議なオパール
THE GENIE FROM DOWN UNDER (1996) S1 豪 ABC

アレクサンドラ・ミルマン(加藤絹子), リース・マルドゥーン(井上倫宏), グレン・メルドラム(津村まこと) ◆ペネロピー・タウンズが物置で偶然手に取ったオパールのペンダントには精霊が宿っていた。精霊のブルースとバズは、嫌々ながらペネロピーのわがままな願いを叶えていく。精霊の力で巻き起こる騒動を描いたファンタジックなコメディ・ドラマ。

不死身の男
THE IMMORTAL (1969-1971) S1 米 ABC

クリストファー・ジョージ(家弓家正), ドン・ナイト(山内雅人) ◆あらゆる病気に打ち勝ち、老化さえも退ける特殊な血液を持つ男ベン・リチャーズ。不死の力を手に入れようと企む大富豪メイトランドは賞金稼ぎの男フレッチャーを雇い、ベンを生きたまま捕らえようとするが…。不死といわれた男の逃避行を描いたアクション。

ブース・アット・ジ・エンド
→ The Booth ～欲望を喰う男

二人で探偵を
AGATHA CHRISTIE'S PARTNERS IN CRIME (1983-1984) S1 英 ITV

[別] トミー＆タペンス おしどり探偵 (DVD)

フランチェスカ・アニス(田島令子), ジェームズ・ワーウィック(佐々木功／家中宏) ◆アガサ・クリスティーの同名ミステリー小説を映像化したイギリスのミニシリーズ。元英国諜報員トミー・ベレズフォードと、陽気で行動派の妻タ

フォーリング スカイズ

フォルティ・タワーズ

は

ペンスが探偵事務所を開設、自分たちが愛読してきたミステリーに登場する名探偵たちの推理法を真似して事件を解決していく。[D,V]

ふたりの男とひとりの女
TWO GUYS, A GIRL AND A PIZZA PLACE (1998-2001) S4 米 ABC
トレイラー・ハワード , ライアン・レイノルズ , リチャード・ルッコロ ◆同じ大学で知り合い、同じバイトをして、同じアパートで暮らす大学院生バーグとピートの階上に、若い娘シャロンが来たことから巻き起こる騒動を描いたシチュエーション・コメディ。第 4 シーズンでは視聴者投票でストーリーが決定した。

ふたりの追跡
THE LONG CHASE (1972) S1 英 BBC
グリン・ヒューストン (御木本伸介), サイモン・フィッシャー・ターナー (内田善郎), ジャン・フランシス (海老名みどり) ◆消えた父を探す少年と少女の姿を描く冒険ドラマ。元警官の父トムと山へキャンプに出かけたジョンは、川で身動きが取れなくなっていた少女スーザンと出会う。しかし 2 人がテントに戻った時、トムの姿はどこにもなかった。ジョンはスーザンと共に行方不明となった父を追うが、2 人の前に謎の人物が現れ、彼らの追跡を妨害する。NHK「少年ドラマシリーズ」枠で放映。全 12 話。

ふたりはお年ごろ
SO LITTLE TIME (2001-2002) S1 米 Fox Family → ABC Family
メアリー＝ケイト・オルセン (佐古真弓), アシュレイ・オルセン (坂本真綾), エリック・ルーツ (堀内賢雄) ◆「フルハウス」でおなじみのオルセン姉妹主演でおくるファミリー・シットコム。マリブにあるビーチハウスで暮らす、14 歳の双子の姉妹クロエとライリー。2 人は同じ高校に通っているが好みや性格は全く逆。両親が別居する中、恋やファッションに積極的なクロエは、父宅の隣に住む同級生モーガンに夢中になるのだが…。[D]

ふたりは最高！ダーマ＆グレッグ
DHARMA & GREG (1997-2002) S5 米 ABC
[別] ダーマ＆グレッグ (DVD)
ジェナ・エルフマン (雨蘭咲木子), トーマス・ギブソン (森川智之), スーザン・サリヴァン (藤田淑子) ◆サンフランシスコの地下鉄で目が合ったダーマ・フリーダム・フィンケルシュタインとグレゴリー・クリフォード・モンゴメリー (通称グレッグ) は、互いに一目ぼれしてそのまま衝動的に結婚してしまう。実は 2 人は 20 年前にも地下鉄で会っていたのだ。ヒッピーの両親のもと自由に育てられ、ヨガのインストラクターをしているダーマと、裕福で保守的な家庭に育ったエリート弁護士グレッグとでは考え方も周りの環境もあまりに違いすぎる。それでも彼らは逆境をものともせず深く愛し合い、互いの両親に次第に認められていくのだった。価値観や階級の相違を描きながら本当の幸せを求めるカップルをユーモアたっぷりに綴るシットコム。ダーマ役の J・エルフマンはゴールデン・グローブ主演女優賞を受賞した。[D]

ふたりは友達？ウィル＆グレイス
WILL & GRACE (1998-2006) S8 米 NBC
エリック・マコーマック (堀内賢雄), デブラ・メッシング (勝生真沙子), ショーン・ヘイズ (三ツ矢雄二), ミーガン・ムラリー (安達忍) ◆ニューヨークに住むハンサムな弁護士ウィル・トゥルーマンとインテリア・デザイナーのグレイス・アドラーは大学時代からの親友同士。ある日、グレイスは結婚式を当日にキャンセル、ウィルのアパートに転がり込んでしまう。一方、ウィルは実はゲイで、長年の恋人と別れたばかりだった。2 人の奇妙な同居生活が始まるが、ウィルの親友で俳優を目指すジャック・マクファーランドと、グレイスの助手で富豪マダムのカレン・ウォーカーが絡んで毎回大騒動が巻き起こる…。30 代のゲイ男性と女性の友情を軸に描くシットコム。エミー賞作品賞、主演男優・女優賞、助演男優・女優賞に輝いた人気コメディ・シリーズ。4 人を取り巻く豪華ゲストにハリー・コニック・Jr、シャロン・ストーンなど。

ふたりはふたご
TWO OF A KIND (1998-1999) S1 米 ABC
メアリー＝ケイト・オルセン (かないみか), アシュレイ・オルセン (川田妙子), クリストファー・シーバー (森田順平) ◆「フルハウス」で人気が出たオルセン姉妹を主演に迎えたシチュエーション・コメディ作品。幼い頃に母を亡くし、大学講師の父ケビン・バークと 3 人暮らしの 11

ふたりは最高！ダーマ＆グレッグ

ふたりは友達？ウィル＆グレイス

歳の双子の姉妹アシュレーとメアリー＝ケイトが、父の教え子で2人のお気に入りであるキャリー・ムーアを巻き込んで騒動を起こす。

プッシング・デイジー ～恋するパイメーカー～

PUSHING DAISIES (2007-2009) S2 米 ABC

リー・ペイス (川中子雅人), アンナ・フリエル (岡本麻弥), シャイ・マクブライド (立木文彦) ◆不思議な力を持つパイ職人の青年と初恋の女性との関係を描くファンタジーであると同時に、その力を使って私立探偵と共に殺人事件の捜査を行うサスペンスとしても楽しめるTVドラマ。触れるだけで死者を蘇らせることができるパイ職人のネッドは、ある日、殺人事件で犠牲となった初恋の女性チャックことシャーロット・チャールズの遺体と対面する。ネッドは犯人を捕まえるため、チャックに触れて彼女を蘇らせるのだが…。[D]

プッチーニ

PUCCINI (1973) S1 伊 RAI

アルベルト・リオネロ, イラリア・オッキーニ, パオラ・クアトリーニ ◆イタリアの偉大な作曲家ジャコモ・プッチーニの没後50年を記念して、イタリア放送協会が製作したTVドラマ。実際のオペラ上演シーンを交えながら、プッチーニの半生を描き出す。

フーディーニ＆ドイルの怪事件ファイル ～謎解きの作法～

HOUDINI AND DOYLE (2016) S1 米＝英＝加 Fox/ITV

マイケル・ウェストン (森久保祥太郎), スティーヴン・マンガン (三宅健太), レベッカ・リディアード (坂本真綾) ◆20世紀初頭のロンドンを舞台とした1話完結型のミステリー・ドラマ。"脱出王"の異名を持つ伝説の奇術師ハリー・フーディーニと、"シャーロック・ホームズ"を生んだ天才小説家アーサー・コナン・ドイル。個性的な2人が互いのポリシーを否定し合いながらも、超常的な怪奇事件の謎に挑んでいく姿を描く。実際に親交があったとされる2人の天才が、痛快な掛け合いを見せながら見応えある推理劇を繰り広げる。[D]

フーディーニ　幻想に生きた奇術師

HOUDINI (2014) S1 米 History Channel

エイドリアン・ブロディ (平田広明), クリステン・コノリー (宮島依里), エヴァン・ジョーンズ (飛田展男) ◆実在のマジシャン、ハリー・フーディーニの半生を描いたミニシリーズ。幼いときに見た切断マジックに魅せられたエリックはマジシャンになることを志す。やがてフーディーニの芸名で売り出した彼は成功を収めるが、普通の奇術に飽きたらず、凍った運河や水槽からの脱出といった危険なマジックを追求していく。

フュード／確執　ベティ vs ジョーン

FEUD / FEUD: BETTE AND JOAN (2017) S1 米 FX Network

スーザン・サランドン (秋吉久美子), ジェシカ・ラング (夏木マリ), アルフレッド・モリナ (楠見尚己), スタンリー・トゥッチ (原康義) ◆傑作スリラー映画「何がジェーンに起こったか?」(1962年)の舞台裏で繰り広げられた、ベティ・デイヴィスとジョーン・クロフォードという二大女優による意地とプライドの戦いを描くドラマ。製作総指揮は「glee」「アメリカン・ホラー・ストーリー」のライアン・マーフィー。盛りを過ぎた往年の大女優ジョーンは、自ら探し出した小説を映画化し主役を演じるため、その相手役として長年のライバルだった大女優ベティを指名する。

フューリーとソニー

→名馬フューリー

ブライズヘッドふたたび

→華麗なる貴族

フライト

FLIGHT (1958-1959) S1 米

ジョージ・ケニー ◆アメリカ空軍の協力を得て製作されたモノクロ30分のアンソロジー・ドラマ。戦争をはじめとする航空にまつわるエピソードが扱われ、第二次世界大戦で活躍したG・ケニーがホストとナレーターを務めた。

フライトジャケット／愛と栄光の翼

→バトル・オブ・ブリテン

プライベート ～女子寮連続殺人事件

PRIVATE (2009) S1 米

ケルシー・サンダース, サマンサ・コープ, ナタリー・フロイド ◆全米ベストセラーの人気小説をドラマ化。ファッショナブルで華やかな進学校の女子寮で起きた殺人事件の謎に迫る。全米屈指の進学校イーストン学園に入学し

プッシング・デイジー ～恋するパイメーカー～

フュード／確執　ベティ vs ジョーン

は

た新入生リード・ブレナンは、憧れの学園生活を謳歌していた。学園の特権団体“ビリング・ガールズ”の仲間入りを熱望するリードだったが、その華やかな活動の裏で不可解な出来事が起こってゆく。

プライベート・プラクティス　迷えるオトナたち
PRIVATE PRACTICE (2007-2013) S6 米 ABC

[別] プライベート・プラクティス :LA 診療所 (DVD)

ケイト・ウォルシュ (唐沢潤), エイミー・ブレネマン (林真里花), ティム・デイリー (木下浩之) ◆大ヒットドラマ「グレイズ・アナトミー」に登場したキャラクター、新生児外科医のアディソン・フォーブス・モンゴメリーを主人公としたスピンオフ作品。シアトルでの生活が上手く行かなくなったアディソンが心機一転、サンタモニカの医療クリニック“オーシャンサイド・ウェルネス・グループ”の一員となり、仕事と恋に奮闘する姿を描くメディカル・ラブ・ストーリー。[D]

プライミーバル
PRIMEVAL (2007-2011) S5 英 ITV

[別] 恐竜 SF ドラマ プライミーバル｜プライミーバル 恐竜復活 (ソフト)

ダグラス・ヘンシュオール (堀内賢雄)<S1-3>, キアラン・マクメナミン <S4-5>, ジェームズ・マーレイ (川本克彦)<S1-2> ◆イギリス各地に突如現れた未知の生物。それは“時空の亀裂”から吐き出された恐竜だった。内務省のニック・カーター教授は、助手のスティーヴン・ハートらと共に、時空の亀裂の秘密に迫っていく。タイムトラベルをテーマにした SF ドラマ。日本では NHK で第 3 シーズンまで放送された。[D]

フライング・コップ
POLICE SQUAD / MORE! POLICE SQUAD (1982) S1 米 ABC

レスリー・ニールセン , アラン・ノース ◆映画「裸の銃を持つ男」のもとになった TV コメディ。フランク・ドレビン警部補の活躍をスラップスティック調に描く。アメリカ ABC 放送で放映されたが、ギャグの密度の濃さに視聴者がついていけず、わずか 6 話で打ち切りとなった。日本では 1 ～ 3 話を収録した VHS「フライング・コップ 知能指数 0 分署」と、4 ～ 6 話を収録した VHS「フライング・コップ 2 二度笑う奴は三度死ぬ」の 2 本が出た後、全 6 話を収録した DVD が発売された。[D,V]

フライング・ドクター
THE FLYING DOCTORS (1986-1992) S9 豪 Nine Network

アンドリュー・マクファーレン , リズ・バーグ ◆オーストラリア製の TV シリーズ。オーストラリアの広大な大地に点在する無医村などの救急患者を救うため、小型飛行機で飛び回る医師たちと彼らを支えるスタッフ、ロイヤル・フライング・ドクター・サービスの活躍を描く。[V]

ブラインドスポット　タトゥーの女
BLINDSPOT (2015-2017) S2 米 NBC

[別] ブラインドスポット (ソフト)

ジェイミー・アレクサンダー (本田貴子), サリヴァン・ステイプルトン (山寺宏一), ロブ・ブラウン (三宅健太) ◆謎めいた 1 人の女性に端を発するサスペンス・ミステリー・シリーズ。タイムズ・スクエアに置き去られた大きなダッフル・バッグ。その中には全身にタトゥーを彫られ、記憶喪失に陥った女性ジェーン・ドゥが押し込められていた。FBI 捜査官カート・ウェラーは彼女のタトゥーから読み取れたメッセージを追っていくが…。[B,D]

ブラウン神父
FATHER BROWN (2013-2017) S5 英 BBC

[別] ブラウン神父の事件簿 (ソフト)

マーク・ウィリアムズ , ヒューゴ・スピアー , ソーチャ・キューザック ◆ G・K・チェスタトンが生み出したアマチュア探偵、ブラウン神父が主人公を務める傑作古典ミステリー・シリーズを、現代的なアレンジを加えて映像化した推理犯罪ドラマ。一見冴えない風貌の神父がひとたび事件に遭遇すると、持ち前の観察眼と洞察力で容疑者の心理を見抜き、奇抜なトリックを暴いていく。[D]

フラグルロック
FRAGGLE ROCK (1983-1987) S5 米 HBO

(声) ジェリー・ネルソン (神谷明), スティーヴ・ホイットマイア (三ツ矢雄二) ◆ジム・ヘンソン製作の TV 人形劇 (マペット) シリーズ。架空の生物フラグルたちが生活する洞窟世界“フラグルロック”を中心に、人間世界や巨人の世界などを行き交うフラグルたちの活躍と騒動を描く。歌あり踊りあり笑いありの人気番組で、豪華なゲス

プライベート・プラクティス　迷えるオトナたち

フラグルロック

は

トが出演して番組に華を添えた。

ブラザーズ＆シスターズ
BROTHERS & SISTERS (2006-2011) S5 米 ABC

キャリスタ・フロックハート(宮島依里),サリー・フィールド(谷育子),レイチェル・グリフィス(相沢恵子)◆ウォーカー家は両親とその子供たち5人兄弟姉妹の大家族。父ウィリアムはオーハイ食品会社の社長で、長女サラ、長男トミー、母ノラの兄ソールも重役として働いていた。ある日、次女キティがニューヨークから帰郷することになり、次男で弁護士のケヴィン、末っ子のジャスティンらも交え夕食会を開く。しかし、その席で突然ウィリアムが倒れ帰らぬ人となってしまう。さらに、残された家族は亡き父の意外な事実を知らされ…。劇作家ジョン・ロビン・ベイツが製作総指揮を務め、家族の絆を描いたファミリー・ドラマ。[D]

ブラザーフッド
BROTHERHOOD (2006-2008) S3 米 Showtime

ジェイソン・アイザックス,ジェイソン・クラーク,フィオヌラ・フラナガン◆アメリカの中でも最も貧しい地域の一つに数えられるロードアイランド州プロビデンス。新進気鋭の政治家トミー・カフィーと、彼の実の兄で出所したばかりのギャングのボスであるマイケルが、それぞれの方法で町を守っていく中で、兄弟や家族の間に生まれる嫉妬や葛藤がシリアスに描かれるファミリー・ドラマ。

ブラック・ウィドウ　黒衣の人妻たち
MUSTAT LESKET (2014-2016) S2 フィンランド

ヒラ・ヴィータラ,マッラ・マルミヴァーラ,ワンダ・デュビール◆フィンランドで最高の視聴率をマークしたクライム・サスペンス。3人の人妻が新たな人生を送るため夫を殺害した顛末をつづる。ヴェーラ、キルシ、ヨハンナの3人は仲の良い人妻同士。しかしヴェーラの夫は犯罪に手を染めており、キルシの夫は精神不安定で自殺をほのめかす。そしてヨハンナの夫はDVと、それぞれに問題を抱えていた。離婚を考えるも簡単には承諾されそうもないと見切りをつけた3人は、協力して夫たちの殺害を計画する。

Black Sails／ブラック・セイルズ
BLACK SAILS (2014-2017) S4 米 Starz!

トビー・スティーヴンス(本多新也),ハンナ・ニュー(村中知),ルーク・アーノルド(阪口周平)◆世界的に有名な冒険小説『宝島』の20年前の美しいカリブ海を舞台に、フリント船長と荒くれ船員たちが、幻の財宝を積んだ船を追って冒険を繰り広げるアドベンチャー・ドラマ。「アルマゲドン」「トランスフォーマー」のマイケル・ベイが製作総指揮を務め、エミー賞で2冠を達成した。[B,D]

ブラックドラゴン
JENSEITS DER MORGENROTE / THE SECRET OF THE BLACK DRAGON (1985) S1 米＝オランダ＝フィンランド＝ユーゴスラビア＝西独

ジュリアン・グローヴァー,トミー・アーナー◆30年戦争が終わったアウグスブルクでは、かつて隆盛を誇ったフッガー家も財政難に見舞われていた。そこで、海賊の心配がない陸路による中国との交易路を見つけるべく、7人の探検隊が派遣される。厳しい自然やタタール人の襲撃をかわし、彼らは黒竜江にたどり着くが…。17世紀を舞台にした冒険譚を描くミニシリーズ。

ブラック・ミラー
BLACK MIRROR (2011-2013) S3- 英 Channel 4/Netflix

ロリー・キニア,リンゼイ・ダンカン,ドナルド・サンプター◆優れたテクノロジーが身の回りにあふれた近未来を舞台に、奇妙な出来事を描いた「トワイライト・ゾーン」のようなSFオムニバス・ドラマ。舞台設定は近未来だが、現代社会を風刺するブラックなユーモアがイギリスらしい。2シーズン全6話がイギリスのChanel 4で放送された後、第3シーズンは動画配信サービスNetflixで配信。

ブラックリスト
THE BLACKLIST (2013-) S5- 米 NBC

ジェームズ・スペイダー(大塚芳忠),メーガン・ブーン(甲斐田裕子),ディエゴ・クラテンホフ(宮内敦士)◆全米視聴率1位を記録したJ・スペイダー主演の超大型サスペンス。FBIに出頭してきた最重要指名手配犯レイモンド・レディントン。犯罪者たちの情報と逮捕協力の条件として新人捜査官エリザベス・キーンを担当にさせた、彼の真の狙いとは…。FBIもCIAも知らない凶悪犯罪者たちの情報が記載された“ブラックリスト”という大胆な設定が注目を浴びた。[B,D]

Black Sails／ブラック・セイルズ

ブラックリスト

は

ブラックリスト　リデンプション
THE BLACKLIST: REDEMPTION (2017) S1 米 NBC
ファムケ・ヤンセン (日野由利加), ライアン・エッゴールド (荻野晴朗), エディ・ガテギ (浪川大輔), タウニー・サイプレス (福田如子), アドリアン・マルティネス (島田岳洋) ◆全米視聴率 1 位を記録した大ヒットドラマ「ブラックリスト」のヒロインであるエリザベス・キーンの夫トムを主人公にしたスピンオフ作品。3 週間前に飛行機事故で亡くなったはずの父ハワード・ハーグレイヴがトムの目の前に忽然と現れ、飛行機事故を仕組んだのは自分の妻でトムの母であるスコティーであり、彼女の秘密を探れと言うのだった。トムは彼女が経営する会社の傭兵チームに雇われ、素性を隠したまま任務を開始する。[D]

THE FLASH ／フラッシュ
THE FLASH (2014-2017) S3 米 The CW
グラント・ガスティン (福山潤), キャンディス・パットン (村中知), ダニエル・パナベイカー (東條加那子) ◆超高速のスピードで悪を倒す DC コミックの人気キャラクター、フラッシュの活躍を描いた TV シリーズ。セントラル・シティ警察の科学捜査班に所属する青年バリー・アレンはある日、粒子加速器の爆発に巻き込まれ、超人的な治癒力と移動能力を身につける。彼はその能力で悪と戦うことを決意するが…。[B,D]

フラッシュ・ゴードン
FLASH GORDON (2007-2008) S1 米 Sci-Fi Channel
エリック・ジョンソン (森川智之), ジーナ・ホールデン (渡辺美佐), カレン・クリシェ (伊倉一恵) ◆ 1980 年に実写映画化された新聞連載漫画を、最新の SFX を駆使して SF ドラマ・シリーズとしてリニューアル。平穏に暮らしていたスティーヴンは、エイリアンの襲撃を受けたことにより、惑星同士の陰謀に巻き込まれてしまう。仲間の協力を得て惑星モンゴへの空間移動に成功した彼は、フラッシュ・ゴードンとして、地球征服を狙う悪の皇帝ミンと戦うことになるのだった。[D]

フラッシュフォワード
FLASHFORWARD (2009-2010) S1 米 ABC
ジョセフ・ファインズ (森川智之), ジョン・チョー (猪野学), ソーニャ・ヴァルゲル (林真里花) ◆全世界の 70 億の人間が、突如として 2 分 17 秒の間、一斉に意識を喪失した。社会の機能は停止、車や飛行機は次々と事故を起こす。そして人々が目覚めたとき、彼らは意識を喪失中に " 半年後の自分 " についてのヴィジョンを見てしまう。マーク・ベンフォードら FBI 捜査官たちはこの謎を追求すべく捜査を開始するのだが…。ミステリー、サスペンス、SF、アクションなど様々な要素が絡み合い、予測不可能な展開を見せるドラマだったが、多くの謎を残したまま、わずか 1 シーズンで打ち切りになってしまった。[D]

フラッシュポイント - 特殊機動隊 SRU-
FLASHPOINT (2008-2012) S5 加 CTV
ヒュー・ディロン (東地宏樹), エンリコ・コラントーニ (駒谷昌男), エイミー・ジョー・ジョンソン (朴路美) ◆繁華街で男が女性に銃を突きつけているという通報があり、トロント警察特殊機動隊 SRU が急行する。ボスのパーカーは犯人を投降させるべく説得に当たるが、東欧出身の犯人と言葉が通じず難航。また第一狙撃手のエドは犯人狙撃の位置につき、指示を待つが…。最も緊迫する瞬間を冒頭に、事件が起こる数時間前までフラッシュバックし、犯人の背景、対峙する隊員の葛藤、周辺の状況などを克明に描くカナダ製警察ドラマ。[D]

ブラッド・タイズ
BLOOD TIES (2006-2008) S2 加
クリスティナ・コックス , カイル・シュミット , ディラン・ニール ◆カナダの人気作家タニア・ハフによる人気シリーズをドラマ化した SF ゴシック・ホラー作品。元警官の私立探偵ヴィッキー・ネルソンは、ある事件で出会った吸血鬼のヘンリー・フィッツロイと共に、次々と起こる超常的な事件を解決してゆく。

ブラッドライン
BLOODLINE (2015-2017) S3 米 Netflix
カイル・チャンドラー , ベン・メンデルソーン , リンダ・カーデリーニ ◆フロリダでホテル経営をしているロバート・レイバーンと妻のサリー。開業 45 周年を記念してパーティが開かれ一族が集う。そこへ事業に失敗した長男ダニーも戻ってくる。ダニーはここに留まってホテル経営を手伝いたいと言うが…。トラブルメーカーの悪評を立てられた兄とその一族のねじれた愛憎劇を描いたドラマ・シリー

THE FLASH ／フラッシュ

フラッシュポイント - 特殊機動隊 SRU-

ズ。[B,D]

ブラッドリー夫人の推理

THE MRS. BRADLEY MYSTERIES (1998-2000) S1 英 BBC

ダイアナ・リグ , ニール・ダッジェオン , ピーター・デイヴィソン ◆イギリスの女性推理小説家グラディス・ミッチェルが生み出した精神分析医ブラッドリー夫人のミステリー・シリーズをドラマ化。先祖に魔女を持つという心理学者にして名探偵のミセス・ブラッドリーが、運転手のジョージ・ムーディを従えて事件を解決していく。1998 年から 2000 年にかけて、5 本のエピソードが製作された。

ブラナガン

THE BROTHERS BRANNAGAN (1960-1961) S1 米

[別] 探偵兄弟ブラナガン

スティーヴ・ダン , マーク・ロバーツ ◆アリゾナ州フェニックスを舞台に、私立探偵を営むブラナガン兄弟の活躍を描くモノクロ 30 分の犯罪アクション・ドラマ。真面目な兄マイクと絶えず女性トラブルを抱える弟ボブ、対照的な 2 人が保険金詐欺から殺人まで幅広い事件を取り扱う。

フラーハウス

FULLER HOUSE (2016-2017) S3 米 Netflix

キャンディス・キャメロン・ブレ (坂本千夏), ジョディ・スウィーティン (大谷育江), アンドレア・バーバー (伊藤美紀) ◆世界中で大ヒットを記録しながら、惜しまれつつ終了したシチュエーション・コメディ「フルハウス」の、20 年ぶりの新作。オリジナルキャストが再び集結し、さらにその子供たちまで集まり、タナー家のその後を描く。未亡人となった長女 D.J. の 3 人の子育てを手伝うべく、次女ステファニーと親友のキミーが駆けつけ、6 人による共同生活が始まるのだが…。[D]

ブラボー火星人

MY FAVORITE MARTIAN (1963-1966) S3 米 CBS

レイ・ウォルストン (川久保潔), ビル・ビクスビー (高山栄) ◆火星人とその周囲の人々との騒動を描く SF コメディ。空軍ロケットの取材に遅刻した新聞記者のティム・オハラは、不時着した奇妙なロケットを発見し現われた火星人と遭遇する。火星人は命の恩人であるティムのアパートに同居することになるのだが…。1973 年にはアニメ化され、1998 年には「ブラボー火星人 2000」として映画版が製作された。

フラミンゴ・ロード

FLAMINGO ROAD (1980-1982) S2 米 NBC

ジョン・ベック (伊武雅刀), ハワード・ダフ (島宇志夫), モーガン・フェアチャイルド (小山茉美), マーク・ハーモン (安原義人), ケヴィン・マッカーシー (阪脩), ステラ・スティーヴンス (香椎くに子), クリスティナ・レインズ (田島令子) ◆ 1949 年に「美しさ故に」(劇場未公開) として映画化された、ロバート・ワイルダーの原作をドラマ化したソープ・オペラ。フロリダの高級住宅街に居を構える名門一家の生活を軸に、彼らの人生と青春、試練を描く。

フリーキッシュ　絶望都市

FREAKISH (2016-2017) S2 米 Hulu

レオ・ハワード (山下章), ライザ・コーシー (野首南帆子), アダム・ヒックス (小手川拓也), メーガン・リーンクス (前川綾香), タイラー・チェイス (川原元幸) ◆化学工場の爆発により学校に留まることを余儀なくされた高校生たちが、謎の黒い煙がもたらすゾンビ化の恐怖にさらされる様子を描いた、米 Hulu オリジナルのサバイバル・ホラー。問題を起こした生徒だけが学校に集まって課外活動を行う土曜日。突如避難訓練のサイレンが鳴り響き、学生らはシェルターに避難するが、やがて地上に戻ると町は壊滅していた。さらには、町を覆う謎の黒い煙に触れた者が次々とゾンビ化していき…。[D]

フリークス学園

FREAKS AND GEEKS (1999-2000) S1 米 NBC

リンダ・カーデリーニ (國府田マリ子), ジェームズ・フランコ (鈴木正和), ジョン・フランシス・デイリー (瀧本富士子) ◆「40 歳の童貞男」の大ヒットでコメディ映画のヒットメーカーとなったジャド・アパトー製作総指揮の学園ドラマ。美男美女が登場するありがちな青春ドラマに対し、本作の主人公はフリークス (不良) とギーク (おたく) たち。メジャーになれない落ちこぼれティーンズの悲哀をコメディ・タッチで描き、多くの若者の共感を得た。高校生のリンジー・ウィアーは成績優秀だが、次第に不良グループと行動を共にするようになる。弟のサムはいじめの対象にされているが両親は気がつかない。彼らにとって学園生活は決して楽しい場所ではなく、将来に希望も

フラーハウス

フリークス学園

なかったが…。

ブリーク・ハウス

BLEAK HOUSE / MASTERPIECE THEATRE: BLEAK HOUSE (2005) S1 米 = 英 BBC/PBS

[別] 荒涼館 (DVD)

アンナ・マックスウェル・マーティン , ジリアン・アンダーソン , デニス・ローソン ◆チャールズ・ディケンズの『荒涼館』を TV ドラマ化したイギリス BBC によるミステリー・ミニシリーズ。長く続く訴訟問題の当事者ジャン・ジャーンディスと、彼が暮らす館に引き取られた少女エスター・サマソンをめぐる人間ドラマ。[D]

プリズナーズ・オブ・ウォー

HATUFIM / PRISONERS OF WAR (2009-2012) S2 イスラエル

ヨーラム・トレダノ , イーシャイ・ゴーラン , アッシ・コーエン ◆ 17 年前、敵国で捕らえられ捕虜となっていたイスラエル兵士 3 人が、人質の交換によって開放され帰国する。監禁生活を忘れようとする兵士たちに対し、軍は彼らの証言の矛盾から洗脳されている疑いを抱く。イスラエル製のサスペンス。

プリズナー NO.6

THE PRISONER (1967-1968) S1 英 ITV

パトリック・マクグーハン (小山田宗徳) ◆重要な国家機密に関わるひとりの男が何かの理由で辞表を叩きつけ職を離れた。だが、国から旅立とうとする男の部屋に催眠ガスが充満し、男は気を失う。やがて目覚めた時、男は見知らぬ " 村 " にいた。人々はナンバーで呼ばれ、奇妙な生活を行っている。脱走しようとすると泡状の物体によって捕獲されてしまい、決して " 村 " から逃げることはできない。男に付けられたナンバーは "6"。自らの自由と、この世界を取り巻く陰謀を暴くために NO.6 の孤独な戦いが始まる…。P・マクグーハンが製作・主演を務める、スパイ・スリラー風の SF 不条理劇。[D,L,V]

プリズナー No.6

THE PRISONER (2009) S1 英 ITV

ジム・カヴィーゼル , イアン・マッケラン , ルース・ウィルソン ◆ 1967 年に製作され今なおカルト的な人気を誇るスパイ・スリラーのリメイク作品。不可解な村の囚人となった男の絶望的な戦いを描く。イギリスの秘密情報部に勤務する男が、上司に辞表をたたきつけ帰宅すると、何者かにガスをかがされ拉致されてしまう。目覚めた彼が見たものは、外界との接触を遮断し人々に番号をつけて管理する謎の " 村 " だった。[D]

プリーズ・ライク・ミー

PLEASE LIKE ME (2013-2016) S4 豪 ABC

ジョシュ・トーマス , トーマス・ウォード , デブラ・ローランス ◆自分がゲイであることに目覚めた青年が、新たなライフスタイルを模索する一方で、周囲のドタバタ騒ぎに巻き込まれていく様子を描いたオーストラリア製のコメディ。オーストラリア、メルボルン。彼女にフラれた大学生のジョシュは、自分がゲイであることに気付く。そんな矢先、情緒不安定な母親ローズが自殺を図ったため、ジョシュは母と同居することになるのだが…。主演の J・トーマスが製作総指揮と脚本を担当し、いくつかのエピソードでは監督も務めている。

プリズン・ブレイク

PRISON BREAK (2005-2017) S5 米 Fox

ウェントワース・ミラー (東地宏樹), ドミニク・パーセル (江川央生), サラ・ウェイン・キャリーズ (本田貴子) ◆無実の罪で死刑判決を受けた兄リンカーンを救うため、弟マイケル・スコフィールドは故意に罪を犯し、兄と同じ刑務所に投獄される。死刑執行まで残された時間は 30 日。彼は刑務所内の図面をタトゥーとして全身に彫り、明晰な頭脳を駆使して脱獄計画を練る。しかし、その前に立ちはだかるのがレイプ殺人犯ティーバックことセオドア・バッグウェルとマフィアの幹部ジョン・アブルッチ。果たしてマイケルとリンカーンは死刑執行前に脱獄できるのか？マイケルを演じた W・ミラーはその端正なマスクと精悍な肉体、知的で影のある瞳で一躍スターとなった。刑務所という閉ざされた舞台で繰り広げられるサスペンス・アクション・ドラマ。[B,D,V]

プリーチャー

PREACHER (2016-2017) S2 米 AMC

ドミニク・クーパー (綱島郷太郎), ジョセフ・ギルガン (佐藤せつじ), ルース・ネッガ (花藤蓮) ◆ DC コミックスの同名人気アメコミを原作とするバイオレンス・アクション

プリズナー NO.6

プリズン・ブレイク

作品。特殊な能力を手に入れた牧師の戦いを、ブラックな笑いを交えて描き出す。テキサスの田舎町アンヴィルで小さな教会の牧師を務めているジェシー・カスターは、ある日、得体の知れない"何か"に憑依され特殊な能力を手に入れる。信仰心を失いかけていたジェシーは、その力を使って良い牧師になろうと決意するが、彼の中の"何か"を狙う謎の男たちが現れ…。[B,D]

THE BRIDGE ／ブリッジ

BRON / BROEN / THE BRIDGE (2011-2015) S3 スウェーデン＝デンマーク SVT/DR

ソフィア・ヘリン(甲斐田裕子), キム・ボドゥニア(楠見尚己), クリスティアン・ヒルボリィ(細谷佳正)◆スウェーデンとデンマークの国境で起きた事件が両国で連続殺人事件に発展、スウェーデンの女性捜査官サーガ・ノレーンとコペンハーゲン署の刑事マーティン・ローデが合同捜査に当たる。デンマークとスウェーデン合作の北欧ミステリー。[D]

ブリッジ ～国境に潜む闇

THE BRIDGE (2013-2014) S2 米 FX

ダイアン・クルーガー(湯屋敦子), デミアン・ビチル(松本保典), アナベス・ギッシュ(五十嵐麗)◆ヨーロッパで大ヒットを記録したデンマークとスウェーデン合作のドラマ「THE BRIDGE ／ブリッジ」をハリウッドがリメイク。アメリカとメキシコにまたがる連続殺人事件の謎に、アメリカの捜査官ソニア・クロスとメキシコの捜査官マルコ・ルイスが共に挑むサスペンス。[D]

フリッパー

FLIPPER (1995-2000) S4 米 PAX

ウィップ・ヒューブリー(大塚芳忠), エリザベス・モアヘッド(戸田恵子), ティファニー・ラム◆かつての人気 TV シリーズ「わんぱくフリッパー」のリメイク。利口なイルカ、フリッパーと少年の冒険を描く。[D,V]

プリティ・シュート!

THE KICKS (2015-2016) S1 米 Amazon

シックス・オレンジ(山村響), イザベラ・エイカース(森なな子), ソフィア・ミトリ・シュロス(北川里奈), イマイリ・クラッチフィールド(西島麻紘), ティム・マーティン・グリーソン(本田裕之), モニカ・レイシー(寺依沙織), ゲイブ・エッガーリング(品田美穂)◆2012 年ロンドンオリンピックで金メダルを獲得したアメリカのサッカー選手アレックス・モーガンによる小説シリーズを原作とする Amazon オリジナルの青春スポーツ物語。コネチカットのサッカーチームでスタープレーヤーだった 12 歳のデヴィン・バークは、父親の仕事の都合でカリフォルニアへ引っ越し、転校先の女子サッカー部に所属する。ところがそこは弱小チームな上、デヴィンはなかなか他のメンバーに馴染むことができず…。

プリティ・リトル・ライアーズ

PRETTY LITTLE LIARS (2010-2017) S7 米 ABC Family

ルーシー・ヘイル(小笠原亜里沙), トローヤン・ベリサリオ(行成とあ), シェイ・ミッチェル(吉田聖子)◆サラ・シェパードのベストセラー小説『ライヤーズ』を原作とするサスペンス・ドラマ。アリソン・ディローレンティスの失踪から一年、正体不明の人物からメールが届き、アリソンと仲の良かった 4 人の女子校生、アリア・モンゴメリー、スペンサー・ヘイスティングス、エミリー・フィールズ、そしてハンナ・マリンが事件の真相を追うことに…。[D]

Fleabag　フリーバッグ

FLEABAG (2016) S1 英 BBC

フィービー・ウォーラー＝ブリッジ(五十嵐麗), シアン・クリフォード(瑚海みどり), ビル・パターソン(大林隆介), オリヴィア・コールマン(高島雅羅), ジェニー・レインズフォード(井上まひろ)◆女優の P・ウォーラー＝ブリッジが自作の一人芝居を元に、製作総指揮・脚本・主演を務めたコメディ作品。ロンドンで暮らす皮肉屋で性欲の強い独身女性フリーバッグが、人の優しさを拒みながらも癒しを求めて生きていく姿を、毒のあるユーモアを交えて描く。主人公が事あるごとにカメラのこちら側に話しかけてくるスタイルと、歯に衣着せぬあけすけな言動がユニークで、本国イギリスはもちろん、アメリカでも高い評価を得た。

FRINGE ／フリンジ

FRINGE (2008-2013) S5 米 Fox

アナ・トーヴ(宮島依里), ジョシュア・ジャクソン(中谷一博), ジョン・ノーブル(菅生隆之)◆「LOST」の J・J・エイブラムスが製作総指揮を務めたサイエンス・ミス

ブリッジ ～国境に潜む闇

プリティ・リトル・ライアーズ

は

テリー。ハンブルグからボストンに向かう旅客機で、男が突然苦しみ全身の皮膚が溶け始める。乗客たちにもその症状が現れ、空港に降り立ったときは乗員乗客の肉体がすべて溶け落ちていた。FBI捜査官のオリビア・ダナムは、恋人で相棒のジョン・スコットと捜査を始めるのだが…。ショッキングな第1話を筆頭に、毎回、通常の科学では解決不能な怪事件を題材にしており、シリーズが進むにつれそのスケールは大きくなっていく。[B,D]

FLINT　フリント・怒りの脱出
FLINT REDEMPTION / KREMEN (2012) S1 ロシア

ウラジミール・エピファンチェフ , アナスタシア・ヴェデンスカヤ , ミハイール・ゴアヴォイ ◆ロシアのランボーと異名を取る元スペツナズの戦士、アンドレイ・シャマノフの活躍を描いたバイオレンス・アクションのミニシリーズ。人身売買組織を壊滅させるため、シャマノフは自ら捕虜となって組織の監房に乗り込んでいく。銃火器のエキスパートであるV・エピファンチェフが主演の他、自らメガホンを取り、壮絶なガンファイトを見せつける。[D]

FLINT　フリント・無敵の男
FLINT (2012) S1 ロシア

ウラジミール・エピファンチェフ , アナスタシア・ヴェデンスカヤ , パベル・クリーモフ ◆ナイフひとつでバズーカ、機関銃、ショットガンから、軍用ヘリにまで挑む無敵の男、アンドレイ・シャマノフを主人公とするロシアのアクション・ドラマ。V・エピファンチェフがこよなく愛する「ランボー」にオマージュを捧げ、格闘シーンや銃撃シーン、サバイバル描写をふんだんに盛り込んだ一作。[D]

ブル ～ウォール街への挑戦～
BULL (2000-2001) S1 米 TNT

ジョージ・ニューバーン (佐久田修), マリク・ヨバ (相沢正輝), イアン・カーン (中田和宏) ◆ニューヨーク・ウォール街を舞台に、帝王と異名を取る大物金融家ロバート・ロバーツと、彼の孫でありながら独立心が強く小さな金融会社を設立したロバート・“ディト”・ロバーツ3世の戦いを描いた金融ドラマ。

フルサークル・シカゴ
FULL CIRCLE / FULL CIRCLE: CHICAGO PAYBACK (2013-2016) S3 米 DirecTV

テリー・オクィン , クリス・バウアー , リタ・ウィルソン ◆シカゴのバーで展開する、陰謀と裏切りが渦巻く人間模様を描いたクライム・サスペンス。18年前、シカゴ警察の内部汚職を告発したジミー・パレラは、黒幕である義理の父バドを牢獄にぶち込むことに成功する。そして現在、出獄したバドはジミーへの復讐のため動き出す。そんな中、ジミーの親友リッチーは彼をあるバーに呼び出すが…。

ブルーサンダー
BLUE THUNDER (1984) S1 米 ABC

ジェームズ・ファレンティノ (小川真司), サンディ・マクピーク (宮内幸平), ダナ・カーヴィ (水島裕), ディック・バトカス (石田太郎), ババ・スミス (筈見純) ◆ロイ・シャイダー主演の映画「ブルーサンダー」のヒットを受けて製作されたTVシリーズ。激化する凶悪犯罪に対抗すべくロス市警に特設されたヘリ部隊。隊長フランク・チェイニー率いるチームと特殊武装ヘリ“ブルーサンダー”の活躍を描く。[V]

ブル～スー家は大暴走！
ARRESTED DEVELOPMENT (2003-2013) S4 米
Fox → Netflix

[別] アレステッド・ディベロプメント (旧)

ジェイソン・ベイトマン , ポーシャ・デ・ロッシ , ジェシカ・ウォルター ◆2003年に米FOXにて放送を開始し、エミー賞など数多くの賞に輝いた爆笑コメディ。低視聴率のため第3シーズンで打ち切りとなってしまったが、7年後の2013年に第4シーズンが製作され、動画配信サービスNetflixにて配信された。父親の会社を存続させるため次男マイケル・ブルースが奮闘するが、他の家族は変人ばかりで…。

ブルック・シールズのアメリカン・ラブ
AN AMERICAN LOVE (1994) 伊

ブルック・シールズ , カルロ・デッレ・ピアーネ , リチャード・ジョセフ・ポール ◆イタリア製のミニシリーズ。アメリカの聖アンブローズ大学に講師としてイタリアからやってきたフォッサルト教授が、仮の助手にと紹介された、大学きっての才媛グレタに次第に惹きつけられていく様を描いたラブ・ストーリー。

ブル ～ウォール街への挑戦～

ブル～スー家は大暴走！

ブルック・シールズのハロー！スーザン
SUDDENLY SUSAN (1996-2000) S4 米 NBC
ブルック・シールズ (石塚理恵), ジャド・ネルソン (大川透)<S1-3>, キャシー・グリフィン (朴路美) ◆結婚式当日に婚約を破棄、何ひとつ不自由の無い暮らしを捨てたスーザン・キーンが、別れた婚約者の兄ジャック・リッチモンドが編集長を務める雑誌「ザ・ゲイト」のコラムニストとして働くことから巻き起こる騒動を描いたシチュエーション・コメディ。

ブルックリン警察 ー内部告発ー
SHADES OF BLUE (2016-2017) S2 米 NBC
ジェニファー・ロペス , レイ・リオッタ , ドレア・ド・マッテオ ◆ J･ロペスが主演と製作総指揮を務める刑事ドラマ。「レインマン」のバリー・レヴィンソン監督も製作総指揮に名を連ね、共演の R･リオッタが怪演を見せる。ニューヨーク市警で働くシングル・マザーの刑事ハーリー・サントスは、一人娘クリスティーナとの生活を守るべく同じ部署の仲間たちと汚職に手を染めていた。しかしある日、FBI 特別捜査官のロバート・スタールに弱みを握られてしまい状況は一変。刑務所に入るか、FBI に協力するかの選択を迫られたハーリーは、苦渋の末に家族同然である仲間たちの情報を売り始める。

ブルックリン・ナイン - ナイン
BROOKLYN NINE-NINE (2013-) S5- 米 Fox Network
アンディ・サムバーグ , ステファニー・ベアトリス , テリー・クルーズ , メリッサ・フメーロ ◆ニューヨークのブルックリンを管轄する警察署を舞台に、個性的な刑事たちが繰り広げる騒動を描くシチュエーション・コメディ作品。刑事としては優秀だが精神年齢が異常に低いジェイク・ペラルタ、仕事熱心だが驚くほど不器用なチャールズ・ボイル、負けん気が強いエイミー・サンティアゴ、有能だがキレると手が付けられなくなるローザなど、一癖も二癖もある刑事が揃う 99 分署に堅物のレイ・ホルトが署長として赴任してくる。ホルトは署の規律を保とうとするのだが…。

ブルックリン 74 分署
BROOKLYN SOUTH (1997-1998) S1 米 CBS
[別] BROOKLYN SOUTH ブルックリン 74 分署 ニューヨークの全警察官に捧げる (ビデオ)
ジョン・テニー (内田直哉), マイケル・デルイーズ (桐本拓哉), ゲイリー・バサラバ (巻島康一) ◆人種のるつぼと言われ犯罪発生率も高い、ニューヨーク州ブルックリンを舞台にしたリアルなポリス・アクション。フランク・ドノヴァン巡査部長を中心とするブルックリン 74 分署の活躍と、警官たちの人間模様を描く。[V]

フルハウス
FULL HOUSE (1987-1995) S8 米 ABC
ジョン・ステイモス (堀内賢雄), ボブ・サゲット (大塚芳忠), デイヴ・クーリエ (山寺宏一) ◆本国アメリカで第 8 シーズンまで更新され、高い人気を誇ったシチュエーション・コメディ。0 歳から 10 歳までの 3 人の娘を遺し、妻に死なれた人気スポーツキャスターのダニーは、育児の援助を受けるべくミュージシャン志望の義弟ジェシー、コメディアンの親友ジョーイと共に、男 3 人女 3 人の共同生活を始める。新しい形の家族のあり方として話題となった。放送終了後 20 年を経過して､突然続編である｢フラーハウス」が放送開始となり､またまた話題を呼んだ。[D,V]

ブルーブラッド 〜 NYPD 家族の絆〜
BLUE BLOODS (2010-) S8- 米 CBS
[別] ブルー･ブラッド NYPD(NY 市警) 正義の系譜 (DVD)
トム・セレック (菅生隆之), ドニー・ウォールバーグ (中井和哉), ブリジット・モイナハン (魏涼子) ◆巨大都市に続発する凶悪犯罪と死闘を繰り広げるニューヨーク市警察 (NYPD) を描くクライム・サスペンス。三代にわたり市警察を支えてきたレーガン家は、警察内部の秘密結社を追い始めるのだったが…。[D]

BULL ／ブル　法廷を操る男
BULL (2016-) S2- 米 CBS
マイケル･ウェザリー (東地宏樹), フレディ･ロドリゲス (古谷徹), ジェニーヴァ・カー (竹内順子) ◆「NCIS 〜ネイビー犯罪捜査班」のトニー役で知られる俳優の M・ウェザリーが製作と主演を務める法廷ドラマ。製作総指揮にはスティーヴン・スピルバーグも名を連ねている。実在の人物をモデルに、人間の心理をコントロールして裁判を進めるスペシャリストたちの活躍を描く。裁判科学を専門とする心理学者のジェイソン・ブルが立ち上げたトライアル・アナリシス社は、依頼を受けるとすぐに 12 人の陪

フルハウス

ブルーブラッド 〜 NYPD 家族の絆〜

審員を徹底的に調査・分析し、裁判を有利に進めていく。

ブルマン大学 ～俺たち、もっこりフットボーラー～

BLUE MOUNTAIN STATE (2010-2011) S3 米 Spike

アラン・リッチソン, ダリン・ブルックス, サム・ジョーンズ三世 ◆有能だが調子づいている大型ルーキーのアレックス、実力ナンバーワンの呼び声高いクレッグ、チームマスコットの中に入っているムードメーカーのサミー。ブルーマウンテン州立大学(通称:ブルマン大学)の名門アメフト部に所属する3人を中心に、シゴキとお色気とナンセンスギャグでおくる青春ドタバタコメディ。

ブルーライト作戦

BLUE LIGHT (1966) S1 米 ABC

ロバート・グーレ(納谷悟朗), クリスティーヌ・カレル(北浜晴子) ◆時は第二次世界大戦中。ドイツに亡命したアメリカ人のデビッド・マーチは、ヒトラーの信頼のもと、情報部の業務を遂行していた。ところが彼は連合軍の特別機関"ブルーライト"に所属する18名の最後の1人で、その人物をドイツ側は血眼になって捜していたのだ。危険な二重スパイの活動をこなすマーチの活躍をあざやかに描いた30分のスパイ・アクション。1～4話までを再編集した同名の劇場版も製作された。全17話。

ブルーストーン 42 爆発物処理班

BLUESTONE 42 (2013-2015) S3 英 BBC

オリヴァー・クリス, ケリー・アダムズ, トニー・ガードナー, ケイティ・ライオンズ, ゲイリー・カー, マシュー・ルイス ◆「ハート・ロッカー」の設定と「M★A★S★H マッシュ」のユーモアを兼ね備えた、イギリス製作の戦争コメディ。イギリス陸軍の爆発物処理班が送る、危険な任務とダラダラした日常が綴られる。アフガニスタンの前線基地に駐留する、ニック将校を隊長とする爆発物処理チームは日々、地雷の処理など危険な任務に明け暮れている。だが任務と任務の間に持ち上がるのは、どれも些細なことばかり。個性的なメンバーによるちょっと変わった日常をユーモラスに描く。

ブレイキング・ニュース

BREAKING NEWS (2002) S1 米 Bravo

クランシー・ブラウン, ティム・マシスン, ミンディ・クリスト ◆24時間ニュースを放映しているケーブルTV局I24を舞台に、報道局のリーダー、ピーター・コジックが伸び悩む視聴率に苦しみながらも、あの手この手で大スクープをものにしようと奮戦する姿を描いたドラマ。

ブレイキング・バッド

BREAKING BAD (2008-2013) S5 米 AMC

ブライアン・クランストン(牛山茂), アンナ・ガン(唐沢潤), アーロン・ポール(茂木たかまさ) ◆ウォルター・ホワイトは生真面目な高校の化学教師。身重の妻と障害のある長男と平穏に暮らしていた彼はある日、末期の肺ガンで余命わずかと宣告される。家族へ残す金も乏しく絶望感に浸るウォルター。そんな中、DEA(麻薬取締局)捜査官である義弟の麻薬取り締まり現場を見学させてもらった際に、自分の化学の知識が"クリスタル・メス"という化学ドラッグの精製に使えると思いつく。家計の足しにと、元教え子のドラッグ・ディーラー、ジェシー・ピンクマンと共に危険なドラッグ作りに着手するのだが…。絶体絶命の窮地に立たされた時、意外な力を発揮していく中年男の悲喜劇を描くドラマ。主演のB・クランストンがエミー賞主演男優賞受賞。[B,D]

ブレイクアウト・キング

BREAKOUT KINGS (2011-2012) S2 米 A&E

ラズ・アロンソ(星野貴紀), ドメニク・ランバルドッツィ(塩屋浩三), ブルック・ネヴィン(今井麻美) ◆「プリズン・ブレイク」の製作陣によるスピンオフ作品。「プリズン・ブレイク」と同じ世界を舞台に、意外な方法で進められる犯罪捜査を描く。ある脱獄犯の捜査を命じられたアメリカ連邦保安官のチャーリー・デュシャンとレイ・ザンカネリは、刑務所に服役中の囚人を集めて合同捜査チームを結成、囚人による囚人の追跡という前代未聞の方法で犯人捕獲に挑む。[D]

ブレイジャー

→そりゃないぜ!? フレイジャー

ブレイド　ブラッド・オブ・カソン

BLADE: THE SERIES (2006) S1 米 Spike

[別] ブレイド・ザ・シリーズ (CS)

カーク・ジョーンズ(江川央生), ジル・ワグナー(北西純子), ニール・ジャクソン(川本克彦) ◆映画「ブレイド」シリー

ブレイキング・バッド

ブレイクアウト・キング

ズの続編として作られたTVシリーズ。ヴァンパイア・ハンターのブレイドと、弟をヴァンパイアに殺されたクリスタが、デトロイトの大富豪にして吸血鬼のリーダー、ヴァンスカイバーに挑む。[D]

プレイハウス
SCHLITZ PLAYHOUSE OF STARS (1951-1959) S8 米 CBS
[別] シュリッツ・プレイハウス
ジェームズ・メイソン , アイリーン・ダン ◆ビール会社のシュリッツ (現在はブランド) 提供によるモノクロ 30 分のアンソロジー・シリーズ。多彩なジャンルで 8 シーズンも続いた長寿番組となり、ロバート・アルドリッチ、アーサー・ヒラー、デルバート・マンといった名匠も監督している他、ジェームズ・ディーン主演エピソードなども存在。当初は生放送だったが、後半は録画したものを放送する形態になった。

プレイハウス 90
PLAYHOUSE 90 (1956-1960) S4 米 CBS
リチャード・ジョイ ◆タイトル通り 1 話完結ドラマを 90 分でおくるアンソロジー・シリーズ。ロッド・サーリングやホートン・フートらがライターを務め、ジョン・フランケンハイマーがメガホンを取るなど、豪華なスタッフが製作を担当していた。いくつかのエピソードはその後、映画化または TV ドラマ化されている。番組の開始当初は毎週生放送だった。

ブレーキング・ポイント
BREAKING POINT (1963-1964) S1 米 ABC
ポール・リチャーズ (外山高士), エデュアルド・フランツ (千葉耕市) ◆ロサンゼルスにあるヨーク病院精神科を舞台に、若き医師マッキンレイ・トンプソンと彼の恩師にあたるウィリアム・レイマー医師が、様々な心の病を持った患者たちの治療にあたっていく医療ドラマ。人気ドラマ「ベン・ケーシー」のスピンオフ作品。モノクロ、全 30 話。

FLAKED フレークド
FLAKED (2016) S1 米 Netflix
ウィル・アーネット (落合弘治), デヴィッド・サリヴァン (金谷ヒデユキ) ◆「ブル～ス一家は大暴走 !」の W・アーネットが主演を務める Netflix オリジナルのコメディ・シリーズ。カリフォルニアのヴェニスに暮らす中年男チップは、アルコール依存症のセラピーに通いながら新たな人生を見出そうと奮闘している。しかし嘘つきで見栄っ張りな性格が災いして、なかなか前に進むことができずにいた。40 過ぎのチップとその仲間たちが、楽しく、そして時に悲しく送る人生の意味とは。

フレッシュ・アンド・ボーン
FLESH AND BONE (2015) S1 米 Starz!
サラ・ヘイ , ベン・ダニエルズ , エミリー・タイラ ◆「ブレイキング・バッド」のモイラ・ウォリー・ベケットが脚本を手がけた、華やかなバレエの世界の舞台裏を描く過酷なヒューマン・ドラマ。家を飛び出しニューヨークの一流バレエ団に入団したクレアは、舞台監督の理不尽とも言える厳しい指導を受け、主役の座を奪われたライバルたちの嫉妬と羨望の的となってしまう。主役は実際にソリストであり、映画「ブラック・スワン」にも出演した S・ヘイ。

フレッシュ・ミート
FRESH MEAT (2011-2016) S4 英 Channel 4
ゾウイ・アシュトン , グレッグ・マクヒュー , キンバリー・ニクソン ◆男女 6 人の青春をシニカルに描くシチュエーション・コメディ作品。憧れの大学生活に期待を膨らませる JP は寮生活を始めるのだが、そこにはキングスレー、ジョシー、ハワード、ボッダ、オレゴンなど個性的な変人ばかりが集まっていて…。

ブレッチリー・サークル
THE BLETCHLEY CIRCLE (2012-2014) S2 英 ITV
レイチェル・スターリング , ソフィー・ランドル , ジュリー・グレアム ◆第二次大戦中、広大な庭園を持つブレッチリー・パークという邸宅では、優れた頭脳を持つ者たちがドイツ軍の暗号解読に挑んでいた。そして 1952 年、かつてブレッチリー・パークにいたスーザンは、最近発生している連続殺人事件の謎を解こうと思い立ち、ジーン、ミリー、ルーシーという元同僚たちに声をかける。

フレディの悪夢
FREDDY'S NIGHTMARES (1988-1990) S3 米
[別] エルム街の悪夢／ザ・シリーズ (TV)
ロバート・イングランド ◆映画「エルム街の悪夢」に登場した、夢の中の殺人鬼フレディ・クルーガーがホストを務めるホラー・アンソロジー。第 1 話では、幼児虐殺

フレッシュ・アンド・ボーン

ブレッチリー・サークル

は

の被害者の親たちにリンチされ焼き殺されたフレディが、自分を捕まえた警官に復讐を遂げる。[V]

ブレーブ・イーグル
BRAVE EAGLE (1955-1956) S1 米 CBS
キース・ラーセン, キム・ウィノナ, アンソニー・ナムキーナ ◆平和的なシャイアン族の若き酋長ブレーブ・イーグルを主人公に、インディアンと白人の関係を交えながら、他部族や入植者との争いなどを描くモノクロ 30 分の西部劇。全 26 話。

フレー・フレーぱぱ！
THE TOM EWELL SHOW (1960-1961) S1 米 CBS
トム・イーウェル (宮部昭夫), マリリン・アースキン, シェリー・アルベローニ ◆不動産仲介業を営むトム・ポッターが、妻フランと娘のキャロル、デビー、スージーと義母のアイリーン、そしてペットのメス犬ミッチと、すべて女ばかりの家庭の中で悪戦苦闘する姿を描くモノクロ 30 分のホーム・コメディ。主演は映画「七年目の浮気」(1955 年) の T・イーウェル。

フレミング ～ 007 誕生秘話～
→ジェームズ・ボンドを夢見た男

フレンズ
FRIENDS (1994-2004) S10 米 NBC
ジェニファー・アニストン (安達忍), コートニー・コックス (深見梨加), リサ・クドロー (田中敦子), デヴィッド・シュワイマー (牛山茂), マシュー・ペリー (水島裕), マット・ルブラン (平田広明) ◆ニューヨークのアパートで部屋をシェアしている、世間知らずの箱入娘レイチェル・グリーンと、幼馴染みでシェフのモニカ・ゲラー。向かいの部屋にはサラリーマンのチャンドラー・ビング、役者のジョーイ・トリビアーニが住んでいる。そこにモニカの兄ロスや、モニカの元ルームメイトのフィービー・ブッフェも加わり、毎回様々な出来事が巻き起こるシチュエーション・コメディ。最もヒットしたシットコムのひとつで、主演の J・アニストンは絶大な人気を得た。[B,D,V]

ブレンナー
BRENNER (1959-1964) S2 米 CBS
エドワード・ビンズ, ジェームズ・ブロデリック ◆ニューヨーク市警で 20 年働くベテランのロイ・ブレンナーと、その息子で新米警官のアーニーが、それぞれの立場や考え方の違いから衝突しながらも、互いに協力し助け合い捜査を進める姿を描くモノクロ 30 分の警察ドラマ。

ブログ犬　スタン
DOG WITH A BLOG (2012-2015) S3 米 Disney Channel
G・ハネリウス (浅井清己), ブレイク・マイケル (江口拓也), フランチェスカ・カパルディ (中上育実) ◆両親の再婚により兄妹となったお調子者のタイラーと優等生のエイブリー。性格も育った環境もまるで正反対の 2 人のもとにやってきた犬のスタンは、実は人間の言葉を話せてブログも綴る天才犬だった。にぎやかな家族の中で奮闘する天才犬を描くドタバタ・コメディ。

Project MC²
PROJECT MC2 (2015) S1 米 Netflix
ミカ・アブダラ (中嶋アキ), イーサ・ペナレホ (藤田茜), ヴィクトリア・ヴィダ (稲川英里), ジェニア・ウォルトン (小平有希) ◆女子高生マケイラ・マカリスター (=MC2) の正体は女性諜報員の精鋭集団 "NOV8"(イノベイト) の敏腕捜査員。転校先の学園で任務に就くはずが、キャム、アドリ、ブライの 3 人組にスパイされ正体がばれてしまう。しかし専門分野に長けた 3 人はその腕を買われ、マケイラの仲間になることに。科学の知識と冒険心、時に秘密兵器を駆使して奇想天外なミッションに挑む、おしゃれでキュートな女の子たちの活躍を描いた 30 分の SF コメディ・アクション。

プロジェクト UFO
PROJECT U.F.O. (1978-1979) S2 米 NBC
ウィリアム・ジョーダン <S1>, カスケイ・スウェイム, エドワード・ウィンター <S2> ◆アメリカ空軍が実際に行った UFO の調査「プロジェクト・ブルーブック」で集められた事例をもとにしたドキュメンタリー・タッチの SF ドラマ。ジェイク・ギャトリン少佐 (シーズン 2 ではベン・ライアン大尉) とハリー・フィッツ軍曹、2 人の調査官が UFO の目撃証言を追っていく。製作総指揮は「ドラグネット」のジャック・ウェッブ。

フロスト警部
A TOUCH OF FROST (1992-2010) S15 英 ITV
デヴィッド・ジェイソン (大塚明夫), ブルース・アレキサ

フレンズ

フロスト警部

は

ンダー(納谷六朗)◆英国ロンドン郊外、デントン署のフロストは重病の妻を抱えながら捜査に臨むベテラン警部。下品なジョークを飛ばし、書類仕事は大の苦手、上司には楯突き、部下をこき使い、遅刻と忘れ物は日常茶飯事というトラブルメーカーだが、持ち前の鋭い勘と情熱で難事件を解決する。R・D・ウィングフィールドによるベストセラー・ミステリー小説のドラマ化。基本的に1話完結もので丁寧に謎解きと人間模様が描かれ、ミステリー・ファンも納得の推理ドラマに仕上がっている。主演のD・ジェイソンは英国では有名なコメディアン。[D,V]

プロスパイ

→スパイのライセンス

ブロッサム

BLOSSOM (1990-1995) S5 米 NBC

メイム・ビアリク(相原勇), ジョーイ・ローレンス(結城比呂), マイケル・ストヤノフ(松本保典)◆母に逃げられた父ニック・ルッソーと2人の兄、アル中のアンソニー、スケベな妄想癖のあるジョーイ、そしてマシンガントークの親友シックスらに囲まれて日々を送るティーンガール、ブロッサムの日常を描いたコメディ。

プロテクター電光石火

THE PROTECTORS (1972-1973) S2 英 ITV

[別]華麗なる諜報

ロバート・ヴォーン(矢島正明), ニリー・ドーン・ポーター(藤波京子), トニー・アンホルト(野田圭一)◆ジェリー・アンダーソンが「謎の円盤UFO」に続いて製作した実写TVシリーズ(今回は30分枠)。各国の諜報機関が捜査を依頼する民間組織プロテクターと、そこに所属するハリー・ルール、キャロライン・ディ・コンティーニ伯爵夫人、ポール・ブーシェの活躍を描いていく。

ブロードチャーチ ~殺意の町~

BROADCHURCH (2013-2017) S3 英 ITV

デヴィッド・テナント(森川智之), オリヴィア・コールマン(土井美加), ジョディ・ウィッテカー(根谷美智子)◆英国発の重厚なサスペンス・ミステリー。ブロードチャーチという海辺町で11歳の少年が殺害されるという事件が発生。左遷されてきたアレック・ハーディ警部補と、ベテランの女性刑事エリー・ミラーが事件に立ち向かう。[D]

プロヴァンスの秘密

LE CHATEAU DES OLIVIERS (1993) S1 仏 FR2

ブリジット・フォッセー(池田昌子), ジャック・ペラン(野沢那智), パスカル・ロカール(榊原良子)◆フレデリック・エブラールのミステリー小説『プロヴァンスの秘密―愛と復讐のシャトー・デ・ゾリヴィエ事件』をドラマ化したTVシリーズ。南仏プロヴァンスを舞台に、シャトー・デ・オリヴィエに集う人々の錯綜した運命を描く。

プロビデンス

PROVIDENCE (1999-2002) S5 米 NBC

メリーナ・カナカレデス(唐沢潤), ポーラ・ケイル(藤谷みき), セス・ピーターソン(岡野浩介)◆美容整形医としてハリウッドで成功を収めたシドニー・ハンセンが、母の突然の死をきっかけに、故郷ロードアイランド州プロビデンスで獣医の父ジムや妹ジョアニーの家族と暮らしていく顛末を綴ったファミリー・ドラマ。

プロファイラー/犯罪心理分析官

PROFILER (1996-2000) S4 米 NBC

アリー・ウォーカー, ロバート・ダヴィ, ジュリアン・マクマホン◆現場に残されたわずかな物証から、犯人の行動や思考までも読み取る天才的なプロファイラー、サマンサ・ウォーターズが、彼女を付け狙う姿無き殺人鬼ジャックと戦いながら数々の犯罪を暴いていく1話完結型のサイコ・スリラー。夫を殺害し、自分のみならず娘まで脅かす存在となったジャックの正体とは一体…。[V]

プロフェッショナル

→特捜班CI☆5

プローブ捜査指令

SEARCH (1972-1973) S1 米 NBC

ヒュー・オブライアン(家弓家正), アンソニー・フランシオサ(広川太一郎), ダグ・マクルーア(仲村秀生)◆民間の調査機関WSCのエージェントであるヒュー・ロックウッド、ニック・ビアンコ、C・R・グローバーの3人が、超小型カメラと通信機を駆使し、国際的な犯罪に立ち向かう。ハイテクを使ったスパイ・アクション・ドラマで、毎回3人の中の1人が主人公となる構成になっている。パイロット版は「SFコンピューターマン」として映画劇場枠で放映された。

プロテクター電光石火

ブロードチャーチ ~殺意の町~

プロミス・オブ・ギャングスター　血よりも濃い掟
DRAGON BOYS (2007) 加 CBC
バイロン・マン , ステフ・ソング , チー・マ ◆カナダのバンクーバーを舞台に、ギャングを追う刑事の活躍を描いたアクション・ドラマ。カナダ連邦警察の刑事トミー・チャンは、チャイナタウンを牛耳るマフィア、ウィリアム・ロック一味の壊滅を図るが、民族の壁が立ちはだかる。[D]

PROM QUEEN ／プロムクイーン
PROM QUEEN (2007-2012) S3 米 Lifetime
アレキサンドラ・フレンチ , ショーン・ハンキンソン , ローラ・ハワード ◆ディズニー社の CEO だったマイケル・アイズナーが製作を務めた青春ミステリー・ドラマ。卒業式の夜に開催されるパーティー“プロムナイト”の主役であるプロムクイーンになることを夢見る 5 人の少女たちと、彼女たちを取り巻く若者たちが、恋愛、裏切り、セックスなどスキャンダラスな物語を繰り広げる。[D]

フロム・ザ・ダークサイド
TALES FROM THE DARKSIDE (1983-1988) S4 米
◆マスター・オブ・ホラー、ジョージ・A・ロメロによるホラー・アンソロジー。クローゼットの中に潜む恐怖「イン・ザ・クローゼット」、タロットカードに取り付かれた女「イン・ザ・カード」、死んだ青年がコンピュータの中に蘇る「ムーキーとプーキー」などのエピソードが、1 話完結で展開する。日本では折からのビデオブームに合わせてレンタルビデオが複数種リリース。1990 年には劇場版「フロム・ザ・ダークサイド／３つの闇の物語」も製作された。[L,V]

フロム・ジ・アース［人類、月に立つ］
FROM THE EARTH TO THE MOON (1998) S1 米 HBO
［別］人類、月に立つ (NHK 衛星)
トム・ハンクス (てらそままさき), ニック・サーシー (土師孝也), ケヴィン・ポラック (外山誠二), マーク・ハーモン (原康義), トニー・ゴールドウィン (磯部勉), ブライアン・クランストン (佐古正人) ◆アポロ計画の全貌を全 12 話で描いたミニシリーズ。製作総指揮は「アポロ 13」の T・ハンクス。アンドリュー・チェイキンが著した『人類、月に立つ』が原案となった。悲劇的なアポロ 1 号の火災事故を描いた第 2 話、月面着陸を果たしたアポロ 11 号を描いた第 6 話のほか、月面着陸船スパイダーを開発する技術者を描いた第 5 話や、華やかな栄光の影で飛行士を支えた妻の苦悩を描く第 11 話など、比較的表に出ない事実にもスポットライトを当て、アポロ計画を多角的に描いている。[D,V]

フロム・ダスク・ティル・ドーン　ザ・シリーズ
FROM DUSK TILL DAWN / FROM DUSK TILL DAWN: THE SERIES (2014-2016) S3 米 El Rey
D・J・コトローナ (関智一), ゼイン・ホルツ (櫻井孝宏), エイザ・ゴンザレス (山村響) ◆クエンティン・タランティーノ & ロバート・ロドリゲスで話題を呼んだ同名ホラー・アクション映画を、ロドリゲス自身がリメイクした TV ドラマ版。セス・ゲッコーとリッチー・ゲッコーの凶悪犯兄弟がメキシコへの逃亡を企てるが、その途中で吸血鬼たちと遭遇、激しい闘争を繰り広げていく。ロドリゲスの従兄弟ダニー・トレホの出演も話題となった。[B,D]

ブロンコ
BRONCO (1958-1962) S4 米 ABC
［別］引金をひけ!
タイ・ハーディン (青野武) ◆ワーナー・ブラザースが製作した西部劇三部作のひとつ。南北戦争で両親を失った孤独な青年ブロンコ・レインが、放浪の旅を続ける中で様々なトラブルに遭遇しながら、強くたくましく成長する姿を描く。「シャイアン」と交互に隔週で放送されることになり、途中から番組タイトルが「ブロンコ・シャイアン」に改められた。

ブロンディ
BLONDIE (1957) S1 米 NBC
アーサー・レイク (加茂嘉久), パメラ・ブリットン (中村メイコ) ◆金髪美人のブロンディとその夫ダグウッドを中心に、アメリカの中流家庭の日常を面白おかしく描いたチック・ヤングのマンガは、1930 年代にアメリカの新聞に掲載されたのが始まり。その後、28 本にもなる映画シリーズやラジオ番組になった後、1957 年にモノクロ 30 分のシット・コムとして TV 化された。ダグウッド役は映画版に引き続き A・レイクが担当。

フロンティア
FRONTIER (2016-2017) S2 加 Discovery Channel

フロム・ジ・アース［人類、月に立つ］

フロム・ダスク・ティル・ドーン　ザ・シリーズ

は

Canada
ジェイソン・モモア(山野井仁), ランドン・リブロン(矢野正明), ゾーイ・ボイル(安藤麻吹) ◆「ジャスティス・リーグ」のアクアマンで知られる俳優のJ・モモアが主演と製作総指揮を務めるアクション・アドベンチャー作品。18世紀の北米を舞台に、毛皮交易業で巨万の富を得るベントン卿率いる交易会社と、彼に妻子を殺されたデクラン・ハープたち先住民族たちとの、血で血を洗う抗争を描く。

フロンティア　開拓者

FRONTIER (1955-1956) S1 米 NBC
ウォルター・コイ ◆ 1話完結型の西部劇アンソロジー・シリーズ。史実に基づいたストーリーを軸に、アメリカ西部の開拓地を舞台としたドラマが繰り広げられる。キャストは毎回異なるが、チャック・コナーズ、ロバート・ヴォーン、リチャード・ブーンといった人気俳優も出演。モノクロ30分。

分別と多感

SENSE AND SENSIBILITY (2008) S1 英 BBC
[別] ジェイン・オースティンの「分別と多感」(TV)
ハティ・モラハン, チャリティー・ウェイクフィールド, ルーシー・ボーイントン ◆ジェーン・オースティンの同名小説を映像化したBBC製作のミニシリーズ。分別のある姉エリナーと多感な妹マリアンヌのそれぞれの恋愛模様を描く。ダッシュウッド家の当主が死去し、遺産はすべて息子ジョンが受け継いだ。無一文になった腹違いの妹エリナーとマリアンヌは、資産家との婚姻を夢見るが…。[B,D]

へ

ベイウォッチ

BAYWATCH (1989-2001) S11 米 NBC
デヴィッド・ハッセルホフ(谷口節→菅生隆之), ショーン・ウェザリー(滝沢久美子)<S1>, パーカー・スティーヴンソン(江原正士)<S1> ◆カリフォルニア州サンタモニカ沿岸の水難監視救助隊“ベイウォッチ”の活躍を描いたアクション・ドラマ。ベテラン隊員のミッチ・ブキャナンは離婚した妻と息子の養育権をめぐって対立し、頭が痛い日々を送っていた。そんな時、新人のエディ・クレイマーとシャウニ・マクレインが配属されてくる。積極的なシャウニは早速エディの気を引こうとアプローチを開始するのだが…。輝く太陽と青い海をバックに、グラマラスな水着美女を多数登場させ、世界中で大人気となったヒットシリーズ。プレイメイト出身のグラマー女優、パメラ・アンダーソンの出世作としても知られる。長寿シリーズとなった他、多くのスピンオフやスペシャルも製作され、2017年にはドウェイン・ジョンソン主演で劇場映画化もされた。[D]

平原児　シスコ・キッド

THE CISCO KID (1950-1956) S6 米
ダンカン・レナルド(松宮五郎), レオ・キャリロ ◆文豪O・ヘンリーの短編小説『騎士の道』(The Caballero's Way)に登場した正義の人、シスコ・キッドは戦前から幾度も映画化され、1942年からはラジオドラマにもなった人気キャラクター。これを題材にした30分TVシリーズが本作で、西部のメキシコ国境を舞台に、悪党どもと戦うシスコ・キッドと相棒のパンチョの活躍を描く。ドジなメキシコ人、パンチョとの掛け合いが好評を博した。[D]

ヘイゼルおばさん

HAZEL (1961-1966) S5 米 NBC → CBS
シャーリー・ブース(金子亜矢子), ドン・デフォー(中村正) ◆原作はサタデー・イブニング・ポスト紙に連載されたテッド・キーによる人気漫画作品。弁護士のジョージとインテリア・コーディネーターのドロシー、そして2人の息子ハロルドが暮らすバクスター家で働く家政婦ヘイゼル。他人のことに口を挟むのが大好きで、おせっかいで陽気な家政婦の活躍を描いたホーム・コメディ。

ヘイターはお断り!

HATERS BACK OFF (2016-2017) S2 米 Netflix
コリーン・バリンジャー(今井麻美), アンジェラ・キンジー(山口由里子), スティーヴ・リトル(多田野曜平) ◆有名になることを夢見る自意識過剰な底辺ユーチューバーの末路を描くコメディ作品。有名になりたいミランダ・シングスは自分の動画を初めてYouTubeにアップする。閲覧回数の上昇を喜ぶミランダだったが、書き込まれたコメントはヘイター(アンチ)たちによるひどい中傷ばかり。動画の撮影者であるジムおじさんに乗せられて、ミランダは自分自身の夢を叶えるべく、さらなる動画をアップし暴走

平原児　シスコ・キッド

ヘイゼルおばさん

を続けるのだが…。

ベイツ・モーテル

BATES MOTEL (2013-2015) S3 米 A&E

[別] サイコ前章「ベイツ・モーテル」(第1シーズン)｜ベイツ・モーテル ～サイコキラーの覚醒～ (第2シーズン)｜ベイツ・モーテル ～サイコキラーの衝動～ (第3シーズン)

ヴェラ・ファーミガ (日野由利加), フレディ・ハイモア (岡本信彦), マックス・シエリオット (阪口周平) ◆アルフレッド・ヒッチコック監督の名作映画「サイコ」(1960年)の前日譚を描いたTVシリーズ。連れ合いを亡くしたノーマ・ルイーズ・ベイツは、オレゴンのモーテルを買い取り、息子のノーマンと共に引っ越して来る。ノーマの息子に対する愛情は次第に狂気を帯びてくるが…。[D]

ペイトン・プレイス物語

PEYTON PLACE (1964-1969) S5 米 ABC

[別] ペイトン・プレース物語

ミア・ファロー (宗形智子), バーバラ・パーキンス (北島マヤ), エド・ネルソン ◆「青春物語」(1957年)と「青春の旅情」(1961年)として映画化された、グレース・メタリアスによる長編小説を原作とするTVドラマ・シリーズ。ニューイングランド地方の町、ペイトン・プレイスに医師マイケルがやって来る。父のレスリーにマイケルの迎えを頼まれたロドニイは、報告をすべく向かった父の会社でレスリーと秘書のジュリーのキスシーンを目撃してしまい…。若者たちの恋や大人たちの愛など、田舎町に息づく様々な恋愛模様を赤裸々に描いたソープオペラ。

ヘイヴンー謎の潜む町ー

HAVEN (2010-2015) S5 米＝加 Syfy

エミリー・ローズ, エリック・バルフォー, ルーカス・ブライアント ◆スティーヴン・キングの小説『コロラド・キッド』をベースに製作されたドラマ・シリーズ。超自然現象に苦しむ人々の避難場所である小さな町ヘイヴンを訪れたFBI捜査官オードリー・パーカーが、町に隠された多くの謎を解き明かしていく。[D]

Hey! レイモンド

EVERYBODY LOVES RAYMOND (1996-2005) S9 米 CBS

レイ・ロマノ (家中宏), パトリシア・ヒートン (杉村理加), ブラッド・ギャレット (土師孝也) ◆9シーズンにわたり記録的な視聴者数を獲得したシットコム。数少ないながらも強烈な個性を持つ登場人物たちが繰り広げる騒動を描き、数多くの賞を獲得した。ロングアイランドに住むスポーツライターのレイモンド・バローネは、妻のデブラ、娘のアリー、双子の息子マイケルとジェフリーと幸せに暮らしている。しかし、向かいに住むレイモンドの両親と兄により、しばしば平穏を乱されてしまい…。

ヘイロー：ナイトフォール

HALO: NIGHTFALL (2014) S1 米

マイク・コルター (鶴岡聡), スティーヴン・ウォディントン (立木文彦), クリスティーナ・チョン (白石涼子) ◆リドリー・スコット製作総指揮のもと、アクションゲーム「Halo(ヘイロー)」の世界を実写化したSF作品。地球から遠く離れた惑星を舞台に、古代の遺物をめぐる戦いに巻き込まれる海軍情報局のエージェントたちを描く。[B,D]

VEGA$ ベガス

VEGA$ (1978-1981) S3 米 ABC

[別] ベガスII／私立探偵ダン・タナー (第2シーズン～)

ロバート・ユーリック (潮哲也→南条弘二), フィリス・デイヴィス (弥永和子), バート・ブレイヴァーマン (中尾隆聖), トニー・カーティス (広川太一郎) ◆ラスベガスを舞台に繰り広げられる探偵アクション。ベトナム戦争の退役軍人ダン・タナーがラスベガスの大物フィリップ・ロスのコネで探偵事務所を開き、秘書のビア・トリスや助手のボビーと共に事件を解決していく。

VEGAS ／ベガス

VEGAS (2012-2013) S1 米 NBC

デニス・クエイド (菅生隆之), マイケル・チクリス (天田益男), キャリー＝アン・モス (岡寛恵) ◆カウボーイ上がりの型破りな保安官とカジノを仕切るマフィアとの激しい攻防を描く、カウボーイ・アクションとマフィア・ドラマが融合した新感覚のクライム・アクション大作。1960年代のラスベガス、家族と牧場を営むラルフ・ラムは、元上官で現在は市長を務めるベネットから呼び出され、行方不明となっている保安官の代理として働くよう依頼される。捜査を開始するラルフの目の前に、ラスベガスを牛

ベイツ・モーテル

VEGA$ ベガス

耳ろうとする野心家のマフィア、ヴィンセント・サヴィーノが現れ、2 人は激しく対立していくのだった。[D]

ベスト・オブ・ザ・ポスト
THE BEST OF THE POST (1960-1961) S1 米
[別] ベスト・ワン・シリーズ
ジョン・コンテ ◆雑誌「サタデー・イブニング・ポスト」に掲載された短編小説を元にドラマ化した、モノクロ 30 分 1 話完結のアンソロジー・シリーズ。南北戦争の最中に敵対する中尉と上官を描いた「COMMAND」、息子がひき逃げにあった時に警官が取った行動を描く「COP WITHOUT A BADGE」、少女の失踪が引き起こす騒動を描いた「THE LITTLE TERROR」など様々なジャンルのドラマが全 26 話。

ベター・コール・ソウル
BETTER CALL SAUL (2015-2017) S3 米 AMC
ボブ・オデンカーク (安原義人), ジョナサン・バンクス (有本欽隆), レイ・シーホーン (朴路美) ◆ブラックなユーモアに包まれた犯罪ドラマ「ブレイキング・バッド」に出てきた弁護士ソウル・グッドマンを主人公としたスピンオフ作品。ニューメキシコ州で国選弁護士として働くジミー・マッギルは、ケチな仕事ばかりを担当していたが、当たり屋と知り合ったことをきっかけに、次第に胡散臭いが有能な弁護士になっていく。[B,D]

ベータス
BETAS (2013-2014) S1 米 Amazon
ジョー・ディニコル , カラン・ソーニ , ジョン・デイリー ◆若き経営者トレイと技術者ナッシュを中心とする仲間たちは、位置情報を利用した "BRB" という画期的な出会い系アプリを開発する。彼らはソーシャル・ネットワークの世界を変えることを夢見て、投資家を募るが…。シリコンバレーを舞台に、若者が中心となっているベンチャー企業の奮闘を描いたコメディ・シリーズ。

ペチコート作戦
PETTICOAT JUNCTION (1963-1970) S7 米 CBS
ビー・ベネダレット (南美江), スマイリー・バーネット (花沢徳衛) ◆のどかな田舎町フッタービル、蒸気鉄道の分岐点にあるシェイディ・レスト・ホテルを舞台に、ホテルを経営する未亡人ケイトと 3 人娘のボビー、ベティー、ビリーのブラッドレー一家、そしてそこへ集う人々の姿を描いた 30 分のシットコム。人気番組となり、同じフッタービルを舞台にした「農園天国」がスピンオフで誕生した。

BEDLAM －ベッドラム－
BEDLAM (2011-2012) S2 英 BSkyB
テオ・ジェームズ , シャーロット・ソルト , ウィル・ヤング ◆霊能力を持ちながらその事実を信じてもらえず病院に隔離された過去を持つ青年ジェドと、かつては精神病院だったアパート " ベッドラム・ハイツ " に住み始めた従姉妹のケイトの周囲で起こる奇怪な出来事を、スリルあふれるタッチで綴るホラー・サスペンス。病院で虐待された人々の霊を助けようと、ジェドはケイトの協力を得るが、2 人の周辺ではさらに不可解な事件が発生する。

PEPPER ～恋するアンカーウーマン
PEPPER DENNIS (2006) S1 米 The WB
[別] 恋するアンカーウーマン (DVD)
レベッカ・ローミン (本田貴子), ジョシュ・ホプキンス (森田順平), ブルック・バーンズ (大坂史子) ◆アンカーウーマンを目指す女性の活躍を描く痛快コメディ・ドラマ。シカゴの TV 局の記者として奮闘中のペッパー・デニスは、ある夜バーでチャーリー・バブコックという男性に出会い、彼と一晩を過ごす。ところがチャーリーは、会社が招聘した花形アンカーだった。チャーリーに仕事を奪われたペッパーは、気の置けない同僚たちの助けを得て、恋と仕事に全力で立ち向かう。[D]

ベティ～愛と裏切りの秘書室
YO SOY BETTY, LA FEA (1999-2001) S2 コロンビア RCN
アナ・マリア・オロスコ (藤貴子), ホルヘ・エンリケ・アベリョ (新垣樽助), ナタリア・ラミレス (峯香織) ◆ベティことベアトリス・ピンソン・ソラーノは見た目はイマイチだが優秀な女性。大手アパレル " エコモダ " の面接を金髪美女と一緒に受けるのだが…。持ち前のねばり強い性格と頭のよさで多くのピンチを切り抜ける、異色のヒロインの活躍を描いたコロンビアのテレノベラ (テレビ小説)。南米を中心に世界各国で大ヒットとなり、続編「エコモダ～愛と情熱の社長室」が製作された。またその後アメリカで「アグリー・ベティ」としてリメイクもされた。

ベター・コール・ソウル

PEPPER ～恋するアンカーウーマン

は

ベニスのポリー
→ピッポと小馬

ペニー・ドレッドフル～ナイトメア血塗られた秘密～
→ナイトメア ～血塗られた秘密～

紅はこべ
THE SCARLET PIMPERNEL (1999-2000) S2 米 = 英 BBC
リチャード・E・グラント (山路和弘), エリザベス・マクガヴァン (福田如子), マーティン・ショウ (原康義) ◆バロネス・オルツィの歴史活劇を映像化したミニシリーズ。革命で実権を握ったロベスピエールは、貴族や聖職者を次々と逮捕・処刑していた。そんな中、捕らえられた貴族らを奪還、イギリスへ亡命させる“紅はこべ”という謎の集団が現れる。革命政府のショーヴランは紅はこべの正体を暴くべくイギリスに乗り込むが…。[D]

ペーパー・ハウス
LA CASA DE PAPEL (2017) S1 スペイン Antena 3
ウルスラ・コルベロ, イジアル・イトゥーニョ, アルヴァロ・モルテ, パコ・トウス, ペドロ・アロンソ ◆天才的な犯罪プランナーが実行する、造幣局から大金を奪う強奪作戦を描いたクライム・サスペンス。教授と名乗る男が 8 人の犯罪者を集め、スペイン王立造幣局に押し入って 67 人もの人質を取る。交渉人の女性刑事ラケルは教授と接触する一方、強盗団の手がかりを追う。やがてラケルは強盗団の 1 人に関する重要な情報を入手するが、教授は仲間の身元がバレるのを阻止しようと動き出す。

ペーパームーン
PAPER MOON (1974-1975) S1 米 ABC
クリストファー・コネリー (新克利), ジョディ・フォスター (白井裕子) ◆ケチな詐欺師のモーゼは、昔の知り合いの娘アディと出会う。アディの母親はすでに死去して伯母に預けられていたが、彼女はモーゼと共に旅に出ようとする。ライアン、テイタムのオニール父娘が主演した映画を全 13 話で TV ドラマ化。「タクシードライバー」出演前の J・フォスターが娘役を演じている。

ヘヴィメタル・クロニクル
METAL HURLANT CHRONICLES (2012-2014) S2 仏 = ベルギー FR4
ルトガー・ハウアー (小島敏彦), マイケル・ビーン (園岡新太郎) ◆フランスで出版されていた SF ホラーのコミック誌“メタル・ユルラン”(アメリカではヘヴィメタルの名で出版) からいくつかのエピソードをセレクトして TV ドラマ化。剣闘士の戦いで勝ち残ったものが次の王になる「キングの王冠」、アンドロイドと人類の戦いを描く「ゴーレムの覚醒」など、多彩なジャンルを映像化したオムニバス。[D]

ヘビー・ウォーター・ウォー
KAMPEN OM TUNGTVANNET / THE HEAVY WATER WAR: STOPPING HITLER'S ATOMIC BOMB (2015-2016) S1 ノルウェー NRK
エスペン・クロウマン＝ホイネル, クリストフ・バック, アンナ・フリエル ◆第二次大戦におけるナチスの原爆開発をめぐる実話を映像化し、ノルウェーで大ヒットを記録した全 6 話の戦争アクション大作。ノーベル賞を受賞した物理学者ハイゼンベルクの協力を得て、自国による原子爆弾の開発を進めていたナチス・ドイツは、ノルウェーの山岳地帯にある工場で原子爆弾に必要な重水の製造を開始。連合国軍司令部は兵士を秘密裏に送り込み、工場の爆破に成功する。しかしナチスは重水工場をドイツ国内に移すことを決定した。果たして連合国はナチスの計画を止めることができるのか。[D]

ヘムロック・グローヴ
HEMLOCK GROVE (2013-2015) S3 米 Netflix
ファムケ・ヤンセン (日野由利加), ビル・スカルスガルド (金城大和), ランドン・リブロン (興津和幸) ◆ヘムロック・グローヴという小さな村にピーター・ルマンセックと母親のリンダが引っ越してきた。と同時に、ある女子高生がまるで動物に襲われたかのような惨い姿で見つかる猟奇的殺人事件が発生し、よそ者のピーターに嫌疑がかかる。実は人狼であるピーターは、その事実を隠しながらクラスメイトのローマン・ゴッドフリーと事件の謎を追うが…。人狼、バンパイヤ、魔女など超自然の存在が入り乱れるサスペンス・ホラー。製作総指揮はイーライ・ロス。

ヘラクレス
HERCULES: THE LEGENDARY JOURNEYS (1994-1999) S6 米 = ニュージーランド
ケヴィン・ソーボ, アンソニー・クイン ◆有名なギリシャ

紅はこべ

ヘラクレス

は

神話をもとに、英雄ヘラクレスの冒険を描いたヒロイック・ファンタジー・シリーズ。トロイ人に最後の願いとして、失われた王国を奪還して欲しいと言われたヘラクレス。旅の途中、彼は雨乞いのために人身御供にされようとしていたディアネイラという少女を救う。2人は旅を続けるが、行く手に様々な事件が立ちはだかる。「死霊のはらわた」「ダークマン」などのカルト監督、サム・ライミが製作総指揮を手がけている。本国では5本のTVムービーと、6シーズンにおよぶTVシリーズが製作されたが、日本では6本のビデオが発売され、再編集版が1本「日曜洋画劇場」で放送されただけだった。[V]

ヴェラ ～信念の女警部～
VERA (2011-2017) S7 英 ITV
ブレンダ・ブレシン , デヴィッド・レオン , ウンミ・モサク◆イギリスの女流推理作家アン・クリーヴスの小説“ヴェラ・スタンホープ”シリーズを映像化したミステリー・ドラマ。仕事中毒で歯に衣着せぬ物言いの女性警部ヴェラを主人公に、巧妙に練り上げられたストーリー展開と、イングランド北東部に広がる荒涼とした風景を独特のセンスで切り取った映像とのハーモニーが楽しめる。

ヘリコップ
HELICOPS: EINSATZ UBER BERLIN (1998-2001) S3 独 Sat.1
クリストフ・M・オールト (納谷六朗), ドリーン・ジャコビ (小島幸子), マシアス・マッツ (小形満) ◆最新鋭の戦闘ヘリコプターが活躍するスカイ・バトル・アクション。麻薬王を逮捕したばかりの刑事ジェニファー。彼女の恋人である刑事が麻薬王を護送しているところに、謎の装甲車が現われる。麻薬王は組織に奪還され、刑事は殺されてしまう。恋人の仇を取りたいジェニファーは特殊警察に加わるが、そこで極秘に開発されていた機動ヘリの存在を知る。彼女は元空軍将校のチャーリーを雇い、最新鋭ヘリで麻薬組織に挑む。厳選エピソードが「ヘリコップ 1～3」「ヘリ刑事 (デカ)」としてビデオ化された他、全話が AXN で放映された。[D,V]

ヘリコプターの冒険
→ソニー号空飛ぶ冒険

HELIX - 黒い遺伝子 -
HELIX (2014-2015) S2 米 Syfy
ビリー・キャンベル (森田順平), 真田広之 , キーラ・ザゴースキー (伊藤美紀) ◆北極の生物研究所で謎の感染症が発生したとの報告を受け、疾病対策予防センター (CDC) のアラン・ファラガット博士は現地に赴く。彼がそこで目にしたのは、人類の存亡に関わる重大な秘密だった。謎めいた博士や捜査を妨害するスパイ、そして拡大していくウィルス感染者たち…。北極の研究施設という限られた空間の中で繰り広げられる、謎のウィルスをめぐる SF サスペンス・スリラー。[B,D]

ヘリ刑事 (デカ)
→ヘリコップ

ペリー・メイスン
→弁護士ペリー・メイスン

ベルサイユ
VERSAILLES (2015-2017) S2 仏＝加 Canal+
ジョージ・ブラグデン , アレクサンダー・ヴラホス , タイ・ルニャン , スチュアート・ボウマン , エヴァン・ウィリアムズ ◆「クリミナル・マインド FBI 行動分析科」と「MI-5 英国機密諜報部」のクリエイターがおくる、ベルサイユ宮殿を舞台とした歴史ドラマ。若きルイ 14 世は自身の安全を確保するため、父が遺した館を荘厳な宮殿に建て替え始める。だが弟のフィリップとの対立はますます大きなものとなっていき…。

ベルフェゴールは誰だ！
BELPHEGOR (1965) S1 仏 ORTF
ジュリエット・グレコ (楠侑子), イヴ・レニエ (高山栄) ◆ルーヴル美術館に出没すると言われる、マントと仮面に身を包む正体不明の怪人に材をとったモノクロ 30 分の TV シリーズ。元は新聞に連載されたスリラーで、フランスでは絶大な人気を誇った。後にソフィー・マルソー主演で「ルーヴルの怪人」(2001 年) として映画化もされた。全 13 話。

H・E・L・P ハーレム特殊救助隊
H.E.L.P. (1990) S1 米 ABC
ジョン・マホーニー , トム・ブレズナハン , デヴィッド・カルーソー , ウェズリー・スナイプス ◆「LAW & ORDER

ヴェラ ～信念の女警部～

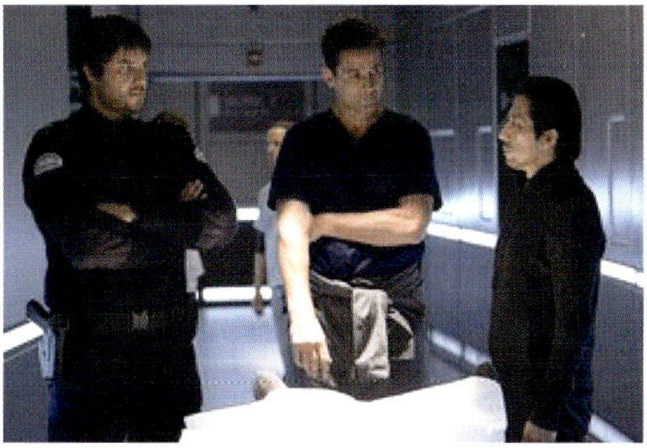
HELIX - 黒い遺伝子 -

は

ロー＆オーダー」を手がけたディック・ウルフが製作総指揮を務めるアクション・ドラマ。特殊救助隊 H・E・L・P(Harlem Eastside Lifesaving Program) の活躍を描く。日本では二つのエピソードを収録したビデオが発売されたのみ。お騒がせ俳優 W・スナイプスの初レギュラー・ドラマでもある。[V]

Valemont ～大学の知られざる秘密～

VALEMONT (2009) S1 米 MTV

クリステン・ヘイガー，ジェシカ・パーカー・ケネディ，エリック・バルフォー ◆兄の死の真相を突き止めるべく、奔走する女性の姿を描く新感覚サスペンス。エリック・グレーセンが失踪し、その後に遺体で発見された。妹のソフィは兄の携帯電話に遺されたビデオやメールをもとに、真実を突き止めようとする。兄が通っていた大学ヴェルモントに入学したソフィは、そこで大学に隠された秘密を暴こうとするのだが…。

ヴェロニカ 's クローゼット

VERONICA'S CLOSET (1997-2000) S3 米 NBC

カースティ・アレイ (沢海陽子)，ロン・シルヴァー (田中正彦)，キャシー・ナジミー (小宮和枝) ◆通販のランジェリーショップ“ヴェロニカ's クローゼット”のオーナー、ヴェロニカ・“ロニー”・チェイスが、恋と仕事に奮闘する様を描いたシチュエーション・コメディ。30 代女性のひとつの理想を描いて大ヒットとなった。

ヴェロニカ・マーズ

VERONICA MARS (2004-2007) S3 米 UPN → The CW

クリステン・ベル (弓場沙織)，エンリコ・コラントーニ (星野充昭)，パーシー・ダッグズ三世 (坂口周平) ◆賢くキュートな“放課後探偵”ヴェロニカ・マーズの活躍を描く、新感覚の青春ミステリー・ドラマ。元保安官で現在は探偵事務所を構えるキース・マーズの一人娘、女子高生のヴェロニカは父親の探偵事務所を手伝っている。ペットの捜索や盗難事件など、あらゆる事件を調査するヴェロニカだが、彼女の頭から離れないのは、親友だったリリーが被害者となった殺人事件のことだった。番組は 2007 年に終了したが、ファンに支えられて 2014 年に映画版が製作された。[D]

Ben & Kate

BEN AND KATE (2012-2013) S1 米 Fox

ダコタ・ジョンソン，ナット・ファクソン，ルーシー・パンチ ◆ 5 歳の愛娘マディーを明るくたくましく育てるシングル・マザーのケイトは、ハチャメチャな自由人で実兄のベンと暮らすことになるが、共同生活が平坦なものになるはずもなく…。真逆の兄妹と仲間たちの心温まるファミリー・ストーリー。

ベン・ケーシー

BEN CASEY (1961-1966) S5 米 ABC

ヴィンス・エドワーズ (滝田裕介)，サム・ジャッフェ (宮口精二→湊俊一)，ベティ・アッカーマン (初井言栄→木村俊恵) ◆大病院の脳神経外科医ベン・ケーシーが、医療問題のみならず上司、同僚、患者や家族などとの人間関係や確執に悩みながらも、手術や病気に立ち向かう姿を描くヒューマン・ドラマ。1 人の人間として病と戦うケーシーの真摯な姿が評判となった。黒板に「♂、♀、＊、†、∞」と書いていくオープニングと、移動するストレッチャーと共に流れる有名なテーマ曲は、強い印象を残す。1988 年には復活スペシャルの TV ムービー「帰って来たベン・ケーシー」も製作された。

弁護士イーライのふしぎな日常

ELI STONE (2008-2009) S2 米 ABC

ジョニー・リー・ミラー (土田大)，ヴィクター・ガーバー (広瀬彰勇)，ナターシャ・ヘンストリッジ (冬馬由美) ◆超常現象と弁護士という意外な組み合わせをコメディ・タッチで描く、一風変わったリーガル・ドラマ。正義より金が大事なエリート弁護士のイーライ・ストーンは、ある日突然、未来を予知するような幻覚と幻聴に悩まされるようになり、自らの意思とは別に正義の弁護士へ変わってゆく。イギリスの歌手ジョージ・マイケルが“お告げ”のヴィジョンとして登場し、イーライの事務所や自宅で自身の楽曲を熱唱する姿が話題を呼んだ。[D]

弁護士ジャック・ターナー

THE LYON'S DEN (2003-2004) S1 米 NBC

ロブ・ロウ，カイル・チャンドラー，エリザベス・ミッチェル ◆政治家の一族に生まれながら弁護士の道を選択したジョン・“ジャック”・ターナーを主人公にした異色のサ

ヴェロニカ・マーズ

ベン・ケーシー

は

スペンス・ドラマ。大手弁護士事務所のベテランでジャックの恩師、ダン・バーリントンの死にまつわる謎を描く。

弁護士ジャッド
JUDD FOR THE DEFENSE (1967-1969) S2 米 ABC
カール・ベッツ(南原宏治), スティーヴン・ヤング(柴田昌宏)◆高額な費用で数々の刑事事件を解決に導く中年弁護士の活躍を描くリーガルドラマ。クリントン・ジャッドは高額報酬と引き替えに依頼人の弁護を引き受けるエリート弁護士。今日も助手のベン・コールドウェルと共に全米各地へ赴いてゆく。第1シーズンの第1話「Tempest in a Texas Town」はエドガー賞(MWA賞)のTVエピソード部門を受賞した。

弁護士シャノン
SHANNON'S DEAL (1990-1991) S2 米 NBC
ジェイミー・シェリダン(井上孝雄), エリザベス・ペーニャ(弥永和子), ジェニー・ルイス(池本小百合)◆やり手の弁護士だったが家庭を顧みない仕事ぶりで妻と娘を失い、やがてギャンブルで身を持ち崩したジャック・シャノンが、莫大な借金返済のため事務所を開き、依頼人のために奮闘していく姿を描いた法律ドラマ。企画・製作は「ピラニア」「宇宙の7人」のジョン・セイルズ。

弁護士ジョーンズ
THE LAW AND MR. JONES (1960-1962) S2 米 ABC
ジェームズ・ホイットモア, ジャネット・デ・ゴア, コンラン・カーター◆第16代大統領と同じ名前を持つ弁護士エイブラハム・リンカーン・ジョーンズが、女性秘書のマーシャ・スピアーや事務員のC・E・カラザースと共に、詐欺や横領などホワイトカラーが引き起こす非暴力犯罪を中心に奮闘するモノクロ30分の法廷ドラマ。

弁護士ビリー・マクブライド
GOLIATH (2016) S1 米 Amazon
ビリー・ボブ・ソーントン(小形満), マリア・ベロ(藤本喜久子), タニア・レイモンド(村松妙子), ニナ・アリアンダ(ちふゆ), ウィリアム・ハート(ふくまつ進紗), オリヴィア・サールビー(LYNN)◆「アリー・my ラブ」「ザ・プラクティス/ボストン弁護士ファイル」のデイビッド・E・ケリー製作総指揮による、大企業相手の訴訟に立ち上がった弁護士の戦いを描いた法廷ドラマ。敏腕弁護士だったビリー・マクブライドは、今では酒浸りの毎日を送っていたが、大企業ボーンズ・テックの従業員ライアン・ラーソンが自殺した原因が企業側にあるという訴訟問題を手がけることに。しかし企業側に付いたのは、ビリーがかつて共同経営者として所属していた大手弁護士事務所だった。やがて被害者の姉で、事件の依頼人でもあるレイチェルが殺害され、事件は闇に葬られようとするが…。

弁護士プレストン
THE DEFENDERS (1961-1965) S4 米 CBS
E・G・マーシャル, ロバート・リード◆依頼を受けた弁護士親子が真実を追究する姿を描くリーガル・ドラマ。ベテラン弁護士の父ローレンスと法律学校を出たばかりの息子ケネスのプレストン親子が、関係者や警察などから聞き込みを行い、クライマックスは法廷での真相究明となる。推理や謎解きがメインではなく、人間や社会を描く社会派ドラマとして高い評価を得た。NHK教育にて字幕で放送された。

弁護士ペトロチェリー
PETROCELLI (1974-1976) S2 米 NBC
バリー・ニューマン(柴田秀勝), スーザン・ハワード(松金よね子), アルバート・サルミ(増岡弘)◆シドニー・J・フューリー監督の映画「殺人者の影」(1970年)に登場した、B・ニューマンが演じた主人公の弁護士トニー・ペトロチェリーをそのまま主役に配した法廷ドラマ・シリーズ。苦学の末に弁護士事務所を開いたペトロチェリーが、妻マギーや友人ピート・リッターの助けを得て難事件を解決していく。シリーズ化にあたって、パイロット版となるTVムービー「弁護士ペトロチェリー/殺したのは私じゃない」も製作されている。

弁護士ペリー・メイスン
PERRY MASON (1957-1966) S9 米 CBS
[別]ペリー・メイスン
レイモンド・バー(佐藤英夫→若山弦蔵), バーバラ・ヘイル(藤野節子→佐野タダ枝→瀬能礼子), ウィリアム・ホッパー(松宮五郎→北村憲司郎→中村正)◆E・S・ガードナーの推理小説『ビロードの爪』から始まる"ペリー・メイスン"シリーズを原作とする弁護士ドラマの最高峰。正義感が強く決断力と行動力のある弁護士が、無実の罪

弁護士ジャック・ターナー

弁護士ペリー・メイスン

は

に問われた依頼人を救うため活躍する姿を描く。原作者が脚本をチェックし、ゴーサインが出たもののみドラマ化されたと言われる。日本ではフジテレビ、TBS、NET(テレビ朝日)と複数の局で放送された。[D]

ペンサコーラ～黄金の翼

PENSACOLA: WINGS OF GOLD (1997-2000) S3 米 CBS

ジェームズ・ブローリン(小林修), ロドニー・ローランド(関俊彦), キャスリン・モリス(小野美喜) ◆アメリカのペンサコーラ海軍航空基地を舞台に、若き戦闘機パイロットたちの活躍を描くTVシリーズ。実際の戦闘機の飛行シーンを交えているのが見どころ。日本では2話ずつ収録されたビデオが9本と「ペンサコーラ/アナザー・エピソード」というタイトルのビデオ1本が発売された後、衛星放送と地上波(地方局)で放送された。[V]

ベンジーと遊星王子

BENJI, ZAX & THE ALIEN PRINCE (1983) S1 米 CBS

クリス・バートン ◆ハンナ・バーベラ製作による子供向けSFドラマ。大ヒット映画「ベンジー」(1974年)を手がけたジョー・キャンプがクリエイターを務めている。暴君ザヌーにより国王である父を殺され、女王である母を捕らえられてしまった惑星アンタレスの王子ユービは、ドロイドのザックスと共に地球へ逃れ、そこで犬のベンジーと仲良くなった。だがユービを追って2人の賞金稼ぎが地球へ飛来する。

ベン・ハー

BEN HUR (2010) S1 英=加=スペイン=独 CBC/ABC

ジョセフ・モーガン(土田大), スティーヴン・キャンベル・ムーア(寸石和弘), エミリー・ヴァンキャンプ(小倉結衣) ◆裕福なユダヤ人に生まれたベン・ハーは、総督にレンガを落とした冤罪で奴隷にされ、父も磔にされてしまう。そしてそれを決定付けたのは、仲の良かった幼馴染み、ローマ貴族のメッサーラの偽証だった。ベン・ハーは復讐を誓い、やがてローマ市民の身分を得て戻ってくるが…。有名な歴史大作をミニシリーズとしてリメイク。[D]

ほ

ボアード・トゥ・デス

BORED TO DEATH (2009-2011) S3 米 HBO

ジェイソン・シュワルツマン, ザック・ガリフィナーキス, テッド・ダンソン ◆2007年の映画「ダージリン急行」のJ・シュワルツマンが主演を務めた米HBO制作のコメディ。彼女にフラれて落ち込んでいた売れない小説家ジョナサン・エイムズは、思いつきで出したネット広告をきっかけに、無免許ながら探偵業を始める。すると、素人探偵の彼のもとに次々と奇妙な依頼が舞い込んでくるのだが…。

保安官サム・ケイド

CADE'S COUNTY (1971-1972) S1 米 CBS

グレン・フォード, エドガー・ブキャナン, テイラー・レーチャー, ヴィクター・カンポス, ピーター・フォード ◆メキシコ国境に近いマドリッド郡で生まれ育った保安官のサム・ケイドが、荒涼とした砂漠をジープで飛ばしながら、仲間たちの協力を得て凶悪事件に立ち向かう犯罪ドラマ。西部劇ではなく、舞台は現代である。

保安官ニコルス

NICHOLS (1971-1972) S1 米 NBC

ジェームズ・ガーナー(羽佐間道夫), マーゴット・キダー(増山江威子), スチュアート・マーゴリン(雨森雅司) ◆1914年のアリゾナを舞台に、除隊し帰郷したニコルスが保安官になり、町を牛耳るケッチャム・ファミリーとケンカまがいの適当な戦いを繰り広げる姿を描く。主人公が乗るのが馬ではなくバイクであったり、町には自転車が走っていたりと、新しい西部劇として話題に。

保安官ワイアット・アープ

THE LIFE AND LEGEND OF WYATT EARP (1955-1961) S6 米 ABC

ヒュー・オブライアン(若山弦蔵) ◆実在の名保安官ワイアット・アープの半生を描いたモノクロ30分の西部劇。アメリカでは6年間、227話にわたり放送された。友人のホイットニー保安官がガンマンに殺されたことから、ワイアット・アープが彼のバッジを受けて復讐を果たすところからストーリーが始まる。主演のH・オブライアンはこの番組をきっかけに、人気スターの仲間入りを果たした。

ボイジャー

HYPERNAUTS (1996) S1 米 ABC

[別] VOYAGER ～ボイジャー

マーク・ブランド・ダニエル, グレン・ハーマン, ハイジ・ルー

ベン・ハー

保安官ワイアット・アープ

カス ◆スパイ衛星の回収を命じられた3人の訓練生エイス、シャーキー、マックスが、ワープ航法のトラブルで地球を遥かに離れた深宇宙に飛ばされ、宇宙征服を企むトライアード帝国と戦いを繰り広げるSFアクション・ドラマ。[L,V]

ボーイ・ミーツ・ガール
BOY MEETS GIRL (2009) S1 英 ITV

レイチェル・スターリング, マーティン・フリーマン, パターソン・ジョセフ ◆ M・フリーマンが「SHERLOCK/ シャーロック」でブレイクする前に出演したイギリスのコメディ・ドラマ。DIYショップで働く冴えない男ダニーは、雷に打たれた衝撃でヴェロニカという女性と入れ替わってしまう。ファッション誌のジャーナリストとして成功している彼女の生活は優雅で、ダニーの生活とは大違い。一方その頃、ダニーの身体に入ってしまったヴェロニカも様々な違いに戸惑っていた。異なる身体や社会的立場、人間関係に苛立ちながらも、互いの人生を通して自らを省みていく男女の姿を描く。

ボーイ・ミーツ・ワールド
BOY MEETS WORLD (1993-2000) S7 米 ABC

ベン・サヴェージ(くまいもとこ→山口勝平), ウィリアム・ラス(井上和彦), ベッツィ・ランドル(島本須美) ◆ 11歳の少年コーリー・マシューズを中心に、彼を取り巻く人々との交流と騒動を描いたシチュエーション・コメディ。ドラマは好評を博して長寿番組となり、最終シーズンでは成長したコーリーが卒業して結婚するまでが描かれた。

ポイントプレザントの悪夢
POINT PLEASANT (2005-2006) S1 米 Fox

エリザベス・ハーノイス(小笠原亜里沙), グラント・ショウ(谷昌樹), サム・ペイジ(加瀬康之) ◆ニュージャージー州にあるポイント・プレザント・ビーチに打ち上げられた少女クリスティーナは、目の中に獣の数字666を持つ悪魔の一族だった…。悪魔の力に目覚めていない少女をめぐって神と悪魔の使者たちが争うサスペンス・アクション。[D]

法医学捜査班 silent witness
SILENT WITNESS (1996-2017) S20 英 BBC

アマンダ・バートン, ウィリアム・ガミナラ, トム・ウォード ◆イギリスBBC製作の法医学ドラマ。サム・ライアン、ニキ・アレキサンダー、レオ・ダルトンら一流の法医学者たちが遺体に残るわずかな痕跡から加害者をあぶり出していく。ドラマは大人気を得、20シーズンにも及ぶ長寿番組となった。

放課後ロックンロール
LOST & FOUND MUSIC STUDIOS (2015-2016) S2 加 Family Channel

アレックス・ザイチコフスキー(野村淳一), キアラ・グレイヴス(清水香里), シェーン・ハート(久保隆) ◆才能ある若者だけが通うことのできるミュージシャン育成プログラムを舞台に、ジョンやルーク、レイアなど10代のシンガーソングライターたちがプロ・ミュージシャンへの道を歩き出す姿を、恋や友情といった青春エピソードを交えながら描く。

冒険少年団テリブル・テン
THE TERRIFIC ADVENTURES OF THE TERRIBLE TEN (1960-1963) S1 豪 GTV

ゲイリー・グレイ ◆メルボルンに住む10人の仲良しが少年団を結成し冒険を繰り広げる、オーストラリア産の少年少女向けドラマ。アメリカでは1963年から1965年にかけて、オリジナルエピソードを再編集した上に新しい映像を追加した「THE TEN AGAIN」が放送された。

冒険野郎マクガイバー
MACGYVER (1985-1992) S7 米 ABC

リチャード・ディーン・アンダーソン(石丸博也), ダナ・エルカー(宮川洋一→上田敏也), ブルース・マッギル(内海賢二) ◆かつては軍の特殊部隊に所属し、今はフェニックス財団の援助を受けて数々の事件や犯罪に立ち向かう男、マクガイバーの活躍を描く冒険活劇シリーズ。従来のヒーローと大きく異なるのは、銃を嫌い、持ち前の知識で手近の材料から何でも造ってしまうこと。毎回、危機に陥ったマクガイバーがどんなものを活用するのかが見どころ。爽やかなマクガイバーのキャラクターと、数々のギミックで1980年代後半の人気シリーズとなった。番組終了後の1994年に長編スペシャル「失われた大陸の秘宝」「核爆発へのカウントダウン」が製作された他、2016年にはリメイク版「MACGYVER ／マクガイバー」もスタート。[D]

法医学捜査班 silent witness

冒険野郎マクガイバー

は

暴走地区 ― ZOO ―
ZOO (2015-2017) S3 米 CBS
ジェームズ・ウォーク (高橋英則), クリステン・コノリー (中村千絵), ノンソー・アノジー (三宅健太) ◆ジェームズ・パターソンのベストセラー小説をドラマ化した SF サスペンス。突如として人を襲い始めた動物たちと、その現象の謎を解き明かそうとする科学者たちとの攻防を描く。動物が人間を襲うという現象が世界中で多発しつつあった。アフリカの動物学者ジャクソン・オズは、一連の事件には共通する何かがあると推理する。[D]

Ballers/ ボウラーズ
BALLERS (2015-2017) S3 米 HBO
ドウェイン・ジョンソン , ジョン・デヴィッド・ワシントン , オマー・ミラー ◆ " ザ・ロック " こと D・ジョンソンが初めて TV ドラマ・シリーズの主演を務め、大ヒットを記録した 1 話 30 分のスポーツ・コメディ。引退して第 2 の人生を送る元アメフト選手と、現役アメフト選手たちとのやり取りをユーモラスに描く。有名スポーツ選手のカメオ出演も話題に。かつてアメフトのスター選手だったスペンサーは故障のため現役を退き、今はファイナンシャル・アドバイザーとして働いている。3 人の現役アメフト選手を担当するが、3 人とも個性的なつわものばかりで…。

ホーキンズ
HAWKINS (1973-1974) S1 米 CBS
[別] 探偵ホーキンズ
ジェームズ・スチュワート (柳生博), ストローザー・マーティン ◆ウェストバージニアで保安官も兼任する弁護士、ビリー・ジム・ホーキンズが次々と事件を解決に導いていく姿を描く、90 分のドラマ・シリーズ。飄々とした雰囲気を持ちながら、経験豊富で頭脳明晰なビリーは、J・スチュワートの持ち味を生かしたキャラクターとなっている。
- 赤い殺人鬼／カリフォルニア殺人事件　DEATH AND THE MAIDEN (1973)
- ハリウッド殺人事件　MURDER IN MOVIELAND (1973)
- 若妻の陰謀　DIE, DARLING, DIE (1974)
- 殺人心理学　A LIFE FOR A LIFE (1974)
- バージニア殺人事件　BLOOD FEUD (1974)
- 復讐のタッチダウン　MURDER IN THE SLAVE TRADE (1973)
- 死刑台への賭け／暴かれた麻薬殺人　MURDER ON THE 13TH FLOOR (1974)
- ワシントン殺人事件　CANDIDATE FOR MURDER (1973)

僕が教えるアメリカ成功術
HOW TO MAKE IT IN AMERICA (2010-2011) S2 米 HBO
ブライアン・グリーンバーグ , ヴィクター・ラサック , レイク・ベル , エディ・ケイ・トーマス , スコット・" キッド "・メスカディ , ルイス・ガスマン ◆ 2 人の若者がたった 1 本のジーンズを手にニューヨークのファッション業界に挑戦し、アメリカン・ドリームを掴もうと奮闘する姿を描いたコメディ。ニューヨークで暮らすグラフィックデザイナーのベンは、ビジネスに失敗して借金を抱え、恋人レイチェルにもフラれ、激しく落ち込んでいた。そんなベンを立ち直らせるため、親友のキャムはある突拍子もないアイデアを思いつく。それは、たった 1 本の高級ジーンズを武器にニューヨークのファッション業界でトップを目指すという無謀な挑戦だった。

僕と君と彼女の関係
YOU ME HER (2016-2017) S2 米
レイチェル・ブランチャード (佐古真弓), グレッグ・ポーラー (前田一世), プリシラ・ファイア (清水理沙) ◆「セーブ・ミー」のジョン・スコット・シェパードが製作総指揮を務める恋愛コメディ。郊外に住む夫婦エマとジャックは、子供を望んでいるものの夫婦生活に満足しておらず、ジャックは兄に勧められてコールガールを呼ぶことに。ジャックの前に現れたのは 25 歳の大学院生イジー。彼女の魅力にジャックはもとより、エマまでも魅了されてしまい、不思議な三角関係が始まる。

ホークと呼ばれた男
A MAN CALLED HAWK (1989) S1 米 ABC
エイヴリー・ブルックス , モーゼス・ガン ◆ロバート・B・パーカー原作のドラマ「私立探偵スペンサー」のレギュラー・キャラクターだった黒人の用心棒ホークを主人公にしたスピンオフ作品。自身の生まれ故郷であるワシントン DC 北部の黒人居住区を守るため、ベトナム帰還兵で元ボクサーのホークが数々の犯罪に立ち向かう姿を描く。

暴走地区 ― ZOO ―

Ballers/ ボウラーズ

全 13 話。

ぼくのテムズ川
SAM AND THE RIVER (1975) S1 英 = スウェーデン BBC
サイモン・ウェスト(永久勲雄), マーク・ダイタム(清水秀生), ジョー・ローボトム(岩本多代), ハリー・マーカム(浮田佐武郎) ◆テムズ川のほとりで母親と暮らすサムはある日、古倉庫で怪しげな一団を目にする。やがて男たちはダイヤモンドの密輸団だったことが判明、サムは友人のポールと共に密輸団と戦いを繰り広げる。日本ではNHK「少年ドラマシリーズ」枠で放映された。1 話 30 分、全 6 話。

ぼくのフリッカ
→名馬フリッカ

ぼくはハッピー
HAPPY (1960-1961) S2 米 NBC
ロニー・バーンズ(戸田皓久), イヴォンヌ・ライム(清水マリ) ◆カリフォルニア州パームスプリングスで"デザート・パーム・ホテル"を経営する夫婦と、その子供である赤ちゃんのハッピーとの生活を描くモノクロ30分のシットコム。赤ちゃんが視聴者に向かって、大人社会を批判的に語るというユニークな手法がとられた。

ぼくら 1 ぴき 6 にん
PLEASE DON'T EAT THE DAISIES (1965-1967) S2 米 NBC
[別] ママがいなけりゃだめ
パット・クローリー(中村メイコ), マーク・ミラー ◆ドリス・デイが主演した 1960 年の映画「ママは腕まくり」の TV ドラマ版。大学教授の夫ジム、妻のジョアン、そして 4 人の子供たちという、ニューヨーク在住のナッシュ一家が繰り広げる騒動をユーモアを交えて描く 30 分のホーム・コメディ。

ぼくらのナニー
NANNY AND THE PROFESSOR (1970-1971) S3 米 ABC
ジュリエット・ミルズ(姫ゆり子), リチャード・ロング(近藤洋介), デヴィッド・ドアマス(鹿沼政仁) ◆ 3 人の子持ちのエヴァレット教授は育ち盛りな子供たちの世話にほとほと手を焼いていた。何人か家政婦を雇ってみたものの、いたずらが過ぎる子供たちを相手になかなか長続きしない。そこにイギリスから不思議な家政婦がやってくる。彼女には動物と話をしたり、未来を予知するという特殊能力があり、一家に起こる様々な出来事も即座に解決してしまう。エヴァレット家は彼女のおかげで、幸福な日々を送ることになるのだが…。J・ミルズが「メリー・ポピンズ」を思わせるナニーを好演。ファンタスティックな 30 分枠のファミリー・ドラマ。

ぼくらのポリー
POLY / POLLY (1961) 仏
[別] 子馬のポリー
メディ・エル・グラウィ(松島みのり), ジョルジュ・ボーダ(久米明) ◆ 4 歳の少年パスカルは、サーカスでいじめられていた子馬のポリーを見かけ、友人と共に救出する。ポリーのために秘密の場所を作った子供たちが、子馬を育てようと奮闘する冒険ドラマ。「情婦マノン」で知られるフランスの女優セシル・オーブリーが自らの原作小説をドラマ化し、脚本・監督を務めている。このシリーズは人気を博し、フランスでは数多くのシリーズが製作された。その内の一作「POLY A VENISE」は「ピッポと小馬」というタイトルで 1971 年に日本で放送された。

ホクロにご用心
MY LIVING DOLL (1964-1965) S1 米 CBS
ジュリー・ニューマー, ロバート・カミングス ◆アンドロイドに振り回される人々を描いたモノクロ 30 分の SF コメディ。若く美しいローダは、実はカール・ミラー博士が作り上げた宇宙旅行用のアンドロイド "AF709"。博士がパキスタンへ行くことになったため、友人の心理学者ボブ・マクドナルドがローダの面倒を見ることに。ローダが完璧な女性になれるよう、女性の生き方を教えようとするボブだったが、これがなかなかうまくいかず…。

誇り高き男たち
THE AMERICANS (1961) S1 米 NBC
ダリル・ヒックマン(稲吉靖), リチャード・ダヴァロス(浦野光) ◆南北戦争で南軍と北軍に分かれて戦うことになってしまったベンとジェフのキャンフィールド兄弟。2 人が戦場で出会うまでを描いた歴史ドラマ。モノクロ、全 17 話。

BOSS/ ボス ～権力の代償～
BOSS (2011-2012) S2 米 Starz!
ケルシー・グラマー, コニー・ニールセン, ハンナ・ウェ

ぼくら 1 ぴき 6 にん

ホクロにご用心

ア ◆「グッド・ウィル・ハンティング」のガス・ヴァン・サント監督が手がけた初のTVシリーズで、シカゴ市長をめぐる政界の闇と腐敗を描いた政治サスペンス・ドラマ。強引で冷徹なシカゴ市長トム・ケインが、回復も治癒も不可能な病に侵されながらも、市長の座を守るためどんな手を使ってでも自らの野望に向かって突き進んでいく。主演を務めたK・グラマーはゴールデン・グローブ賞主演男優賞(ドラマ部門)を受賞した。

HOSTAGES　ホステージ

HOSTAGES (2013-2014) S1 米 CBS

トニ・コレット(安藤麻吹), ディラン・マクダーモット(てらそままさき), テイト・ドノヴァン(加藤亮夫) ◆ジェリー・ブラッカイマーが製作総指揮を務めた、1日1話のペースで進行するタイムリミット・サスペンス。大統領の執刀医に選ばれたエレン・サンダースは、手術前夜に自宅を襲撃され、夫と2人の子供を人質に取られてしまう。謎の犯行グループの要求は、大統領の暗殺。エレンはとっさの判断で手術を2週間延期するのだが…。[D]

ホステージ

BNEI ARUBA / HOSTAGES (2013-2016) S2 イスラエル Channel 10

ヤイル・ロータン <S1-2>, アイェレット・ゾラー <S1>, トメル・カポン <S1-2> ◆陰謀に巻き込まれた家族を救うため奮闘する女性外科医の姿をスリリングに描く、イスラエル製作のドラマ・シリーズ。外科医ヤエル・ダノンの家にマスク姿の男たちが侵入し、家族を人質に立てこもってしまう。犯人たちの要求は、ヤエルが翌日に執刀する予定の手術で患者である首相を殺害しろ、というものだった。愛する家族を守るため、ヤエルが下した決断とは。

ボストン・パブリック

BOSTON PUBLIC (2000-2004) S4 米 Fox

シャイ・マクブライド, ジェサリン・ギルシグ, アンソニー・ヒールド ◆ボストンの公立高校を舞台に、学校で起こる出来事を教師たちの目線で描く群像劇。様々なエピソードが同時進行で綴られる。学校の予算問題、生徒たちに蔓延するドラッグ、モンスターペアレンツからのクレーム等々、教師たちは戸惑い悩みながらも難局を乗り越えるべく奮闘する。「ザ・プラクティス／ボストン弁護士ファイル」「ボストン・リーガル」のデイビッド・E・ケリーが企画と製作総指揮を務めた。

ボストン・リーガル

BOSTON LEGAL (2004-2008) S5 米 ABC

[別] ボストン・リーガル お騒がせグレート弁護士 (DVD)

ジェームズ・スペイダー(てらそままさき), ウィリアム・シャトナー(麦人), キャンディス・バーゲン(宮寺智子) ◆「ザ・プラクティス／ボストン弁護士ファイル」のスピンオフ作品。ボストンにある、富裕層をターゲットとした法律事務所を舞台に、有能ながらトラブルばかりの弁護士アラン・ショア、事務所の代表パートナーでトラブルメーカーのデニー・クレインら個性的な面々が繰り広げるコメディ・ドラマ。巨大企業相手の大型訴訟から言いがかりのような小さな訴訟まで、バラエティ豊かな案件がブラック・ユーモアたっぷりに描かれる。[D]

ボーダー・パトロール

BORDER PATROL / U.S. BORDER PATROL (1959) S1 米

リチャード・ウェッブ(若山弦蔵) ◆アメリカ合衆国の国境警備隊の活躍を描くモノクロ30分のアドベンチャー・ドラマ。ドン・ジャガー率いる"ボーダー・パトロール"は、国境線周辺で起きる不法入国や密輸入などの犯罪を日々取り締まる。

BOSCH ／ボッシュ

BOSCH (2014-2017) S3 米 Amazon

タイタス・ウェリヴァー(広瀬彰勇), ジェイミー・ヘクター(古賀明), エイミー・アキノ(岡まゆみ) ◆マイクル・コナリーのベストセラー警察小説シリーズをドラマ化したミステリー。ロサンゼルス市警の殺人課刑事ヒエロニムス・ボッシュ、通称ハリー・ボッシュの活躍を描く。己の信念を貫くためならば仲間や上層部との衝突も辞さない熱血刑事ボッシュが、凶悪な殺人事件の解決のために真っ直ぐに突き進んでいく。

ボディ・オブ・プルーフ　死体の証言

BODY OF PROOF (2011-2013) S3 米 ABC

ダナ・デラニー(弘中くみ子), ニコラス・ビショップ(木内秀信), ジェリ・ライアン(篠原恵美) ◆交通事故の後遺症の影響で女医から検死官に転身したミーガン・ハントが、優れた洞察力と豊富な医学知識を駆使して、死体

ボストン・リーガル

BOSCH ／ボッシュ

は

に隠された事件の真相に挑む検死クライム・ミステリー。犯罪ドラマと医療ドラマの両方の面白さを楽しめる。[D]

ホテル エロチカ

HOTEL EROTICA (2002-2003) S2 米 HBO

ビヴァリー・リン , ブランドン・ルクダシェル , アン・マリエ ◆精霊に取り憑かれ快楽におぼれていく男女の姿を、アダルトなシーンの連続で描く 18 禁のエロス・ドラマ。エマは祖母から遺された屋敷を改修したホテル " ラブ・スピリット・イン " をオープンするが、そこには人間の欲望を刺激する精霊が棲み着いていた。[D]

ホテル・バビロン

HOTEL BABYLON (2006-2009) S4 英 BBC

タムジン・アウスウェイト (魏涼子), マックス・ビースレイ (竹若拓磨), デクスター・フレッチャー (清水明彦) ◆ホテル業界の裏側を綴ったイモージェン・エドワーズ＝ジョーンズの著書をドラマ化。ロンドンの 5 つ星ホテル " バビロン " を舞台に、そこへやってくる多種多様なゲストたちを出迎えるスタッフの奮闘をコメディ・タッチで描く。[D]

ホテル ハルシオン

THE HALCYON (2017) S1 英 ITV

スティーヴン・マッキントッシュ (牛山茂), オリヴィア・ウィリアムズ (五十嵐麗), ハーマイオニー・コーフィールド (森なな子), カーラ・トイントン (朴路美), ソープ・ディリス (田中進太郎) ◆ヒット作「ダウントン・アビー」の製作陣による人間ドラマ。ヨーロッパが戦火に巻き込まれつつある 1940 年代。ロンドンにある 5 つ星ホテル・ハルシオンを舞台に、ホテルに集う上流階級の人々の愛憎を描く。ハルシオンホテルにオーナーであるハミルトン卿が女性を引き連れてやってきた。次いでハミルトン卿夫人のプリシラもホテルに姿を現した。総支配人のリチャード・ガーランドはとっさの機転で夫妻の修羅場を回避しようとするのだが…。

ボードウォーク・エンパイア　欲望の街

BOARDWALK EMPIRE (2010-2014) S5 米 HBO

スティーヴ・ブシェミ (多田野曜平), マイケル・ピット (石母田史朗), ケリー・マクドナルド (高橋理恵子) ◆マーティン・スコセッシが製作総指揮を務めた連続 TV シリーズ。禁酒法が施行された 1920 年のアトランティック・シティを舞台に、郡の収入役でありながら町を牛耳る実力者イーノック・" ナッキー " ・トンプソンを中心として、愛憎渦巻く人間ドラマが描かれる。

ボナンザ

BONANZA (1959-1973) S14 米 NBC

[別] カートライト兄弟｜新・ボナンザ

ローン・グリーン (高塔正翁→市川中車→高塔正翁), マイケル・ランドン (朝戸正明→関根信昭→森直也), ダン・ブロッカー (西桂太→相模武→小関一), パーネル・ロバーツ (保科三良→戸浦六宏) ◆金鉱で沸くネバダ州の豊かな土地を舞台に、父親のベンと 3 人の異母兄弟アダム、ホス、ジョーのカートライト一家が無法者たちから牧場を守っていく。アクションよりも人間ドラマに主眼を置いてヒットし、20 年に及ぶ長寿番組となった。日本では途中で放送時間が変わり、タイトルも「カートライト兄弟」や「新・ボナンザ」などに改められた。1988 年には、カートライト兄弟たちの息子にスポットを当てた新作スペシャルの TV ムービーが作られた。[D]

ボニー＆クライド／俺たちに明日はない

BONNIE & CLYDE (2013) S1 米 A&E

エミール・ハーシュ (山本匠馬), ホリデイ・グレインジャー (三瓶由布子), ホリー・ハンター (唐沢潤) ◆アカデミー賞 2 部門に輝いた名作映画「俺たちに明日はない」を、2 部構成・合計 4 時間のミニシリーズとしてリメイク。大恐慌時代のアメリカに実在した男女 2 人組の強盗、ボニー・パーカーとクライド・バロウの凄絶な人生を描く。テキサス州の郊外で生まれ、若い頃から数々の事件を起こしてきたクライドは、結婚パーティーでボニーと出会う。退屈な毎日に飽き飽きしていた 2 人は、各地で強盗を繰り返すようになり…。

炎の英雄　シャープ

SHARPE (1993-2008) 英 ITV

ショーン・ビーン (てらそままさき), ダレク・オマーリ (西前忠久), ヒュー・フレイザー (中多和宏) ◆イギリスでベストセラーとなった歴史小説家バーナード・コーンウェルの " シャープ " シリーズを TV ドラマ化。孤児院育ちのイギリス軍兵士リチャード・シャープが、ナポレオン戦争でライフル部隊を率いて活躍する姿を描く。1993 年から

ボードウォーク・エンパイア　欲望の街

炎の英雄　シャープ

は

2008 年までの間に 16 本のエピソードが製作された。[D]

- 第 95 ライフル連隊　SHARPE'S RIFLES (1993)
- イーグルを奪え　SHARPE'S EAGLE (1993)
- 怒りの突撃　SHARPE'S COMPANY (1994)
- 死闘の果て　SHARPE'S ENEMY (1994)
- 失われた名誉　SHARPE'S HONOUR (1994)
- 秘められた黄金　SHARPE'S GOLD (1995)
- 狼の報復　SHARPE'S BATTLE (1995)
- シャープの剣　SHARPE'S SWORD (1995)
- 消えた大隊　SHARPE'S REGIMENT (1996)
- 絶望の要塞　SHARPE'S SIEGE (1996)
- 英雄譚の真実　SHARPE'S MISSION (1996)
- 運命の復讐　SHARPE'S REVENGE (1997)
- ヨークシャーの闇　SHARPE'S JUSTICE (1997)
- ワーテルロー　SHARPE'S WATERLOO (1997)
- 炎の英雄 シャープ ～新たなる挑戦 マハラジャの城砦　SHARPE'S CHALLENGE (2006)
- 炎の英雄 シャープ ～全滅の危機　SHARPE'S PERIL (2008)

炎のエマ

A WOMAN OF SUBSTANCE (1984) S1 英

デボラ・カー (鳳八千代), ジェニー・シーグローヴ (土井美加), バリー・ボストウィック (天田俊明) ◆召使いとして働き始め、やがて一代で財団を築くまでに成長する女性実業家エマ・ハートの半生を描くミニシリーズ。続編「華麗なる女実業家 続・炎のエマ (1986)」と第 3 作「華麗なる女実業家 仕掛けられた罠 (1992)」は TV ムービーとして製作された。

炎のテキサス・レンジャー

WALKER, TEXAS RANGER (1993-2001) S10 米 CBS

チャック・ノリス (谷口節), クラレンス・ギルヤード (鳥海勝美), シェリー・J・ウィルソン (水谷優子) ◆テキサス州北部フォートワースを舞台に、かつて海兵隊・特殊部隊に属していたベテラン隊員コーデル・ウォーカーを中心とする州の法執政官テキサス・レンジャーたちの活躍を描いたサスペンス・アクション。レンタルビデオ全盛期には一部のエピソードが「テキサス・レンジャー 1 ～ 4」や「ダーク・テリトリー」としてリリースされた。またシリーズ終了後の 2005 年には復活スペシャル TV ムービー「炎のテキサス・レンジャー リターンズ」も製作されている。[V]

炎の砦マサダ

MASADA / THE ANTAGONISTS (1981) S1 米 ABC

ピーター・オトゥール , ピーター・ストラウス , バーバラ・カレラ ◆ユダヤ人とローマ軍が戦ったユダヤ戦争の末期、自然の要塞に立てこもったユダヤ人の籠城戦を描いたミニシリーズ。エルサレム陥落後、抵抗を続ける 900 人のユダヤ人はそそり立った岩山を要塞として立てこもった。対するローマ軍は 5000 人。岩山を取り囲み、補給路を断って徹底的な兵糧攻めの作戦に出るが…。

ボビー・シャーマン・ショウ

GETTING TOGETHER (1971) S1 米 ABC

ボビー・シャーマン , ウェス・スターン , ジャック・バーンズ ◆「人気家族パートリッジ」の 1 エピソードに登場したミュージシャン・コンビを主役にした 30 分のシットコム。LA の音楽シーンで活躍しようと奮闘するボビー・コンウェイとライオネル・ポインデクスターの二人が巻き起こす騒動を描く。主演は「略奪された 100 人の花嫁」で人気者になった B・シャーマンで、そのため邦題は彼をメインにしたものになっている。全 14 話、日本では TVK で放映。

ボブとデヴィッドと

W / BOB AND DAVID (2015) S1 米 Netflix

ボブ・オデンカーク , デヴィッド・クロス ◆カルト的な人気を持つ 1995 年製作のコントショー「Mr. Show with Bob and David」のメインパーソナリティ、ボブとデヴィッドの 2 人がタイムマシンで現代にやって来て、新たな番組を作ったという設定で始まる TV シリーズ。宗教や人種のブラックなネタや不条理なショートコントが、緩やかなストーリー上でシームレスに次々と繰り出される。

ホープバレー物語

→こころ呼ぶとき

ホミサイド／殺人捜査課

HOMICIDE: LIFE ON THE STREET (1993-1999) S7 米 NBC

ヤフェット・コットー (亀井三郎), リチャード・ベルザー (田原アルノ), カイル・セコー (田坂秀樹→川中子雅人) ◆映画「レインマン」のバリー・レヴィンソンが製作総指揮を務め、新聞記者デヴィッド・サイモンのノンフィクションをもとに映像化したポリス・ストーリー。アメリカ東海

炎のテキサス・レンジャー

ホミサイド／殺人捜査課

岸の都市ボルチモアを舞台に、アル・ジャデーロ警部補率いる殺人捜査課の刑事たちの日常をリアルに描く。[D]

ホームタウン ～僕らの再会～

OCTOBER ROAD. (2007-2008) S2 米 ABC

ブライアン・グリーンバーグ , ローラ・プリポン , ジェフ・スタルツ ◆映画「コン・エアー」「アルマゲドン」の脚本家として知られるスコット・ローゼンバーグが企画と製作総指揮を務めた、小さな田舎町を舞台に繰り広げられる友情と恋を描いたヒューマン・ドラマ。ニック・ギャレットは高校卒業後ヨーロッパに渡り、音信不通となっていた。10 年後、ニューヨークでベストセラー作家となり帰郷するが、そこでは友人や家族が複雑な思いを抱いていた。

HOMELAND

HOMELAND (2011-2017) S6 米 Showtime

[別] HOMELAND ／ホームランド (ソフト)

クレア・デインズ (岡寛恵), マンディ・パティンキン (小川真司→菅生隆之), ダミアン・ルイス (郷田ほづみ)<S1-3> ◆ CIA 女性局員のキャリー・マティソンは、イラク赴任中に失踪してから 8 年ぶりに英雄として帰還した海兵隊のニコラス・ブロディ軍曹が、テロ組織アルカイダに洗脳されて寝返ったスパイだと確信し、上司のソール・ベレンソンと共にその正体を暴こうとするのだが…。CIA とテロ組織との果てしない戦いを描くサスペンス・ドラマ。[B,D]

ポーランド未解決事件課

KOMISJA MORDERSTW (2016) S1 ポーランド TVP1

マウゴジャータ・ブチュコウスカ , クシシュトフ・ピチェンスキ , マルチェル・サバト ◆史実を背景にしたポーランド発のミステリー・シリーズ。迷宮入りした事件を専門に扱う未解決事件課に所属する 3 人の刑事たちの活躍を描く。郵便局の倉庫から 2 体の子供のミイラが入った小包が発見される。未解決事件課のアリシア、マチェイ、ドミニクは、小包の宛先を調べ、シルベルマンというユダヤ人を重要参考人と見定める。やがて彼らは、かつてシルベルマンの周囲で誘拐事件が発生したことを突き止めるのだが…。

ボリス・カーロフのスリラー／恐怖の館

→スリラー

HOMELAND

ポリスストーリー

POLICE STORY (1973-1979) S5 米 NBC

スコット・ブラディ , ドン・メレディス , ジョー・サントス ◆映画「センチュリアン」の原作者としても知られるジョセフ・ウォンボーによる警察物のアンソロジー・ドラマ。ロサンゼルス警察を舞台に警官、刑事、SWAT など様々な警察関係者が活躍する姿を描いていく。シリーズとして TV 放映された以外にも、多くのエピソードが様々なタイトルで TV 放映されたり、ビデオリリースされた。「女刑事ペパー」「ブルーナイト」「警官フォレスター」「潜行刑事ダン」などのスピンオフ・シリーズが生まれたことでも知られる。[V]

ポリティカル・アニマルズ

POLITICAL ANIMALS (2012) S1 米 USA Network

シガーニー・ウィーヴァー (戸田恵子), カーラ・グギーノ (魏涼子), ジェームズ・ウォーク (酒巻光宏) ◆ S・ウィーヴァーの TV シリーズ初主演となる政治ドラマ。ホワイトハウスを舞台に、政界のスキャンダラスな裏事情と家族の葛藤に悩みながらも、難局を乗り切っていく元大統領夫人で国務長官のエレイン・バリッシュの活躍を描く。ゴールデン・グローブ賞のドラマ部門にノミネートされた。

捕虜大隊　シュトラフバット

SHTRAFBAT (2004) S1 ロシア

アレクセイ・セレブリャコフ , ユーリ・ステファノフ , アレクサンダー・バシロフ ◆ロシア製の重厚な戦争ドラマ。第二次大戦を舞台に、脱走者や軍規違反者、思想犯など、国家に対する反逆行為をなした者たちを集めて結成した部隊＝懲罰部隊の悲壮な戦いをリアルに描く。ロシアで高視聴率を獲得した。[D,V]

VOLCANO　ボルケーノ

VULKAN / VOLCANO (2009) 独 RTL

マティアス・ケーベルリン , イボンヌ・カッターフェルト , カタリーナ・ヴァッカーナーゲル ◆地震、噴火といった大規模災害に立ち向かう人々の姿を描くディザスター・パニック作品。ポツダム大学の火山研究員ダニエラは、ドイツ西部のアイフェル地方で火山噴火の兆候を発見する。ドイツ政府は大規模な避難作戦を開始するが、そのとき巨大な地震が発生し…。[D]

ポリティカル・アニマルズ

は

ボルケーノ in ポンペイ　都市が消えた日
POMPEI (2007) S1 伊 Lux Vide
ロレンツォ・クレスピ , アンドレア・オズヴァルト , マッシモ・ヴェンチュリエッロ ◆イタリア製のミニシリーズを再編集した歴史ドラマ。ローマ兵マルクスが故郷ポンペイに戻ってくると、彼の一族は奴隷の身分に落とされていた。一族の危機を救おうと奔走する内に巨大な陰謀が明らかになっていく。[D]

ボルジア家　愛と欲望の教皇一族
THE BORGIAS (2011-2013) S3 アイルランド = 加 = ハンガリー Showtime
ジェレミー・アイアンズ (磯部勉), フランソワ・アルノー (相原嵩明), ホリデイ・グレインジャー (下池沙知) ◆ 15 世紀に脅しや買収によってローマ教皇となった悪名高きロドリーゴ・ボルジア (アレクサンデル 6 世) とその一族の愛憎を描く歴史ドラマ。重厚なセットと豪華な衣装で当時の壮麗な世界を描き出している。映画監督のニール・ジョーダンが製作総指揮と脚本を務め、50 億円とも言われる製作費も話題になった。[D]

ボルジア　欲望の系譜
BORGIA (2011-2014) S3 伊 = チェコ = 独 = 仏
ジョン・ドーマン , マーク・ライダー , イゾルダ・ディシャウク ◆ 15 世紀にローマ教皇アレクサンデル 6 世となるロドリーゴ・ボルジアと、その一族の権力闘争を描いた本格歴史ドラマ。カトリック教皇庁枢機卿のロドリーゴは、後継者である長男が殺害されたことを知り、元愛人との間にできた子供たちをローマに呼び寄せる。ヨーロッパで撮影された映像美と、徹底的に史実にこだわった美術や衣装も見どころ。[D]

ポルターガイスト　ザ・レガシー
POLTERGEIST: THE LEGACY (1996-1999) S4 米 Showtime
デレク・デ・リント (磯部勉), ヘレン・シェイヴァー (塩田朋子), マーティン・カミンズ (平田広明) ◆映画「ポルターガイスト」を製作した MGM による TV シリーズで、人間に襲いかかる幾多の超常現象を解き明かす秘密結社の活躍を描く。パイロット版と第 1 話を再編集したものが「ポルターガイスト '96 ／悪魔の遺産」のタイトルで日曜洋画劇場で放映された後、いくつかのエピソードが「ポルターガイスト ザ・レガシー」シリーズとしてビデオリリースされた。[L,V]

ボルディマン
THE BALDY MAN (1995) S2 英 ITV
グレゴール・フィッシャー ◆イギリス発のコント番組。小太りで髪が薄い典型的な中年男ボルディが巻き込まれる騒動をサイレントムービー風に描く。笑い声や叫び声、意味不明なうなり声などは発するものの、全ての登場人物はセリフ無しになっている。

ポール・ブライアン
RUN FOR YOUR LIFE (1965-1968) S3 米 NBC
[別] 明日なき男 (第 2 シーズン)
ベン・ギャザラ (小林昭二) ◆余命宣告を受けた弁護士の人生を描くヒューマン・ドラマ。サンフランシスコで暮らす弁護士のポール・ブライアンは、ある日医者から「長くて余命は 2 年」と宣告された。命ある限り精一杯生きようと、ポールは家財や財産を処分し、サファリ・ラリーやカー・レースなど命をかけた冒険の旅に出ることを決意する。第 2 シーズンは「明日なき男」と改題された。

ホロウ・クラウン／嘆きの王冠
THE HOLLOW CROWN (2012-2016) S2 英 BBC
ベン・ウィショー , ジェレミー・アイアンズ , トム・ヒドルストン ◆シェイクスピアの原作から『リチャード 2 世』『ヘンリー 4 世』『ヘンリー 5 世』などイギリス王を題材にした戯曲を映像化したミニシリーズ。王となった男たちの栄光と没落を壮大なスケールで描き、英国アカデミー賞受賞など高い評価を得た。ロンドンオリンピックを記念した文化的事業の一環として製作された。日本では 2017 年に「劇場版」が公開された。

ホロコースト／戦争と家族
HOLOCAUST (1978) S1 米 NBC
ジェームズ・ウッズ (岩崎信忠), メリル・ストリープ (阪口美奈子), マイケル・モリアーティ (米倉斉加年), フリッツ・ウィーヴァー (久米明), ローズマリー・ハリス (文野朋子), デヴィッド・ワーナー (家弓家正), ジョセフ・ボトムズ (津嘉山正種), ブランチ・ベイカー (岡本茉利) ◆第二次世界大戦下で行われたユダヤ人迫害を真っ向から

ポルターガイスト　ザ・レガシー

ホロウ・クラウン／嘆きの王冠

は

扱ったミニシリーズの力作。原作はジェラルド・グリーン。1935 年からの動乱の 10 年を背景に、時代と戦争に翻弄されるあるユダヤ人一家の悲劇を力強く描き出す。[D,V]

幌馬車隊
WAGON TRAIN (1957-1965) S8 米 NBC → ABC
ウォード・ボンド (寄山弘), ロバート・ホートン (中村正) ◆南北戦争後のアメリカを舞台に、新しい生活を求めて西部へやってくる人々と、彼らを運ぶセス・アダムス隊長と助手のフリント・マッカラー率いる幌馬車隊の活躍を描いた TV ドラマ。豪華なゲストスターの出演が評判だった。[D]

ホワイトカラー
WHITE COLLAR (2009-2014) S6 米 USA Network
[別] ホワイトカラー " 知的 " 犯罪ファイル (DVD) ｜ WHITE COLLAR 天才詐欺師は捜査官 (WOWOW)
マット・ボマー (高橋広樹), ティム・ディケイ (池田秀一), ティファニー・ティーセン (小林さやか) ◆詐欺や横領などの知的犯罪 (White-Collar Crime) に挑む、天才詐欺師と FBI 捜査官という異色のコンビが活躍するクライム・サスペンス。頭脳明晰な元犯罪者のニール・キャフリーは、消えた恋人を探すために脱獄するが、知能犯専門捜査官のピーター・バークに逮捕されてしまう。ニールは捜査協力の代わりに自由を与えてほしいと、ピーターに取引を持ちかけるのだが…。[D]

ホワイトゴールド
WHITE GOLD (2017) S1 英 BBC
エド・ウェストウィック (阪口周平), ジェームズ・バックリー (宮下栄治), ジョー・トーマス (中谷一博), ナイジェル・リンゼイ (やまむらいさと), リンジー・クッカー (中田沙奈江), ローレン・オローク (西島麻紘) ◆人気ドラマ「ゴシップガール」で人気を得た E・ウェストウィック主演で描く、セールスマンを題材にした 1 話 30 分のコメディ作品。1983 年代、イギリス東部のエセックス。会社に大きな損害を与えクビになったヴィンセント・スワンは、学生時代の同級生コックスと偶然再会する。彼が 2 重サッシの窓を売って成功していることを知り、自分も同じセールスマンになることを決意。口が達者なヴィンセントは売り上げをどんどん上げていくが、様々なトラブルに直面し…。

ホワイトチャペル　終わりなき殺意
WHITECHAPEL (2009-2013) S4 英 ITV
ルパート・ペンリー＝ジョーンズ (宮本充), フィル・デイヴィス (野島昭生), スティーヴ・ペンバートン (岩崎ひろし) ◆切り裂きジャック事件の舞台として知られるロンドン・ホワイトチャペルを舞台に、キャリア捜査官ジョー・チャンドラーが難事件に挑む本格ミステリー。過去に起こった有名な事件を模倣した凄惨な連続殺人事件が発生、チャンドラーとその部下はコピーキャット (模倣犯) を逮捕するべく奔走するが、捜査は難航を極め…。[D]

ホワイト・ハウス
BACKSTAIRS AT THE WHITE HOUSE (1979) S1 米 NBC
[別] ホワイト・ハウス物語
レスリー・アガムズ , オリヴィア・コール , ルイス・ゴセット・Jr ◆ウィリアム・タフトからドワイト・D・アイゼンハワーまでの 8 代、30 年に渡って大統領たちの身の回りを世話したリリアン・ロジャース・パークスの自叙伝をもとにドラマ化したミニシリーズ。ドア・マンやメイドなどホワイト・ハウスのスタッフたちの日常と、各時代の大統領ファミリーとのふれあいを描く。

ボーンキッカーズ　考古学調査班
BONEKICKERS (2008) S1 英 BBC
ジュリー・グレアム (土井美加), エイドリアン・レスター (宮内敦士), マイケル・マロニー (松尾大亮) ◆歴史的な街を舞台に、考古学チームが古代の謎に挑むアドベンチャー・ミステリー。イギリスのバースにある建築現場から 14 世紀の貨幣が発見され、エセックス大学考古学部の発掘チーム " ボーンキッカーズ " は、現場で発掘調査を開始。そんな中メンバーのベンが、銀貨がアラブ地域のものであることを突き止める。DVD パッケージとして、1 話と 3 話を収めた「ボーンキッカーズ」、2 話と 4 話を収めた「ボーンプロフェシー」、5 話と 6 話を収めた「ボーンレジェンダリー」がリリースされた。[D]

BONES ボーンズ －骨は語る－
BONES (2005-2017) S12 米 Fox
[別] BONES
エミリー・デシャネル (湯屋敦子), デヴィッド・ボレアナズ (木下浩之), ミカエラ・コンリン (北西純子) ◆現場

ホワイトカラー

ホワイトチャペル　終わりなき殺意

は

に残された被害者の骨から証拠を発見し事件を解決に導く、1 話完結のクライム・サスペンス。美人で有能な法人類学者テンペランス・ブレナンとタフな FBI 捜査官シーリー・ブースが難事件を解決する姿を描く。他にはないユニークな視点と、シリアスとユーモアが入り交じった展開が、主人公 2 人の恋愛を交えて高い人気を誇る。[D]

ホーンブロワー　海の勇者
HORNBLOWER (1998-2003) 英 ITV

ヨアン・グリフィズ (田中実), ロバート・リンゼイ (辻萬長), ジェイミー・バンバー (横堀悦夫) ◆ 18 世紀末の大英帝国海軍を舞台に、数々の冒険の中で成長していく士官候補生ホレイショ・ホーンブロワーの活躍を描く海洋ドラマ。原作はセシル・スコット・フォレスター。日本ではNHK 衛星で放送され、ビデオと DVD もリリースされた。[D,V]

- 決闘　THE EVEN CHANCE (1998)
- ジブラルタルの奇襲　THE EXAMINATION FOR LIUTENANT (1998)
- 公爵夫人と悪魔　THE DUCHESS AND THE DEVIL (1999)
- 戦場の恋　THE FROGS AND THE LOBSTERS (1999)
- 反乱　MUTINY (2001)
- 軍法会議　RETRIBUTION (2001)
- 二つの祖国　LOYALTY (2003)
- ナポレオンの弟　DUTY (2003)

ま

マイアミの戦慄
MIAMI UNDERCOVER (1961) S1 米

[別] マイアミ 24 時

リー・ボウマン (田口計), ロッキー・グラジアノ ◆観光客を犯罪から守るため、マイアミのホテル協会に雇われている私立探偵ジェフ・トンプソンが、ボクサー上がりの相棒ロッキーと共に悪に立ち向かっていくモノクロ 30 分のアクション・ドラマ。ロッキー役の R・グラジアノは元世界ミドル級チャンピオンの本物のボクサー。

マイアミ・バイス
→特捜刑事マイアミ・バイス

マイアミ・メディカル
MIAMI MEDICAL (2010) S1 米 CBS

ジェレミー・ノーサム , ラナ・パリラ , マイク・ヴォーゲル ◆ジェリー・ブラッカイマーが製作総指揮を務め、アメリカ CBS で視聴率ナンバーワンに輝いた医療ドラマ。マイアミ外傷センター (通称マイアミ・トラウマ・ワン) を舞台に、外傷専門チーム " チームアルファ " に所属する 5 人の外科医の奮闘を描く。

マイク＆モリー　マシュマロ系しあわせ日記
MIKE & MOLLY (2010-2016) S6 米 CBS

ビリー・ガーデル , メリッサ・マッカーシー , レノ・ウィルソン ◆太りすぎが気になる警官マイク・ビッグスが、オーバーイーターズ・アノニマスという減量支援の会で知り合った教師モリー・フリンと意気投合、太った 2 人が付き合い始めたことで巻き起こる騒動を描いたシチュエーション・コメディ。

マイク・ハマー
MIKE HAMMER (1958-1959) S2 米

ダーレン・マクギャヴィン (納谷悟朗) ◆ミッキー・スピレーンのハードボイルド小説を原作としたモノクロ 30 分の探偵アクション。ニューヨークを舞台に、私立探偵マイク・ハマーが悪に立ち向かう姿をワイルドに描く。1984 年にはステイシー・キーチがハマーを演じるシリーズが始まった。

マイケル・J・フォックス・ショウ
THE MICHAEL J. FOX SHOW (2013-2014) S1 米 NBC

マイケル・J・フォックス (宮川一朗太), ベッツィ・ブラント (中村綾), ウェンデル・ピアース (玉野井直樹) ◆ 13 年ぶりに主演復帰した M・J・フォックスの半自伝的な心温まるコメディ作品。パーキンソン病を患い、職場を離れていた TV キャスター、マイケル・ヘンリーが個性派揃いの家族と仕事に向き合う姿を描く。

マイケル・J・フォックスのスピン・シティ
→スピン・シティ

マイケル・シェーン
→探偵マイケル

マイコン大作戦
WHIZ KIDS (1983-1984) S1 米 CBS

マシュー・ラボート (永久勲雄), ジェフリー・ジャケット (越

BONES ボーンズ －骨は語る－

マイケル・J・フォックス・ショウ

は

川大介), トッド・ポーター(鳥海勝美), アンドレア・ウィルソン(吉田恵美子), メラニー・ギャフィン(淵崎ゆり子), マックス・ゲイル(小林勝彦),A・マルティネス(池田秀一) ◆高校生にして凄腕のコンピュータ・ハッカーのリッチー・アドラーが、友人のハミルトン・パーカー、ジェレミー・サルディノ、アリス・タイラーたちとコンピュータを駆使し、新聞記者のルー・ファーリーの協力で難事件を解決していくアドベンチャー・アクション。

マイ・スイート・メモリーズ

STATE OF GRACE (2001-2002) S2 米 Fox Family

メイ・ホイットマン(二村ゆうな), アリア・ショウカット(最上莉奈), ダイナ・マノフ(佐々木優子) ◆舞台は1960年代のノースカロライナ州アシュモア。12歳のおとなしい少女ハンナと、セレブなグレイスは友人同士。生活環境も性格も正反対の2人が織りなす、ハートウォーミングな青春ドラマ。毎回ドラマを彩る80年代の音楽が魅力だが、楽曲の著作権が問題となりDVD化されていない。

マイティ・ブーシュ

THE MIGHTY BOOSH (2003-2007) S3 英 BBC

ジュリアン・バラット, ノエル・フィールディング ◆コメディアン・コンビのハワードとヴィンスが繰り広げる、歌とダンスとナンセンスかつシュールなギャグが満載のイギリス製コメディ作品。2人芝居の舞台から始まりラジオ化され、その後にBBCでTVドラマが製作された。第1シーズンでは動物園の飼育員、第2シーズンでは駆け出しのミュージシャンに扮し、1話完結のシチュエーション・コメディ(シットコム)を展開する。[D]

マイネーム・イズ・アール

MY NAME IS EARL (2005-2009) S4 米 NBC

ジェイソン・リー, イーサン・サプリー, ジェイミー・プレスリー ◆ろくでなしのアールは、ある日宝くじに当選し歓喜するが、直後に車に轢かれ宝くじをなくしてしまう。入院した病室で見たTV番組の司会者の言葉に胸打たれたアールは、カルマの概念に覚醒し過去の悪行をすべてリスト化、すべての悪行をひとつずつ償うべく旅に出るのだが…。高い人気を誇りながらも製作費の折り合いがつかずキャンセルとなってしまったコメディ・シリーズ。

マイノリティ・リポート

MINORITY REPORT (2015) S1 米 Fox

スターク・サンズ(佐藤拓也), ミーガン・グッド(小松由佳), ニック・ザーノ(小松史法) ◆2002年にスティーヴン・スピルバーグが監督した同名映画の15年後をTVドラマ化したSFアクション。2065年、ワシントン。かつて殺人予知を行っていた予知能力者の1人ダッシュは、仲間と別れ、持てる能力で殺人事件を阻止しようと1人で奮闘していた。ある事件で彼と知り合った女刑事ララは、彼の能力を捜査に利用していく。[D]

マイ・ビッグ・ファット・ライフ!

MY BIG FAT GREEK LIFE (2003) S1 米 CBS

ニア・ヴァルダロス(戸田恵子), スティーヴン・エックホルト(遠藤純一), マイケル・コンスタンティン(滝口順平) ◆映画「マイ・ビッグ・ファット・ウェディング」(2002年)の後日譚をTVドラマ化したコメディ作品。ギリシャ人の家庭を作ることを夢見ていたアニ・ポルトカロスだが、実際に結婚した相手がアメリカ人だったことで様々な騒動が巻き起こり…。[D,V]

マイペース二等兵

GOMER PYLE, U.S.M.C. (1964-1969) S5 米 CBS

[別] アイアム一等兵

ジム・ネイバース(井出涼太), フランク・サットン(内海賢二) ◆元ガソリンスタンド店員のゴーマー・パイルは、配属されたアメリカ海兵隊のキャンプで鬼教官のカーター軍曹にしごかれていく。軍隊を舞台にしたシチュエーション・コメディ。後に主人公が昇進したため「アイアム一等兵」にタイトル変更された。

マイ・ライフ ～私をステキに生きた方法～

CHASING LIFE (2014-2015) S2 米 ABC Family

イタリア・リッチ, メアリー・ペイジ・ケラー, リチャード・ブランカティサーノ ◆若くして白血病と診断された女性の生き方を描くヒューマン・ドラマ。ボストンポスト紙で働くジャーナリストのエイプリル・カーヴァーは、仕事も恋もこれからというときに白血病と診断され、絶望に打ちひしがれてしまう。だが彼女はそこで人生を見つめ直し、日々の中で本当の幸せを見つけるべく奮闘するのだった。

マイネーム・イズ・アール

マイペース二等兵

ま

マインド・ゲーム
MIND GAMES (2014) S1 米 ABC
クリスチャン・スレイター , スティーヴ・ザーン , メガリン・エキカンウォーク ◆元詐欺師で刑期を終えたばかりの兄ロスと、トラブルで大学を解雇された天才心理学者の弟クラークが、人々の悩みを解決するコンサルティング・ビジネスを開始。クライアントたちの悩みを次々と解決していく兄弟を、その過去や家庭事情などを交えて描くヒューマン・ドラマ。

マインドハンター
MINDHUNTER (2017) S1 米 Netflix
ジョナサン・グロフ (森田成一), ホルト・マッキャラニー (相沢まさき), ハンナ・グロス (鹿野真央), コッター・スミス (野島昭生) ◆ジョン・ダグラスのノンフィクション小説『FBI マインド・ハンター セックス殺人捜査の現場から』を元に、デヴィッド・フィンチャーが製作総指揮と監督を務める犯罪捜査ドラマ。1970 年代後半を舞台に、当時まだ新しかったプロファイリングを犯罪捜査に応用し、凶悪な殺人鬼を追う FBI 行動科学班の捜査官ホールデン・フォードとビル・テンチの活躍を描く。女優のシャーリーズ・セロンも製作総指揮に名を連ねている。

マウンテン・ウォーズ　ホライズン高校物語
HIGHER GROUND (2000) S1 米 Fox Family
ヘイデン・クリステンセン (鈴木圭一郎), ジョー・ランドー (石丸博也), アン・マリー・ローダー (麻上洋子) ◆麻薬や傷害事件など、問題のある青少年を隔離して教育を施すマウント・ホライズン高校を舞台に、そこに集められた生徒たちと、彼らの更生に奮闘する教師たちの姿を描く。全てのキャラクターにモデルが存在していることも話題となった。

魔界倶楽部／伝説・13 日の金曜日
→ 13 日の金曜日

MACGYVER ／マクガイバー
MACGYVER (2016-) S2- 米 CBS
ルーカス・ティル (宮野真守), ジョージ・イーズ (土田大), トリスティン・メイズ (安田裕) ◆ 1985 年から放送を開始し大ヒットを記録、全 7 シーズンにわたって製作された TV ドラマ「冒険野郎マクガイバー」のリメイク版。あらゆる技能に精通し、百科事典のような知識を持つ主人公アンガス・マクガイバーが、親友のジャック・ダルトン、天才ハッカーのライリー・デイヴィスと共に、様々な悪の陰謀を叩き潰していく。暴力反対主義のマクガイバーは武器を使わず、その場にあるものを組み合わせてピンチを脱していくという旧作のスタイルはそのまま引き継がれている。製作総指揮と脚本は「CSI: ニューヨーク」「HAWAII FIVE-0」のピーター・M・レンコフ。

マクベス巡査
HAMISH MACBETH (1995-1997) S3 英 BBC
ロバート・カーライル , ラルフ・ライアック , ヴァレリー・ゴーガン ◆スコットランドのハイランド地方にある小さな村ロックドゥ。山と海に囲まれたのどかな地方だが、塩を盗む泥棒が現れたり、幽霊が出没するなど奇妙な事件が続出。村でただ 1 人の巡査マクベスは、相棒の " 村で最初に TV を買った "TV ジョンや、愛犬ジョックと共に事件解決に奮闘する。平和な風景とは裏腹に、田舎ならではの閉鎖的な人間関係がもたらすシリアスな事件が英国的ブラック・ユーモアを交えて描かれている。[D,V]

マクロード警部
MCCLOUD (1970) S1 米 NBC
デニス・ウィーヴァー (羽佐間道夫),J・D・キャノン (家弓家正), テリー・カーター (田中信夫) ◆クリント・イーストウッド主演作「マンハッタン無宿」のヒットを受けて製作された犯罪アクション・ドラマの初期 60 分枠シリーズ。「マンハッタン無宿」で原作と脚本を手がけたハーマン・ミラーが、主人公の設定をアリゾナ州からニューメキシコ州の保安官補に変更し、新ストーリーが誕生した。ニューヨークに出向してきた保安官補サム・マクロードが、カウボーイハットにウェスタンブーツという格好で馬に跨ってマンハッタンを疾走し、上司のクリフォード署長に怒鳴られながらも持ち前の正義感と行動力で事件を解決していく。テレビ朝日でパイロット版「ミス・アメリカ殺人事件」＋全 6 話が放映された後、90 分枠になってからは NHK に移り、邦題も「警部マクロード」と改められた。[D]

マザーグース
MOTHER GOOSE STORIES (1990) S3 米 Disney Channel
[別] Jim Henson のおはなしマザーグース (DVD)

マインドハンター

MACGYVER ／マクガイバー

◆「メリーさんの羊」「ハンプティ・ダンプティ」「きらきら星」など欧米で古くから親しまれている童謡の数々を、実写とマペットとの共演で描くジム・ヘンソン・プロダクション制作によるファミリー・ドラマ。日本では 1992 年から 1993 年にかけて NHK 教育テレビで放送された。日本語版のナレーターは杉山佳寿子。[D]

マジシャンズ
THE MAGICIANS (2015-2017) S2 米 Syfy
ジェイソン・ラルフ , ステラ・メイヴ , オリヴィア・テイラー・ダドリー ◆大人版ハリー・ポッターとも言われるレヴ・グロスマンのベストセラー・ファンタジー小説『The Magicians』全 3 部を映像化。内気な青年クエンティン・コールドウォーターは幼い頃に読んだ小説の中に出てくる魔法の国フィロリーに憧れ続けていた。その一方で現実との折り合いは悪く、精神科に通院する日々を送っていた。そんなある日、彼はブレイクビルズ大学という魔法を教える学校に入学することになる。その学校で本物の魔法を知るうちに、フィロリーが実在することが判明し…。企画は「SUPERNATURAL スーパーナチュラル」のセラ・ギャンブルと「アクエリアス 刑事サム・ホディアック」のジョン・マクナマラが担当。

マジックシティ　黒い楽園
MAGIC CITY (2012-2013) S2 米 Starz
ジェフリー・ディーン・モーガン , オルガ・キュリレンコ , ダニー・ヒューストン ◆ 1959 年の人気リゾート地マイアミ・ビーチを舞台に、高級ホテルのオーナー、アイクことアイザック・エヴァンスを取り巻くセレブたちの壮絶な権力闘争を描いたサスペンス・ドラマ。50 年代アメリカのセレブの姿が華麗に描かれ、衣装やクラシックカーの豪華さも必見。

マーシー・ホスピタル
MERCY (2009-2010) S1 米 NBC
テイラー・シリング , ジェイミー・リー・カーシュナー , ミシェル・トラクテンバーグ ◆ニュージャージー州のマーシー病院を舞台に、イラクから戻った看護師のヴェロニカ・キャラハンとその仲間たちが、恋や家族などプライベートな問題に悩みながらも、患者の命を救うために奮闘する姿を描くメディカル・ドラマ。

マーシャン・クロニクル
→火星年代記

魔術師マーリン
MERLIN / THE ADVENTURES OF MERLIN (2008-2012) S5 英 BBC
[別] 魔術師 MERLIN(マーリン)(初放映時)
コリン・モーガン (浪川大輔), ブラッドリー・ジェームズ (前野智昭), リチャード・ウィルソン (山野史人) ◆生まれながらにして強い魔法の力を持つ青年マーリン。彼が辿りついた王国キャメロットでは、ウーサー王によって魔法を使うことが固く禁じられていた。宮廷医師ガイアスの忠告を受けたマーリンは、自分の能力を隠しながら王子アーサーの従者として王国に降りかかる様々な災いに立ち向かっていく。アーサー王伝説を新たな解釈で描いた青春歴史ファンタジー。[D]

魔術師マーリンの冒険
MERLIN (2012) S1 伊 = チェコ = 仏
ジェラール・ジュニョ , クリスティーナ・カポトンディ , マリルー・ベリ ◆魔法使いマーリンの活躍を描いたミニシリーズ。王子アーサーは魔術師マーリンの教育によって成長し、グィネヴィア王女との婚姻の時を迎えた。しかしその婚姻に嫉妬した従姉モーガンは悪の帝王ヴォーティガンと手を組み襲い掛かってくる。頼りのマーリンは、妖精との恋によって魔力が消え失せる運命にあったが…。[D]

マシュー・フォックス／心霊探偵 ホーンテッド
HAUNTED (2002) S1 米 UPN
マシュー・フォックス (新藤涼平) ◆臨死体験をしたことで霊界と交信できるようになった元警官で私立探偵のフランク・テイラーが、その能力を駆使して難事件を解決していくホラー・ミステリー。13 話が製作されたがアメリカでは 11 話で打ち切りとなった。[D]

マーズ　火星移住計画
MARS (2016) S1 米 National Geographic
ジヘイ (朴路美), ベン・コットン (杉田智和), アルベルト・アンマン (中村悠一), クレマンティーヌ・ポワダッツ (井上麻里奈), アナマリア・マリンカ (坂本真綾), サミ・ロティビ (安元洋貴), オリヴィエ・マルティネス (池田秀一) ◆映画監督のロン・ハワードとプロデューサーのブライア

マジックシティ　黒い楽園

魔術師マーリン

ン・グレイザーが製作総指揮を務めたドキュメンタリー・ドラマ。韓国系アメリカ人の双子の姉妹、ハナ・スンとジュン・スンは、父の仕事の都合でアメリカ各地を転々としていた。学校で新しい友人を作ったジュンに比べ、ハナは屋根裏で見つけた無線機に夢中になっていた…。人類が火星へ行き、そこで暮らすことは可能なのか。2033年の有人火星探査を描くドラマと、それを実現するための現代の宇宙技術開発を捉えたドキュメンタリーとが描かれる。

マスケティアーズ／三銃士

THE MUSKETEERS (2014-2016) S3 英 BBC

[別] マスケティアーズ パリの四銃士 (NHK) ｜マスケティアーズ

ルーク・パスクァリーノ (宮野真守), トム・バーク (福田賢二), サンティアゴ・カブレラ (中村悠一), ハワード・チャールズ (三宅健太) ◆アレクサンドル・デュマの大河小説をイギリス BBC が新しい解釈で映像化した歴史ロマン活劇。アトス、ポルトス、アラミスのベテラン三銃士と仲間になった青年ダルタニアンが、宰相リシュリューや妖婦ミレディーと戦いを繰り広げる。[B,D]

マスター・オブ・ゼロ

MASTER OF NONE (2015) S1 米 Netflix

アジズ・アンサリ (佐藤晴男), エリック・ウェアハイム (杉野田ぬき), リナ・ウェイス (山本真弓), ノエル・ウェルズ (佐伯美由紀) ◆デフは俳優志望だがオーディションに落ちまくっているインド系の 30 代独身男。ある日レイチェルという子連れの女性と知り合い、結婚することを考えるが、果たして自分が本当に結婚したいのか確信が持てないでいた…。ニューヨークで暮らす売れない俳優デフが、幸せをつかもうと奮闘する姿を描いたコメディ・シリーズ。

マスターズ・オブ・セックス

MASTERS OF SEX (2013-2016) S4 米 Showtime

マイケル・シーン , リジー・キャプラン , ケイトリン・フィッツジェラルド ◆性の研究がタブー視されていた時代のアメリカに実在した性科学者ウィリアム・マスターズ博士と彼の研究パートナー、バージニア・ジョンソン女史との半生を描いた TV シリーズ。大学産婦人科のマスターズ博士は、出産の前段階としてのセックスの研究を志す。しかし学会から異端視されてしまい、彼は 1 人で研究を続けようとする。[D]

マスターズ・オブ・ホラー

MASTERS OF HORROR (2005-2006) 米 Showtime

◆トビー・フーパーやダリオ・アルジェント、ジョン・カーペンターなど、13 人のホラー映画監督が TV 用に撮りおろしたオムニバス・ホラー。三池崇史が監督した「インプリント ～ぼっけえ、きょうてえ～」は、その衝撃的な内容から本国アメリカでは放送が見送られた。[B,D]

- ムーンフェイス　INCIDENT ON AND OFF A MOUNTAIN ROAD (2005)
- 魔女の棲む館　H.P. LOVECRAFT'S DREAMS IN THE WITCH-HOUSE (2005)
- ダンス・オブ・ザ・デッド　DANCE OF THE DEAD (2005)
- 愛しのジェニファー　JENIFER (2005)
- チョコレート　CHOCOLATE (2005)
- ゾンビの帰郷　HOMECOMING (2005)
- ディア・ウーマン　DEER WOMAN (2005)
- 世界の終り　JOHN CARPENTER'S CIGARETTE BURNS (2005)
- 閉ざされた場所　THE FAIR-HAIRED CHILD (2006)
- 虫おんな　SICK GIRL (2006)
- ハンティング　PICK ME UP (2006)
- ヘッケルの死霊　HAECKEL'S TALE (2006)
- インプリント ～ぼっけえ、きょうてえ～　IMPRINT (2005)

マスターズ・オブ・ホラー 2

MASTERS OF HORROR (2006-2007) 米 Showtime

◆トビー・フーパーやダリオ・アルジェント、ジョン・カーペンター、鶴田法男など、13 人のホラー映画監督が TV 用に撮りおろしたオムニバス・ホラー・シリーズ第 2 弾。DVD リリース時のタイトルは「13 thirteen ～マスターズ・オブ・ホラー 2 ～」。[D]

- 災厄の街　THE DAMNED THING (2006)
- 言葉なき隣人　FAMILY (2006)
- V の伝染　THE V WORD (2006)
- ノイズ　SOUNDS LIKE (2006)
- グッバイ・ベイビー　PRO-LIFE (2006)
- 愛と欲望の毛皮　PELTS (2006)
- 男が女を殺すとき　THE SCREWFLY SOLUTION (2006)

マスケティアーズ／三銃士

マスターズ・オブ・セックス

・ヴァレリーの誘惑　VALERIE ON THE STAIRS (2006)
・妻の死の価値　RIGHT TO DIE (2007)
・アイスクリーム殺人事件　WE ALL SCREAM FOR ICE CREAM (2007)
・黒猫　THE BLACK CAT (2007)
・ワシントン・コード　THE WASHINGTONIANS (2007)
・ドリーム・クルーズ　DREAM CRUISE (2007)

MURDER IN THE FIRST ／第 1 級殺人

MURDER IN THE FIRST (2014-2016) S3 米 TNT

テイ・ディグス , キャスリーン・ロバートソン , イアン・アンソニー・デイル , トム・フェルトン , リチャード・シフ , ジェームズ・クロムウェル ◆サンフランシスコ市警察殺人課の刑事コンビの活躍を、1 シーズン 1 ストーリーで描いた重厚な刑事ドラマ。サンフランシスコのテンダーロインで薬物中毒の男が射殺される事件が発生した。サンフランシスコ市警察の女性刑事ヒルディ・モリガンと、末期がんの妻を抱えるテリー・イングリッシュ刑事は事件の謎を追う。やがて 2 人の前に、若き天才経営者エリック・ブラントが重要容疑者として浮かび上がるが、彼には鉄壁のアリバイがあった。

またの名をグレイス

ALIAS GRACE (2017) S1 加 CBC

サラ・ガドン (下山田綾華), エドワード・ホルクロフト (玉木雅士), レベッカ・リディアード (弘松芹香), アンナ・パキン (北西純子) ◆カナダの作家マーガレット・アトウッドの原作をドラマ化したサスペンス・ミステリー。19 世紀半ば、雇い主を殺害したとされる実際の事件をもとに、殺人容疑で収監された 1 人の女性の謎に満ちた内面を描く。精神科医サイモン・ジョーダンは、殺人罪で収監されているグレイス・マークスを診断するためカナダにやってくる。彼女は事件当時、心神喪失状態だったというのだ。

マダム・ド・マントノン

→ルイ 14 世の秘密の王妃　マダム・ド・マントノン

マダム・プレジデント ～星条旗をまとった女神

COMMANDER IN CHIEF (2005-2006) S1 米 ABC

ジーナ・デイヴィス , カイル・セコー , ドナルド・サザーランド ◆大統領が任期中に急死したことからアメリカ初の女性大統領となったマッケンジー・アレン。彼女が偏見や妨害に屈することなく信念を貫き通す姿を描く政治ドラマ。政治の裏側だけでなく、大統領を支える家族の物語も綴られ、エミー賞やゴールデン・グローブ賞などで高い評価を得た。

マーダー・ワン

MURDER ONE (1995-1997) S2 米 ABC

ダニエル・ベンザリ <S1>, メアリー・マコーマック , マイケル・ヘイデン ◆米 ABC で 1995 年から放映されたリーガル・ドラマ。15 歳の若い女性ジェシカ・コステロ殺害事件をめぐり、ロサンゼルスの刑事弁護士セオドア・ホフマンが、容疑者ニール・アヴェドンのために戦う姿を主軸に描いていく。

マーチランド　亡霊の家

MARCHLANDS (2011) S1 英 ITV

アレックス・キングストン , ディーン・アンドリューズ , シェリー・コン ◆寂れた村の外れに建つ一軒家を舞台に、1968 年、1987 年、そして 2010 年と異なる三つの時代に生きる三組の家族の運命を、1967 年に亡くなった哀しい少女の霊がつないでいく。全 5 話のミステリー・ドラマ。

マーチン・ケインの冒険

→マーティン・ケイン

マックス・ヘッドルーム

MAX HEADROOM (1987-1988) S2 米 ABC

[別] 未来テレビ局・ネットワーク 23(TV)

マット・フルーワー (谷口節／山寺宏一), アマンダ・ペイズ (弥永和子), クリス・ヤング (松野達也) ◆同名映画を TV ドラマ化した SF サスペンス。世界が TV ネットワークに支配されている近未来を舞台に、ジャーナリストの記憶をもとにコンピュータ内に構築されたバーチャル人格マックス・ヘッドルームの活躍を描く。[L,V]

マックとヘックの原始旅行

IT'S ABOUT TIME (1966-1967) S1 米 CBS

フランク・アレッター , ジャック・マレイニー , イモジーン・コカ ◆タイムスリップした宇宙飛行士たちのサバイバル生活を描く 30 分のドタバタ SF コメディ。宇宙飛行士のマックとヘックを乗せた宇宙カプセルがタイムスリップし、紀元前数百万年の地球に到着してしまう。カプセルを破

マダム・プレジデント ～星条旗をまとった女神

マックス・ヘッドルーム

壊されてしまった２人は、原始人たちと生活を共にしながら修理を急ぐのだが…。シリーズ後半では、宇宙船を修理した２人が原始人一家と帰還し、現代の地球でさらなる騒動を巻き起こすエピソードが描かれた。

マックとマイヤー
MACK & MYER FOR HIRE (1963) 米
ミッキー・ディームス , ジョーイ・フェイ ◆ニューヨークに暮らす２人の便利屋、マックとマイヤーが巻き起こす騒動を描いたスラップスティック・コメディ。主演は主にテレビで活躍したコメディアンの M・ディームスと J・フェイ。日本ではフジテレビの夕方、「おーい！チロリン村だよ」などの子供向け番組の時間帯に放映された。

マッコイじいさん
THE REAL McCOYS (1957-1963) S6 米 ABC → CBS
ウォルター・ブレナン (昔々亭桃太郎), リチャード・クレンナ (八代駿), キャシー・ノーラン (松任谷国子) ◆亡くなった叔父の牧場を引き継ぐため、ウェスト・ヴァージニアからカリフォルニアのサンフェルナンド・バレーにやってきたマッコイ一家。牧場主のエイモスじいさんをはじめ、孫のルークと新婚の花嫁キャシー、ルークの妹ハッシーに弟のリトル・ルークたち、一家の楽しい日常を描くモノクロ 30 分のホーム・コメディ。

マッコイと野郎ども
MCCOY (1975-1976) S1 米 NBC
トニー・カーティス (山城新伍), ロスコー・リー・ブラウン (大塚周夫), ルシール・メレディス (北原文枝) ◆ロサンゼルスに住むギャンブル好きのマッコイは知る人ぞ知る “ 欺し屋 ”。依頼を受けては大掛かりな詐欺を決行、相棒のギブスと共に様々なテクニックを駆使して悪党から金を巻き上げていく。下町の詐欺師が大物たちを手玉に取る頭脳プレーを軽快に描いた 90 分の犯罪コメディ・ドラマ。全５話。

- 50 万ドルをとり返せ　THE BIG LIPOFF (1975)
- マグロを逃すな　BLESS THE BIG FISH (1975)
- 宝石店ダブルパンチ　DOUBLE TAKE (1975)
- 悪党は泣け　IN AGAIN OUT AGAIN (1976)
- シッポをつかめ　NEW DOLLAR DAY (1976)

マッコイと野郎ども

マッコレー隊長
→宇宙探検

マッシュ
M*A*S*H / MASH (1972-1983) S11 米 CBS
アラン・アルダ (近石真介→石田太郎), ロレッタ・スウィット , ジェイミー・ファー , ウェイン・ロジャース (羽佐間道夫), マクリーン・スティーヴンソン (上田敏) ◆ 1970 年の映画「M ★ A ★ S ★ H マッシュ」の設定を TV に移した 30 分のヒューマン・コメディ。韓国駐在の第 4077 移動野戦外科病院、通称 “MASH” を舞台に、ホークアイ主任外科医をはじめとするイカれた医師たちが巻き起こす騒動を描く。時に辛辣なテーマやお茶の間向きではない内容なども含まれ、単なるコメディに終始しておらず、多くの熱狂的なファンを獲得した。11 シーズンの長きに渡って放映され、特に最終話はアメリカで驚異的な視聴率を記録したが、日本では全話放映されていない不遇の作品。

まったくこの世はすばらしい
IT'S A GREAT LIFE / THE BACHELORS (1954-1956) S2 米 NBC
マイケル・オシー (藤岡琢也), ウィリアム・ビショップ ◆掃除機のセールスマンとなった退役軍人のデニー・デイヴィスとスティーヴ・コナーズが、モーガン夫人の下宿で部屋を借りたことから始まるモノクロ 30 分のシチュエーション・コメディ。同じ屋根の下には夫人の美しい娘キャシーや、２人にトラブルを持ち込む夫人の義理の兄アールも住んでおり、いつも大騒動が繰り広げられている。

マッテオ神父の事件簿
DON MATTEO (2000-2016) S10 伊 RAI
テレンス・ヒル , ニーノ・フラッシカ ◆中世の美しい街並みが目を引くイタリアの街グッビオを舞台に、爽やかで陽気な主人公の神父マッテオが様々な事件を解決していく。笑って泣ける１話完結型のミステリー・シリーズで、本国イタリアでは国民的人気ドラマとして長年親しまれている。またその人気は国を超え、ポーランドとロシアでリメイク版が製作された。マカロニウェスタンで有名な T・ヒルの陽性のキャラクターが見事にマッチしている。

MAD DOG
MAD DOGS (2011-2013) S4 英 Sky

MAD DOG

マックス・ビースレイ，マーク・ウォーレン，ジョン・シム ◆大学の同級生だったウディ、バックス、リック、クインは、共通の友人アルボからの招待で、スペインのマジョルカ島にあるアルボの別荘で休暇を過ごす。そんな彼らが滞在中に殺人事件に巻き込まれ、容疑をはらすべく奮闘するブラック・コメディ・スリラー。「マジョルカの罠」「イビサの罠」「ケープタウンの罠」「最後の罠」と、シーズンごとにサブタイトルが異なる。

マッド・ドッグス

MAD DOGS (2015-2016) S1 米 Amazon

マイケル・インペリオリ（てらそままさき），ベン・チャップリン（三上哲），ロマニー・マルコ（多田野曜平）◆イギリスで放送され人気を博したTVドラマ「MAD DOG」を米Amazonがリメイク。旧友とバカンスを満喫するはずだった中年の男たちが悪夢のような出来事に巻き込まれ、混沌と狂気の中で友情を試されるサスペンス・ドラマ。旧友マイロの早期引退を祝して、カリブ海に浮かぶベリーズに集まったジョエル、レックス、コビ、ガスの4人は、久々に再会した仲間と最高の休暇を過ごすはずだった。しかしマイロがある人物の船を盗んだことで、4人は信じ難い事態へと引きずり込まれていく。[D]

マットとデヴィッド　ボクたち空港なう。

COME FLY WITH ME (2010-2011) S1 英 BBC

マット・ルーカス，デヴィッド・ウォリアムズ ◆「リトル・ブリテン」を手がけたM・ルーカスとD・ウォリアムズが、空港を舞台に奇妙な日常を繰り広げるコメディ作品。特殊メイクで2人が何役もこなし、そこに豪華かつ個性的なゲストが登場する。

MAD MEN　マッドメン

MAD MEN (2007-2015) S7 米 AMC

ジョン・ハム（山寺宏一），ジョン・スラッテリー（内田直哉），ヴィンセント・カーシーザー（石田彰），ジャニュアリー・ジョーンズ（冬馬由美）◆ドン・ドレイパーは、マンハッタンの広告代理店スターリング・クーパーのクリエイティヴ・ディレクター。彼は美しい妻ベティと2人の子供に囲まれ幸せな家庭を築いていたが、イラストレーターのミッジと浮気を重ねながら、新たな広告主で百貨店の持ち主レイチェルにも急接近する。しかしドンにはある隠された秘密があった。ドンの新しい秘書ペギーは先輩のジョーンの指導を受け仕事をこなそうと必死だったが、男の上司たちは彼女に好奇の視線を浴びせる。1960年代のニューヨークを舞台に、広告業界で生きる男女を描いたドラマ。エミー賞作品賞・脚本賞など6部門受賞。[D]

マット・ルブランの元気か〜い？ハリウッド！

EPISODES (2011-2017) S5 米＝英 Showtime/BBC

マット・ルブラン（平田広明），スティーヴン・マンガン（永井誠），タムシン・グレイグ（小宮和枝）◆大ヒットドラマ「フレンズ」のジョーイ役で知られるM・ルブランが、自分自身をセルフパロディした爆笑コメディ。ストーリー中に盛り込まれたハリウッドの裏事情も見どころ。

マーティン・ケイン

MARTIN KANE, PRIVATE EYE (1949-1954) S5 米 NBC

[別] マーチン・ケインの冒険

ウィリアム・ガーガン（岩田直二）◆TV業界の“探偵もの”ジャンルの先駆けとなった作品。ニューヨークの私立探偵マーティン・ケインが、多様な事件に挑み悪と闘う姿を描く。アメリカ本国ではラジオドラマと同時に放送され、タバコ会社がスポンサーについていたため、劇中にマーティン行きつけのタバコ屋が登場した。モノクロ30分、全39話。

マーティン・チャズルウィッツ

MARTIN CHUZZLEWIT (1994) S1 英 BBC

ポール・スコフィールド，ピート・ポスルスウェイト ◆チャールズ・ディケンズの長編小説『マーティン・チャズルウィット』をイギリスBBCがドラマ化したミニシリーズ。チャズルウィッツ家の長男で、利己心の塊だったマーティンが、苦難を経て人間的に大きく成長していく姿を描く。[D]

マードック・ミステリー 刑事マードックの捜査ファイル

MURDOCH MYSTERIES (2008-) S11- 英＝加 City → CBC

[別] 刑事マードックの捜査ファイル

ヤニック・ビッソン（森田順平），ヘレン・ジョイ（世戸さおり），ジョニー・ハリス（石上裕一）◆モーリーン・ジェニングスの小説に登場する人物をベースに製作された刑事ドラマ。イギリス植民地時代のカナダを舞台に、難事件に挑む警察関係者たちの活躍を描く。トロント警察の

MAD MEN　マッドメン

マードック・ミステリー 刑事マードックの捜査ファイル

ま

優秀な刑事ウィリアム・マードックが、検視官のジュリア・オグデンたちと共に、指紋鑑定や血液検査など当時はまだ斬新とされた科学捜査の知識を駆使して、巧妙に仕組まれた難事件に挑んでゆく。ニコラ・テスラやコナン・ドイルなど、実在の人物が登場するのも見どころのひとつ。

マドフ　－ウォール街を騙した怪物－

MADOFF (2016) S1 米 ABC

リチャード・ドレイファス , ブライス・ダナー , ピーター・スコラーリ , フランク・ホエーリー , マイケル・リスポリ ◆実在の金融家バーナード・L・マドフが引き起こした史上最大級と言われる巨額詐欺事件を描いたノンフィクション・ドラマ。株式市場ナスダックの会長も務めた金融界の大物マドフは、10% 以上の高利回りを謳う証券投資会社を起ち上げた。投資家はたちまち集まり、やがて他の証券会社さえもマドフの証券会社に資金を投資するようになる。だが 10% を超える高利は、投資された資金の一部を流用し自転車操業的にやりくりして配当されたものだった。

マニックス特捜網

MANNIX (1967-1975) S8 米 CBS

[別] マニックス｜鬼探偵マニックス

マイク・コナーズ (納谷悟朗 <S1>→田口計), ゲイル・フィッシャー (加藤みどり <S2-3> →駒村クリ子), ロバート・リード (青野武) ◆大企業の探偵会社で働くはぐれ者の調査員ジョー・マニックスの活躍を描いた探偵アクション・ドラマ。型破りな調査方法をとるマニックスは会社とソリが合わず、やがて独立して個人の事務所を開く。派手なアクションが好評を得、人気シリーズとなった。

マーニーと魔法の書

SHOEBOX ZOO (2004-2005) S2 英 = 加 BBC/CBC

[別] マーニーと魔法の動物園 (ソフト)

ヴィヴィアン・エンディコット・ダグラス (本名陽子), ジェイソン・コネリー (滝知史), ピーター・ミュラン (麦人) ◆スコットランドで放送されたファンタジー作品。少女マーニー・マクブライドが、VFX により命を吹き込まれたクマ、オオカミ、ワシ、ヘビと冒険を繰り広げる。イギリスで大ヒットを記録した、魔法とスリルに満ちた物語。[D,V]

マネー・チェンジャース／銀行王国

THE MONEYCHANGERS / ARTHUR HAILEY'S THE MONEYCHANGERS (1976) S1 米 NBC

カーク・ダグラス (高橋昌也), クリストファー・プラマー (滝田裕介), スーザン・フラナリー (小沢左生子), ティモシー・ボトムズ (野沢那智), アン・バクスター (加藤道子), パーシー・ロドリゲス (小林昭二), ラルフ・ベラミー (久米明), ローン・グリーン (小松方正), ジョーン・コリンズ (小原乃梨子), パトリック・オニール (中村正) ◆大手銀行 FMA の頭取が末期がんであることを発表した。後継者を指名していなかったことから、2 人の副頭取アレックス・バンダーボールドとロスコー・ヘイワードの権力闘争が勃発するが…。アーサー・ヘイリーの原作小説をドラマ化したミニシリーズ。大手銀行の巨大な権力をめぐる群像劇とその暗部を描く。

マペット放送局

MUPPETS TONIGHT (1996-1998) S2 米 ABC → Disney Channel

(声) スティーヴ・ホイットマイア (安原義人), ケヴィン・クラッシュ (落合弘治) ◆「セサミストリート」に登場するキャラクターたちの生みの親であるジム・ヘンソン・プロダクションが手がけたコメディ番組。マペット放送局を舞台に、撮影スタジオや視聴者宅で繰り広げられる騒動を描く。毎回豪華なゲストを迎えるのが特徴で、ウィリアム・シャトナーやピアース・ブロスナン、ビリー・クリスタル、ミシェル・ファイファーなどが出演した。日本では NHK「海外少年少女ドラマ」枠で放送された。

マーベラス・ミセス・メイゼル

THE MARVELOUS MRS. MAISEL (2017) S1 米 Amazon

レイチェル・ブロズナハン , アレックス・ボースタイン , マイケル・ゼゲン , マリン・ヒンクル , トニー・シャルーブ ◆ドラマ「ギルモア・ガールズ」のクリエイターであるパラディーノ夫妻が手がけるコメディ・ドラマ。1958 年のニューヨークを舞台に、夫や子供たちと幸せな生活を送っていたミッジ・メイゼルが、夫に浮気され別居することになり、新たにスタンダップ・コメディアンとして生きていく姿を描く。50 年代のファッションや音楽も見どころの一つ。

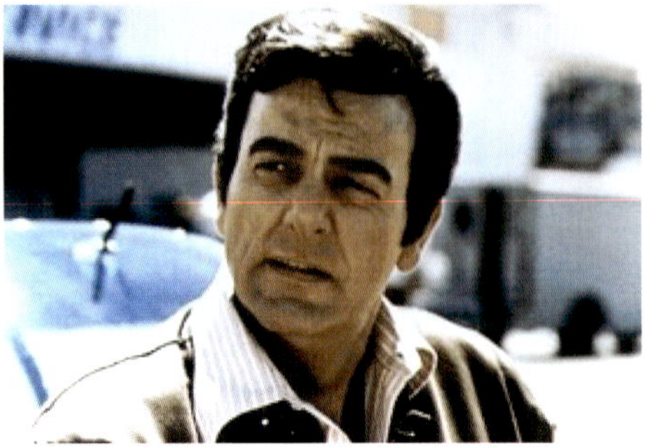

マニックス特捜網

マネー・チェンジャース／銀行王国

マーベリック
MAVERICK (1957-1962) S5 米 ABC
ジェームズ・ガーナー（戸田皓久）, ジャック・ケリー，ダイアン・ブルースター ◆はぐれ者で、金とオンナを愛するマーベリック兄弟は、拳銃の腕はピカイチでトランプの腕も一流。そんな2人が西部のガンマンらを手玉に取り、毎回騒動を引き起こすユーモラスな西部劇ドラマ。1994年にはメル・ギブソン主演でリメイク映画版「マーヴェリック」が製作された。

Marvel アイアン・フィスト
IRON FIST (2017) S1 米 Netflix
フィン・ジョーンズ（森宮隆）, ジェシカ・ヘンウィック（ちふゆ）, ジェシカ・ストループ（坂井恭子）◆気を操り、いかなるものをも拳で粉砕するマーベル・コミックのヒーロー"アイアン・フィスト"をドラマ化。15年前に飛行機事故で行方不明となり死亡したと思われていたダニー・ランドが、亡き父の遺産であるランド・エンタープライズを受け継ぐためにニューヨークに舞い戻ってくる。しかし彼は不審者として精神病院に拘束されてしまった。伝説の都市クン・ルンで身に付けた武術によって"アイアン・フィスト"と呼ばれる存在になったこと、その使命は闇の一味ヤミノテと戦うことなどをダニーは医師に主張するのだが…。新たな能力を得た主人公が巨大な犯罪組織と戦いを繰り広げる姿を、カンフー・アクション満載で描く。

マーベル エージェント・カーター
→エージェント・カーター

Marvel ザ・ディフェンダーズ
THE DEFENDERS (2017) S1 米 Netflix
マイク・コルター（竹田雅則）, クリステン・リッター（渡辺明乃）, チャーリー・コックス（内田夕夜）, フィン・ジョーンズ（森宮隆）◆デアデビル、ジェシカ・ジョーンズ、ルーク・ケイジ、アイアン・フィスト。マーベル・コミックのヒーローであり、それぞれTVシリーズで主役を張る4人が結集し、強大な敵に立ち向かう姿を描くSFアクション・シリーズ。ニューヨークの街を危険にさらす秘密組織ザ・ハンドの野望を打ち砕くため、4人のヒーローが立ち上がる。

Marvel ジェシカ・ジョーンズ

Marvel ジェシカ・ジョーンズ
JESSICA JONES (2015) S1 米 Netflix
クリステン・リッター（渡辺明乃）, デヴィッド・テナント（加瀬康之）, マイク・コルター（竹田雅則）, レイチェル・テイラー（木下紗華）, キャリー＝アン・モス（日野由利加）◆かつて超人的な能力を持つスーパーヒーローとして活躍していた女性ジェシカ・ジョーンズ。彼女はある事件をきっかけにヒーローを辞め、今では生活のために私立探偵事務所を開いていた。そんなしがない日常を送る彼女の前に、かつての敵キルグレイブが姿を現す。マーベル・コミックのキャラクターをドラマ化したTVシリーズ。[B,D]

Marvel デアデビル
DAREDEVIL (2015-2016) S2 米 Netflix
チャーリー・コックス（内田夕夜）, デボラ・アン・ウォール（木下紗華）, エルデン・ヘンソン（中村章吾）◆マーベル・コミックの盲目のヒーロー、デアデビルの活躍を描いたアクション・シリーズ。幼い頃に視覚を失ったマット・マードックは、それ以外の五感を研ぎ澄ますことで視力の代わり以上の能力を得る。親友のフォギー・ネルソンと法律事務所を開くかたわら、彼はその力で町を守るヒーローとして悪と戦っていく。[B,D]

Marvel パニッシャー
THE PUNISHER (2017) S1 米 Netflix
ジョン・バーンサル（坂詰貴之）, アンバー・ローズ・レヴァル（渡辺ゆかり）, ベン・バーンズ（佐藤拓也）◆「Marvel デアデビル」のスピンオフ作品。元海兵隊のフランク・キャッスルは、ギャングの抗争に巻き込まれ大切な家族を失い、自らも生死の境をさまよう。復讐を誓った彼は私刑執行人として犯罪者たちを次々と処刑していくが、やがて巨大な陰謀に巻き込まれていき…。製作総指揮はTVシリーズ「ハンニバル」のスティーヴ・ライトフットと、マーベルのTV部門を指揮するジェフ・ローブ。

Marvel ルーク・ケイジ
LUKE CAGE (2016) S1 米 Netflix
マイク・コルター（竹田雅則）, マハーシャラ・アリ（山野井仁）, シモーヌ・ミシック（浅野まゆみ）◆「デアデビル」「ジェシカ・ジョーンズ」に続く、マーベルとNetflixによるドラマの第3弾。超人的な能力を持つ男が、ニュー

Marvel デアデビル

ヨークのハーレムを舞台に、ストリートの支配を目論む悪と対決するクライム・アクション。人体実験により銃弾をも跳ね返す強靭な肉体を手に入れたルーク・ケイジは、自分の能力を隠しながらハーレムでひっそりと暮らしていた。しかしナイトクラブの経営者であるギャングのボス、コットンマウスことコーネル・ストークスがハーレムを牛耳ろうとしていることを知り…。

魔法使いキャットウィーズル

CATWEAZLE (1970-1971) S2 英 ITV

[別] 空飛べ！キャットウィーズル (第 2 シーズン)

ジェフリー・ベイルドン (立岡晃), ロビン・デイヴィス <S1>(小宮山清), ゲイリー・ウォーレン <S2>(川崎公明) ◆タイムスリップした魔法使いが巻き起こす騒動を描くコメディ作品。城の地下牢に幽閉されていた魔法使いキャットウィーズルは、飛行の術で脱走を試みるが失敗して墜落。しかしキャットウィーズルがたどり着いたのは、900 年後のイギリスだった。少年キャロットの助けを得て、元の時代へ戻るための冒険が始まる。日本では NHK「少年ドラマシリーズ」枠で放送された。第 2 シーズンはキャットウィーズル以外の設定を一新して、新たな一家との騒動が描かれる。

魔法の木シリーズ

THE MAGIC TREE / MAGICZNE DRZEWO (2004-2006) ポーランド Telewizja Polska

ヴォイチェフ・モルスキ (新井海人), アルトゥール・ジゥルマン (山野井仁), マリア・ペシェク (込山順子) ◆国際エミー賞を受賞したポーランド製のファンタジー・ドラマ。魔法の樫の木から作られた靴が、両親と離れて暮らすアーニャの手に渡り奇跡を起こす。TV シリーズ 8 話と映画が作られ、日本では「なかよしのくつ」と「ふしぎなそり」の 2 話のみ放映された。

まほうのレシピ

JUST ADD MAGIC (2015-) S2- 米 Amazon

オリヴィア・サナビア (松嵜麗), オーブリー・ミラー (田中真奈美), アビー・ドネリー (深田愛衣) ◆魔法の料理本を見つけた 3 人の少女が、レシピを実践しながら本に隠された秘密を解き明かしていく米 Amazon 製作のオリジナル・ドラマ。ある日、屋根裏部屋で不思議な料理本を見つけたケリー、ダービー、そしてハンナは、そのレシピに魔法の力が宿っていることを知る。ケリーのおばあちゃんにかけられた呪いを解くため、3 人は本にある“おだまりケーキ”や“癒しのヘーゼルナッツ・タルト”といったレシピを次々と調理していくが、それはもっと大きな秘密を暴くことにつながり…。

ママがいなけりゃだめ

→ぼくら 1 ぴき 6 にん

ママと恋に落ちるまで

HOW I MET YOUR MOTHER (2005-2014) S9 米 CBS

ジョシュ・ラドナー , ジェイソン・シーゲル , アリソン・ハニガン ◆運命の女性と恋に落ち、結ばれるまでを描いたラブ・コメディ。2030 年、テッドは子供たちに妻との出会いを語り始めた。テッドの親友が婚約し、彼自身も結婚を意識し始めた頃、バーで見かけた女性に一目惚れするのだが…。アメリカでは大ヒットを記録し、友人バーニー役のニール・パトリック・ハリスは、エミー賞助演男優賞に 4 年連続でノミネートされるなど高い評価を得た。

ママと 7 人のこどもたち

THE NEW LORETTA YOUNG SHOW (1962-1963) S1 米 CBS

ロレッタ・ヤング (月丘夢路), ジェームズ・フィルブルック (内田稔) ◆コネチカット郊外で 7 人の子供を抱える美しい未亡人が、フリーライターとして働きながら家事と仕事と恋に励む姿を、明るく楽しく描くモノクロ 30 分のホーム・コメディ。

ママは大学一年生

THE GERTRUDE BERG SHOW / MRS. G GOES TO COLLEGE (1961-1962) S1 米 CBS

ガートルード・バーグ (荒木道子), セドリック・ハードウィック (柳生博) ◆子供たちを育て上げた 62 歳の未亡人サラ・グリーンが大学に入学し、様々な騒動に遭遇する姿を描くモノクロ 30 分のコメディ。彼女のユーモアと誇り高い態度は、周りの学生たちの心に良い影響を与えていく。

ママは太陽

THE DORIS DAY SHOW (1968-1973) S5 米 CBS

ドリス・デイ (ペギー葉山), デンヴァー・パイル (中村俊一), フィリップ・ブラウン (野沢雅子), トッド・スターク (菅

ママと恋に落ちるまで

マリナ　恋に落ちた女神

谷政子）◆歌手で女優のD・デイが、ビリーとトビーの2人の息子とメイドを連れてニューヨークを離れる未亡人ドリス・マーチンを演じる30分のコメディ。辿り着いた先は父親バックが経営する牧場で、大自然の中で起こる様々な騒動を描く。主題歌はD・デイが歌う「ケ・セラ・セラ」。

ママは副社長

LOVE AND MARRIAGE (1959-1960) S1 米 NBC

ウィリアム・デマレスト，ジーン・バル ◆ロサンゼルスでハリス音楽出版社を経営する堅物社長のウィリアム・ハリスと、その娘で共同経営者のパット、そしてパットの夫スティーブの3人を軸に、会社と家庭それぞれで繰り広げられる騒動を描くモノクロ30分のシットコム。テーマ曲はフランク・シナトラが歌う「Love and Marriage」が使用された。

守れ！ジャングル

ELEPHANT BOY (1973) 豪＝英＝西独

ウーベ・フリードリッセン，エスラム・ジャヤシンゲ ◆ラドヤード・キプリングの『ジャングル・ブック』から「象使いトゥーマイ」の章を映像化したTVシリーズ。インドの少年トゥーマイは父を助けて一人前のゾウ使いになることを夢見ていた。ある日父はドイツの商人に雇われ、ゾウの群れを追うが命を落としてしまう。トゥーマイは父に代わってゾウを追うが…。

麻薬戦争

DRUG WARS: THE CAMARENA STORY (1990) S1 米 NBC

［別］ドラッグ・ウォーズ／麻薬戦争（ビデオ）

スティーヴン・バウアー（渡辺裕之），エリザベス・ペーニャ（檀ふみ），クレイグ・T・ネルソン（津嘉山正種），ミゲル・ファーラー（樋浦勉），トリート・ウィリアムズ（磯部勉），ベニチオ・デル・トロ（下條アトム）◆麻薬組織と捜査官との戦いを描いた、マイケル・マン製作総指揮によるミニシリーズ。アメリカ麻薬取締局(DEA)のメキシコ支局に配属された捜査官エンリケ・“キキ”・カマレーナ。強制捜査権も逮捕権もなく拳銃すら持てない彼は、メキシコ最大の麻薬王カロ・キンテロが所有するマリファナ畑を焼却するが…。実際の事件をもとにしたクライム・ドラマ。1992年にはコロンビアの麻薬カルテルと戦うDEAエージェントの姿を描く続編TVムービー「麻薬戦争II」が製作された。[V]

真夜中のエンジェル

→明日があるなら

真夜中の恐怖

→世にも不思議な出来

マリオ・プーヅォのラスト・ドン

→ラストドン

マリナ　恋に落ちた女神

MARINA (2006) S1 メキシコ Telemundo

サンドラ・エチェベリア，ウンベルト・スリタ，マウリシオ・オフマン ◆メキシコ発の長編メロドラマ。アカプルコでツアーガイドをしていたマリナは、母の死によって突如、大富豪ギジェルモ・アラルコンの屋敷に移り住むことになった。それを皮切りに、マリナが運命の激しい波に翻弄されていく姿を描く。

Marry Me ～本命彼女はモテ期中!? ～

MARRY ME (2010) S1 米 Lifetime

ルーシー・リュー，スティーヴン・パスクール，ボビー・カナヴェイル ◆L・リューが主演を務めるロマンティックなミニドラマ。交際相手と破局したばかりのレイ・アン・カーターは、誠実でハンサムなルークと出会い恋に落ちる。ルークから告白され有頂天のレイだったが、元カレのアダムや別の男性からもプロポーズされてしまい…。

マルコ・ポーロ

MARCO POLO (2014-2016) S2 米 Netflix

ロレンツォ・リケルミー（阪口周平），ベネディクト・ウォン（広瀬彰勇），トム・ウー（竹内英治）◆東方見聞録のマルコ・ポーロが見聞きしたモンゴル帝国内を描いた宮廷ドラマ。13世紀、シルクロード。東方を目指して旅をしていたマルコ・ポーロ一行は、勢力を拡大しつつあるモンゴル帝国の王フビライ・ハーンによって軟禁される。モンゴルは南宋との戦争準備を始めており、マルコ・ポーロはその陰謀に巻き込まれていく。

マルコ・ポーロ／シルクロードの冒険

MARCO POLO (1982-1983) S1 米＝伊＝西独＝中＝日 NBC/RAI

［別］マルコ・ポーロ(TV)

ケン・マーシャル（津嘉山正種），デンホルム・エリオット

マルコ・ポーロ

マルコ・ポーロ／シルクロードの冒険

(小林昭二),F・マーレイ・エイブラハム(大塚周夫),レナード・ニモイ(家弓家正),デヴィッド・ワーナー(柳生博)◆数年ぶりに帰国した貿易商人のニコロ・ポーロは、息子のマルコを伴ってふたたび東方への旅に出る。エルサレム、パミール高原、敦煌を経てモンゴル帝国にたどり着いたマルコが見たものは…。マルコ・ポーロの「東方見聞録」を、67億円の製作費と米・伊・中・日のスタッフ・キャストでドラマ化したミニシリーズ。日本からは丹波哲郎と石田純一が参加した他、アグネス・チャンやバート・ランカスターなど多彩な顔ぶれが揃った。1982年10月1日から3夜連続でTBSにて放映。[V]

マルコム in the Middle

MALCOLM IN THE MIDDLE (2000-2006) S7 米 Fox

[別] 天才少年 マルコム奮闘記

フランキー・ムニッズ(小林由美子→成瀬誠),ジェーン・カツマレク(高乃麗),ブライアン・クランストン(内田直哉)◆ある日、IQが165と判明したウィルカーソン家の三男マルコム。天才だがいたずら好きで周りが引くほどの皮肉屋マルコムと、家庭や学校などで起こる様々な出来事を描くシットコム。マルコムがカメラに向かって語りかけたり、独特なカメラワーク、スピーディーな展開など、見るものを飽きさせない工夫が随所に施されている。

マルセイユ

MARSEILLE (2016) S1 仏 Netflix

ジェラール・ドパルデュー,ブノワ・マジメル ◆フランスの豪華キャストでおくる、Netflixオリジナルのフランス語による政治ドラマ。全編4Kで撮影され、マルセイユの美しい風景を切り取っている。フランスのマルセイユで20年にわたり市長を務めてきたロベル・タロは、自らが見出した後継者の副市長バレスに裏切られ引退を宣言。しかし政界への復帰を画策するロベルは、あらゆる手を尽くしてバレスと争うことを決意するのだった。

マンスターズ

THE MUNSTERS (1964-1966) S2 米 CBS

[別] おじいちゃんはドラキュラ

フレッド・グウィン(若山弦蔵),イヴォンヌ・デ・カーロ(園田昌子),アル・ルイス(由利徹)◆「アダムズのお化け一家」と同時期に放送され、負けず劣らずの人気を獲得したモノクロ30分のホラー・コメディ。ドラキュラの祖父、フランケンシュタインの父、魔女の母、狼男の息子ら、マンスターズ家の異常なキャラクターがごく普通の日常を送っているというギャップに人気が集まった。劇場版「怪物家族大暴れ」(1966年)も作られた。

マンスフィールド・パーク

MANSFIELD PARK (1983) S1 英 BBC

アンナ・マッセイ,バーナード・ヘプトン,アンジェラ・プレザンス ◆サー・トーマス・バートラムとその家族が住む田舎の立派な邸宅、マンスフィールド・パーク。ここで彼らの親戚である貧しい娘ファニーは育った。ファニーはいとこたちに無視され蔑まれながらもたくましく生きていく。そんなファニーに対して唯一優しくしてくれるのはいとこのエドモンドだけだった…。貧しい家の娘が身分違いの愛を貫き成長していく様を描く。ジェーン・オースティンの古典をTVドラマ化。[D]

マンハッタン・スキャンダル

→ローリング20

マンハッタンに恋をして ～キャリーの日記～

THE CARRIE DIARIES (2013-2014) S2 米 The CW

アナソフィア・ロブ(沢城みゆき),オースティン・バトラー(下妻由幸),エレン・ウォン(優希)◆世界中の女性に支持され映画化もされた大ヒット・ドラマ「SEX AND THE CITY」の主人公キャリー・ブラッドショーの若き日を描く青春ドラマ。1980年代、コネティカット州在住のキャリーはオシャレが好きでシャイな女子高生だったが、マンハッタンの法律事務所で働くことになり、都会的な女性へ変わっていく。80年代のヒット曲やファッションを背景に、キャリーがおしゃれな女性に成長していく姿を描く。

マンハント

MANHUNT (1959-1961) S2 米

[別] サンディエゴ特捜隊

ヴィクター・ジョリイ(池田忠夫),パトリック・マクヴィ◆カリフォルニア州サンディエゴを舞台としたモノクロ30分の犯罪ドラマ。サンディエゴの海軍基地周辺で起こる凶悪犯罪に、科学捜査で挑む堅物警察官のハワードと警察担当記者ベンの活躍を描く。

マンスターズ

マンハッタンに恋をして ～キャリーの日記～

マンハント
MANHUNT: UNABOMBER (2017) S1 米 Discovery Channel
サム・ワーシントン (川本克彦), ポール・ベタニー (根本泰彦), クリス・ノース (水野龍司), ベン・ウェバー (後藤敦), ジェレミー・ボブ (さかき孝輔) ◆大学と航空会社に無差別に爆弾を送りつけた実在の連続爆弾魔、通称ユナボマーとFBIとの戦いを描いたサスペンス。全米各地で発生した連続爆弾事件は、解決の糸口すら見えぬまま15年が過ぎようとしていた。事件に対する新たな視点が必要であると考えたFBIは、天才的なプロファイラーのジム・フィッツジェラルドを招聘する。ジムはユナボマーの残した手がかりを徹底的に見つめ直し、FBIがそれまで抱いていた犯人像を全て破棄、犯人は優れた頭脳の持ち主であると仮定する。

み

見えない訪問者 ～ザ・ウィスパーズ～
THE WHISPERS (2015) S1 米 ABC
リリー・レーブ (魏涼子), バリー・スローン (坪井智浩), マイロ・ヴィンティミリア (花輪英司) ◆スティーヴン・スピルバーグをはじめ「フォーリング スカイズ」のクリエイター陣が製作総指揮を務めたSFサスペンス・ドラマ。子供たちにしか見えない謎の遊び友達"ドリル"の調査に乗り出したFBI捜査官たちが、危険な謎解きゲームに翻弄されながらも隠された秘密を暴いていく。子供の分析を専門とするFBI捜査官クレア・ベニガンは、ワシントンD.C.で起こった不可解な転落事故を調査する過程で、複数の子供たちにドリルと呼ばれる共通の遊び友達が存在することに気付く。そんな中、クレアの息子もまたドリルの名を口にするようになり…。

未開の帝国：立ち上がる女性達
STRANGE EMPIRE (2014-2015) S1 加 CBC
カーラ・ジー, タティアナ・ジョーンズ, メリッサ・ファーマン ◆カナダで放送された、戦う女性たちの姿を描く異色の西部劇ドラマ。1869年、カナダのアルバータ州にある小さな町で、男ばかりが虐殺される事件が発生。町に残された女の内、カットたち3人は生き残りをかけて立ち上がる。だが彼女たちの目の前には、強大な悪が待ち構えていた。

ミクロキッズ
HONEY, I SHRUNK THE KIDS: THE TV SHOW (1997-2000) S3 米 Disney
ピーター・スコラーリ, バーバラ・アリン・ウッズ, ヒラリー・タック ◆ドジだが天才的な科学者にして発明家のウェイン・サリンスキー博士とその家族を中心に、彼の発明したどんなものでも小さく縮小するミクロマシンをめぐって巻き起こる騒動を描いたSFシチュエーション・コメディ。大ヒットした同名映画のTVシリーズ版。

見知らぬ訪問者
→ある訪問者

ミス・ケイトの冒険
KATE LOVES A MYSTERY (1979-1980) S1 米 NBC
ケイト・マルグルー (寺田路恵), リリー・ヘイドン (三好由里子), ヘンリー・ジョーンズ (千葉耕市) ◆刑事コロンボの"かみさん"が名推理を繰り広げるとしてスタートした「ミセス・コロンボ」が、視聴率不振などによる設定変更でタイトルを変えたTVシリーズ。夫と離婚したケイト・キャラハンがマイク・バリック巡査長と共に事件を解決していく。

ミスター・エド
MISTER ED (1958-1966) S6 米 CBS
[別] お馬のエドくん
アラン・レーン (三遊亭金馬), アラン・ヤング (柳沢真一), コニー・ハインズ (杉田郁子) ◆馬と夫婦の生活を描いたモノクロ30分のホーム・コメディ。人の言葉を理解し、話すことができる馬のエド。建築家のウィルバーとキャロルという夫婦が田舎の家を購入したところ、納屋にいたエドと出会う。以来、エドはウィルバーと会話をするようになるのだが…。

Mr. チョンボ危機乱発
→フォルティ・タワーズ

ミスター・ディーズ
MR. DEEDS GOES TO TOWN (1969-1970) S1 米 ABC
[別] がんばれ新米社長
モンテ・マーカム ◆1936年にゲイリー・クーパー主演

ミクロキッズ

ミスター・エド

ま

で製作され、アカデミー賞監督賞を受賞した映画「オペラハット」をTVドラマ化した30分のシチュエーション・コメディ。小さな町の新聞記者ロングフェロー・ディーズは、ある日突然マンハッタンの大会社を相続することに。裕福になったディーズの周りには金の亡者も集まってくるが、新人社長となったディーズはふりかかるトラブルを次々と解決していく。日本では1972年に開局したテレビ神奈川(TVK)で放送された。

ミスター・ノバック
MR. NOVAK (1963-1965) S2 米 NBC

ジェームズ・フランシスカス(西沢利明), ディーン・ジャガー(有馬昌彦) ◆ロサンゼルスの下町にある高校を舞台にした学園ドラマ。ジェファーソン・ハイスクールに赴任してきたのは、理想に燃える新人熱血教師ジョン・ノバック。彼は持ち前の正義感と優しさで、生徒や同僚の先生の間に起きる様々なトラブルを解決していく。

Mr. バーンズ
BUD BINDI (1993-1996) スロバキア

ミロ・ノガ, スタノ・ダンシック ◆チェコスロバキア産のTVドラマ・シリーズで、いたずら好きのハチャメチャ・コンビが巻き起こす爆笑騒動を描くスラップスティック・コメディ。主演のM・ノガが「スロバキアのミスター・ビーン」と評されたことから、日本では「Mr. バーンズ」というタイトルでビデオがリリースされた。[V]

ミスター・ビーン
MR. BEAN (1990-1995) S1 英 ITV

ローワン・アトキンソン, マチルダ・ジーグラー ◆自己中心的で同居人は小さな熊のぬいぐるみ。愛車のミニを見事なハンドルさばきで乗りこなすものの、駐車の際には周囲にぶつけまくり、肘あて付きの上着と丈の短いズボンがトレードマークの風変わりな中年男、ミスター・ビーンが巻き起こす騒動を描いたコメディ。ほとんどセリフがなく、視覚的な面白さで笑わせるというスタイルが英語圏以外の国でも人気となり、エピソード数は少ないものの、全世界で繰り返し放映されロングランヒットとなった。シリーズ終了後に2本の劇場映画とアニメーションが製作され、グッズを含めた関連商品も多数販売された。[D,L,V]

ミスター・ベンソン
BENSON (1979-1986) S7 米 ABC

ロバート・ギローム(恒吉雄一), ジェームズ・ノーブル(大木民夫), ミッシー・ゴールド(松島みのり), インガー・スヴェンソン(野沢雅子), キャロライン・マクウィリアムズ(曽我町子) ◆昼メロを徹底的に茶化したTVコメディ「SOAP」から、冷静な皮肉屋の黒人執事ベンソンを主人公にした30分のスピンオフ・コメディ。州知事のギャトリング邸の執事となったベンソンが一癖ある人々に囲まれて騒動を巻き起こす。

ミスター・ラッキー
→ついてる男

ミスター・ロバーツ
MISTER ROBERTS (1965-1966) S1 米 NBC

ロジャー・スミス(園井啓介), リチャード・X・スラトリー, スティーヴ・ハーモン ◆トーマス・ヘッゲンのベストセラー小説『ミスタア・ロバーツ』を、1955年の映画版に続いて映像化したTVドラマ。第二次世界大戦中の南太平洋を舞台に、米海軍所属船の生活をコミカルに描く30分の戦争コメディ。アメリカ海軍の補給船リラクタント号の乗員である甲板士官中尉のダグラス・ロバーツはモートン艦長と乗組員たちの間にはさまれながらも毎回巻き起こる様々な問題を解決していく。

MR. ROBOT ／ミスター・ロボット
MR. ROBOT (2015-2017) S3 米 USA Network

ラミ・マレック(内山昂輝), クリスチャン・スレイター(藤原啓治), カーリー・チェイキン(たかはし智秋), ポーシャ・ダブルデイ(田村睦心) ◆他人とコミュニケーションを取ることが苦手な青年エリオットは、セキュリティ企業で働くかたわら、夜は凄腕のハッカーとして活動していた。ある日、彼の前にミスター・ロボットというロゴ入りのジャケットを着た男がやって来て、ハッカーチームに招待すると告げるのだが…。陰謀に巻き込まれていく孤独な青年を描いたサスペンス。[D]

ミステリアス アイランド
MYSTERIOUS ISLAND (1995) S1 加＝ニュージーランド Family Channel

アラン・スカーフ(瑳川哲朗),C・デヴィッド・ジョンソン

ミスター・ビーン

MR. ROBOT ／ミスター・ロボット

(秋元羊介), コレット・スティーヴンソン (平井美美) ◆ジュール・ヴェルヌ原作の冒険小説『神秘の島』をドラマ化。南北戦争時代のアメリカ、南軍の捕虜収容所から気球で脱出したハーディング大尉をはじめとする 6 人の男女が、太平洋上の孤島にたどり着きサバイバル生活を始める。だが、その島には大きな秘密があった。

ミステリー in パラダイス

DEATH IN PARADISE (2011-2017) S6 英 BBC

ベン・ミラー , サラ・マーティンス , ダニー・ジョン＝ジュールズ ◆カリブの島を舞台に繰り広げられる大人気英国ミステリー。霧や雨を愛する典型的なロンドンの刑事リチャード・プールが、事件解決のために赴任した陽光輝く南の島セント・マリーの風土や習慣に戸惑いながらも、自身のスタイルを崩すことなく捜査に当たる様を描く。

ミステリー・グースバンプス

GOOSEBUMPS (1995-1998) S4 加 YTV

[別] グースバンプス

◆ R・L・スタインの同名ホラー・アンソロジー・シリーズを TV ドラマ化。アメリカでは子供向けチャンネルのフォックス・キッズで 1995 年から放映された。1 話完結で、毎回子供を軸にストーリーが展開していく。2015 年に劇場映画版「グースバンプス　モンスターと秘密の書」が製作された。

ミステリー・ゾーン

THE TWILIGHT ZONE (1959-1964) S5 米 CBS

[別] 未知の世界 (第 1 シーズン) | トワイライト・ゾーン

ロッド・サーリング (鈴木昭生→久米明→明石一→千葉耕市) ◆映画「猿の惑星」の脚本でも知られる作家 R・サーリングが監修とホストを務めた、ミステリアスな 1 話 30 分 (第 4 シーズンは 60 分) のモノクロ SF アンソロジー。数多くのゲスト・スターが登場し、スリラーやファンタジー、ホラーといったジャンルに社会的なテーマを織り交ぜたことから話題を呼んだ。絶大な人気を誇り、映画版リメイク「トワイライトゾーン／超次元の体験」、新生シリーズ「新トワイライト・ゾーン」も製作された。

ミステリー 61

→ロバート・テーラー・ショー／ミステリー 61

ミステリー・ゾーン

MISTRESS〈ミストレス〉

MISTRESSES (2008-2010) S3 英 BBC

サラ・パリッシュ (日下由美), シャロン・スモール (定岡小百合), シェリー・コン (杉本ゆう) ◆女医ケイティ・ロデンはガンで亡くなった患者ジョンの息子サムから父の愛人について尋ねられ、動揺を隠せない。実はジョンの不倫相手は彼女自身だったのだ。夫をテロで失い未亡人となったトルーディ・マロイは、娘 2 人の子育てに追われる日々。そんな中、彼女のもとに莫大な補償金が舞い込む。独身生活を謳歌するジェシカ・フレイザーは、仕事で出会ったレズビアンの女性アレックスに惹かれていく。弁護士のシボーン・ディロンは仕事も結婚生活も順調だったが、子宝に恵まれないという悩みを抱えていた。やがて夫婦生活にストレスを感じた彼女は、同僚ドミニクの情熱的な視線に身を焦がすようになり…。堅い友情で結ばれた 4 人の女性の恋愛模様を描いた英国発の大人向けドラマ。[D]

ミス・フィッシャーの殺人ミステリー

MISS FISHER'S MURDER MYSTERIES (2012-2015) S3 豪 ABC

エシー・デイヴィス , ネイサン・ペイジ , アシュリー・カミングス ◆第一次世界大戦後のオーストラリアを舞台に、魅力的な女探偵が難事件を解決していくミステリー・シリーズ。海外に滞在していたミス・フィッシャーがオーストラリアに戻ってきた。到着早々、彼女は殺人事件に巻き込まれてしまうが、メイドのドットと共に、持ち前の冒険心で事件に首を突っ込んでいく。

Misfits ／ミスフィッツ ― 俺たちエスパー！

MISFITS (2009-2013) S5 英 E4

ロバート・シーハン <S1-2>, ネイサン・スチュアート＝ジャレット , ローレン・ソーチャ ◆超能力を身につけた若者たちの活躍と葛藤を描いた、オフビートな SF サスペンス。ボランティア活動を命じられた不良グループのネイサン、カーティス、サイモン、アリーシャ、ケリーの 5 人は、活動初日に落雷に遭ったことがきっかけとなり、体にサイキック・パワーが備わってしまう。突如として透明人間や未来予知などの能力を持つことになった彼らの運命とは。

Misfits ／ミスフィッツ ― 俺たちエスパー！

miss match　ミス・マッチ
MISS MATCH (2003) S1 米 NBC
アリシア・シルヴァーストーン，ライアン・オニール，ジェームズ・ロデイ ◆父ジェリーの事務所で離婚弁護士を担当しているケイト・フォックスが、仕事とは裏腹に男女を結びつけることが趣味であったことから巻き起こる騒動を描いたロマンティックなシチュエーション・コメディ。

ミス・マープル
AGATHA CHRISTIE'S MISS MARPLE (1984-1992) 米＝英
ジョーン・ヒクソン（山岡久乃）◆名探偵エルキュール・ポアロと並んで著名な、アガサ・クリスティーのミステリー・シリーズをイギリスBBCが映像化。ロンドン郊外のセント・メアリ・ミード村に住む詮索好きな老嬢ジェーン・マープルが、村のうわさやゴシップから手がかりを得て事件の謎を解決していく。主演はクリスティ自身が希望したと言われているJ・ヒクソン。[D,V]

- 書斎の死体　THE BODY IN THE LIBRARY (1984)
- 動く指　THE MOVING FINGER (1990)
- 予告殺人　AGATHA CHRISTIE'S MISS MARPLE: A MURDER IS ANNOUNCED (1986)
- ポケットにライ麦を　A POCKET FULL OF RYE (1985)
- 牧師館の殺人　THE MURDER AT THE VICARAGE (1989)
- スリーピング・マーダー　SLEEPING MURDER (1987)
- バートラム・ホテルにて　AT BERTRAM'S HOTEL (1987)
- 復讐の女神　NEMESIS (1986)
- パディントン発4時50分　4:50 FROM PADDINGTON (1987)
- カリブ海の秘密　MISS MARPLE: A CARIBBEAN MYSTERY (1989)
- 魔術の殺人　THEY DO IT WITH MIRRORS (1991)
- 鏡は横にひび割れて　THE MIRROR VRACKED FROM SIDE TO SIDE (1991)

ミス・マープル
AGATHA CHRISTIE'S MARPLE (2004-2010) 米＝英
[別] アガサ・クリスティー ミス・マープル｜アガサ・クリスティーのミス・マープル（ソフト）
ジェラルディン・マクイーワン（岸田今日子→草笛光子）<S1-3>, ジュリア・マッケンジー（藤田弓子）<S4-6> ◆ロンドン郊外の架空の町セント・メアリ・ミードに暮らす老嬢ミス・マープルの活躍を描いたアガサ・クリスティー原作によるミステリー・シリーズ。ミス・マープルを演じたのはG・マクイーワンで、初代マープルのジョーン・ヒクソンより10歳ほど若返った。ミス・マープルものでは無い原作も取り入れられている。[D]

- 書斎の死体　THE BODY IN THE LIBRARY (2004)
- 牧師館の殺人　THE MURDER AT THE VICARAGE (2004)
- パディントン発4時50分　4:50 FROM PADDINGTON (2004)
- 予告殺人　A MURDER IS ANNOUNCED (2005)
- スリーピング・マーダー　SLEEPING MURDER (2006)
- 動く指　THE MOVING FINGER (2006)
- 親指のうずき　BY THE PRICKING OF MY THUMBS (2006)
- シタフォードの謎　THE SITTAFORD MYSTERY (2006)
- バートラム・ホテルにて　AT BERTRAM'S HOTEL (2007)
- 無実はさいなむ　ORDEAL BY INNOCENCE (2007)
- ゼロ時間へ　TOWARDS ZERO (2007)
- 復讐の女神　NEMESIS (2007)
- ポケットにライ麦を　A POCKET FULL OF RYE (2008)
- 殺人は容易だ　MURDER IS EASY (2008)
- 魔術の殺人　THEY DO IT WITH MIRRORS (2009)
- なぜ、エヴァンズに頼まなかったのか？　WHY DIDN'T THEY ASK EVANS? (2009)
- 蒼ざめた馬　THE PALE HORSE (2010)
- チムニーズ館の秘密　THE SECRET OF CHIMNEYS (2010)
- 青いゼラニウム　THE BLUE GERANIUM (2010)
- 鏡は横にひび割れて　THE MIRROR CRACK'D FROM SIDE TO SIDE (2010)

ミセス・コロンボ
MRS. COLUMBO / KATE COLUMBO / KATE THE DETECTIVE (1979) S1 米 NBC
ケイト・マルグルー（寺田路恵），リリー・ヘイドン（三好由里子），ヘンリー・ジョーンズ（千葉耕市）◆刑事コロンボのセリフ"うちのかみさん"にヒントを得て作られたスピンオフ・シリーズ。今まで姿を見せなかったコロンボの妻ケイトの推理劇を描く。しかしユニバーサルがケイト

ミス・マープル (1984-1992)

ミセス・コロンボ

はコロンボ夫人では無いと発表したことから設定変更を余儀なくされ、その後「ミス・ケイトの冒険」として再スタートを切った。

ミセスと幽霊

THE GHOST & MRS. MUIR (1968-1970) S2 米 NBC→ABC

ホープ・ラング(藤波京子), エドワード・マルヘア(久松保夫) ◆1947年の映画「幽霊と未亡人」をもとにTVドラマ化した30分のファンタジー・コメディ作品。美しい未亡人キャロリン・ミュアが2人の子供と共に、岬に建てられた通称"かもめ館"に引っ越してきた。館にはかつての持ち主グレッグ船長の幽霊が住んでいて、来るものを追い返していたのだが、一家は誰も船長を怖がらない。出て行かせようとする船長とそれを拒否する未亡人は、仕方なく共同生活を始めるのだが、2人は次第に惹かれ合うようになり…。

未知の世界

→ミステリー・ゾーン

未知への逃亡者／ローガンズ・ラン

LOGAN'S RUN (1977-1978) S1 米 CBS

グレゴリー・ハリソン(神谷明), ヘザー・メンジース(川島千代子), ドナルド・モファット(清川元夢) ◆1976年のSF映画「2300年未来への旅」をTVドラマ化。西暦2319年、核戦争を生き延びたわずかな人類は巨大なドーム型の都市で暮らしていた。そこは全てがコンピュータによって完全に管理されており、人間の寿命までも決められている。30歳の誕生日を迎えれば抹殺されてしまう運命から逃れようと、ローガン、ジェシカ、そしてアンドロイドのレムは、自由を求めてドームから脱走する。全14話。

ミッキー・ルーニー・ショー

THE MICKEY ROONEY SHOW (1954-1955) S1 米 NBC

ミッキー・ルーニー(久野四郎), レジス・トゥーミイ, クレア・カールトン ◆仕事がなくTV局の職員として働く若手俳優ミッキー・マリガンが、職場や家庭で巻き起こす騒動を描くモノクロ30分のコメディ・ドラマ。子役の印象が強く低迷していたM・ルーニーが、見事に復活を遂げた作品としても知られる。

未知への逃亡者／ローガンズ・ラン

ミッシング

MISSING (2012) S1 米 ABC

アシュレイ・ジャッド(塩田朋子), ショーン・ビーン(磯部勉), クリフ・カーティス(志村知幸) ◆かつてCIA工作員の夫を殺害された元敏腕スパイのベッカ・ウィンストンが、留学先のローマで失踪した息子マイケルを救うべく、過去に培った特殊スキルや人脈を駆使して犯罪組織の陰謀に挑むミステリー・スリラー。ヨーロッパの美しい街並みを背景に、謎が謎を呼ぶ展開と、息もつかせぬアクションが交差する。主演のA・ジャッドは製作総指揮にも名を連ねている。[D]

ミッシング ～サイキック捜査官～

1-800-MISSING (2003-2006) S3 米＝加 Lifetime

カテリーナ・スコーソン(魏涼子), ヴィヴィカ・A・フォックス(八十川真由野)<S2->, グロリア・ルーベン(唐沢潤)<S1> ◆事故により不思議な能力を手に入れたジェシカ・マストリアニとFBI捜査官が手を組み、行方不明者に関わる事件を解決に導いていくドラマ。ジェシカの相棒は、第1シーズンではブルック・ハズレットだったが、第2シーズン以降はニコル・スコットに変更になった。

ミッドナイトDJ

MIDNIGHT CALLER (1988-1991) S3 米 NBC

[別] ミッドナイト・コーラー(TV)

ゲイリー・コール(大塚明夫), ウェンディ・キルボーン, デニス・ダン ◆事件の捜査中に相棒を誤って殉職させてしまった刑事ジャック・キリアンは、職を離れ孤独な生活を送っていた。やがて記憶を振り払うようにDJの職に就くが、番組のリクエスト電話から、忘れていたはずの犯罪捜査に協力することになっていくというサスペンス。[V]

密林王国ダクタリ

DAKTARI (1966-1969) S4 米 CBS

[別] 猛獣先生

マーシャル・トンプソン(久松保夫), シェリル・ミラー(鈴木弘子→向井真理子) ◆アフリカの動物研究センターで働く獣医のマーシュ・トレーシー博士と娘のローラ、そしてセンターのスタッフたちが、寄り目なライオンのクラレンスやチンパンジーのジュディなどの動物たちとふれあう姿を中心に描いたヒューマン・ドラマ。密猟者たちなど

ミッドナイトDJ

の脅威から野生生物を保護するために奮闘する姿は、さわやかな感動を呼ぶ。「ダクタリ」とはスワヒリ語で医者を意味する。

ミディアム　霊能者アリソン・デュボア

MEDIUM (2005-2011) S7 米 NBC → CBS

[別] ミディアム ～霊能捜査官アリソン・デュボア～ (DVD)

パトリシア・アークエット (松本梨香), ミゲル・サンドヴァル (浦山迅), ジェイク・ウェバー (清水明彦) ◆実在の女性霊能者アリソン・デュボアをモデルに、事件解決のため犯罪捜査に協力する人妻の活躍を描くミステリー・サスペンス。33 歳のアリソンは夫と 3 人の娘と暮らすごく平凡な主婦だったが、いつの間にか身についていた霊能力を駆使し、犯罪捜査のため検事局に協力することに。慣れない捜査に疲れる上、家族との時間が取れずストレスがたまるなど、働く主婦の普遍的な悩みをも描き出す。[D]

緑の丘のブルーノ

SUN ON THE STUBBLE / THE VALLEY BETWEEN (1996) S1 豪 ABC

クリスチャン・コーランド (菅生隆之), スーザン・ライアンズ (高畑淳子), ジャミー・クロフト (進藤一宏), ソフィー・ヒースコート (弓場沙織) ◆オーストラリアの作家コリン・シールの小説『The sun on the stubble』を映像化したファミリー・ドラマ。1930 年代のオーストラリアを舞台に、ドイツから移住してきたグンター家が遭遇する様々な出来事を描く。日本では NHK「海外少年少女ドラマ」枠で放送された。

みなさんトンカチ・コンビです

I'M DICKENS, HE'S FENSTER (1962-1963) S1 米 ABC

マーティ・インゲルス (大泉晃), ジョン・アスティン (坂本新兵), エマリン・ヘンリー ◆ロサンゼルスに住む 2 人の大工と周囲の人物たちが巻き起こす騒動を描くモノクロ 30 分のシチュエーション・コメディ。大工で既婚者のハリー・ディケンズは、同じく大工のアーチ・フェンスターの独身生活に憧れを抱くが、当然ハリーの妻はそれを許してくれるはずもなく…。

南太平洋マイクの冒険

→南海のマイク

ミュータント X

MUTANT X (2001-2004) S3 米

ジョン・シーア (中田和宏), ヴィクトリア・プラット (茉雪千鶴), フォーブス・マーチ (櫻井孝宏) ◆マーベルの同名コミックを実写化。遺伝子工学によって誕生したミュータントの闘いを描く SF アクション・ドラマ。若き天才科学者のアダムは、ポール博士が進める極秘プロジェクトに参加するが、遺伝子操作により先天的に優秀な子供を産み出すという内容に反発し逃走。数十年後、アダムは "ミュータント X" を結成し、ミュータントを守るための戦いに身を投じるのだった。[D,V]

未来テレビ局・ネットワーク 23

→マックス・ヘッドルーム

ミラクル・エスパーズ!

MISFITS OF SCIENCE (1985-1986) S1 米 NBC

ディーン・ポール・マーチン , ケヴィン・ピーター・ホール , コートニー・コックス ◆「地上最強の美女! バイオニック・ジェミー」の製作で知られるジェームズ・D・パリオットがクリエイターを務める SF アドベンチャー・コメディ。破壊光線を発するロックシンガー、一瞬にして体を縮小できる科学者、サイコキネシスを使う少女や冷凍人間など、一風変わった超能力者が悪に立ち向かう姿を、ギャグを交えながらポップに描く。日本ではパイロット版がビデオリリースされた。[V]

ミルドレッドの魔女学校

THE WORST WITCH (1998-2001) S3 英 ITV

[別] 空飛ぶ魔女学校 (CS)

ジョージナ・シェリントン (米丘ゆり), ホリー・リヴァース (本名陽子), ケイト・デュシェーヌ (紗ゆり), シャーロット・パウエル (榛田安芸), エマ・ブラウン ◆ジル・マーフィが著した児童文学 "魔女学校" (原題はワースト・ウィッチ) シリーズを TV ドラマ化。人間だが特別に奨学生としてカックル魔女学校に入学したドジな見習い魔女ミルドレッドの奮闘を描いた 30 分のファンタジー・コメディ。「ローグ・ワン／スター・ウォーズ・ストーリー」のフェリシティ・ジョーンズがシーズン 1 のみ出演していた。2017 年にはリメイク版も作られた。[D,V]

ミディアム　霊能者アリソン・デュボア

ミュータント X

ミルドレッドの魔女学校
THE WORST WITCH (2017) S1 英 CBBC

ベラ・ラムジー(宇山玲加),メイブ・キャンベル(櫻庭有紗),ジェニー・リチャードソン(戸田めぐみ),クレア・ヒギンズ(片岡富枝),ラケル・キャシディ(日野由利加)◆ジル・マーフィが著した人気児童文学シリーズを新たに映像化。ひょんなことから魔女学校に入学してしまった人間のドジな少女ミルドレッド・バブルが、魔法の世界を舞台に様々な冒険を繰り広げる。

ミルドレッド・ピアース　幸せの代償
MILDRED PIERCE (2011) S1 米 HBO

ケイト・ウィンスレット(林真里花),ガイ・ピアース(檀臣幸),エヴァン・レイチェル・ウッド(勝島乙江)◆ジェームズ・M・ケインの小説『ミルドレッド・ピアース』は1945年に映画化され、主演のジョーン・クロフォードにオスカーをもたらしたが、同原作をK・ウィンスレットのTV初主演でミニシリーズ化したのが本作。大恐慌時代のアメリカを舞台に、離婚した主婦ミルドレッド・ピアースが実業家として成功しながら、娘への愛と確執に悩む葛藤を描いたヒューマン・ドラマで、映画版と異なり原作に忠実な映像化となっている。ウィンスレットの主演女優賞をはじめ、エミー賞の多くの部門で受賞を果たした。

ミレニアム
MILLENNIUM (1996-1999) S3 米 Fox

ランス・ヘンリクセン(小川真司),ミーガン・ギャラガー(高島雅羅),テリー・オースティン(佐古正人)◆特殊能力を持つ元FBI捜査官が凶悪犯罪に立ち向かっていく姿を、キリスト教の終末思想をからめてオカルティックに描き出す、サスペンス・ミステリー・ドラマ。FBI捜査官のフランク・ブラックは心身疲弊となり退職、家族と共にシアトルへ引っ越す。優れたプロファイラーであった彼は、殺人犯の心の中を見ることができる特殊能力の持ち主だった。やがてフランクは秘密組織ミレニアムに関わるようになるのだが…。[D,L,V]

む

ムチと拳銃
WHIPLASH (1961) S1 豪 ATV

ピーター・グレイヴス(桑原たけし),アンソニー・ウィッカート(和田敬)◆1850年代にオーストラリアで初めて駅馬車の路線を創設したアメリカ人、クリス・コッブの半生を綴るモノクロ30分の冒険ドラマ。オーストラリアを舞台とした西部劇で、駅馬車のすぐ横をカンガルーが走り抜けていくなど、他国の西部劇にはないユニークな描写が見られた。

ムッソリーニ／愛と闘争の日々
MUSSOLINI: THE UNTOLD STORY (1985) S1 米 NBC

ジョージ・C・スコット,リー・グラント,メアリー・エリザベス・マストラントニオ◆一党独裁の体制を作り出したムッソリーニは、ローマ帝国の復活を名目に、周辺諸国に手を伸ばそうとする。しかしヒトラーと手を組み、連合国を敵に回したことで、彼の野望はついえていく…。ファシズムを創出し、国家ファシスト党を率いてイタリアを支配した独裁者ベニート・ムッソリーニの半生を描いたミニシリーズ。ビデオは「栄光編」「野望編」「激動編」「完結編」の全4巻。[V]

胸に輝く銀の星
THE DEPUTY (1959-1961) S2 米 NBC

[別]アリゾナ魂

ヘンリー・フォンダ(春日俊二),アレン・ケイス(小林恭治)◆1880年代のアリゾナを舞台に、保安官助手を務める雑貨商の青年クレイ・マッコードの活躍を描いたモノクロ30分のTV西部劇。彼の上司サイモン・フライ役でH・フォンダがTVシリーズに初出演を果たし話題となった。[D]

ムーン・パニック
IMPACT (2009) S1 米＝加＝独 ABC

[別]IMPACT インパクト(DVD)

デヴィッド・ジェームズ・エリオット(森田順平),ナターシャ・ヘンストリッジ(安藤みどり),ベンヤミン・サドラー(竹若拓磨)◆ある日突然人類を襲った、地球規模の未曾有の危機を描くミニシリーズ。1万年に1度の大規模な流星群を公園で観測していた元NASA研究員のアレックスは、そこで巨大な天体が月に衝突する光景を目撃。このままでは月が地球に激突することが判明し、世界各地から様々な分野のスペシャリストたちが招集される。アレックスを含む危機対策チームは、地球を救うため月面

ミルドレッド・ピアース　幸せの代償

ミレニアム

へ向かうのだが…。[D]

め

ま

メアリー・フェイガン殺人事件

→七十年目の審判

名犬ファング

WHITE FANG (1993-1994) S2 加 = 仏 M6

ジェームズ・ウールヴェット (関智一), デヴィッド・マキルレース (荻島真一), デニース・ビリュー (萩尾みどり) ◆アメリカの作家ジャック・ロンドンによる動物文学の傑作『白い牙』を原作とするドラマシリーズ。狼と犬の子供であるファングの面倒を見ることになった少年マット・スコットとファングの絆を描く。日本では NHK「海外少年少女ドラマ」枠で放送された。

名犬ラッシー

LASSIE / JEFF'S COLLIE (1954-1974) S19 米 CBS

[別] 森のラッシー

トミー・レティグ (北条美智留), ジャン・クレイトン (金子亜矢子), ジョージ・クリーヴランド (湊俊一) ◆ 1943 年に「家路」として映画化され、ラジオドラマも製作されたエリック・ナイトの小説『名犬ラッシー』を原作とする 30 分の TV ドラマ。農村で暮らすミラー家と、飼い犬で賢いコリーのラッシーとの、絆と冒険を描く。日本では「名犬ラッシー」というタイトルで放送開始となったが、その後は「森のラッシー」「新名犬ラッシー」とタイトルを変えて放送された。[D]

名犬ラッシー

LASSIE (1997-1999) S3 加 = 米

コーリ・シビア (小出達也) ◆頭の良いコリー犬、ラッシーの活躍を描いたカナダ製のファミリードラマ。獣医師のカレン・キャボットは息子ティミーを連れて故郷のバーモント州ハドソン・フォールズに戻ってきた。ティミーはラッシーと名付けたコリー犬と共にあらゆる困難に立ち向かっていく。

名犬リンチンチン

THE ADVENTURES OF RIN TIN TIN (1954-1959) S5 米 ABC

[別] 名犬リンティ

リー・アーカー (北里深雪→堀内敬子), ジェームズ・ブラウン (城所英夫→城達也) ◆孤児となったラスティ少年と愛犬のリンチンチンが、アパッチ砦に駐屯する第 101 騎兵隊の一員として活躍する日常を描いたモノクロ 30 分の TV シリーズ。ラッシーにその座を奪われるまで、リンチンチンは日本における名犬の代名詞となった。[V]

名犬ロッキー

THE LITTLEST HOBO (1979-1985) S6 加 CTV

◆ 1960 年代に放送された「名犬ロンドン物語」のリメイク作品。主役のシェパード犬は「名犬ロンドン物語」に出演したロンドンの子孫だったが、日本放映時にはなぜか名前がロッキーに変更された。ジャーマン・シェパード犬のロッキーが、貨物列車に乗って旅を続ける中で遭遇する事件を解決に導いてゆく。ヴィク・モローやレスリー・ニールセンなど豪華ゲストが出演した。

名犬ロンドン物語

THE LITTLEST HOBO (1963-1965) S2 米 = 加

[別] 名犬ロンドン

◆ 1958 年の映画「The Littlest Hobo」をモノクロ 30 分で TV シリーズ化。人に仕えず放浪生活を送る、正義感の強いジャーマン・シェパード犬のロンドンが、訪れた街で出会ったトラブルを解決し、人知れずその場を去っていく。哀愁を帯びた日本語版主題歌「さすらい」が日本の視聴者に強い印象を残した。

名作物語

YOUR FAVORITE STORY (1953-1955) S3 米 ZIV

[別] 名作劇場

アドルフ・マンジュー ◆ 1946 年から 3 年に渡って放送されていたラジオ・ショー "Favorite Story" を、TV 番組としてリメイク。トルストイ、アナトール・フランス、ハーマン・メルヴィルなど、著名な作家の小説や戯曲の名作を 30 分に収めておくるアンソロジー・ドラマ。ホスト役はおらず、唯一、ナレーターの A・マンジューだけがレギュラーである。

名探偵エルキュール・ポアロ

POIROT / HERCULE POIROT / AGATHA CHRISTIE'S POIROT (1989-2013) S13 英 ITV

[別] 名探偵ポアロ｜名探偵ポワロ｜名探偵ポワロ／ザ・

名犬ラッシー (1954-1974)

名探偵エルキュール・ポアロ

ムービー (CS)
デヴィッド・スーシェ (熊倉一雄), ヒュー・フレイザー (富山敬), フィリップ・ジャクソン ◆ミステリーの女王、アガサ・クリスティーが生み出した名探偵エルキュール・ポアロを主人公にしたドラマ・シリーズ。1989 年から製作され、長年にわたり世界中で放送された。舞台設定を 1936 年に限定、短編を原作としたものは 1 時間、長編のものは 2 時間の作品として製作されている。ベルギーで警察官だったポアロは第一次大戦の影響でイギリスに亡命し、ロンドンで私立探偵として活動を始める。彼は "灰色の脳細胞" を駆使し、退役軍人で良き友人のヘイスティングス、融通がきかない頑固なロンドン警視庁のジャップ警部、有能な秘書ミス・レモンらと共に難事件を解決していく。[B,D,L,V]

名探偵シャーロック・ホームズ

SHERLOK KHOLMS / SHERLOCK HOLMES (2013) S1 ロシア
イゴール・ペトレンコ , アンドレイ・パニン ◆サンクトペテルブルグのオープンセットで撮影されたロシア製のシャーロック・ホームズ譚。ロンドンに移り住んだ元従軍医師のジョン・ワトソン博士は、下宿先でホームズという男と出会い、彼の超人的な推理能力に魅せられていく。

名探偵ジョーンズ

BARNABY JONES (1973-1980) S8 米 CBS
バディ・イブセン (中村正), リー・メリウェザー (谷育子) ◆「逃亡者」「インベーダー」などで知られるクイン・マーティン製作による探偵アクション。一度は引退した老探偵バーナビー・ジョーンズが、息子ハルが殺害されたことをきっかけに、息子の嫁ベティの協力を得て再び悪に立ち向かう。

名探偵ダイヤモンド

RICHARD DIAMOND, PRIVATE DETECTIVE (1957-1960) S4 米 CBS → NBC
デヴィッド・ジャンセン (木村幌→高橋昌也) ◆映画監督ブレイク・エドワーズが考案したキャラクター、元警官の私立探偵リチャード・ダイヤモンドの活躍を描くモノクロ 30 分の TV シリーズ。元は 1949 年から 53 年まで続いたラジオドラマで、この時はディック・パウエルがダイヤモンドを演じていたが, TV 版では「逃亡者」以前の D・ジャンセンが担当。ダイヤモンドは持ち前の推理力と行動力で、ニューヨーク市警のマクグロー警部と共にマンハッタンで起きる凶悪犯罪事件に挑んでいく。第 2 シーズンからは舞台がロサンゼルスに移った。

名探偵ダウリング神父

FATHER DOWLING MYSTERIES (1989-1991) S3 米 NBC → ABC
トム・ボスレー (荒井注→東野英心), トレイシー・ネルソン (榎本智恵子), ジェームズ・スティーヴンス ◆シカゴのセント・ミカエル教会に所属する敬虔なカトリック、フランク・ダウリング神父が、元不良で裏社会やイカサマに詳しい若いシスター、ステファニー・オスコウスキの協力を得て難事件を解決していくミステリー・ドラマ。

名探偵バナチェック

→バナチェック登場

名探偵ポワロ

(1985-1986) 米 CBS
[別] 名探偵ポアロ
ピーター・ユスティノフ , フェイ・ダナウェイ , ジーン・ステイプルトン ◆映画「ナイル殺人事件」「地中海殺人事件」に引き続き、P・ユスティノフがエルキュール・ポワロを演じた TV ドラマ。舞台を現代に移し、灰色の脳細胞を持つ名探偵が難事件に挑む。第 1 話「エッジウェア卿殺人事件」には、後に TV 版でポアロを演じ当たり役となるデヴィッド・スーシェが警部役で出演している。第 2 話「死者のあやまち」、第 3 話「三幕の殺人」が製作された後、再び劇場映画「死海殺人事件」が製作され、これがユスティノフ版ポワロの最終作となった。[V]

名探偵ポワロ

→名探偵エルキュール・ポアロ

名探偵モンク

MONK (2002-2009) S8 米 USA Network
[別] モンク (ビデオ)
トニー・シャルーブ (角野卓造), ビッティ・シュラム (三鴨絵里子), テッド・レヴィン (坂部文昭) ◆超人的な洞察力と推理力を持ちながら、強迫神経症で潔癖症の元刑事エイドリアン・モンクが、警察も音を上げた難事件を次々と解決する姿を描く。複数の恐怖症と向き合うモンクや、

名探偵ジョーンズ

名探偵モンク

個性的な登場人物とのコミカルな掛け合いも必見。モンクは無事に刑事として復職できるのか、そして妻トゥルーディ殺害事件の真相とは…?[D,V]

名馬チャンピオンの冒険

→走れ！名馬チャンピオン

名馬フューリー

FURY (1955-1960) S5 米 NBC

[別] フューリーとソニー｜スーパーフューリー

ボビー・ダイアモンド (宇治あけみ), ピーター・グレイヴス (城達也→大平透→桑原たけし) ◆孤児の少年と名馬を軸に描かれる冒険ドラマ。アメリカ西部の牧場を舞台に、少年ソニーと彼の愛馬フューリーとの触れ合いを描く。オリジナル版では少年の名前は " ジョーイ " だったが、番組スポンサー企業のソニーの名が使われた。

名馬フリッカ

MY FRIEND FLICKA (1955-1960) S1 米 CBS

[別] ぼくのフリッカ

ジョニー・ウォッシュブルック (田辺奈々子), ジーン・エヴァンス (勝田久), アニタ・ルイーズ (池田昌子) ◆牧場を営む一家と愛馬の交流を描いたメアリー・オハラのベストセラー小説は 1943 年に「マイ・フレンド・フリッカ 緑園の名馬」(劇場未公開) として映画化され、「高原の白馬」(1945 年)、「ワイオミングの緑草」(1948 年) と続編も作られたが、その人気を受けて 30 分 TV シリーズ化されたのが本作。西部開拓期、モンタナ州にあるマクローリン牧場を舞台に、牧場主である父親のロブ、その息子のケン、そして父から子へ受け継がれた愛馬フリッカが、様々なトラブルを乗り越えていく。

メイベリー 110 番

THE ANDY GRIFFITH SHOW (1960-1968) S8 米 CBS

アンディ・グリフィス (松宮五郎), ロン・ハワード (朝井ゆかり), ドン・ノッツ ◆アメリカで大ヒットし長寿番組となった、男やめもの保安官が主人公のモノクロ (のちにカラー)30 分のシチュエーション・コメディ。架空の町メイベリーで息子のオーピーと暮らす保安官アンディの日常を、ユニークな登場人物たちと共に描く。オーピー役は、後に映画監督となる R・ハワード。

メイベリー 110 番

メグレ警視

LES ENQUETES DU COMMISSAIRE MAIGRET (1967-1990) 仏

ジャン・リシャール , パスカル・ペルグラン , フランソワ・カデ ◆ジョルジュ・シムノンの名作ミステリー小説シリーズを TV ドラマ化。パイプとハットを手放さないパリ警視庁のメグレ警視が巨体を揺らしながら、足を使った地道な捜査と関係先の聞き込みから事件を解決に導いてゆく。フランスでは高い人気を誇り、18 年にわたり 88 ものエピソードが製作されたが,日本ではその内 5 つのエピソードがビデオ化されたのみ。[V]

メグレ警視

MAIGRET (1991-2005) 仏 FR2

[別] 新・メグレ警視 (DVD)

ブリュノ・クレメール , アレクサンドル・ブラッスール ◆メグレ警視の活躍を描いたジョルジュ・シムノン原作のミステリーを映像化。1991 年から始まった本作はフランスで高視聴率をマークし、2005 年まで全 54 話の長寿番組となった。なお、後に放映順を無視して DVD リリースされた際に、以前にリリースされたものと区別するために「新・メグレ警視」とタイトルが変更された。[D]

メグレ警部

MAIGRET (1992-1993) S2 英 ITV

マイケル・ガンボン , ジェフリー・ハッチングス , ジャック・ギャロウェイ , ジェームズ・ラーキン ◆フランスの作家ジョルジュ・シムノンによる傑作推理小説 " メグレ・シリーズ " をもとにした, 英グラナダ TV(現 ITV) 制作の TV シリーズ。「ハリー・ポッター」シリーズのダンブルドア校長役で知られる M・ガンボンが主演を務めた。7 年で 73 件も発生した宝石泥棒事件の捜査を粘り強く続けるメグレ警部。しかしある日、メグレが一味のボスであると確信していたギャングのパルマリが銃殺されてしまう。

めざせダウニング街 10 番地

FIRST AMONG EQUALS (1986) S1 英 ITV

トム・ウィルキンソン , ジェームズ・フォークナー , ジェレミー・チャイルド ◆議員経験もあるジェフリー・アーチャーの実体験をもとにした同名小説をミニシリーズとして映像化した政治ドラマ。イギリスの首相官邸の住所を表す " ダ

メグレ警視 (1991-2005)

ウニング街 10 番地 "、すなわち首相の座を目指してしのぎを削る 4 人の下院議員の戦いを描く。原作では実在の人物名を使用していたが本ドラマでは全て仮名となった。[D,V]

Major Crimes ～重大犯罪課

MAJOR CRIMES (2012-2017) S5 米 TNT

[別] メジャー・クライムス　－重大犯罪課－

メアリー・マクドネル (小林美奈),G・W・ベイリー (宝亀克寿), トニー・デニソン (稲葉実) ◆犯罪捜査ドラマ「クローザー」のスピンオフ作品。ロス市警重大犯罪課の新リーダーに抜擢された女性警部シャロン・レイダーが、反発するベテラン刑事たちを率いて捜査を行い、司法取引によって事件の解決を図る過程を、事件の裏側にある様々なサイドストーリーを絡め、巧みなカメラワークでテンポよく描く。[D]

メゾン・クローズ　娼婦の館

MAISON CLOSE (2010-2013) S2 仏 Canal+

ヴァレリー・カーセンティ , ジェマイマ・ウェスト , アンヌ・カリエール ◆ 19 世紀末のパリを象徴する高級娼館 (メゾン・クローズ) で、運命に翻弄される娼婦たちの人生をミステリアスに描く物語。高級娼館パラディで人気を誇るヴェラは、なじみ客である男爵に身請けされることを願っていたが、その男爵が殺されてしまったことから多額の負債を抱えてしまう。そんな中、女将オルタンスの弟ピエールがパリに戻ってきた。[D]

メッサーシュミット・ダウン

CHUZHIE KRYLYA / ENEMY WINGS (2011) S1 ロシア

デュニ・ロシュコフ , ミハイル・トゥルクヒン , ヴィタリー・キシュチェンコ ◆ロシア戦線を舞台に、戦闘機乗りの決死の単独行を描いたミニシリーズ。重要人物への暴力行為で死刑を言い渡されていたルダコフ大尉は、罪を許される代わりにドイツ軍の情報を得るという危険な任務を引き受ける。敵地で窮地に陥った彼はメッサーシュミットを強奪、ナチ親衛隊に占領された地区の開放を決意するが…。[D]

めっちゃ ソー・ランダム

SO RANDOM! (2011-2012) S1 米 Disney Channel

ティファニー・ソーントン (門田幸子), スターリング・ナイト (河西健吾), ブランドン・スミス (名村幸太朗) ◆大ヒットコメディ「サニー with チャンス」に登場する大人気バラエティ番組「ソー・ランダム」が独立し、新シリーズとして登場。コントやギャグはもちろん、毎回、有名な歌手や俳優、スポーツ選手などがゲスト出演した。

メディック

MEDIC (1954-1956) S2 米

リチャード・ブーン ◆ R・ブーン扮するコンラッド・スタイナー医師がホストを務め、プロローグとエピローグで解説を行うリアルかつシリアスな医療ドラマで、後に続く同種のドラマの先駆けとなった作品でもある。スタイナーがドラマの主役を演じるエピソードも多数ある (毎回とは限らない) が、チャールズ・ブロンソン、リー・J・コッブ、リチャード・クレンナ、デニス・ホッパー、リー・マーヴィン、ロバート・ヴォーンとゲストも多彩。モノクロ 30 分全 59 話。

メル＆ジョー　好きなのはあなたでしょ？

MELISSA & JOEY (2010-2015) S4 米 ABC Family

メリッサ・ジョーン・ハート (石塚理恵), ジョーイ・ローレンス (小川輝晃), テイラー・スプライトラー (宮下典子) ◆政治スキャンダルにより刑務所行きになってしまった姉夫婦に代わり、残された 2 人の子供を引き取ることになった代議士のメル・バーク。難しい年頃の子供たちに戸惑う彼女の前に現れたのは、マッチョで自意識過剰なジョー・ロンゴだった。アメリカで大人気のファミリー・シットコム。

メルローズ・プレイス

MELROSE PLACE (1992-1999) S7 米 Fox

トーマス・キャラブロ (速水奨), ジョシー・ビセット (勝生真沙子), アンドリュー・シュー (子安武人) ◆ロサンゼルスのアパートメント " メルローズ・プレイス " に暮らす人々のドロドロの人間模様を、ジェットコースターのような目まぐるしい展開で描く。「ビバリーヒルズ高校白書」の姉妹編として製作されたソープ・オペラ。

メルローズ・プレイス

MELROSE PLACE (2009-2010) S1 米 The CW

ケイティ・キャシディ , ステファニー・ジェイコブセン , コリン・エッグレスフィールド ◆ロスのウェスト・ハリウッド地区にあるアパート " メルローズ・プレイス " のプールで、

Major Crimes ～重大犯罪課

メルローズ・プレイス (1992-1999)

美人オーナーのシドニーが死体で発見された。第一発見者はその日引っ越してきたばかりのバイオレット・フォスター。飛び出してきた同居人たちだが、この事件をきっかけとして運命の歯車が狂い始める。1990年代に大ヒットした同名シリーズの続編。

メン・アット・ワーク

MEN AT WORK (2012-2014) S3 米 TBS

ダニー・マスターソン(品村渉), マイケル・キャシディ(荻沢俊彦), ジェームズ・レジャー(玉木雅士)◆ニューヨークの同じ雑誌社で働く4人の男たちの友情を、ギャグと下ネタ満載で綴るシチュエーション・コメディ。彼女にふられたばかりのマイロを中心に、イケメンで天然のタイラー、女好きでお調子者のギブス、恋人に振り回されるニールが珍騒動を繰り広げる。[D]

メンタリスト

THE MENTALIST (2008-2015) S7 米 CBS

[別] THE MENTALIST メンタリストの捜査ファイル

サイモン・ベイカー(郷田ほづみ), ロビン・タニー(加納千秋), ティム・カン(喜山茂雄), オウェイン・イオマン(江川央生), アマンダ・リゲッティ(斉藤佑圭)◆プロゴルファーの妻と主治医が惨殺される。現場に残された赤いスマイルマークは連続殺人犯"レッド・ジョン"の犯行サインだが、捜査に当たったCBI(カリフォルニア州捜査局)の犯罪コンサルタントで元TV霊能師のパトリック・ジェーンは、事件の裏に隠された意外な真実を暴いていく。実はジェーンは妻子を"レッド・ジョン"に殺害された過去を持っていたのだ…。読心術や暗示、催眠術などを駆使して犯人を突き止める"メンタリスト"パトリック・ジェーンの活躍を描く頭脳派ミステリー・ドラマ。S・ベイカーがユニークな主人公を知性豊かに演じている。[B,D]

メンタル:癒しのカルテ

MENTAL (2009) S1 米 = コロンビア Fox

クリス・ヴァンス, アナベラ・シオラ, ジャクリーン・マッケンジー◆医療体制の改革を目指し奮闘する、精神科医の姿を描くヒューマン・メディカル・ドラマ。ジャック・ギャラガーは、ロサンゼルスのウォートン記念病院に勤務する精神科医。ある日、彼は精神衛生科の主任に任命される。斬新で革新的な治療法を用い、患者に真正面から向き合うギャラガーの姿は、周囲のスタッフを刺激してゆく。

メンタリスト

メントーズ　世界の偉人たちからのメッセージ

MENTORS (1998-2002) S4 加 Family Channel

チャド・クロウチャク(伊藤隆大), サラ・リンド(前田亜季), ベリンダ・メッツ(野沢由香里)◆天才的なハッカーで発明家のオリバー・ケイツが、一種のタイムマシン"ビジクロン"を発明、彼や彼の友達が抱えている悩みや問題の解決のために、アインシュタインやナポレオンなど過去の偉人を現代に呼び寄せるSFドラマ。

メンフィス・ビート ～南部警察 人情派～

MEMPHIS BEAT (2010-2011) S2 米 TNT

ジェイソン・リー, サム・ヘニングス, DJクオールズ◆テネシー州メンフィスを舞台に、型破りな刑事を中心に描かれる刑事ドラマ。ジョージ・クルーニーが製作総指揮を務めたことでも話題に。メンフィス市警のドゥワイトは、自分流を貫く行動派。エルヴィス・プレスリーを愛する彼は、アクションと人情で次々と事件を解決に導いてゆく。

も

MOACA ／も～アカンな男たち

MEN OF A CERTAIN AGE (2009-2011) S2 米 TNT

レイ・ロマノ, スコット・バクラ, アンドレ・ブラウアー◆学生時代から付き合いのある、ギャンブル中毒で別居中のジョー、元NBA選手で仕事が嫌いな糖尿病患者のオーウェン、そして売れない俳優のテリー。直面する数々の予期せぬ出来事に、40代のダメ男3人組が翻弄され奮闘する姿を描くコメディ作品。

猛獣先生

→密林王国ダクタリ

もう一人のバーナビー警部

→バーナビー警部

猛烈アパッチ鉄道

IRON HORSE (1966-1968) S2 米 ABC

デイル・ロバートソン(井上孝雄), ゲイリー・コリンズ(田中信夫), ロバート・ランダム◆西部開拓期の大陸横断鉄道の建設を描いた西部劇ドラマ。1870年代のワイオミングを舞台に、ギャンブラーでカウボーイのベン・カル

MOACA ／も～アカンな男たち

ホーンが、ポーカーの勝負によって手に入れた未完成の鉄道を完成させるため、技師デイブや機関士ニルスたちと、妨害や襲撃に遭いながらも鉄道敷設に奮闘する姿を描く。

もうれつルーシー
→陽気なルーシー

モエシャ
MOESHA (1996-2001) S6 米 UPN

ブランディ・ノーウッド (川上とも子), ウィリアム・アレン・ヤング (水内清光), シェリル・リー・ラルフ (水原リン) ◆女子高生モエシャ・ミッチェルは母の死後、父のフランクと弟のマイルズの面倒を見てきたが、彼女の学校の先生ディーが父と再婚することになり騒動が巻き起こる。ミリオンセラー歌手ブランディ主演のシチュエーション・コメディ。

燃えよ！カンフー
KUNG FU (1972-1975) S3 米 ABC

デヴィッド・キャラダイン (岩崎信忠), フィリップ・アーン , ケイ・ルーク ◆ 1870 年代、アメリカ人の父と中国人の母を持つクワイ・チャン・ケインは両親を亡くし、少林寺に入門。仏教の教えを受け、カンフーのマスターとなるべく修行を続けていたが、ある日、恩師を助けようとして人を殺してしまう。追っ手から逃れて父の祖国アメリカに渡ったケインは、西部を旅しながら様々な試練に立ち向かうのだった。少年時代のケインが師と交わす禅的問答を回想シーンとして織り交ぜながら、西洋社会の中で孤独に生きるケインと、彼に畏怖の念を抱きながら接する人々を描く。西部劇と東洋哲学を融合させ、人種差別や異文化との共存をテーマにした異色アクション・ドラマ。当時は無名だったジョディ・フォスター、ハリソン・フォード、ドン・ジョンソンなどがゲスト出演している。1993 年には続編シリーズ「新・燃えよ！カンフー」が製作された。[D]

モーガン警部
THE SHERIFF OF COCHISE (1956-1958) S3 米

ジョン・ブロムフィールド (若山弦蔵) ◆アリゾナ州で犯罪捜査を担当する保安官フランク・モーガンが、州を股にかけて様々な難事件に取り組んでゆく、モノクロ 30 分の現代西部劇。なぜか日本では「警部」というタイトルが付与された。本国アメリカより日本で人気が出たこともあり、1961 年には主演の J・ブロムフィールドを招き、鶴田浩二との W 主演で日本映画「モーガン警部と謎の男」が製作された。

モーガン警部 II
U.S. MARSHAL (1958-1960) S2 米

ジョン・ブロムフィールド (若山弦蔵) ◆ 1956 年に放映された「モーガン警部」に続く第 2 シリーズ。アリゾナ州の郡保安官だったモーガンが、連邦保安官に出世し、アリゾナ州全域を犯罪から守るために活躍する姿を描いた現代版西部劇。

モーク＆ミンディ
MORK & MINDY (1978-1982) S4 米 ABC

ロビン・ウィリアムズ , パム・ドーバー ◆オークという太陽系外惑星からやってきた異星人モークは、人類の生態を調べるため、ミンディ・マッコーネルという若い娘の家に転がり込むが…。地球の習慣を知らないことで巻き起こる騒動を描いた SF コメディ・シリーズ。アメリカでは大ヒットし、主演の R・ウィリアムズを一躍人気者に押し上げたが、日本では長らく未放映のままで、ウィリアムズが亡くなった際に当時製作されていた日本語吹替版で 1 話のみ放映された。

モース警部シリーズ
→主任警部モース

モータルコンバット コンクエスト
MORTAL KOMBAT: CONQUEST (1998-1999) 米 Warner Bros. Television

パオロ・モンタルバン , ダニエル・バーンハード ◆主にアメリカで人気を博し映画化もされた対戦型格闘ゲーム「モータル・コンバット」を原作とする TV シリーズ。人間界の侵略を企む魔界の皇帝シャオ・カーンを倒すべく、人間界最後の戦士が立ち上がる姿を描く。日本ではいくつかのエピソードを収録したビデオと DVD が 5 本ほどリリースされたのみとなっている。[D,V]

モータル・コンバット：レガシー
MORTAL KOMBAT: LEGACY (2011-2013) S2 米＝加 YouTube

キャスパー・ヴァン・ディーン , イアン・アンソニー・デ

燃えよ！カンフー

モーガン警部

イル , ジョンソン・ファン ◆人気格闘ゲーム「モータル・コンバット」を実写化したウェブ・ドラマ。かつて世界中の戦士たちが、地球の存亡をかけて魔界の軍団と死闘を繰り広げた伝説のトーナメントの起源が明らかになる。[B]

モダン・ファミリー

MODERN FAMILY (2009-) S9- 米 ABC

エド・オニール , ソフィア・ベルガラ , ジュリー・ボーウェン ◆フィル・ダンフィーとクレアは３人の子育て真っ最中。ジェイ・プリチェットとグロリアは子連れ再婚の年の差夫婦、そしてミッチェル・プリチェットとキャメロン・タッカーはゲイ同士のカップル。３家族を軸に描かれるドタバタ・ファミリー・コメディで、エミー賞やゴールデン・グローブ賞を受賞している。

モーツアルト

MOZART (1982) 伊＝加＝スイス＝独＝ハンガリー＝仏＝ベルギー＝日

クリストフ・バンツェル (江守徹), マルティーヌ・シュヴァリエ (藤真利子), ミシェル・ブーケ (鈴木瑞穂), ジャン＝フランソワ・デシャン (戸田恵子) ◆オペラ「魔笛」「ドン・ジョヴァンニ」や「アイネ・クライネ・ナハトムジーク」などで知られるヴォルフガング・アマデウス・モーツァルトの生涯を追ったミニシリーズ。父との演奏旅行を始めた幼少期から 35 歳で突然の死を迎えるまで、彼を取り巻く人々との交流を軸に数々の名曲と共に丁寧に描写していく。[V]

モーツァルト・イン・ザ・ジャングル

MOZART IN THE JUNGLE (2014-2016) S3 米 Amazon

ガエル・ガルシア・ベルナル (奥田隆仁), ローラ・カーク (小島幸子), サフロン・バロウズ (武田華) ◆オーボエ奏者ブレア・ティンドールの著作をドラマ化。老舗交響楽団の内幕をコミカルに描く。オーボエ奏者のヘイリーはバイトを終えてニューヨーク交響楽団のオーディションに駆けつけたが間に合わない。しかし楽団の若き天才指揮者ロドリゴは、彼女のために便宜を計ってくれる。ヘイリーは念願のオーケストラ奏者となるが…。

モッズ特捜隊

THE MOD SQUAD (1968-1973) S5 米 ABC

マイケル・コール (朝戸鉄也), クラレンス・ウィリアムズ三世 , ペギー・リプトン (北浜晴子), タイ・アンドリュース (田口計) ◆ 1960 年代に流行したモッズルックに身を包む若者たちが、嘱託刑事となって犯罪に立ち向かう姿を描いたポリス・アクション。裕福な家庭に反発し家出したピート、スラム街育ちのリンカーン、娼婦の母を持つジュリーの３人は、ヒッピーとなって退屈な毎日を送っていた。ロサンゼルス警察のグリア警部は、若者にしか理解できない最近の犯罪を防ぐことを目的に、３人をスカウトし " モッズ特捜隊 " を結成する。

モデル・エージェンシー／女たちの闘い

MODELS INC. (1994-1995) S1 米 Fox

リンダ・グレイ (小宮和枝), ガーセル・ボヴェイ (榎本智恵子), キャメロン・ダッド (土師孝也) ◆大人気ドラマ「ビバリーヒルズ高校白書」の姉妹編「メルローズ・プレイス」のスピンオフ作品。ヒラリー・マイケルスのモデル事務所に所属するモデルたちを中心に、業界のドロドロした人間関係を描いたソープ・オペラ。

MOBILE　モバイル

MOBILE (2007) S1 英 ITV

マイケル・キッチン (田原アルノ), ジェイミー・ドレイヴン (石上裕一), ニール・フィッツモーリス (丸山壮史) ◆イラク戦争を舞台背景にした英国発サスペンス・ドラマのミニシリーズ。３部構成になっており、携帯電話にまつわる小さな陰謀に巻き込まれた男たちの悲劇が、やがて大きな国家的陰謀となっていき、ラストに驚愕の事実が明らかになる。[D]

モーパッサン・ノワール 「アマブルじいさん」「オトー父子」

CHEZ MAUPASSANT: LE PERE AMABLE / HAUTOT PERE ET FILS (2007) 仏 FR2

フレッド・ユリス , セリーヌ・サレット , ジャン・ロシュフォール , ジュリアン・ロシュフォール ◆フランスの作家ギ・ド・モーパッサンの短編小説を映像化しフランスで人気を博した TV シリーズ「CHEZ MAUPASSANT(モーパッサンの家で)」の中から、エピソードを２話ずつ BS 日テレで放送。自分の息子が子連れの女と結婚するのを反対する男を描く「アマブルじいさん」と、真面目だった父に女と子供がいたことを知る息子を描く「オトー父子」の２話。

モダン・ファミリー

モーツァルト・イン・ザ・ジャングル

モーパッサン・ブラン 「いなか娘の話」「首飾り」

CHEZ MAUPASSANT: HISTOIRE D'UNE FILLE DE FERME / LA PARURE (2007) 仏 FR2

オリヴィエ・マルシャル , マリー・クレメール , セシル・ドゥ・フランス , ジャック・ブーデ ◆モーパッサンの短編小説を映像化したTVシリーズから、エピソードを2話ずつBS日テレで放送。雇い主の子供を産んでしまった女中ローザを描く「いなか娘の話」と、人から借りた高価な首飾りを失くしてしまったマティルドを描く「首飾り」の2話。

モーパッサン・ブルー 「遺産」「ふたりの友」

CHEZ MAUPASSANT: L'HERITAGE / DEUX AMIS (2007) 仏 FR2

エディ・ミッチェル , クロエ・ランベール , フィリップ・トレトン , ブリュノ・ピュジュリュ ◆モーパッサンの短編小説を映像化したTVシリーズから、エピソードを2話ずつBS日テレで放送。倹しい生活を送る娘が叔母の莫大な遺産を相続するために行動を起こす「遺産」と、恐妻に隠れて釣り場で友情を深める男たちを描く「ふたりの友」の2話。

モーパッサン・ルージュ 「ミスハリエット」「トワーヌ」

CHEZ MAUPASSANT: MISS HARRIET / TOINE (2007) 仏 FR2

ジェレミー・レニエ , ロール・キラン , ジョエル・デマルティ , アン・プリュメ ◆モーパッサンの短編小説を映像化したTVシリーズから、エピソードを2話ずつBS日テレで放送。若い風景画家と恋に落ちるイギリス人淑女を描く「ミスハリエット」と、卒中で倒れた夫にも仕事を与えようとする働き者の妻を描く「トワーヌ」の2話。

森の秘密

Q & Q (1974-1976) S2 オランダ KRO

マルティン・ペーレス (柳田洋), エリック・ファン・トバウト (山賀裕二), エミー・ロペス・ディアス (田村錦人) ◆オランダで記録的な視聴者数を獲得したアドベンチャー・ドラマ。田舎に越してきたクワント少年は、同じ「Q」のイニシャルを持つクワールズ少年と出会い意気投合。だが2人が森で鳥の写真を撮影した時、奇妙な人影が映りこんでいた。大人が相手にしてくれないため、2人は"Q少年探偵団"を結成し事件の謎を追うのだが…。日本ではNHK「少年ドラマシリーズ」枠で放映。全12話。

森のラッシー

→名犬ラッシー

モンク

→名探偵モンク

モンスターズ

MONSTERS (1988-1991) S3 米

デヴィッド・マッカラム , ペリー・ラング , アンドレア・トンプソン ◆「ゾンビ」や「死霊のえじき」のリチャード・P・ルビンスタインが製作を手がけた、エイリアン、吸血鬼、魔女、悪魔などモンスターをテーマにした1話完結30分のホラー・アンソロジー。アメリカの一般的な中産階級の家庭で家族がTVを観ているが、彼らはいずれも異形のモンスターだった、というのが毎回の導入部だった。[V]

モンタナへの夢

→ロンサム・ダブ

モンタルバーノ 〜シチリアの人情刑事〜

IL COMMISSARIO MONTALBANO (1999-2013) S9 伊 Rai

ルカ・ジンガレッティ , チェーザレ・ボッチ , ペピーノ・マッツォッタ ◆イタリアのシチリアを舞台に、ヴィガータ警察に所属するサルヴォ・モンタルバーノ警視の活躍を描いた刑事ドラマ。原作はイタリアでベストセラーとなったミステリー・シリーズで、ドラマもイタリアだけではなくヨーロッパ中で大ヒットとなった。

モンテ・クリスト伯

THE COUNT OF MONTE CRISTO (1998) S1 仏 TF1

[別] 巌窟王〜モンテ・クリスト伯 (NHK)

ジェラール・ドパルデュー (村井国夫), オルネラ・ムーティ (山像かおり), ジャン・ロシュフォール (西沢利明) ◆アレクサンドル・デュマの同名大河小説をTVドラマ化。無実の罪で14年もの間、投獄されていたエドモン・ダンテスが、脱獄して莫大な財宝を手に入れ、モンテ・クリスト伯と名を変えてかつての仇敵たちに復讐していく顛末を描く。[D,V]

モッズ特捜隊

モーパッサン・ブラン 「いなか娘の話」「首飾り」

や

夜間捜査官ホーク
HAWK (1966) S1 米 ABC
バート・レイノルズ (天田俊明), ウェイン・グライス ◆アメリカの先住民族イロコイ族出身の警察官が、犯罪撲滅のために活躍する姿を描く警察ドラマ。ニューヨークの地方検事局で専任捜査官として働くジョン・ホーク警部補が、アフリカ系アメリカ人の助手ダン・カーターと共に、様々な凶悪犯罪を追いつめていく。全 17 話。

野生のエルザ
BORN FREE (1974) S1 米 NBC
ゲイリー・コリンズ (前田昌明), ダイアナ・マルドア (小林千登勢) ◆ジョイ・アダムソンの同名ノンフィクションを映像化して大ヒットした映画「野生のエルザ」のキャラクターを借りて作られた TV シリーズ。人間に育てられたライオンのエルザと、狩猟監視官のアダムソン夫妻の日常を描く。

やったぜ！ハックの大冒険
THE NEW ADVENTURES OF HUCKLEBERRY FINN (1968-1969) S1 米 NBC
マイケル・シェイ (中尾隆聖), ケヴィン・シュルツ (小宮山清), ルーアン・ハスラム (武藤礼子) ◆作家マーク・トウェインの小説『ハックルベリー・フィンの冒険』の登場人物であるハックルベリー (ハック)・フィンとトム・ソーヤーとベッキー・サッチャーが、タイムスリップして時空を超えた冒険を繰り広げる少年少女向けのドラマ。ハンナ・バーベラが製作し、アニメーションとライブ・アクション (実写) とを組み合わせて描かれる。日本語版では愛川欽也がナレーションを担当。

やってないってば！
I DIDN'T DO IT (2014-2015) S2 米 Disney Channel
オリヴィア・ホルト (伊瀬茉莉也), オースティン・ノース (千葉優輝), パイパー・クールダ (あんどうさくら) ◆ディズニー・チャンネルがおくるハチャメチャ青春コメディ。イケてるようでイケてない高校生の双子リンディーとローガンのワトソン姉妹が巻き起こす騒動を、いまどきの高校生事情や家族の絆などを盛り込みながら描く。

家主さんはナイスガイ
HEY, LANDLORD (1966-1967) S1 米 NBC
ウィル・ハッチンス , サンディ・バロン ◆アパートに住む人々のおかしな日常を中心に描く 30 分のシチュエーション・コメディ作品。叔父からマンハッタンの古いアパートを相続した青年ウッディことウッドロー・バナー。アパートにはコメディアンのチャック・フックストラッテンやカメラマンのジャック・エレンホーン、美人のテレサと同居する日本人女性ミツイ・キョウコなど個性的な面々が暮らしており、彼らが巻き起こす様々な出来事が繰り広げられる。

野望の階段 I
HOUSE OF CARDS (1990) 英 BBC
イアン・リチャードソン (佐野浅夫), スザンナ・ハーカー (萩尾みどり), デヴィッド・リオン (田口計), マイルズ・アンダーソン (樋浦勉), ケニー・アイルランド (大塚周夫) ◆マイケル・ドブズのベストセラー小説を原作とする、イギリス政界を舞台に不正と欲望を描いたポリティカル・サスペンス。保守党の院内総務長を務めるフランシス・アーカートは入閣への野心を抱いていたが、土壇場で首相から総務長の継続を任命されてしまう。落胆するフランシスはそんな首相を退任させるべく様々な手練手管で追いつめていく。エミー賞脚本賞を受賞するなど高い評価を得た本作は、その後、ケヴィン・スペイシー主演で「ハウス・オブ・カード 野望の階段」としてアメリカ版も作られた。全 4 話。

野望の階段 II
TO PLAY THE KING (1993) 英 BBC
イアン・リチャードソン (内田稔), コリン・ジーヴォンス (佐々木梅治), マイケル・キッチン (菅生隆之), キティ・オルドリッジ (杉田かおる) ◆晴れて首相となったアーカートの前に立ちはだかるのは、即位したばかりの新国王。理想論をぶち挙げる国王と、現実主義のアーカートの対立はやがて国民総選挙へと発展していく。全 4 話。

野望の階段 III　最終章
THE FINAL CUT (1995) 英 BBC
イアン・リチャードソン (内田稔), ダイアン・フレッチャー (寺田路恵), ポール・フリーマン (稲垣隆史), イズラ・ブレア (瀬戸口夏) ◆遂に野望を達成したアーカートだっ

野生のエルザ

やってないってば！

たが、寄る年波には勝てず周囲から引退をほのめかされる始末。そこで引退後の利権を確保すべく根回しを開始する。しかし外務大臣のメイクピースはアーカートの動向に異を唱えるのだった。全 4 話。

闇のヒーロー伝説 ナイトマン
NIGHT MAN (1997-1999) S2 米

マット・マッコーム , アール・ホリマン <S1> ◆マリブ・コミックスから出版された同名アメコミを実写化した SF ドラマ。「警部マクロード」「宇宙空母ギャラクティカ」「ナイトライダー」などを手がけた名プロデューサーのグレン・A・ラーソンが指揮を執った。サックス奏者のジョニー・ドミノは、落雷に遭ったことから人の心が読めたり未来を予知できたりと、ある種の超能力を手に入れる。空を飛ぶことができる反重力ベルトやホログラフィにより身を隠すことのできるケープなどを備えた特殊スーツを手に入れたジョニーは、スーパーヒーロー・ナイトマンとして悪に立ち向かう。

やりすぎ配信! ビザードバーク
BIZAARDVARK (2016-) S2- 米 Disney Channel

オリヴィア・ロドリゴ (宇山玲加), マディソン・フー (森千晃), デヴォア・レドリッジ (ブリドカットセーラ恵美) ◆おもしろ動画をネットにアップする中学生たちの日常を描く、音楽あり笑いありの青春シットコム。実際の人気ユーチューバーも出演して話題になった。進学校に通う 13 歳のペイジとフランキーは、動画共有サービスのチャンネル登録者数が 1 万人を突破した記念に、ビューグル・スタジオにビザードバークというチャンネルを立ち上げることにする。そこには個性的な面々がいて、彼女たちの楽しいネットライフが始まるのだった。

ヤング・スーパーマン
SMALLVILLE (2001-2011) S10 米 = 加 The WB → The CW

[別] SMALLVILLE ／ヤング・スーパーマン (ソフト)

トム・ウェリング (野島健児), クリスティン・クルック (甲斐田裕子), マイケル・ローゼンバウム (福田賢二) ◆カーニバルを控えてにぎわうカンザス州の田舎町スモールビルに、多くの隕石群が落下。少女ラナ・ラングは両親を亡くし、少年レックス・ルーサーは髪の毛を失った。そこでジョナサンとマーサ夫妻は不時着した宇宙船にいた少年を見つける。彼こそ、幼き日のクラーク・ケントだった。スーパーマンの知られざる青春時代を描く SF 青春ドラマ。[D]

ヤング・ドクター
A YOUNG DOCTOR'S NOTEBOOK (2012-2013) S2 英 Sky

ダニエル・ラドクリフ (小野賢章), ジョン・ハム (山寺宏一) ◆「ハリー・ポッター」の D・ラドクリフ主演による、ブラックユーモアたっぷりの医療ドラマ。ウクライナ出身の劇作家ミハイル・ブルガーコフの短編集「モルヒネ」が原作。ロシア革命の 1917 年、片田舎の病院に派遣され四苦八苦する新米医師の前に中年の自分が現われ、次々とアドバイスをするが…。

ヤング・ポープ 美しき異端児
→ピウス 13 世　美しき異端児

ヤング・モンタルバーノ
IL GIOVANE MONTALBANO / THE YOUNG MONTALBANO (2012) S1 伊 Rai 1

ミケーレ・リオンディーノ ◆イタリアのシチリアを舞台に、刑事サルヴォ・モンタルバーノの活躍を描く「モンタルバーノ～シチリアの人情刑事～」のスピンオフ作品。家族との確執、仲間との出会い、恋人との馴れそめなど、モンタルバーノの若き日の姿が生き生きと描かれる。

ヤングライダーズ
THE YOUNG RIDERS (1989-1992) S3 米 ABC

タイ・ミラー (坂上忍→宮本充), ジョシュ・ブローリン (鈴置洋孝), スティーヴン・ボールドウィン (江原正士) ◆南北戦争前のアメリカ。長距離郵便ポニー・エクスプレスの馬車を護衛するために集められたキッド、ルー・マクロード、ジミー・ヒコックら身寄りの無い若者たちの活躍を描いたアドベンチャー西部劇。バッファロー・ビルなど実在の人物も登場した。

ゆ

ユー・アー・ウォンテッド
YOU ARE WANTED (2017) S1 独 Amazon

マティアス・シュヴァイクホファー , アレクサンドラ・マリア・ララ , カロリーネ・ヘアフルト ◆個人データを改ざんされ、警察からも犯罪者からも追われる身となったホテル・

ヤング・スーパーマン

ヤング・ドクター

マネージャーが、事件の真相を探るために奔走する姿を描くサスペンス・スリラー。ホテルでマネージャーとして働くルーカス・フランケは、勤務先のホテルを含むベルリン全域の大停電に遭遇。真犯人である謎のハッカーは、ルーカスを事件の首謀者に仕立て上げてしまう。汚名を着せられたルーカスは、疎遠だった兄から紹介されたハッカーの協力を得て、真犯人への反撃を開始する。

誘拐交渉人
KIDNAP AND RANSOM (2011-2012) S2 英 ITV
[別] 誘拐交渉人 ザ・ネゴシエーター (DVD)
トレヴァー・イヴ(佐々木勝彦), ヘレン・バクセンデイル(高島雅羅), ジョン・ハナー(金尾哲夫) ◆南アフリカで発生した誘拐事件を解決すべく、犯人たちとの交渉に乗り出す交渉人ドミニク・キングの活躍を、家族とのドラマを盛り込みつつ描くサスペンス・ドラマ。日本では WOWOW で放送された(第 2 シーズンは「誘拐交渉人 裏切りの陰謀」のタイトルで放送)。また第 1 シーズンは「誘拐交渉人 ザ・ネゴシエーター」というタイトルで DVD も発売された。[D]

勇者コルトン
THE LONER (1965-1966) S1 米 CBS
ロイド・ブリッジス ◆「ミステリー・ゾーン」などで知られるロッド・サーリングが企画したモノクロ 30 分の西部劇ドラマ。南北戦争が終結した後の西部を舞台に、人助けをしながら西へ向かう元北軍将校ウィリアム・コルトンの姿を描く。勇ましい邦題とは異なり、人生の意味を問うシリアスなドラマが展開された。

勇者マッコード
→荒野の流れ者

幽霊探偵ホップカーク
RANDALL AND HOPKIRK (DECEASED) (1969-1971) S1 英 ITV
マイク・プラット(穂積隆信), ケネス・コープ(愛川欽也), アネット・アンドレ(真山知子) ◆幽霊となった探偵の活躍を描いたコメディ・タッチの探偵ドラマ。私立探偵のマーティ・ホップカークは、行方不明事件の捜査中に自動車事故で死亡。ところが彼は幽霊として生き続け、相棒のジェフだけがその姿を見ることができるように。未亡人となってしまった妻ジーンへの愛情を抱いたまま、幽霊と未亡人と相棒という複雑な関係の中で、マーティは様々な事件を解決していく。2000 年にリメイク版が製作されたが、日本では紹介されていない。

愉快なシーバー家
GROWING PAINS (1985-1992) S7 米 ABC
[別] グローイング・ペインズ/愉快なシーバー家(ソフト)
アラン・シック(安原義人), ジョアンナ・カーンズ(宮寺智子), カーク・キャメロン(岩永哲哉) ◆ちょっと変わり者のパパ、ジェイソンとキャリアウーマンのママ、マギーを中心とするシーバー家の人々が巻き起こす騒動を描いたシチュエーション・コメディ。後に著名になるブラッド・ピットやレオナルド・ディカプリオらスターを多く輩出した TV ドラマとしても知られている。[D,L,V]

ゆかいなチンパン
ME AND THE CHIMP (1972) S1 米 CBS
テッド・ベッセル(鈴木ヤスシ), アニタ・ジレット(池田和歌子), スコット・C・コールデン(清水秀生) ◆カリフォルニアで妻と 2 人の子を持つ歯科医マイク・レイノルズのもとにある日、娘のキティが一匹のチンパンジーを連れてくる。チンパンジーが巻き起こす騒動を描いた 30 分のシチュエーション・コメディ。

愉快なドビー
→ドビーの青春

ゆかいなブレディ家
THE BRADY BUNCH (1969-1974) S5 米 ABC
ロバート・リード(入江洋佑→森川公也), フローレンス・ヘンダーソン(堀内美紀→平井道子), アン・B・デイヴィス(高橋和枝→京田尚子), バリー・ウィリアムズ(村山明), クリストファー・ナイト(清水秀生), マイク・ルッキンランド(永久勲雄), モーリン・マコーミック(芝田清子), イヴ・プラム(玉川砂記子), スーザン・オウセン(富永美子) ◆ 3 人の息子を持つマイクと 3 人の娘を持つキャロルが再婚したことで、ブレディ家は一挙に 8 人の大家族に。そこへ陽気な家政婦アリスが加わって、ブレディ家では今日も騒動が巻き起こる。長きにわたって人気シリーズとなったホーム・コメディ。1972 年にはアニメにもなった他、1995 年に復活スペシャル「ゆかいなブレディー

愉快なシーバー家

ゆかいなブレディ家

家／我が家がイチバン」が作られたのをきっかけに数本のTVムービーが製作されている。

UCアンダーカバー特殊捜査官
UC: UNDERCOVER (2001-2002) S1 米 NBC
オデッド・フェール(てらそままさき), ジョン・セダ(宮内敦士), ヴェラ・ファーミガ(岡寛恵) ◆法務省の特別捜査班が、ある犯罪組織の銀行襲撃計画を察知。現場に向かうが銃撃戦になり、犯人たちは逃走してしまう。捜査官のジェイク・ショーは運転手になりすまして組織に潜入、相棒のアレックス・クロスと共に犯人一味の仲間となるのだが…。変装して身分を偽り、犯罪組織に潜入する特捜班の活躍を描いたアクション・ドラマ。犯人側のボスの信頼を得るため接近する過程で、彼らと実際に親しくなり、任務のために裏切らなければならない捜査官。肉体的にも精神的にも追い詰められていく潜入捜査の過酷さを描く。

Utopia - ユートピア -
UTOPIA (2013-2014) S2 英 Channel 4
フィオナ・オシャーグネッシー(新谷真弓), アレクサンドラ・ローチ(朝井彩加), ネイサン・スチュアート＝ジャレット(内野孝聡) ◆イギリスで放送され高い評価を得たミステリー・サスペンス作品。20世紀に起きた数々の大災害を予見していると噂のカルトコミック『Utopia - ユートピア -』をめぐり、謎の組織に狙われることになった4人の若者たちの運命を描く。[B,D]

ユナイテッド・ステイツ・オブ・タラ
UNITED STATES OF TARA (2009-2011) S3 米 Showtime
トニ・コレット, ジョン・コーベット, ブリー・ラーソン ◆カンザス州の平凡な町に暮らす主婦のタラ・グレッグソンは、自分の中に複数の人格が存在することに悩んでいた。ぶっとびガールのT、厳格なアリス、ベトナム帰還兵のバック。感情の変化がきっかけとなって、複数の人格に変貌してしまうタラ。解離性同一性障害に悩む女性が、理解ある家族たちに支えられ、病気と闘う姿を描いたヒューマン・ドラマ。

ユニークライフ
ATYPICAL (2017) S1 米 Netflix
キーア・ギルクリスト(ブラミルまさ), マイケル・ラパポート(独歩ユウキ), ジェニファー・ジェイソン・リー(平入幸子), ブリジット・ランディ＝ペイン(青池奈津子) ◆自閉症の少年とその家族が織り成す人間模様を描くヒューマン・ドラマ。サム・ガードナーは自閉症スペクトラム障害(ASD)を抱えていて、人込みや大きな音が大の苦手。そんなサムが恋に興味を覚え、女の子とデートすることや彼女を作ることを夢見て、様々なことに挑戦していく。失敗することも多いサムだが、色々な経験を積むうちに人として成長を続けていくのだった。

ユニバーサル・トレジャー
THE SEVENTH SCROLL (1999) S1 米＝伊
ジェフ・フェイヒー(家中宏), カリーナ・ロンバード(深見梨加), ロイ・シャイダー(小林勝彦), トニー・ムサンテ(古澤徹), アート・マリック(山野井仁) ◆ウィルバー・スミスの冒険小説を映像化したミニシリーズ。考古学者デュライドは長年の探索により、紀元前4000年のファラオの秘宝のありかを伝える巻物を発見するが、宝を狙う何者かに殺されてしまう。デュライドの古い友人で考古学者でもあるニック・ハーパーは彼の妻子と共に、いにしえの魔法に守られた宝の謎を追う。ビデオとDVDは「EPISODE1：ファラオの秘宝」「EPISODE2：黄金の神殿」の二部構成。[D,V]

UFO時代のときめき飛行／アメリカン・ヒーロー
→アメリカン・ヒーロー

U・ボートTVシリーズ
DAS BOOT (1985) S1 西独
ユルゲン・プロフノウ, ヘルバート・グリューネマイヤー, クラウス・ヴェンネマン ◆西ドイツ製のミニシリーズで、本作を再編集した作品がウォルフガング・ペーターゼン監督の映画「U・ボート」である。第二次大戦下のフランスから出航したドイツ潜水艦U-96とその乗組員の過酷な戦いを描いた骨太な戦争ドラマ。[D]

夢見る小犬ウィッシュボーン
WISHBONE (1995-1999) S2 米 PBS
ラリー・ブラントリー(春風亭昇太), ジョーダン・ウォール(高山みなみ), アダム・スプリングフィールド(岡村明美) ◆犬を狂言回しに古典文学を紹介するドラマ・シリーズ。

Utopia - ユートピア -

U・ボートTVシリーズ

文学が好きでいつも空想で文学の世界に入り込んでいるテリア犬のウィッシュボーンと、彼の飼い主ジョー・タルボットとの交流を描いたファンタジックなコメディ。[V]

ユーリカ ～地図にない街～
EUREKA (2006-2012) S5 米 Sci-Fi → Syfy

[別]ユーリカ ～事件です！カーター保安官～（旧）｜ユーリカ

コリン・ファーガソン（高橋広樹），サリー・リチャードソン＝ホイットフィールド（深見梨加），ジョー・モートン（茶風林）◆連邦保安官のジャック・カーターとその娘ゾーイが迷い込んだ不思議な街、そこは政府によって極秘に隔離された、天才科学者たちが集うユーリカという名の街だった。ユーリカで毎回発生する事件を描いたSFアクション。[D]

よ

陽気なお医者さん
→おかしなおかしなお医者さん

陽気なカップル
BOB & CAROL & TED & ALICE (1973) S1 米 ABC

ロバート・ユーリック（広川太一郎），アン・アーチャー（池田昌子），デヴィッド・スピルバーグ（羽佐間道夫），アニタ・ジレット（楠トシエ）◆ポール・マザースキー監督の映画「ボブ＆キャロル＆テッド＆アリス」をTVシリーズ化したコメディ。ボブとキャロル、テッドとアリスという二組の夫婦が、お互いのパートナーを交換したことから巻き起こる騒動を描く。全12話。

陽気なコーリス
MEET CORLISS ARCHER (1954-1955) S1 米 CBS

アン・ベイカー，ボビー・エリス，ジョン・エルドレッジ◆劇作家のF・ヒュー・ハーバートが手がけた戯曲の登場人物であるユニークな女の子コーリスを主人公に据えたモノクロ30分のファミリー・コメディ。15歳の少女コーリス・アーチャーとボーイフレンドのデクスター・フランクリンを中心に家族や友人との騒動を愉快に描く。元々はラジオドラマだったが、1951年にCBSで一度TV化されており（日本未放映）、これは2度目の映像化となる。コーリスの人気は高く、コミックにもなっているほど。

陽気なネルソン
THE ADVENTURES OF OZZIE & HARRIET (1952-1966) S14 米 ABC

オジー・ネルソン（大滝秀治），ハリエット・ネルソン（新村礼子），デヴィッド・ネルソン（木下秀雄），リッキー・ネルソン（関根信昭）◆オジーと妻のハリエット、息子のデヴィッドとリッキーという、実在のネルソン一家が演じた明るく楽しいホーム・ドラマ。次男のリッキーは番組内で、ファッツ・ドミノの“I'm walkin'”のカバーを披露したことがきっかけとなり、その後、歌手として活躍することになる。

陽気なハワード一家
THE JIMMY STEWART SHOW (1971-1972) S1 米 NBC

ジェームズ・スチュワート（浦野光），ジュリー・アダムス，ジョン・マクガイヴァー◆大学で人類学を教える実直で誠実なジェームズ・K・ハワード教授の家に、火事で家を失った息子のピーター一家が移り住んできたことから起きる騒動を、コミカルかつハートウォーミングに描く30分のコメディ・ドラマ。名優J・スチュワートのTVシリーズ初主演作品。全24話。

陽気な夫婦
PETE AND GLADYS (1960-1962) S2 米 CBS

ハリー・モーガン（牟田悌三），カーラ・ウィリアムズ（中原美沙緒），ヴァーナ・フェルトン◆1950年代に放送され人気を博したコメディ・シリーズ「December Bride」（日本未放送）のスピンオフとして製作されたモノクロ30分のシットコム。保険代理業を営むピート・ポーターとその妻グラディスの日常生活を面白おかしく描く。

陽気な幽霊
TOPPER (1953-1955) S2 米 CBS

レオ・G・キャロル（久米明），ロバート・スターリング，アン・ジェフリーズ（北浜晴子），リー・パトリック◆1937年に「天国漫歩」として映画化もされたソーン・スミスの小説を元にした、夫婦の幽霊と同居することになった男を描いたモノクロ30分のシットコム。銀行副頭取コスモ・トッパーと妻のヘンリエッタが越してきた新居には、事故で亡くなった以前の住人ジョージとマリオンのカービー夫妻にセントバーナード犬のニールが幽霊となって住み着いていた。彼らの姿はコスモにしか見えないため、毎回

ユーリカ ～地図にない街～

陽気なネルソン

奇妙な騒動が持ち上がる。

陽気な幽霊ジェニー

JENNIFER SLEPT HERE (1983-1984) 米 NBC

アン・ジリアン (天地総子), ジョン・P・ネイヴィン・Jr(水島裕), ブランドン・マガート (内海賢二), ジョージア・エンジェル (坂井寿美子), グレン・スカーペリ (堀川亮), ミヤ・スターク (三田ゆう子) ◆エリオット家が引っ越してきた屋敷には幽霊が住み着いていた。その幽霊は、数年前に事故死した有名女優のジェニファー・ファレルなのだが、なぜか彼女の姿は長男のジョーイにしか見えず…。ファンタジックなシチュエーション・コメディ。

陽気なライリー

THE LIFE OF RILEY (1953-1958) S6 米 NBC

ウィリアム・ベンディックス (諏訪孝二), マージョリー・レイノルズ (藤波京子) ◆ 1944 年にスタートし、整備工とその家族の日常を愉快に綴って人気だったラジオドラマ「The Life of Riley」はその後、ウィリアム・ベンディックス主演で「泣き笑い人生」(原題は同じ) として映画化された後、1949 年に映画版にも別の役で出演していたジャッキー・グリーソンの主演で TV シリーズ化 (エミー賞受賞・本邦未放映) された。1953 年の 2 度目の TV 化が本作で、この時に主演は再び W・ベンディックスに戻った。ロサンゼルスの航空会社で整備工として働くチェスター・A・ライリーと、その家族が繰り広げる騒動をコミカルに描くモノクロ 30 分のホーム・コメディ。

陽気なルーシー

HERE'S LUCY (1968-1974) S6 米 CBS

[別] もうれつルーシー

ルシル・ボール (高橋和枝), ゲイル・ゴードン (雨森雅司), ルーシー・アーナズ, デジ・アーナズ・Jr ◆人気女優 L・ボールが主人公のルーシーを演じたコメディ・ドラマ「ルーシー」シリーズの 1 作品。「アイ・ラブ・ルーシー」「ルーシー・ショー」の後に製作された。義兄の経営する職安で秘書を務めるルーシーの奮闘を描くシチュエーション・コメディ。

ようこそ !No.1 レディース探偵社へ

THE NO. 1 LADIES' DETECTIVE AGENCY (2008-2009) S1 英 = 米 BBC/HBO

ジル・スコット, アニカ・ノニ・ローズ, ルシアン・ムサマティ ◆全英ベストセラーの原作をもとに製作された、女探偵が様々な事件に挑むミステリー・ドラマ。ボツワナ共和国初の女性探偵社を開いたプレシャス・ラモツエは、グレース・マクチやマテコニといった仲間たちと共に、失踪事件から浮気調査まで依頼された事件を解決してゆく。

予期せぬ出来事

→ロアルド・ダール劇場/予期せぬ出来事

四次元への招待

NIGHT GALLERY / ROD SERLIG'S NIGHT GALLERY (1969-1973) S3 米 NBC

ロッド・サーリング (城山堅) ◆「ミステリー・ゾーン」の R・サーリングが、同じく企画とホストを務めた怪奇オムニバス。パイロット版「怪奇! 真夏の夜の夢」の好評を受けてシリーズ化されたもので、「フォー・イン・ワン」枠で放映された。パイロット版がビデオ化された際に「四次元への招待」と改題されたため、シリーズと混同されがちだが、シリーズの方は日本ではビデオ化されていない。[V]

世にも不思議なアメージング・ストーリー

AMAZING STORIES (1985-1987) S2 米 NBC

[別] 新・世にも不思議なアメージング・ストーリー

◆かつてロッド・サーリングの「ミステリー・ゾーン」に熱狂し、自身も若い頃「四次元への招待」でメガホンを取ったスティーヴン・スピルバーグが、「トワイライトゾーン/超次元の体験」を経て、自分自身で造り上げた SF 怪奇アンソロジー。有名監督から新人監督まで門戸を大きく広げて製作しており、内容・キャスト共にバラエティ豊かなラインナップとなっている。アメリカではゴールデン・タイムで放映されたが、日本ではまず劇場用に再編集された「世にも不思議なアメージング・ストーリー」が公開された後、順次ビデオがリリース、その後、映画版の TV 放映を契機に映画劇場枠に登場した。[D,V]

世にも不思議な出来事

GHOST STORY / CIRCLE OF FEAR (1972-1973) S1 米 NBC

[別] 真夜中の恐怖

セバスチャン・キャボット (高木均) ◆ギミック映画の仕掛人であり、「ローズマリーの赤ちゃん」のプロデューサーでもあるウィリアム・キャッスルが、死後の世界や霊魂、

陽気なハワード一家

ようこそ !No.1 レディース探偵社へ

吸血鬼、幽霊など超自然をテーマに製作したホラー・アンソロジー。S・キャボットがウィンストン・エセックスという役名で番組を紹介するホスト役を務めたが後に降板し、タイトルも変更された。日本放送時の当初のタイトルは「真夜中の恐怖」。

世にも不思議な物語
ALCOA PRESENTS: ONE STEP BEYOND (1959-1961) S3 米 ABC
[別] ワン・ステップ・ビヨンド｜これは実話です
ジョン・ニューランド (千葉耕市) ◆超常現象をテーマにした30分ものの SF & ホラー・アンソロジー。「ミステリー・ゾーン」系のオムニバスドラマだが、こちらは実話をもとにしたという所が話題となった。日本初放送時のタイトルは「ワン・ステップ・ビヨンド」だったが、後に「世にも不思議な物語」に改題され、さらに「これは実話です」に変更された。

よみがえり ～レザレクション～
RESURRECTION (2013-2015) S2 米 ABC
オマー・エップス (小森創介), フランシス・フィッシャー (岡本茉利), ランドン・ヒメネス (ラヴェルヌ知輝) ◆ 32年前に死んだはずの少年が、中国の農村で発見された。少年の証言からミズーリ州アルカディアに向かった移民税関捜査局の J・マーティン・ベラミーは、死から蘇った人間が他にもいることを知る。ジェイソン・モットの原作を映像化したミステリー・タッチのファンタジー・ドラマ。

夜のジョニー
JOHNNY MIDNIGHT (1960) S1 米
エドモンド・オブライエン (木村幌) ◆元舞台俳優の私立探偵ジョニー・ミッドナイトが、ニューヨークのブロードウェイを中心に、演劇の世界で起こる犯罪に挑む姿を描く30分の探偵ドラマ。

ヨーロッパ秘密指令
→セイント／天国野郎

ら

ライアン～若き巡査の誇り
RYAN CAULFIELD: YEAR ONE (1999) S1 米 Fox
ショーン・メイハー, ロゼリン・サンチェス, マイケル・リスポリ ◆フィラデルフィアの犯罪多発地域に配属された19歳の若き警官ライアン・コールフィールドを描いたポリス・ストーリー。全8話が製作されたが、本国で放映されたのはパイロット版を含む2話で、残りは DVD リリースされた。日本では FOX チャンネルで放送された。

ライイング・ゲーム　もうひとりの私
THE LYING GAME (2011-2013) S3 米 ABC Family
アレクサンドラ・チャンド, アンディ・バックリー, アリー・ゴニーノ ◆「ゴシップガール」「プリティ・リトル・ライアーズ」の製作総指揮を務めたレスリー・モーゲンスタインが手がけたサスペンス・ドラマ。別々の親に育てられ離れ離れに暮らしていた一卵性双生児がめぐり合い、身分を入れ替えて実の母親を探すために奔走する。裕福な家庭の養子として何不自由なく暮らしていたサットン・マーサーは、どうしても実の母親に会いたいと独自に捜査を進め、生き別れの妹エマ・ベッカーがいることを知った。サットンはエマに自分の身代わりとして生活してもらい、その間に母親探しの旅に出ようとするのだが…。

ライ・トゥ・ミー　嘘の瞬間
LIE TO ME (2009-2011) S3 米 Fox
[別] ライ・トゥー・ミー 嘘は真実を語る (CS)
ティム・ロス (平田広明), ケリー・ウィリアムズ (加藤優子), モニカ・レイモンド (皆川純子) ◆人の表情を読み解き、その嘘を暴く嘘発見のエキスパートたちの活躍を描く心理分析クライム・サスペンスで、タランティーノ作品でおなじみの個性派俳優 T・ロスの TV 初主演作。警察などの依頼で事件の捜査に協力している、微表情学の第一人者カル・ライトマン博士は、教師殺害事件の容疑者である少年ジェームズの学校で聞き込みを始めるが、同級生や校長の様子に小さな違和感を感じていた。[D]

ライトフィールド　亡霊の家
LIGHTFIELDS (2013) S1 英 ITV
ダコタ・ブルー・リチャーズ, クリス・マーシャル, ルーシー・コウ ◆イギリス発ゴシック・ホラーのミニシリーズ。古い屋敷に住み着いている少女の亡霊をめぐり、3つの時代、3つの家族のエピソードを綴る。ライトフィールド農場を所有するフェルウッド家の長女ルーシーが納屋の火事で死亡する。そして数十年後、ライトフィールドにやってき

よみがえり ～レザレクション～

ライ・トゥ・ミー　嘘の瞬間

た一家の前にルーシーの亡霊が現れる。

ライネマン・スパイ作戦
THE RHINEMANN EXCHANGE (1977) S1 米 NBC

スティーヴン・コリンズ(伊藤孝雄), ローレン・ハットン(水野久美), ヴィンセント・エドワーズ(中尾彬), クロード・エイキンス(金井大), ジョン・ヒューストン(厳金四郎), ホセ・ファーラー(北村和夫), ロディ・マクドウォール(野沢那智)◆ロバート・ラドラムの小説『悪魔の取引』をミニシリーズ化したスパイ・スリラー。第二次大戦中のアメリカとドイツの間で行われた、工業ダイヤとジャイロスコープとの裏取引をめぐり、両国のスパイが暗躍する姿を描く。監督はバート・ケネディ。

ライフ with デレク
LIFE WITH DEREK (2005-2009) S4 米 Family Channel

マイケル・シーター(岸尾だいすけ), アシュリー・レガット(小島幸子), ジョーダン・トドシー(沢城みゆき→高橋まゆこ)◆母の再婚により新しい家族が増えたケイシーと妹のリジー。ところが再婚相手にはケイシーと同年代の息子デレクがおり、自己主張の強いティーンエイジの2人はことあるごとに衝突を繰り返すことに…。大家族によるシチュエーション・コメディ。

Life 真実へのパズル
LIFE (2007-2009) S2 米 NBC

ダミアン・ルイス(森川智之), サラ・シャヒ(小島幸子), アダム・アーキン(仲野裕)◆冤罪で12年間収監されていたチャーリー・クルーズは、DNA鑑定により無実と判明し刑事として復帰した。彼は様々な事件を解決していく傍らで、自らを陥れた黒幕を追いつめるべく捜査を始める。ところが、この事件にはある巨大な陰謀が隠されていて…。先の読めない展開で高い支持を得たサスペンス・ミステリー。[D]

ライブラリアンズ 失われた秘宝
THE LIBRARIANS (2014-2017) S3 米 TNT

ノア・ワイリー(山下章), レベッカ・ローミン(櫻井智), クリスチャン・ケイン(中野駿), リンディ・ブース(伊藤葉純), ジョン・キム(熊谷善英)◆TVムービー「ライブラリアン 伝説の秘宝」のスピンオフで、ドラマ「レバレッジ ～詐欺師たちの流儀」のクリエイター陣が製作するアドベンチャー作品。世界の秘宝を悪の組織から守るのは、図書館司書だった!? 元対テロ組織のイブ・ベアード大佐は、ある人物の守護者に任命されニューヨークにあるメトロポリタン公立図書館へ向かう。図書館の奥深くにいたのは、古代の秘宝を密かに守り続ける図書館司書のフリンだった。共に戦うべく個性豊かなライブラリアンたちが集結し、様々な難事件を解決していく。日本ではシーズン2は「ライブラリアンズ2 復活の魔術師」、シーズン3は「ライブラリアンズ3 呪われた混沌の神」というタイトルで放送された。[D]

ライフルマン
THE RIFLEMAN (1958-1963) S5 米 ABC

チャック・コナーズ(中谷一郎), ジョニー・クロフォード(北條美智留), ポール・フィックス(千葉順二)◆野球選手から俳優に転向したC・コナーズを一躍有名にしたモノクロ30分のTVウェスタン。高視聴率で全168エピソードが製作されるほどの人気番組だった。妻に先立たれた牧場主のルーカス・マッケインと、彼の息子マークの父子愛を軸に、ルーカスが西部にはびこる悪を倒していく。ウインチェスター銃を早撃ちするシーンが見どころで、巨体のコナーズと長身の銃の組み合わせが迫力を倍増させた。第1話をはじめ、初期エピソードを無名時代のサム・ペキンパーが書いており(4本は監督も担当)、作品の方向性を決定づけている。[D,V]

ライン・オブ・デューティ
LINE OF DUTY (2012-2014) S3 英 BBC

マーティン・コムストン, ヴィッキー・マクルア, エイドリアン・ダンバー◆イギリス製のクライム・スリラー。誤射で人の命を奪ってしまった刑事が、警察内部の闇と相対し立ち直っていく。スティーブ・アーノット刑事は警察内部を調査するチーム"AC-12"への配属を命じられる。やがて怪しい人物としてトニー・ゲイツ警部が浮かび上がるが、彼は優秀な刑事として表彰されたこともある人物だった。

ラークライズ
LARK RISE TO CANDLEFORD (2008-2011) S4 英 BBC

オリヴィア・ハリナン, ジュリア・サワラ, マーク・ヒープ◆フローラ・トンプソンの同名小説をドラマ化し、イギリ

ライフ with デレク

ライフルマン

スで大ヒットとなった心温まるドラマ。1800 年代末期、小さな村のラークライズで育ったローラは、郵便局で働くことになった。ローラは持ち前の旺盛な好奇心から、新しい街で様々な出来事を経験してゆく。

ラスト・キングダム

THE LAST KINGDOM (2015-2017) S2 英 BBC

アレクサンダー・ドレイマン (綱島郷太郎), トビアス・ザンテルマン (手塚秀彰), エミリー・コックス (渋谷はるか), マシュー・マクファディン (小原雅人), イアン・ハート (赤城進) ◆歴史小説家バーナード・コーンウェルの原作を実写化した壮大な歴史劇。9 世紀のイギリス。ヴァイキングに故郷を襲われ連れ去られた少年ウートレッドはヴァイキングとして育てられていく。たくましく成長し、平和な生活を送っていたウートレッドだが、再び外敵の襲撃を受けるのだった。

ラストキングダム　10 番目の王国

THE 10TH KINGDOM (2000) 米 Hallmark

キンバリー・ウィリアムズ (佐々木瑶子), ダイアン・ウィースト (久保田民絵), ルトガー・ハウアー (蓮池龍三), スコット・コーエン (岩松廉), ジョン・ラロクエット (佐藤晴男) ◆ニューヨークに暮らす少女バージニアは、ある日魔法の世界から逃げてきた一匹の犬と出会うが、その犬は実は悪の女王に姿を変えられた白雪姫の孫ウィリアム王子だった。女王が現代世界に放った追っ手から逃げる中、バージニアとパパは鏡を通り抜けて王子のいた世界へ迷い込んでしまう。おとぎ話の世界にやって来た父と娘の冒険を描いたホールマーク社製のファンタジー・ミニシリーズ。日本では全 4 章でビデオリリースされた後、WOWOW にて全 4 話で放送された。[D,V]

ラスト・タイクーン

THE LAST TYCOON (2016-2017) S1 米 Amazon

マット・ボマー (前田一世), ケルシー・グラマー (楠見尚己), リリー・コリンズ (下山田綾華), ドミニク・マケリゴット (大津愛理), ローズマリー・デウィット (五十嵐麗) ◆ 1976 年にロバート・デ・ニーロ主演で映画化もされた、F・スコット・フィッツジェラルドによる未完の同名長編小説を映像化した TV シリーズ。1930 年代のハリウッドを舞台に、映画会社で働くモンロー・スターが大物プロデューサーへとのし上がっていく姿を描く。「ローズマリーの赤ちゃん ～パリの悪夢～」のクリエイター陣が顔を揃え、「MAD MEN マッドメン」のスコット・ホーンバッカーも製作総指揮に名を連ねた。

ラストデイズ・オブ・ザ・ワールド

THE DAY OF THE TRIFFIDS (2009) S1 英＝加 BBC

[別] パニック・イン・ロンドン 人類 SOS! 襲いかかる肉食植物 (BS)

ダグレイ・スコット , ジョエリー・リチャードソン , ブライアン・コックス ◆イギリスの SF 作家ジョン・ウィンダムの『トリフィド時代』は 1962 年に「人類 SOS!」として映画化、1981 年には「デイ・オブ・ザ・トリフィド」として TV ドラマ化され、本作は 2 度目の TV 化。ある日、太陽風現象の発生により空一面が壮麗な光に包まれ、人類は世紀の天体ショーを目撃する。しかし、その光はやがて巨大な閃光を放ち、人々の大半が視力を失ってしまう事態に。さらには、遺伝子操作により開発された、石油に代わるエネルギー源となるはずの食肉植物トリフィドが制御不能となり、人間を捕食し始める。ロンドンで失明を免れたトリフィド研究者のメイスン、女性レポーターのジョーらは、人類に残されたわずかな希望を模索していくのだが…。[D]

ラストドン

THE LAST DON (1997) S1 米 CBS

[別] マリオ・プーヅォのラスト・ドン (衛星)

ダニー・アイエロ , ジョー・マンテーニャ , ダリル・ハンナ ◆血で血を洗うマフィアの抗争劇を描くバイオレンス大河ドラマで、「ゴッドファーザー」のマリオ・プーゾ原作によるミニシリーズ。ローズマリーはジミーという青年と付き合っているが、お互いの父親は敵対するマフィアのドン。ローズマリーの父であるドミンゴは、2 人の結婚を渋々認めるが、結婚式の夜にジミーが何者かに殺されてしまう。やがてローズマリーは息子を産み、その子をクロスと名付けた。成長したクロスは父の復讐を実行する。[V]

ラスト★リゾート　孤高の戦艦

LAST RESORT (2012-2013) S1 米 ABC

アンドレ・ブラウアー (北村謙次), スコット・スピードマン (花輪英司), デイジー・ベッツ (小林美穂) ◆祖国アメリカに宣戦布告することになってしまった潜水艦 USS コ

ラスト・キングダム

ラストドン

ロラド。乗組員たちはインド洋の美しい島に上陸し、搭載した核ミサイルを守りながら、政府、第3の勢力の思惑が絡み合う壮大な陰謀に立ち向かう。アメリカ海軍の精鋭たちが真相究明に奔走する姿を描くミリタリー・アクション大作。[D]

ラスベガス

LAS VEGAS (2003-2008) S5 米 NBC

ジョシュ・デュアメル(中井和哉), ジェームズ・カーン(小川真司), ジェームズ・レジャー(落合弘治), ヴァネッサ・マーシル(安藤麻吹), モリー・シムズ(小松由佳)◆映画「ワイルド・スピード」のゲーリー・S・トンプソン製作、華やかなカジノの世界の裏側に迫る監視チームの活躍をコミカルに描く。ボスのエドからイカサマ師の不正捜査やツキの良すぎる男の監視などを命じられたダニー・マッコイは、自ら築いたコネクションを利用しながら任務を遂行していく。[D]

ラッシュアワー

RUSH HOUR (2016) S1 米 CBS

ジャスティン・ハイアーズ(間宮康弘), ジョン・フー(木内秀信), ウェンディ・マリック(五十嵐麗)◆ジャッキー・チェンとクリス・タッカーが共演し大ヒットを記録したアクション・コメディ映画「ラッシュアワー」をTVドラマとしてリメイク。映画版を監督したブレット・ラトナーが製作総指揮を務め、主演コンビには無名の新人俳優たちが大抜擢された。ロサンゼルスにやってきた香港警察の刑事ジョナサン・リーは、妹を殺した中国系マフィアの犯人を突き止めるべくLAPD(ロサンゼルス市警)を訪れる。その頃、LAPDのお騒がせ刑事ジェームズ・カーターは署内謹慎を命じられていたのだが…。

RUSH ～スキャンダルな外科医

RUSH (2014) S1 米 USA Network

トム・エリス, ラレンズ・テイト, サラ・ハーベル◆元エリート医師のウィリアム・P・ラッシュは、ある出来事がきっかけで全てを失い、今では裏社会の人々を相手にする医師に成り下がっていた…。秘密厳守と引き換えに現金払いの仕事をする闇の医師の活躍を描いた医療ドラマ。

ラット・パトロール

THE RAT PATROL (1966-1968) S2 米 ABC

[別] 砂漠鬼部隊(第2シーズン)

クリストファー・ジョージ(金内吉男→小林昭二), ゲイリー・レイモンド(田口計→広川太一郎), ローレンス・P・ケイシー(仲村秀生→野沢那智), ジャスティン・ター(愛川欽也→堀勝之祐)◆第二次大戦下の北アフリカ戦線を舞台に、サム・トロイ軍曹、ジャック・モフィット軍曹、マーク・ヒッチコック二等兵、タリー・ペティグルー二等兵の4人からなる特殊部隊ラット・パトロールの活躍を描いた30分枠の戦争アクション。3つのエピソードを再編集した劇場版「要塞攻略戦」(1968年)も製作された。[D]

ラバーン&シャーリー

LAVERNE & SHIRLEY (1976-1983) S8 米 ABC

ペニー・マーシャル(加藤みどり), シンディ・ウィリアムズ(太田淑子), デヴィッド・L・ランダー(八代駿), マイケル・マッキーン(納谷六朗), フィル・フォスター(今西正男)◆1950年代のアメリカ、ミルウォーキーを舞台にビール工場で働く2人の女性を主人公にした30分のシットコムで、大人気コメディ「ハッピー・デイズ」からのスピンオフ。天真爛漫なシャーリーと現実的なラヴァーンという対照的な2人の女性が恋愛や仕事、家族問題に悩みながらもポジティヴに生きる姿を、当時のファッションと音楽に乗せ軽妙かつほのぼのと描く。

ラビリンス

LABYRINTH (2012) S1 仏＝南アフリカ

ジョン・ハート, セバスチャン・スタン◆イギリスの同名ベストセラー小説を、リドリー・スコット製作総指揮によりドラマ化した、アドベンチャー・ミステリー。アリスは友人シーラの手伝いで遺跡の発掘作業に参加するが、発見した指輪は何者かに持ち去られ、シーラも行方不明に。幻覚をきっかけに800年前の凄惨な歴史を知ったアリスは、やがて指輪の秘密を狙う者たちに追われるようになり…。DVDは「前編:指輪が導く十字軍との決戦」「後編:受け継がれし守護者」の2部構成。[D]

ラビリンス

LABYRINT / THE LABYRINTH (2015-2017) S2 チェコ

イジー・ラングマヤー, ズザーナ・カノッツ◆チェコとスロバキアで発生した連続猟奇殺人に挑む、それぞれの国の刑事コンビの活躍を描くミステリー・ドラマ。チェコの

ラスベガス

ラバーン&シャーリー

ら

州副知事カラスが、腹に剣を刺され身体にヘビを巻き付けられるという惨殺死体で発見された。ブルノ警察のレメシュ刑事が捜査に乗り出すが、そこにスロバキア・ブラチスラバ警察の女性刑事タマラが現れ、彼女が手がけている事件に酷似していることから捜査協力を申し出る。やがて２つの事件の背後に、過去のある出来事が関わっていることが判明する。

LOVE/ ラブ

LOVE (2016-2017) S2 米 Netflix

ジリアン・ジェイコブス (田村睦心), ポール・ラスト (杉山紀彰) ◆「40 歳の童貞男」「無ケーカクの命中男 / ノックトアップ」などで知られるジャド・アパトーが製作総指揮を務めた、今どきの恋愛事情を描くラブ・コメディ作品。いきなり彼女にフラれてしまったお人好しの中年男性ガスは、ある日コンビニで、ラジオ局の美人プロデューサーであるミッキーと出会う。お互いに恋心を抱く２人だったが、ミッキーは薬物・恋愛・セックス・アルコールと四つの依存症を持ち合わせた無鉄砲な自由人だった。個性的な男女の恋の行方は…。

ラヴ・ソング

LOVE SONG (2000) 米 MTV

モニカ・アーノルド , クリスチャン・ケイン , エッセンス・アトキンス ◆ニューオーリンズで成功を収めたアフリカ系アメリカ人の両親のもと、何不自由なく育った女子大生のカミール・リビングストン。両親公認の恋人カルビンもいるという順風満帆ぶりだが、何事にも干渉する父親には窮屈さも感じていた。そんなある日、カミールはアルバイトをしながらプロのミュージシャンを目指す貧しい白人青年ビリー・ライアン・ギャロと出会い、２人はたちまち恋に落ちてしまう。彼女は安定した将来を約束されたカルビンと、人種も育ちも違い両親の反対も確実なビリーとの間で激しく悩む。やがて、カミールの歌の才能に気づいたビリーはヴォーカルとしてバンドに参加してほしいと誘うのだった…。[V]

ラブ・ボート

THE LOVE BOAT (1977-1987) S10 米 ABC

ギャヴィン・マクレオド (嶋俊介), バーニー・コペル (キートン山田), ローレン・テューズ (佐々木るん), フレッド・グランディ (佐古正人), テッド・ラング (秋元羊介) ◆世界の観光地をめぐる豪華クルーズ船を舞台に、メリル・スチュービング船長をはじめクルーたちと乗客たちが繰り広げる騒動を、グランドホテル形式で描く1話完結のラブ・コメディ。この番組はアメリカで大ヒットとなり、クルーズ・ブームの火付け役となった。

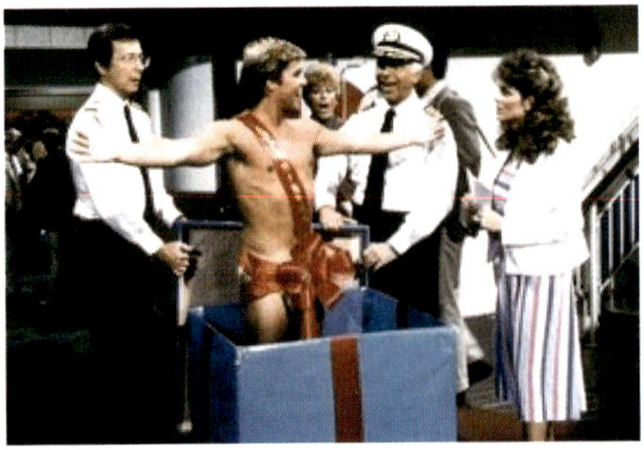

ラブ・ボート

ラマー・オブ・ジャングル

RAMAR OF THE JUNGLE (1952-1954) S2 米

ジョン・ホール , レイ・モンゴメリー ◆ジャングルで活躍する医師の姿を描いたモノクロ 30 分の秘境冒険もの。医師トム・レイノルズは、助手のハワード・オグデンと共に、インドやアフリカのジャングルを中心に医療活動を行いながら、様々な危険に立ち向かっていく。

ラ・モント

LA MANTE / THE MANTIS (2017) S1 仏 TF1

キャロル・ブーケ , フレッド・テスト , パスカル・ドゥモロン , マノン・アゼム , ジャック・ウェベール ◆虐待や DV を繰り返した男たちばかり８人を残虐な方法で殺害した連続殺人犯ジャンヌ、通称 " ラ・モント (かまきり)"。彼女は逮捕され終身刑で収監されているが、事件から 25 年後の現在、同じ手口の連続殺人事件が発生する。かつてジャンヌを逮捕した警視は、彼女の息子で刑事のダミアンを捜査チームに加え、母親から情報を得ようとする。連続殺人犯の母親と警察官の息子が協力して猟奇殺人事件に挑むサイコ・サスペンス。

ララミー牧場

LARAMIE (1959-1963) S4 米 NBC

ロバート・フラー (久松保夫), ジョン・スミス (村瀬正彦), スプリング・バイイントン (戸川暁子) ◆ワイオミング州ララミーにある駅馬車中継地を舞台に、スリム・シャーマンと弟のアンディ、そして流れ者のジェス・ハーパーの３人が、そこで起こる事件や出来事に立ち向かう姿を描く西部劇ドラマ。日本での TV 放映時には、番組の最後に淀川長治による「西部こぼれ話」が流れた。[D]

ラリーのミッドライフ★クライシス

CURB YOUR ENTHUSIASM (2000-2011) S8 米 HBO

ラリー・デヴィッド , シェリル・ハインズ , ジェフ・ガーリン ◆カリスマ・プロデューサーである L・デヴィッドの日

ララミー牧場

常を、本人が演じて描くフェイク・ドキュメンタリー。ラリーのこだわりの性格が災いし、いつも何かしらのトラブルに巻き込まれてゆく様子が面白おかしく綴られる。

ラレード

LAREDO (1965-1967) S2 米 NBC

[別] 西部の三匹

ネヴィル・ブランド(金井大), ピーター・ブラウン(野沢那智), ウィリアム・スミス(川津祐介), フィリップ・ケリー(黒川弥太郎) ◆ 1955年にアメリカで放送された「テキサス決死隊」をもとに製作された西部劇ドラマ。テキサス州ラレード(ラレド)を舞台に、テキサス・レンジャーの活躍をユーモアを交えながら描く。パーマリー隊長のもと、元陸軍将校のリース・ベネット、早撃ちのチャド・クーパー、そして追跡名人のジョー・ライリーの3人が悪に立ち向かう。

ランデブー

RENDEZVOUS (1957-1961) S1 英＝米 CBS

チャールズ・ドレイク ◆コメディからスリラー、西部劇、ラブ・ロマンスまで、様々なジャンルの単発ドラマを週替わりで放送する英米共同によるモノクロ30分のアンソロジー・シリーズ。ピーター・オトゥールやメル・ファーラー、ドナルド・プレザンス、パトリック・マクグーハンなど多彩なゲスト・スターが出演した。

ランドガールズ

LAND GIRLS (2009-2011) S3 英 BBC

ベッチ・ゲメル, スーザン・クックソン, マーク・ベントン, ミコラ・アレン ◆第二次世界大戦中、イギリスで農業促進婦人会(ランドガールズ)として働くことになった女性たちを描く人間ドラマ。ホクスリー卿の邸宅に到着したジョイス・フィッシャーとナンシー・モレルは、慣れ切った都会の生活とは打って変わって、農園での生活を余儀なくされる。農園では、それまでは考えられなかったような出来事が次々に起こり、ジョイスたちは出会いと別れを繰り返すことになるのだった。

り

リーガルに恋して

FAIRLY LEGAL (2011-2012) S2 米 USA Network

サラ・シャヒ, マイケル・トルッコ, ヴァージニア・ウィリアムズ ◆父がサンフランシスコに開業した弁護士事務所で働く有能な若き女性弁護士ケイト・リードは、父親の死をきっかけに弁護士とは正反対の調停人に転向。複雑な問題や争いを和解に導いていくコメディ・ドラマ。

リーガル・バディーズ　フランクリン＆バッシュ

FRANKLIN & BASH (2011-2014) S4 米 TNT

マーク＝ポール・ゴスラー, ブレッキン・メイヤー, リード・ダイアモンド ◆手腕を見込まれ大手弁護士事務所で働くことになった若手弁護士のジャレッド・フランクリンとピーター・バッシュ。2人が、同僚たちの嫉妬にあいながらも、型破りな手法で難解な事件を見事に解決していくコメディ作品。

リーグ・オブ・ジェントルマン　奇人同盟！

THE LEAGUE OF GENTLEMEN (1999-2002) S3 英 BBC

マーク・ゲイティス, スティーヴ・ペンバートン, リース・シェアスミス ◆イギリスBBCで放映された、ショート・コントで構成されたホラー・コメディ番組。イングランド北部の小さな町ロイストン・ヴェイジーに集う奇妙な人々の言動を、グロテスクで下品な笑いに満ちたユーモアで綴る。[D]

リーサル・ウェポン

LETHAL WEAPON (2016-) S2- 米 Fox

クレイン・クロフォード(津田健次郎), デイモン・ウェイアンズ(磯部勉), ケヴィン・ラーム(井上倫宏), ジョーダナ・ブリュースター(行成とあ), キーシャ・シャープ(高乃麗) ◆メル・ギブソンとダニー・グローヴァーが主演し、バディ・ムービーとして世界的に大ヒットを記録した同名映画をTVシリーズ化。反目し合いながらも熱い友情の絆で結ばれ、人々からリーサル・ウェポン(最終兵器)と呼ばれるようになる2人の刑事の姿を、迫力のアクション描写を盛り込みながら描く。優秀だが無鉄砲なマーティン・リッグスと、家族のため命を大切にするロジャー・マータフがロス市警でコンビを組むことになり…。製作総指揮は「SUPERNATURAL スーパーナチュラル」のマックG。

リジー＆ Lizzie

LIZZIE MCGUIRE (2001-2004) S2 米 Disney Channel

ヒラリー・ダフ(須藤祐実), アダム・ランバーグ(小林良

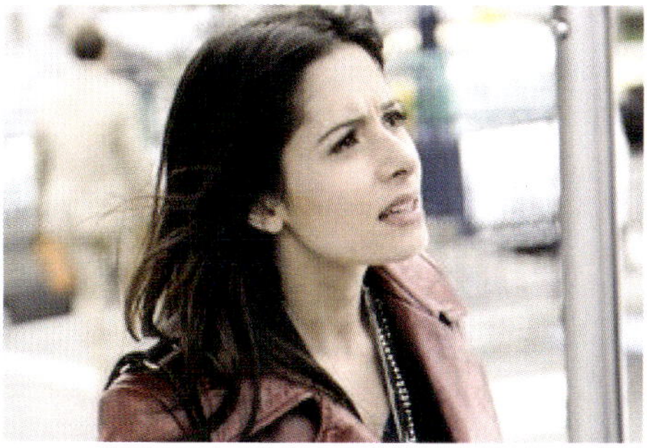

リーガルに恋して

リジー＆ Lizzie

ら

也),ラレイン(仙台エリ)◆家族や友人に支えられながら、学校生活を送る中学生の少女を描くファミリー・コメディ。リジーは人気者になりたいと願うシャイな女の子。自らの分身を肩に乗せており、学校や友人との間に起こる色々な問題を、分身からのアドバイスで乗り切って行く。分身はアニメーションのキャラクターで表現される。主演を務めたH・ダフの出世作となった作品。[D]

リ・ジェネシス　バイオ犯罪捜査班

REGENESIS (2004-2008) S4 加 TMN

[別] Re:Genesis リ・ジェネシス(ソフト)

ピーター・アウターブリッジ(大塚芳忠),グレッグ・ブリック(東地宏樹),コンラッド・プラ(山野井仁)◆カナダで製作・放送され高い人気を博したサスペンス・ドラマ。トロントにあるバイオテクロノジー研究機関 "NorBAC" の主任科学者デビッド・サンドストロムが、バイオ・医療分野のスペシャリストである研究員たちと共に、ウィルスや伝染病、遺伝子操作などに関わる事件・事故の原因を追及し問題を解決に導いていく。[D]

リジー・ボーデン　美しき殺人鬼

THE LIZZIE BORDEN CHRONICLES (2015) S1 米 Lifetime Television

[別] 外伝リジー・ボーデン事件(AXN ミステリー)

クリスティナ・リッチ,クレア・デュヴァル,コール・ハウザー◆19 世紀末に実父と継母を殺害したとして逮捕され裁判で無罪となった実在の女性、リジー・ボーデンを主人公として描く TV シリーズ。2014 年の TV ムービー「MONSTER モンスター(伝説の殺人リジー・ボーデン事件)」の続編であり、同作で主演を務めた C・リッチが再びリジーを演じ、さらに製作総指揮を担当している。裁判で無罪となったリジーは新たな人生を始めようとするが、真犯人は彼女以外にはいないと考える私立探偵に執拗に付きまとわれ…。

リース - 奪われた王国 -

RIESE (2009-2010) S1 加 Syfy

クリスティン・シャトラン,シャロン・テイラー,ベン・コットン◆エリシア国の王女リースは、強力な組織"セクト"に国を乗っ取られてしまい、反逆者として悪の女王アマラに追われる身となってしまう。オオカミのフェンリルに力を借り、リースは懸命に逃走するのだが…。カナダで製作されウェブ配信された、リースの冒険を描くアクション・ファンタジー・ドラマ。

リスナー　心を読む青い瞳

THE LISTENER (2009-2014) S5 加 CTV

クレイグ・オレジニク(浪川大輔),エニス・エスマー(あべこうじ),リサ・マルコス(林真里花)◆他人の心を読むことができるテレパシーの持ち主である男の葛藤と活躍を描くドラマ。救急救命士のトビー・ローガンは、幼い頃から他人の心の声が聞こえる力を持っていた。その力から目を背けていたトビーだったが、ある日、事故にあった女性が子供を誘拐され脅迫されていることを知り、単独で捜査に乗り出す。なぜ彼にはその能力があるのか。そして彼の使命とは一体…。[D]

リーズナブル・ダウト／静かなる検事記録

REASONABLE DOUBTS (1991-1993) S2 米 NBC

マーク・ハーモン(佐古正人),マーリー・マトリン(井上喜久子),ウィリアム・コンヴァース＝ロバーツ(納谷六朗)◆身内に聴覚障害者がいたために手話を心得ていた熱血刑事ディッキー・コッブが、有能だが手話通訳が不可欠な女性検事テス・カウフマンのアシスタントを命じられ、コンビで難事件を解決していく異色のポリス・ストーリー。

理想の夫婦の別れ方

SATISFACTION (2014-2015) S2 米 USA Network

マット・パスモア,ステファニー・ショスタク,ブレア・レッドフォード◆一流投資銀行のエリート社員ニール・トゥルーマンは結婚して 18 年の美しい妻グレースを持ち、物質的には何一つ不満のない生活を送っていた。しかしある日、ニールは妻の浮気を目撃してしまう。相手は金を払って雇ったエスコート・クラブの男だった。ニールは自らそのエスコート・クラブに足を踏み入れていく。夫婦の危機を描いたドラマ。

リゾーリ＆アイルズ

RIZZOLI & ISLES (2010-2016) S7 米 TNT

アンジー・ハーモン(朴路美),サッシャ・アレクサンダー(井上喜久子),ロレイン・ブラッコ(寺内よりえ)◆医師から作家に転身したテス・ジェリッツェンが手がけたスリラー小説『外科医』に登場する殺人課の女刑事を主人公とし

リ・ジェネシス　バイオ犯罪捜査班

リゾーリ＆アイルズ　ヒロインたちの捜査線

たクライム・サスペンス。ボストン市警を舞台に、タフな刑事のジェーン・リゾーリとクールな検視官のモーラ・アイルズという、全く異なるタイプのヒロイン 2 人が難事件に挑む姿を描く。[D]

リターンド /RETURNED

LES REVENANTS / THE RETURNED (2012-2015) S2 仏 Canal+

アンヌ・コンシニ (佐々木優子), フレデリック・ピエロ (石田圭祐), クロティルド・エスム (竹内絢子) ◆ 2013 年国際エミー賞の連続ドラマ部門を受賞したフランス製作の TV ドラマ。死者が次々と蘇る怪奇現象に見舞われたフランスの小さな田舎町を舞台に、蘇った本人たちと、彼らと向き合うことになった家族や町の人々、それぞれに訪れる苦悩や葛藤を描きながら事件の真相に迫っていくスリラー作品となっている。オリジナルは、ロバン・カンピヨ監督による 2004 年の映画「奇跡の朝」。[D]

リチャード・ブーン・ショー

THE RICHARD BOONE SHOW (1963-1964) 米 NBC

[別] 土曜名作劇場

リチャード・ブーン ◆ TV ドラマ「西部のパラディン」で知られる俳優 R・ブーンがホストを務めるモノクロ 60 分のドラマ・アンソロジー。ブーンはホストだけでなく、ドラマ全話のうち半分近くの主演も果たしている。

リッチマン・プアマン／青春の炎

RICH MAN, POOR MAN (1976) S1 米 ABC

[別] リッチマン・プアマン

ピーター・ストラウス (江原真二郎), ニック・ノルティ (寺田農), スーザン・ブレイクリー (藤田弓子), エドワード・アズナー (大滝秀治), ドロシー・マクガイア (文野朋子) ◆アーウィン・ショウのベストセラー小説『富めるもの、貧しきもの』をミニシリーズとしてドラマ化。貧しい家庭に生まれたドイツ系アメリカ人の兄弟がそれぞれ別の道を歩んでいく姿を対照的に描いていく。ルディ・ジョルダッシュは優れた成績を修めて卒業後、ビジネスマンとして成功する。一方、弟のトムはボクシングに打ち込み、家庭環境に対抗していくのだが…。戦後のアメリカを舞台に、家族の愛を浮き彫りにしていく重層的な人間ドラマで、エミー賞やゴールデングローブ賞の多くの部門で受賞した。

リッチマン・プアマン パート 2

RICH MAN, POOR MAN -BOOK II- (1976) S1 米 ABC

ピーター・ストラウス (江原真二郎), グレッグ・ヘンリー (三ツ木清隆), ジェームズ・キャロル・ジョーダン (真夏竜), レイ・ミランド (嵯峨善兵), スーザン・サリヴァン (吉行和子), ウィリアム・スミス (小松方正), ペニー・ペイサー (風吹ジュン) ◆ミニシリーズだった前作とは異なり、60 分全 21 話のシリーズとなった続編。ただし第 1 話は 2 時間枠 (実質 90 分) で、NHK では第 2 話以降も 2 エピソードまとめて 90 分枠で放映したため、日本での放映話数は全 11 話となる。舞台は 1968 年、上院議員にまで登りつめたルディ・ジョルダッシュは、殺された弟トムの息子ウェズリーと自身の養子ビリーという 2 人の若者の姿に、かつての自分たちを重ね合わせるのだった。そんなルディに政財界の陰謀が忍び寄ろうとしていた…。

リッチー・リッチ

RICHIE RICH (2015) S2 米 Netflix

ジェイク・ブレナン (竹内順子), ジョシュア・カーロン (水田わさび), ジェナ・オルテガ (植田佳奈), ブルック・ウェクスラー (恒松あゆみ), ローレン・テイラー (川澄綾子) ◆ 1994 年にマコーレー・カルキン主演で映画化もされた、ハーヴェイ・コミックの人気キャラクターを主人公にした TV シリーズ。数百兆ドルもの資産を持つ子供、リッチー・リッチの豪勢な日常を描く。野菜からクリーンなエネルギーを生み出す方法を発見して大金持ちになったリッチーは、アンドロイドメイドのイローナ、金に興味が無い親友のマーレー、お金大好きな女友達ダーシーらと共に、大邸宅の中で今日も冒険を繰り広げる。

リッパー・ストリート

RIPPER STREET (2012-2017) S5 英 BBC One

マシュー・マクファディン , ジェローム・フリン , アダム・ローゼンバーグ ◆切り裂きジャック事件から半年後のロンドン。模倣的な殺人が起こり、人々が連続殺人犯の再来に怯える中、刑事エドムンド・リード警部補ら 3 人の男たちが真相を探る。実在した刑事たちをモデルに、当時の世相や風俗も巧みに織り込んだミステリー。

リッチマン・プアマン／青春の炎

リッパー・ストリート

ら

リッピング・ヤーン
RIPPING YARNS (1976-1979) S2 英 BBC
[別] 毛をむしられて…リッピング・ヤーン(ビデオ)
マイケル・ペイリン,テリー・ジョーンズ ◆「モンティ・パイソン」のメンバー、M・ペイリンとT・ジョーンズによるオムニバス形式のコメディ・ドラマ。第二次大戦前後のイギリスを舞台に、様々なシチュエーションでシュールな笑いが展開されていく。[D,V]

リップコード
RIPCORD (1961-1963) S2 米
[別] 命知らずのスカイダイバー|空の男スカイダイバー
ラリー・ペンネル(細井重之),ケン・カーティス ◆スカイダイビングを専門に行う、その名も"スカイダイバー社"を経営するのはテッド・マッキーバーと相棒のジム・バックレー。医療器具や薬品を遠方に届けたり、警察の犯人追跡に協力したり、時には危険を伴う仕事も引き受ける2人の活躍を描く30分のアクション・アドベンチャー。シーズン1はモノクロだが、シーズン2はカラーになった。リップコードとは、パラシュートを開くための紐のことを指す。

リップスティック・ジャングル
LIPSTICK JUNGLE (2008-2009) S2 米 NBC
ブルック・シールズ,キム・レイヴァー,リンゼイ・プライス ◆「SEX AND THE CITY」の原作者として知られるキャンディス・ブシュネルによる同名ベストセラー小説をドラマ化。映画スタジオの役員ウェンディ・ヒーリー、ファッション誌の編集長ニコ・ライリー、ファッション・デザイナーのビクトリー・フォード。女性の憧れの職業に就き、パワフルに活動する3人だが、仕事やプライベートの悩みも尽きない。マンハッタンを舞台に、3人の女性の生き様をファッショナブルに描く。[D]

リップタイド探偵24時
RIPTIDE (1984-1986) S3 米 NBC
ペリー・キング(玄田哲章),ジョー・ペニー(神谷和夫),トム・ブレイ(三ツ矢雄二),アン・フランシス(此島愛子),ジャック・ギン(内海賢二) ◆クルーザー"リップタイド号"の所有者コディ・アレン、ヘリコプター"ミミ号"の操縦士ニック・ライダー、コンピュータ・ハッカーのマレー・ボジンスキー。3人のベトナム帰りが探偵事務所を開き事件を解決していく探偵アクション。

Little BRITAIN／リトル・ブリテン
LITTLE BRITAIN (2003-2006) S4 英 BBC
マット・ルーカス,デヴィッド・ウォリアムズ,ポール・パトナー ◆イギリスBBC製作のコメディ番組。奇人変人たちが巻き起こす出来事をショート・コント風に描く。イギリスらしい皮肉でブラックなユーモアが受けて大好評を得、2006年の国際エミー賞コメディ部門にノミネートされた。[D]

リトル・ブリテン USA
LITTLE BRITAIN USA (2008) S1 米=英 HBO/BBC
マット・ルーカス,デヴィッド・ウォリアムズ ◆イギリスで放送されたコメディ「リトル・ブリテン」の続編。舞台をアメリカに移し、M・ルーカスとD・ウォリアムズのコンビが前作同様、様々な奇人変人に扮してハチャメチャな笑いをお届けする。さらにUSA版としてジムでのワークアウトが大好きなマークとトム、宇宙飛行士のビングといった新キャラもお目見え。ますますヒートアップした彼らから目が離せない。

RIVER　リバー
RIVER (2015) S1 英 BBC
ステラン・スカルスガルド,ニコラ・ウォーカー,アディール・アクタル ◆心に傷を持つ熟年刑事の孤独な捜査を全6話で描くサスペンス・ドラマ。同僚の女性刑事ジャッキー・スティーブンソンを何者かに殺され、心的外傷を負った刑事ジョン・リバー。相棒殺しの犯人探しに躍起になるジョンだが、精神的に追い詰められている彼のふるまいは次々とトラブルを招く。実はジョンには死者が見えるという大きな秘密があったのだ…。70年代のヒットナンバーも効果的に使われており、質の高いドラマ作りは高い評価を受けた。

リーバス警部
REBUS (2000-2004) S4 英 ITV
ジョン・ハナー <S1>,ケン・ストット <S2-4> ◆イギリスの推理作家イアン・ランキンが生み出した、スコットランドのエディンバラを舞台に活躍する警部の姿を描くTVドラマ・シリーズ。「検死医マッカラム」で知られるJ・ハナーがジョン・リーバス警部を演じていたが、第2シーズン

リップスティック・ジャングル

Little BRITAIN／リトル・ブリテン

以降はK・ストットにキャストが変更された。日本では第1シーズンの4本のみがビデオとDVDでリリースされた。[D,V]

リバーデイル
RIVERDALE (2017-) S2- 米 The CW
K・J・アパ(星野健一), コール・スプラウス(吉田健司), カミラ・メンデス(長尾明希), リリ・ラインハート(高村晴香), ルーク・ペリー(風間秀郎) ◆「ARROW／アロー」「SUPERGIRL／スーパーガール」「レジェンド・オブ・トゥモロー」の製作陣がおくる青春ミステリー。平和な町リバーデイルで、高校生のジェイソンが殺される事件が発生。恋愛や家庭、学校生活など悩み多い日々を過ごすアーチーと友人たちは、事件をきっかけに露呈する町の闇に直面しながらも、事件の真相に近づいていく。

REAPER　デビルバスター
REAPER (2007-2009) S2 米 The CW
ブレット・ハリソン, タイラー・ラビーン, レイ・ワイズ ◆悪魔と取引をすべく奮闘する青年の姿を描くSFコメディ。ぐうたらで夢もなく、だらけた生活を送っていたサムは、21回目の誕生日を前に、両親が自分の魂を悪魔に売り渡していたことを知る。サムは悪魔から命令されて、地獄から逃げ出した悪霊の捕獲に乗り出すのだが…。第2シーズンには田村英里子がゲスト出演を果たした。[D]

リバーハウスの虹
SEVEN LITTLE AUSTRALIANS (1973) S1 豪 ABC
レナード・ティール(鈴木瑞穂), エリザベス・アレクサンダー(二木てるみ), バーバラ・リュウェリン(岡本茉利), ジェニファー・クラフ(石崎恵美子), マーク・クラーク(沢村正一) ◆エセル・ターナーの児童文学をドラマ化した、オーストラリア製のミニシリーズ。厳格な海軍大尉ウォルコットと彼が再婚した若妻、そして7人の子供たちが繰り広げる日常を描く。日本ではNHK「少年ドラマシリーズ」枠で放映された。

リプレイスメント　～全てを奪う女～
THE REPLACEMENT (2017) S1 英 BBC
モーヴェン・クリスティ(岡寛恵), ヴィッキー・マクルア(宮島依里), リチャード・ランキン(櫻井孝宏), ネーヴ・マッキントッシュ(高島雅羅), ダグレイ・スコット(井上和彦), ナヴィーン・チャウドリー(安元洋貴) ◆ある日突然、自分の人生を何者かに蝕まれていく女性の恐怖を描くサイコ・スリラー。建築設計事務所で働くエレン・ルーニーは、精神科医の夫と幸せな生活を送り、自分が担当した大口契約が決まるなど、順風満帆の日々を過ごしていた。そんな矢先、自分が妊娠していることが分かったエレンは会社を休むことに。代わりに仕事をしてもらうために会社が雇ったポーラ・リースは、徐々にエレンの仕事を奪い、やがて私生活にまで干渉するようになっていく…。

リベリオン
REBELLION (2016) S1 アイルランド RTE
チャーリー・マーフィ(渋谷はるか), ルース・ブラッドリー(白川万紗子), セーラ・グリーン(うえだ星子) ◆アイルランドのテレビ局RTEが製作した全5話のミニシリーズ。1916年のダブリンを舞台に、英国からの独立を求めるイースター蜂起に巻き込まれた3人の女性の運命を描く。英国支配からの独立を目指すアイルランド反乱軍がダブリンへの攻撃を開始する中、メイ・レイシー、フランシス・オフラハーティ、エリザベス・バトラーの3人はそれぞれの思いを胸に、自身の忠誠心を貫くため行動を開始する。だが圧倒的な強さを誇る英国軍を前に、反乱軍の形勢は不利に陥ってしまい…。

リベンジ
REVENGE (2011-2015) S4 米 ABC
エミリー・ヴァンキャンプ(芦名星), マデリーン・ストー(山像かおり), ガブリエル・マン(三木眞一郎) ◆高級住宅地ハンプトンで暮らしていた少女アマンダ・クラークの人生は、父が地元の大富豪グレイソン家に陥れられたことで一変する。10年後、美しく成長し、名前をエミリー・ソーンと変えて戻ってきた彼女は用意周到に復讐を進めていく。無実の父を死に追いやった人々への、エミリーの美しく冷酷な復讐劇を描くサスペンス・ドラマ。[D]

リベンジ　闇の処刑人
VENGEANCE UNLIMITED (1998-1999) S1 米 ABC
マイケル・マドセン, キャスリーン・ヨーク ◆100万ドルの報酬か、いつか一度だけ協力をするという条件で、依頼人に成り代わり法で裁けぬ悪人に復讐する闇の仕事人ミスター・チャペルの活躍を描いたサスペンス・アクショ

REAPER　デビルバスター

リベンジ

ら

ン。米 ABC で 1 シーズンのみ放映された。

リミットレス
LIMITLESS (2015-2016) S1 米 CBS
ジェイク・マクドーマン (浪川大輔), ジェニファー・カーペンター (本田貴子), ヒル・ハーパー (上田燿司), メアリー・エリザベス・マストラントニオ (高島雅羅) ◆ブラッドリー・クーパーが主演と製作総指揮を務めた同名サスペンス映画の続編となる TV シリーズ。主人公は映画と異なるキャラクターとなったが、引き続きクーパーが製作総指揮を務め、映画と同じ役柄でゲスト出演を果たした。ミュージシャンを目指す無職のブライアン・フィンチは友人イーライから、人間の脳の機能を 100% にまで高めるという薬 NZT-48 を分けてもらう。薬の服用により目を見張るような頭脳の持ち主となったブライアンは喜ぶが、その直後イーライが何者かに殺されてしまった。ブライアンはその能力を生かして FBI に協力し、様々な犯罪を解決していく。[D]

リメンバー・ミー　水底の女
REMEMBER ME (2014) S1 英 BBC
マイケル・ペイリン , マーク・アディ , ジョディ・カマー ◆ケアアシスタントのハンナ・ワードは、ケアハウスにやってきたトム・パーフィットという老人を担当するが、直後から次々と不可思議な事件が発生していく。やがてトムはケアハウスを脱走、ハンナは彼の行方を追うが…。秘密を抱える一人暮らしの老人の介護を担当した女性が巻き込まれた、スピリチュアルな事件を描くミニシリーズ。

略奪された 100 人の花嫁
HERE COME THE BRIDES (1968-1970) S2 米 ABC
ロバート・ブラウン (広川太一郎), ボビー・シャーマン (井上真樹夫), ブリジット・ハンレイ (上田みゆき), デヴィッド・ソウル (納谷六朗), マーク・レナード (小林清志), ジョーン・ブロンデル (此島愛子) ◆ 1800 年代後半のシアトルを舞台に描かれるコメディ作品。山で伐採業を営むボルト兄弟は、ここで働く男たちに花嫁を連れてくるために、製材業者のアーロンから借金をして、マサチューセッツ州のニューベッドフォードへ向け旅立つ。ボルトたちはアーロンと結んだ契約のため、あの手この手を尽くして 100 人の花嫁候補を集めるのだが…1954 年の映画「掠奪された七人の花嫁」にインスパイアされて製作された番組で、同映画の TV 版ではない。

リュック・ベッソン　ノーリミット
NO LIMIT (2012-2015) S3 仏 TF1
ヴァンサン・エルバズ (森川智之), アンヌ・ジルアール (園崎未恵), エレーヌ・スザーレ (深見梨加) ◆ L・ベッソン製作総指揮のアクション・ドラマ。脳の病気で余命 1 年を宣告されたことから、ある実験的治療を受けることを条件に、秘密情報機関での困難なミッションを引き受けたフランス軍兵士ヴァンサン・リベラッティの活躍をスリリングに描く。[D]

猟犬たちの夜　オルフェーヴル河岸 36 番地ーパリ警視庁
FLICS (2008-2011) S2 仏 TF1
フレデリック・ディファンタール , ヤン・サンベール , カトリーヌ・マルシャル ◆パリを舞台に、2 人の刑事にまつわる確執や苦悩を描いたノワール・アクション。パリ警視庁強盗鎮圧班のヤックは、女性長官を狙った爆破事件の捜査担当となる。相棒は殺人班のコンスタンティン。かつて最強コンビとして名を馳せた彼らだが、ある事件をきっかけに不仲となっていた。それぞれが単独で競い合って捜査することで失態を重ねてしまう 2 人。やがて事件の真相が明らかになるのだが…。第 2 シーズンは「猟犬たちの夜 そして復讐という名の牙」というタイトルで DVD が発売された。[D]

リリーが一番!〜恋も仕事も全力ガール〜
THE WRONG GIRL (2016-2017) S2 豪 Network Ten
ジェシカ・マーレイ (行成とあ), イアン・メドウズ (阪口周平), ロブ・コリンズ (中川慶一), ヘイリー・マグナス (廣田悠美), ケリー・アームストロング (塙英子) ◆リリー・ウッドワードは朝の情報番組のプロデューサー。仕事の意欲は誰にも負けないつもりだが、任されるのはイケメンシェフのジャックを売り出す料理コーナー。そんな毎日のストレスが高じ、親友ピートと一夜の過ちを犯してしまうのだったが…。29 歳のワーキングガールが仕事にプライベートにと、全力でのぞむ姿を描き、多くの共感を得たオーストラリア製のドラマ・シリーズ。主人公リリーを演じた J・マーレイは本作のプロデューサーも兼任している。

リミットレス

略奪された 100 人の花嫁

リリハマー
LILYHAMMER (2012-2014) S3 米＝ノルウェー Netflix/NRK

スティーヴン・ヴァン・ザント,トロンド・ファウサ・アウルヴォーグ,シュタイナー・サーゲン ◆タイトルのリリハマーとはノルウェーの都市リレハンメルのこと。リレハンメルの田舎町を舞台に、素性を隠したマフィアが街に溶け込もうとするコメディ・ドラマ。ニューヨークの組織でナンバー２だったフランクは、ナンバー３に命を狙われたことから証人保護プログラムの適用を受け、リレハンメルでジョヴァンニ・ヘンリクセンという名の別人として暮らすことに。慣れない土地のルールに戸惑いながらも、その地で帝国を築こうとするフランクだったが…。「ザ・ソプラノズ」に出演したS・ヴァン・ザントが主演と製作総指揮を務めている。

リリントン・プレイス　エヴァンス事件
RILLINGTON PLACE (2016) S1 英 BBC

ティム・ロス,サマンサ・モートン,ニコ・ミラレグロ,ジョディ・カマー ◆1949年にイギリスで実際に起きた冤罪事件で、後にイギリスの死刑制度廃止に影響を与えた「エヴァンス事件」を映像化した全３話のミニシリーズ。妻ベリルと娘ジェラルディンを殺害した罪で、ティム・エヴァンスが絞首刑に処された。いったんは自分の罪を認めたティムだったが、その後は主張が二転三転したため、刑が執行されることになった。有力な手がかりとなったのは、エヴァンス家の階下で暮らすクリスティ夫妻の証言だった。だがその事件には、恐ろしい真実が隠されていた…。

リンガー ～２つの顔～
RINGER (2011-2012) S1 米 The CW

サラ・ミシェル・ゲラー(宮島依里),クリストファー・ポラーハ(桐本拓哉),ヨアン・グリフィズ(堀内賢雄) ◆「バフィー～恋する十字架～」のS・ミシェル・ゲラーが双子の姉妹を一人二役で演じたサスペンス・ミステリー・ドラマ。半年間、薬物を断ち、依存症から立ち直ったブリジット・ケリー。彼女は殺人の目撃者としてFBIの保護下にあったが、裁判で証言する前日に身の危険を感じ、双子の姉シボーンのもとへ逃走。しかし姉は姿を消してしまい…。

リンリー警部　捜査ファイル
THE INSPECTOR LYNLEY MYSTERIES (2001-2007) S6 英 BBC

ナサニエル・パーカー,シャロン・スモール ◆エリザベス・ジョージのシリーズ小説を映像化した、貴族の称号を持つ警部を中心に描かれる刑事ドラマ。スコットランドヤードのトマス・リンリー警部と女性刑事のバーバラ・ヘイバースという、身分も育ちも異なる２人が相棒となって協力し、イギリス各地の様々な事件を解決に導いてゆく。

る

ルイ14世の秘密の王妃　マダム・ド・マントノン
L' ALLEE DU ROI (1996) S1 仏 FR2

[別] マダム・ド・マントノン (DVD)

ディディエ・サンドル,ヴァランティーヌ・ヴァレラ,ドミニク・ブラン ◆作家の未亡人だったフランソワーズは借りた衣装で舞踏会に出席しルイ14世に見初められる。宮廷に上がった後、マントノン夫人と呼ばれた彼女は次第に影響力を持つようになり…。身分の低さから王妃にはなれなかったが、ルイ14世の寵愛を最も受けたといわれるマントノン侯爵夫人の半生を描いたミニシリーズ。[D]

ルーキーブルー ～新米警官 奮闘記～
ROOKIE BLUE (2010-2015) S6 加 CanWest Global Television Network

ミッシー・ペリグリム,グレゴリー・スミス,トラヴィス・ミルン ◆ポリスアカデミーを出たばかりの新人警官たちが、悩み、傷つきながらも成長する姿を描いた警察ドラマ。新米警官(ルーキーブルー)として働き始めたアンディ・マクナリーら５人の若者たち。ベテランの先輩警官たちに叱咤されながら、市民の安全と平和を守るために危機的瞬間を何度も乗り越えてゆく。

ルーク＆ジョリー／おいらのご主人、保安官
LUCKY LUKE (1992) S1 伊 Canale 5

テレンス・ヒル ◆西部劇漫画『ラッキー・ルーク』を映像化したイタリア製のTV西部劇。西部の平和を守るために荒野を１人行くカウボーイ、ラッキー・ルークと彼の相棒で馬のジョリー・ジュピターの活躍を描いたアクショ

リリハマー

ルーキーブルー ～新米警官 奮闘記～

ら

ン・コメディ。

ルクレール兄弟の旅
LE TOUR DE FRANCE PAR DEUX ENFANTS (1957-1959) S1 仏 ORTF
ミシェル・テュロー (木下秀雄), オリヴィエ・リシャール (黒柳徹子), ジャン・クラリューズ (黒江攸久) ◆フランスの女性作家 G・ブリュノの児童小説を原作とするドラマ。両親を亡くしたカナダ在住の兄弟、アンドレとジュリアン。2 人はまだ会ったことのない叔父を探してフランス各地をめぐる旅に出るのだが…。

ルシアの生涯
THE FORTUNATE PILGRIM (1988) S1 伊 NBC/Canale 5
ソフィア・ローレン (沢田敏子), エドワード・ジェームズ・オルモス (谷口節) ◆『ゴッドファーザー』などで知られる作家マリオ・プーゾの母親をモデルにした同名小説をドラマ化したミニシリーズ。故郷イタリアの荒れ果てた農場を捨て、アメリカ・ニューヨークへ移住した未亡人一家の長ルシア・サンタが、大恐慌時代や世界大戦の中で家族を守るために世間の圧力と戦っていく姿を描く。[V]

ルーシー・ショー
THE LUCY SHOW (1962-1968) S6 米 CBS
ルシル・ボール (高橋和枝), ヴィヴィアン・ヴァンス (林洋子), メアリー・ジェーン・クロフト ◆ FBI 局長エドガー・フーバーがラブレターを送ったほどの絶大な人気を誇ったコメディエンヌ、L・ボール主演によるホーム・コメディ。2 人の子供と暮らす未亡人のルーシー・カーマイケルが巻き起こす騒動を描く。[D,V]

LUCIFER ／ルシファー
LUCIFER (2016-2017) S2 米 Fox Network
トム・エリス (遠藤大智), ローレン・ジャーマン (佐古真弓), レスリー＝アン・ブラント (まつだ志緒理) ◆ニール・ゲイマン原作のアメコミ『サンドマン』に登場するキャラクターを主人公とする犯罪捜査ドラマ。製作総指揮にはジェリー・ブラッカイマーやレン・ワイズマンが名を連ねる。悪魔が現代の LA で犯罪捜査に携わるという異色の設定が話題となった。地獄での責務を放棄して現代の LA でナイトクラブのオーナーとして暮らすルシファー・モーニングスター。ある日、彼のナイトクラブで殺人事件が起こり、クロエ・デッカーという女性捜査官がやってくる。クロエに何かを感じたルシファーは、自分が持つ " 告白させる能力 " を使って、彼女の捜査に協力していくが…。[D]

ルーズヴェルト・ソルジャー
COMBAT REPORT (2015) S1 米
ロバート・マッキーン , ブラッド・シュミット , グラント・アラン・オーツ ◆第二次大戦末期を舞台に、ルーズヴェルト大統領の密命を受けて結成された特殊部隊の活躍を描いた TV シリーズ。フランスのスパイからもたらされたドイツ軍の新兵器、それは戦局を一変させてしまうほどのものだった。ダックス中尉率いる特殊部隊はその工場を破壊するというミッションに挑むが、ダックスが敵の手に落ちてしまう…。[D]

ルース・レンデル・ミステリーズ
SIMISOLA (1987-2000) S12 英 ITV
ジョージ・ベイカー (富田耕生), クリストファー・レイブンスクロフト (富山敬) ◆女流ミステリー作家ルース・レンデルの作品をドラマ化。イギリスでは 1987 年から 2000 年まで放映されており、多くはウェクスフォード主任警部の活躍を描いたものだが、彼が登場しないエピソードも含まれている。日本では「ルース・レンデル・ミステリー／ウェクスフォード警部シリーズ」などのタイトルでビデオが発売された。[V]

ROOTS ／ルーツ
ROOTS (1977) S1 米 ABC
レヴァー・バートン (池田秀一), ルイス・ゴセット・Jr(瀬下和久), チャック・コナーズ (小林清志), ヴィク・モロー (田中信夫) ◆作家アレックス・ヘイリーが自分の母親の家系 (ルーツ) をたどった長編小説の TV ドラマ化で、アフリカの大地から奴隷としてアメリカに連れて来られた黒人少年クンタ・キンテの成長とその半生を描く。錚々たるキャストによって力強く描き出された物語と、クインシー・ジョーンズのメロディが胸を打つ。"TV ミニシリーズ " の概念を打ち立てた記念碑的作品でもある。[D,V]

ROOTS/ ルーツ
ROOTS (2016) S1 米 History Channel
マラカイ・カービー (櫻井孝宏), アニカ・ノニ・ローズ (斎藤恵理), レジェ＝ジーン・ペイジ (浪川大輔) ◆ 1970

ルーシー・ショー

ROOTS ／ルーツ (1977)

年代に世界中で放送され、日本でも大ブームを巻き起こした伝説のミニシリーズをリメイク。アレックス・ヘイリーの同名ベストセラー小説をベースに、黒人奴隷たちの痛みを伴う闘いの歴史を描き出し、ローレンス・フィッシュバーンやフォレスト・ウィテカーなど映画界の大物も多数参加している。18 世紀、アフリカで誘拐され奴隷商に売り渡された青年クンタ・キンテは、ヴァージニア州の農園主ジョン・ウォラーに買い取られる。

Looking ／ルッキング

LOOKING (2014-2015) S2 米 HBO

ジョナサン・グロフ , フランキー・J・アルバレス , マーレイ・バートレット ◆サンフランシスコを舞台に、3 人のゲイたちの愛と友情を綴るドラマ。現代のリアルなゲイ・ライフを描いていると話題になった。ゲーム・クリエイターのパトリック、芸術家のアシスタントを務めるオーガスティン、レストランで働くドム。彼ら 3 人を中心に、その周りの人物たちが巻き起こす人間模様と恋愛模様が、コミカルかつ赤裸々に描かれる。

LOOK

LOOK (2010) S1 米 Showtime

◆監視カメラによるショッキングな映像の数々を捉えたモキュメンタリー映画「LOOK」(2007 年) のテレビドラマ版。映画版で監督と脚本を担当したアダム・リフキンが製作総指揮を務めている。アメリカの某都市に配置された大量の監視カメラが映し出す、犯罪を中心とした赤裸々な映像が綴られていく。[D]

ROOTS ／ルーツ 2

ROOTS: THE NEXT GENERATIONS (1979) S1 米 ABC

ジョージ・スタンフォード・ブラウン (樋浦勉), リン・ムーディ (阿部寿美子), ヘンリー・フォンダ (内藤武敏), オリヴィア・デ・ハビランド (三条美紀), マーク・シンガー (羽佐間道夫), リチャード・トーマス (津嘉山正種), グレッグ・モリス (田中信夫), ロバート・カルプ (小林修), ジェームズ・アール・ジョーンズ (名古屋章), マーロン・ブランド (田口計), ドリアン・ヘアウッド (岸田森), アイリーン・キャラ (天地総子) ◆アフリカ系アメリカ人作家アレックス・ヘイリーの自伝的フィクションをドラマ化した「ルーツ」(1977 年) の 2 年後に製作された続編。南北戦争終結で、祖父の代からの願いだった自由を再び手にしたチキン・ジョージが新しい土地を買い、家族と共に移り住んだ正編のラストから始まり、現代のヘイリー自身に繋がるまでの系譜を描く。

ル・テスク家の殺人

PETITS MEURTRES EN FAMILLE (2006) S1 仏 FR2

ロベール・オッセン , エルザ・ジルベルスタイン , ブリュノ・トデスキーニ ◆フランス発ミステリーのミニシリーズ。アガサ・クリスティーの推理小説『ポアロのクリスマス』をベースに、舞台や登場人物をすべてフランスに移し、探偵役もラロジエール警視とランピオン刑事に変更している。当主シモンの誕生を祝うため、屋敷に集まる一族。だが、シモンが密室の中で殺されるという事件が起きた…。

ルート 66

ROUTE 66 (1960-1964) S4 米 CBS

マーティン・ミルナー (木下秀雄→愛川欽也), ジョージ・マハリス (近藤洋介→納谷悟朗)<S1-2>, グレン・コーベット (納谷悟朗)<S3-> ◆シカゴとロスを結ぶ国道ルート 66 を、コルベットのオープンカーに乗った 2 人の若者トッド・スタイルスとバズ・マードックが、道々アルバイトをしながら旅をしていく青春ドラマ。主人公の 1 人 G・マハリスが歌う主題歌も大ヒットした。[D]

RUBICON　陰謀のクロスワード

RUBICON (2010) S1 米 AMC

ジェームズ・バッジ・デール , ジェシカ・コリンズ , ローレン・ホッジス ◆クロスワード・パズルに隠された秘密に翻弄される社会を描くサスペンス・ドラマ。暗号文書などを秘密裏に解読する API(米政策研究所) の優秀なアナリストであるウィル・トラバースは、何気なく解読した新聞のクロスワード・パズルの答えが、国家を揺るがす陰謀のキーワードであったため、大いなる陰謀に巻き込まれてゆく。

れ

レイジング・ザ・バー　熱血弁護人

RAISING THE BAR (2008-2009) S2 米 TNT

[別] レイジング・ザ・バー (旧)

マーク＝ポール・ゴスラー , グロリア・ルーベン , ジェーン・カツマレク ◆ジェリー・ケラーマンは正義感あふれる公

Looking ／ルッキング

ルート 66

選弁護人。彼の同級生で恋人でもあるミシェルは、法廷ではライバルの検事である。検察と弁護士という相反する組織の中で、仕事でもプライベートでも妥協しない彼らが繰り広げる法廷対決や人間模様を描き出すリーガル・ドラマ。法廷での公判を正面から描く硬派な内容に加え、青春群像劇としての一面も併せ持つ。

レイ・ドノヴァン　ザ・フィクサー

RAY DONOVAN (2013-2017) S5 米 Showtime

リーヴ・シュレイバー (東地宏樹), ジョン・ヴォイト (樋浦勉), ポーラ・マルコムソン (冬馬由美) ◆華やかなセレブの世界の表と裏を描きつつ、家族の因縁の物語をあぶりだす、濃密な人間ドラマ。ハリウッド・セレブたちの深刻なトラブルを解決する凄腕フィクサー、レイ・ドノヴァンのもとへ 20 年ぶりに仮出所した父親ミッキーが現われ、レイの人生を狂わせていく。[D]

霊能者アザーズ

THE OTHERS (2000) S1 米 NBC

ジュリアンヌ・ニコルソン (浅野まゆみ), ガブリエル・マクト (松本保典), メリッサ・クライダー (篠原恵美) ◆「X-ファイル」のクリス・カーターが手がけた霊能力をテーマにした SF サスペンス。大学生になったマリアン・キットが、霊に取り憑かれたところを霊能者アザーズたちに助けられ、自らもその一員となって人々を助けていく。

レイヴン　～少女とポニーの物語～

FREE REIN (2017) S1 米 Netflix

ジェイレン・バロン (槙野萌美), フレディ・カーター (尾崎未來), ブルース・ハーベリン・アール (寺島惇太), ケリー・イングラム (依田菜津), マンプリート・バンブラ (櫻庭有紗) ◆神秘的な馬に出会った少女の成長を描く、1 話 30 分の Netflix オリジナル作品。ロサンゼルスに住む 15 歳の少女ゾーイは、母親の実家であるイギリスの島で夏を過ごすことになった。彼女はそこで、レイヴンという名の馬と出会い、ゆっくりと信頼関係を築いていく。

レイブン　見えちゃってチョー大変！

THAT'S SO RAVEN (2003-2007) S4 米 Disney Channel

レイヴン・シモーネ (木藤聡子), オーランド・ブラウン (落合弘治), カイル・マッセイ (伊藤亜矢子) ◆未来を予知する能力を手に入れた黒人の少女が巻き起こす騒動を面白おかしく描いたシチュエーション・コメディ。レイブンの父ビクターを主人公にしたスピンオフ「コーリー ホワイトハウスでチョー大変！」も放送された。

REIGN ／クイーン・メアリー

REIGN (2013-2017) S4 米 The CW

アデレイド・ケイン (一杉佳澄), ミーガン・フォローズ (佐々木優子), トランス・クームズ (前田一世) ◆ 16 世紀のフランスを舞台に、結婚して王妃になるためにフランスにやってきたスコットランド女王メアリー・ステュアートと、彼女の婚約者でフランス王太子のフランソワ、そしてその異母兄のセバスチャンの三角関係と、宮廷内の陰謀や一族の愛憎、宗教の対立などを現代的かつスタイリッシュに描いた歴史劇風のメロドラマ。[D]

レオナルド・ダ・ビンチの生涯

LA VITA DI LEONARDO DA VINCI / THE LIFE OF LEONARDO DA VINCI (1971) 伊 = 仏 = スペイン

[別] ダ・ヴィンチ　ミステリアスな生涯 (ソフト)

フィリップ・ルロワ (井上孝雄) ◆レオナルド・ダ・ビンチの幼少期から晩年までを描いたドキュメンタリー・タッチのドラマ。1519 年、フランス王ゆかりの館でダ・ビンチは晩年を過ごしていた。フランソワ 1 世が見舞いにやってくるが、ダ・ビンチは皆に見守られながら死去する。彼の一生を俳優ジュリオ・ボセッティがナビゲートする。[D]

レギオン

LEGION (2017) S1 米 FX

ダン・スティーヴンス (西健亮), レイチェル・ケラー (潘めぐみ), オーブリー・プラザ (山根舞), ジーン・スマート (土井美加) ◆映画監督のブライアン・シンガーと、ドラマ「FARGO ／ファーゴ」のクリエイターであるノア・ホーリーがタッグを組んだ、映画「X-MEN」シリーズのスピンオフとなる SF スリラー。レトロフューチャーな美術と映像を駆使し、自分に秘められた能力の謎に迫る男の姿を描く。幻覚や幻聴に悩まされ妄想型総合失調症と診断されたデヴィッド・ハラーは、自殺を図るものの一命を取り止め、精神科病院に入院する。病院で出会った患者のシドニーと恋に落ちるデヴィッドだったが、秘密機関にとらわれてしまう。

レイ・ドノヴァン　ザ・フィクサー

REIGN ／クイーン・メアリー

レジェンド・オブ・エジプト
→クレオパトラ

レジェンド・オブ・ザ・シーカー
LEGEND OF THE SEEKER (2008-2010) S2 米
クレイグ・ホーナー , ブリジット・リーガン , ブルース・スペンス ◆テリー・グッドカインドの『真実の剣』を原作として製作された、中世を舞台にしたアドベンチャー物語。きこりのリチャード・サイファーは兵士に追われていた美しい女性を救う途中で命を落としかけるが、魔道士ゼディクス・ズール・ゾランダーに助けられ、自分がある使命を負った " シーカー "(探求者) だと知る。

レジェンド・オブ・トゥモロー
LEGENDS OF TOMORROW (2016-2017) S2 米 The CW
ウェントワース・ミラー (東地宏樹), ドミニク・パーセル (江川央生), ブランドン・ラウス (杉田智和) ◆米 CW の人気ドラマ「ARROW ／アロー」「FLASH ／フラッシュ」のスピンオフ作品として製作されたヒーロー・アクション TV シリーズ。DC コミックスの人気キャラクターが大集結し、世界征服を目論む敵と時空を超えた戦いを繰り広げる。主演は「プリズン・ブレイク」でスコフィールド兄弟を演じた W・ミラーと D・パーセル。2166 年。時間を守る組織 " タイム・マスター " に所属するリップ・ハンターは、不死身の悪人ヴァンダル・サベッジがもたらす破滅を目の当たりにし、150 年前にタイムスリップする。サベッジの計画を阻止すべく、ハンターはヒーローとヴィランを集めた異色のチームを結成。世界の命運をかけた壮絶な戦いに挑んでいく。[B,D]

レース　華麗なる愛の罠
LACE (1984) S1 米 ABC
[別] フィービー・ケイツの レース (ビデオ)
フィービー・ケイツ (島本須美), ベス・アームストロング (田島令子), ブルック・アダムス (吉田理保子), アリエル・ドンバール (高島雅羅), アンソニー・ヒギンズ (磯部勉) ◆厳格な寄宿制女学校の生徒である 3 人の女の子は、それぞれの相手と初体験をした。だが 1 人が妊娠してしまい、3 人は相談した結果、子供を里親に預け、3 人の中でいち早く社会的に自立した者が引き取ることを約束する。しかし、その約束は果たされないまま二十年が過ぎた。成長してポルノ映画の女優からのし上がって大スターとなった娘は、復讐のために 3 人の前に現れる…。センセーショナルな題材が受けて人気となったため、翌年には続編が製作された。[V]

レスキュー・ミー ～ NY の英雄たち
RESCUE ME (2004 2011) S7 米 FX
デニス・リアリー (小杉十郎太), ジャック・マクギー (後藤哲夫), アンドレア・ロス (五十嵐麗) ◆世界貿易センタービルを襲った 9.11 アメリカ同時多発テロ事件で、消防士トミー・ギャヴィンは同僚でもあるいとこを救えず無念と悲しみにくれる。事件以降のトミーとその家族、消防士仲間たちとのつながりを描いたヒューマン・ドラマ。

レース 第 2 章　冷酷な愛の復讐
LACE II (1985) S1 米 ABC
[別] フィービー・ケイツの レース II(ビデオ)
フィービー・ケイツ (島本須美), ベス・アームストロング (田島令子), ブルック・アダムス (吉田理保子), アリエル・ドンバール (高島雅羅), クリストファー・カザノフ (津嘉山正種) ◆ゲリラ指導者にインタビューするため外国に出た母親が誘拐され、高額の身代金を要求された女優リリは、金策に奔走するが打つ手はなかった。母親が女学生時代に書いた手記を手がかりに父親を探し出し、援助を要請しようと考えた彼女は、母親の親友と共に捜索を開始する。ミニシリーズ「レース」の続編。[V]

レストランは大騒ぎ
IT'S A LIVING (1980-1989) S6 米 ABC
スーザン・サリヴァン (加川三起), バリー・ヤングフェロー (有馬瑞香), アン・ジリアン (小宮和枝), ゲイル・エドワーズ (幸田直子), ウェンディ・シャール (滝沢久美子), マリアン・マーサー (藤夏子), ポール・クレッペル (三ツ矢雄二), バート・レムゼン (上田敏也) ◆カリフォルニアのウェスティン・ボナベンチャー・ホテル、その最上階にあるスカイ・レストランを舞台に、ナンシー、ドット、エイミーら 5 人のウェイトレスたちが巻き起こす騒動を描いたシチュエーション・コメディ。

レストレス・ガン
THE RESTLESS GUN (1957-1959) S2 米 NBC
ジョン・ペイン (小山田宗徳) ◆南北戦争終結後の西部

レジェンド・オブ・トゥモロー

レスキュー・ミー ～ NY の英雄たち

ら

を舞台にガンマン、ヴィント・ボナーが正義のために戦う姿を描くモノクロ30分のウェスタン。アンソロジー・シリーズ「プレイハウス」の一編に登場したキャラクターを発展させたスピンオフ作品。原作はラジオドラマ。

REX ～ウィーン警察シェパード犬刑事～

KOMMISSAR REX (1994-2004) S10 オーストリア＝独

トビアス・モレッティ, カール・マルコヴィクス, フリッツ・ミュラー ◆オーストリア製のポリス・アクション。ウィーン警察に所属するジャーマン・シェパードの刑事犬レックスと人間の刑事たちの活躍を描く。レックスの巧みな演技が好評を博し、10シーズンを超える長寿番組となった。

レッド・オークス

RED OAKS (2014-2015) S2 米 Amazon

クレイグ・ロバーツ (高梨謙吾), ジェニファー・グレイ (泉裕子), エニス・エスマー (土田大) ◆ Amazonオリジナルのコメディ・シリーズ。主人公がアルバイト先のテニス・クラブで巻き込まれる様々な騒動を描く。大学生のデヴィッド・マイヤーズは夏休みのアルバイトとして、レッド・オークス・カントリークラブでのテニスレッスンの仕事を見つけてきた。そこに集まる連中は皆、一癖ある変人ばかりだったが…。

レディー・ダイナマイト

LADY DYNAMITE (2016-2017) S2 米 Netflix

マリア・バンフォード (行成とあ), フレッド・メラメッド (武田幸史), メアリー・ケイ・プレイス (井沢磨紀) ◆アメリカの人気女優M・バンフォードが、自身の体験をもとに本人役を演じるブラック・コメディ。もう少しでハリウッドのトップスターへとなりつつあったマリアは、ある日突然、心の病を患ってしまう。仕事をキャンセルし実家に戻った彼女は療養生活を送るが、やがてもう一度、表舞台に復帰することを決意。だがすべてを失った彼女に残されたのは、両親と2人の親友、そして言葉をしゃべる犬だけだった…。

レネゲイド／反逆のヒーロー

RENEGADE (1992-1997) S5 米 USA Network

[別] 反逆のヒーローレネゲイド (CS)

ロレンツォ・ラマス (小杉十郎太), ブランスコム・リッチモンド, キャスリーン・キンモント (牛山茂) ◆身の潔白を証明するために活動し“反逆のヒーロー”と呼ばれるようになった男の姿を描くアクション・アドベンチャー作品。悪徳警官のダッチ・ディクソンは恋人だった女を殺し、その罪を善良な警察官レノ・レインズに着せた。レノは刑務所を脱走、仲間のボビーの協力を得て、バウンティ・ハンターとして悪と戦いながら自分の無実を証明できる人物を探す。

レバレッジ ～詐欺師たちの流儀

LEVERAGE (2008-2012) S5 米 TNT

ティモシー・ハットン (横島亘), ジーナ・ベルマン (日野由利加), クリスチャン・ケイン (高橋圭一) ◆犯罪のスペシャリストたちが正義のために立ち上がる姿を描く、TV版「オーシャンズ11」とも評される、痛快なクライム・アクション。真面目な保険調査員のネイサン・フォードは、会社から医療費の支払いを打ち切られ息子のサムを亡くしてしまう。数年後、会社を辞め酒に逃げていた彼は、自分と同様に権力者から裏切られた人々を救うべく、スーパー詐欺師集団の会社を起ち上げ、報復を開始する。[D]

LEFTOVERS ／残された世界

THE LEFTOVERS (2014-2017) S3 米 HBO

ジャスティン・セロー (てらそままさき), エイミー・ブレネマン (渡辺美佐), リヴ・タイラー (甲斐田裕子) ◆J・J・エイブラムスと共に「LOST」をプロデュースしたデイモン・リンデロフが手がけるSFミステリー。ある日突然、地球上の2%の人々が掻き消えるという怪現象“旅立ち”が発生した。原因は分からぬまま三年が経ち、残された人々は不安の中で現実に直面していく。

レボリューション

REVOLUTION (2012-2014) S2 米 NBC

ビリー・バーク (咲野俊介), トレイシー・スピリダコス (小林沙苗), ジャンカルロ・エスポジート (金尾哲夫) ◆J・J・エイブラムスが手がけるサバイバル・アクション大作。突然の大停電により荒廃し、自由軍に支配された15年後の世界。父を殺され、弟を連行されたチャーリー・マシソンは家族救出の旅に出る。家族や仲間の絆とは。そして電力喪失の真相は…。[B,D]

レ・ミゼラブル

LES MISERABLES (2000) S1 仏 TF1

レネゲイド／反逆のヒーロー

レバレッジ ～詐欺師たちの流儀

ら

ジェラール・ドパルデュー(村井国夫),ジョン・マルコヴィッチ(津嘉山正種),クリスチャン・クラヴィエ(内田直哉)◆ヴィクトル・ユーゴーの名作を19世紀の風俗・風景を忠実に再現してドラマ化したミニシリーズ。罪人ながら正しい心に目覚めた男ジャン・バルジャンの数奇な運命を、フランスが迎える激動の時代と共に描く。フランス語による完全版と、およそ半分にカットされた英語によるインターナショナル版の2バージョンが製作された。[D,V]

レミントン・スティール

→探偵レミントン・スティール

レモニー・スニケットの世にも不幸なできごと

A SERIES OF UNFORTUNATE EVENTS (2017) S1 米 Netflix

ニール・パトリック・ハリス(広瀬彰勇),K・トッド・フリーマン(斎藤志郎),マリーナ・ワイスマン(清水理沙)◆アメリカの作家レモニー・スニケットことダニエル・ハンドラーが著し大ヒットを記録、2004年にはジム・キャリー主演で映画も製作されたジュヴナイル小説シリーズ『世にも不幸なできごと』をドラマ化したダーク・コメディ。物語の冒頭で作者であるレモニー・スニケットは警告する、「ハッピーエンドを望むなら見ないほうがいい」と。その言葉どおり、ボーデレール家のバイオレットとクラウス、サニーの三姉妹は両親が不審火で死んだと告げられる。そして彼らが引き継いだボーデレール家の財産を狙って、後見人のカウント・オラフ伯爵が様々な変装をして暗躍するのだったが…。

レモンガール GO!

→ギジェットは15才

レリック・ハンター ～秘宝を探せ～

RELIC HUNTER (1999-2002) S3 仏＝独＝加＝米

ティア・カレル(山像かおり),クリスチャン・アンホルト(桐本拓哉),リンディ・ブース(菅原祥子)◆大学で考古学を教えながら、古い遺物を探し出すレリック・ハンターでもあるシドニー・フォックスが、秘宝を求めて世界中を駆けめぐる姿を描くアクション・アドベンチャー。女性版「インディ・ジョーンズ」とも言える内容で、一部のエピソードが8本のソフト(ビデオとDVD)でリリースされた後、NHK衛星で3シーズン放映された。[D,V]

レリック・ハンター ～秘宝を探せ～

恋愛後遺症

LOVESICK (2014) S2 英 Channel 4

ジョニー・フリン(高橋孝治),ダニエル・イングス(山本兼平),アントニア・トーマス(志田有彩)◆ひょんなことから過去の恋愛に向き合うことになった青年の姿をコミカルに綴るドラマ・シリーズ。ディランはクラミジアと診断され、医師から過去に関係のあった女性すべてに連絡するよう指示される。歴代の元カノをアルファベット順にたどることになったディランは、ルームメイトで親友のイーヴィー、ルークと共に旅に出るのだが…。

恋愛専科／アメリカ式愛のテクニック

LOVE, AMERICAN STYLE (1969-1974) S5 米 ABC

◆様々な「愛」にまつわるエピソードが綴られる、1話30分、オムニバス形式のラブ・コメディ・アンソロジー。ダイアン・キートン、バート・レイノルズ、ロディ・マクドウォールなど豪華ゲストの共演でおくる。日本放送時には納谷六朗がナレーションを務めた。

連邦保安官

LAWMAN (1958-1962) S4 米 ABC

ジョン・ラッセル(高塔正翁),ピーター・ブラウン(市川治),ペギー・キャッスル◆19世紀後半のアメリカ・ワイオミングを舞台としたモノクロ30分の西部劇。ワイオミング州のララミー川近くにある無法者の町アビリーンに、最後の連邦保安官としてダン・トループと助手のジョニー・マッケイが赴任してきた。正義を守るため、町を牛耳る悪に立ち向かっていく2人の姿を描く。

ろ

ロア ～奇妙な伝説～

LORE (2017) S1 米 Amazon

アーロン・マーンケ◆「X-ファイル」「アグリー・ベティ」「ウォーキング・デッド」を手がけたクリエイターたちが一堂に会し製作したオムニバス・ホラー作品。実際に起こった恐怖の出来事の数々を、当時の記録や再現ドラマ、アニメーションなどを駆使して明らかにしていく。ドラマの元となった人気ポッドキャストのホストであるA・マーンケがナレーターを務めている。

連邦保安官

ら

ロアルド・ダール劇場／予期せぬ出来事
TALES OF THE UNEXPECTED / ROALD DAHL'S TALES OF THE UNEXPECTED (1979-1988) S9 英 ITV
[別] 予期せぬ出来事
ロアルド・ダール , ジョン・ハウスマン , ホセ・ファーラー ◆短編の名手 R・ダールがホストを務める 1 話 30 分のオムニバス・シリーズ。原作はもちろんダールだが、何話かは脚本も担当している。SF、ミステリー、怪奇など様々なテイストのストーリーが評判を呼んだ。[D,V]

LAW & ORDER　ロー＆オーダー
LAW & ORDER (1990-2010) S20 米 NBC
ジョージ・ズンザ <S1>, ポール・ソルヴィノ <S2-3>, ジェリー・オーバック <S3-14>, デニス・ファリナ (高桑満)<S15-16>, サム・ウォーターストン (牛山茂)<S5-20>, フレッド・トンプソン (高松直輝)<S13-17> ◆「刑事法体系には、等しく重要な 2 つの組織がある。犯罪を捜査する警察、そして容疑者を起訴する検察である」という前口上によってすべてのエピソードがスタートする 1 話完結の犯罪ドラマ。まず冒頭に事件が起こり、ニューヨーク市警のマックス・グリービー刑事とマイク・ローガン刑事が呼ばれ捜査を開始。犯人が捕まったところで地方検事ベンジャミン・ストーンとその助手ポール・ロビネットの出番となり、裁判と判決までが描かれる。ゲストとしてシンシア・ニクソン、サミュエル・L・ジャクソン、フィリップ・シーモア・ホフマンなど実力派俳優が数多く出演。製作のディック・ウルフは本作から派生したスピンオフ・シリーズも手がけている。[D]

LAW & ORDER: LA
LAW & ORDER: LOS ANGELES / LAW & ORDER: LA (2010-2011) S1 米 NBC
[別] LAW & ORDER ロー＆オーダー :LA
スキート・ウールリッチ (花輪英司), アルフレッド・モリナ (中村浩太郎), テレンス・ハワード (竹田雅則) ◆大ヒット犯罪ドラマ「LAW & ORDER ロー＆オーダー」のスピンオフで、初めてニューヨーク以外の街を舞台にしたシリーズ。映画業界通の刑事や、労働者階級が数多く暮らす地域で育った検察官などバラエティに富んだキャラクターを配し、きらびやかなハリウッドを擁しながらも、その一方で西海岸最大の犯罪都市でもあるロサンゼルスを舞台に、実際の事件をモデルにした 1 話完結のドラマが繰り広げられる。[D]

LAW & ORDER　クリミナル・インテント
LAW & ORDER: CRIMINAL INTENT (2001-2011) S10 米 NBC → USA Network
[別] LAW & ORDER: 犯罪心理捜査班 (旧)
ヴィンセント・ドノフリオ (石住昭彦)<S1-7>, ジェフ・ゴールドブラム <S8->, キャスリン・アーブ (八十川真由野) ◆人気刑事ドラマ「LAW & ORDER ロー＆オーダー」のスピンオフ作品。犯罪プロファイリングの能力に長け心理戦や巧みな話術を駆使するロバート・ゴーレン刑事と、ニューヨーク市警察の重要事件捜査班メンバーたちが、凶悪犯罪の犯人たちを追い詰め、真の動機を解明するところまでを描く。犯罪者がいかに犯罪と関わってしまったのかがリアルに描かれている。

LAW & ORDER: 性犯罪特捜班
LAW & ORDER: SPECIAL VICTIMS UNIT (1999-) S19- 米 NBC
[別] ロー・アンド・オーダー : 性犯罪特捜班
マリスカ・ハージティ (安永亜季), クリストファー・メローニ (入江崇史)<S1-12>, ダン・フロレク (宝亀克寿)<S1-15> ◆タクシー運転手がメッタ刺しで惨殺され、性器が切り取られていたことから、ニューヨーク市警の性犯罪特捜班が呼ばれる。そして、男はニセの ID を持った不法移民でセルビアの戦犯だったことが判明する。担当となった刑事オリビア・ベンソンは、母親がレイプされ生まれた女性。彼女はレイプ事件の被害者に対し強い同情を示し、相棒のエリオット・ステイブラーと上司のドナルド・クレイゲン警部はそんなオリビアのことを気にかけるのだが…。人気長寿番組「LAW & ORDER ロー＆オーダー」のスピンオフ・ドラマで、レイプや幼児虐待など性犯罪を専門に扱う刑事と検事を描く。「LAW & ORDER ロー＆オーダー」本家のドナルド・クレイゲン警部と「ホミサイド／殺人捜査課」のジョン・マンチ刑事が本作にも同じキャラクターで登場する。[D]

LAW & ORDER: 陪審評決
LAW & ORDER: TRIAL BY JURY (2005-2006) S1 米

LAW & ORDER　ロー＆オーダー

LAW & ORDER　クリミナル・インテント

NBC → Court TV
ビービー・ニューワース(加藤沙織), エイミー・カールソン(大塚さと), カーク・アセヴェド(茶花健太)◆「LAW & ORDER: 性犯罪特捜班」「LAW & ORDER クリミナル・インテント」に続く「LAW & ORDER ロー＆オーダー」シリーズのスピンオフ作品。犯罪そのものではなく、法廷の陪審に重きを置いた内容であり、検察側と弁護側それぞれの具体的かつ詳細な行動が描かれる。それまでのシリーズでは描写されることのなかった、裁判の舞台裏を明らかにする。

LAW & ORDER: UK

LAW & ORDER: UK (2009-2014) S8 英 ITV
ブラッドリー・ウォルシュ(坂東尚樹), ジェイミー・バンバー(千葉進歩), ハリエット・ウォルター(仲村かおり)◆犯罪サスペンス・ドラマ「LAW & ORDER ロー＆オーダー」のイギリス版。作品のフォーマットやベースとなる事件はオリジナルと同じだが、文化や社会背景などアメリカ版とは異なった印象のバージョンとなっている。ロンドン市警のロニー・ブルックス、マット・デブリンなど個性的な面々が、数々の難事件に挑んでゆく。

LOIS & CLARK ／新スーパーマン

→新スーパーマン

ロイヤル・スキャンダル　～エリザベス女王の苦悩～

THE QUEEN (2009) S1 英 Channel 4
エミリア・フォックス(湯屋敦子), サマンサ・ボンド(塩田朋子), スーザン・ジェームソン(池田昌子), バーバラ・フリン(谷育子), ダイアナ・クイック(藤波京子)◆エリザベス女王の人生を5つのパートに分け、5人の女優が女王の姿を演じるドキュメンタリー・ドラマ。王室のアーカイブ映像や写真を織り交ぜて、現代イギリスの歴史と文化を描き出す。「姉と妹」「王室存続の危機」「サッチャーとの確執」「ダイアナとチャールズ」「カミラの存在」の全5話。

ロイヤル・ペインズ ～セレブ専門救命医

→救命医ハンク　セレブ診療ファイル

ロイ・ロジャース

THE ROY ROGERS SHOW (1951-1957) S6 米 NBC
ロイ・ロジャース(金内吉男), デイル・エヴァンス(赤木靖恵)◆劇中で歌うカントリー・ウェスタンが好評を博し“キング・オブ・カウボーイ”とも呼ばれたミュージカル西部劇の人気スター、R・ロジャースが主演を務めたモノクロ30分のTVシリーズ。ロジャースが西部開拓時代に本人役で登場、妻のD・エヴァンスと共に歌いながら悪を退治する。[D]

ロケットマン・コディ

→宇宙戦士コディ

ロサンゼルス潜入捜査班 ～ NCIS: Los Angeles

→ NCIS:LA ～極秘潜入捜査班

ロズウェル／星の恋人たち

ROSWELL (1999-2002) S3 米 The WB → UPN
ジェイソン・ベア(坂詰貴之), シリ・アップルビー(片岡身江), キャサリン・ハイグル(弓場沙織)◆UFOが回収されたと言われる“ロズウェル事件”に材を取ったSFドラマ。地球で密かに暮らしていたエイリアンのマックス・エバンズと、地球人の高校生リズ・パーカーら6人の若者の交流を軸に、敵対する宇宙人やFBIとの戦いを描く。[D,V]

ローズウッド ～マイアミ私立検視ラボ

ROSEWOOD (2015-2017) S2 米 Fox
モリス・チェスナット, ジェイナ・リー・オルティス, ガブリエル・デニス◆TVドラマ「リベンジ」のクリエイター陣が製作総指揮を務めた、私立検視官と女刑事がマイアミで起きる事件を解決していく犯罪推理ドラマ。アメリカ東部ナンバーワンの腕を誇る私立検視官のロージーことボーモント・ローズウッド・ジュニアは、マイアミでマジック・ラボという研究所を経営している。ある日、実の母から検視の依頼を受けたローズウッドは、ニューヨークから赴任してきたアナリス・ヴィヤ刑事の協力を取り付け、捜査を始めるのだが…。凄腕ながら重い心臓病を抱える主人公や、突然亡くなった夫の死因を探る女刑事など、複雑な背景を持つキャラクターたちが活躍する。

ロス警察特捜隊

STRIKE FORCE (1981-1982) S1 米 ABC
ロバート・スタック(阪脩), リチャード・ロマナス(納谷

ロイ・ロジャース

ロズウェル／星の恋人たち

ら

六朗), ドリアン・ヘアウッド (田中秀幸), マイケル・グッドウィン (小滝進), トリシャ・ノーブル (高島雅羅), ハーブ・エデルマン (大宮悌二) ◆通常の捜査では解決不可能な凶悪事件に対処するため、フランク・マーフィ警部が集めた 4 人の精鋭、ロージー・ジョンソン、ポール・ストロバー、チャーリー・グンザー、マーク・オズボーンによる特殊部隊 " ストライクフォース " の活躍を描いたポリス・アクション。

ロス警察 25 時

THE BLUE KNIGHT (1975-1976) S2 米 CBS

ジョージ・ケネディ (富田耕生) ◆警官からミステリー作家となったジョゼフ・ウォンボーが手がけた警察小説『ハリウッド警察 25 時』をドラマ化。出世には興味ないが、周囲から厚い信頼を得ている優れたパトロール警察官のバンパー・モーガンが、犯罪捜査に取り組んでゆく。

LOST

LOST (2004-2010) S6 米 ABC

マシュー・フォックス (井上和彦), エヴァンジェリン・リリー (高森奈緒), ジョシュ・ホロウェイ (藤原啓治) ◆「フェリシティの青春」「エイリアス」のクリエイター、J・J・エイブラムスによるミステリー・アドベンチャー。シドニー発ロサンゼルス行きのオーシャニック航空 815 便が南の島に墜落。48 人の生存者は医師のジャック・シェパードをリーダーに、サバイバルに奮闘しながら救助を待ち続ける。そんな中、ジャングルにいるはずのないシロクマ、生き物のように動き回る神出鬼没の黒い煙、さらには " 他のものたち " という集団の存在や謎のハッチなど、奇々怪々の数々に遭遇する生存者たち。彼らの行く末が、主要キャラクターそれぞれのフラッシュバック・ストーリーを織り交ぜながら、謎が謎を呼ぶ展開で繰り広げられていく。[D]

ロスト・ガール

LOST GIRL (2010-2015) S5 加 Showcase

アンナ・シルク (宮島依里), クリス・ホールデン＝リード (前田一世), クセニア・ソロ (坂本真綾) ◆女私立探偵ボウが " 人間でない者 " と死闘を繰り広げるダーク・ファンタジー。キスやセックスで愛する人を死なせてしまったボウは、自分が人間以外の種族であることを知り、その力を駆使して真実を探し求める。だがそれは、やがて人類の存亡をかけた壮絶なバトルへと発展していくのだった。[D]

ロスト・フューチャー

THE LOST FUTURE (2010) 米＝独＝南アフリカ Syfy

ショーン・ビーン (相沢まさき), サム・クラフリン (新垣樽助) ◆アメリカの Syfy チャンネルが 7 億円もの製作費を投じて製作した SF アクション大作。文明が崩壊し原始時代に戻ってしまった未来の地球は、突然変異したミュータントと、ウィルスにより異形のモンスターと化した人間に支配されていた。ウィルスの特効薬が存在することを知った部族の若者ケイレブは、わずかに生き残った人類の未来をかけた戦いに挑んでいく。[D]

ロスト・ワールド／失われた世界

THE LOST WORLD (1999-2002) S3 米

ピーター・マッコーリー (大塚芳忠／小林清志), レイチェル・ブレイクリー (富本牧子／棚田恵美子), マイケル・シネルニコフ (滝口順平／塚田正昭) ◆コナン・ドイル原作の SF アドベンチャーを TV ドラマ化。20 世紀初頭のロンドン。アフリカの奥地に恐竜の生き残りが生息していると主張するジョージ・E・チャレンジャー教授と、彼の集めた探検隊が遭遇する冒険を描く。「ザ・ロストワールド」シリーズの他、「インセクタ」や「猿の大陸」としてもソフトがリリースされている。[D]

ローズマリー＆タイム

ROSEMARY & THYME (2003-2006) S3 英 ITV

フェリシティ・ケンダル , パム・フェリス ◆仕事を追われた植物病理学者ローズマリー・ボクサーと、夫を若い女に取られた元婦警ローラ・タイムがコンビを組み、大好きなガーデニングの知識を駆使して殺人事件を解決していく異色のミステリー・ドラマ。「名探偵ポアロ」のブライアン・イーストマンが製作を担当した。[D]

ローズマリーの赤ちゃん ～パリの悪夢～

ROSEMARY'S BABY (2014) S1 米 NBC

ゾーイ・サルダナ (竹田まどか), パトリック・J・アダムス (西健亮), ジェイソン・アイザックス (井上和彦), キャロル・ブーケ (高島雅羅) ◆ロマン・ポランスキーの名作サスペンス・ホラーをリメイクしたミニシリーズ。流産という悲劇を経験したローズマリー・ウッドハウスは、夫の仕事でパリに

LOST

ローズマリーの赤ちゃん ～パリの悪夢～

引っ越してきた。彼らは富豪のカスタベット夫妻と知り合い、新たな生活にも徐々に慣れていく。やがて彼女は新たな赤ん坊を授かるが、同時に彼女の周囲で奇怪な事件が次々と発生していく。[D]

ローズ・レッド

→スティーヴン・キングのローズレッド

ロック・アップ

LOCK UP (1959-1961) S2 米

マクドナルド・ケリー(中村正), ジョン・ドゥーセット ◆実在の弁護士の活躍を描いたモノクロ30分の犯罪ドラマ。フィラデルフィアを舞台に、あらぬ嫌疑をかけられた被疑者のために奔走する弁護士ハーバート・L・マリスの姿を描く。

ロック、ストック ...

LOCK, STOCK... (2000) 英 Channel 4

スコット・マスレン, ダニエル・カルタジローン, ショーン・パークス ◆1988年のガイ・リッチー監督作品「ロック、ストック&トゥー・スモーキング・バレルズ」をTVドラマ化したクライム・コメディ。ロンドンに暮らす4人の若者、ベイコン、ムーン、ジェイミー、リーたちが巻き起こす騒動を軽快に描く。ガイ・リッチーが製作総指揮と脚本を担当。日本ではパイロット版(第1話)が「ロック、ストック&フォー・ストールン・フーヴズ」、第2話から第4話が「ロック、ストック&スパゲッティ・ソース」、第5話から第7話が「ロック、ストック&ワン・ビッグ・ブロック」のタイトルでソフトリリースされた。[D,V]

ロックド・アウト

→21ジャンプ・ストリート

ロックパイル・ベトナム

→知られざる戦場/フィリップ・カプートの青春

ロックフォードの事件メモ

THE ROCKFORD FILES (1974-1980) S6 米 NBC

[別] ロックフォード氏の事件メモ

ジェームズ・ガーナー(名古屋章), ノア・ビアリー・Jr(槐柳二), ジョー・サントス(水島晋→内海賢二), グレッチェン・コーベット(芝田清子), スチュアート・マーゴリン(寺島幹夫) ◆トレーラーで生活するジム・ロックフォードは、服役中に刑務所で体得した犯罪の知識を活かして探偵事務所を開業。1日200ドル+必要経費の探偵料で、人探しから迷宮入り事件まで何でも扱う。J・ガーナーの軽妙で飄々としたキャラクターを思う存分に活かした主人公ロックフォードがとにかく魅力的で、理解のある父親ジョセフをはじめ、弁護士のベスやベッカー刑事など仲間とのチームワークも楽しく、アメリカでも大人気となった。リンゼイ・ワグナーが出演するパイロット版「ロックフォード氏の事件メモ/死体と結婚した女」の他、1990年代には復活続編スペシャルも数本製作されている。[V]

600万ドルの男

THE SIX MILLION DOLLAR MAN (1974-1978) S5 米 ABC

[別] サイボーグ危機一髪(旧)

リー・メジャース(広川太一郎), リチャード・アンダーソン(家弓家正), アラン・オッペンハイマー(宮川洋一) ◆テスト機による訓練中の事故で、左目と右腕と両足を失ったNASAの宇宙飛行士スティーブ・オースチン。だが、600万ドルにもなる改造手術が行われ、左目はテレスコープ、右腕はスーパーパワーを持ち、時速100キロで走ることのできるサイボーグとなった。OSIのエージェントとなったスティーブはオスカー・ゴールドマン部長の命を受け、危険な任務に立ち向かう。「サイボーグ大作戦」「サイボーグ危機一発/ミサイル大爆発!核兵器売ります」「600万ドルの男/対決!サイボーグ国際誘拐シンジケート」の3本のパイロット版の好評によって製作されたSFアクションで、スピンオフとして「地上最強の美女!バイオニック・ジェミー」が作られた。[D]

ロデオ

WIDE COUNTRY (1962-1963) S1 米 NBC

[別] ワイドカントリー

アール・ホリマン(永山一夫), アンドリュー・プライン(矢代哲也) ◆ロデオ・チャンピオンのミッチが、ロデオ大会に出場するため、弟のアンディと共に全米を旅する中で、様々な人物や事件と巡り合う姿を描く。本国アメリカでは「ペリー・メイスン」「ミスター・エド」「うちのママは世界一」など人気番組との激しい競争にさらされ、わずか1シーズンで打ち切りとなってしまった。

露都物語　愛の13章

KHOZHDENIE PO MUKAM / TALES OF ST.PETERSBURG

ロックフォードの事件メモ

600万ドルの男

ら

(1977) S1 ソ連
イリナ・アルフェローワ (岡本茉利), スベトラーナ・ペシキナ (増山江威子), ユーリー・ソローミン (津嘉山正種), ミハイル・コザコフ (堀勝之祐) ◆ロシアの作家アレクセイ・トルストイが十数年かけて完成させたといわれる長編小説『苦悩の中をゆく』を原作とするTVドラマ。第一次大戦からロシア革命に至る時代を背景に、ダーシャとカテリーナ、2人の姉妹の半生を描く。全13話。

ローハイド
RAWHIDE (1959-1965) S8 米 CBS
エリック・フレミング (小林修), クリント・イーストウッド (山田康雄), ポール・ブラインガー (永井一郎) ◆本国アメリカのみならず日本をはじめ世界的に大ヒットした、初期のTVドラマを代表するモノクロ60分の西部劇。南北戦争終結後の1870年代を舞台に、西部から1600km隔てた東部へ、3000頭もの牛を移送するギル・フェーバーたちカウボーイと、彼らを取り巻く人々とのドラマを描く。本国アメリカでは8シーズンの長きにわたり放送された。ロディ役のC・イーストウッドがブレイクしたことでも有名。[D,L,V]

ロバート・テーラー・ショー／ミステリー 61
THE DETECTIVES / THE DETECTIVES STARRING ROBERT TAYLOR (1959-1962) S3 米 ABC → NBC
[別] ミステリー 61
ロバート・テイラー (島宇志夫), タイゲ・アンドリュース (勝田久), アーシュラ・シース ◆ニューヨーク市警察のマット・ホルブルック警部率いる精鋭チームが、様々な事件の犯人を追い詰めていく姿を描くモノクロ30分 (後に60分) の刑事ドラマ。捜査過程を描くと共に、刑事たちの生活までもが描写された。日本では後に「ミステリー 61」に改題。

ロビンソン一家漂流記
THE ADVENTURES OF SWISS FAMILY ROBINSON (1998) S1 ニュージーランド PAX Network
リチャード・トーマス (森田順平), マーゴ・ガン (高島雅羅), キーレン・ハッチソン (坂詰貴之) ◆ヨハン・ダビット・ウィースの児童小説『スイスのロビンソン』をTVドラマ化したアドベンチャー。中国への転勤を命じられたデヴィッド・ロビンソンとその一家が、嵐に遭遇し無人島に漂着、島でサバイバル生活を送る。

ロビン・フッド
ROBIN HOOD (2006-2009) S3 英 BBC
ジョナス・アームストロング (小山力也), ルーシー・グリフィス (斉藤佑圭), サム・トラウトン (田坂浩樹) ◆十字軍の遠征から5年ぶりに故郷に帰ってきたロビン・フッドと甥のウィルは、故郷ノッティンガムが卑劣な代官の圧政に苦しんでいることを知り実力行使に出る。ロビン・フッドの伝説をもとにTVドラマ化した歴史アクション。[D]

ロビン・フッドの冒険
THE ADVENTURES OF ROBIN HOOD (1955-1960) S4 英 ITV
リチャード・グリーン (外山高士), バーナデット・オファーレル (遠藤慎子) ◆13世紀のシャーウッドの森を舞台に、中世イングランドの伝説的な英雄であるロビン・フッドと、彼の仲間たちとの活躍を描いた英国産モノクロ30分のアクション・アドベンチャー。

ロブの「この年、オレ年」
ANNUALLY RETENTIVE (2006-2007) S2 英 BBC
ロブ・ブライドン ◆TVのクイズ・ショーの裏側を描いたコメディ。人気コメディアン、R・ブライドンが、かつての栄光を忘れられない俳優という役どころで本人役として登場、スタッフ側から見たTV番組の内幕をシニカルに描く。

ロブ・ロウの敏腕ドラマ弁護士
THE GRINDER (2015-2016) S1 米 Fox
ロブ・ロウ, フレッド・サヴェージ, メアリー・エリザベス・エリス ◆主演のR・ロウがゴールデン・グローブ賞ドラマ部門で主演男優賞にノミネートされながらも、1シーズンで打ち切りとなってしまったコメディ・ドラマ。ディーン・サンダーソンは大ヒット法廷ドラマの弁護士役で人気を博しセレブ俳優として活躍していたが、番組終了に伴い暇になってしまい実家へ戻ることに。ディーンの弟スチュワートは弁護士として家業を助けながら平凡な生活を送っていたが、重要な裁判が目前に控える中、突然の兄の帰郷にストレスが急上昇。さらには、長年法廷ドラマで敏腕弁護士を演じてきたディーンが、本物の弁護士さながらスチュワートの仕事に介入し始め…。

ローハイド

ロビン・フッド

ロボコップ／THE SERIES

ROBOCOP: THE SERIES (1994-1995) S1 米

リチャード・エデン (菅原正志), イヴェット・ナイパー (佐々木優子), デヴィッド・ガードナー ◆映画「ロボコップ」第一作目 (1987 年) の設定を引き継いで製作された TV シリーズ。オムニ社に支配された近未来のデトロイトを舞台に、サイボーグ・ポリスとしてよみがえった警官アレックス・マーフィと、彼をサポートするニューロ・ブレインのダイアナ・パワーズの活躍を描く。パイロット版は「ロボコップ／新たなる挑戦」として映画劇場枠で放映。[L,V]

ロボコップ　プライム・ディレクティヴ

ROBOCOP: PRIME DIRECTIVES (2000) S1 加

ペイジ・フレッチャー , モーリス・ディーン・ウィン , マリア・デル・マー ◆ポール・ヴァーホーヴェン監督「ロボコップ」(1987 年) のその後のストーリーとして新たに製作された TV ドラマ。オムニ社に統治されて 10 年後のデルタシティを舞台に、奇怪なパワードスーツで武装した殺人鬼をめぐるロボコップの活躍を描く。[D,V]

ROME［ローマ］

ROME (2005-2007) S2 米＝英 HBO/BBC

ケヴィン・マクキッド (東地宏樹), レイ・スティーヴンソン (てらそままさき), キアラン・ハインズ (土師孝也) ◆アメリカの HBO とイギリスの BBC の 2 つの TV 局が総額 200 億円以上を投入し、8 年の歳月を費やして製作した歴史超大作ドラマ。紀元前 52 年、ローマの権力者カエサルとポンペイウス・マグナスの確執から始まる古代ローマの姿を壮大に描く。[B,D]

ローマ警察殺人課アウレリオ・ゼン　3 つの事件

ZEN (2011) S1 英＝伊＝独 BBC

ルーファス・シーウェル (宮内敦士), カテリーナ・ムリーノ (安藤みどり), スタンリー・タウンゼント (楠見尚己) ◆英国のマイケル・ディブディン作『ゼン警視』シリーズが原作のサスペンス・ミステリー。ローマ警察殺人課の警部アウレリオ・ゼンが、貴族や富豪に関わる難事件を捜査する。ロケ地のローマで撮影された風景も見どころ。

ローマ帝国：血塗られた統治

ROMAN EMPIRE: REIGN OF BLOOD (2016) S1 米 Netflix

アーロン・ジャクベンコ , エドウィン・ライト ◆ローマ史上で最も有名な暴君の一人として知られるコモドゥスの統治時代を、歴史学者の解説を織り交ぜながら描く、ドキュメンタリー歴史ドラマ。俳優のショーン・ビーンがナレーターを務めている。全 6 話。

ローマでチャオ

→パパと三人娘

ロマノフ王朝・大帝ピョートルの生涯

PETER THE GREAT (1986) S1 米 NBC

マクシミリアン・シェル (津嘉山正種), ヴァネッサ・レッドグレーヴ (此島愛子), オマー・シャリフ (池田勝) ◆ロシアをヨーロッパの強国に押し上げた初代ロシア皇帝、ピョートル大帝の生涯を壮大なスケールと豪華キャストで映像化したミニシリーズ。実の姉ソフィアに実権を握られていた 10 代から始まり、皇帝の地位を手に入れた激動の青年期を経て、実の息子を反逆罪で処分せざるを得なかった不幸な晩年までを丁寧に描く。

ロマンシング・クイーン

EMMA: QUEEN OF THE SOUTH SEAS (1988) S1 米 Network 10

バーバラ・カレラ , スティーヴ・ビズレー , ハル・ホルブルック ◆ 19 世紀に実在したサモアの女王エマ・エリザ・コーの数奇な半生を描いたミニシリーズ。サモア島の王女とアメリカ領事の間に生まれた娘エマ。彼女はアメリカで教育を受けるがやがて故郷へ帰り自然の中で暮らすことを望む。それは英米を始めとする列強が武力と経済力で彼女の祖国を侵略しようとする時代でもあった。[V]

ローマン・ブラザーズ

BROTHERLY LOVE (1995-1997) S2 米 NBC → The WC

ジョーイ・ローレンス , マシュー・ローレンス , アンドリュー・ローレンス ◆父の死をきっかけに、事業を引き継ぐためフィラデルフィアへと里帰りしてきたジョー・ローマン。クレアという父の後妻と歳の離れた兄弟、10 代のマットと 7 歳のアンディと共に暮らすことで巻き起こる騒動を描いたコメディ。兄弟を演じるのは本当のローレンス 3 兄弟。

ロミオとジュリエット

ROMEO AND JULIET (2014) S1 伊＝スペイン＝独 RTI

アレッサンドラ・マストロナルディ , マルティーノ・リバス

ROME［ローマ］

ローマン・ブラザーズ

ら

◆ウィリアム・シェイクスピアの没後400年を記念し、日本円にして10億円をかけて製作された愛と悲劇のドラマ。原作に忠実な内容と、オール・イタリア・ロケによる映像が、ドラマの完成度を高めている。14世紀、イタリアの都市ヴェローナ。モンタギュー家の一人息子ロミオは、敵対するキャピュレット家のパーティーに潜り込み、一人娘のジュリエットと出会う。2人は禁じられた恋に身を焦がすが、両家の対立はますます深まり…。[D]

ローリング 20

THE ROARING 20'S (1960-1962) S2 米 ABC

[別] マンハッタン・スキャンダル

ドロシー・プロヴァイン(仁木祐子), レックス・リーズン(阿木五郎→外山高士), ドナルド・メイ(近藤洋介), マイケル・ロード(田口計) ◆ 1920年代、いわゆる狂騒の20年代とも言われる禁酒法時代のニューヨークを舞台に、2人の新聞記者が友人である刑事と協力して犯人を追い詰めていく。番組開始当初のタイトルは「ローリング20」だったが、後に「マンハッタン・スキャンダル」と改題された。

ローレス・イヤーズ

THE LAWLESS YEARS (1959-1961) S3 米 NBC

ジェームズ・グレゴリー(木村幌), ロバート・カーンズ ◆ 1920年代、禁酒法時代のニューヨークを舞台に、実在したバーニー・ラディツキー警部ら市警特別保安隊のメンバーが数々の極悪組織を追いつめる姿を描くモノクロ30分の犯罪ドラマ。ストーリーはラディツキーの回顧録に基づいている。

ロレッタ・ヤング・ショー

LETTER TO LORETTA / THE LORETTA YOUNG SHOW (1953-1961) S8 米 NBC

ロレッタ・ヤング ◆映画「ミネソタの娘」「星は輝く」で高い評価を得たアカデミー賞女優のL・ヤングが、ホステス役と主演を務めたドラマ・アンソロジー・シリーズ。ショーの冒頭で視聴者からの手紙をロレッタが読み、それをもとにストーリーが展開していく。物語が終わると再びロレッタが登場して解説を加えるという趣向だった。

ローレンスヴィル高校物語

THE LAWRENCEVILLE STORIES (1986) S1 英 PBS

ザック・ギャリガン(関俊彦), アルバート・シュルツ, ニコラス・ロウ ◆イギリス製の青春ドラマ。ニュージャージー州の名門ローレンスヴィル・ハイスクールを舞台に、主人公の青年ヒッキーの天衣無縫な青春模様を描く。「気になるヒッキー」「ヒッキーの青春」「ひらめきヒッキー」の3部構成。[V]

ローワン・アトキンソンのブラックアダー

THE BLACK ADDER (1983-1989) S4 英 BBC

ローワン・アトキンソン, トニー・ロビンソン ◆イギリスBBC放送で放映された歴史コメディ。イギリス中世を舞台に、ブラックアダーを自称するエディンバラ公エドマンドが巻き起こす騒動を描く。第2シーズン以降はそれぞれ時代を変え、ブラックアダーの子孫が登場する。[V]

ローン・ガンメン

THE LONE GUNMEN (2001) S1 米 Fox

ブルース・ハーウッド(稲葉実), トム・ブレイドウッド(広瀬正志), ディーン・ハグランド(落合弘治) ◆「X-ファイル」でモルダー捜査官を影でサポートしていた"政府監視団体"と称する3人の男たちにスポットを当てたスピンオフ作品。ジョン・フィッツジェラルド・バイヤース、メルビン・フロヒキー、リチャード・ラングリーの変人トリオが、得意の情報分析やコンピュータ・ハッキングを駆使して怪しい事件に立ち向かうという、コメディ・タッチのSFミステリー。

ロングストリート

LONGSTREET (1971-1972) S1 米 ABC

[別] 復讐の鬼探偵ロングストリート | 復讐の追跡者

ジェームズ・フランシスカス(井上孝雄), マーリン・メイソン(武藤礼子), ピーター・マーク・リッチマン(嶋俊介) ◆保険調査員のマイケル・ロングストリートは爆弾によって妻を失い、自身の視力も奪われてしまう。だが、盲導犬パックスをはじめ周囲の助力を得て、再び保険調査の仕事に復帰する。盲目の保険調査員が独自の推理力で事件を解決していくミステリー・ドラマ。ブルース・リー(声:石丸博也)が4エピソードにゲスト出演したことでも知られる。全23話。[D]

ロング・ロード・ホーム

THE LONG ROAD HOME (2017) S1 米 National Geographic

ロレッタ・ヤング・ショー

ローン・ガンメン

マイケル・ケリー(小山力也),ジェイソン・リッター(東地宏樹),サラ・ウェイン・キャリーズ(本田貴子),ケイト・ボスワース(石井ゆかり),E・J・ボニーリャ(江口拓也),ジョン・ビーバース(津田健次郎),ノエル・フィッシャー(前野智昭),ジェレミー・シスト(菊池康弘)◆フセイン政権が崩壊して1年が経過したバグダッド。イラクは連合軍暫定当局によって統治されていたが、シーア派の指導者サドルらはその占領支配に反対しており、アメリカ軍とイラクの武装勢力の間には常に緊張状態が続いていた。そして2004年4月4日の日曜日、サドル師率いるマフディ軍が基地へ帰還途中のアメリカ軍を急襲したことにより、ついに戦闘が開始された。イラク戦争の転機とも言える「ブラックサンデー」をナショナルジオグラフィックが徹底したリアリズムで描き出した全8話の戦争ドラマ。

ロンサム・ダブ

LONESOME DOVE (1989) S1 米 CBS

[別] モンタナへの夢 (TV)

ロバート・デュヴァル(大塚周夫),トミー・リー・ジョーンズ(中田浩二),ダイアン・レイン(三浦真弓),ロバート・ユーリック(石田太郎),アンジェリカ・ヒューストン(小沢寿美恵),フレデリック・フォレスト(田中信夫)◆テキサス州ロンサム・ダブの牧場で共に働く元テキサスレンジャーのガスとウッドロウは、久々に会ったジェイクの話を聞き、遥かモンタナの地で牧場を開くために仲間を集めて旅立つ。行程は熾烈を極め、幾人かの仲間が死んでいく。ようやく目的地に着いたとき、斥候に出たガスの前にインディアンの一隊が…。1989年ゴールデン・グローブ作品賞(TVムービー/ミニシリーズ)受賞。原作はピュリッツァー賞を受賞したラリー・マクマートリーの同名小説。[V]

ロンドン警視庁特捜部

SPECIAL BRANCH (1969-1974) S4 英 ITV

ジョージ・シーウェル(木村幌),パトリック・モウワー◆ロンドン警視庁内にある、外国人スパイやテロリストを捜査・逮捕する特捜部(スペシャル・ブランチ)に所属するアラン・クラベン主任警視とトニー・ハガティ主任警視たちが、MI5やDI5と連携を取りながら活躍する姿を描くアクション・ドラマ。日本では第3シーズンと第4シーズンのみ放映された。

ロンドン警視庁犯罪ファイル

TRIAL & RETRIBUTION (1997-2009) S12 英 ITV

デヴィッド・ヘイマン,ケイト・バファリー,ドリアン・ラフ◆「第一容疑者」の脚本でMWA賞をはじめとする数々の賞を手にしたリンダ・ラ・プラントが、原作・脚本・製作総指揮を担当したリアルなポリス・ミステリー。マイク・ウォーカー警視とパット・ノース警部補の活躍を描く。

ロンドン警視庁マーチ大佐

COLONEL MARCH OF SCOTLAND YARD (1956) S1 英 ITV

ボリス・カーロフ,ユアン・ロバーツ◆ミステリー作家ジョン・ディクスン・カーが生み出したロンドン警視庁D3課長マーチ大佐を主人公とするモノクロ30分の犯罪捜査ドラマ。アイパッチを付けたマーチ大佐を演じたのは「フランケンシュタイン」など多くの怪奇映画で知られる名優B・カーロフ。不可解で不可思議な犯罪の数々を、マーチ大佐が解決していく。

ロンドン指令X

THE SECRET SERVICE (1969) S1 英 ITV

(声)スタンレー・アンウィン(久松保夫),ゲイリー・ファイルズ(堀勝之祐),ジェレミー・ウィルキンス(川久保潔)◆ジェリー・アンダーソンによる人形劇と特撮を組み合わせたスーパー・マリオネーションの一作。本作から実際の俳優による実写部分が大幅に取り入れられた。表向きは神父、実は政府のエージェントであるスタンレー・アンウィンと相棒のマシュウ・ハーディングが、様々なミッションに挑む。

ロンドン・スパイ

LONDON SPY (2015) S1 英 BBC

ベン・ウィショー,ジム・ブロードベント,エドワード・ホルクロフト,サマンサ・スパイロ,シャーロット・ランプリング◆恋人の失踪をきっかけに孤独な青年が巨大な陰謀に巻き込まれていく姿を描く、サスペンスフルな人間ドラマ。ロンドンで暮らす同性愛者のダニーは、ミステリアスな青年ジョーと出会う。孤独な2人は恋に落ちるが、ある日突然ジョーが失踪。ダニーはジョーの家を訪れるが、屋根裏部屋で恐ろしい光景を目にしてしまう。何と

ロンサム・ダブ

ロンドン・スパイ

ら

ジョーは MI6 のスパイであり、本名はアレックスだったのだ。果たしてジョーの身に何が起きたのか。

ロンドン大追跡
THE TYRANT KING (1968) S1 英
エドワード・マクマレイ (佐山泰三), キャンディス・グレンデニング (安藤恵美), キム・フォーチュン (安永憲自), フィリップ・マドック (家弓家正) ◆ビル・ハーレン、妹のシャーロット・ハーレン、ビルの親友ピーター・ソーンの 3 人が、謎の場所 " タイトラント・キング " を求めて、イギリスの首都ロンドンを探し回る姿を描くジュブナイル・ドラマ。日本では NHK「少年ドラマシリーズ」枠で放送された。

ロンドン特捜隊スウィーニー
THE SWEENEY (1975-1978) S4 英 ITV
ジョン・ソウ (富田耕生), デニス・ウォーターマン (伊武雅刀), ガーフィールド・モーガン (岸野一彦) ◆ " ロンドン警視庁のスウィーニー・トッド " と異名を取る特別機動隊の活躍を描いたイギリス製のポリス・アクション。ジャック・リーガン警部補と部下のジョージ・カーター巡査部長が凶悪な武装犯らと戦っていく。日本での知名度は低いが、本国イギリスでは大ヒットし, 2 本の劇場用映画 (内 1 本は「ロンドン特捜隊」としてビデオ化) が作られた他、2012 年には劇場リメイク版「ロンドン・ヒート」も製作された。

ロンドン・ホスピタル　1906 年の救急病棟
CASUALTY 1906, CASUALTY 1907 (2006-2008) 英 BBC
サラ・スマート , トム・ライリー , シェリー・ルンギ ◆イギリス産業革命後、人口が増加した 1906 年のロンドン。ロンドン病院には、貧困で病気に苦しむ地元民たちが次々と担ぎこまれていた。実在の医師による回顧録や新聞記事などをもとに、救急医療が未発達の時代に奮闘した医師と看護師の姿を描く医療ドラマ。

ローン・レンジャー
THE LONE RANGER (1949-1957) S5 米 ABC
クレイトン・ムーア (若山弦蔵→広川太一郎), ジェイ・シルヴァーヒールズ (高城淳一) ◆黒覆面をつけて白馬シルバーにまたがり、インディアンの相棒トントを連れた西部のヒーロー、ローン・レンジャーの活躍を描いたモノクロ 30 分の冒険活劇。元はラジオドラマで、人気に火が付いたことでコミックを経て実写ドラマとなった。「西部の王者ローンレンジャー」(1956 年)、「ローン・レンジャー　失われた黄金郷」(1958 年・未) の 2 本の劇場版が作られた他、何度も映像化され、2013 年にはジョニー・デップがトントを演じたバージョンも公開された。
[D,V]

わ

ワイオミングの兄弟
THE MONROES (1966-1967) S1 米 ABC
マイケル・アンダーソン・Jr(山本勝), バーバラ・ハーシー (武藤礼子), キース・シュルツ (竹尾智晴), ケヴィン・シュルツ (沢井正延), リーアム・サリヴァン (納谷悟朗), ベン・ジョンソン (小林清志) ◆ 19 世紀末、開拓地を目指して旅をしていたモンロー一家は筏で河を渡る途中、両親が溺れ死んでしまい子供たちだけが残される。18 歳の長男クレイトと 16 歳の長女キャシーは幼い兄弟の面倒をみながらワイオミングに辿りつくが、そこは荒れ果てており苦難の日々が待ち受けていた。しかし彼らは地元の住民の助けを得て支え合いながら逞しく暮らしていく。孤児となった兄弟たちの生活を描く西部劇ホームドラマ。兄弟を助ける隣人スリーヴ役で「黄色いリボン」などで知られる西部劇のベテラン俳優 B・ジョンソンが出演している。

ワイドカントリー
→ロデオ

ワイノナ・アープ
WYNONNA EARP (2016-2017) S2 加 = 米 Syfy
メラニー・スクロファーノ , シャミア・アンダーソン , ティム・ロゾン , ドミニク・プロヴォ＝チョークリー ◆「ハートランド物語」のクリエイター陣がおくる、ボー・スミスの同名コミックを実写化したスーパーナチュラル西部劇。実在の保安官ワイアット・アープの子孫であるワイノナ・アープが、不死身のガンマンのドク・ホリデイたちと手を組み、先祖によって殺され現生に蘇った悪霊たちを、伝説の銃ピースメーカーで退治していく。

ワイヤー・イン・ザ・ブラッド
WIRE IN THE BLOOD (2002-2008) S6 英 ITV

ローン・レンジャー

ワイヤー・イン・ザ・ブラッド

［別］ワイヤー・イン・ザ・ブラッド～血の桎梏 (CS)
ロブソン・グリーン (坂東尚樹) ◆スコットランドの女流作家ヴァル・マクダーミドのミステリー・シリーズをもとにした TV ドラマ。英国の架空の町ブラッドフィールドを舞台に、猟奇犯罪に詳しい心理学者トニー・ヒルが警察当局の依頼を受け、プロファイリングの手法で事件の真相に迫っていく。過激な残酷描写のためヨーロッパ各国で放送禁止になったという曰く付きの作品。日本ではエピソード単位で単独タイトルが付けられて DVD がリリースされたため、混乱を招く部分もあったが、2009 年に AXN ミステリーでシーズン 5 までがまとめて放送された。最後のシーズン 6 は日本では未放映・未発売。[D]

ワイルド・ウエスト
THE WILD WILD WEST (1965-1969) S4 米 CBS
［別］0088 ／ワイルド・ウェスト｜ワイルド・ウェスト危機脱出｜隠密ガンマン (第 2 シーズン)｜西部のスパイ作戦 (第 3 シーズン)
ロバート・コンラッド (古岡浩一朗→野沢那智), ロス・マーティン (大塚周夫) ◆アメリカ南北戦争後の時代、大統領から秘密裏に命を受けた諜報員が、テロリストなどから母国を守るために活躍する姿を描く。拳銃と武術の達人のジム・ウェスト、変装の名人アーティマス・ゴードンというシークレットサービスのコンビが、毎回様々な相手に遭遇する。1979 年に「ミスター・ウエストの奇妙な冒険」、80 年に「続ミスター・ウエストの奇妙な冒険」と 2 本の新作スペシャルが作られた他、99 年には大作映画版「ワイルド・ワイルド・ウエスト」も製作された。

ワイルド・エンジェル
→スパイ・エンジェル

ワイルド・パームス
WILD PALMS (1993) S1 米 ABC
ジェームズ・ベルーシ (谷口節), ダナ・デラニー (安達忍), ロバート・ロジア (池田勝) ◆コミックを原作とする SF サスペンスのミニシリーズ。多国籍企業ワイルド・パームスの代表トニー・クロイツェル上院議員は宗教団体ファーザーの指導者でもあった。彼はバーチャル・リアリティに基づいた新技術を用い、TV 番組 " チャンネル 3" を通じて多くの人々をコントロールしようと企てるが…。オリヴァー・ストーンが製作総指揮、坂本龍一が音楽を担当した。[V]

ワイン探偵ルベル
LE SANG DE LA VIGNE (2011-2017) S6 仏
ピエール・アルディティ , カトリーヌ・ドマフェ , アレクサンドル・アミディ ◆ワインの産地として知られるフランスのボルドーを舞台に、エノログ (ワイン醸造技術管理士) であるバンジャマン・ルベルが、周辺で起こる事件に巻き込まれながら、ワインの知識と経験をもとに事件を解決していく本格ミステリー・ドラマ。1 話 90 分、1 年に 4 話という変則的な編成にも関わらず、本国フランスでは人気を博し 6 シーズンまで製作された。日本では 2 シーズン 8 話のみ AXN ミステリーで放送。

若き日の JFK
THE KENNEDYS OF MASSACHUSETTS (1990) S1 米 ABC
ウィリアム・ピーターセン , チャールズ・ダーニング , アネット・オトゥール ◆ジョン・F・ケネディの父、ジョセフ・P・ケネディと彼の妻ローズの 54 年間に渡る結婚生活とケネディ家の人間関係を軸に、アメリカ現代史を描いたミニシリーズ。1906 年、ボストン市長の就任式に出席したジョセフは、市長の娘ローズと知り合う。それはジョセフにとって大きな力を手に入れることを意味していた。

若き弁護士たち
THE YOUNG LAWYERS (1969-1971) S1 米 ABC
リー・J・コッブ (富田耕生), ザルマン・キング (森功至), ジュディ・ペイス (白川澄子) ◆ボストンの法律事務所を舞台に、若き法律家たちの活躍を描くリーガル・ドラマ。ボストンのビーコンヒルにある法律事務所では、著名弁護士のデヴィッド・バレット教授のもと、エロン・シルバーマンたち弁護士志望の若者たちが、他に頼るところのない弱者の依頼を受け入れ、実地訓練として弁護活動を行っていた。過ちを犯し、悩みながらも、人々の役に立つため日々奔走する彼らの姿を綴る。

若草物語
LITTLE WOMEN (1978) S1 米 NBC
スーザン・デイ (浅茅陽子), メレディス・バクスター＝バーニー (田島令子), アン・デューセンベリー (岡本茉利), イヴ・プラム (追川泰子), グリア・ガースン (東恵美子),

ワイルド・ウエスト

ワイン探偵ルベル

わ

ドロシー・マクガイア (本山可久子), ロバート・ヤング (鈴木瑞穂), ウィリアム・シャトナー (湯浅実) ◆ルイーザ・メイ・オルコットの名作文学をドラマ化したミニシリーズ。南北戦争時代を舞台に、父が出征したため家を守ることになった 4 人姉妹の、笑いあり涙ありの日々を描く。

わが街ハーパーバレーは大騒ぎ

HARPER VALLEY P.T.A. (1981-1982) S2 米 NBC

バーバラ・イーデン (吉田理保子), ジェン・トンプソン (頓宮恭子), アン・フランシーン (京田尚子), ブリジット・ハンレイ (名和慶子), ロッド・マッケリー (小島敏彦) ◆ 1968 年に 600 万枚の大ヒットを記録したジェニー・C・ライリーのカントリー曲「HARPER VALLEY P.T.A.」の歌詞をそのままドラマ化。架空の町ハーパーバレーを舞台に、お色気過剰な未亡人ステラ・ジョンソンが巻き起こす騒動を描いたコメディ。

わが道を行く

GOING MY WAY (1962-1963) S1 米 ABC

ジーン・ケリー (加藤武), レオ・G・キャロル (三津田健), ディック・ヨーク (久富惟晴) ◆ 1944 年にビング・クロスビー主演で製作された映画「我が道を往く」の TV ドラマ版。マンハッタンの古い教会に赴任してきたオマリー神父と、周囲の人々とのふれあいを描いたハートウォーミング・ストーリー。モノクロ、全 30 話。

若者の河

→青春の河

わが家はいっぱい

ROOM FOR ONE MORE (1962) S1 米 ABC

ペギー・マッケイ (島崎雪子), アンドリュー・ダガン (塩見竜介) ◆ 1952 年に製作されたケイリー・グラント主演の同名映画 (日本未公開) を下敷きとしたモノクロ 30 分のホーム・コメディ。2 人の実子がいる上に、さらに 2 人の養子を迎えたローズ夫妻。6 人家族が織り成す、温かくも賑やかな日常を描き出す。ミッキー・ルーニーの息子ティム・ルーニーが、ローズ家の息子ジェフを演じている。

わが家は 11 人

THE WALTONS (1971-1981) S9 米 CBS

リチャード・トーマス (太田博之), マイケル・ラーンド (北沢典子), ラルフ・ウェイト (宇津井建), ウィル・ギア (宮口精二) ◆映画「スペンサーの山」の原作者アール・ハムナー・ジュニアの自伝的要素の強いファミリー・ドラマ。1930 年代の恐慌時代から 40 年代までの激動の時代を生き抜く大家族を描いている。バージニア州に住むウォルトン家は父親のジョンと母親オリヴィア、祖父母と子供 7 人の 11 人家族。彼らは貧しいながらも助け合い、数々の困難に立ち向かう。パトリシア・ニール主演の TV ムービー「父の帰る日」が好評だったため一部キャストを変更してシリーズ化された。

ワーグナー／偉大なる生涯

WAGNER (1983) S1 英 = オーストリア = ハンガリー

[別] ワグナーの生涯 (TV)

リチャード・バートン , ヴァネッサ・レッドグレーヴ , ジョン・ギールグッド ◆ドイツの偉大な作曲家リヒャルト・ワーグナーの生涯を、全三部、約 8 時間をかけて描く一大叙事詩。ワーグナーの孫であるヴォルフガング・ワーグナー協力・監修のもと、ヨーロッパの各国からキャストとスタッフが集結し、ワーグナーの波瀾万丈の生涯を完全映像化。「地獄の黙示録」のヴィットリオ・ストラーロが撮影を担当し、美しく荘厳な映像を生み出している。[D,V]

鷲の翼に乗って

ON WINGS OF EAGLES (1986) S1 米 NBC

[別] 鷲の翼に乗って／人質奪回緊急指令 !(TV)

バート・ランカスター (小林昭二), リチャード・クレンナ (家弓家正), ポール・ル・マット (小川真司) ◆ 1978 年にテヘランで起きた実話を取材したケン・フォレットの同名ドキュメンタリー小説を映像化したミニシリーズ。不当逮捕された重役 2 人を救出するため、米企業は退役軍人を隊長に、社員で構成された救出チームをイランに送り込む。軍刑務所からの脱獄を描く前半、イランからトルコへの脱出を描く後半と起伏あるストーリー展開は飽きさせない。[V]

私と彼とマンハッタン

MANHATTAN LOVE STORY (2014) S1 米 ABC → Hulu

アナリー・ティプトン (石田嘉代), ジェイク・マクドーマン (川田紳司), ニコラス・ライト (白熊寛嗣) ◆編集の仕事に憧れてアトランタの田舎からニューヨークへやって

わが街ハーパーバレーは大騒ぎ

わが家は 11 人

きたデイナ・ホプキンス。彼女は学生時代の友人エイミー・クーパーの家に転がり込み、そこでエイミーの夫の弟であるピーターというハンサムな青年と知り合うが…。田舎から出てきた不器用な女性と都会の青年の恋が巻き起こす騒動を軽やかに描いたラブ・コメディ。

私のペットはウシのパール

KAJSAS KO (1999) スウェーデン SVT

アナ・クララ・ハグベルグ (永井杏), トマス・ノルストレーム (大川透) ◆スウェーデンで製作された子供向けファミリー・ドラマ。家畜品評会のくじ引きで本物の牛を当てた少女カイサは、渋るパパを説得し、パールと名付けれらたその牛を家に連れて帰る。欲しかったペットを飼うことができて喜ぶカイサだったが、早朝の搾乳からエサやり、そして糞の始末まで、普通の家での牛の飼育は困難を極め…。日本では NHK「海外少年少女ドラマ」枠で放送された。

私はケイトリン

CAITLIN'S WAY (2000-2002) S3 米 Nickelodeon

リンゼイ・フェルトン (新井里美), ジェレミー・フォリイ (宮野真守), シンシア・ベリヴォー (立石涼子) ◆都会で非行を重ねたハイティーンのケイトリン・シーガーが、窃盗容疑の裁判の果てに大自然が広がるモンタナの親戚に預けられることになり、田舎暮らしに戸惑いながらも徐々に本来の自分を取り戻していく過程を描いた青春ドラマ。

私はラブ・リーガル

DROP DEAD DIVA (2009-2014) S6 米 Lifetime

[別] 私はラブ・リーガル DROP DEAD Diva(DVD)

ブルック・エリオット (野々目良子), マーガレット・チョー (鯨エマ), エイプリル・ボウルビー (寺田はるひ) ◆弁護士に乗り移った美女が奮闘する姿を描いたコメディ・ファンタジー。モデルを目指す明るくておバカなブロンド美人のデビー・ドブキンズは、ある日交通事故に遭い、魂が頭脳明晰な女性弁護士ジェーン・ビンガムの肉体に憑依してしまう。それまでの浅い人生から、真逆の生き方を強いられることとなったデビーは、慣れない肥満体に戸惑いながらも与えられた知性を武器に、次第に法廷で活躍していくようになる。[D]

渡る世間にツバペッペ！

SPITTING IMAGE (1984-1996) S19 英 ITV

◆イギリス製のマペットによるコント番組。マーガレット・サッチャー、ドナルド・レーガン、プリンス、エリザベス女王など、各界の著名人をデフォルメした人形たちが過激な笑いを繰り広げる。日本ではダイジェスト版がソフト化されている。[L,V]

ワームウッド ー苦悩ー

WORMWOOD (2017) S1 米 Netflix

エリック・オルソン (樋浦勉), ピーター・サースガード (咲野俊介), クリスチャン・カマルゴ ◆被験者の同意なしに LSD を投与するなどの、CIA による実在の人体実験に材を取ったドキュメンタリー・タッチのサスペンス作品。1953 年、軍に所属する細菌学者フランク・オルソンは、出張先のホテルの窓から身を投げて死亡した。22 年後、CIA の極秘文書が公開され、民間人に LSD を投与するという人体実験「MK ウルトラ」の存在が明らかとなる。フランクの息子エリックは、父の死の真相を探るうち、CIA の MK ウルトラに父親が関わっていたことを知る。

ワールド・シャットダウン

DELETE (2012-2013) S1 米 Sonar Entertainment

キーア・ギルクリスト , エリン・カープラック ◆世界各地で突然発生した謎のサイバーテロに挑む人々の活躍を描く、SF パニックと軍事アクションを兼ね備えたドラマ。イランの各施設やアメリカの軍事施設で相次いで謎の事故が発生。新聞記者のジェシーとハッカーのダニエルは、巨大サイバー空間が生みだした人工知能＝ AI が、自らを脅かす人類を滅ぼそうとしていることを突き止める。[D]

われらのキャシディ

HOPALONG CASSIDY (1952-1954) S2 米 NBC

ウィリアム・ボイド , エドガー・ブキャナン ◆ 20 世紀初頭のパルプ・マガジンに登場し、数多くの映画が製作された架空のカウボーイ、ホパロング (ビル)・キャシディが活躍する TV 西部劇。映画でもキャシディを演じた W・ボイドが主演を務める。まずは映画版が TV 放映され人気を博したことから、単独の TV シリーズが製作された。

ワンス・アポン・ア・タイム

ONCE UPON A TIME (2011-2017) S6 米 ABC

私はケイトリン

私はラブ・リーガル

わ

ジェニファー・モリソン(北西純子), ジャレッド・S・ギルモア(末本眞央), ジニファー・グッドウィン(小林沙苗)◆誰もが知っているおとぎ話のキャラクターたちが多数登場するミステリー・ファンタジー。白雪姫、ピノキオ、赤ずきん…。魔法の呪いをかけられて、現代の町ストーリーブルックに閉じ込められてしまったおとぎの国の人々。親も知らず1人で生きてきたエマ・スワンは、里子に出した息子ヘンリー・ミルズに彼らを救うよう告げられる。誰もが知っているおとぎ話の登場人物たちが、少しダークな愛と冒険の物語を繰り広げる。[D]

ワン・ステップ・ビヨンド

→世にも不思議な物語

ワンダー・イヤーズ

THE WONDER YEARS (1988-1993) S6 米 ABC

[別]素晴らしき日々(旧)

フレッド・サヴェージ(浪川大輔), ダン・ローリア(石田太郎), アレイ・ミルズ(鈴木弘子)◆30歳になった主人公ケヴィン・アーノルドが、自分が過ごしてきた12歳から17歳(1968年～73年)にかけての体験を、ナレーションで補足しながら描いていく青春ホーム・コメディ。音楽が効果的に使われ、多くの音楽賞に輝いた。

ワンダーウーマン

→空飛ぶ鉄腕美女ワンダーウーマン

ワンだー・エディ

100 DEEDS FOR EDDIE MCDOWD (1999-2002) S3 米 Nickelodeon

セス・グリーン(日野聡), ジェイソン・ハーベイ(日野聡), ブランドン・ギルバーシュタット(津村まこと)◆不思議な力を持つおじいさんに"人間失格"と言われ犬に変えられてしまった、札付きの不良エディ・マクダウド。唯一、会話を交わせるいじめられっ子のジャスティンの協力を得て、エディが人間に戻るため善行を重ねていく30分のコメディ。

ワンデイ - 家族のうた -

ONE DAY AT A TIME (2017) S1 米 Netflix

ジャスティナ・マシャド(田村聖子), イザベラ・ゴメス(山村響), マルセル・ルイス(高村晴香)◆アメリカで1975年から9シーズンにわたって放映されたTVドラマ「ONE DAY AT A TIME」をリメイク。女手ひとつで家庭を守って奮闘するシングルマザーと家族との触れ合いを描いたシチュエーション・コメディ。キューバ系アメリカ人の風俗や習慣などを盛り込み、陽気で明るい家族の姿を描くと同時に、多様性について触れた内容が好評を博した。「ウエスト・サイド物語」でアカデミー助演女優賞を受賞した名優リタ・モレノがファンキーなお婆ちゃん役でレギュラー出演し話題となった。クリエイターは「ママと恋に落ちるまで」の脚本を担当したグロリア・カルデロン・ケレットと「MOACA／も～アカンな男たち」で製作総指揮を務めたマイク・ロイス。

One Tree Hill

ONE TREE HILL (2003-2012) S9 米 The WB → The CW

[別]One Tree Hill／ワン・トゥリー・ヒル(ソフト)

チャド・マイケル・マーレイ(増田裕生), ジェームズ・ラファティ(平川大輔), ヒラリー・バートン(園崎未恵)◆ノースカロライナ州にある小さな街トゥリー・ヒルを舞台に、育った環境も性格も全く異なる異母兄弟たちが、バスケットボールをめぐり対立することから始まる青春ドラマ。恋や友情、家族、夢など青春ドラマのすべてを描ききり、全米の若者を熱狂させた。高慢で自信家のネイサン・スコット、物静かでマイペースなルーカス。全く違った道を歩んできた2人は、バスケット部でチームメイトになるのだが…。[D]

わんぱくキャンプ学校

CAMP RUNAMUCK (1965-1966) S1 米 NBC

アーチ・ジョンソン(塩見竜介), デヴィッド・ケッチャム, デイヴ・マッデン◆湖をはさんで男女別に二つに分かれたキャンプ学校を舞台に、子供たちが巻き起こす過激なイタズラと、それに振り回されるウィベンホー所長ら大人たちの姿を描いたドタバタ・コメディ。

わんぱく5人組

THE CHIFFY KIDS (1976-1978) S2 英

トレーシー・ストランド(白井弓子), レスリー・サンダース(大山宣子), フィリップ・サドラー(難波克弘)◆ロッキー、スージー、スリム、フィドラー、マグピーは仲のいい5人組。いつも集まっては楽しいことを探す彼らだが、それがとんでもない事態を引き起こすこともしばしばで

ワンだー・エディ

One Tree Hill

…。5 人の少年少女が繰り広げる騒動を描いたイギリス発の児童向けコメディ・ドラマ。

わんぱくデニス

DENNIS THE MENACE (1959-1963) S4 米 CBS

ジェイ・ノース (渋沢詩子), グロリア・ヘンリー (武藤京子) ◆漫画家のハンク・ケッチャムが自分の息子をモデルに描いた新聞連載ひとコマ漫画を TV ドラマ化。いたずら好きの少年デニス・ミッチェルと、最も被害を被る隣家の老人ウィリーとのふれあいを軸に描かれるモノクロ 30 分のホーム・コメディ。1993 年に劇場版リメイクが作られた他、アニメ版も多数存在する。

わんぱくフリッパー

FLIPPER (1964-1967) S3 米 NBC

ブライアン・ケリー (矢島正明), ルーク・ハルピン (朝倉宏二), トミー・ノーデン (中村メイコ) ◆イルカと少年の交流を描いた映画「フリッパー」を TV シリーズ化。フロリダのコーラル・キー公園のレンジャーであるポーター・リックスと、彼の 2 人の息子サンディとバド、そして彼らの友達のイルカ、フリッパーの冒険を描く。[V]

100 オトナになったらできないこと

100 THINGS TO DO BEFORE HIGH SCHOOL (2014-2016) S1 米 Nickelodeon

イザベラ・モナー (戸松遥), ジャヒーム・トゥームス (島崎信長), オーウェン・ジョイナー (梶裕貴) ◆ニコロデオン製作による、キッズ向けのシチュエーション・コメディ作品。女子中学生と親友の男子中学生たち 3 人が、様々なことに挑戦しながら成長していく姿を描く。女子中学生の CJ は、高校生の兄から「高校は勉強や部活が忙しすぎて、楽しいことゼロ！」と聞かされビックリ。大きくなったらできないこと、今しかできないことに挑戦するべく、親友のフェンウィック、クリスポと共に計画を立てる。3 人は失敗を恐れず、1 日 1 つの挑戦に立ち向かうのだが…。

ワンマン騒動記

THE TYCOON (1964-1965) S1 米 ABC

ウォルター・ブレナン , ヴァン・ウィリアムズ , ジェローム・コーワン ◆カリフォルニアにある巨大企業サンダー・コーポレーションを舞台に、変わり者で頑固なワンマン会長ウォルター・アンドリュースが巻き起こす騒動を描くモノクロ 30 分のシチュエーション・コメディ。

ワンマン編集長

HOT OFF THE WIRE / THE JIM BACKUS SHOW (1960-1961) S1 米

ジム・バッカス , ニタ・タルボット ◆ニューヨークに事務所を構える三流通信社ヘッドライン・プレスサービスを舞台に、ワンマン編集長マイク・オトゥールの下、特ダネをスクープすべく奔走する記者たちの姿を描いたモノクロ 30 分のコメディ・シリーズ。

ワン・ミシシッピ 〜ママの生きた道、ワタシの生きる道〜

ONE MISSISSIPPI (2015-2017) S2 米 Amazon

ティグ・ノタロ (朴路美), ノア・ハープスター (遠藤純一), ジョン・ロスマン (長克巳) ◆アメリカの人気女性コメディアン、T・ノタロの人生をベースに製作されたブラック・コメディ作品。ティグ自身が本人役で主演している。母の危篤をきっかけに、ロサンゼルスから故郷のミシシッピへ戻ったティグ。そこで直面するのは、気まずい関係の義父ビルや兄レミー、自分勝手な恋人、そして癌を克服したばかりの自分自身。彼女はどうやって自分の人生と向き合うのか。辛く、そして笑える心の旅が始まる。

わんぱくフリッパー

ワン・ミシシッピ 〜ママの生きた道、ワタシの生きる道

編者紹介
株式会社スティングレイ
1991 年設立。代表取締役・岩本克也。ゲームをはじめ各種ソフトウェアの企画・開発を行うが、1996 年に Windows 用映画データベースソフト『シネマガイド 96 全洋画』を発売し、以後、映画情報の提供を基本とする映像関連業務を拡大していく。1997 年 2 月には『全洋画』をインターネットにて公開。2001 年 11 月には、日本映画・アニメ・TV ドラマ・DVD 情報も加えた総合的な映像作品データベース『allcinema ONLINE』としてスタート。現在は『allcinema』としてサービスを提供している。登録作品数約 10 万件、登録人物数 43 万人 (2018 年 5 月現在) は映画データベースとしては日本最大。

allcinema
http://www.allcinema.net/

海外ドラマ超大事典

2018 年 6 月 25 日　第 1 刷発行

編　集／スティングレイ
発行者／岩本克也
発　行／株式会社スティングレイ
〒 150-0022　東京都渋谷区恵比寿南 1-2-9 小林ビル 7F
TEL.03-6412-7328　FAX.03-6412-7329

写　真／
Allstar Picture Library
Photofest
Photoshot
Hollywood Archive
Visual press agency
/ ゼータ イメージ

編集スタッフ／岩本克也　星野裕　成田英明　雪竹弘伸　扇宣勇

カバーデザイン／岩見英明
表紙イラスト／馬場真理雄

印刷・製本／モリモト印刷株式会社

ISBN 978-4-909717-01-6